徳川思想史の研究

――情理と他者性

田尻祐一郎
Tajiri Yūichirō

ぺりかん社

徳川思想史の研究＊目次

Ⅰ　他者と繋がる

II　規範とは何か

Ⅲ　日本に生きる

Ⅰ 他者と繋がる

「四端」と「孝悌」——仁斎試論——

はじめに

京都の上層町人の子として成長した伊藤仁斎（一六二七〜一七〇五・寛永四〜宝永二）は、家族や親戚・友人の強い反対を押しきって、学問に専心する生き方を選んだ。周囲の人々は、円満な文化的教養の一環として学問を身に付けるのが上層町人の嗜みであり、家を継ぐべき身でありながら、それ以上に学問にのめり込むことは、周りを不幸にさせるだけではないかと仁斎を諭した。その頃を振り返って、後年の仁斎はこう述べている。

吾嘗十五六歳時好学、始有志于古先聖賢之道、然而親戚朋友、以儒之不售、皆曰為医利矣、然吾耳若不聞而不応、諫之者不止、攻之者不衰、至於親老家貧、年長計違、而引義抝礼、益責其不顧養、理屈詞窮、而佯応者亦数矣（「送片岡宗純還柳川序」、『古学先生文集』巻一）

「古先聖賢之道」への仁斎の思いが並々ならぬものであることを知って、周囲の人々は、次善の方策として医者になることを勧めてきた。収入も安定して、社会的な身分も高いからである。[1] それでも信念を曲げない仁斎に対して、説得の切り札は、「益責其不顧養」つまり学問に専心して親の世話はどうするつもりなのかということであった。「古先聖賢之道」は親への孝養を説くものであろう、それなのにお前は、その「古先聖賢之道」を学ぶために親を見捨てるというのか――こういう意見が、家業を継がずに学問の世界に入ろうとしていた仁斎に、次々とぶつけられた。「引義拠礼」とあるから、多少とも古典の知識のある者は、儒教の古典を引いて説き伏せようとしたのであろう。仁斎の回想は、さらにこう続く。

愛我愈深者、攻我愈力、其苦楚之状、猶囚徒之就訊也、箠楚在前、吏卒在傍、迫促訊問、不能不応焉、……大凡俗之所尚者、在利不在義、在勢不在徳、愛我深者、則我讎也（同前）

親戚や友人の説得は、まるで罪人に対する役人の訊問のように厳しかった。学問に専心しても経済的に目途が立つのか、これが「利」の立場であり、世の中はそういうものではない、これが「勢」の立場であろう。それらは、学問への情熱に駆られた若い仁斎からすれば、理想を持たない者のつまらない議論に思えたはずである。しかし仁斎を本当に苦しめたのは、それが、仁斎のために将来を思い、仁斎の人となりを愛する人々の、彼らからする偽ることのない真心からの説得行為であって、そこに一点の疑いもないということである。「愛我愈深者、攻我愈力」という一句は、その意味から、仁斎にのしかかってきたものの重さを遺憾なく伝えている。

この体験は、後の仁斎の思想を知る者にとって[2]、象徴的と言ってよいほどの意味を持っているように思われる。つまりそれは、他者を理解することと愛することとは必ずしも同じではないこと、愛するからこそ相手を損ってしまう事態がありうることを教えている。「愛」とは何か、「愛」が「愛」であるためには何が必要なのか、こういう問いを投げ掛けてくるからである。そしてまた、「孝」は無条件に遵守されるべき道徳律であるのか、「孝」が人間の生き生きした活動、個人としての進路や希望を抑圧するようなものでなくなるためには、「孝」はどうあるべきなのかを考えさせるからである。こういう主題こそは、まさに後年の仁斎の思想の基軸をなしていた。

というより、こういう主題を心の中で反芻し温めながら、朱子の堅牢な古典解釈との闘いを通じて、『論語』と『孟子』の本文にその答えを求めていったのが仁斎の一生だったように思われる。(3)

一、〈他者〉の発見

― 「異体殊気」としての個人

仁斎の主著としては、『論語古義』と『孟子古義』を挙げるべきだろうが、(4)仁斎の思想の構成を考える時には、「旧聞」に泥み「意見」に惑わされた学者たちに「鄒魯之正伝」を教え説いた『童子問』に拠るのが便利である（『童子問』自序）。その『童子問』は、まず『論語』『孟子』の二書を「平生親切之書」、つまり日常普段の生活に即した身近な書物とだけ考えてはいけないこと、そこには、いかにも高遠らしく説かれた書物よりも遙かに深い意義があることが述べられて、続いて「性」「道」「教」の関係から論が始まっている。つまり仁斎は、まず『中庸』の冒頭を踏まえて、「性」「道」「教」の関係を弁えることを学問の出発と考えている。

さて、仁斎に即して「性」「道」「教」の関係はといえば簡単ではないが、その意図を大胆に単純化すれば、「性」は個別有限なもの、「道」は普遍無限なもの、その両者を媒介するものとして「教」があるということになるだろう。

蓋性者、以有於己而言、道者、以達於天下而言（『童子問』巻上・一四章。以下『童子問』については「上・一四」のように表記する）

人皆有性、性皆善、然学以充之、則為君子矣、不能充之、則衆人而已耳、性之不可恃也如此（上・一七）

確かに「性」は「善」であるが、それは朱子学などの言う「性善」ではない。「教」（ここでは「学」と読んでもよい）をもって「道」に至る萌芽・可能性をそれは示しているが、「性」の「善」に自足していては何も得られない。[5]ということは主体としての人間にとって、言い換えれば今ここにいる私にとって最も大切なことは、「教」であり「学」である。

孟子雖道性善、不徒論其理、必曰拡充、必曰存養、所謂拡充存養云者、即非教而何（上・一二）

宋明儒先、皆以尽性為極則、而不知学問之功益大矣、殊不知己之性有限、而天下之道無窮、欲以有限之性、而尽無窮之道、即非学問之功、不可得也、此孔門所以専貴教也（上・二一）

仁斎は、「宋明儒先」の説く「尽性」を、自己一身に閉じられた行為だと見ている。朱子学や陽明学からすれば、「性」は本来そのように閉じたものではなく、人間同士は「性」を等しくしているからこそ、相互に理解し連帯することができるとされるが、仁斎の眼にはそうは映らない。人と人とは何をもって繋がるのか、この点での捉え方の相違が、「性」についての「宋明儒先」と仁斎との食違いの根元に横たわっているのである。「尽性」の学問は、自己に閉じられたものになるという批判に続いて、仁斎はこう述べる。

夫人之与我、異体殊気、其疾痛痾癢、皆不相通、況人之与物、異類殊形、何相干渉（上・二一）

「人」と「我」とは単純には繋がらないから、自己に閉じられた「性」の探求では、人倫を基礎付けることはできないというのである。しかしその前に、人と人とは「異体殊気」互いに切れた別個の存在だという立論に、まず目を見張るべきであろう。仏教なら、人間と動植物とにさえ決定的な隔絶を認めずに、あらゆる生命の連鎖を見るだろうし、儒教は一般論として、祖先から絶えることのない父子兄弟の生命の連続を重んじるはずである。こういう発想と比べるなら、仁斎の「異体殊気」論は、それらとは異質な、人間存在に対するどこか突放したような視線を感じさせずにはおかない。

雖父子之親、兄弟之睦、既異其体（上・一二）

というような言葉も見られる。「父子」「兄弟」というような血縁は、儒学の通例では専ら「気」の連続の面において語られるだろうが、仁斎はそれを、「異体」と言い切っているのである。

仁斎の理解では、「性」は人間それぞれの、生まれ持った個別性である。『語孟字義』から「性」の定義を引けば、「性生也、人其所生而無所加損者也」である。父子・兄弟であっても、顔形が異なるように「性」は異なる。聖人たちも、生きた人間である限り、個性の相違があったはずだとも仁斎は言う。

聖人亦人焉耳、安得人人皆同（下・四九）

朱子学では、「気質の性」の次元で個別性を認めるが、人間（学問者）はすべて気質の混濁偏差を克服して「本然の性」に帰るべきものであり、修養・学問によってそれは可能なのだとした。「本然の性」はあらゆる人間に例外なく「天」から「理」として賦与されたものであり、朱子学は、人間が互いに繋がりうるのは、万人に「本然の性」が共有されているからだと考える。顔形や気質は違っていても、「仁」「義」「礼」「知」「信」というような道徳性が「本然の性」として宿っているから、人と人は分かりあえるのである。仁斎は、そういう意味での「性」を認めない。

2 「実」なるもの

しかしそれは仁斎が、人と人との繋がりについて、一方的に醒めただけの悲観論の持ち主だったということではない。「忽卑近者、非識道者」と述べた後で、仁斎は、

言卑近之中、自有高遠之理也、而所謂高遠者、非世之所謂高遠也、事之卑近、不過親其親、長其長、妻子好合、兄弟既翕之間、而莫高遠於天下平矣（上・二五）

と論じた。仁斎は、「高遠」を否定しているのではなく、「高遠」を「高遠」として掲げること、「高遠」を誇ることを否定しているのである。また、

人者何、君臣也、父子也、夫婦也、昆弟也、朋友也（上・九）

聖人之道、在於君臣父子夫婦昆弟朋友之間、而徳不出於仁義忠信之外（上・二七）

とも言われる。仁斎は、少なくとも形としては、「親親」「長長」を中心とした倫理や、「君臣」「父子」以下の人間関係を積極的に認めている。もっともそこに、仁斎らしい、より親和的な色合いを認めることは可能である。

自有生民以来、有君臣、有父子、有夫婦、有昆弟、有朋友、相親相愛、相従相聚、……（上・八）

その限りで、「五倫五常」的な枠組みは、仁斎においても間違いなく保持されている。では、人間は互いに切れた別個の存在だという感覚は、そこには生かされていないのだろうか。そうではない。そこで重要なのは、次に見る「実」という言葉に仁斎が托したものである。

有子曰、「孝弟也者、其為仁之本与」、孔子曰、「主忠信」、夫孝弟者順徳、忠信者実心、人若不忠信、則名雖為孝、実非孝、名雖為忠、実非忠（上・三五）

有子の言葉は『論語』学而篇、孔子の「主忠信」は学而篇や顔淵篇に見える。「忠信」という「実心」が根底にあって、はじめて父に対する「孝」や君に対する「忠」は真実のものになると言うのである。

苟無忠信、則礼文雖中、儀刑雖可観、皆偽貌飾情、適足以滋奸添邪（『語孟字義』忠信）

とも言われる。「実」なるものは、「忠信」だけに限られるのではない。

仁之為徳大矣、然一言以蔽之、曰、愛而已矣、在君臣謂之義、父子謂之親、夫婦謂之別、兄弟謂之叙、朋友謂之信、皆自愛出、蓋愛出於実心、故此五者、自愛而出、則為実、不自愛而出、則偽而已、故君子莫大於慈愛之徳、莫戚於残忍刻薄之心（上・三九）

という周知の発言の通り、「愛」もまた「実心」の発露である。そして仁斎によれば、その「愛」に支えられる時、君臣の「義」や父子の「親」のような道徳も「実」なるものとなるのであって、仮に「愛」の裏付けを欠いたならば、道徳（五常）は「偽」に堕してしまうとされるのである。

こういう議論には、明らかに共通する発想が見て取れる。「忠信」も「愛」も、相手との関係を特定しないで、他者への態度なり心情なりを論じるものである。これに対して、「孝」や「忠」も、また「親」「義」「別」「叙」「信」という五常の徳も、特定の人間関係の形に即して定まった相手に向けられた道徳である。つまり仁斎は、他者一般への「忠信」や「愛」において「実」であって、はじめて特定の形をもった君臣・父子などの道徳は真実のものとなりうると言っている。これは、五倫五常を始めから疑いようのない前提とする議論とは、明らかに異質なものであろう。以下では、五倫五常を出発点とする人間把握とは異質なこうした仁斎の理解を表現するために、向き合い繋がるべき相手として仁斎の捉えたものを〈他者〉と表記することにする。〈他者〉の発見に、人間は互いに切れた別個の存在だという感覚は生かされている。

行論の必要上、〈他者〉という観点から、それまでの儒教について概括しておこう。端的に言って、仁斎より以前の儒教には〈他者〉が不在だった。あるいは〈他者〉の存在を認めようとしなかった。確かに『論語』に既に隠逸の士は登場して、孔子の生き方を冷笑しているし、孟子は、楊子・墨子、あるいは告子をはじめとする強力な論敵に向い合っている。朱子学においても、陸学や禅仏教が、思想的にも社会的にも大きなライバルだったことは言うまでもない。しかし、それらはいずれも異端・異学であって、どこまでも交わらないもの、交わる必要のないもの、あるいは排斥・打倒すべきものとしてあって、ここで言う〈他者〉ではない。ここで言う〈他者〉とは、何より、繋がるべき相手、交わるべき対象としてある。しかも〈他者〉という以上は、自己とは異なったもの、自己の延長上に想定されることのない、自己とは異質なものを内包した存在でなければならない。その意味で、〈他者〉の不在・不承認をもっとも典型的に示すものは、朱子の提示する『大学』の世界である。そこでは、「理」の内省と探求（「格物致知」）による自己の内面的な確立（「誠意正心」）が、自己の行動の正しさと「家」の規範的な整序を保証する（「修身斉家」）。さらにそれは「家」を出て、地域から国家、国家から天下に連続して波及するとされる（「治国平天下」）。この見事な図式が図式として成立するのは、そこに自己とは異質な人間の存在が想定されていないからである。〈他者〉の不在は、その起点の「格物」において既にそうである。「物」に即してその「理」を明らかにするとは、自己の心の奥深くに静かに横たわっている「理」と、「物」の「理」との共鳴・共振を体験することなのであり、自己の心の内の「理」を、外在する「物」において再発見することなのである。ある美しい宇宙的な秩序を、内なる心と、外なる自然において共鳴・共振させることなのである。[6]儒教は、もとより〈他者〉の存在を認めてこなかったが、それをここまで見事に定式化しえたから、『大学』は四書の第一、「初学入徳之門」（『大学章句』冒頭の程氏語）としてあれほどまでに尊重されたのである。そして陽明学に至って、〈他者〉の不在・不承認は、さらに極まっていく。つまり宋明の儒教思想とは、その人間観について言えば、儒教本来の〈他者〉の不在・不承認を、徹底的に純化することに成功した思想である。それほどまでに、士大夫層の「自」意識が、歴史的に高揚したということなのであろう。[7]

「天理之公」という宋明の儒教の理想主義的な常套語もまた、「理」の担い手としての均質な人と人との繫がりを意味している。「伊川先生曰、公則一、私則万殊、人心不同如面、只是私心」（『近思録』巻一・二七）、ここからは、色々な人々がいてこそ人間社会だという考え方、個性の尊重、相手との違いに価値を見出す発想は生まれづらい。[8]

よく言われるように、儒教の説く愛情は、仏教の慈悲やキリスト教の隣人愛とは異なって、差等の愛情である。しかしその差等は、人は同じだという人間観の上に成り立っている。自分の延長上に想定することのできない相手や、自分には分からない部分をもった相手がいないから、甲が甲の父を愛するように、私も私の父を愛し、私は甲の父よりも私の父をより切実に愛するのである。私が私の父を愛している事実が疑いようのないことであるように、同じく甲もそうなのである。その切実な愛情の緩やかな波及として、社会の秩序は保たれる。この発想を否定すれば、それは儒教ではないだろう。

二、〈他者〉との繫がり

先に見たように仁斎においては、「実」なるものが根底にあって、その上ではじめて「孝悌」をはじめとした差等の愛情が真実なものとして成立するのであった。「実」なるものとは、例えば「忠信」や「愛」であり、別な箇所によれば「忠恕」である。

1 〈他者〉の心へ――「忠恕」

まず『語孟字義』から「忠恕」の定義を紹介すると、

竭尽己之心為忠、忖度人之心為恕

とある。これは明らかに、『論語』の「曾子曰、夫子之道、忠恕而已矣」（里仁篇）に与えられた朱子の注「尽己之謂忠、推己之謂恕」（『論語集註』）を意識したものであって、朱子が「己を推す」としたところを、仁斎は、「人の心を忖度する」としたわけである。朱子によれば、人間は互いに「本然の性」を共有しているから、自己の心の深奥にある「本然の性」を自覚し、それを相手に対して押し出していくことが重要なのである。「己を推す」という時の「己」が、「気質の性」のままの自己中心的な自己であるはずはない。それは、先の程伊川の言葉にある「公」的なもの、「一」なるものでしかありえない。しかし仁斎は、そういう本来的な「己」を認めない。

あるのは、互いに個性を持った、完全に重なることのない、「異体」としての人と人である。

ここで考えたいことは、仁斎において「人の心を忖度する」とはどういうことなのか、そもそもそういうことが可能なのかということである。これは、朱子学からは出てこない問題であろう。なぜなら、「理」として万人に賦与された「本然の性」は完璧に同じ「一」であって、相手の表層や気質についてはともかく、相手の心の深い次元の「理」に働きかけるなら、同じ「一」なる「理」が共振・共鳴しないはずがないからである。朱子学にあっては、自分の心の深奥の「理」を自覚すること、自覚しようと努めることは、当然に相手にも、その「理」の自覚を促すはずだと考えられる。ここを理解すれば、仁斎が、執拗に朱子学の「残忍刻薄之心」を斥ける理由が納得されるだろう。

慈愛之心、渾淪通徹、従内及外、無所不至、無所不達、而無一毫残忍刻薄之心、正謂之仁（上・四三）

また、

問、仁畢竟止於愛与、曰、畢竟止於愛、愛実徳也、……苟有一毫残忍刻薄忮害之心、則不得為仁（上・四五）

などなど、「残忍刻薄之心」を斥ける仁斎の言葉は数知れない。「残忍刻薄之心」は、別に「責人」（上・三六）なども表現されるが、相手が「理」の探求・自覚において不足していると詰《なじ》ることであろう。「残忍刻薄之心」をもって相手に接するのは、自分はここまで「理」を探求した、お前はそれが出来ていないと責めることである。同じ「理」の貫徹を前提とするから、そういう意味で自分と相手は同じだと考えるから、「責人」が可能なのである。もし、自分と相手との間には本質的に重ならない部分がある、そこにいるのは〈他者〉だということになれば、〈他者〉についてそのような態度は生まれない。仁斎が、執拗に「残忍刻薄之心」という言葉で言うのは、このような〈他者〉を〈他者〉として認めない態度への批判なのである。

仁斎が「忠恕」、とくに「恕」として訴えるのは、こうして朱子学からは出てこない〈他者〉の心の忖度であった。しかしその難しさを、まず直視しなければならないし、仁斎もまたそれを論じている。『語孟字義』は「恕」の定義に続けて、こう述べている。

夫人知己之所好悪甚明、而於人之好悪、泛然不知察焉、故人与我毎隔阻胡越、或甚過悪之、或応之無節、……茫乎不知憐焉、其不至於不仁不義之甚者幾希

〈他者〉の心を忖度することが困難だというだけではなく、現実の多くの場合、まったく嚙み合わなかったり、甚だしい時には憎悪に落ちたりする。そこに、共感（「憐」）は生まれない。

仁斎はこうして、安易に「恕」に寄り掛かっているのではない。〈他者〉に向かう時、無関心や憎悪に陥りやすいのが現実の人間の姿であることを、仁斎ははっきりと見ている。無関心や憎悪に陥りやすいのは、なぜなのだろうか。朱子学的な〈他者〉不在の思考の惰性に、いまだ囚われているからではないだろうか。こう自問する仁斎は、「四端」を読み込むことで、この問題を突破していくのである。

2　〈他者〉への寛容――「四端」

「四端」とは、言うまでもなく『孟子』（公孫丑上篇）に説かれる「惻隠・羞悪・辞譲・是非」の心である。『孟子』には、「惻隠之心、仁之端也、羞悪之心、義之端也、辞譲之心、礼之端也、是非之心、智之端也、……凡有四端於我者、知皆拡而充之矣、若火之始然、泉之始達、苟能充之、足以保四海、苟不充之、不足以事父母」とあ

る。朱子は、「性」として本源的な「仁義礼智」が、「情」として個別的に発現したものが「四端」なのだと捉え、「拡充」を「充満其本然之量」（『孟子集註』）と解釈した。ある場面において発現した「四端」を見逃さず、それを「端緒」として糸を手繰るようにして自己の心の奥に秘められた本源的な「仁義礼智」の自覚に到達し、その全体を明らかにせよというのである。これに対して仁斎は、

四端者吾心之固有、而仁義礼智、天下之大徳也、四端之心雖微、然拡而充之、則能成仁義礼智之徳、……則知性之善不可恃、而拡充之功最不可廃（『孟子古義』巻二）

とした。人はそれぞれに「異体」であるが、「四端」を持つことでは共通している。ごく稀に、「億万人中之一二」（下・一）として「四端」を欠く人間がいるかもしれないが、それは考える必要はない。〈他者〉の心を、隅から隅まで忖度することは出来ないが、「四端」の共有という所では繋がりうるのではないか、「四端」の共有という所で繋がっていればそれでよいのではないか、こう仁斎は考える。「四端」の「端」は、朱子の言うような「端緒」ではなく、「仁義礼智之徳」という人間の連帯の「本」、「端本」と読むのが『孟子』の本意なのである。人と人とは完全には重ならないが、「四端」を持つという所では重なるというのである。

注意して読めば、「四端」があるから〈他者〉と繋がるのではない。「四端」の「拡充」に努めるから、それは可能なのである。では「四端」の「拡充」とは何か。朱子においては、「本然」として自己に内在する「理」の自覚であるが、仁斎の場合は、どこまでも〈他者〉への働きかけである。それは例えば、

仁義者非他、乃推親親敬兄之心、達之天下、無所不至者、即此也、達……即拡充之謂也（『孟子古義』巻七）

などと言われるが、より仁斎らしい議論としては、〈他者〉の行為の中にも「四端」を認めることや、相手の誤りにもやむを得ないものを認めて、誤りに対して寛容であることなどがある。寛容という徳については、江戸期の儒教において、仁斎ほどこれを力説した思想家はいなかった。それが、〈他者〉の発見と深く結び付いたものであることは言うまでもない。

苟待人忖度其所好悪如何、其所処所為如何、以其心為己心、以其身為己身、委曲体察、思之量之、則知人之過、毎出於其所不得已、或生於其所不能堪、而有不可深疾悪之者、油然靄然、毎事必務寛宥、不至以刻薄待之（『語孟字義』忠恕）

既に述べたように、〈他者〉の心を忖度することは困難であって、往々にして無関心や憎悪に至ることが多い。しかし仁斎は、そこを越えて相手の「心」や「身」になってじっくりと考えるなら、相手の誤りもまたやむを得ないものであることが了解されると言うのである。ここでなぜ、唐突に相手の誤りが取上げられるのだろうか。それは「寛宥」の対極として「疾悪」という言葉が使われているように、〈他者〉との交わりにおいては、互いに「疾悪」を懐く事態を避けることが最も大事だと考えたからであり、「疾悪」を招くのは、相手の過ちを許さない時にこちらが苛酷な態度を取り、相手もまた相応の気持ちを持つことによると考えたからであろう。

唯恕字義不分暁、字書曰、「以己体人曰恕」、体字甚好、深体察人之心、則自有寛宥之心生、不至過為刻薄、故恕又有寛宥之義（上・五九）

と言われるのも、同じことである。「仁」についても、例えば、

蓋仁者以愛為心、故其心自平、其心自平、故寛裕容物（上・四六）

とあるように、寛容が言われる。相手の過ちに対して、〈他者〉としての相手の心を忖度して寛容になれるということは、それ以上のもの、例えば相手との完璧な一致を求めないということでもあるだろう。そこには、違った存在としての距離が保たれている。仁斎の考える「愛」とは、そういう距離感覚でもある。

3　〈他者〉と人倫――「孝悌」

ここまで、仁斎の思想の核心が〈他者〉の発見であり、〈他者〉との繋がりの要諦が「忠恕」や「四端」、すなわち寛容な「愛」であることを述べてきたが、次にあらためて、なぜそれが五倫五常的な秩序において説かれるのかという問題を、「孝悌」に着目しながら考えてみたい(9)。

『語孟字義』は「孝悌」という項目を立てていないが、仁斎が、「孝悌」に代表されるような差等の愛をそれとして重んじていたことは前にも述べた通りである。さて『孟子』（告子下篇）の「堯舜之道、孝弟而已矣」という一節に、仁斎は、

「孝弟而已矣」者、言聖人之道、不過人倫也、所謂「聖人人倫之至也」、是也、特挙其近而易行者而言耳（『孟子古義』巻六）

という解釈を与え、さらに「先儒視道甚高、嫌乎其不尽于孝弟」として、「高」いところに「道」を求める朱子学は、「孝弟」の意義を軽視する傾向があると論じている。それはともかく、ここで仁斎は、『孟子』の一節を実

質的には「堯舜の道は人倫のみ」と読んでいるのである。

朱子学においては、「人倫」はまず「孝悌」から始まる。仁斎では、「孝悌」は「人倫」そのものを意味する。ではこの二つの立場は、同じなのだろうか。朱子学の「孝悌」を説明するのは、「気」の親疎遠近の上に立つ「理」であろう。愛情は、「気」の濃淡に沿って、差等をもって発現されるのが自然（当然）であり、関係の親疎遠近を抜きに、一気に人と人とが繋がるものではないとするのが朱子学の公理である。それに対して仁斎が言うのは、実体としての父への「孝」や実体としての兄への「悌」というより、人倫の中に生きる人としてのありようというようなことであり、それを象徴する言葉として「孝悌」があるのではないだろうか。「蓋天之所以為活物者、以其有一元之気也」（中・六七）などの言表から、「気」の思想家などと言われることもある仁斎であるが、「気」の厚薄から血縁の親疎を説く言説を残していない。この事実もまた、同じく「孝悌」を言う時の、朱子との相違を暗示しているだろう。[10]

〈他者〉との繋がりを、ただそれとして言うのであれば、墨家の「兼愛」の思想で足りるはずである。しかし当然ながら仁斎は、孟子に従って、「兼愛」の思想を厳しく否定する。それは何故なのだろうか。

墨子以兼愛天下為道、仏氏以三界衆生為己一子、皆口得言而身不能為者也（中・七四）

この「身不能為者也」は、実践の足場が考えられていないという意味であろう。

君子之於天下也、仁而已矣、而有義自存于其中、何者、愛欲其周、而分則必有差等、愛欲其周者、仁也、必有差等者、義也、故君子言仁自有義在（『孟子古義』巻七）

これを踏まえて、

仁而無義則非仁、墨子之仁、是也（『語孟字義』仁義礼智）

を見れば、墨子の愛に「差等」がないことが、直ちに実践の足場がないことだとされているわけである。それは、「仁者以天地万物為一体」という程子語との対比から、張子「西銘」中の「民吾同胞」の一句を高く評価した次の主張からも窺える。

問張子西銘、曰、此反欲施之用者也、「民吾同胞」一句、雖如甚過高、然下面「大君者吾父母宗子」以下、句句有落著、不比程語甚大無形影、不可不体認（中・七五）

「民吾同胞、物吾与也」という表現は、「万物一体の仁」という思想を思わせるが、それに続いて「大君者吾父母宗子、其大臣宗子之家相也、尊高年所以長其長、慈孤弱所以幼其幼」とあることで、実践の足場が考えられている。仁斎によれば、ここが重要なのであって、火が燃え、泉が達することでイメージされる「四端」の拡充についても、いきなり「兼愛」や「万物一体」のように達成されるのではない。

自親親充之、而至朋友郷党所識疎薄之人、慈愛之心、周遍浹洽、無所不底、而無一毫残忍忮害之念者、謂之仁（中・六）

身近なところからの、ある階梯をもった波及が想定されているのである。〈他者〉と向かい合う、これが人間の真実であるが、それは、身近な日常生活の中で向かい合っているのである。現実の生活においては、親として、子として、夫として、妻として向かい合っている。根底にあるのは〈他者〉への「愛」であるが、それは、人倫という場において表現されると仁斎は言う。日常普段の意義を知る――とこう言えるのは、その時点で日常普段から内面的に距離を持っているから、それが可能なのであろう。ある意味では、醒めているのである。しかしそれは、高踏的に自分を保つのではなく、距離を持った上で日常普段に帰り、〈他者〉への「愛」の表現の場として日常普段を生きるのである。ここで仁斎は、実践の足場を欠いた「兼愛」や「万物一体の仁」の思想から決定的に分かれる。

これをかりに学問論として置き換えて言えば、次のようにもなるだろう。

蓋学者之進道、其初学問与日用扞格齟齬、不能相入、及乎真積力久、自有所得、則向視之以為遠者、今始得近、向視之以為難者、今始得易、……俗外無道、道外無俗、而雖一点俗気、亦著不得、此是上達光景（中・六一）

学問世界と日常生活との間には、初めは断絶がある。しかし、それを押し切って学問への専心に務めるうちに、やがて学問の成熟とともに、その断絶は消えるというのである。日常を軽蔑するような風の見えるうちは、学問も大したことはないと言いたいのであろう。「空虚」「高遠」に馳せる、禅仏教や「禅儒」（『語孟字義』道、宋明の儒者のこと）が念頭にはある。とはいえ、それは「俗」に染まるということではない。「俗」にあって「俗気」を持たないということである。この均衡は、〈他者〉への「愛」と、「孝悌」に代表される日常の差等の愛との問題を考える時、示唆する所があるように思う。もう一つ、

蓋詩以俗為善、三百篇之所以為経者、亦以其俗也、……俗而又俗、固不可取焉、俗而能雅、所以為妙之妙也（「題白氏文集後」、『古学先生文集』巻三）

とは仁斎の詩論であるが、(11)この「俗」を差等の愛に、「雅」を〈他者〉への「愛」に置き換えて、「詩」を人間としての生き方として読むことが許されるように思われる。

むすび

仁斎は、人の心には清濁が混じっていると言う。

若心本清濁相雑（『語孟字義』徳）

ここから朱子であれば、気質の「濁」を清らかなものに昇華させることを問題にするであろう。しかし仁斎は、そのままでよいとする。清濁の混じった心の中に、「四端」があるのだから、それを拡充することに努めようとするのである。

聖人言徳而不言心、後儒言心而不言徳（同前）

清濁の混じった心の持ち主が、互いに交際していくのが人間社会なのである。「清」にも色々な清があるし、「濁」にも色々あるだろう。人と人とは違うのである。しかしそこにある共通なものに眼を向ければ、それは

「四端」であり、また善を善とし悪を悪とする心である。

性生也、……孟子又謂之善者、蓋以人之生質、雖有万不同、然其善善悪悪、則無古今無聖愚一也（『語孟字義』性）

清濁の混じった人間社会から悪事はなくならない、しかし悪を悪とすることにおいて、人と人とは繋がっている。この場合は、「四端」のうちの「是非」の心ということになるだろうが、「惻隠」「羞悪」「辞譲」についても同じである。〈他者〉の中にも、こうして共通のものを確認することができるのである。そこを基盤として〈他者〉と、まず身近な〈他者〉としての家族や同輩と繋がり交わっていくのである。(12)

仁斎の生涯は、市井の儒者として、孜々として『論語』と『孟子』を読むことで終わった。それは、〈他者〉を認めない朱子の古典解釈を一つひとつ崩しながら、『論語』と『孟子』の中に、〈他者〉との繋がりの道を見出そうとする作業だったのである。それは、あくまで儒教の枠の中での、その意味では穏やかな調和的な人間像に立った〈他者〉の発見であったと言えばそれまでであるが、しかし東アジアの伝統的な思想世界において、それは、新しい可能性を切り開く画期的な出来事だったように思われる。(13)

註

（1）母・那倍の姉が嫁いだのは大須賀快庵であるが、「大須賀家は代々京都に住んで名医として名高く、快庵の父は慶長年中に後陽成天皇の御脈を診たが、快庵もまた世守を失わず、名医の評判が高かった」という（石田一良『伊藤仁斎』吉川弘文館、一九六〇年、二一頁）。こういう背景も、周囲の人々が医師となることを勧めた理由の一つかもしれない。

（2）本稿は、定論を得てからの仁斎について論じる。周知のように仁斎の『論語古義』『孟子古義』等の改訂作業は、その死に至るまで間断なく続いたのであるから、その意味では、「定論」という表現には問題が残るともいえる。とりあえず本稿では、寛文年間（一六六一～七三、仁斎の三十五歳から四十七歳に当たる）の苦悶の時代を経て朱子学批判の骨格が定まって以降を、「定論」確立の段階と捉えておく。仁斎の思想形成、とくに寛文年間の苦悶の意義については、あらためて考える機会を得たい。

（3）本稿は、仁斎の思想の核心を〈他者〉の発見に求めるが、なぜ他ならぬ仁斎においてそれが可能だったのか——これは、大きな問題である。しかし少なくともその一つの鍵が、この深刻な体験にあることは間違いない。仁斎は、個人的な体験に孕まれた普遍的な意味を、「仁」や「愛」の問題として捉え返していったのである。

（4）「林本」（仁斎生前の最終稿本）の『論語古義』冒頭には、「最上至極宇宙第一論語総論」と記されている。一見すると平易で常識的な内容の『論語』は、仁斎にとって、「非温厚和平従容正大者、自不能通于論語之妙」（『童子問』上・四）とされるように、あるいは「八珍美膳」に対する「五穀」（上・三）に喩えられるべき、真理そのものなのである。そして『孟子』は、「論語之義疏」（上・五）「論語之津筏」（上・七）とされる。『孟子』の議論を手掛かりに、『論語』の含蓄を玩味するのである。

（5）仁斎によれば、「性善」は、「自暴自棄者」のための言説である。「其所謂性善云者、本為自暴自棄者発之、亦教也」（上・一二）。向上の萌芽・可能性があることを教えて、「自暴自棄者」の覚醒を促すための限定的な言説なのである。豊澤一「伊藤仁斎における「性善」の意義について」（竹内整一他編『日本思想史序説』一、ぺりかん社、一九八二年）参照。

（6）例えば『大学或問』には、次のようにある。「外而至於人、則人之理不異於己也、遠而至於物、則物之理不異於人也、極其大、則天地之運古今之変不能外也、尽其小、則一塵之微一息之頃不能遺也」（伝五章）。自己の内奥の「理」と極大極小の内外世界の「理」は、いわば相似形なのである。確かに相似であると親切に体認することが、「脱然貫通」なのであろう。

（7）「朱子の先駆者の一人、北宋の張横渠の有名なことばに、「天地ノタメニ心ヲ立テ、生民ノタメニ命ヲ立テ、往聖ニタメニ絶学ヲ継ギ、万世ノタメニ太平ヲ開ク」（『近思録』二）というのがある。……ともかくこのことばをまず記憶しておいていただきたい。というのは、宋学の根本精神というか、根本的気分というか、そのようなものを表現したことばとして、これほどみごとなものはないように思われるからである」とは、島田虔次『朱子学と陽明学』（岩波新書、一九六七年）の出出しの一節である。氏の議論は、「わが国の朱子学には、天地のために、人類のために、学の伝統のために、また学問のために、万世のために、というような規模雄大な精神、そういうものがはなはだ欠けていた」と続く。「わが国の朱子学」の問題は、ここでは論じないが、そこに言われる「規模雄大な精神」とは、士大夫層の「自」意識の高揚の所産に他ならない。

（8）「人心之不同、如其面焉」（『左伝』襄公三一年）は、荻生徂徠の好んで用いる句である。

（9）ここで、本稿の立場から、研究史への批判を試みておく。私はまず、人と人とは「異体殊気」つまり父子といえども互いに切れた存在だという発言を仁斎理解の出発点に据える。こういう問題への自覚的な注目は、註（5）に紹介した豊澤論文などが、その嚆矢かと思われる。豊澤はそれを、「自他の隔絶の意識」（一三四頁）と呼んだ。前後してこの時期、豊澤の言う「自他の隔絶」を取上げる論文が見られたが、その議論の明快さにおいて、豊澤論文は傑出している。また豊澤の以下のような理解には、私としても深い共感を覚え、多くを教えられている。「宋学の立場からすれば、自己は他者と「理」の次元で通底していると言い得るから、自らが「理」に至り得た時、または相対的に近いと考えられる時、それによって他者に対することは、他者をしてその内なる「理」に覚醒せしめ、善たらしめようと望む一つの真摯な態度なのである。それ故、他者を思い遣ることが切であれば切であるほどますます激しく彼の悪を責め、彼を鞭うって善を強いることにもなるのである。だが、そのことが、通底する「理」を認めぬ仁斎には、自己の恣意的判断によって他者を裁く偏狭で「残忍刻薄」な態度と思われたのである」（一二七頁）。しかしその上で、豊澤論文に見られる「仁斎には、宋学の「理」の思想こそが闇く弱い存在である人間を駆って自暴自棄に陥れるものだ、と思われたのだ」（同前）、「仁斎の……自暴自棄し易い闇く弱い存在という人間観」（一二八頁）というような叙述には、違和感を懐かざるをえない。豊澤が引くように、「不自暴自棄者、千百之一二焉耳」（『童子問』上・一五。林本では「百千之一二而已」）と仁斎は言うが、にもかかわらず仁斎には、ある調和的・和合的な人間観がより強くあって、「自暴自棄」つまり「四端」への鈍感という現実を救っているように思われる。豊澤と同世代の仁斎論——代表的には『近世日本社会と儒教』（ぺりかん社、二〇〇四年）に纏められた黒住真の丁寧な論考、諸稿本の比較検討を踏まえた丸谷晃一の「伊藤仁斎の「情」的道徳実践論の構造」（『思想』八二〇号、岩波書店、一九九二年）をはじめとした一連の研究——は、豊澤の指摘を受け止めながら、私に言わせれば、この「にもかかわらず」を明らかにしようと努めてきたのである。

本稿は、豊澤の言う「自他の隔絶」を、〈他者〉の発見としてより積極的に捉え、〈他者〉との繋がりとして、その調和的・和合的な人間観を意義付けようとするものである。その時、「孝悌之心、人人具足、……人道之大本、万善之所由生」（『論語古義』学而篇）などとされる「孝悌」に、一つの思想的な鍵を求めた。〈他者〉との繋がりを、あくまで儒教の立場から構築しようとすれば、実践の倫理として問題の焦点となるのは「孝悌」に違いないと思われるからである。「孝悌」の価値を否定すれば、それは明らかに『論語』や『孟子』の否定である。しかし「孝悌」の特権的な価値を前提にすれば、そこからは〈他者〉との繋がりは構築されない、そういう意味から、問題の焦点だと考えるのである。従来の研究において、このような枠組みからの考察はなされていない。もしかりに、こういう問題構成が誤っていないとすれば、仁斎の『論語』や『孟子』の解釈（読み替え）は、実にスリリングな性格を持つものだったと言わねばならない。

子安宣邦『伊藤仁斎の世界』（ぺりかん社、二〇〇四年）は、仁斎の『論語』『孟子』の解釈を、仁斎の意図に即して丹念に追求したものである。意図に即して丹念にというのは、稿本ごとの言葉の変化の中から、その意図を追体験的に明らかにしたことを言う。「仁斎は『集注』を下敷きにしながら、それを読みかえ、読み改め、『論語』の本旨をとり出そうとするのである。何に依拠して仁斎は『集注』を読みかえるのだろうか。それは「明鏡止水」といった語を疑い、大地のように卑近なものこそ「実」であるととらえたその確信によってである。しかしそのことに依拠しての読み改めといっても、「心」といい「性」といい、己れの使用するほとんどの概念がすでに朱子学的概念として構成されているとき、朱子学的解釈を読みかえ、自らの『論語』体験を語りうる言葉を見出すということは、恐ろしく困難な作業だと思われる。新たな『論語』解釈の言葉を書き終えたとき、すでにそれへの疑いが仁斎のうちに生じ、直ちに改稿への思いに駆られるような作業であったであろう」（五一―五二頁）といった説明は、確かな重みとともに私にも伝わってくる。その上で子安は、その思想を「［仁斎思想の基底は］人人（人と人）の立場である。それは孝弟忠信をもって『論語』を読み切った仁斎のとる立場である。人人の立場とは、人を待ち、他者に対する日常の実践的関係のうちに存在するものとしての人間の立場である。この人人の立場は仁斎にあって、朱子学における宇宙論的な天人関係的言説や性理学や体用論による本体主義的言説などとの解体的な批判的対抗を通じて形成されていった立場である」（三三九頁）と要約し、「ラジカル・ヒューマニズム」と性格付けている。そういう理解に、私としてもまったく異存はないのであるが、その「ラジカル・ヒューマニズム」の「ラジカル・ヒューマニズム」たる所以は、端的に言えば〈他者〉の発見であり、〈他者〉との繋がりの倫理を、〈他者〉不在・不承認を極めた朱子の解釈から『論語』と『孟子』の「古義」を奪い返すことで構築したところにあると思うのである。

（10）　周知のように仁斎は、「鬼神」論を孔子・孟子の話題にしなかったものだとして、これを論じようとしない。それは、「鬼神」の存在を否定するということではないが、人間のなすべきは、「鬼神」に迷わないことだというのであった。「鬼神之説、当以論語所載夫子之語為正、而不可以其他礼記等議論雑之也、……至於孟子、無一論鬼神者、……此皆見聖人深恐人之不務力於人道、而或惑於鬼神之不可知而言之也」（『語孟字義』鬼神）。ここでもまた、自己の存在を、祖先との「気」の連続の中に確かめようという発想はない。仁斎の「鬼神」論もまた、人と人とは「異体殊気」だという議論を背景にしていると言えるだろう。

（11）　吉川幸次郎「仁斎学案」（日本思想大系『伊藤仁斎・伊藤東涯』岩波書店、一九七一年、解説）が、ここから「「俗」こそ真理である。……「俗」とは、われわれの語にいいかえれば、常識である。この批評基準は、文学にむかっても施されている。唐の白居易の詩をよしとするのは、その「俗」のゆえである」（六〇二頁）と言うのは、納得できない。明らかに「俗而能雅」が称えられているからである。吉川「仁斎学案」の孕む基本的な問題については、註（9）で紹介した子安宣邦『伊藤仁斎の世界』（二八〇頁以下）に詳しい。

（12）　「道者天下之公共、而非一人之私情」（『語孟字義』権）、あるいは「道者天下之公道、而善者天下之公善也」（『孟子古義』巻

二）とされるように、「道」とは、こうして〈他者〉と繋がりうる世界、重なり合う部分の拡大を言うのである。

（13）荒木見悟「朱子学の哲学的性格――日本儒学解明のための視点設定」（日本思想大系『貝原益軒・室鳩巣』岩波書店、一九七〇年、解説）は、仁斎や徂徠らいわゆる古学派の思想について、氏の所謂「本来主義」から離れていくことを批判的に指摘した。陽明学による朱子学批判が、「本来主義」の徹底として展開する事実と対照的に、こうして日本の朱子学批判は、人間の主体性の覚醒という点で逆に脆弱なものしか残さなかったというのである。「彼らにとっての関心は、禅より朱子へと移行した本来主義の実態を究めることではなく、理成立の背景となったあらゆる装置の外に出ることである。……そこには確かに新しい着想があったと言ってよい。ただ道徳を説き、礼楽を説く彼らの哲学が、……自由の分の生成する因由をどれだけ豊潤に用意していたかは疑わしい」（四六二―六三頁。傍点は原文）。この指摘は、日本の儒教を考える時、内容として極めて重いもので、これからも絶えず振り返られるべきものであるが、その反面、そこで説かれる「本来主義」や「自由の分」から〈他者〉認識が生まれるのかという問題を投げ返すことも可能かと思われる。〈他者〉認識の獲得という点では、仁斎の思想的な「豊潤」を、東アジアの思想世界の中で高く評価すべきだと私は考える。なお徂徠については、商品・市場の原理による社会の解体を前に、〈他者〉を繋げ、〈他者〉の集合としての社会を統合させるべき文明の原理の探求というような視点から、あらためて別稿を用意したい。

＊『童子問』『語孟字義』『論語古義』『孟子古義』は「林本」（天理図書館所蔵）に、『古学先生文集』は古義堂文庫所蔵本（三宅正彦編集・解説『古学先生詩文集』近世儒家文集集成1、ぺりかん社、一九八五年）に拠った。

「民の父母」小考——仁斎・徂徠論のために——

はじめに

朱子が「愛の理、心の徳」と定式化し、仁斎が「愛」そのものだとした「仁」を、徂徠が「安民」の徳として解釈したことは周知の通りである。ここであらためて考えてみたいのは、徂徠の言う「安民」とは何なのか、徂徠はどのような思想的脈絡に立ってそれを論じようとしたのかという問題である。こういう問題との関連において、〈封建論者〉としての徂徠の一面に、少しでも新しい光を投げかけることができれば幸いである。

一、仁斎の「王道」論

江戸時代の思想史の中で、仁斎ほど「王道」を正面から掲げた人物はいないのではないだろうか。まず、仁斎の議論を聴いてみよう。

儒者の王道に於ける、……蓋し専門の業なり。学問は王道を以て本と為す。(『童子問』中巻・一一章)

別なところでは、「王道の要」は「聖門の要法、学問の本領」だとも言われている（『孟子古義』梁恵王篇）。また『孟子』（公孫丑篇）の有名な一節を引きながら、こうも述べられる。

王覇の弁は、儒者の急務、明らかに弁ぜずんばあるべからず。孟子の曰く、「力をもって仁を仮る者は覇たり。徳をもって仁を行ふ者は王たり。力をもって人を服する者は、心服にあらざるなり。力贍《た》らざればなり。徳をもって人を服する者は、中心悦んで誠に服す」と。これ王覇の弁なり。（『語孟字義』王覇）

さらに仁斎は、その『孟子』の一節を次のように解説する。

けだし王者の民を治むるや、子をもってこれを養ふ。覇者の民を治むるや、民をもってこれを治む。子をもってこれを養ふ、故に民亦上を視ること父母の如し。民をもってこれを治む、故に民亦上を視ること法吏の如く、重将の如く、奔走服役、その命に従ふことこれ暇あらずといへども、しかれども実は心服にあらず。禍有るときはすなはち避け、難に臨むときはすなはち逃れ、君と艱難を同じふせず。その心を設くるの異なること、毫釐の間に在って、民の上に応ずる所以の者、霄壌の隔て有り。（同前）

王者の民も、覇者の民も、いずれも上に対してよく従っている。しかし、王者の民は、「心服」しているから、上を視ることは子が父母に対するかのようである。覇者の民は、覇者の「力」を恐れて一時的に従っているだけであるから、民の側に「君と艱難を同じふ」しようという気持ちは全くない。上に対してよく従っているという現象としては似ている両者ではあっても、その内容の違いは実に大きい、こう仁斎は述べている(1)。

王者の民は、上を視ること子が父母に対するかのようだと言われたが、その点をさらに説いたのが、次の一節である。

「民の父母」を以て王者の美称と為すは何ぞや。夫れ子の父母に於けるや、其の身を後にして其の父母を先にし、其の身を捨てて以て其の父母を保つ。死生艱難にも惟だ其の父母をこれ愛護す。王者は天下の楽しみを楽しみ、天下の憂ひを憂ひ、民を以て其の赤子と為す。故に民も亦其の上を親戴すること、猶ほ其の父母のごとし。……「民の父母」を以て王者の美称と為すこと、亦た宜ならざる乎。（『童子問』中巻・二八章）

王道を実践する君主は、それを称えて「民の父母」と呼ばれるが、「民の父母」としての君主のありようは、民衆が「生死艱難」をも厭わずに「上を親戴する」ことなしには完結しない。決定的な状況に至ったなら、自らの生命を賭してでも、民衆が君主を「愛護」するのである。仁斎の懐く「民の父母」のイメージは、普通に予想されるような、君主から民衆へという一方向だけのものではなくして、民衆から君主へという方向を強く孕んだものとして、その意味で双方向のものとして解釈されている。君主が「赤子」としての民衆を守ることは、実は民衆が君主を守り戴くことでもあって、「赤子」という言葉から受ける没主体的な印象とは異なり、君主による仁政の一方的な受け手というに止まらないある種の能動性が、民衆の側に認められているとしなければならない。

仁斎の「王道」論は、見事なほどに徹底したものである。仁斎は、君主の個人的な憤激や意地から戦争を引き起こして多くの民衆を傷つけることを、強く非難している。『孟子』（梁恵王篇）に、滕の文公が、隣接の大国から侵攻されようとする事態を前にして、君主としてどうすれば良いのかを孟子に問う話がある。そこで孟子は、二つの道があると答える。一方は、かつて古公亶父（周の文王の祖父）がしたように、土地を放棄して自らが去ることであり、他方は、父祖伝来の土地を死守するために戦うことである。ちなみに朱子は、後者を「国君死二社稷一之常法」として、前者を「遷レ国以図レ存者、権也」として理解している（『孟子集註』）。戦死しても社稷を守ろうとする（「社稷に死する」）のが君主としての一般的な道であって、土地を捨てて別な所で国を存続させようというのは、特殊な例外的な方策だというわけである。ところが仁斎の解釈は、これとは反対である。仁斎の理解によれば、孟子の真意は、疑いなく、亶父の側にある。「仁者は其の人を養ふ所以の者を以つて人を害せず」、土地は民衆を養うためにあるのであって、その奪い合いのために民衆を損なうのは、本末転倒だというのである。こうも言う。「若《も》し夫れ弱小の国を以つて、強大の敵に抗がひ、一己の怒に任せ、万人の命を隕《うしな》ひ、骸を積みて城と為し、血を釃《した》みて池と為し、妻子老弱、尽ごとく、孥戮《どりく》を被むりて、猶ほ侮ることを知らざるは、亦た何の心ぞ哉」（『孟子古義』）。小国が大国に抵抗したり、君主が、自分一己の怒りに任せて万人の命をもてあそび、屍の山、血の池をなして平気でいるとすれば、そもそも君主とは何なのかというのである。[2] さきに「王者の民を治むるや、子をもってこれを養ふ」とあったが、親の個人的なわがままや意地で、大切な子の生命を損なうような振る舞いをなすことは、本当の親ならばおよそ考えられないではないか、仁斎はそう言うのである。仁斎の「王道」論は、『孟子』の民本思想を受けて、ここまで徹底したものであった。その上で、「学問は王道を以て本と為す」という仁斎の言葉を振り返れば、仁斎の思想を狭い意味での道徳論に限定することの誤りは明らかである。[3]

さて、仁斎は「王道」の実現にとって、どのような制度的条件が必要だと考えていたのであろうか。次の発言を、まず見ていただきたい。

> 問ふ、後世、恐らくは王道を行ひ難し。曰く、子は井田せず、封建せざれば、則はち王道を行ふべからずとなす乎、将た悉く後世の法を除きて、以て三代の旧に復せんとする乎。曰く、非か。曰く、非なり。（『童子問』中巻・一九章）

質問者は、「井田」「封建」という具体的な制度の形が、何を置いても「王道」実現の必要条件だと考えているから、後世（現代）において「王道」は実現不可能ではないかと問うのである。それに対して仁斎は、そうではないと言う。

王道、豈に法度上に在らん乎。いはゆる王道とは、人に忍びざるの心を以つて、人に忍びざるの政を行ふのみ、何の難きことかこれ有らん。若し聖人をして今の世に生れしむるも、亦必ず今の俗に由りて、今の法を用ひて、君子豹変、小人革面して、天下自らに治らん。（同前）

ここで言われた「法度」は、広く、制度一般という意味である。「君子豹変、小人革面」は、『易経』「革」の語。ここで仁斎は、『孟子』（尽心篇）の「人に忍びざるの心を以つて、人に忍びざるの政を行ふ」という議論に拠って、王道は「法度」（制度）の問題ではないと言い切っている。(4) 制度の問題を持ち出すのは、本気で「人に忍びざるの心を以つて、人に忍びざるの政」を行なう、つまり「民の父母」たろうという気概のない為政者の逃げ口上だと言いたいのかもしれない。

では制度、とくに後に徂徠が力説することになる「礼楽」制度について、仁斎は「王道」論との関わりから、どのように見ていたのだろうか。

蓋し王者の天下に於けるや、専ら民と憂楽を同じふするに在り。楽の今古を弁ずるを以て先務と為さず。苟しくも民と憂楽を同じふすれば、則ち人心和平、風俗醇厚にして礼楽興るべし。……蓋し聖人は但だ泰甚を去つて其の余は皆時に従ひ俗に因り以て治を為すのみ。これを変ずるに意有らざるなり。若し徒らに今の楽を変ずるを欲すれば、則ち礼楽未だ必ずしも遽かに興らずして天下騒然たらん。聖人豈にこれを為さん邪。（『童子問』中巻・二〇章）

「民と憂楽を同じふする」ことが「王道」の根源であって、「礼楽」については、下手にいじらない方が賢明だというわけである。今の「楽」で人々が不満を感じていないのであれば、それに合わせるのが王者の政治なのである。まず、君主が民衆と好悪を同じくすることによってもたらされる「人心和平、風俗醇厚」が、何より優先されなければならない。その後に、然るべき社会的条件が備われば「礼楽」の復興もあり得るだろうと仁斎は言っている。「周礼に所謂六楽なる者も、皆先王の民と楽しみを同じふする所以の迹也」(『孟子古義』梁恵王篇)と言われるように、古代の「楽」がそもそも、当時の民衆と楽しみを共有した結果(「迹」)なのであって、本質的に大事なことは、民衆と楽しみ(や憂い)を共にすることなのである。「迹」としての古代の「楽」の形に縛られて、今の「楽」において民衆と楽しむことを知らないとすれば、それは愚かなことだと仁斎は言う(5)。

こうして仁斎の「王道」論は、君主と民衆の感情(憂楽)の共有、双方向の「愛護」関係として説かれている。では仁斎において、君主に固有の政治的な責任は、どのように理解されるのだろうか。節を改めて、この点を考えてみよう。

二、政治の結果責任

仁斎は「仁」を、「愛」そのものだと説いた。「仁の徳為る大なり矣、然れども一言以つて之を蔽ふ、曰く、愛のみ矣」(『童子問』上巻・三九章)。あるいは「問ふ、仁は畢竟愛に止まる与《か》、曰く、畢竟愛に止まる」(同・四五章)などに、その「愛」の思想は力強く表明されている。しかしその方向だけが強調されれば、「愛」があればそれでよいのかという問題が出てくるだろう。とくに「仁」を「仁政」という次元で考えようとすれば、それは避けられない論点であるはずである。

仁の徳を成すや、其の利沢恩恵は遠く天下後世に被むるに足りて極まる矣。（『童子問』上巻・四七章）

仁斎は、政治についても学問についても、その「利沢恩恵」や「益」が民衆に及ぶことを事あるごとに強調している。そこには、学問論としても興味深い問題があるが、ここで立ち入る余裕はない。[6] 仁政について、具体的な議論を紹介しよう。『論語』（公冶長篇）に、三度仕えて令尹（楚の宰相）となった子文（春秋時代前期の人物）に対する評価の話がある。令尹に登用されても別に嬉しそうでもなく、辞めさせられても恨みがましいところのなかったその人物について、子張が「仁なりや」と尋ねると、孔子は「忠」だとは言いながら、「未だ知ならず、焉んぞ仁なることを得ん」として、子文について「仁」を認めなかった。これについて朱子は、「仁」たる者の内実は「当理而無私心」であらねばならないと論じて、子文という人物については詳しいことが分からないので、孔子は判断を保留したのだろうと理解している（『論語集註』）。仁斎はといえば、

夫子、其の未だ必ずしも至誠惻怛の心に出でず、亦利沢物に及ぶの功なきを以て、故に但だ其の忠を許して其の仁を許さざる也。（『論語古義』）

と述べて、さらにこう続く。

先王、人に忍びざるの心有りて、斯に人に忍びざるの政有り。故にこれを仁政と謂ふ。仁心仁聞有りと雖も、然れども民其の沢を被むらざれば、これを徒善と謂ふ。其の仁と為すに足らざるを以つてなり。（同前）

つまり仁斎は、朱子の言うところの「私心」の有無などに関心を向けずに、「利沢」が民衆に及ぶという結果責任を伴なってこそ「仁政」たりうるという見方を譲らないのである。(7)「愛」は「仁」の本質であるが、その「愛」が、「利沢」を広く及ぼすことで「仁政」となる。為政者の「愛」は、「利沢」が民衆に及ぶことでもって完結するのであり、それなしには「徒善」(意味のない愛)にすぎない。あるいは「愛」というものが、仁斎においては今日の用法と違って、限定された特定対象に向けてのもの(何者かに対する愛)ではなく、そのような「利沢」の無限・全方向の波及と一体のものとして考えられていたのかもしれない。

仁斎の「王道」論には、まだ考えるべき問題が残されているだろうが、君主と民衆の相互的な関係として捉えられていたこと、制度論(封建制・礼楽制度)と切断されていたこと、民衆への結果責任の倫理をもっていたこと、ひとまずこの三つを確認して、徂徠に進もう。

三、徂徠の「王道」批判

徂徠は、仁斎の「王道」論に強い反発を見せた。徂徠は、「王道」と「覇道」を価値的な対項とする『孟子』以降の思考の枠組みを、そもそも認めない。

王覇の弁は、古のなき所なり。孔子の、管仲を「その仁にしかんや」と称し、書に秦誓を載するを観れば、すなはち孔子はいまだかつて覇を以て非となさず。王と覇と、その異なる所以の者は、時と位とのみ。……孔子をして時に用ひられしめば、また必ず管仲の為《まね》せしならん。(『弁名』王覇)

正義としての「王道」、邪悪としての「覇道」という発想は、先王や孔子の時代のものではない。孔子も然るべく登用されていれば、管仲と同じ事を、さらに大きな視野に立って実践したに違いないという徂徠のこのような発言は、朱子学者からすれば暴言とすべき大胆不敵な物言いである。徂徠の思想の功利主義的・反道徳的な本質がはしなくも露見していると、朱子学者なら言うだろう。管仲は、朱子学の見方からすれば、覇道の世界を代表する人物だからである。「王覇の弁」そのものを後世のものとする徂徠は、『弁名』で仁斎の「王道」論を紹介した上で、「これみな文義を知らざるの言なるのみ」と論断する。朱子学を否定したはずの仁斎も、徂徠からすれば、ある意味では朱子学に輪をかけて「王覇の弁」にとらわれてしまっている。かわって徂徠が主張するのは、先王の制作した「礼楽」による政治か否かという基準である。仁斎の「王者は徳を以て本となす」という言葉を引いた上で、徂徠はこう述べている。

後世の儒者は、口は能く徳を以てこれを化することを言ふといへども、然れどもこれを化する所以の術を知らず。これその過ちは、もと、道を以て当然の理となして、その民を安んずるの術たることを知らざるに在り。……故にその努めて己が徳を以てこれを導かんと欲するは、これその意すでに急迫にして、みづから用ひて術なし。何を以て能く民をしてその風に嚮《むか》はしめんや。(同前)

徂徠の言う「これを化する所以の術」とは、「礼楽」である。「仁」とは端的に「安民」のことであり、「安民」の「術」として「礼楽」がある。「礼楽」によって、民衆の風俗を知らず知らずのうちに変化させていくのが政治である。上から道徳的な感化を及ぼそうとするのは、主観的には尊い考え方かもしれないが、徂徠はそれを「急迫」で「術なし」として斥ける。この「急迫」という着眼には、面白い問題が秘められているように思う。徂徠の考える政治は、ゆっくりとした、しかも幾つもの媒介(文化の装置)を経たものなのである。そういう政治観からすれば、「人に忍びざるの心を以つて、人に忍びざるの政を行ふ」とか「専ら民と憂楽を同じふする」というような政治の理解は、ナイーブに過ぎるものと映らざるをえない。

仁斎が、「王道」とは「人に忍びざるの政」を実践することであって、「礼楽」制度は副次的・周辺的なものにすぎないとした主張を、徂徠はまるで裏返したように展開してみせる。では、徂徠の言うところの「安民」とはどのようなものなのだろうか。

四、徂徠の「民の父母」論

徂徠は「民の父母」という言葉を好み[8]、それを、「仁」を理解する上でのキーワードだとまで言う。『徂来先生答問書』という、和文で書かれた書簡体の文章[9]にそれはよく表れているので、やや長くなるが、パラフレーズしながら紹介する。

君子の道を申候はゞ、仁の外に又肝要なる儀無御座候。仁は慈悲の事と大形は心得候得共……的切の訓解にては無御座候。天理人欲の説は後世の見識にて、大なる相違に候。惻隠の心は仁也と申候事も、……惻隠の心は、大形は尼御前などの慈悲に被成候故、今日難取用候。詩経に民之父母と申候語御座候。是に踰《こえ》候よき註解無御座候。

「仁」を「慈悲」とする理解は、江戸時代にあっても稀ではないが[10]、それは適切なものではないとし、さらに「仁」を「天理」とする朱子学の立場を、「後世の見識」であって本来の意味から「大なる相違」をなしているとして排除する。「惻隠の心」の拡充を「仁」としても、結局は「慈悲」と同じことになるという批判は、『孟子』（公孫丑篇）に拠って「四端」（惻隠・羞悪・辞譲・是非の心）の拡充を説く仁斎の議論を意識してのことである。「仁」

に対する通俗的な理解と、朱子学・仁斎学の解釈とを合わせて斥けたわけである。では「仁」の本来の意味とは何かといえば、『詩経』に由来する「民の父母」という言葉が、まさにその本質を言い当てていると徂徠は言うのである。

> 民之父母とは如何心得可申候や。まづ父母とは其家の旦那の事と御心得可被成候。賤き民家の旦那を申候はゞ、其家内には火車なる姥も御座候。引ずりなる女房も御座候。うかといたしたる太郎子も御座候。いたづらなる三男も有之候。うゐ〳〵しき娘婦も有之候。又譜代の家来には、年より用にたゝざる片輪なる下部も御座候。幼少より其家にそだてられ恩にあまへ候て、申付をも聞ざる若き奴も有之、さりとては埒もなき家の内にて、理非にて正し候はんには、手もつけられぬあきはてたる事に候。され共其家の眷族に天より授かり候者共にて、何方へも逐出し可申様なく候ゆへ、其家の旦那ならん者は、右の様なる者共をすぐし可申為には、炎天に被照、雨雪を凌ぎ、田を耕し、草を刈、苦しき態《わざ》を勤め、人に賤しめらるゝをも恥辱共不存、家内をば随分に目永に見候て年月を送り候。もつとも時時はしかり打擲をもいたし候事にて、さのみ慈悲をするとも不存候得共、見放し候心は曾て無之、一生の間右の者共を苦にいたし候事、是天性父母の心はかのごとく成物にて、……

「火車なる姥」は意地悪な老婆、「引ずりなる女房」はおしゃればかり気にする浪費家の女房である。「理非にて正し候はんには、手もつけられぬあきはてたる」家であっても、それは「天より授かり候者共」であって、「旦那」は、それらを「見放」すことなく引き受け、長い視野に立って（「目永に見候て」）苦労しながら面倒をみる。「民の父母」とは、この「旦那」が「家内」の面々に対するように、為政者が民衆に臨むことなのである。「理非にて正し候はんには、手もつけられぬあきはてたる」状態にある民衆を、「見放」すことなく、引き受けることなのである。徂徠がここで「旦那」の比喩をもって描くものは、これ以上ないほどに典型的なパターナリズム（paternalism）の論理である。

しかし一言だけ付け加えれば、「民の父母」の内容は、それだけに尽きるものではない。「民の父母と申候語は、下を治め候には相叶候得共、上に仕ゆる道、其他一切の事にわたり候ては漏候事多御座候」という質問、つまり民衆に対するには「民の父母」でよいが、家臣として君主（藩主）に向き合う時には別の心構えが必要なのではないのかという疑念に対して　徂徠は、こう答えている。

道と申候は、天下国家を平治可被成候為に、聖人の建立被成候道にて候……士大夫の君に仕へ候も天下国家を君の御治めに相手手伝をいたし候事故、民の父母と申所より了簡を付不申候へば、それ〳〵の職分も済不申事に候。

武士、特に藩政に責任を負う上級の武士（まさに『徂来先生答問書』が読者として想定する武士であり、それを徂徠は「士大夫」と呼んでいる）が藩主に向き合うのは、あくまでも藩主の統治行為の「相手手伝」をすることなのである。とすれば、それは個人的な人格としての藩主に対する狭い忠誠や奉仕（親分に対する子分としての忠誠や没我的・自己陶酔的な献身）ではなく、自ら「民の父母」であるという自覚に立った責任ある行為の一環として、藩主との関係もなければならない。質問者の用いた「上に仕ゆる道」という言葉より以上の、それが「民」に対して何をもたらし、「民」にとってどうなのかという視点からの問題の把握を　徂徠は「士大夫」に求めている。「士大夫」のこの強い自律性・主体性（それは時には藩主に対しても発揮されるだろう）を促すものは、「民の父母」としての結果責任の論理である。徂徠は、君主が家臣（家老や奉行といったクラス、「天職を共にする」者とも言われる）に対して権威的・形式的に振る舞うことを常に警戒しているが、それは、君主と家臣は「民の父母」としての結果責任を共に担うものである以上、自由に物も言えないような疎遠な関係であってはならないのだという見方によっている。「下ニ物ヲ言セヌ様ニスルハ、天道ニ対シテ恐レ有リ」（『政談』巻三）。こうして徂徠の「民の父母」は、民衆に対しては純粋にパターナリズムの論理としてあり、同時にそれは、上級武士に高度の政治的責任の自覚を要求するという面を伴なっていた。

パターナリズムには、パターナリズムが前提とする人間関係がある。しかし徂徠が見ている徳川社会の現実は、パターナリズムの前提となるべき温情や恩愛、共同や和合といった人間関係の急速な解体であった。徂徠は、

> 百年以来世の人便利を先として、出替者を召仕候事世の風俗となり候故、主従共に、只当分のやとはれ人と思ひ候心ゆき、一切の事に薫じわたり、はては親類をも苦にせず、主人の事を身にかけず、只吾身ひとつと思取候を、今の世には能《よき》了簡の人に仕候。

と述べている。「出替者」は、貨幣を媒介とした契約による期限付きの奉公人である。そこで結ばれる主従関係は、非人格的で一時的なドライなものであって、明らかに先に見た「旦那」と「家内」の関係の対極にある。しかも徂徠によれば、「百年以来」、そういう人間関係を「便利」と受け取る風潮が社会のあらゆる分野・すべての身分に浸透して（「一切の事に薫じわたり」）、そういう風潮に乗り遅れないことが賢明な生き方であるかのように人々は思い込んでいる。

「仁」とは、君主と家臣とが一体となって「民の父母」としての結果責任を果たすことであるが、その前提を限りなく空洞化させるものが、「出替者」のような貨幣を媒介とした希薄な人間関係の拡大である。武士の間でも、民衆の間でも、それは急速に拡大している。「只吾身ひとつ」としか思わない、周囲と深い人間関係を持とうとしない気軽な人々の群れに対しては、「旦那」が「家内」に向かうような人間関係の足場を築くことがそも

そも望めないではないか。『政談』は、将軍である徳川吉宗の下問に答えた徂徠の社会改革論であるが、そこには、君臣の結合・地域の人間関係などで、それまでの濃密な繋がりが急速に失われて、農村でも都市でも、人々が貨幣に媒介されることでのみ結び付いていこうとする姿が細部にわたって描き出されている。先にも引用したように、人々は、それを「便利」だとして疑わないのである。「目永に見候て年月を送り」「見放し候心は曾て無之」というような気風（エトス）は、もはやどこにもない。『政談』で徂徠は、他者・近隣に関心を持たぬ、単なる群れとなってしまった人々の有様を、「面々構」と名付けている。「面々構」を、どうすることで克服できるのか――ここに〈封建論者〉としての徂徠が登場する。

五、徂徠の「封建」論

徂徠は、江戸時代の代表的な〈封建論者〉とされる。[11] 確かに、以下に見ていくような徂徠の議論は、〈封建論者〉と呼ばれるに十分なものである。まず「郡県」は、どのように描かれるのだろうか。

郡県の世は、諸侯を立ず士大夫皆一代切に候。知行所もなく皆切米取にて禄薄く候。下司を多くつけ候て、それにてはたばりを持つ事にて候。天下の国郡を治め候太守県令と申候は、皆代官の様なる物にて、三年替りに候故、威勢薄く候間、法度の立様三代と替り厳密に候。（『徂来先生答問書』）

「切米取」は、扶持米を支給されること。「はたばりを持つ」とは、権威を付けることである。

天子の国郡を預り候て、しかも三年替りに候故、急に験の見え候事を第一に致し候風俗に候。土民より起り

て宰相迄も立身致し候事成候事故、士大夫の立身を求め候心盛んに候。（同前）

これを見ると、「郡県」を論じる時の徂徠の関心が、「士大夫」としてどう在るのかという点に向いていることが分かる。「士大夫」には「知行所」がないから「禄」が薄く、「太守県令」となっても権威が薄い。そこで彼らは「法度」に頼り、「三年替り」であるから、すぐに効果が目に見える政策を採ろうとし（「急に験の見え候事」というここでの表現は、「急迫」という既に引いた着眼と通じる。徂徠の礼楽論には、こうして「急に……」や「急迫」批判という意味があることに注意したい）、かつ自分の「立身」だけしか頭にはない。民衆の姿が、その視野には入らない。これに対して「封建」は、次のように叙述される。

三代の時分は封建の世にて御座候。秦漢以後は、唐宋明までも皆郡県の代にて候。封建の世と郡県の世とは、天下の制法の惣体別にて御座候。封建の世は、天下を諸侯にわりくれ候て、天子の直御治めは僅の事に候。諸侯の臣は、皆世禄にて代々知行所を持候て有之候。尤賢者を挙用る事にて候へ共、大体は人の分限に定り有之候て、士大夫はいつも士大夫に候。諸侯はいつも諸侯に候故、人の心定り落着く世にて候。法度も粗く候て、只上下の恩義にて治まり、廉恥を養ふ事を先といたし候。諸侯も大夫も、皆わが物に致し候て国郡を治め候事にて御座候。（同前）

「皆わが物に致し候て」とは、自分の勝手一存で自由に扱うというような意味ではないことは言うまでもない。それは、別な箇所で「天より附属被成、祖宗より伝えたる国に候。自分の物と思召候事以《もって》の外なる儀に候」と述べられることからも明らかである。「旦那」の「家内」についても、「其家の眷族に天より授かり候者共にて」とあったことが思い起こされるだろう。「封建の世」では「人の心」が落着き、そこでは「恩義」や「廉恥」といったモラルが養われて、それが秩序の根底を支えることになるというのである。「人の心定り落着く世」であるのは、人々の身分や居所が、代々の世襲だからである。

「知行所」を「わが物に致し候」とは、「旦那」が「家内」を引き受けたように、とことん自分の裁量と責任でその地域と民衆の世話をすることである。「士大夫はいつも士大夫」であるから、「立身」のために上に気を配る必要もない。「三年替り」などではない「わが物」であるからこそ、必要に迫られて知恵も出る。郡県の政治は、期限を与えられた役人が、法でもって取り締まる政治であるから、とことん世話をするということにはならない。役人の視線は、いつも自分の出世のために中央を向いているからである。こうして徂徠の「封建」論は、為政者がみずからの「知行所」に定着して、その地域の民衆と日常的に親しく接している状況を前提にしている。つまり、土着論と一体のものである。[12]

「封建」論が土着論と一体のものであるということを、徂徠は、「井田」法を単なる田制とせずに、地域の風俗が「恩義」や「廉恥」の内にあるような、そういう社会の制度的な基盤として考えることで裏付けようとした。

井田ヲ直道ノ本ト言モ、実ハ此コトナルヲ、唯田地ヲ碁盤格子ノ如クニ割リ、算用合ノ事ノ様ニ心得ルハ、大ヒナル誤也。（『政談』巻一）

制度ヲ立カユルト云ハ、聖人井田ノ法ナリ、……井田ノ法ハ、万民ヲ土着セシメ、郷党ノ法ヲ以テ、民ノ恩義ヲ厚クシ、風俗ヲナヲス術ナリ。（『太平策』）

徂徠は、

封建・井田・土着は徂徠にあっては一体のものであり、それでこそ「聖人の道」なのである。

日本も古は郡県にて候へども、今程封建に被成候故、唐宋諸儒の説には取用がたき事共御座候。（『徂来先生答問書』）

と述べて、徳川体制を基本的に「封建」体制と見て肯定的に評価している。それは間違いないことであるが、それは「天下を諸侯にわりくれ候て、天子の直御治めは僅の事に候」という限りのことであって、「民の父母」としての政治が実現されるような「封建」制として評価しているわけではない。それどころか、貨幣によって媒介される「面々構」の人間関係が、日々、その基盤を掘り崩しているのが現実なのである。こうして徂徠は、まず武士の土着（武士だけではなく万人の土着であるが）を説く。土着による為政者（武士）と民衆の日常的な触合いなしには、「封建」制は、その実を得られないからである。それは、注目すべき次の発言からも明らかである。

今海内封建にして、士の采邑有る者鮮《すく》なし。……采邑有れども処らず、迺《すな》はち之を一城中に聚む。是れ何ぞ郡県に異ならんや。（『蘐園七筆』）

ここで徂徠は、知行地への武士の土着なしには、「封建」は「郡県」と変わらないと言っているのである。土着について、もう少し徂徠の言うところを聴いてみよう。まず「畢竟ノ所、武家ヲ知行所ニ置ザレバ締リノ至極ニ非ズ」として、こう論じている。

先第一、武家御城下ニ集リ居ハ旅宿也。……其子細ハ、衣食住ヲ始メ箸一本モ買調ネバナラヌ故旅宿也。（『政談』巻一）

武士が知行地を離れて城下町に住むということは、必然的に貨幣経済に巻き込まれることである。そしてまた、城下町への武士の集住が、貨幣経済の浸透を加速させていく。その貨幣の力が、そもそも人間関係を希薄化させて「面々構」をもたらす元凶であったから、武士の知行地への土着は、「面々構」から、人間関係を本来の濃密な情誼関係に回復させることになる。土着するのは、武士だけではない。

　三代ノ古モ、異国ノ近世モ、亦我国ノ古モ、治ノ根本ハ兎角人ヲ地ニ着ル様ニスルコト、是治ノ根本也。人ヲ地ニ着ル仕方ト云ハ、戸籍・路引ノ二ツ也。是ニテ世界ノ紛レ者無キノミニ非ズ、是ニテ世界ノ人ニ統轄ヲ附ル故、世界ノ万民悉ク上ノ御手ニ入テ、上ノ御心儘ニナル仕方也。此仕方無時ハ、日本国中ノ人ヲ打散シニ仕置テ、心儘ニ面々構ヲ働カスル故、悉ク上ノ御手ニハ入ヌ也。（同前）

「路引」とは、旅券である。〈封建論者〉であっても徂徠には、地域割拠（地方分権）的な発想はない。この一節からも見えるように、人々が農村から都市に流入し、都市の中でも勝手に居所を変えていくという現実は、もっぱら将軍支配の空隙の拡大として意識されている。それだけ、徳川将軍の一元支配を強化しなければならないという発想が強いのである。徂徠においては、「天下ヲ知食《しろしめさ》ル、上ハ、日本国中ハ皆御国也。……日本国中ハ皆我国ナレバ、何モ彼モ日本国中ヨリ出ル者ハ我物ナルヲ……」（『政談』巻二）とも言われるように、将軍の「我物」（家産）として日本があるのである。その限りでは、徂徠の主張は、「封建」として一般に予想されるような分権的なものではないから、徂徠は〈封建論者〉として真正なものではないと論じることも可能かもしれない。しかしここで論じたいのは、どこまでも徂徠の「封建」論なのである。[13] そして「面々構」の克服という問題意識の中で、徂徠は万人の土着（とりあえず徂徠が説く具体策は、「人返し」であるが、ここでは細かな政策論には立ち入らない）を説くのである。

さて、

田舎ノ締リト云ハ、昔ハ在々ニ武家満々タレバ、百姓モ我儘ナラズ。百年以来地頭知行所ニ不住故、頭ヲ押ユル者無テ、百姓殊ノ外ニ我儘ニ成タリ。（同、巻一）

こういう一節だけを見れば　徂徠のイメージする秩序は、きわめて権威的・抑圧的なものかとも思われるが、少なくとも徂徠の意図はそうではない。「総ジテ郷里ハ和睦スルヲ善トス」などと繰り返されるように、ある和合的な秩序が基底に据えられている。それは、

孝悌は解を待たず、人のみな知る所なり。……孝悌ありといへども、学ばずんばいまだ郷人たるを免れず……（『弁名』孝悌）

などと述べられるように、民衆の世界に、「孝悌」というような素朴な徳が認められているからである。その上で、土地に根付いた世襲的な落着いた生活は、見えない力として民衆を規制してそこに和合的な秩序を実現させる。[14]

人々郷里ト云者定ル故、……一町一村ノ人、相互ニ先祖ヨリ知リ、幼少ヨリ知コトナレバ、……何事モ隠スト云コトハ曽テ成ラヌコト也。（『政談』巻一）

しかし民衆世界の内部だけでもたらされる秩序は、あるべき社会の前提や与件ではあっても、それ以上ではな

い。「民の父母」が導いて、はじめて「古聖人ノ治」つまり徂徠の考える「封建」の社会は実現する。

如此法ヲ立替ル時ハ〔土着をいう〕……一町一村ノ人ハ相互ヒニ自然ト馴染付故……相互ヒニ見放ス事モ無ク、交リ念比《ねんごろ》ニナル也。此上ニ奉行治ノ筋ニ心ヲ入レ、名主ニ能示シ下知スレバ、一町一村ノ内、相互ヒニ睦ジク、風俗自然ニ直リ、悪人ハ自然ト遠ザカルベシ。古聖人ノ治ト言モ如此也。（同前）

現実の「奉行」は、「威高ク構ヘテ下ヲ近付ケズ、唯法ヲ以テアヒシラフ故、上下情通ゼズ、下ヲ治ムベキ様ナシ」という状況で、「民の父母」というには程遠い。徂徠は、為政者にそれぞれの心構えとして「民の父母」たれと説くのではなく、土着という大胆な社会改革をすることで、「民の父母」としての新しい人間類型が誕生することを期待した。それは、武士が知行地に土着することで、在地の民衆との関係が「面々構」ではなくなり、そこから「恩義」や「廉恥」といったモラルが成長するからである。武士の在地への土着は、経済的には貨幣に媒介されない武士と民衆の関係を回復し、武士の権威と温情とを直接に民衆に及ぼすことになる。こうして〈封建論者〉としての徂徠の議論は、土着によってパターナリズムの基盤（「面々構」ならざる人間関係）を回復することに収斂していく。

むすび

仁斎の「王道」論は　徂徠からすれば、極めて危険なものとして映ったに違いない。為政者と民衆の相互的な関係として政治を捉えようとする発想が芽生えているし、制度論を副次的・周辺的なものとして貶める見方が、そこには一貫しているからである。徂徠の「封建」論は、仁斎の「王道」論を見据えて、これを葬ることを隠れた意図として構築されているのではないだろうか。万民土着の世界、すなわち徂徠の描く「封建」の世界が見せる濃密な情誼的秩序は、仁斎の説く「愛」の哲学がイメージする、ある距離感覚を前提とした人と人との穏やかな繋がりの対極をなしているし、徂徠が押し出す共同体のモラルもまた、仁斎の「王道」論への対抗という意図を秘めているように思われる。[15]

徂徠は、確かに〈封建論者〉である。しかしその「封建」論は、土着による濃密な情誼的秩序の再建へ、そのパターナリズムの担い手としての「民の父母」の再生へという一点に関心を集約させていく、そういう性格の「封建」論であった。その背景にあるのは、貨幣の力がもたらした「面々構」という恐るべき現実であって、徂徠はそれを、江戸時代の思想家の誰にもまして直視している。その「面々構」は、視点を換えて言えば、人と人との間に距離が生まれて、その距離を当然のものとして受け入れる都市的な心情・感性が人々を支配しているということでもあろう。徂徠は、そこに人間関係の崩壊を感じ取ったが、まったく、別の可能性が「面々構」の中にないとは言えない。それはともかく、このような徂徠の問題の捉え方は、唐代以降の長い「封建」「郡県」論の歴史において、あるいは江戸時代の思想史の中でも、そして徂徠学派といわれる太宰春台や山県周南などの議論と比べても、際立って個性的なものであることは間違いない。

註

（1）ただし仁斎の議論は簡単なものではなく、覇者を一概に権力支配を専らにする者としてマイナス一色に染めてしまうことはしていない。政治家の類型を、王者・覇者・法術家に区別して、この順序で価値付けて、王者は「徳」をもって政治を行ない、覇者は「徳を仮りて」政治を行ない、法術家は「五覇すでに没し、時世ますます衰ふるに及んで、もっぱら法術に任じて、復た徳を仮ることを知らず」という状況の産物であると仁斎は言う。つまり覇者の政治は、本質的には「力」をもってするものであるが、そこに「徳」をもってするかの見せかけが施されるのであって、その限りで、権力が何の粉飾もなく強圧的に発揮される支配（法術による支配）よりは、まだましなものとして理解されている（『語孟字義』王覇）。こういう目配りは、『孟子』には見られない。

さて、ここに言われる「覇者」として、徳川綱吉を想定することは出来ないだろうか。綱吉の治世は、一六八〇年（仁斎の五十四歳）から一七〇九年（仁斎の死の四年後）までに及んだ。徳川の支配の本質は明らかに「力」（武威）によるものでありながら、この将軍の好学は、儒教の古典についての講義を自ら試みるまでになり、その慈悲は、お膝元である江戸市中の犬にまで及んだことで知られている。「仁を仮る」というに、これ以上の適例はないように思われる。かりにこの想像が外れていないなら、仁斎の「王朝」論には、幕府政治に対する、ある冷徹な見方が潜んでいるとしなければならない。つまりそれは、幕府の「武威」が通用する限りにおいて人々は幕府の支配に従っているが、その「武威」に蔭りが見えれば、蜘蛛の子を散らすように人々はそこから去ってしまうだろうと言っている。「心服」しているわけではない民の側には、「君と艱難を同じふ」しようというつもりが毛頭ないからである。そして幕府の「瓦解」の実際は、その通りになった。渡辺浩「「御威光」と象徴――徳川政治体制の一側面」（『東アジアの王権と思想』東京大学出版会、一九九七年）参照。

（2）ちなみに吉田松陰『講孟余話』の理解は、仁斎の対極にあって、「死をいたして去る勿れ」とされる。何を犠牲にしてであろうと、敵の侵攻には一歩も引かずに戦えというのである。

（3）高熙卓「伊藤仁斎の「王道」論――その政治思想史的意義について」（『倫理学年報』四七、一九九八年）が、多くの点で示唆に富む。

（4）これは、仁斎の早くからの持論である。「昔者聖王之治天下也、必有本有末、本者、謂道也、末者、謂法也、道者、体也、法者、用也、道以仁行、法以義立、法或可改、而道終不可変焉、故善観聖人者、以道而不以法」（「漢文帝除肉刑論」、『古学先生文集』巻二）と言うように、「本」としての普遍なる「道」と、状況に即応した可変の「法」という区分が仁斎にはあって、「封建」「郡県」の相違は、「末」としての「法」の次元の問題だとされる。「古者封建、後世則郡県、古者井田、後世則租調、古者車戦、後世則騎兵、古老地坐、後世則椅子、古者蒙籀、後世則隷楷」（同）とされるように、社会の具体的な姿は変わるもの、しかも不可逆の変化としてある。それを仁斎は、「夫天下者、勢也」と言っている。「大抵諸儒之論、得其末而遺其本、泥其跡而失其理」とあるように、大事なことは、そういう変化を受け入れながら、「本」である「道」を実現させることである。この文章の書かれた時期は特定できないが、体用論が用いられていることからして、定論確立以前のものであることは明らかである。それだけ仁斎にとって、制度論は副次的・周辺的な問題だという感覚は早くから強かったということである。

（5）礼楽の具体的な形は、常に特定の時代や社会状況に制約されたものだから、その「迹」に泥んではならないという、中江藤樹や熊沢蕃山らの力説した議論（心迹差別論・時処位論）と共通したものが見られる。

（6）仁斎は、例えば「天学」の発展について、「無稗於世道、無補于生民」として冷淡である（『童子問』中巻・六五章）。意外にも思われるが、知識の獲得を、それ自体として喜びとするような感覚は、仁斎には無縁であった。

（7）『論語』には、管仲（恒公を覇者たらしめた斉の宰相）を褒める発言と貶める発言とが併存してある。朱子は、管仲を「仁」と認めることを絶対に許さなかったが、仁斎は、基本的にそれを認めている（例えば『童子問』上巻・五二章）。これも、管仲の政治的な恩恵が広く長く人々に及んでいると仁斎が考えたからである。政治の結果責任へのこのような鋭い洞察と、例えば「進退賞罰、必因国人之心而行之、則是民之父母也」（『孟子古義』梁恵王篇）と言われるような、「国人」の心情との一体化とは、どのようにして仁斎の中で結び付いているのだろうか。「国人」の心情から敢えて離れることが、政治の結果責任を全うすることにつながる、そういう問題設定はないのだろうか。待考。

（8）「民の父母」という言葉は、『詩経』に「楽只君子、民之父母」「豈悌君子、民之父母」（小雅、南山有台と大雅、洞酌）とあり、また『書経』周書、秦誓にも見え、『孟子』などでも政治のあるべき姿を説く時に用いられているが、やはり『大学』で「楽只君子、民之父母」の句が引かれたことが注意されなければならない。その本文は「詩云、楽只君子、民之父母、民之所好好之、民之所悪悪之、此之謂民之父母」であり、朱子は、『大学章句』で「言能絜矩而以民心為己心、則是愛民如子、而民愛之如父母矣」（伝一〇章）と解説している。

さて、この「民の父母」という言葉は、為政者の理想像を語るものとして、江戸時代の思想においても馴染みの深いものである。例えば、本多正信（三河以来の家康の近臣）の著作と伝えられた『治国家根元』においても、

「民ノ父母」ト云ハ、国主郡主ハ能民ヲ憐ミ玉フ事、人ノ父母ノ如シ。父母ノ子ヲ不便ニ哀ム心ハ片時モ止ム事ナク、何卒子ノ能様ニ、難義セザル様ニト思フヤ、其如クニ慈悲ナル守護ハ民ノ為ニ能様ニ迷惑セザルヤウニト思フ。故ニ民モ又己ガ父母ヲ思フ様ニ親ミアリ、カタク思ヒ付モノナリ。此故ニタトヘ民ニ悪キ事有テ罪ニアフト云ヘドモ、父母ニ折檻セラレタル如シ。聊モ上ヲ恨ル事ナシ。

と言われている。また、経世論において多くの江戸の思想家がその才能を認めた熊沢蕃山は、『大学或問』において、

或問。仁君の天職とは何ぞや。云。人民の父母たる仁心ありて、仁政を行ふを天職とす。一国の君には、一国の父母たる天命あり。天下の君には、天下の父母たる天命あり。……天命常なし、衆の心を得るときは国を得、衆の心を失ふときは国を失ふといへり。……天命は常に仁善に与す。是常なくして常ある所也。人君仁心ありといへども、仁政を不行ば徒善なり。

と述べている。こうして中国においても、江戸時代の日本でも、「民の父母」は儒教の描く為政者像の常套句であった。問題は、その決まり文句に托された含意が何であったのかである。

(9) この書の性格については、平石直昭「「徂来先生答問書」考――経典注釈と政策提言の間」(『社会科学研究』四五―三、一九九三年)が詳しい。

(10) 徂徠自身も、かつて「仁ハ慈悲憐愍の徳なり」(『論語弁書』)と説いたことがある。なお『論語弁書』の孕む問題については、拙稿「荻生徂徠『論語弁書』をめぐって」(『東洋古典学研究』一八、二〇〇四年)を参照していただきたい。

(11) 増淵龍夫「歴史認識における尚古主義と現実批判――日中両国の「封建」・「郡県」論を中心にして」は、いつ読んでも教えられるところの多いというばかりではない、歴史研究者としての姿勢を問い直させる気迫のこもった論文である。そこで増淵は、徂徠について次のように述べている。「荻生徂徠は、三代先王の道を聖人の制作として絶対視することは周知のところであるが、この先王の道は先秦「封建」の世に最も適合し、秦以降の「郡県」の世では、その真意義が忘れられ、多くの誤謬を生んで行くとし、神祖家康の開いたわが徳川幕府の政治体制は、先秦の世と同じく「封建」であり、道への可能性は、中国の郡県の世よりもつもの、とするのである」(二一〇頁)。「したがって、徂徠が当面した元禄・享保の世の諸弊害を救済しようとする彼の改革案は、「封建」体制強化策で、この聖人の制である「先王の道」が基準となる。……上下万民を土着さすべきである、とする『政談』や『太平策』にみられるやや時代錯誤的な彼の時務策はその例である」(二一一頁)。増淵は、中国における「封建」「郡県」論は、「現実の直視にもとづく、体制との対決、或は体制の改良という実践的課題をもって展開された」(二〇九頁)ものであったが、それが日本に入ると、「体制を正当化する理念としての役割をはたす」(二一七頁)だけのものになってしまうと言うのであり、その典型として徂徠が引かれている(『歴史家の同時代史的考察について』岩波書店、一九八三年所収。漢字は通行のものに直した)。しかし増淵の議論は、少なくとも徂徠については、一面的なものだと言わざるをえない。今日の地点から見れば確かに「時代錯誤的」と言えるかもしれないが、そこには、徂徠なりの「現実の直視にもとづく、体制との対決、或は体制の改良という実践的課題」があったのである。たとえ徳川体制を基本的に「封建」であるとして「正当化」していても、体制の擁護のゆえに最もラディカルな社会改革を主張せざるをえないということもありうるのであり、私の理解では、徂徠の思想の全体はまさにそういうものだった。

(12) 江戸時代の思想史における「土着」論の要点を押さえた概観は、ケイト・ナカイ「武士土着論の系譜」(『岩波講座日本通史一三 近世3』一九九四年)によって与えられる。

(13) 石井紫郎「「郡県」と「封建」」(『日本国制史研究II 日本人の国家生活』東京大学出版会、一九八六年)は徂徠について、一見すれば〈封建論者〉であるが、その実は「中央集権的」な「一君万民的国制像」を描いていて、具体的に提言される政策の内容は、むしろ「郡県」的なものであると論じている。「一君万民的」という捉え方には賛成できないが、その他の論点については異論はない。しかしその面だけを強調すれば、徂徠がなぜそれらを「封建」として説こうとしたのかという点が抜けてしまうのであり、石井論文は、その説明において説得性をもたないと思う。

（14）青年時代の南総での体験が、何ほどか、こういう見方に影響を与えているのではないだろうか。

（15）拙稿「愛の起点――仁斎小考」（『文藝研究』一四八、一九九九年）において、不十分ながら、問題の端緒を考えてみた。

＊仁斎の著作は、江戸時代に仁斎の名をもって通行した思想として取り上げるという意味で、いずれも刊本によっている。本稿で引いた史料については、仁斎の最終稿本である「林本」と比べても、問題になるような異同はない。訓読の責任は、筆者にある。

＊『太平策』については、これを偽書とする見解もあるが、従わない。この点も含めて、筆者の徂徠理解については、『荻生徂徠』（叢書・日本の思想家15、明徳出版社、二〇〇八年）を参照していただきたい。

伊藤仁斎の『中庸』論

序

伊藤仁斎の『中庸発揮』は、嗣子である東涯によって、一七一四年（正徳四）に刊行された。その序文の冒頭で東涯は、

昔者夫子歿、微言絶、七十子喪、大義乖、道術為天下裂、諸子百家、各道其道、各徳其徳、思以易天下、学者貿貿焉、莫之能適従、於是子思子作為中庸之書、以證聖人之道、為大中至正之極、首掲三言、以託其始、乃六経之総括、学問之宏要也【孔子が没してから微言が絶え、孔子の門人が亡くなって大義が分からなくなった。道術はバラバラになり、諸子百家がそれぞれ道や徳の議論をしたいようにして、学問に志す者は目がくらんで何に従うべきか明らかではない。そこで子思が『中庸』を著して聖人の道を指し示し大中至正の目当てとなし、『中庸』の始めに性・道・教の三つについての命題を掲げた。これが、六経の総括であり学問の要点である。】

と述べて、「六経之総括、学問之宏要」という高い評価を『中庸』に与えている。しかしそれは、テキストとしての『中庸』を、そのまますべて受け容れるということではない。東涯は序文の末尾で、子思が著した本来の

『中庸』は、秦火をくぐることで、テキストとしての混乱を抱え込んでしまい、漢の時代に入って改めて『中庸』をまとめ直すことになったが、テキストとしての「錯雑」「混淆」を免れず、また「虚遠之理」に依拠して、強いて体系だったものにしようという志向が強かったために、子思の意図から逸れることがあったという趣旨のことを述べている。そして東涯は、序文を「故先人〔仁斎〕既解語孟二書、復及斯書、以釐正甚多、名曰発揮、仍序而伝之云」と結んだ。漢代の儒者の不十分さを克服して、どこまでが本来の『中庸』であり、何が不純な混淆物であるのかを明らかにしたのは、ひとえに父である仁斎の著した『中庸発揮』の功績だというのである。

　では仁斎は、秦火をくぐって混乱した現行『中庸』の、何をどのように「釐正」しようとしたのか、その根拠がどういうものだったのか、その内容を見ていこう。

一、「叙由」

『中庸発揮』は、最初に「叙由」二条を掲げて、現行『中庸』の成立について論じている。まず、第一条である。

> 維楨〔仁斎の名〕按、史記孔子世家曰、子思作中庸、……今此篇載在記之中、至於朱考亭氏、合論孟大学、列為四書、分為三十三章、然而大学本非孔門之書、蓋熟詩書二経而未知孔門之旨者所作、其説別論、若孟子、発明孔子之旨者也、中庸又演繹孔子之言、其書雖未的知子思之所作与否、然以其言合於論語、故取之【思うに『史記』には、子思が『中庸』を書いたとある。……『礼記』の一篇としてあるのがそれである、朱子は『礼記』から『中庸』を抜き出し、『論語』『孟子』『大学』と合わせて「四書」とし、『中庸』を三十三章に章分けした。しかし『大学』は、孔子の門で書かれたものではなく、『詩経』『書経』に通じてはいるが孔子の教えを分かっていない者が著したものである。これ

について は、別に論じた。『孟子』は、まさに孔子の教えを明らかにするものである。『中庸』も孔子の言葉を演繹するものだとしてよい。子思の著作かどうかは断言できないが、『論語』に合致するものは取っていこう。】

ここで仁斎は、『中庸』の著者が誰であったのかという問題に深入りしようとしていない。その内容について、『論語』に合致するから取るという、やや距離のある姿勢を示している。よく知られたように、『論語』こそは、仁斎が「最上至極宇宙第一」とまで讃えた書であった。朱子は『礼記』から『大学』と『中庸』を選び出して、『論語』『孟子』と合わせて「四書」として顕彰したが、仁斎は「四書」という枠組みには従わない。仁斎によれば、『大学』は孔子の思想とは無縁の書である。(1) 仁斎にとっては、「孔子之旨」ないし『論語』が価値の普遍的な基準であって、それに適うものとして『孟子』があり、それに適う限りで『中庸』が認められる。

第二条は、現行『中庸』の成立や構成について宋代に幾つかの議論があったことが紹介され、『中庸章句』でいうところの第二十章が、『孔子家語』で「哀公問政篇」としてそのまま収められていること、分量として『中庸』本文のほぼ五分の一を占めていて（四千二百余字のうち七百八十字）明らかにバランスを失していることを理由に、それとして独立していた文章が『中庸』に「誤入」してしまったものだろうと論じられる。そして、詳しい議論は後で行なうとされながらも、

第十六章（『中庸章句』の分章、以下同）論鬼神、及第二十四章論禎祥妖孽処、又非孔子之語【第十六章の鬼神論と第二十四章の禎祥妖孽を論じた箇所は、孔子の言葉に反している。】

とされ、『中庸』全体について次のような評価が下される。

中庸一書、為漢儒所誤者亦居多、然而除論鬼神妖孽外、其言皆鑿鑿、与論語孟子、実相表裏、蓋洙泗之遺言也、列之於語孟、大有補于世教矣【『中庸』は、漢代の儒者によって誤ってまとめられた部分も多いが、鬼神や妖孽を論じた箇所を除けば、その言葉はみなすぐれており、『論語』『孟子』に沿うもので、孔子の残した言葉だとしてよい。『論語』『孟子』と並べられるもので、世教にも有益である。】

仁斎は、やや穿《うが》った見方をすれば、『論語』と『孟子』を正しく読める者だけが『中庸』を読めるのだと言っているのであり、『中庸』に説かれている内容は、『論語』『孟子』を出るものではないとするわけである。

二、「綱領」

テキストの内容に踏み込んでの『中庸』への論評は、次の「綱領」六条でなされる。順次、見ていこう。第一条の全文を引けば、こうである。

中庸之書、論語之衍義也、其言肇出於論語、而子思衍之、以作中庸、蓋賛無過不及、而平常可行之徳、以名其書、先儒謬為堯舜以来伝授心法、孔門蘊奥之書、以高遠隠微之説解之、而不知孔孟之教、不出于仁義二字、而仁義之外、又無所謂中庸者也、失作者之意殊甚、学者苟以名篇之義求之、則思過半矣【『中庸』は『論語』の衍義である。その言葉は『論語』に由来して、子思がそれらを敷衍して『中庸』を作った。過不及なく平常に行なうべき徳を讃えて、そのまま書名としている。宋学者たちは、これを「堯舜以来伝授心法」を説いた「孔門蘊奥之書」だとして、高遠隠微の説をなして解釈しているが、孔子・孟子の教えは「仁義」に尽きていて、それと別に「中庸」という一段高い徳があるものではないということを知らない。彼らは、子思の意図から全く離れている。学問する者は、なぜこの書名になったのかを考

えれば、すぐに分かるはずである。】

ここで仁斎は、「叙由」での保留を越えて、『中庸』を子思の著作だとしている。その上で仁斎は、『中庸章句』の序が説く、堯から舜に伝えられた「允執厥中」、舜から禹に伝えられた「人心惟危、道心惟微、惟精惟一、允執厥中」に淵源する「心法」が、時代を降って孔子から顔子・曾子へ伝わり、「異端」の教えが起こってその「心法」が暗まされようとする状況の中で、子思があえて「蘊奥」を「開示」するものとして『中庸』を著したという朱子の説明を斥ける。仁斎によれば、朱子の議論は「仁義」と別のところに「蘊奥」を置こうとするものとなる。

第二条では、単に「中」とある場合と「中庸」と連言される時では、その意味が異なることが説かれる。「中庸」と連言される時は、「無過不及而平常可行之徳」のことであり、単に「中」と言えば、それは「徒以処事得当而言」、具体的な事象に対処して当を得た対応をすることである。敢えて言えば、「中」は、その場に相応しい対処が出来たことを結果として評する言葉である。第三条は、前条を受けてさらに「中」を論じる。朱子は「中者、不偏不倚、無過不及之名」(『中庸章句』)としたが、仁斎は、この定義は直ちに誤りというわけではないものの、「若執中無権、則有一定不変之弊、……故中必以権為要」と論じる。「権」と一体のものとして「中」を捉えなければ、「中」が固定的なものとして受け取られてしまうということである。そして第四条では、「唐虞之時」も「孔孟之書」でも、教えとして「中」を掲げることが少ないことが言われる。

孔門曰礼、而不曰中、蓋以中有泛然無拠之患、而礼有秩然不紊之理、中有執一廃百之弊、而礼有遇事変化之妙也【孔子の教えでは、「礼」を言うが「中」は言わない。それは、「中」には漠然として拠り所がないという心配があるが、「礼」はしっかりとして乱れることがなく、「中」には、それだけが固定化して応用がきかないという弊害があるが、「礼」なら、

状況に適応することも出来るからだ。】

「一定不変之弊」や「執一廃百之弊」という言葉で、仁斎は何を問題にしているのだろうか。それが「権」や「泛然無拠之患」との繋がりで言われていることを見れば、朱子のような「中」の理解からは、多様な事象に臨機応変に対応できる柔軟性が生まれず、観念的な「中」に逆に囚われて、ある閉鎖性、頑なさがもたらされることを言っているようである。

第五条で、仁斎は「首章自喜怒哀楽至万物焉、四十七字」を取り上げて、これを「本非中庸本文、蓋古楽経之脱簡、誤攙入于中庸書中耳」と論じる。その根拠は、「十證」として列挙される。それはまず、

以其叛六経語孟者言之、如未発已発之説、六経以来、群聖人之書、皆無之、一也【六経や『論語』『孟子』に反するというのは、未発已発などという説は、聖人の書物どれを見ても、そこには見当たらないからだ。これが第一の根拠だ。】

ついで、

孟子受業於子思門人、当祖述其言、而又不言、二也【孟子は子思の門人から学んだから、子思の言葉を祖述しているはずだが、そこにも未発已発などは言われていない。これが第二の根拠だ。】

如中字、虞廷及三代之書、皆以已発言之、而此処独以未発言之、三也【「中」は、舜から以後、もっぱら已発について言われるので、『中庸』でだけ未発の次元で言われるから、おかしい。これが第三の根拠だ。】

というように続く。朱子は、この「四十七字」の前半「喜怒哀楽之未発、謂之中、発而皆中節、謂之和、中也者、天下之大本也、和也者、天下之達道也」の一節を、「性」と「情」、「体」と「用」、「静」と「動」といった枠組みを駆使しながら説き明かして、「此言性情之徳、以明道不可離之意」と論じ、後半、「致中和、天地位焉、万物育焉」の一節に、「蓋天地万物、本吾一体、吾之心正、則天地之心亦正矣、吾之気順、則天地之気亦順矣、故其効験至於如此、此学問之極功、聖人之能事、初非有待於外、而修道之教、亦在其中矣」（『中庸章句』第一章）という格調高い哲学的な解説を与えた。しかし仁斎は、これを「喜怒哀楽四字、及以中和連言者、独見於楽記、蓋賛礼楽之徳云然」として「古楽経之脱簡」とするのである。

最後の第六条では、『中庸』本文から離れて、朱子の『中庸章句』序のうちの、舜から禹に授けられたとされる「人心惟危、道心惟微、惟精惟一、允執厥中」の語が取り上げられる。仁斎によれば、朱子が「人心道心危微精一」の語を引いた『尚書』の「大禹謨」は、「自漢已来、隠没不伝、而晩出于晉隋之間」、かなり疑わしいテキストである。[2] さらに内容的にも、

> 人心雖固易流於欲、然人必有義理之心、不可専謂之危、何者、道心即仁義之良心也、……由此観之、則危微二字、不合孔孟之旨、断可見焉【人心は確かに欲に流れやすいものだが、そこには必ず義理の心が備わっているもので、これを一方的に「危」とすることは出来ない。なぜなら、道心といわれるものも、仁義の良心そのものだからである。……こう見れば、「危」「微」の二字で心を捉えるのは、孔子・孟子の旨に合わないことは断じて明らかである。】

とされる。

三、『中庸』の解釈

1　「上篇」と「下篇」

仁斎は、『中庸』を上下の二篇に分けて、『中庸章句』でいう第十五章までを「上篇」とした。「按説中庸之義者、止於此、蓋中庸本書也、以下或是他書之脱簡」とあるように、これが「中庸本書」であり、下篇には、雑多な文献の混入があると仁斎は見ている（すぐ後に紹介するように、この「中庸本書」にも他のテキストからの混入がある）。

しかしそれは、下篇が、内容として荒唐無稽で取るに足らないものだということではない。それは例えば「為天下国家有九経」（第二十章）について、

孟子論王道、必以仁義為本、……亦与此章同意、蓋治国之大経、聖学之定法也【孟子が王道を論じるには、必ず仁義を土台とした。……『中庸』の「九経」の議論と同じ趣旨である。これは治国の基本であり、聖学の定法である。】

と高く評価されていることからも明らかであろう。ただ仁斎は、それらは「中庸之義」についての議論ではないとするのである。「中庸之義」を論じたテキストとしての『中庸』は、上篇で閉じられるべきものなのである。

2　「性」「道」「教」

『中庸』の冒頭の一節、「天命之謂性、率性之謂道、修道之謂教」について、朱子『中庸章句』が「性即理也」と規定した「性」を、仁斎は次のように捉え直す。

性者、生之質、人其所生、而無加損者也、言人有斯形焉、則惻隠羞悪辞譲是非之心、生来具足、不仮外求、乃天之所賦予於我、故曰天命之謂性【性とは、生の質をいう。人が生まれ持ったその性質のことである。ここで言わんとするのは、人が生まれれば、そこに惻隠羞悪辞譲是非の心が、外から借りる必要のない天から賦与されたものとしてそれぞれの性質の中にあるということである。だから「天命之謂性」というのだ。】

「性」は、生まれながらに備わった各自の持ち前である。それは、個性や多様性と言い換えることも出来るだろう。朱子が「性即理也」として、「天」から万人に寸分の違いもなく等しく賦与された理法とした「性」は、仁斎によって、とりあえずは人々の差異として理解された。では、単にバラバラだということなのか、そうではない。個性や多様性の中にも「惻隠羞悪辞譲是非之心」、つまり『孟子』に説かれた「四端の心」が同じように生まれながらに「性」として備わっている。差異を前提にして、その中に人々を繋げる「心」が内在していることに注意して、それが偶然のことではなく「天」から賦与されたものだから、「天命之謂性」なのである。

そして仁斎の議論は、「性」「道」「教」の関係をめぐって、次のように進む。

夫道者、至矣、尽矣、蔑以加焉、然而不能使人為聖為賢、能成其材徳、其為聖為賢、能成其材徳者、教之功也、故道為上、教次之、然而使人之性、如鶏犬之無知、則雖有善道、雖有善教、莫能受之、其能尽道受教者、性之善故也、孟子所謂性善是也【道は、究極的なもので何を加える必要もない。しかし道があるというだけで、人を聖賢の域に導き材徳を成させることは出来ない。聖賢の域に導き才徳を成させるのは、教えの功績である。だから道が上であり、教えがそれに次ぐ。しかし人の性が鶏犬のように無知なものであれば、善い道があり善い教えがあってもそれを受け取ることが出来ない。教えを受け取れるのは、性が善であるからである。孟子が言う性善とは、こういうことである。】

「道」が最高のものとしてある。その「道」を目標として人々が努力するように仕向けるのが「教」の意義である。「教」がなかったなら、人々はどのようにして「道」に接近すべきなのかが分らない。最高概念である「道」に次ぐのが「教」ということになる。しかし「教」が「教」として成立しうるのは、人々の中にその「教」を受け止める素地があってのことである。もし、人々が生まれながらに禽獣のようなものだったら、「教」そのものが成立しないことになる。『孟子』が説いた「性善」とは、そういう意味に限定されたものなのだと仁斎は主張する。ここで斥けられるのは、各自の「性善」が十全に発揮されれば、それが直ちに「道」の実現になるという朱子学の考え方である。仁斎は、こう言う。

旧解以為人物各循其性之自然、則其日用事物之間、莫不各有当行之路、是則道也、愚謂天下莫尊於道、亦莫大於道、以経古今、以統人倫、無上亦無対、若謂待循性而後道始有焉、則是性先而道後、性重而道軽、先後換位、軽重失序、豈所謂天下之達道者乎哉【これまでの解釈では、人・物がそれぞれの性の自然に従えば、日用事物の間に当に実践すべきところが明らかになる、それが道だということだった。私が思うに、天下に道より尊いものはない、道より大きなものもない、古今にわたって人倫を統べ、並ぶものもない。もし性に従ってそこに道があると言えば、性が先で道が後になる。性が重く道が軽くなる。先後軽重が逆ではないだろうか。それでどうして「天下之達道」と言えるだろうか。】

「旧解」として引かれたのは、朱子の『中庸章句』の解説そのままである。(3) 朱子学の考え方では、どうしても「性」と名付けられた自分の心奥を見つめるという内省的な志向が強調される。しかし仁斎は、「道」を道徳的なもの、「人倫」を統べるものと捉えながら、同時にまたこうして「道」を何より「大」なるものと理解している。そして、こう述べる。

蓋性者己之所有、道者天下之所通、言各有攸当、若謂道自性出、則不可【そもそも性は己の所有するところで、道は天下の通じるところである。言葉には、それがカバーする範囲というものがある。もし道が性から出てくると言えば、それは誤りである。】

ここには、一人ひとりの人間は、「道」から見れば小さな存在だという感覚がある。これは、朱子学には見られない感覚ではないだろうか。「教」に則って努力することで、誰もが「道」に近づくことは出来るし、現に聖賢とされる人物は、限りなく「道」と一体の境地にまで到達していたのだろう。しかし「道」そのものの「尊」や「大」は、どこまでも人間を超えたものであって、人間は「道」の前では、不完全で部分的なものでしかないと仁斎は言いたい。(4)

さらに議論は、「喜怒哀楽之未発」云々の「四十七字」が、「中庸本文」のものではなく「古楽経之脱簡」と見なされるべきことへ続き、

若以此章、為中庸本文、則唯喜怒哀楽未発之中、独為学問之根本、而六経語孟、悉為言用而遺体之書、害道特甚、故今断為古楽経脱簡【もしこの章を中庸の本文とすれば、喜怒哀楽未発の中だけが学問の根本ということになり、六経も『論語』『孟子』も「用」を言っただけで「体」には触れていない書物ということになってしまい、道を損うこと甚だしい。だから私はこの部分を古い楽経の脱簡だとするのである。】

と述べられる。

仁斎は、「喜怒哀楽之未発」云々の「四十七字」を除いて、この「性」「道」「教」の関係を定式化した『中庸』首章を、「中庸之小序」と呼んでもよいとする。

此篇専為明道而作也、道也者、存於人倫日用、達於天下万世、而不可須臾離者也、当時諸子百家、各恣私説、虚無是尚、横議是肆、莫能相統一、……故子思於是首発明性道教三者之義、以為中庸之小序云【『中庸』は、もっぱら道を明らかにするために作られた。道とは、人倫日用にあって天下万世に達し、一刻もそこから離れられないものである。子思の時代は、諸子百家がめいめいに私説を吹聴し、虚無がもてはやされ、勝手な議論が横行していて、正しい教えで議論を統一することがなされなかった。……そこで子思が「性」「道」「教」の関連を説き明かして、この部分を『中庸』全体の「小序」としたのである。】

子思は、「諸子百家、各恣私説」というかつてない状況の中にあったから、『論語』にも『孟子』にも述べられていないような「性」「道」「教」の関係の定式化を試みたというのである。

仁斎は、次のように考えている。つまり、『孟子』は子思の後の時代の書物ではあるが、『論語』の思想の敷衍としては最も優れているから、『論語』の「道」や『孟子』の「性善」などの意味を正しく理解して、その上で子思の意図を推し量っていけば、それは『中庸』に対する評価として積極的な意義を持っている。しかし、『論語』の「道」や『孟子』の「性善」などの意味を（朱子学のように）取り違えて、その延長で『中庸』を解釈しようとすれば、この「性」「道」「教」の関係は、その相互関係や先後軽重を取り違えた大変な誤りに行き着いてしまう危険な側面を持っている。

3　「卑近」と「高遠」

朱子と同じく仁斎も、子思が「異端」との対決において『中庸』を著したとする。朱子は、『中庸章句』序の冒頭に「中庸何為而作也、子思子憂道学之失其伝而作也」と説いたように、「道学」を脅かすものとして「異端」

を捉えた。しかし仁斎は、「異端」とは何かという問題を、「卑近」と「高遠」という枠組みから論じようとする。(5)

しばらく、「異端」を論じた仁斎の言葉を拾ってみよう。まず「天命之謂性」以下の一節について、こうある。

蓋諸子百家、各以其道為是、而不知道者流行天下、人人之所同由、故合于人之性則為道、否則非道【諸子百家は自分たちの道が正しいとしているが、道が天下に流行し、人々の同じく由るところであることを知らないから、性に合えば道で、そうでなければ道ではないとする。】

既に見たように、仁斎は人々の差異を前提にして、その上で人々が重なり合うところに着目する。その重なりが、「天下」という広がりをもっている時、それが「道」なのである。「諸子百家」の説くところには、そういう広がりがない。また同じ一節で、

若異端之廃人倫、滅人情、蔑人事、豈可謂之循性之道哉【異端のように人倫・人情・人事を無視するようでは、性に従った道だとは言えない。】

と述べる。「廃人倫、滅人情、蔑人事」という言葉で、仁斎は何を言おうとしているのだろうか。「子曰、中庸其至矣、民鮮能久矣」(第三章)について、

蓋唐虞三代之盛、民朴俗醇、無所矯揉、而莫不自合于道、……及後世也、教化日渝、不失不及、則必失之過、求道於遠、求事於難、愈騖愈遠、愈務愈難、民之鮮能、一坐於此、豈非難而又難乎【さて唐虞三代の盛時には、民の風俗が淳朴で、無理に力を加えなくとも道に適っていた。……後世になると、教化が盛んにいわれ、不及でなければ過、

道をいよいよ遠くに求め、事をますます難しくしてしまうから、もっぱらこのために、民は中庸を実践できなくなってしまった。ただただ難しくしすぎなのではないだろうか。】

と仁斎は述べている。後世の民が「中庸」から離れてしまったのは、「道」を、何か「遠」く「難」かしいものと考えた上で、民に「教化」を施そうとするから、「教化」が空回りをしてしまうのだと仁斎は言う。また「子曰、回之為人也、択乎中庸、得一善、則拳拳服膺、而弗失之矣」（第八章）では、

蓋資稟聡敏者、必騖于高遠、流于汗漫、其卒也、必陥于異端【資質が聡敏な者は、必ず高遠に馳せ汗漫に流れて、結局は異端に陥る。】

とされる。「異端」に堕ちるのは、心根の曲がった者ではなく、「資稟聡敏」の者であって、それは彼らが「高遠」を好むからだというのである。さらに「子曰、素隠行怪、後世有述焉、吾弗為之矣」（第十一章）である。朱子は、「素」を「索」の誤まりだと看なし、仁斎もこれに倣う。では「索隠行怪」とは何かといえば、朱子は「言深求隠僻之理、而過為詭異之行」（『中庸章句』）と解釈する。「理」の求め方を踏み外したために、その結果として誤った行為をなすことだというのである。これに対して仁斎は『中庸発揮』において、朱子のこの解釈を肯定的に引きながらも、こう付け加える。

蓋厭常而悦奇、人之通病也、故智者求知人之所難知、而賢者好行人之所難行、自以為至道、而人亦必称述之、皆過之之事也【常を厭い奇を悦ぶのは人の通病である。智者は人の知らないことを知りたがり、賢者は人のできないことをしたがる。それが道の究極だと思いこんで、世間もそれを讃えるが、すべて誤りである。】

「厭常而悦奇」は、誰でもが陥りやすい傾向であるが、「智者」や「賢者」は、能力が人よりも優れているからこそ、そこに嵌《は》まり込みやすいというわけである。そして、儒者であっても、禅や荘子に内心で惹かれている者や、『易』や『尚書』洪範のような抽象的な議論を好む者は、「異端」と変わらないと畳み掛ける。仁斎はそこまで言っていないが、聖人の道とは違ったものであることが明瞭な「異端」よりも、そういう「儒者」の方が、病は深刻だという思いが込められているのかもしれない。

仁斎は、賢い者や能力の高い者が「日用」の世界を卑俗なものと考え、それを超えた世界を求めようとするところに「異端」、あるいは「異端」的なものの発生を見ようとしている。では、「日用」の世界は卑俗ではないのだろうか。「君子之道、辟如行遠必自邇、辟如登高必自卑」（第十五章。仁斎によれば「中庸本書」の最後をなす章）を見てみよう。仁斎は、こう述べている。

言君子之道、優游自得、循序漸進、而不敢為躐等犯節、非以高遠為道之極致、卑近為造高遠之階梯、蓋道至於中庸而極矣、非外中庸、而別有所謂高遠者也【言わんとするのは、君子の道は優游として自得するもので、順序を追って進んで、無理に段階を飛び越えたりしない。高遠を道の極致とせず、卑近を高遠の踏み台ともしない。そもそも道は中庸においてこそ極まるもので、中庸を離れて別に高遠なるものがあるのではない。】

仁斎が否定するのは、「高遠」と「卑近」を、昇るべき階段の上と下のように捉える発想である。そうした発想にあっては、「高遠」は「卑近」から離れることである。「卑近」の度合いが薄いほど、「高遠」に近づくことになるとされるだろう。しかし仁斎は、「中庸」すなわち「日用」の世界を離れた「高遠」なるものはないと言うのである。

では、仁斎はただ「日用」の世界において、何も考えずに為すべきことを為せと言うのだろうか。そういう意味での「中庸」の主張なのだろうか。『中庸』本文には、「君子之道、辟如行遠必自邇、辟如登高必自卑」とあって、その「遠」や「高」、つまり「高遠」は「邇」や「卑」の延長にあると説かれているし、仁斎もまた「循序漸進」と説いていた。では、「日用」の世界の中で何がどう深められ、高められることが求められているのだろうか。すぐ続く『中庸』本文の「詩曰、妻子好合、如鼓琴瑟、兄弟既翕、和楽且耽、宜爾室家、楽爾妻帑、子曰、父母其順矣乎」に寄せた仁斎の言葉は、こうである。

人能和於妻子、宜於兄弟、則父母之心、亦能順而無相払者矣、家道之成、豈有過於此者乎、……蓋家道成、則国自治、天下自平、雖堯舜之治、亦不外此、所謂高遠者即此也【人が妻子や兄弟と和らいでいれば、父母の心も穏やかになる。家道が成り立つという意味で、これ以上のことはない。……さて家道が成り立てば、国や天下も自然と治まっていく。堯舜の政治も、これに外れるものではない。「高遠」とは、こういうことである。】

黙々と「日用」の世界に務めるのが、直ちに仁斎の言う「中庸」なのではない。人倫の世界において自らが務めることで「家道」が成り立つこと、しかも「家道」に関わる人々が、それぞれの立場において心から満たされて、とくに「父母之心」が何一つの不自由なく安らぐこと、そういう結果を実際にもたらすことが、仁斎の考える「高遠」である。(6)「日用」の世界は、卑俗といえば卑俗であろう。しかし、そこで自らの努力で達成しようと思えば達成できる結果は、想像もできない程に「遠」く「高」いものであることを仁斎は言っている。

此章言聖人之道、不過人倫日用之間、而仁覆天下之盛、亦自是而馴致、故安卑近、則不期高遠、而高遠自在其中矣、若夫厭卑近、而求高遠者、実非知道者也【この章で言わんとするのは、聖人の道とは人倫日用の間にあって、仁が天下を覆うのもまた、そこから始まるということである。だから卑近に安んじるなら、あえて高遠を求めなくとも、高遠は自然にそこにあるということになる。卑近を厭って高遠を求める者は、本当には道というものが分かっていないのだ。】

「安卑近」とは、仁斎の多く用いる言い回しではないが、興味を惹く表現だと言えるかもしれない。これは、「日用」の狭い世界しか知らない者に向けられた表現ではない。内面的に一度は「日用」の世界から離れながら、ある自覚をもってそこに戻った者に対して与えられた言葉であろう。「日用」や「卑近」の意味を深め、周囲の人々に穏やかな満足を現実の結果としてもたらすこと、そしてその満足をさらに広い世界にまで押し及ぼすことを仁斎は真実の「高遠」と見たのである。

4 「鬼神」「禎祥妖孼」

『中庸』第十六章は、「子曰、鬼神之為徳、其盛矣乎」という一節から始まって、「夫微之顕、誠之不可揜、如此夫」で結ばれて、「鬼神」についてのまとまった叙述のある部分としてよく知られている。朱子は、程伊川から「鬼神、天地之功用、而造化之迹也」、張横渠から「鬼神者、二気之良能也」という言葉を引いた上で、「愚謂、以二気言、則鬼者陰之霊也、神者陽之霊也、以一気言、則至而伸者為神、反而帰者為鬼、其実一物而已」と論じている。しかし仁斎は、

論語曰、子不語怪力乱神、又曰、未能事人、焉能事鬼、夫鬼神之事、自詩書所載以来、古之聖賢、皆畏敬奉承之不暇、豈敢有所間然哉[7]、独至於吾夫子、其言之若此者、蓋以溺於鬼神、則必忽人道、而其説易惑人故也

【『論語』には、「子ハ怪力乱神ヲ語ラズ」とも、「未ダ人ニ仕フルコト能ハズ、焉ンゾ能ク鬼ニ事ヘン」とある。鬼神については『詩経』『書経』以来、古の聖賢が畏敬奉承してきたわけで、聖賢の姿勢を孔子も「間然スルコト無シ」と讃えた。しかしそ

の孔子が『論語』でこのように述べているのは、鬼神に溺れれば人道を疎かにしがちだし、鬼神についての議論にはその危険が強いからである。】

とする。『論語』の「子不語怪力乱神」（述而篇）と「季路問事鬼神、子曰、未能事人、焉能事鬼、曰敢問死、曰、未知生、焉知死」（先進篇）を仁斎は挙げて、こういう孔子の姿勢が、「古聖賢」と異なっていることをまず言う。「鬼神」に溺れて「人道」を忽せにすることを何より警戒するという孔子の姿勢が、また仁斎の姿勢でもあったわけで、鬼神の存在を否定したり、鬼神を排斥したりするということではない。ただここから、仁斎の捉えるところの「人道」が、祖先祭祀の契機を含まないものであることが見て取れる。[8] それはともかく、優先順位として、まず「人道」に専念することを説く仁斎は、

此章恐非夫子之語、而此節上無所承、下無所起、則亦他書之脱簡不疑【鬼神を論じたこの第十六章は、おそらく孔子の言葉ではないだろう。前後の章からも浮いているから、よその書物からの脱簡であることは間違いない。】

として、鬼神の徳を称えた文言が他の書物から紛れ込んでしまったものだと考えるのである。

次は、「至誠之道、可以前知、国家将興、必有禎祥、国家将亡、必有妖孽、……故至誠如神」（第二十四章）である。朱子は、「凡此皆理之先見者也、然唯誠之至極、而無一毫私偽留於心目之間者、乃能有以察其幾焉、神謂鬼神」として、「鬼神」と同じほどに「至誠」である者には、国家の興亡を「前知」することも可能だと解釈した。ここでも仁斎は、「禎祥者、福之兆、妖孽者、禍之萌」として、それらを筮卜することを否定するわけではない。

ただ、

禎祥妖孽之説、雖自古有之、然至於孔孟、則絶口不語、何者、恐懼修省、則雖有天変、無害於国、若否、則雖無天変、身弑国亡、故日食地震等変、存之春秋、而至於其教人、則専以道徳仁義為言、而一切惑世誣民之説、皆絶之於言議、蓋深恐啓人好異之心也【禎祥妖孽の説は古からあるが、孔子・孟子になれば、決して口にしなかった。なぜなら、身を修めていれば、天変があっても自分が治める国に害はないし、そうでないなら、天変がなくても身は殺され国は滅びるからである。だから日食や地震といった事実は『春秋』には多く載せられるが、人を教えるということでは道徳仁義の議論だけで、世を惑わし民を誑かすような話は全く話題にされないのだ。それは、人が持っている怪異を好む心を開いてしまうことを深く恐れるからである。】

とあるように、「教」の世界では何が重要なのかという観点からして、「道徳仁義」に専念すべきことが言われる。これが、「鬼神」への姿勢と同じものであることは言うまでもない。「禎祥妖孽」を論じたこの章も、孔子の言葉ではないと仁斎は判断する。

5 「誠」

『中庸』第二十章は、「哀公問政」に始まる長い章である。既に「叙由」で紹介したように、仁斎はこれを本来は独立した文章であって、それが誤ってテキストとしての『中庸』に混入したのだろうと見ている。ただし、それは「平常可行之道」としての「中庸」についての議論ではないものの、直ちに内容的に孔子や孟子の思想から外れるものとされたわけではないことは、既に「九経」について見た通りである。

では、第二十章の中の「誠者、天之道也、誠之者、人之道也、誠者、不勉而中、不思而得、従容中道、聖人也、誠之者、択善而固執之者也」という一節、すなわち朱子が「誠者、真実無妄之謂、天理之本然也、誠之者、未能真実無妄、而欲其真実無妄之謂、人事之当然也、聖人之徳、渾然天理、真実無妄、不待思勉、而従容中道、則亦

天之道也」（『中庸章句』）という周知の解釈を与えたところのこの一節をめぐって、仁斎はどう考えているのだろうか。まず「誠」を仁斎は「誠者、真実無偽之謂」とする。朱子の「真実無妄」に対して、仁斎は「真実無偽」を置く。

誠者、謂聖人之行、真実無偽、自不用力、猶天道之自然流行也、故曰、天之道也、誠之者、雖未能真実無偽、而求至於真実無偽之謂、人道之所以立也、故曰、人之道也、不勉而中、礼也、不思而得、智也、従容中道、仁也、兼此三者、聖人之徳、誠之功也、択善而固執之、謂審善悪之分、以固守其善、誠之之事也【「誠」とは、聖人の行為が、まるで天道が自然に流行するように真実無偽で作為がないことである。だから「天之道也」と言うのである。「誠之」とは、まだ真実無偽に至ってはいないがそれを求めることで、そこにおいて人道が成り立つ。そこで「人之道也」と言うのである。「不勉而中」は礼に、「不思而得」は智に、「従容中道」は仁に当たって、この三者を兼ねられるのは聖人の徳であり、「誠」によってもたらされる。「択善而固執之」とは、善悪の区別を詳らかにして善をしっかりと守ることであり、「誠之」の内容をなすものである。】

意識的に朱子の注解に重ねるようにして、仁斎は議論を進めている。朱子が「天理之本然」の完璧な体現者として聖人を理解したとすれば、仁斎は、「無偽」つまり作為性を免れている点に聖人の本質を見る。「天理」という言葉で朱子が美しい秩序を表象しているなら、仁斎の「天道」は、自ずからの「流行」つまり運動としてイメージされている。

では、なぜ「誠」という範疇が立てられるのだろうか。仁斎の説明は、こうである。

或曰、中庸専言誠、而論語不言誠者、何也、曰、夫子之時、周室雖衰、先王之遺化尚在、既謂之仁、謂之礼、

則不言誠、而誠自在其中矣、……爾後聖遠道湮、実喪偽滋、故不先立之誠、則仁非其仁、義非其義、所以後篇屢言誠、孟子亦然、蓋因時致然、非道有二端也【或る人が質問する、『中庸』では「誠」が強調されているが『論語』では論じられていない、どうしてかと。私は答える。孔子の時には、周王朝が衰えたとはいえ、先王の遺化がまだ残っていた。「仁」と言い「礼」と言えば、「誠」を言わなくとも「誠」はその中に備わっていた。……時代が過ぎて聖人は遠く道は明らかではなく、「実」なるものは喪われ「偽」が横行する。そこで先に「誠」を立てなければ、「仁」も「仁」ではなく「義」も「義」ではないということになった。『中庸』後篇が頻繁に「誠」を語るのはこのためで、『孟子』もそうなのだが、時代の変化によっているので、けっして「道」に二つがあるのではない。】

朱子の「真実無妄」としての「誠」が、時代や状況を超えた普遍的な価値を持つとすれば、仁斎の「真実無偽」としての「誠」は、「偽」に満ちた堕落した状況ゆえに説かれたものとして時代の刻印を帯びている。

小括

仁斎にとって、『中庸』という書物にはどのような意味があったのだろうか。

朱子は、堯舜から何人もの聖人を継いで孔子に伝えられた「道学」に対して、「異端」が勢力を得るという急迫した状況において、曾子を経てこの「道学」を伝えられた子思が、いよいよその「蘊奥」を開示するものとしてこの書を著し、それが孟子にまではかろうじて伝わったという歴史理解を提示した。その後は、いよいよ「異端」が盛んとなり、ついには「弥近理而大乱真」とされる最も手強い異端としての「老仏」が精神世界を支配することになるのである（『中庸章句』序）。これに対して仁斎は、『中庸発揮』の「綱領」を「中庸之書、論語之衍義也」として説き出した。これは、『論語』を離れて「蘊奥」などが別にあるはずがないという宣言である。仁斎によれば、『論語』の価値は状況のいかんを超えて不動であり、『孟子』がその価値を十分に明らかにしている。『論語』と『孟子』によってその真実を体得した上で、漢代に編まれた『中庸』という玉石混交のテキストに臨んで、子思の伝えようとした〈玉〉の部分を選び出さなければならない。つまりテキストとしての『中庸』は、ある意味で学者にとっての試金石である。

何が〈玉〉であり何が〈石〉であるかは、もはや繰り返さない。仁斎は、朱子の構築した「四書」という構図から『論語』と『孟子』を解き放った。そしてその『論語』と『孟子』を基準として、それに外れる「高遠」な議論こそが「異端」だと論じた。「道学」に対する「異端」との緊張において、朱子が「道学」の最高・最深のテキストとして位置付けた『中庸』を、仁斎は、既にその内部に『論語』と『孟子』から外れた「異端」を抱え込んだテキストと評価するのである。

註

（1）仁斎は『語孟字義』に付載した「大学非孔氏之遺書弁」において、「苟読孔孟之書、而識孔孟之血脈、天下何書不可読、何理不可弁、試以異端之書雑諸聖人之書、……其見之如視黒白、分之如弁菽麦、……不差杪忽、夫然後謂之能識孔孟之血脈也」と述べた上で、こう論じた。まず『大学』が「学問之法」としての「八条目」をまるで「九層台」のように説くこと、さらに『大学』の捉える「心」が、例えば「発憤忘食」と伝えられるような孔子の「心」や孟子の主張する「養心」とは全く異質であること、それを仁斎は「大学以為人之制心、当若造器物、其形方正端直、一定不可変焉、此豈識心者乎哉」と言うのであるが、これらによって『大学』が「孔孟之血脈」に反したものであることは明らかだとする。

（2）島田虔次『大学・中庸』（中国古典選、朝日新聞社、一九六七年）にこうある。「特に後の四句（「人心惟危」以下の四句）……は、大昔の聖人以来伝えられた道の内容を明確に表現した言葉として、宋学では根本的な重要性をもつ聖句である。それ故、この言葉が載せられている『書経』大禹謨篇が、実は堯舜時代の記録でも何でもなくはるか後世の偽作であることを清朝の考証学者が証明した時、それが宋学にとって致命的な打撃であった、と言われたりするのである」（一四五頁）。

（3）「是則道也」とあるのは、正確には『中庸章句』では「是則所謂道也」となっている。

（4）「道」が「大」なるものだという点については、こうも言われる。「道之無窮、猶四旁上下之無際、故聖人有聖人之修、賢者有賢者之修、学者有学者之修、夫子之聖、而自謂学而不厭者、以此故也、其以聖人為生知安行者、蓋自学者而言之也、非聖人之意也」（『中庸発揮』第二十章）。

（5）「子曰、道不遠人、人之為道而遠人、不可以為道」（第十三章）について、『中庸章句』に「若為道者、厭其卑近、以為不足為、而反務為高遠難行之事、則非所以為道矣」とあるように、朱子も「卑近」と「高遠」という関心から『中庸』を読んでいる。仁斎は、これを意識して、朱子こそが「卑近」を忽せにして「高遠」に馳せるものだと反転させるのである。

（6）『中庸』からは離れるが、「夫唐虞之盛、如天之高遠不可名状」（『論語古義』「舜有臣五人而天下治」章、泰伯篇）などと言われるから、「高遠」という形容は、「天」についてこそ言われるべきだと考えていたのかもしれない。

（7）「子曰、禹吾無間然矣、菲飲食而致孝乎鬼神……」（『論語』泰伯篇）を踏まえる。

（8）仁斎の「人道」には、死に向き合った上での自分自身の生という問題の把握や、死者との繋がりにおける自己の在りかたという契機が含まれないということにもなるだろうか。

＊『中庸発揮』は、正徳四年刊本（『日本名家四書註釈全書』）に拠った。引用文中の括弧は、引用者の補足である。

伊藤仁斎の管仲論

管仲（?〜前六四五年）は春秋時代の政治家で、宰相として仕えた斉の桓公を覇者たらしめた英雄である。孔子から見て、おおよそ百数十年ほど前に活躍した人物ということになる。『論語』の中には管仲についての言及が四箇所あって、そこに評価の幅があることは知られている。仁斎の『論語古義』は、それらをどう解釈しているのだろうか。そして仁斎は、管仲を論じることで、何を言おうとしたのだろうか。

一

管仲が『論語』で話題となる最初は、孔子の管仲評に始まる次のような問答である。

子曰、管仲之器小哉、或曰、管仲倹乎、曰、管氏有三帰、官事不摂、焉得倹、然則管仲知礼乎、曰、邦君樹塞門、管氏亦樹塞門、邦君為両君之好、有反坫、管氏亦有反坫、管氏而知礼、孰不知礼（八佾篇）

まず、孔子が管仲の「器」の「小」を言う。これは、何を言っているのだろうか。朱子によれば、「器小、言其不知聖賢大学之道、故局量褊浅、規模卑狭、不能正身修徳、以致主於王道」（『論語集註』。以下、朱子からの引用は同じ）、管仲は「聖賢大学ノ道」を知らないから「王道」に拠ることが出来ない、そこに由来する狭さや浅さを孔子は否定的に論じたのだということになる。「王道」は、為政者が自らの身を正し徳を修めることから始まるが、管仲はそれを知らないのである。では仁斎はどうかといえば、まず、朱子『論語集註』が取り上げなかった「器」とは何かを説明する。

器者、所以成其用也、……器小、謂管仲所執之具、甚小不済用也

孔子が言った「器」を、朱子が読み取ったであろうような全人格的なものというよりも、ある効果をもたらすための「具」、道具立てといった意味で、仁斎は捉えようとする。[1]

すると或る人が、管仲を「倹」と評価することはできないかと問い、孔子がそうはいえないと答える。これを朱子は、管仲は諸侯にこそ相応しい「三帰」の「台」を自宅に備えたり、家臣の数も多過ぎたりで、「倹」どころか「侈」の極みだと孔子が批判したものとする。仁斎は、「三帰」を「台」と理解すべきかどうかは不詳としながらも、孔子の意図については朱子の解釈に沿う。さらに或る人が、では「礼ヲ知ル」と評することはできるかと問い、これについても孔子は、「礼ヲ知ル」とする評価を認めない。朱子によれば、孔子が指摘した管仲の二つの行為――「樹シテ門ヲ塞グ」と「反坫アリ」――はいずれも諸侯の礼に当たるもので、管仲の「僭」は明らかだと孔子は強く難じたのである。ここでも仁斎は、「反坫」の具体的な内容について（朱子の説明を紹介しながら）詳しくは不明としているが、孔子の発言の真意については朱子に沿って理解する。

この章の全体から、朱子は何を引き出すのであろうか。朱子の議論は、こうである。「愚謂、孔子譏管仲之器小、其旨深矣、或人不知而疑其倹、故斥其奢以明其非倹、或又疑其知礼、故又斥其僭以明其不知礼、蓋雖不復明言小器之所以然、而其所以小者、於此亦可見矣」、「奢」や「僭」といった管仲の身の不徳と「器」の小ささとの関係、その関係が偶然ではないことの理解が大事だというのである。孔子は言葉にこそ出さないが、なぜ管仲の

「器」が小さいのか、その「然ル所以」（必然性）を誰の目にも明らかなように語っているというのである。その上で『論語集註』は、程子（伊川）語・蘇氏（東坡）語・楊氏（中立）語を引いて、議論を補強する。程子語では、「器」の大小と「礼」を弁えるか否か、その両者が重なることが述べられ、蘇氏語には、「自修身正家以及於国、則其本深、其及者遠、是謂大器」とあって、管仲とは反対の「大器」の側から問題が論じられる。「礼」を弁え「王道」に立脚することが、「器」が大きいということなのである。管仲の覇業がその死によってあっけなく瓦解してしまったのは「器」の小ささの証明であって、「王道」の政治はそういうものではないとも指摘される。楊氏語は、「王覇」の「略」（境界）が明らかではなくなったから、或る人のような疑問が出されるのだとして、道」の見地に立てば、管仲の「器」など称するにも足りないと切り捨てている。

では仁斎は、この章から何を論じるのだろうか。

夫子譏管仲之器小、宜矣、夫以徳行仁義則王、以力仮仁義則覇、管仲相桓公、覇諸侯、自世俗観之、其施為事業、固為赫々焉、然止於此耳（刊本では、傍線部が削除）(2)

孔子は管仲を「譏」っているのであり、それは、管仲が「王」ではなく「覇」の立場にあるからだと仁斎は読む。管仲が世俗からは英雄として映っても、「徳」をもって「仁義」を行なう者ではなく、「力」でもって「仁義」を「仮」りる者であることは疑いないということである。ここで仁斎は、朱子と同じように「王」「覇」という枠組みに拠ることを表明しているが、それでは朱子と同じ視線で管仲を見ているのかといえば、既に見た「器」の解釈から予感されるように、そうではない。仁斎は、こう述べる。

若使管仲聞聖賢之学、唐虞三代之治、豈難致哉、子游為武城宰、以礼楽為治、曰、割鶏焉用牛刀、謂之物小

而器大也、若管仲之相斉、覇術是行、功利是務、不能致主於王道、是割牛用鶏刀、謂之物大而器小也、後居宰職者、不可不知所従也

管仲がかりに「聖賢ノ学」を知っていたなら、管仲は「唐虞三代ノ治」を実践していたのではないだろうか、おそらくそれだけの人物だったと仁斎は見ている。管仲の場合は、「鶏ヲ割クニ焉ンゾ牛刀ヲ用ンヤ」（『論語』陽貨篇）とは逆で、天下という「牛」を扱うのに「鶏刀」（という「器」）をもってしたということなのである。「王」「覇」を、政治家の内面性や人格の表現とする朱子であれば、こういう比喩はありえない。

二

次に『論語』で管仲が論じられるのは、三人の宰相評においてである。

或問子産、子曰、恵人也、問子西、曰、彼哉、彼哉、問管仲、曰、人也、奪伯氏駢邑三百、飯疏食、没歯無怨言（憲問篇）

子産は鄭の宰相で、孔子が三十歳の頃に亡くなった。子産に対する孔子の評価は極めて高く、「子謂子産、有君子之道四焉、其行己也恭、其事上也敬、其養民也恵、其使民也義」（公冶長篇）とまで讃えられている。子西は楚の宰相で、昭王を擁して改革を進めたが、昭王が孔子を登用しようとした時に、子西がそれを阻んだとされる。孔子は子産を「恵人」と評し、子西には「彼哉、彼哉」とだけ言い(3)、管仲については、ある具体的な事実を語ったわけである。つまり、自分の領地を剝奪された伯氏も、新しく領主となった管仲には最後まで恨み言を口にし

なかった。

この三人を並べることから、何が導かれるのだろうか。朱子は、子西は論じるほどの人物とはされていないから、子産と管仲の比較が論点となるとして、「管仲之徳、不勝其才、子産之才、不勝其徳、然於聖人之学、則概乎其未有聞也」と論じている。朱子はここで「才」と「徳」に着目し、孔子は子産を「徳」の観点から、管仲を「才」の観点から評価したとする。しかしより高い「聖人ノ学」という立場からすれば、両人とも手本とするほどのものではないというわけである。そして朱子は、管仲の政治については語ることなく、子産の政治を、共感をこめて「子産之政、不専於寛、然其心則一以愛人為主、故孔子以為恵人、蓋挙其重而言也」と補っている。

仁斎はどうだろうか。まず、孔子の管仲評について。

人当作仁、按家語載子路問管仲之為人如何、子曰、仁也、則人字本仁字之誤、明矣

孔子は管仲を、「仁也」と評したのだとする。江戸期の朱子学では、本文の孔子の言葉「人也」を「此ノ人ヤ」と訓ませるが、(4)「人」と「仁」は音が同じために誤伝されたのだろうと仁斎は判断する。孔子は管仲に「仁」を認めていた、仁斎はこう言いたい。(5)要するに仁斎は、「覇」でありながら「仁」を認められた人物として、管仲を造形しようとする。では、子産との比較という点ではどうだろうか。

子産之事、見論語者三、見孟子者二、皆見其為篤厚之君子、至于管仲、則夫子称其器小、孟子譏其烈之卑、則視之子産、如有所弗及、曰、其才愈高、則其望愈切、其名愈重、則其責愈深、是所以於子産則其譏似緩、而於管仲則其譏甚切也

子産への評価は『論語』と『孟子』を通じて好ましいが、管仲は、孔子からは「器」が小さいと言われ、高く「王道」を掲げる孟子からは厳しく批判されるばかりで、明らかに分が悪い。しかし、それは管仲の背負うものが子産より遥かに大きく重いからこそ、そういった厳しい注文がつくのである。つまりは、管仲への期待の大きさの反映なのだと仁斎は考える。

然論医、則期其活人、論人、則期其適用、若管仲之才之功、以王道律之、則固不免有器小覇術之譏、至於其利世沢民、有功於天下後世、則非子産之所能及也、是夫子之所以左子産而右管仲也（刊本では、前引の傍線部が若干の字句の変更を伴って、この引用に続く形で置かれ、さらにまとめの一文「夫子論人物、或与或奪、皆学者之所宜潜玩也」で結ばれる）

医者は、道徳家である必要はない。医者としての腕が良く、患者を助けることが出来れば、それが医者としての全てである。人々が専門家に求めるものとは、そういうものだろう。仁斎は、管仲に政治家たることを求めているのである。「王道」から見れば、管仲の政治は「器小覇術ノ譏リ」を免れない。しかし「王道」とは何だろうか。既に見たように、「徳ヲ以テ仁義ヲ行ナフ」のが「王道」であって、確かにそれは理想的な最高の政治であり、その価値は仁斎においても揺るがない。だがそれは、どこまでも理想としての価値である。ここでの仁斎は、それとは別に、患者を前にした医者と同じように、政治を専門とする者には何が求められるのかという課題と向き合っている。

三

『論語』が管仲を取り上げる第三は、子路と孔子の問答である。

子路曰、桓公殺公子糾、召忽死之、管仲不死、曰未仁乎、子曰、桓公九合諸侯、不以兵車、管仲之力也、如其仁、如其仁（憲問篇）

桓公は、血を分けた糾を殺して君位に就いた。糾の傅（養育役）であったのが召忽と管仲であり、召忽は糾に殉じたが、その桓公に仕えたのが管仲であった。子路は管仲の出処を問題にして、「仁」とは言えないとしたのである。これに対して孔子は、その後、桓公の下で武力によらずに諸侯をまとめられたのは管仲の力であって、それが「仁」でないはずがないと答えた。

朱子は、子路の疑問を「子路疑管仲忘君事讐、忍心害理、不得為仁也」と敷衍している。傅として世話をした相手の「讐」に仕えるというような「理」に背く行為をした人物には、到底「仁」が認められるべきではない、こう子路は言いたいのである。対する孔子の答えは、朱子によれば「蓋管仲雖未得為仁人、而其利沢及人、則有仁之功矣」、管仲に孔子は「仁ノ功」を認めて「如其仁、如其仁」と言ったが、それは「仁人」という評価ではない。孔子は管仲に「仁」を許さなかった、朱子はこう主張する。この説明は、明らかに苦しい。しかし、そこまで強弁しながら、管仲に「仁」そのものを許すことは出来ないという朱子の思い、「仁」とは何かという大原則で譲ることはしないというぎりぎりの姿勢は伝わってくる。

仁斎は、管仲に「仁」を認める。子路は、桓公を管仲にとっての「讐」だと見るが、仁斎によればそこに誤解がある。先君の遺命によって糾に仕えていたか、他国から来て客分として仕えていたなら別であるが、そうではなく、管仲にとっては糾も桓公も同じく先君の庶子（嫡子以外の子たち）であり、「讐」云々という話ではないと仁斎は捉え、孔子が敢えてこの問題に触れようとしないのは、そのためだと仁斎は論じる（刊本では、この議論は削除される）。そして仁斎の議論は、こう進んでいく。

蓋〔管〕仲能勧桓公修挙王法、輓回風俗、利沢遠被于天下后世、則其為徳甚大矣、故曰、如其仁、如其仁、蓋仁大徳也、非慈愛之深、処焉則弘済天下、匡正後世之志、不離于懐、出焉則其利沢恩恵、足遠及于天下後世、則不可矣（刊本では、傍線部が「非慈愛之心、頃刻不忘、則固不可許、而済世安民之功、能被于天下後世、則亦可以謂之仁矣」とされる）

大意を取っておく。管仲は、桓公をして王法を修めて風俗を改善させ天下後世に利沢をもたらしたから、その徳は偉大であって、孔子が「如其仁、如其仁」と讃えたのはそのためである。慈愛の心が深いことは、まず処士としてある時は、天下を救い後世を匡正させようとする「志」がいつも胸にあって、いざ世に出て政治に携われば、それだけの効果実績を実現させる、そのようでなければ、「仁」という大きな徳を達成させることは叶わない。これが、仁斎の描く管仲である。

孔子が（文言上は）管仲に「仁」を認めたという事実に朱子は苦慮したが、仁斎はむしろ、ここで高揚しているかである。仁斎は管仲に、政治家に要求されるもの、つまり医者が患者の生命を救うように、天下後世に恩恵を与えるという〈結果〉を認める。そしてそれが、普段からの「志」の切実さに由来する確かなものであることを讃えるのである。医者が患者を救えるのは、若いときから真剣に医学を学び、経験を積み、細心の注意でもって患者に臨むからであろう。政治家も同じで、まぐれ当たりはない。そこには、「王道」とは異なった脈絡からではあっても、民衆への「慈愛」や責任倫理があってのことだと仁斎は考える。

四

『論語』が管仲を取り上げる最後は、子路との問答にすぐ続く、子貢と孔子の問答である。ここでも孔子は、管仲を讃えている。

子貢曰、管仲非仁者与、桓公殺公子糾、不能死、又相之、子曰、管仲相桓公覇諸侯、一匡天下、民到于今受其賜、微管仲、吾其被髪左衽矣、豈若匹夫匹婦之為諒也、自経於溝瀆而莫之知也（憲問篇）

子貢の質問の意図も、先の子路と同じである。孔子の答えは、斉の宰相としての管仲は、桓公を諸侯の覇者たらしめて天下を正し、民は今に到るまでその恩恵を受けている。管仲がいなかったなら、自分たちも今頃は夷狄の風俗に堕ちていたかもしれない。取るに足らない連中が小さな義理立てで命を遣り取りすることと一緒に考えてはならないとするものだった。子路に対した時よりも孔子の答えは具体的で、しかも歴史的・文化的な次元から管仲の功績を最大限に評価している。

朱子は、孔子が「天下ヲ一匡ス」と述べた内容を「匡、正也、尊周室、攘夷狄、皆所以正天下也」、内に向かっての「周室ヲ尊ブ」と外に対しての「夷狄ヲ攘フ」の両面から押さえる。そして、程子（伊川）語を引いて、ここでは何が論じられるべきかを開示する。つまり、桓公は兄で糾は弟であり[6]、糾は兎角に問題のある人物だった。その上で朱子の引く程子は、「若使桓弟而糾兄、管仲所輔者正、桓〔公〕奪其国而殺之、則管仲之与桓、不可同世之讐也、若計其後功而与其事桓、聖人之言、無乃害義之甚、啓万世反覆不忠之乱乎、……後雖有功、何足贖哉」として、管仲にとってもし桓公が「讐」とすべき相手であったら、管仲を讃えた孔子の言葉は、たとえ後で管仲が挙げた功績の如何にかかわらず「義」を損なうこと甚大で、「万世反覆不忠ノ乱」を啓くことになるというのである。この程子語を継いで、朱子は「愚謂、管仲有功而無罪、故聖人独称其功、……先有罪而後有功、則不以相掩可也」と述べている。後にどれほどの功績を挙げたとしても、「有罪」の人物については、孔子は決してそれを讃えたりはしないというのである。議論は糾を殺した桓公に仕えたことの是非に傾斜して、管仲の功績が歴史的・文化的にどのような意義を持っているのかという点には、朱子の関心は向かわない。

仁斎はといえば、「天下ヲ一匡ス」は朱子の解釈に従い、「其ノ賜ヲ受ク」について、

受賜者、謂不為夷狄、而君臣父子之義尚存也

と説明を加えている。では問答の全体として、仁斎は何を論じるのだろうか。

天之生豪傑、豈偶然哉、其可無所自任、不愛其身哉、当春秋之時、生民之塗炭極矣、得一管仲、斯民猶中国之民、不得一管仲、斯民則夷狄之民、管仲豈可無乎、其不死、蓋有所抱負然、故曰豈若匹夫匹婦之諒也

仁斎はここで、「豪傑」という範疇で管仲を理解しようとしている。「豪傑」は『孟子』に見えて、「孟子曰、待文王而後興者、凡民也、若夫豪傑之士、雖無文王猶興」(尽心上篇)などとされるが、この「豪傑」に仁斎は、「才智過人者」という定義を与えていた(『孟子古義』)。並外れた才能を持っていて、先人を手本とするのではなく、独力で何事かを為しうる人物ということであろう。その「豪傑」は、「豪傑」なしにはどうにもならない極限の状況において「天」の意志によって生まれるもので、自分の身体や去就さえも自由になるものではなく、必然的

な運命・使命を「自ラ任ジテ」それを担う。管仲もそうで、糾をめぐる小さな状況の中で死んでなどいられないし、「天」がそれを許さない。そして仁斎は、次のように言っている。

桓公之於子糾、是以弟殺兄、不義之甚者也、管仲亦不得免党不義之罪、夫子何故深与其功、而不一論其不死之非耶

桓公にとって糾は兄だったのであり、その限りでは、桓公とそれに仕えた管仲の「不義ノ罪」は消えるものではない。あえて「罪」という言葉を用いたのは、朱子の立論を踏まえて、朱子があれほど気に病んで、それを免れさせようとしたその「罪」にもかかわらず、なぜ孔子はそれを問わなかったのか、このように議論を反転させるためである。仁斎は、この時代には嫡子と庶子の区別には厳格であっても、「衆妾ノ子」の中の長幼の序列は決定的な重みを持ったわけではなかったともいう。しかしやはり、兄を殺して君位に就いたという事実が「不義」や「罪」であることは否定しようもない。その上で、孔子がそれを問わなかったのは、「豪傑」に対して「天」から与えられた使命に管仲が向き合って「抱負」を新たにし、「豪傑」としての自己の使命を結果として十分に達成したからなのであって、ここにこそ、朱子が目を向けようとしない問題の核心があると仁斎は言う。

五

『論語』の管仲論について仁斎の解釈を追ってきたが、『孟子』にも管仲論があり、これについても検討しなければならない。しかし『孟子』の管仲論は、『論語』と違ってもっぱら「覇」として斥けようとする議論であって、仁斎もその範囲で論ぜざるをえないから、『論語』の議論のような精彩には欠けるように思われる。その中

で注目してよいのは、『孟子古義』に見える、

凡為政有才有学、有才而無学、則不知為政、有学而無才、則不能為政、有其才而無其学、若管仲是已（公孫丑上篇、第一章）

という議論であろうか。既に見たように、朱子は、「才」があって「徳」の足りない人物として管仲を捉えたが、仁斎は、「徳」ではなく「学」の欠如として管仲を論じようとしている。これは既に見た、管仲がかりに「聖賢ノ学」を知っていたなら、管仲は「唐虞三代ノ治」を実践していたのではないか、という議論に繋がる。「聖賢ノ学」を学ぶ（知る）機会を持てなかったから、管仲は「器」の小さな管仲に止まったのであって、人格的に欠けていたから駄目だったのではないということである。

あらためて仁斎の「王覇」論を見てみよう。『語孟字義』の「王覇」は三条から成るが、第一条では、

王者、有天下之称、覇者、諸侯之長、当初未有王覇之弁、文武之後、王綱解紐、号令不行於天下、桓文互興、約与国、務会盟、而不能以徳服天下、於是王覇之弁興、非必以覇為非也、観文王之為西伯、可見矣

と説明される。「桓文」とあるように、管仲の仕えた斉の桓公は、晉の文公と並んで覇者の典型である。しかし「唐虞三代ノ治」に連なる文王も、生前は殷朝に仕え、西方の諸侯を従えて「西伯」（西方の覇者）と呼ばれていたように、最初から「覇」は否定的なものではなかった。しかし時代が降り、「王覇」は価値的な優劣を強く身に帯びた枠組みとなる。第二条では、次のように述べられる。

王覇之弁、儒者之急務、不可不明弁焉、孟子曰、以力仮仁者覇、以徳行仁者王、以力服人者、非心服也、力不贍也、以徳服人者、中心悦而誠服也、此王覇之弁也、……蓋王者之治民也、以子養之、覇者之治民也、以民治之、以子養之、故民亦視上如父母、以民治之、故民亦視上如法吏

ここで仁斎は、権力に服従する「民」の側から、「王」「覇」の違いを捉えてみせる。形だけの服従と「心服」の違いがそれである。「覇」に対して「民」は「法吏」に対するような冷たい視線をもってし、「王」には「父母」に向かうような穏やかな態度でもって臨む。(7) では管仲の場合、「民」はどのような視線を管仲に向けていたのだろうか。それは分からないが、少なくとも仁斎の理解するところの管仲に対する孔子の眼差しは、「法吏」へのそれではない。第三条へ進もう。

王者以徳為本、而未嘗無法、……覇者以法為本、而仮徳以行之、然而不能実有其徳

ここで覇者の政治は、「法」の支配を力で強制することを本質としながらも、それが「徳」による支配であるかのポーズを取っているものとされる。『孟子』の言う「力ヲ以テ仁ヲ仮ル」を、仁斎は、「法」という観点を加えて説明し直したのだといえるだろう。そして仁斎は、

及乎五覇既没、時世益衰、而専任法術、不復知仮徳、於是有刑名之学、王不待雑覇、覇不待任法術、而任法術者、不能当覇、覇不得当王、蓋大能制小、小不能敵大也

と論を結ぶのである。「五覇」は、「桓文」の二人をはじめとする春秋時代の五人の代表的な覇者たち。ここでの

仁斎は、それらの覇者たちよりもさらに劣った「法術」だけの政治、「徳ヲ仮ル」ことさえしない露骨な「力」だけの政治が跋扈するようになったと言いたいのだろう。「覇」の中に、さらに堕落した支配の形が生まれたのである。しかし「王」と「覇」を対照させるのに、なぜ、問題を複雑にさせるかにも思えるこういう議論を持ち込むのだろうか。

六

仁斎が管仲を通じて論じようとしたことをまとめれば、次のようになるのではないだろうか――「王覇」の枠組みは不動であるとしても、それを程子や朱子のような論法で押し詰めれば、一点の汚れもない潔癖な聖人による究極の理想政治か、暴力や詐術・打算や法網による政治か、それしか論じられなくなってしまう。それは余りにも不毛であって、政治を論じる枠組みの中に新しい範疇、いわば〈覇にして仁〉を据えることが重要なのである。それは、完璧な人格者による政治ではないから、「王」ではない。しかし後世にまで利沢恩恵を与えるという結果をもたらす政治であって、孔子も認めた「仁」の政治なのである。そして現実の政治家に求められるのは、どんな時代であっても、政治家として果たすべき狭義の責任倫理の遂行なのではないだろうか。

その上で、一つの仮説を出してみたい。仁斎は、徳川政権に対してこの〈覇にして仁〉を期待（ないし要求）したのではないだろうか。言い換えれば、〈覇にして仁〉という範疇を押し出すことで、よりましな武家政治がありうることを言おうとしたのではないだろうか(8)。徳川政権の成立が「覇」によるものであったことはおそらく仁斎からすれば言うまでもなかったことと思われるが、その先に、「法術」を「力」で押し付ける政治と、民衆に利沢恩恵を与えることの可能な政治、つまり〈覇にして仁〉との分岐があることを示すのである。それがどういうもので、そこで何が要求されるのかを、管仲に託して語ったのではないだろうか。この仮説を一つの見通しとしながら、最後に『童子問』の中の管仲論を取り上げてみよう。

『童子問』上巻の第四七章からの数章は、管仲を論じたものになっている。ここでは、とくに注目すべきものだけを取り上げる。

問、管仲覇者之臣也、孟子譏其不知王道、宜矣、夫子何以許其仁

管仲への評価という点で『論語』と『孟子』の間に断絶があるのではないか、というのである。仁斎はこれに対して、

曰、仁之成徳、其利沢恩恵、足遠被于天下後世而極矣、……若管仲之志之才、甚大矣、其志不在於区々修政事善斉国之間、将以振頽綱、拯生民、而貽利沢於後世、其才亦称之

と応じている（第四七章）。ここでは、「仁」の政治が結果責任を果たすことで完結することが言われ、その上で、具体的に管仲の「志」の規模と内容が仁斎によって明らかにされ、「志」に適った「才」もまた管仲には備わっていたことが言われる。

仁斎は、管仲の「慈愛」について『論語古義』の中で一言だけ触れていたが、『童子問』では、その「愛」についても述べている。

問、有雖不至成仁之徳、或可謂之仁者乎

「仁ノ徳」がなくとも「仁者」という評価が下されるものなのか、この質問は、明らかに「仁ノ功」は認めても「仁」そのものは認めないという議論への、仁斎の立ち入った論評を求めている。仁斎は、

曰、雖一事之微、其愛出於真心、而利沢及于人、則又可謂之仁也、非徒可謂之仁之功而已（上・第五五章）

と答えた。先に「志」と言われたものが、ここでは「真心」と言い換えられている。功利的な計算や打算、狡知や詐術、権力欲や名誉欲といった次元を越えたものが「真心」であろう。管仲の「覇」はそういう「覇」であって、「力ヲ以テ仁ヲ仮ル」も、作為的なポーズとしてそれがあったというよりも、状況からしてやむをえないことといえ、「力」（軍事力、政治力、経済力など）を背景として「仁」を実行したという意味で仁斎は論じているように思われる。

最後に、もう一つ引いておく。

問、聖人之仁与管仲之仁、是同、是不同

この質問に対して、仁斎は、

曰、同、堯舜之仁、猶大海之水、汪々洋々、不可涯涘也、管仲之仁、猶数尺井泉、雖不足観、然逢旱歳、則尚足以漑田畝、雖有大小之別、豈謂之非水、可乎（上・第五三章）

とする。これまでの仁斎の議論の延長上のこととはいえ、「堯舜ノ仁」と「管仲ノ仁」が同じものだという言い

方は、朱子の枠組みで政治を捉えてきた者からすれば、やはり衝撃的な言明として受け取られたのではないだろうか。それがしかも、「王覇」論を前提とする立場から言われたことは、衝撃を更に重いものにさせただろう。〈覇にして仁〉は、「王道」の立場からすれば、低い水準の政治ではある。しかし本当にそれを実行しようとするなら、そこには、「真心」から発する「志」と「才」が求められ、「利沢恩恵」を天下後世にもたらさなければならないという結果責任の論理が貫徹する。徳川の将軍がどのみち「覇」であるなら、管仲に恥じない「覇」になってみよ、仁斎はこう言っているのではないだろうか。

註

（1）古注は「器」を「器量」として、それ以上には論じない。皇侃は「器者、謂管仲識量也」（『論語義疏』）とする。

（2）「孟子曰、以力仮仁者覇、……以徳行仁者王」（『孟子』公孫丑上篇）を踏まえる。ちなみに時代は降るが、『経典余師』（寛政年間から盛んに読まれた儒教古典の通俗的解説書）の当該章には、「覇」について「天朝にては信玄・輝虎・信長・秀吉諸公の類なり、威力を以て人を服し、愛隣を見せて人を懐け、賞罰を明にして人を帰服せしむ、これぞ仁を仮きたりて示すといふものなり」とある。

（3）「彼哉、彼哉」を朱子は、「外之之辞」、つまり論及の対象としなかったと解釈するが、仁斎は古注（馬融）に拠って、「彼哉彼哉、言無足称」（『論語古義』）、論じるにも足りないとして切って捨てたものと理解する。

（4）「人也、猶言此人也」（『論語集註』）。羅山点では読み仮名を振らないが、闇斎点・後藤点では本文の「人也」に、「コノヒヤ」という読み仮名を振っている。

（5）仁斎が「仁也」の根拠とした『孔子家語』は、『論語集註』で引かれる書物であるから、朱子は『孔子家語』の解釈を知りながらあえて無視したのであろう。この他、『朱子語類』当該章を見れば、ここの「人也」を「人道」を尽くすという意味でとる解釈はどうかと問われた朱子が、それを否定している。

（6）桓公が兄か、糾が兄かについては解釈が分かれる。程子語を引く朱子は、桓公を兄として、兄弟の序列を重んじる。かりに桓公が弟だったなら、朱子にとっては、兄殺しの桓公に仕えた管仲の「罪」が、のっぴきならない問題となってくることになる。

（7）仁斎の「民の父母」論には、為政者と民衆の相互的な関係として政治を捉える発想が芽生えていて、そこに徂徠は危険なものを感じ取ったのではないかとかつて論じた。拙稿「「民の父母」小考――仁斎・徂徠論のために」(張翔・園田英弘編『「封建」・「郡県」再考――東アジア社会体制論の深層』思文閣出版、二〇〇六年)。

(8) 仁斎の政治思想の意義については、高熙卓「伊藤仁斎の「天道」論――その政治思想史的意義について」(『倫理学年報』四七、一九九八年)。平石直昭『日本政治思想史――近世を中心に』(日本放送教育振興会、一九九七年)にも、仁斎が、政治と道徳という二つの領域の原理的な区別をなしたという指摘が見える。渡辺浩『日本政治思想史――十七~十九世紀』(東京大学出版会、二〇一〇年)は、「民の意向に従った統治」を迫る仁斎が、「当時の武威を誇る統治者に対して、静かに抗議し、訴えていた」と述べている(一四八頁)。仁斎が漢の高祖(劉邦)や唐の太宗(李世民)に高い評価を与えていることも、現実の政治家に求めたものが何であったのかを考える時に忘れてはならない(『童子問』中・第三〇章)。

*『論語古義』は「林本」に拠った。刊本に見える内容上の改変については、引用の後に括弧内で要点のみを記した。『語孟字義』と『童子問』も「林本」に拠り、『孟子古義』は『日本名家四書註釈全書』に拠った。

徳川儒教と〈他者〉の問題——伊藤仁斎『孟子古義』を読む——

序

儒教といえば、「五倫五常」の人倫的な道徳を説く教えと受け止められる。それに、あるいは封建的というような歴史的な規定を加え、あるいは「天」との関わりにおいて宗教性を感じさせるものとして理解される。「五倫五常」という語は『論語』や『孟子』より後代の熟語ではあるが、その原型は『孟子』にある。

聖人有憂之、……教以人倫、父子有親、君臣有義、夫婦有別、長幼有序、朋友有信【聖人は、衣食が足りているだけでは人間らしい生き方ではないと憂いて、人倫の教えをもって民を導いた。それは、父子が親しみあい、君臣が正義に立脚し、夫婦の間にけじめがあり、長幼に序列があり、朋友が信じあうことである。】（滕文公上篇）

『孟子』は、孟軻（前三七〇〜二九〇頃）の思想を伝える書である。後の朱子学の理解するところでは、孟軻（尊称として孟子）は、孔子—曾子—子思と伝わった「道」を継いで異端と対峙した人物であり、『孟子』は、孔子・曾子・子思それぞれの思想を伝える書、すなわち『論語』『大学』『中庸』と並ぶ〈四書〉の一つとして尊重されるべきものとなり、朱子によるその注釈書『孟子集註』によって読み継がれた。

聖人の説く「人倫」を見てみれば、それは父子・君臣・夫婦・長幼・朋友であって、いわば最も身近な人間関係である。身近な人間関係から道徳生活が始まるとは、儒教的発想の基本であり、それは『論語』ですでに繰り返し説かれている。例えば、孔子の弟子の言葉ではあるが、

有子曰、……君子務本、本立而道生、孝弟也者、其為仁之本与【有若が言った、……君子は根本に努める。根本が定まって、道が出来上がる。父への孝と兄への悌、それこそが、最高の徳である仁の根本であろう。】（学而編）

などとされる通りである。

そもそも儒教の考える最高の道徳である「仁」は、何らかの意味で、人間的な愛情の表現として捉えられてきたから、愛情は、父子に始まる身近な人間関係から発揮されるというように置き換えることが許されるだろう。中国古代の戦国時代（まさに孟子の時代）に、儒家と勢力を分け合ったとされる墨家の思想家たちは、他者を等しく愛すべしとする「兼愛」の説を掲げたというが、儒教はそれを絶対に認めない。儒教は、人間の愛情には〈差等〉があって、より身近な関係において、より濃密な愛情が注がれるのが人間としての自然＝当然なあり方であるとする。それだから、そこにこそあるべき姿（規範）を確立する必要があるわけで、それが「親」「義」「別」「序」「信」なのであろう。

しかしそれは、私たちからすれば、逃げ場がない、息苦しい発想なのではないだろうか。父と子は、最初から「親しむ」ことが自然＝当然のものだとされていて、それ以外の側面は、語られることがない。個々の事例としては、父が頑迷であった場合にどう対処すべきかという話題は出されても（例えば、舜の父である瞽瞍）、そこから父子の「親」に揺さぶりをかけようとか、何かを思想的な問題として汲み上げようという姿勢は見られない。やや一般化して言えば、身近な人間関係においては、互いに分かり合えるもの、ぴったりと重なり合えるものとい

う前提が不動のものとしてある。

儒教というものは、所詮はタテマエの思想だから、そういうものだという解釈もあるだろうが、儒教をもって生きようとした人々にとって、問題はどうだったのだろうか。儒教の世界には、それを息苦しい、それだけでは足りないとする感覚は生まれないのだろうか。

一

禅仏教や老荘思想によって後退を余儀なくされていた儒教が思想として再生したのは、宋代、朱子学が誕生したことによってである。それまでの貴族層に代わって社会の中核となったのは新興の官僚たちであり、彼らの求めた哲学が朱子学であった。朱子学は、その後、中国はもとより、朝鮮王朝・ベトナム王朝・日本・琉球王朝といった諸地域でも巨大な思想的指導力を発揮していく。その朱子学は、人間学的とも言うべき問題について、精緻で体系的な思索を重ねていった。それまで、より大きなテキスト（『礼記』）の中の一編として隠れていた『中庸』を、朱子学は〈四書〉の一つとして、しかも孔子・孟子の教えの「蘊奥」（『中庸章句』序）を説き明かした書として顕彰したが、その『中庸』の冒頭には、こうある。

天命之謂性、率性之謂道、修道之謂教【天の命じるところが性であり、性に率うことが道であり、道を修めることが教えである。】

この「天命之謂性」について、朱子は『中庸章句』で、次のような解釈を示した。

命、猶令也、性、即理也、天以陰陽五行、化生万物、気以成形、而理亦賦焉、猶命令也、於是人物之生、因各得其所賦之理、以為健順五常之徳、所謂性也【命とは、ちょうど命令としてあるように、そうあるということだ。性とは、理のことである。天は、陰陽五行でもって万物を化生させるが、詳しく言えば、陰陽五行の気でもって形を成し、そこに理を賦与する。それは例外のない命令なのである。こうして人や物が生まれれば、そこには賦与された理があるから、それによって欠けるところのない五常の徳が備わっている、それが性である。】

こうして世界をかく在らしめる「理」は、あらゆる人間に一人の例外もなく「天」から賦与され、その「理」が、完璧な道徳性、すなわち「性」として等しく万人に内在しているとされた。誰もが同じ「理」を賦与されて、大宇宙としての天地と響き合う小宇宙として存在する。本来欠ける所のない「理」が、父と子という場面においては、相互の「親」や、子から父への愛情としての「孝」として発現する。「理」が、君臣という場面においては、相互の「義」や、臣から君への「忠」として発現する。人と人とが分かり合えるとは、その「理」において共感しあうことだと朱子学では考える。「形」があるところには、「形」がそうであるべき根拠としての「理」が内在するのであって、この『論語』や『孟子』には見えない「理」と「気」という枠組みを縦横に駆使して、朱子学は、問題を見事に構造化させていった。〈差等〉の愛こそが人間としての自然＝当然だというのも、「理」としてそうなのである。

つまり「理」（朱子学では「性即理」であるから、「性」としてもよい）において、人間は寸分の違いもなくぴったりと同じである。一方、「気」とその組合せである「形」には色々な偏差があるから、そこから顔形や気質・性格などの違いが出来てくる。そういう偏差を持たない円満な人間は、形気に由来する「物欲」に邪魔されることなく天地宇宙の「理」のままに行動できる。そして朱子学では、人間は、自分が受け取った気質の偏差を修養や学習によって克服して、少しでも「理」をそのまま体現した理想の人格（聖人）に近づくように努力せよと教える。

怒りっぽいという気質を持った者は、静座や読書などによって明鏡止水の境地に達するように努力すべきなのである。「聖人、学ンデ至ルベシ」という朱子学のスローガンは、そういうことである。到達（回復）すべきは、心に内在する「理」が、「気」に由来するものによって歪められない境地である。したがって、万人が本当に「聖人」になれば、人間の間には個性というものは無くなるのではないだろうか。

二

伊藤仁斎は、一六二七年（寛永四）、京都の堀川の商家に生まれた。始めは朱子学に傾倒したが、やがて精神を病み、二十歳代の後半からは世の交わりを絶って長く孤独な時間を過ごした。ようやく三十六歳の時に生家で塾（後の古義堂）を開き、次第に独自の思想を切り拓いていった。徹底して『論語』と『孟子』の本文を読み込み、孔子や孟子の、朱子学によって曲解される以前の本来の趣意を復元させたとする著『論語古義』と『孟子古義』の完成に心血を注いだ。一七〇五年（宝永二）に亡くなったが、嗣子である東涯によって仁斎の著作は次々と刊行された。その仁斎は、若い日、とにかく学問（朱子学）に打ち込みたかったが、商家の跡取りがそれでは困るとする周囲の反対にあって苦しい思いをした。その時のことを、後日、こう回顧している。

吾嘗十五六歳時好学、始有志于古先聖賢之道、然而親戚朋友、以儒之不售、皆曰為医利矣、然吾耳若不聞而不応、諫之者不止、攻之者不衰、至於親老家貧、年長計違、而引義挽礼、益責其不顧養、理屈詞窮、而佯応者亦数矣、……愛我深者、則我讐也【私が十五、六歳の頃、学問が好きで古の聖賢の道に真剣に志した。しかし親戚や友人は、儒学では生活できない、それほど学問が好きなら医者になった方がお金にもなるからと勧めてくる。聞こえないふりをしていたが、私を諫める声は止まず、攻める手は衰えない。親が老いて家が傾いたらどうするのだと、「義」や「礼」を引いて、敢えて親不孝をするつもりかと責めてくる。私は言葉に窮して、心ならずも従わざるをえないことが何度かあった。……当時、私のことを愛して心配してくれる人ほど、私からすれば、まるで仇のように思えたものだ。】(「送片岡宗純還柳川序」、『古学先生文集』巻一)

結局、家督を弟に譲って学問に専心するのだが、この時の体験は、その後の仁斎の思想を考える時に、大きな意味をもっていた。周囲は、仁斎の将来や家の行く末を本気で心配するから忠告してくるので、意地悪を言っているのではない。身内としての彼らの「愛」に、不純なところはない。しかしそれは、仁斎の学問への思いを理解してのものではなく、仁斎からは、精神的に自分を殺してしまう「讎」にさえ見えてしまうのである。「お前の学ぼうとする聖賢の教えでは、親孝行を否定するのか」というような、仁斎からすれば、答えようもない苦しい言葉も投げられたのであろう。ここにあるのは、相手を思ったつもりの「愛」も、相手を損なってしまうことがあるという事態であり、近しい者ほど自分を分かってくれずに、「愛」していればこそという思いからか、より攻撃的になってしまうという事態である。

Ⅰ　仁斎にとっての『孟子』

仁斎は『論語』を「最上至極宇宙第一書」とするが、『論語』と『孟子』の関係について『孟子古義』総論でこう述べている。

孟子之書、為万世啓孔門之関鑰者也、孔子之言、平正明白、似浅而実深、似易而実難、渾渾淪淪、蟠天根地、靡知其所底極、至於孟子、諄諄然指其嚮方、示其標的、使学者知源委之所窮、故性命道徳、仁義礼智等説、皆当以孟子之言、為之註脚而解其義、切不可従論語字面、求其意趣焉【『孟子』は万世のために孔子学派の鍵を開

いた書である。孔子の言葉は平正明白で浅いようだが実は深く、容易なようで実は困難であり、すべてを包摂して円やかで、天地を尽くして、極まる所を知ることも出来ない。孟子になると、物事の方向や標的を指し示し、学ぶ者にとって、何が本で何が末なのかを諄々と説き明かしている。だから「性命道徳」や「仁義礼智」といった問題については、すべて『孟子』の説明を脚注として『論語』を読まなければならない。『論語』の字面だけ読んでその意味を分かろうとするのは、絶対にいけない。】

そして、こう続く。

蓋孔子之時、猶白日中天、有目者能行、故其教人、只告之以修為之方、而不待復詳解其義、孟子之時、猶暗夜行道、必待明燭、故不得不明解其義、示所嚮方焉、若夫欲観孔子之道、而不由孟子者、猶渡水無舟楫、豈得能済乎、嗚呼、孟子之書、実後世之指南夜燭也【思うに孔子の時は、ちょうど白日が天に輝き、目のある者はだれでもしっかり歩くことが出来たようなものだ。したがって人に教える方法も、どうすればよいのかを教えればよく、その意義を細かに説明する必要がなかった。孟子の時は、暗夜に道を行くのに明るい灯火が無ければならないようなもので、一つずつその意義を説き明かして向かうべき方向を示さなければならなかった。つまり、孟子に拠らずに孔子の道が何であるかを考えようとするのは、ちょうど舟の舵なしに水を渡るようなもので、それで上手くいくはずはない。後世にとって『孟子』こそは、実にそれに頼って進むべき灯火なのである。】

これを見れば、仁斎の思想の中心には『孟子』解釈が据えられているということができる。『孟子』解釈を根底にして、その地点から『論語』を読むことで仁斎の思想の骨格が作られている。確かに『論語』は、あまりに断片的な（詩的な）文章が多く、それだけ読み手の想像を働かせることが出来て面白いのであるが、そこから十分な体系を作るには向いていない。朱子も、『大学』や『中庸』で原理論を構成して、その範疇を駆使することで『論語』を読み、『論語』を解釈した。仁斎は、『孟子集註』から『孟子』を救い出し、その『孟子』解釈に拠って、『論語』を読み込んでいったのだと言うことも出来るだろう。

2　「四端」の「拡充」

人間の「性」が「善」であることを、『孟子』は、「惻隠之心」「羞悪之心」「辞譲之心」「是非之心」が万人に内在していることから説く。思いやり、恥じらい、譲り合い、是非善悪を弁える心は、表面的にはどんな問題のある人間であっても、必ずその奥深くに備わっているというのである。そして、「惻隠之心」は「仁之端」であり、「羞悪之心」は「義之端」、「辞譲之心」は「礼之端」、「是非之心」は「智之端」だと論じる（告子上篇では「辞譲之心」が「恭敬之心」になり、「惻隠之心、仁也」というように直截に主張される）。そして『孟子』は、「凡有四端於我者、知皆拡而充之矣、若火之始然、泉之始達、苟能充之、足以保四海、苟不充之、不足以事父母【四端が自分に内在していることを知ってこれを拡充したなら、火が燃え出し、泉が湧き出すようなもので止まるところはなく、天下の民を安んずることも出来るが、拡充しなければ父母に仕えることも出来ない】」（公孫丑上篇）と論を結んだ。

問題は、「端」とは何か、「拡充」とはどうすることなのかである。朱子は、こう理解した。

惻隠羞悪辞譲是非、情也、仁義礼智、性也、心、統性情者也、端、緒也、因其情之発、而性之本然、可得而見、猶有物在中而緒見於外也【惻隠・羞悪・辞譲・是非は情であり、仁・義・礼・智は性である。心はその性と情を統括するものである。端とは、緒《いとぐち》である。情が起こったことで、性の本然がチラリと姿を現したのだ。ちょうど物が中にあって、その糸口が外に現れたように。】

人間に「天」から賦与された「性」の内実は、「仁義礼智」である。それが個々の場面で、多くの場合は人間の気質や物欲によって邪魔されながら、「情」として表現される。私たちは、とりあえずいきなり「性」を自覚することは困難であるから、そこに現われた「情」を手掛かりに精進していく。時に、「性」が邪魔されずに現われることがある。井戸に落ちようとする子供を見かけて、思わず手を差し出すように。それが、「四端」なのである。それが「四端」なら、その「拡充」は、こうである。

拡、推広之意、充、満也、四端在我、随処発見、知皆即此推広、而充満其本然之量、則其日新又新、将有不能自已者矣、……学者於此、反求黙識而拡充之、則天之所以与我者、可以無不尽矣【拡とは、押し広げること、充とは、満たすことである。四端は自分の中にあり、それが特定の場面に応じて発現する。その発現を見逃さずに押し広げて、本来自己に備わっている性の全体を満たしていけば、日々に新たな自己に至って止むことがない。……学ぶ者が、自己の内に反って求め、深く自覚して拡充していけば、天から賦与された性を十分に発揮させることが出来るだろう。】

「黙識」は『論語』（述而篇）の語、「日新」は『大学』の語。ほんの僅かでも「端緒」が現われたなら、その糸先を手繰りよせるようにして、自己の内面を見つめ、糸口を広げ深めていく。そのためには、普段からの読書や静座といった努力（学ぶ者としての修養）がなければならず、その「端緒」の本体に到達しなければならない。『中庸』冒頭の哲学を土台に据えて、『大学』の学習論を織り込んで、朱子の志向は、どこまでも内省的である。

では、仁斎はどうだろうか。

端、本也、言惻隠羞悪辞譲是非之心、乃仁義礼智之本、能拡而充之、則成仁義礼智之徳、故謂之端也【端とは、本である。惻隠・羞悪・辞譲・是非の心は、仁・義・礼・智の本であるから、これらを十分に拡充すれば、仁・義・礼・

智の徳が成就する。こういうわけで端というのである。】

「本」は、出発をなすもの（踏み台）というほどの意味であろう。仁斎は、朱子の「端緒」説が誤りだと論じた上で、「拡充」についてこう述べる。

拡、推広之也、充、充大之也、……人之有是四端也、猶其有四体也、有目則能視、有耳則能聴、有斯心則能不忍於物、豈待其発見而拡充之乎、孟子所謂拡充云者、平日従事於斯、以其所不忍不為、而達其所忍所為之謂、非必待発見而拡充之也【拡とは、押し広げること、充とは、満たし及ぼすことである。……人に四端があるのは、ちょうど手足の四体があるようなものだ。目があれば視ることが出来るし、耳があれば聴くことが出来るように、四端の心があるから事物に対して「忍びない」という心が起きてくる。朱子の言うように、その発現を待ってからということではない。『孟子』の言う拡充とは、いつでもどこでも間断なしに、「忍びない」という心の及ぶ範囲を広げていくことである。】

愛情は日常普段に発現されているのだから、それを「充大」させることが大事だというのである。仁斎の「拡充」は、朱子の考えるような内省的なものではなく、何かのきっかけにおいて発現される「端緒」を待ってということでもない。「忍びない」という心、言ってみれば、喜怒哀楽いろいろな場面で感じる〈ヒトゴトではない〉という連帯感を押し及ぼして、周囲に、さらに遠い世界の人々にも及ぼしていこうという志向を、仁斎は「拡充」と捉えているのだろう。その際、仁斎が言うところの「大」という発想に注意する必要がある。

四端者吾心之固有、而仁義礼智、天下之大徳也、四端之心雖微、然拡而充之、則能成仁義礼智之徳、而足以保四海、……性之善、不可恃、而拡充之功、最不可廃、後世儒者、専知貴性、而不知拡充之功為益大、不実

知孟子之旨故也【四端は自己の心に本来備わったものであり、仁・義・礼・智とは天下レベルの大きな徳である。四端の心は微かなものだが、それを拡充していけば、仁・義・礼・智の徳を成すことが出来て、天下に通じ四海を保つことさえ出来る。……性の善だけに寄りかかることは出来ないので、拡充することが最も大事である。朱子学者たちは、性を尊ぶことにばかり専念して拡充の大切さを知らない。『孟子』の趣旨が全く分かっていないからである。】

仁斎も「性」の「善」は認めるが、それは、それなしには人間は「自暴自棄」になってしまうから、人間には道徳的な向上心が備わっていることを言うというほどの意味であって、朱子の説くような「理」としての「性」などではない。

「仁義礼智」が「大徳」だというのは、究極的な道徳の姿からみて、個々の人間は小さなものだということを含んでいるのではないだろうか。朱子学の、大宇宙に呼応する小宇宙としての個人ではない。そして、人間の愛情の発現は、とりあえず「微」なのである。その「微」を踏み台にして、それを拡充することに間断なく努める。そしてそれを究極までやり通せば、「大徳」を実現させるところまでいく。しかし、それを究極まで拡充することなど出来るのだろうか。孔子には、それが出来たというのだろうか。

3　「性」と「自暴自棄」

そもそも仁斎は、「性」を各人の差異において考えている。

性者、人生所稟之質、雖各有殊、而其情無不好善悪悪、乃所謂善也【性とは、人々が生まれ持った性質であって、それぞれ多様であるが、人情として善を好み悪を悪むことでは共通している、それを性善というのである。】（滕文公上篇）

仁斎は、『孟子』で「夫道一而已矣【そもそも道は一つである】」（滕文公上篇）とは言われるが、仮に朱子学の考えるような「性」の理解が前提とされているなら、「性一」と言われてもよいはずだと論じる。そういう言い方がされないのは、人間の生まれながらの気質の多様性を認めて、互いに違った人間の間に、重なり合う部分として道徳の基盤を見出し、それを押し広げることが最も大切だとされたからだろうと仁斎は言う。仁斎は、「性善者、而非謂天下之人、其性皆一而不異也【性善といっても、すべての人の性が皆ぴったりと同じで差異がないというようなことではない】」（告子上篇）とも言っている。人と人は、隅から隅まで重なり合うことを求めてはならない。そして、生まれ持った気質を伸ばすのは自然なことで、道徳は、そういう身心の大らかさの中に包まれてあるべきなのではないかと主張する。

耳目口鼻之欲、与生倶生、皆天之所与我者、而人之性也、故聖人不甚悪之、但在以義与道裁之焉耳、……若欲無之、則廃人倫、絶恩義、併其良心、斲喪澌滅、不至槁木其形、死灰其心、則不已、而先儒有無欲主静之説、……与孟子之意、殆有霄壌之異矣【気質に由来する欲望も、生まれながら天から賦与されたもの、つまり人の性なのであるから、聖人はこれを極端に悪むということはない。ただ義と道でもって、コントロールするのである。……もし欲望を全くなくしてしまおうとすれば、人倫・恩義は廃絶して、良心ともども消えてしまい、ついには形や心を滅ぼすところまで行き着かずにはいられない。こう考えれば、朱子の説く無欲主静の説は、……『孟子』の意趣からは全く別なものでしかない。】（尽心下篇）

こうして「性」を各人の差異において捉えた仁斎は、「聖人亦人焉耳、安得人人皆同【聖人もまた人なのだから、どうして聖人同士がぴったりと同じであるはずがあろうか】」（離婁下篇）として、聖人についても、そこに個性の違いを見ようとする。「聖人、学ンデ至ルベシ」を標榜する朱子学では、聖人の間の個性差には目が向かない。

ところで仁斎は、現実の人間は、「四端」の「拡充」を目標とすべき理念、実践すべき価値として否定こそしないものの、自分にはその能力も意志もないからといってあきらめてしまっていることが多いと捉えている。「自暴自棄」は『孟子』（離婁上篇）に見える語で、朱子はこれを、

雖聖人与居、不能化而入也、此所謂下愚之不移也【聖人が一緒に居ても、これを化して道に入れることは出来ない。『論語』陽貨篇に言う「下愚」に当たる者である。】

として、極めて少数の例外者として斬って捨てた。しかし仁斎は、そもそも『孟子古義』総論で、

其言性善者、専為自暴自棄者而発之也、後儒者以性善之説、為孟子之奥旨者非也、蓋天下自暴自棄者、十居八九、故孟子倡性善之説、以明仁義之心、乃己之固有【孟子が性善を言うのは、自暴自棄の者のために発言しているのだ。朱子学者が、性善説を『孟子』の核心だとするのは誤っている。そもそも自暴自棄、つまり仁義は高邁かもしれないが自分の課題ではないと見限っている者が、大部分の人間の現実である。だから孟子は、性善という言説で、仁義の道徳は人間の内面に根を持つものだと訴えたのである。】

と述べていた。仁斎の考えるところ、人間は、親子や兄弟であっても、それぞれに多種多様である。大いなる「道」からすれば、それぞれが部分的な存在である。人間の「心」の本来が、小宇宙として秩序立った美しい完成体だとは考えない。そして、多くの人々は、道徳を自分の問題としては捉えていない。しかしそういう人間であっても、道徳的に重なり合う部分が確かにあるのであって、それが「四端」なのである。そうであれば、それぞれのスタイルで、「四端」の「拡充」に努めるだけである。その「拡充」は、仁義礼智という「大徳」の達成

を遙かに目指すのだが、それに到達することは実際にはない。最後までが、行きかけの道なのであって、いわば過程なのであるが、それでよい――こう仁斎は考えている。

4 〈他者〉との交わり――「寛容」という思想

このように見てくれれば、仁斎の思想には、それまでの儒教にはない〈他者〉感覚があると言えるのではないだろうか。ここで言う〈他者〉感覚とは、まず人間同士はたとえ身近な関係であっても、互いにぴったりと分かりあえるものではなく、どんな場合にも重ならない差異があることを認めることである。そしてその上で、その差異を埋めようとするのではなく、程よい距離を保ちながら、共感しあう場所を確かめ、その場所を少しでも拡げよう、深めようと努力することに、人間の道徳の意味を見ていこうとする姿勢を指している。『孟子古義』を通じて仁斎は、それまでの儒教が知らなかった〈他者〉感覚という問題の重要性を訴えようとしている。そしておそらく、仁斎が『孟子』を読むことで獲得したものは、ここまでである。

しかし仁斎は思索を重ねて、「寛容」をもって他者と交わることの意味を探っていった（『孟子古義』では、「寛容」という問題は説かれていない）。朱子学では、「理」が万人に内在するから、それを探求することが万人の責務とされる。「聖人学ンデ至ルベシ」で、誰もが、同じ方向に向かって努力すべしとされる。それは容易に、努力の不足する者への批判に転化し、周囲を指弾するような態度さえもたらす。こういう態度を、仁斎は「残忍刻薄」という言葉で表した。朱子学は、あるべき規範的な視点から相手を見下すような、いつも相手の不足を言い立てるような人間を作ってしまうと仁斎は言う。それに対して仁斎が説くのは、「寛容」である。特に相手が過ちを犯した時、相手の側に立って、そういう過ちも斟酌すべき理由があってのことではないかと思ってみよと言う。「忠恕」の「恕」を、朱子は「己ヲ推ス」（『論語集註』）ことだとしたが、仁斎は「人ノ心ヲ忖度スル」（『語孟字義』）ことだとした。

「寛容」になれるのは、なぜだろうか。あるいは「刻薄」になってしまうのは、どうしてだろうか。「刻薄」になるのは、自分は「理」の探求において、相手より進んでいると思うからであろう。言い方を変えれば、自分の体得した「理」は、当然、相手にも同じ形で体得されなければならないと信じるからである。そうではない。相手は、自分とは違うタイプの人間であるが、しかし「四端」の発現という踏み台だけは同じだから、そこを分かってあげたい、そういうふうに〈他者〉に接することが「寛容」を生むのである。

三

『孟子古義』に戻って、もう一つの大きな問題を考えてみたい。それは、政治論である。「孟子曰、……堯舜之道、不以仁政、不能平治天下、今有仁心仁聞、而民不被其沢、不可法於後世者、不行先王之道也、故曰徒善不足以為政、徒法不能以自行……【堯舜の道は、仁政をもってしなければ天下を穏やかに治めることは出来ない。今、仁の気持ちや評判があっても、民が実際にその恩恵に浴さず後世の手本となることがないのは、先王の道に拠らないからである。徒善や徒法では何の役にもたたない。……】」（離婁上篇）に寄せて仁斎は、

其解孟子、不以王道為主、而専倡性善之説者、不善読孟子者也【王道を主とせず、専ら性善説を主張するだけでは、『孟子』をよく読んだことにならない。】

と述べている。ここには、『孟子』の説く王道論を、あれこれと条件を付けて限定的に理解して正面から論じない傾向への不満を窺うことが出来る。易姓革命論も含めて『孟子』の政治思想をストレートに受け入れている点でも、『孟子古義』は思想史的に注目すべきものである。そこには、仁斎なりの徳川体制への批判（とまで言える

かは微妙である）が込められているのかもしれない。しかしここでは、そういう論点には立ち入らない。取り上げたいのは、政治における〈他者〉感覚の問題である。

一　朱子学の政治論

政治思想として、〈他者〉感覚の問題が正面から論じられるのは、近代においてのことであろう。多事争論こそが望ましい、色々な見解が競い合うことが望ましい、その中からより良い結論（より悪くない妥協点）を導くのが政治だという考え方は、近代以前にはないものと考えてよい。少なくも東アジアの思想世界、あるいは儒教に限定すれば、色々な見解が競い合う状況は、混乱や分裂として捉えられる。つまり、そこには政治的な〈他者〉感覚は期待出来ない（儒教の精神的な伝統の中から近代の政治思想に向かった中江兆民を待って、本格的にこの問題にぶつかることになる）。朱子学の政治論は、〈他者〉感覚の不在を徹底させた。『大学』に述べられた美しい図式、「格物、致知、誠意、正心、修身、斉家、治国、平天下」（八条目と呼ばれる）は、政治エリートが、「格物」（事物に即した「理」の探求）から始まって、知識を蓄え道徳性を高め、それによって一身を修め、その徳化を家族・宗族から一国へ、さらに天下全体に押し及ぼすことで、真善美を兼ねた秩序世界が生まれることを讃えている。為政者の徳化として政治を考えるのは、儒教のそもそもの特徴であるが、「理」の思想としての朱子学は、それを見事に体系化した。徳化が成立するのは万人に同じ「理」（「性」）が内在するからであって、人々は、上に戴いた為政者の徳の力によって、自らの内なる道徳性に（知らず知らずのうちに）目覚めるのである。真善美を兼ねたというその美について説明を加えておくと、それは「礼楽」の問題である。おそらく実際の政治では、為政者の立ち居振舞いから始まって国家的な儀礼（最高の儀礼は皇帝による祭天の儀礼）に至る文化的な契機の果たす役割が大きい。「理」や「道徳」は、そういう文化秩序とその表象の中に込められている。したがって儒教は、常に文化を問題にして、老荘の自然（反文化）主義と対立してきた。朱子も、とくに晩年、家の儀礼、郷党の儀礼、国家の儀礼の構想に積極的に取り組んだ。それは、美的な世界そのものである（ただし日本の儒教は要するに教説であって、そういう美的な側面が弱い）。「礼」は「天理之節文、人事之儀則」というのが朱子学の不動の命題であって、それは「理」の美的表現でもある。

こういう〈他者〉感覚不在の堅牢な政治思想を、どうにかして崩していこうというのが仁斎の深い問題関心だったのではないだろうか。仁斎の「王道」論を、そういう視角から読むことは無理であろうか。

2　「民之父母」

為政者を「民之父母」に譬える例は、早く『詩経』に見られ、儒教の文献ではよくある比喩である。『孟子』にも例えば、「獣相食、且人悪之、為民父母行政、不免於率獣而食人、悪在其為民父母也【獣が互いに食い合うのさえ人は嫌悪する、民の父母とあるべき為政者が暴政をほしいままにして、まるで獣を野に放って人を食わせるほどに酷いとしたら、それで民の父母と言えるだろうか】」（梁恵王上篇）とある。これを朱子は、

夫父母之於子、為之就利避害、未嘗頃刻而忘於懐、何至視之不如犬馬乎【そもそも父母は、子どもに利になるように害にならないようにという気遣いを、一瞬も忘れない。それなのに、民を犬や馬より疎かに扱うとは何ということか。】

と解釈した。父母としての君は、子としての民を慈しむべしというのである。

仁斎は、これを、

君者至尊也、民者至卑也、而以民之父母、為君之美称者、何哉、蓋子之於父母、聴於無声、視於無形、東西南北、唯其所命、而不敢離叛、苟行仁政、則民之親上亦如此、以民之父母、為君之美称、不亦宜乎【君は至

尊、民は至卑で遠く離れているのに、「民の父母」が君の美称となるのはなぜなのか。子が父母に対しては、発せられない声も聴き、表されない表情も窺い、どこへでも命じられれば出かけて離反したりはしない。仁政を行えば、民は君を父母のように思うから、「民の父母」が君の美称となるのも尤もである。】

とする。「民之父母」は、上からの恩恵慈愛ではなく、反転して下からの愛情をもった推戴なのである。この反転は、仁斎が民衆の味方だったから起きたということではなく、〈他者〉感覚不在の朱子学への違和感からもたらされたのではないだろうか。社会は上から下へ、主君の色に一色に簡単に染まるようなものではない、もっと複雑な力の集合だという直感が仁斎にあったということではないだろうか。

3　「王道」

『孟子』が説く「王道」は、権謀術数や功利主義的な政治論、力をもってする覇道に対して、主君が「不忍人之心」（〈ヒトゴトではない〉という連帯感）を社会全体に広めることで実現する道徳政治のことである。これについて仁斎は、「為民上而不与民同楽者、亦非也【民の上に立つ者は、民と楽しみを共にしなければならない】」（梁恵王下篇）に寄せて、

> 楽民之楽、憂民之憂、乃王道之実也、……治乱興亡之機、実由于此【民の楽しみを楽しみとし、民の憂いを憂いとする、これが王道の中心だ。……治乱興亡の分かれ目も、まさにここにある。】

と述べた。しかし、これは実際の政治論としてどういうことなのだろうか。民の好悪に追順するのが理想の政治だというのだろうか。

「先王之楽」ではなく「世俗之楽」を好む斉の国王に向かって、孟子は、その音楽好きを高く評価して「今王与百姓同楽、則王矣【今、王が人々と楽しみを共にしたなら、天下の民が帰服する日も近いでしょう】」（梁恵王下篇）と言った。これについて朱子は（范氏語を引く形で）、理想的な「古楽」と世俗的な「今楽」の違いに立ち返って、

若必欲以礼楽治天下、当如孔子之言、必用韶舞、必放鄭声【礼楽でもって天下を治めようというなら、孔子も言っていたように、正しい音楽である韶舞を用いて、鄭声のような淫らな音楽を追放しなければならない。】

と釘を刺して、孟子のこの時の発言は「救時之急務」（どこまでも状況に即しての発言）だと論じた。しかし仁斎は、これは「救時之急務」などではなく、

蓋聖王之治天下也、君民相安、上下一体、而後楽作、周礼所謂六楽者、皆先王所以与民同楽之迹也、後世以鐘律器数論楽、而不知楽之本、実不在於是、此徒知其末、而不知其本者也【さて聖王が天下を治めた時は、君と民が互いに安らかで一体となって、それから音楽を作った。『周礼』に伝わる六楽は、いずれも先王が民と楽しみを同じくした「迹」なのである。後世、鐘律器数をもって音楽を論じる者は、その末だけを追いかけて、音楽の根本が民と楽しみを同じくするところにあることが分かっていない。】

として、これこそ本質的な議論なのだと考えた。

仁斎は、人君が自分一人の「好悪」で動くことを警戒する。同じ梁恵王下篇にある何人かの王との対話から、仁斎の解釈を拾えば、

苟其好悪不在於己、而与百姓同之、則天下之事、無大無小、無往而非王道矣、区区天理人欲之弁、豈足以論王道之大哉【かりに物事の好悪を自分に置かず、人々と同じようにすれば、天下の物事はすべて王道を実現させる材料になる。せせこましい天理・人欲の議論など、王道という大きな次元からすれば、何ほどのものだろうか。】

不任一己之好悪、而能従天下之好悪、則可以為民之父母矣【自分の好悪を捨てて天下の好悪に従う、これが「民の父母」となることだ。】

などと言われる。

では、民の「好悪」がおかしな方向に流れるということはないのだろうか。朱子は、民が淫らな音楽を好むために、その好みを上から矯正させなければならない場合もあると主張していた。仁斎も、民の「好悪」に問題が発生することを認めている。臣下の登用についての『孟子』の議論、「左右皆曰不可、勿聴、諸大夫皆曰不可、勿聴、国人皆曰不可、然後察之、見不可焉、然後去之【近臣が解任せよと言ってもまだ認めない、諸大夫が解任せよと言ってもまだ認めない、国中の人々が解任せよと言ったら、それからよく調べて、解任すべきとなれば解任する】」（梁恵王下篇）について、仁斎は、

至於国民、則其論公矣、然衆之好悪、亦未尽当、故必親察其賢否之実、然後従而用捨之【国の民がこぞってということは、それが公論だということだ。しかし衆人の好悪も、いつも常に妥当なものとは言い切れない。だから最後は君主が自らその人物の中身を調べて、用捨の判断を下すべきである。】

としている。朱子の『孟子集註』に、「至於国人、則其論公矣」とあるから、仁斎はそれを踏襲しているのであ

るが、ここからも仁斎が、民の「好悪」万能主義でないことは明らかである。とすれば、にもかかわらず、なぜ仁斎は民の「好悪」に従うことを強調したのかと問わなければならないだろう。そもそも、民の十人に八、九人は「自暴自棄」、道徳的な向上心を見限ってしまっているというほどの醒めた認識を、仁斎は一方では懐いているのにもかかわらずである。

これは、為政者に〈他者〉感覚を持てと言っているのではないだろうか。あるいは、〈他者〉感覚を持つことで、はじめて政治の結果責任を全う出来るということなのではないだろうか。「今有仁心仁聞、而民不被其沢」云々とあったように、『孟子』には、政治は心情倫理ではなく責任倫理だという発想が見える。これを最大限に引き伸ばしたのが仁斎だった（『論語古義』では、この観点から、覇者とされる管仲をも評価する）。為政者に期待するというのは、とことん儒教の発想でしかないから、近代的な意味での政治的な〈他者〉問題の手前の話ではある。しかし、仁斎の前に聳えるのは、あの朱子学であり、個人の好悪そのままに「生類憐れみの令」が猛威を振るった徳川の将軍政治なのである。

小括

儒教は、人倫の教えである。したがって、神の前に一人立たされるという厳しさに欠けると言うことも可能である。そういう甘い、予定調和的な思想から、かりに〈他者〉の問題が考えられていったとしても、どこまで問題を突き詰めることが出来るのかという疑問の声があがるかもしれない。

しかし、こうも考えられないだろうか。人倫の教えであるからこそ、儒教は問題を実践の立場から捉えていく。仁斎にとっても〈他者〉の問題は、思弁や観念の問題ではなく、日常普段にいかに〈他者〉と交わっていくのか、どうすることが〈他者〉を〈他者〉として尊重することなのかという行為の問題であった。そして儒教のとる行為の立場は、道徳の次元を中心にしながら政治の次元を包摂するから、〈他者〉の問題も、道徳の次元から政治の次元にまたがって存在することになる。こうして仁斎は、〈他者〉不在の思想として朱子学を批判し、〈他者〉感覚をもって周囲の人々と交わるとはどういうことか、なぜ身近な関係においてこそ〈他者〉感覚が必要なのか、為政者にとって〈他者〉感覚を持つことにどういう意味があるのかといった問題を考えようとしたのである。

*『孟子古義』は、享保五年刊本(『日本名家四書註釈全書』)に拠った。

寛文二年の伊藤仁斎

寛文二年（一六六二）、長い精神的な苦しみの時期を経て三十六歳を迎えた伊藤仁斎は、京都、堀河の生家に塾を開いた。嗣子である東涯が著した「先府君古学先生行状」には、こうある。

寛文壬寅〔二年〕、京師地震、遂還㆑家、先㆑是有㆑疑㆔於宋儒性理之説、乖㆓孔孟之学㆒、参伍出入、沈吟有㆑年、至㆑是恍然自得、略就㆓条貫㆒、乃謂大学之書、非㆓孔氏之遺書㆒、及明鏡止水、冲漠無朕、体用理気等説、皆仏老之緒余、而非㆓聖人之旨㆒、始開㆓門戸㆒、接㆓延生徒㆒、来者輻湊、戸屨常満、信者以為㆓間世偉人㆒、疑者以為㆓陸王余説㆒、先生処㆓乎其間㆒、是非毀誉、恬而不㆑問、専以㆓継㆑往開㆒㆑来自任

仁斎は、朱子学が仏老の影響下にあるもので、それは孔孟の学を継ぐものではないとする自らの考えを世に問うた。多くの聴講生が集まり、仁斎の新しい儒学説に共鳴する者と、これは陸王学の亜流なのではないかと疑う者とが相半ばしたが、仁斎はそういう声を気にかけることもなく、ひたすら孔子・孟子の真意を明らかにすることに打ち込んでいった――こう、東涯は父の像を描いている。

では、この時の仁斎の問題関心は、どういうところにあったのだろうか。寛文二年の仁斎は、『孟子』の幾つかの章についての講義を行い、その内容は、享保二年（一七一七）に東涯によって刊行された『古学先生文集』に収められている。これを朱子の『孟子集註』と比べることで、仁斎がどういう問題に取り組もうとしていたの

か、その一端を明らかにしてみたい。

一、「人之所以異於禽獣者幾希章講義」

正月六日の講義で、『孟子』離婁下篇の本文は、こうである。

孟子曰、人之所㆔以異㆓於禽獣㆒者幾希、庶民去㆑之、君子存㆑之、舜明㆓於庶物㆒、察㆓於人倫㆒、由㆓仁義㆒行、非㆑行㆓仁義㆒也

朱子の『孟子集註』は、「人之所㆔以異㆓於禽獣㆒者」を、理気論によって説明する。

人物之生、同得㆓天地之理㆒以為㆑性、同得㆓天地之気㆒以為㆑形、其不㆑同者、独人於㆓其間㆒得㆓形気之正㆒、而能有㆔以全㆓其性㆒、為㆓少異㆒耳、雖㆑曰㆓少異㆒、然人物之所㆓以分㆒、実在㆓於此㆒

朱子は、「形気ノ正」を得ているから人間は「天地ノ理」を十全に発揮できるが、禽獣は「形気」に偏りがあるからそれが望めないとする。では同じ人間のうちの「庶民」と「君子」はといえば、

君子知㆑此〔天地之理〕而存㆑之、是以戦兢惕厲、而卒能有㆔以全㆓其所㆑受之理㆒也

とされるように、「天地ノ理」を見失わないように自覚的に努力するから「君子」であり、それが出来ないのが

「庶民」なのだと考えられた。その「君子」の究極が、舜である。

物、事物也、明、則有三以識二其理一也、……察、則有三以尽二其理之詳一也、物理固非二度外一、而人倫尤切二於身一、故其知レ之有二詳略之異一、在レ舜則皆生而知レ之也

「物理」と「人倫」が対に置かれて、「人倫」の方がより切実な問題だと朱子は言う。その上で、「人倫」の「理」を知るといってもそこには「詳略ノ異」があり、舜は、その「理」のままに身を処することが出来たというのである。「理」のままに身を処するとは、どういうことかといえば、

由二仁義一行、非レ行二仁義一、則仁義已根二於心一、而所レ行皆従レ此出、非下以二仁義一為レ美、而後勉強行上レ之、所謂安而行レ之也

とある通り、「心」に根ざしている「仁義」に由って行動することであって、外にある「仁義」を対象として捉えて、それを良しと選択して行動するのではない。舜は、生まれた時からずっとそのように振舞ってきたから、「安行」（『中庸』第二十章）なのである。

　では、仁斎の講義ではどう説かれているだろうか。人間と禽獣の相違を、朱子は理気論によって説明したが、仁斎は「理」も「気」も語らない。

按幾希、少也、指二個一念之微一而言、猶二前輩所謂心上些児一、是也

「幾希、少也」は、『孟子集註』と同じ。「前輩所謂心上些兒」は、既に指摘されているように、羅整庵の『困知記』の一節を受けている[1]。では、「一念ノ微」とは何だろうか。

　夫心之為レ物、不レ過二方寸一、而其相去至二於若レ此、其可レ不二自惕厲恐懼一也哉、存者、存二個甚麼一、去者、去二個甚麼一、謂下存二本然之善一、去中此本然之善上耳

「心」は「方寸」ほどのものであるが、人間と禽獣の「心」では、ここまで大きく違ってしまうのである。どうして恐懼せずにいられようか。では、『孟子』が「庶民去レ之、君子存レ之」と言う時の「存」と「去」とは何を指しての「存」「去」なのかと考えれば、それは「本然ノ善」でしかないと仁斎は言う。

　本然之善者、便所謂天命之謂レ性是也、苟欲レ存二本然之善一者、不レ可レ不下在二個一念之微一致上レ謹焉、夫天之生レ人也、本莫レ不レ有二個性一、而性本莫レ不レ有二是善一焉、苟存レ之則可下与二天地一並立上、而去レ之則可三以為二禽獣一、可レ不レ謹哉

「本然之善」は、『中庸』首章の「天命之謂性」を受けたもので、「天」から賦与された「善」なる「性」ということになる。朱子が『中庸章句』で、「右第一章、子思述二所レ伝之意一以立レ言」云々として首章の要旨をまとめて、さらに実践的な課題として「学者於レ此、反求二諸身一而自得レ之、以去二夫外誘之私一、而充二其本然之善一」を掲げていたが、仁斎はその「本然ノ善」を忠実に踏んでいる。その上で、それを「一念ノ微」において謹めというのである。

然而利害之計、物欲之狥、傲然自足、而不三自知レ昏二濁其性一、……若欲三自免二於禽獣之帰一者、尤不レ可レ不下於二一念之微一致上謹焉、従レ古聖賢之学、其用工亦不レ過レ若レ此、所謂慎レ独之訓是已

こうして仁斎は、『中庸』首章で「莫レ見二乎隠一、莫レ顕二乎微一、故君子慎二其独一也」とされた「慎独」の工夫こそが、「一念ノ微」を謹むことだとする。そして、この講義をこう締めくくる。(2)

嗚乎、為レ学之法、在レ求二之於心一、求レ心之法、在レ求二之於一念之微一、虞廷所謂道心惟微、即此義也

仁斎にとっては、『中庸章句』の序で掲げられた、舜から禹に伝えられたとされる「人心惟危、道心惟微、惟精惟一、允執二其中一」が、「利害」「物欲」による「性」の混濁から免れて、「本然ノ善」を守るべき工夫の核心とされたのである。

二、「牛山之木全章講義」

これは正月十九日の講義で、『孟子』告子上篇の本文は、こう始まる。

孟子曰、牛山之木嘗美矣、以三其郊二於大国一也、斧斤伐レ之、可二以為レ美矣、是其日夜之所レ息、雨露之所レ潤、非レ無二萌櫱之生一焉、牛羊又従而牧レ之、是以若レ彼濯濯也、人見二其濯濯一也、以為レ未二嘗有一レ材焉、此豈山之性也哉

ここまでを、朱子『孟子集註』によって第一節とする。次に第二節。

雖下存二乎人一者上、豈無二仁義之心一哉、其所三以放二其良心一者、亦猶二斧斤之於レ木也、旦旦而伐レ之、可二以為レ美乎、其日夜之所レ息、平旦之気、其好悪与レ人相近也者幾希、則其旦昼之所レ為、有梏二亡之一矣、梏レ之反覆、則其夜気不レ足二以存一、夜気不レ足二以存一、則其違二禽獣一不レ遠矣、人見二其禽獣一也、而以為レ未二嘗有レ才焉者、是豈人之情也哉

そして第三節。

故苟得二其養一、無二物不レ長、苟失二其養一、無二物不レ消

最後に孔子の言葉を引いて、第四節である。

孔子曰、操則存、舎則亡、出入無レ時、莫レ知二其郷一、惟心之謂与

『孟子』は、巧みな比喩で議論を自在に展開させるが、これもよく知られた章である。第一節は、今では草も木も見えない牛山であるが、本来そうであったのではなく、大国の郊外にあったために人々が斧や斤で伐採してしまったからだとする。自然の力で萌櫱が生えるが、それも人々が牛や羊を放って食べさせてしまうから、禿山にならざるをえない。では、草木のないのが「山ノ性」と言えるかといえば、そうではない。ここから転じて、人についても同じではないかと一気に論じられていく。

朱子の『孟子集註』は、まず「良心者、本然之善心、即所謂仁義之心也」と述べて、さらにこう論じる。

平旦之気、謂二未与レ物接一之時、清明之気也、……言人之良心雖二已放失一、然其日夜之間、亦必有レ所二生長一、故平旦未二与レ物接一、其気清明之際、良心猶必有二発見者一、但其発見至微、而旦昼所レ為之不善、又已随而梏二亡之一、如山木既伐、猶下有二萌蘖一、而牛羊又牧上之也、……是以展転相害、至二於夜気之生、日以浸薄、而不レ足三以存二其仁義之良心一、則平旦之気亦不レ能レ清、而所二好悪一遂与レ人遠矣

平旦、いまだ事物と接する前の、清明の気に溢れる時には、必ず「良心」の発現があるものだが、それは微かなもので、日中の活動の中で見失われてしまうというのである。第三節は「山木人心、其理一也」として済ませて、第四段において朱子は論じる。

孔子言レ心、操レ之則存レ此、舎レ之則失去、其出入無二定時一、亦無二定処一如レ此、孟子引レ之、以明二心之神明不測、得失之易、而保守之難、不レ可三頃刻失二其養一、学者当レ無二時而不レ用二其力一、使二神清気定一、常如二平旦之時一、則此心常存、無三適而非二仁義一也、程子曰、心豈有二出入一、亦以二操舎一而言耳、操レ之之道、敬以直レ内而已

霊妙だが測りがたい、その「心」を、どうすれば養うことが出来るのだろうか。養うとは、「平旦の気」を保つことなのであるが、事物との応接にいとまのない毎日の中で、そういったことが可能なのだろうか。朱子は、その答えを「敬」に求めようとする。『孟子集註』は、ここで圏点を置いて、李延平の言葉を引く。

愚聞二之師一曰、人理義之心未二嘗無一、惟持二守之一即在レ爾、若於二旦昼之間一、不レ至二梏亡一、則夜気愈清、夜気清、則平旦未二与レ物接一之時、湛然虚明気象、自可レ見矣、孟子発二此夜気之説一、於二学者一極有力、宜二熟玩而深省一レ之也

延平は、「湛然虚明ノ気象」という表現で、清らかな「夜気」を失わない、「理義」にかなった人の在りかたを捉える。朱子は、「敬」をもって「内ヲ直ク」する工夫が、そういう人としての在りかたを実現させると考えるのであろう。[3]

では、仁斎はこの章をどう読むのだろうか。第一節については、

蓋欲下人知三仁義之良、実有二於己一、而提撕省察、以自免中於禽獣上也、故以レ山喩レ人、以三山有二艸木一、喩三人必有二仁義之心一、猶二周詩所謂比者一也

として、それが比喩であることを言う。第二節は、こうである。

蓋山有二艸木一、山之性也、人有二仁義一、人之性也、然物欲之害、日日相攻、猶二斧斤之於一レ木也、是以仁義之美、斲喪無レ余、此孟子所二以設一レ教之大旨也

「仁義ノ美」が「物欲ノ害」によって、刈り取られてしまうのが問題なのである。

日夜之所レ息者、謂二秉彝之性一、不レ能二自已一也、平旦之気、指下乍見二孺子之将レ入二於井一、一念発動之心上而言、

猶二兵家所謂朝気一也、平旦之間、人未三与レ物接一、其心猶未レ有レ所二梏亡一、故孟子借而言レ之

それでも、日夜の休息によって萌櫱は生えてくる。人には「秉彝ノ性」が已むことなくあるからであって、それは兵学に言う「朝気」（『孫子』軍争篇）でもあるが、何よりも、井戸に落ちそうな子どもを見かけた瞬間のあの心の動きとして理解すべきであると仁斎は主張する。

大凡怵惕惻隠之心、雖レ在二旦昼昏暮之間一、皆当レ謂二之平旦之気一、其曰二四端一、曰二良知良能一、其名雖レ異、其実一也、若為下唯指二平旦之間、一時之気一而言上之、則其意近二仙家脩養之説一、而非三聖門之所二以為一レ教也、且不レ応下孟子舎二平生所一レ説四端知能之言一、而特致中意於此上也

「怵惕惻隠ノ心」は、それが一日のいつに発揮されようとも、「平旦ノ気」の発現なのであり、時間としての「平旦」（明けがた）に固執すべきではない。そこにこだわると、「仙家脩養ノ説」に近づいてしまうと仁斎は警戒する。「四端」であれ「良知良能」であれ、同じことを言っているのであって、その「怵惕惻隠ノ心」を発揮させることがすべてだと言うのである。第三節については、

嗚呼、人於二其本然之良一、不レ可レ不レ致二之養一、而於二致レ養之方一、最不レ可二忽略一、乃如レ此

として、第四節の孔子の言葉については、

夫子之言、便与下虞書所謂人心惟危、道心惟微、惟精惟一、允執二其中一之語上、実相表裏、而存養省察之功、

総尽二於此一矣、学者最要二好看一とする。ここでも仁斎は、舜から禹に伝えられた「人心惟危」以下の教えに戻って、そこに「存養省察ノ功」を見ようとする。「心」を養うためには、何が大事なのか。

操、猶二操レ舟操レ兵之操一、舎者、置而不レ顧之謂、夫善操レ舟者、捩レ柁揺レ槳、随レ波上下、終不下為二風波一所上没、善操レ兵者、奇正相須、応変無レ窮、能不下為二敵人一所上敗、此操レ心之法也

仁斎は、孔子が「心」について語ったとされる「操則存、舎則亡」の「操」を、こうして「操舟」「操兵」のイメージで捉えようとする。よく舟を操る者は、波の動きに逆らわずに舟を自在に操って、風波のために舟が沈んだりしないようにする。兵を操る者も、敵の予想もしない動きにも対応して、敵の思うようにはさせない。こういう、とらわれない柔軟さ・機敏さが、「心」を養うにあたっても肝腎だと仁斎は言う。(4) ここには、どのような問題意識が働いているのだろうか。

蓋物欲之相溺也、猶二風波之覆一レ舟、利害之相傾也、猶二強兵之攻一レ城、若不三時時省察、念念提撕、自為二之主一焉、則有下能不レ陥二於其間一者上也哉、所謂惟精惟一是也、世儒訓詁、往往以レ操為二把執之意一、以レ舎為二棄擲之意一、故欲二将レ心執定不一レ動、孟子之意、豈亦必欲下以二神明不測之物一、還若中一槁木上耶、且心之為レ物、自為レ主二於一身一、亦非下能可レ為二棄擲一之物上、豈孟子之本旨也哉

不断に自分を見つめ、奮い起こして自分をしっかりとさせなければ、「物欲」や「利害」によって駄目にされて

しまう、それが人の在りようである。しかしそれは、「心」を動かないようにじっと定めておくということではない。荒々しい風波や、どこから攻めてくるか分からない敵軍に、臨機応変に自在に対応して舟や城を守るように、どんな状況においても常に、動いてやまない「心」を見失わないこと、これが『孟子』の本旨なのである。そして仁斎は、

> 夫操レ心之要、在二於集一レ義、集レ義之要、則在二於必有一レ事焉也、必有レ事焉者、即勿レ忘勿二助長一也、忘者、便置而不レ顧之謂、助者、便執定不レ動之謂、能免二此二者一、而後可二以有一レ事焉、有レ事焉而後可二以集一レ義、集レ義則操レ心之学尽矣、而夫子所謂存亡者、非三徒謂二心之動不動一、亦指二本然仁義之良心一而言レ之、即所謂道心惟微、是也、

とする。「操心」は、具体的な個々の「事」において為されるので、「事」を忘れて顧みなかったり、硬直した思い込みで固まってしまうことは避けなければならない。孔子の言う「操則存、舎則亡」とは、心を動かないようにじっと定めるということではないと仁斎は言う。では「出入無レ時、莫レ知二其郷一」は、どういうことか。

> 先儒多以レ出為レ亡、以レ入為レ存、以レ出為二人欲一、以レ入為二天理一、然竟与下莫レ知二其郷一一句上、不二相比類一、豈非下不三善読二孟子一之過上哉

「出」と「入」を、心がふらふらした状態と、心が不動である状態というように正・負で捉えると、次の句「莫知其郷」とうまく続かないと仁斎は考える。

出入二字、只是感応之意、而所㆔以形㆓容人心之用㆒也

「出入」は、そのまま心の活発な作用の全体として受け取ればよいのだとして、仁斎はこの章の議論をこうまとめる。

蓋人心道心、本非㆑有㆓二心㆒也、虞廷所謂精一之学、亦非㆜徒謂㆛滅㆓人心㆒而存㆚道心㆙也、精一之極、則人心之所㆑用、即道心之所㆑行也、……若以㆑無㆓出入㆒為㆑心、則何以能通㆓天下之故㆒哉

こう述べる仁斎には、朱子学が説く「人心」「道心」は、心を二分するもののように思えたのである。静なる「道心」が不動のものとして据えられ、それが動的な「人心」を統括する、それが二分である。極言すれば、心の二分は「人心」を滅ぼすことに通じるものとさえ思われた。そして仁斎の講義は、こう結ばれる。

嗚呼、為㆑学之難、至㆓於心性㆒極矣、孟子之学、以㆑求㆓放心㆒為㆑宗、而以㆓仁義㆒為㆓心体之本然㆒、其謂㆑存者、謂㆑存㆓仁義之良心㆒、謂㆑亡者、謂㆑亡㆓仁義之良心㆒、而世儒多錯㆓認孟子之意㆒、徒以㆓心之不㆑動為㆑存、而欲㆓其不㆑動㆓於物㆒、故其流遂為㆓座禅入定之学㆒、而与㆓聖賢全体体用之学㆒、天地懸隔矣

事物と関係を結びながらの不断に動的な生活の中で、「仁義ノ良心」を見失わずに柔軟に対応することを眼目とする仁斎が、朱子の説く「敬」にまったく言及しないのは偶然ではない。

三、「仁人心也章講義」

この講義は、三月四日になされた。『孟子』告子上篇の本文は短いもので、

孟子曰、仁、人心也、義、人路也、舎二其路一而弗レ由、放二其心一而不レ知レ求、哀哉、人有二鶏犬放一、則知レ求レ之、有二放心一而不レ知レ求、学問之道無レ他、求二其放心一而已矣

である。

ここでも、朱子の『孟子章句』を見てみる。朱子はまず「仁者、心之徳」とした上で、なぜそれが「人心」と言われるのかを問う。

但謂二之仁一、則人不レ知三其切二於己一、故反而名レ之曰二人心一、則可丙以見乙其為下此身酬二酢万変一之主上、而不甲レ可二須臾失一矣

単に「仁」とだけ言えば、人は自分に切実なものとは感じない。「仁」が「人心」として、「身」の「主」であることが大事だというのである。「義」は「行事之宜」とされて、

謂二之人路一、則可下以見中其為二出入往来必由レ之道一、而不上レ可二須臾舎一矣

とされる。そして「放心」である。

学問之事、固非㆓一端㆒、然其道則在㆔於求㆓其放心㆒而已、蓋能如㆑是則志気清明、義理昭著、而可㆓以上達㆒、不㆑然則昏昧放逸、雖㆑曰従㆓事於学㆒、而終不㆑能㆑有所㆓発明㆒矣

朱子によれば、「放心ヲ求メル」ことは、「志気清明、義理昭著」に至って、さらに「上達」すべき境位に立つことであって、それなしには「昏昧放逸」に堕落せずにはいない。

では、仁斎はどうだろうか。仁斎は、ここでも「牛山之木」をめぐる章と同じ主題が論じられているのだとして、その上で、こう論じる。

蓋孟子之学、以㆓仁義㆒為㆓心体之本然㆒、而以㆑存㆓仁義㆒、為㆓学問之終始㆒、章首二句、乃可㆑見矣、然於㆑仁謂㆓之人心㆒、於㆑義謂㆓之人路㆒、則其於㆓両者之間㆒、不㆑可㆑不㆑識㆓一体一用之分㆒焉、故仁人心也一句、非㆓特一章之詮要㆒、実七篇之旨、亦不㆑外㆓於此㆒

仁斎は、「仁」と「義」を「体」と「用」の関係として捉え、「仁、人心也」の一句こそが『孟子』全体の核心だとする。

何者、人之所㆓以為㆒㆑人者、在㆓於心㆒、而心之所㆓以為㆒㆑心者、仁而已矣

「仁」こそは、心の「実体」だとも述べた後、仁斎はこう言う。

人之所二以為レ学之道、豈復有二多端一哉、唯在レ求下其所二已放一之心上而已矣

「学問」とは、この「放心ヲ求メル」こと以外ではない。この、『孟子』本文を繰り返しただけのような説明に込められた思いは、こうである。

然人皆知二性善養気之説一、有レ功二学者一、而未レ知三此章之言、実発二揮孔門大宗旨一也、蓋孔門之学、雖二専在レ求レ仁、然人徒知二仁之為レ仁、而不レ知三仁即心体之本然一

「仁」について知る者も、それが「心体ノ本然」であることを知らないとは、どういうことだろうか。

自二窮理之学興一、而世之学者、重二看知一而低二看仁一、尽二力於彼一者多、而用二力於此一者少、故其気象卑薄狭隘、於二充実光大之妙一、必不レ免レ有レ歉焉、豈聖門所謂窮理者、捨レ仁之外、復有レ所レ為レ言哉

「窮理ノ学」が「知」に偏り、学問する者の「気象」が薄っぺらなものになったという事態を仁斎は問題だとする。仁斎は、「窮理」自体を否定するのではない。「心体ノ本然」としての「仁」を求めることから離れた「窮理」を嘆くのである。そういう学問は、どこに行き着くのか。

其説率将二仁与レ心為レ二、而至三於求二放心一、則亦別作二一般議論一、而為下嘿坐存想、収二摂精神一之義上、故高者為二坐禅入定之流一、卑者為二把捉矜持之学一、其弊有下不レ可二勝歎一者上矣

それは、「放心ヲ求メル」と称しながら専ら「精神ヲ収摂スル」ことを掲げて、資質の明敏な者は「坐禅入定」の学に、鈍重な者は「把捉矜持」を事とするばかりの学になってしまうのである。いずれにせよ、「仁」の「気象」を養うことからは遠い。そして仁斎は、程明道の二つの言葉、「学者識㆓得仁体、実有㆓諸己㆒、只要㆓義理栽培㆒、如㆑求㆓経義㆒、皆栽培之意」と「仁者渾然与㆑物同㆑体、義礼智皆仁也、識㆓得此理㆒、以㆓誠敬㆒存㆑之而已」を引いて議論を終える。

四、「鈞是人也章講義」

四月十一日の講義である。『孟子』告子上篇の本文を、『孟子章句』の分節に従って紹介すると、第一節は、

公都子問曰、鈞是人也、或為㆓大人㆒、或為㆓小人㆒、何也、孟子曰、従㆓其大体㆒為㆓大人㆒、従㆓其小体㆒為㆓小人㆒

であり、第二節は、

曰、鈞是人也、或従㆓其大体㆒、或従㆓其小体㆒、何也、曰、耳目之官、不㆑思而蔽㆓於物㆒、物交㆑物、則引㆑之而已矣、心之官則思、思則得㆑之、不㆑思則不㆑得也、此天之所㆑与㆑我者、先立㆓乎其大者㆒、則其小者弗㆑能㆑奪也、此為㆓大人㆒而已矣

となる。同じ人でありながら、そこに「大人」と「小人」の差異が生まれるのはなぜかという問いをめぐる問答

である。

朱子は、第一節については「大体、心也、小体、耳目之類也」と注するにとどめ、第二節で「耳目之官」「心之官」について、こう説く。

官之為レ言司也、耳司レ聴、目司レ視、各有レ所レ職而不レ能レ思、是以蔽二於外物一、既不レ能レ思而蔽二於外物一、則亦一物而已、又以二外物一交二於此物一、其引レ之而去不レ難矣

耳や目には、「思フ」という機能がないから、「外物」に引きずられてしまう。

心則能思、而以レ思為レ職、凡事物之来、心得二其職一、則得二其理一、而物不レ能レ蔽、失二其職一、則不レ得二其理一、而物来蔽レ之

耳や目と違って、「心」は「思フ」ことを職とするから、そこが定まっていれば、事物が外からやってきても、正しくその「理」を得ることが出来る。

此三者、皆天之所二以与レ我者、而心為レ大、若能有二以立一レ之、則事無レ不レ思、而耳目之欲不レ能レ奪レ之矣、此所三以為二大人一也

こうして朱子は、「心」を定めて耳目の欲望に奪われないのが「大人」だとする。

仁斎は、公都子は孟子から「性善」の説を聞いていたものの、何か得心出来ないところがあったのだろうと考

える。同じ「性」を稟けているのに、なぜ現実の人間には人格の優劣があるのかという疑問が解けないからである。仁斎は、孟子の最初の答えを次のように読む。

孟子曉レ之曰、有二大体一、有二小体一、大体者、心也、小体者、耳目也、心謂二之大体一者、心本無レ体、与二天地一同量、故謂二之大体一、耳目謂二之小体一者、耳主二於聴一、目主二於視一、不レ能二相通一、故謂二之小体一、従二其大体一、則与二天地一同レ体、故為二大人一、従二其小体一、則役二役於事物一、故為二小人一

「心」を「心」と言わずに「大体」と言ったのは、「心」は本来「無体」であって、「天地」と量を同じくするものだからである。しかしこの答えは、公都子に更に深く考えさせるための呼び水だろうと仁斎は見る。公都子の再問を受けて、孟子は存分に語りだすのであるが、仁斎はそれをこう敷衍する。

人之於二耳目一、毎以二視聴一為レ職、而不レ能三自択二其可否一、故遇二可レ喜可レ愛之物一、則必為レ之障蔽、不レ知二自反一、故其所レ求所レ欲者、不レ過二淫声美色之類一、而心為レ之引去、遂不レ能レ立二於内一焉、故曰、物交レ物、則引レ之而已、上物字、指二耳目一言、下物字、指二淫声美色一言、耳目謂二之物一者、以二其可レ賤也、……而引字最可レ味、蓋為レ彼所二引出一不レ能二自止一之謂、凡我重彼軽、則彼莫二奈レ我何一、彼重我軽、則我心不レ能レ不レ従レ彼、可レ不レ慎耶

耳目は対象を選べないから「淫声美色」を求めることになるが、「心」がそれに引かれるだけなら、「心」を自らの「内」に立てることは出来ない。

夫心者一身之主、而其為レ可レ貴者、乃在ニ於思一焉、故思者心之所レ職、而耳目口鼻四肢、皆受ニ令於此一、所謂思則得レ之者、心得ニ其職一、而耳目口鼻四肢、皆為ニ之卒徒一、不レ思則不レ得者、心失ニ其職一、而耳目口鼻四肢、自横ニ恣於外一、思之於レ人也、得失存亡之效、其切若レ此

「心」が「一身ノ主」であるとは、「思フ」という機能を発揮することで「耳目口鼻四肢」を統括することなのである。『孟子』本文の「思則得之、不思則不得」とは、このことだと仁斎は言う。では「思フ」とは、どういうことなのか。

然而致レ思之方、亦必始ニ於近思一、而終ニ於無思一、何謂ニ近思一、其所レ思在ニ於日用切レ身者一、而不三少馳ニ高遠無用之地一、此之謂ニ近思一焉、何謂レ無レ思、於穆之命、率レ性之道、無レ思無レ為、寂然不動、此之謂レ無レ思焉、然所謂無レ思者、亦非レ謂ニ冥然漠然、不レ須レ致レ思、乃致レ思之極、至ニ於無レ思也

仁斎は、「思フ」が、「近思」に始まり「無思」を究極とするものだとする。「近思」が日常卑近な事がらに思いを致すことであるのはよいとして、「無思」とは何なのだろうか。

若夫胡思乱想、急迫不レ中レ理者、与下好用ニ思於渺茫不レ可レ知之地一者上、亦非ニ致レ思之方一、不レ可レ不レ知也

あたふたとした考え、取り留めのない想い、「理」に反した考慮などは慎まなければならず、また茫漠とした所に思いを馳せてはいけない。

蓋大人者、与二天地一同二其流一、所謂大人不レ失二赤子之心一、是也、然耳目口鼻之欲、有二以汨一焉、則大者為レ之小、貴者為レ之賤、遂不レ能三以充二其量一也

「心」の本来を「無量」であって、それは「天地」と「同量」ということでもあるとしていた仁斎であるから、「大人者、与二天地一同二其流一」とするのは自然であろう。しかしここで仁斎は、それを『孟子』の「大人者、不レ失二赤子之心一」（離婁下篇）と結び付ける。これがどういう議論に繋がるのかといえば、

苟既立二乎其大者一、則耳目口鼻之欲、皆自然退聴、本不レ足レ為レ慮、猶二大陽《(ママ)》当レ天、爝火自熄一、何難レ克之有、此為二究竟之法一、此為二上乗之学一、及二其至一也、不三唯耳目口鼻之欲、不レ足レ為レ慮、而仁熟智明、区区窮理之学、亦不レ足レ論、若夫徒謂下克二耳目口鼻之欲一、然後能復中其心之本体上焉、則豈先立二其大者一之謂乎哉

とあるように、「耳目口鼻之欲」を押さえ込んで、それによって「心」の本体を回復させるというのではないということである。仁斎から見れば、「区区窮理ノ学」はそれをやろうとしている。考えてみれば、「赤子」は「耳目口鼻ノ欲」を押さえようなどとはしない。

蓋聖人之学、心而已矣、窮二其理一、即所三以明二其心一、明二其心一、即所三以窮二其理一、内外一理、誠明一致、初非レ有レ二、学之所三以貴二乎窮理一者、即所三以明二其心一、明二其心一、則尽二其心一、尽二其心一、則窮レ理尽レ性、広大精緻、一以貫レ之、此為二大人之学一而已矣

仁斎が見ているのは、「窮レ理」と「明二其心一」とが分裂した学問の姿である。学問の焦点は、どこまでも「心」

を明らかにすることに据えられなければならない。

夫人之為レ学、其法亦有二次第一、其初不レ免下以二学与一レ事、岐而二上レ之、及二其漸進一、則只知レ求二理於事物一、而不レ知レ求二之於吾心一、此為二中等之学一、又至二於其大進一、則学必求二之於心一、無二心外之学一、無二心外之法一、此為二上等之学一、雖二前輩諸儒一、猶或不レ免下於在二前一等之域一用上レ功焉、則当今学者、不レ可レ不二深懲痛艾、自求一レ進二上乗之学一也

「学」と「事」とが分かれたままの初等の段階、「理」を「事物」に求めることに傾斜して「心」に求めることを知らない中等の段階、そして「心外之学」も「心外之法」もない上乗の段階がある。中等から上乗への飛躍は、言うまでもなく「其ノ大ナル者」を立てることにあるが、仁斎は、そこに一つの困難があるとする。

宋朝大儒、又有地得下先立二乎其大者一一句上、以為二終身之業一者天、然或以レ摂二収精神一為二立大一、或以レ不レ奪二於小体一為二立大一、而不レ知二仁義之外、別無一レ有二可レ言者一、則恐難レ為レ得二其旨一也、孟子以レ仁為二天下之安宅一、義為二天下之大路一、則所謂大人之学者、不レ弁而可レ知矣

宋代に、「区区窮理ノ学」を越えるべく「先ヅ其ノ大ナル者ヲ立ツル」の一句を標榜した「大儒」があったが、それは「仁義」の外に何かを打ちたてようとする試みであったために、『孟子』の真意から外れてしまったと述べている。この「大儒」が、陸象山であることは明らかである。[5]

五、「天爵人爵章講義」

十一月二十三日の講義で、『孟子』告子上篇の本文は、

孟子曰、有二天爵者一、有二人爵一者、仁義忠信、楽レ善不レ倦、此天爵也、公卿大夫、此人爵也、古之人、脩二其天爵一、而人爵従レ之、今之人、脩二其天爵一、以要二人爵一、既得二人爵一而棄二其天爵一、則惑之甚者也、終亦必亡而已矣

である。朱子は、まず「天爵者、徳義可レ尊、自然之貴也」として、さらに、

脩二其天爵一、以為二吾分之所レ当レ然者一耳、人爵従レ之、蓋不レ待レ求レ之而自至也

と述べる。「天爵」としての「徳義」が尊ばれるのは「自然」であり、かつそれを実行するのが人としての「当然」だというのである。そして、

脩二天爵一以要二人爵一、其心固已惑矣、得二人爵一而棄二天爵一、則其惑又甚焉、終必並二其所レ得之人爵一而亡レ之也

「人爵」を求めることがそもそも惑いだとして、本文の趣旨を繰り返す。

仁斎は、どうだろうか。仁斎は、「天爵」とは端的に「性善」のことだとする。

此章之言、亦孟子之常言也、然学者非下功到知至、自無レ疑二於性善之説一者上、則亦不レ能レ知三孟子之言、不二我欺一也、蓋天爵云者、即孟子所謂性善之謂、而尭舜与レ我同レ類者、此也

ここにあるのは、道徳的な実践に篤い者は「天爵」が高いというようなイメージではない。誰もが、同じように高い「天爵」としての「性善」を与えられているのである。朱子も含めて、多くの解釈は誤っていると仁斎は見る。

今観二本章所レ説、似丁特指二其脩為一言レ之、而未丙嘗及乙固有之性甲、故註家亦只做二脩為一解レ之

確かに『孟子』本文に「性善」の語はないから、世間の評価にかかわらず、超然として道徳的実践に励むべきだという「脩為」論として解釈するのは妥当のように見えるが、仁斎は、そうではないとする。

若夫為三己実有二可レ貴之物一、揚レ眉瞬レ目、傲レ世驕レ物、則此釈氏弄二精魂一者之為、而非二儒者之学一也

「天爵」を、世俗の価値と対抗し、世俗の価値を超越するもののように考えるとしたらそれは大きな誤りであって、そういう驕慢を、仁斎は、まず仏教の中に見ている。

故学者不二善理会一、則天爵二字、還為二狂薬一、可レ不レ畏哉、此孟子所下以特以二脩為一明上之、而義解者之所レ不二得而知一也

「天爵」は、理解を一歩誤ると「狂薬」になるとまで仁斎は言う。自らの孤高を密かに誇るような態度に通じるからである。だからこそ、あえて「脩為」の次元で『孟子』は語っているのだと仁斎は捉えている。異例なことだが、仁斎はここで『荀子』修身篇から「道義重、則軽二王侯一」という句を引いて、

此乃天爵二字、少作二之崇一者也、……豈得レ非下自中二狂薬一、失二其調理一者之言上耶

とする。『荀子』のように道徳と世俗を対立項として捉える見方には、理屈立てをせずに黙々と生きる人々を軽んじて、読書を通じて得た「道義」が自分の側にあると疑わない者の傲慢があると仁斎は感じている。

小括

寛文二年になされた『孟子』講義として残っているものは、ここまでに取り上げた五編の他に、「無レ或二乎王之不智一章講義」（二月十八日）、「拱把之桐梓章講義」（三月十三日）があり、時日の記録のない「無名之指章講義」「仁亦在二乎熟一章講義」と、寛文三年の「羿之教二人射一章講義」と合わせて『古学先生文集』に収められた。紙幅の制限もあるので、これらの講義についての検討は他の機会を待つこととする。

ここまでの検討を通じて、寛文二年の時点での仁斎の問題意識という点で明らかになったことをまとめておこう。まず、「心」の本体（本質・本源）を問い詰めるという姿勢が強いことが大きな特徴である。そしてそれが、心性の「理」を明らかにするという方向ではなく、むしろ「窮理」への不信を強く伴いながら、「仁」や「義」といった「心」の道徳的な本来性に立って生きるとはどういうことなのかへ関心は集中していく。そしてこの時

期、「理」への不信や、理気論という枠組みへの疑問が述べられるのではなく、「窮理」という行為がどのような類型の人間を生み出してしまうのかに仁斎の目は向けられている。人間としての成長や成熟に繋がらない「窮理」とは何なのか、それでいて我こそは「窮理」に励む学者であって、世俗の人々よりも上等なのだとする自らの傲慢に気付くこともない、この問題を仁斎は考えている。

こういう関心は、とりあえずは陸王学への親近として現われる。事物に接する以前の清澄な気を涵養するという朱子学の静的性格への批判、動静を貫くべき工夫とされる「敬」への無関心、それに代わって日常の具体的な事物との関わりの中で「心」の本来的な道徳性を養うという志向は、明らかに陸王学から強い示唆を得ながら獲得されたものであろう。「疑者以為二陸王之余説一」という東涯の言葉を、ここで思い出さずにはいられない。しかし仁斎は、陸王学の説く「良知」説にもまた、禅的な高みに通じるものを感じているようである。「仁」や「義」は、そういう高みに立ったものではないのではないか――『孟子』を読みながら、仁斎はこう自問自答していたように思われる。

註

（1）清水徹「伊藤仁斎の思想形成における『困知記』の影響」（『東洋文化』復刊一〇七号、無窮会、二〇一一年）。『困知記』巻四に、「因レ閲二慈湖遺書一有レ感、偶賦二小詩三章一、……鏡中万象原非レ実、心上些児却是真、須下就二這些一明中一貫上、莫下将二形影一弄中精神上」として、さらに「些児二字、乃俗語、邵康節詩中、嘗用レ之、意与二微字一相類」とある。

（2）『孟子』の本文は、ここから「舜明二於庶物一」に始まる句に続くが、仁斎はこの句を独立した別の章と見なすので、ここで講義を終えている。

（3）この朱子の解釈は、江戸期の日本ではどのようなものとして受け取られたであろうか。闇斎学派の浅見絅斎（一六五二～一七一一・承応元～正徳元。仁斎の講義を聴いたこともあるとされる）が行なった『孟子』の講義録を見ると、「操亡出入」について、「シバラクモ養ヒヲウシナウテナラヌ、ツ、シミノ心法ヲ知レトアリテ、コノ孔子ノコトバヲヒカレタコト」「心ノ存亡ノ幾ガ、トルカスツルカニアルコト、コレヨリ存養持敬ノコトニ操存〳〵ト云ガソレゾ」などと説明されている。こうした言い方で、絅斎は「存養持敬」に一瞬の油断もあってはならないことを言うのであり、「心」は、このような極度に張り詰めた緊張感に包まれて語られる。「出入トキナイ、ソノ郷知ルナイハ、心ノユダンノナラヌ大事ノモノジヤト云コトヲ云タコト、心ノ虚霊ナコトヲホメテ云コトデハナイ、……マツカウシタ心ユヘ、ワツカニウツカリトシテアレマカセニスルト、何ンナロウヤラ、桀紂ニナロフヤラ熊坂（長範、平安末期の大盗）ニナロウヤラシレヌ、ソコデ平生存々シテ失フコトナラヌコトヲ合点セヨト云コト、神明不測ヲホメタコトデナイゾ」。絅斎にとって「心」は、不断の堕落可能性に満ちた「アレマカセニ」させられないものだった。

（4）島田虔次が王龍渓について、「彼はまた孔子が心なるものを説明した言葉『操レバ則ワチ存シ、舎ケバ則ワチ亡ブ』（孟子告子上）を解して云う、「操とは操錬の操であって、（朱子などの言うごとく）かたく執り把持するという意味での操ではない。……心を操するとは（良知を）致す工夫であって、『操則存』とは、随時随処に此の心を「練習」し、その本来活潑之機に復することに他ならぬ。操しなければ時に泥み、方に滞り、心は死んでしまう」操字を訓じて操錬の操となすは蓋し破天荒の訓詁というべきであろう」と述べている（「中国近世の主観唯心論について――万物一体の仁の思想」、『東方学報』〈京都〉二八冊、一九五八年、三九頁）。島田が現代語訳によって引いた「華陽明倫堂会語」（『王龍渓先生文集』巻七）に当たると、「操錬」の他にも、「操舟」「操兵」の語も見えるから、仁斎がここで王龍渓の「破天荒」な解釈を踏まえていることには疑う余地がない。王龍渓は「出入無レ時、莫レ知ニ其郷一、正是指ニ本来真体一、示ニ操心之的一、非ニ以レ入為レ存、出為レ亡也」（「冊付養真收受後語」、『王龍渓先生文集』巻一五）とも述べているから、この点でも仁斎は深く共鳴したと思われる。とすれば問題は、それほど魅かれながらも、なぜ王龍渓の「良知」説を仁斎が採らなかったのかということである。

（5）『古学先生文集』が刊行された時に、東涯がこの「鈞是人也章講義」に、「然宋朝大儒以下数句、亦稍有下不レ満ニ于陸子一之意上、而謂ニ仁義之外、無ニ復有一言、則後来定説、漸而成矣」という補足の文章を添えている。陸象山の「先立乎其大者」理解については、吉田公平『陸象山と王陽明』（研文出版、一九九〇年）に、「陸象山の学問論は「大なる者を立てる」の一語に尽きるといってもよい。「大なる者」とは本心そのものであり「立てる」とは自力で確立すること、つまり自立することである」と説かれており（一二九頁）、「本心が本来完全なものとして万人に賦与されていることを立説する論拠」として、この「先立ニ乎其大者一」の句が好まれたことが指摘されている（一三八―三九頁）。

＊『古学先生文集』は、三宅正彦編集・解説『古学先生詩文集』（近世儒家文集集成、ぺりかん社、一九八五年）に拠った。底本は、

享保二年（一七一七）、京都・玉樹堂の刊本である。絅斎の講義は、『浅見先生孟子講義』（無窮会図書館蔵、写本）に拠り、読点を施し、合字・略字などを通行の字体に改めた。本文での引用文中の括弧は、引用者が補ったものである。

〈いにしへ〉の発見——伊藤仁斎と『論語』——

伊藤仁斎が「最上至極宇宙第一書」（『童子問』上・五）として『論語』を讃えたことは、よく知られている。[1]では仁斎は、『論語』をどのようなものとして捉え、どこにその偉大さを見出したのだろうか。そしてまた、江戸時代の京都に生きる町の儒者である仁斎にとって、『論語』はどういう意味をもっていたのだろうか。

一、「六経」

仁斎の『童子問』は、童子の質問に答えるという形で、自らの思想の骨格を自由に語ったものである。[2]この書の冒頭で仁斎は、「天下之理」は『論語』と『孟子』にすべて包含されているのであって、この二書を、平易な教えを説いた書物だということで軽んじてはならないと力説している。さらに童子に、宋明の諸儒や禅・荘の書の議論に比べるなら、『論語』は「平淡」で面白みに欠けるのではないかと問わせて、こう答えている。

非㆓温厚和平従容正大者㆒、必不㆑能㆑通㆓于論語之妙㆒、非㆔気質偏勝耽㆑奇騖㆑高者之所㆓得知㆒也、……論語之理、意味深長、語直平淡、故雖㆓漢人㆒、亦不㆑知㆔其理到道到、広大周偏、高出㆓于六経之上㆒、程子曰、論語孟子既治、則六経可㆓不㆑治而明㆒矣[3]、此論実古今之名言、至矣（『童子問』上・四）

ここで仁斎は、『論語』の偉大さを言っているわけであるが、それを読む側の「気質」（人がら）と併せて問題にしている。「平淡」な『論語』の「意味深長」さは、「温厚和平従容正大」な人がらの人間だけが味わえるもので、「気質偏勝耽レ奇鶩レ高」せる者には分からない。そして、童子の質問は「六経」と『論語』の比較や優劣に触れていないにもかかわらず、程子の言葉に拠りながら、あえて『論語』は「六経」よりも上なのだと説くのである。続く第五条では、『論語』に説かれる「道」を知ることができるのは「大中至正之人」だけだとも言われる。

「六経」とは、孔子に先立つ古代の聖人王たちの世界を伝えるテキスト、具体的には『易』『書』『詩』『礼』『春秋』と『楽』の総称であるが、『楽』は亡びていたために「五経」とも呼ばれた。しかし仁斎は、今に伝わる『礼』についていえば、漢代の儒者が偽撰した部分があるのではないかという強い不信を持っていて、これを外して考えようとする。(4) つまり仁斎にとって、取り上げるべきは『易』『書』『詩』『春秋』の四つの書ということになり、仁斎はこれを「四経」と呼ぶこともあった。それでは仁斎は「六経」（「四経」）をどのように見ていたのだろうか。仁斎が『論語』と『孟子』の基礎的な概念を解説した書、『語孟字義』には、次のように説明されている。

> 六経之学、当三先得二其大義一、苟得二其大義一、則猶二順レ流而下遁レ途而行一、無二甚難レ解者一、……蓋人情尽二乎詩一、政事尽二乎書一、事変尽二乎易一、世変尽二乎春秋一、不レ読レ詩、則不レ能二以立一レ教、不レ読レ書、則不レ能二以善一レ政、不レ読レ易、則無三以識二事変一、不レ読二春秋一、則無三以馭二世変一、此其大義也、六経之学、其邃哉（「総論四経」一）

『詩』を読んで「人情」の機微を知り、『書』を読んで「政事」の要諦を知る。『易』を読まなければ「事変」が分からないし、『春秋』を読まなければ「世変」が分からない。こうして「六経」の世界は邃《おくぶか》い。とくに『詩』と『書』について、仁斎は、

夫人情無二古今一、無二華夷一、一也、苟従二人情一則行、違二人情一則廃、……故立レ教施レ政者、必不レ可レ不レ読レ詩也、而聖人之為レ政也、本二於人倫一、切二於人情一、而無二虚無恬澹之行一、無二功利刑名之雑一、四代之書、皆尽二君臣之道一、究二人倫之極一、而与二夫黄老無為自化之説一、不二啻霄壌一、故詩書二経、尤平易近レ情、使下人易従易行達二乎万世一而無上弊者也（同前）

と述べて、これらを遠い聖人王たちが実現した「人倫」に基づき「人情」に適った世界の本質を伝えるものとして尊重した。「四代」は、舜の王朝（虞）とそれに続いた夏・殷・周の三王朝のことで、「四代之書」はこれらの時代の政事記録としての『書』を指している。この時代の秩序は、「虚無恬澹」の行為も「功利刑名」の紛れもない純然たる美しいものであった。こうして仁斎は、『易』や『春秋』についてもそうであるが、とくに『詩』と『書』については、普遍的な「人情」の姿を明らかにしたものとして高く評価するのである。

ではそれは、『論語』よりも『詩』や『書』の方が価値として高いということなのだろうか。もう一つ、仁斎の議論を見てみよう。

読二六経一与レ読二論孟一、其法自別、論語孟子、説二義理一者也、詩書易春秋、不レ説二義理一、而義理自有者也、説二義理一者、可二学而知一レ之也、義理自有者、須二思而得一レ之也、可二学而知一レ之者、顕而示レ之也、須二思而得一レ之者、含蓄不レ露者也（「総論四経」二）

『論語』や『孟子』は「義理」を「義理」として説いた書であるが、「六経」は、「義理」を含蓄包摂してはいるが、それを明示するものではない。それらは、どこまでも個別の事例として「人情」「政事」「事変」「世変」を描いたものであるから、[5] 読み手は、そこから普遍的な「義理」を思慮忖度していかなければならない。「思」とは、『詩』や『書』の描く場面に即して、そこにどのような「義理」が込められているのかを思って自得することである。では、そこから「義理」を導き出す力は、どこから来るのだろうか。『童子問』に戻ってみれば、こうある。

蓋六経之道、平正通達、万世人倫之道備矣、然通二論孟一、而後六経之学有レ益、不レ然、則六経従為二虚器一、而不レ為二今日之用一、猶下三代之彝器、可レ寘二之几上一、而不上レ可レ施二之日用一也（『童子問』上・六）

『論語』と『孟子』によって「義理」の何たるかに通じてから「六経」を学べば「六経」は有益であるが、「六経」だけでは、遠い聖人王の時代の道具を骨董として置いておくようなもので、何の役にも立たないというのである。これは、「六経」を学ぶことを究極の目的として、その前提として『論語』や『孟子』を意義づけようとするものではない。『論語』と『孟子』を通じて「義理」を心得ておくことが基本であって、「義理」を「義理」として学ぶことをしなければ、「六経」が伝える個別の事例から「義理」を導き出す力を体得することは出来ないということを仁斎は言っている。

『詩』は、民間・宮廷・宗廟で歌われた歌謡を選び集めたものである。『書』は、聖人王たちの政治の在りようを伝えている。『春秋』は、魯国の年代記である。いずれも、個別の状況・事物・出来事としての記録だとしてよい。しかし『易』に見えるのは、陰と陽の爻《こう》を重ねて八卦をなし、さらにそれを組み合わせて自然や人事のすべてを象徴させるというきわめて抽象化された世界であるから、「六経」の中で『易』は異質だとしてよい。とすれば『易』については、『論語』よりも上位に置いてもよいのではないだろうか。しかし仁斎は、

易以道㆓陰陽㆒、昔聖人画㆓卦爻㆒、以尽㆓陰陽消長之変㆒、老則変、満必損、故避㆓盈満㆒而処㆓退損㆒者、易之教也、孔子曰、加㆓我数年㆒、五十以学㆑易、可㆑無㆓大過㆒矣、是也、六十四卦、三百八十四爻、其義雖㆑多、然夫子可㆑無㆓大過㆒之一言、足㆔以蔽㆓尽之㆒矣（『童子問』下・五）

と述べて、『易』の複雑な性格を、孔子の言葉「加㆓我数年㆒、五十以学㆑易、可㆔以無㆓大過㆒矣」[6]（『論語』述而篇）で覆ってしまう。仁斎によれば、例えば孔子が「礼与㆓其奢㆒也、寧倹」（八佾篇）と述べたのも、「盈満」を避けて「退損」に処すべしという『易』の教えの具体化なのであって、そのように身を処することで「大過」を避けることができる。『易』は卜筮に用いられて、その面では象徴的・神秘的な性格をもっているが、仁斎の関心はそこには向かわない。孔子がそうしたように、どのような「教」を『易』から汲み取るのかが重要なのである。

蓋義之与㆓卜筮㆒相反、言㆑義則不㆑須㆑言㆓卜筮㆒、従㆓卜筮㆒則不㆑能㆑不㆑捨㆑義、故論孟二書、不㆑言㆓卜筮㆒者、以㆑此也（同前）

『易』を「教」の書とする立場と卜筮の書とする立場とは、まったく相反すべきもので、『論語』や『孟子』が一言も卜筮に言及しないのは、本来の『易』が「教」の書であったことを物語っていると仁斎は考える。

仁斎には、『易』について、もう一つ論じなければならない問題があった。『論語』で『易』に言及されるのは、「加㆓我数年㆒、五十以学㆑易、可㆔以無㆓大過㆒矣」の一カ所であるが、『孟子』になると、『易』をまったく取り上げない。仁斎は当該章の『論語古義』において、「孟子毎引㆓詩書㆒、論㆓春秋㆒、而未㆘嘗有㆗一言及㆓乎易㆒者㆖」と述べて、こう続けている。

蓋其学以下崇二仁義一務二孝弟一存レ心養上性為レ教、而易中専言レ利故也

『易』には、象徴的・神秘的な性格とともに功利的な面もあって、仁斎はそれが気になる。「王、何必曰レ利、亦有二仁義一而已矣」（梁恵王上篇）という力強い言葉で語り出された『孟子』であればこそ、その功利的性格を嫌って『易』を取り上げないのだと仁斎は解釈している。[7]

仁斎は『易』について、危ういものを感じながらも、何とかそれを「教」という次元に回収して、「事変」に即しながら人としての出処進退の「義」を説いたものとして位置づけようとした。こうして「六経」の世界は、「義理」を包摂した個物の世界としてあるのだが、そこでは、それらの「義理」がそれとして明示されることはないから、遠く時代を隔てて今に生きる私たちにとっては、仮に『論語』や『孟子』がなく、ただ「六経」だけが前にあってもそこに入っていくすべはなく、「今日之用」をなさない「虚器」が並んでいるだけだということになる。

二、孔子

孔子の前には、古い聖人王たちの世界があったが、孔子はそれを総体として引き継いだのではなく、選択的にそれを引き受けた。

昔在孔子旁二観古今一、歴二選群聖一、特祖二述堯舜一、憲二章文武一[8]、彈黜下夫難レ知難レ行、磅礴広大、不レ可二窺測一之説上、而立二其易レ知易レ行、万世不レ易之道一、以為二生民之極一、伝二之門人一、詔二之後世一（『童子問』上・五）

孔子が多くの聖人王たちの中から、とくに堯・舜を祖述し文・武を憲章したのは、孔子が取らなかった聖人王たちがいるということである。それは、「難レ知難レ行、磅礴広大、不レ可二窺測一之説」に繫がるような、あるいは直接に繫がらなくても、そういうものを誘発しかねないと孔子が判断した聖人王たちである。なぜあえて堯・舜からなのか、この点を見なければ、孔子の真意は捉えられない。

其不レ取二伏犧神農黄帝一、又不レ列二顓頊高陽高辛一、独祖二述堯舜一、是夫子之所レ独、而雖二堯舜一亦所レ不レ及也、故祖二述堯舜一者、是其所三以賢二於堯舜一也、……有宋之大儒、或以二天皇地皇人皇一為二三皇一、以二庖犧神農黄帝堯舜一為二五帝一、或別以二伏犧神農黄帝堯舜一為レ列、不下真知中夫子祖二述堯舜一之意上故也（『童子問』下・五一）

それ以前の聖人王たちを捨てて堯・舜を選び取ったところに、堯・舜よりも偉大な孔子の賢さがあるというのが、仁斎の議論なのである。[9]

『語孟字義』には、二つの論説が附論として添えられているが、その一つが「論二堯舜既没邪説暴行又作一」である。そこには、このように問題が投げ掛けられている。

漢孔安国曰、伏犧神農黄帝之書、謂二之三墳一、言二大道一也、少昊顓頊高辛唐虞之書、謂二之五典一、言二常道一也、[10]可レ見孔子時三皇五帝之書猶在、而三墳言二大道一、五典言二常道一焉、則夫子皆当レ祖二述之一、而特断下自二唐虞一以下上、三皇三帝之書、皆在レ所レ黜焉者、何哉

孔子は、堯（その姓は陶唐氏）舜（その姓は有虞氏）を祖述した。つまりそれは、太古の伝説的な聖人王である伏犧・神農・黄帝・少昊《しょうこう》・顓頊《せんぎょく》・高辛については、その世界を伝えるテキストがあったにもかかわらず、あえてそ

れらを「三皇三帝（五帝から堯舜を抜いて三帝）之書」として斥けたのだと仁斎は言っている。伏犠から高辛までの聖人王と、堯・舜から文・武そして周公に至る聖人王との間を断ち切って、孔子は堯・舜からの世界をこそ選んだのであって、ただ古いものを語り伝えたのではない。では孔子が断ち切ったものは、何なのか。

窃以謂彼所謂大道者、則必是虚無恬澹、無為自化之説、……想虚無恬澹、無為自化之説、匪㆔柱下漆園刱㆓倡其説㆒、蓋自㆓上世㆒已有㆑之（同前）

「柱下」「漆園」は、老子と荘子を指す。仁斎は、伏犠・神農・黄帝の書（「三墳」）には、後の老荘に繋がるような契機、思想的には「虚無恬澹、無為自化之説」が孕まれていて、そこを孔子は見逃さなかったから、それを断ち切ったのだと言いたい。「虚無恬澹」、つまり人々があらゆる欲望を抑えて、積極的に何かを働きかけるようなことをしなければ、「無為自化」、すなわち世の中は何を作為せずとも自然に治まっていくのだというような考え方に傾斜するものを、仁斎はそこに感じていた。事実、荘子は黄帝に無為自然の世界の究極の音楽を語らせるし（『荘子』天運篇）、許行は神農に託して、万民が等しく耕作に従事する平等社会を説いた（『孟子』滕文公篇）。おそらく伏犠・神農・黄帝の書を、ただちに「虚無恬澹、無為自化之説」とだけ性格づけることはできないだろうが、その混沌とした内容には、後の「邪説暴行」に重なりうるものがあると孔子は判断した、これが仁斎の主張である。

孔子にとって、堯・舜はどのような意味をもっていたのだろうか。

惟堯舜之君在㆑位焉、則天下一家、道徳一而風俗同、君君、臣臣、父父、子子、夫夫、婦婦、兄兄、弟弟、忠信和睦之風隆、詭行異端之徒熄、……虚無恬澹之説、自無㆑所㆑興、無為自化之教、自無㆑所㆑倡、是為㆓中

庸之至一、是為二王道之極一（同前）

それは、君臣・父子・夫婦・兄弟という人倫の秩序が美しく保たれ、人々がまごころをもって付き合い、互いの信頼の気持ちが溢れ、社会全体が和睦に満たされた「中庸」の世界としての「王道」を実現した英雄的な聖人王なのである。それ以前の聖人王たちの世界が免れなかった混沌とした不安定は克服されたから、「詭行異端之徒」はいなくなり「虚無恬澹之説」や「無為自化之教」をよしとする者も見えなくなった。それが、先に見た「聖人之為レ政也、本二於人倫一、切二於人情一、而無二虚無恬澹之行一、無二功利刑名之雑一、四代之書、皆尽二君臣之道一、究二人倫之極一」と述べられる「六経」の伝える世界の姿なのである。しかし堯・舜が没するとどうなったか。

聖人既没、世衰道微、異端蜂起、邪説並興、……先王道術、於レ是瓦解瓜裂、不二復統一一矣（同前）

たちまちに「異端」「邪説」が興って、理想世界は瓦解してしまった。仁斎によれば、孔子が見ていたのはこういう現実である。その現実に対して、孔子は、何を擁護して何を排除したのだろうか。斥けたものは、

学雖レ闡二天人之秘智一、雖レ洞二象数之原一、然無レ益二於人倫一、無レ裨二於世道者一、聖人不レ取焉（同前）

とある通り、象徴的・神秘的な世界に入り込んでしまう知的関心をはじめとして、「人倫」「世道」に無益な「学」である。「天人之秘智」や「象数之原」がそれぞれどういうものなのか、仁斎はそれ以上を語らない。しかし孔子の前にはそういう「学」があって、それを受け継ぎ発展させるという方向もありえたのである。しかし知的な好奇心のままに、「天人之秘智」や「象数之原」を突き詰めてみようというような「学」は、孔子にとって

は（そして仁斎にとっても）、そのまま認められるものではない。(11) 守ろうとしたものは、

雖二三皇三帝之書一、猶在レ所レ黜焉、而独断下自二唐虞一以下上、祖二述憲三章之一、而後天下万世、君臣父子夫婦兄弟朋友之倫明、而無レ所二迷惑一（同前）

とあるように、人倫的な世界の在りようである。しかし孔子にとって、人倫的な世界の在りようを擁護するということは、堯・舜のように、政治的な力でもって現実にそれを実現させるということではなかった。孔子は、それを教えとして、そこに言葉という形を与えたのである。

唐虞之時、教法未レ詳、其所レ行莫レ非二仁義一、而未レ有二仁義之目一（『童子問』中・三）

これは、林本の『童子問』に書き加えられ、刊本に収められた句であるが、これまで見てきたところから明らかなように、仁斎の捉えた孔子像を端的に尽くしたものとしてよいだろう。仁斎の描く孔子は、現実の政治世界で理想を実現しようとしながら挫折して、やむをえず民間において活動したというようなものではない。最初から強い意志と自信をもって、人倫的な世界の核心をなすものが何であるのか、それに「仁」や「義」、「孝悌」や「忠恕」といった言葉（「仁義之目」）を与えて、それらの在りようや関連について語ってやまない存在として描かれる。孔子は、道徳的な概念の命名者なのである。

嗚乎、与二天地一同二其大一、与二日月一同二其照一、超二於三皇一跨二於五帝一、独為二天下万世帝王臣民之師表一者、其惟孔子一人為レ然、非二知レ道者一、孰能識レ之、猗与盛哉（「論二堯舜既没邪説暴行又作一」）

そしてそれは、孔子が尭・舜よりも偉大であるということでもあった。既に引いたように、孔子は尭・舜よりも賢いという文言が『孟子』にあるが、(12) これを仁斎は「古今未了大公案」であり、学者が道において自得しているか否かを決するような究極の問題だと述べて、さらにこう言っている。

学者真能知三高遠広大難レ知難レ行之説、則邪説暴行、而人倫日用平常可レ行之道、実為二至極一、而後自知下其所三以賢二於尭舜一之実上也（『童子問』下・五〇）

これはどういうことだろうか。尭・舜は、「邪説暴行」の側にあったわけではない。尭・舜以前の聖人王たちの世界には、確かに「邪説暴行」に重なりうる契機が孕まれていたが、尭・舜は、「王道」と呼ばれた人倫的な理想世界を実現させた偉大な聖人王である。いわば「人倫日用平常可行之道」としての、君が君らしく、臣が臣らしく、父が父らしく、子が子らしくというような社会を実現させた英雄であるのに、その「人倫日用平常可行之道」こそが究極の価値だということが本当に分かれば、孔子が尭・舜よりも賢いことが自ずと了解されると言われるのである。ここで、尭・舜が没すると、その理想世界が瓦解して、「邪説暴行」がまたぞろ跋扈したことを思い出さなければならない。政治の力では、「邪説暴行」を抑えることはできない。それならば、孔子は「邪説暴行」を抑えられたのかといえば、そうではない。孔子が果たしたのは、「仁」の政治を実現することではなく、「仁」とは何か、どうすることが「仁」であるのかを、言葉で説明することであった。そして仁斎によれば、一回的に理想社会を実現することよりも、それに普遍的な言葉を与えることの方が、人々が人倫的な在りかたを自覚する上で、遙かに有益なのである。

由二夫子一到二于今一、殆二千有余歳矣、四海九州、人皆善レ善而悪レ悪、君臣父子夫婦朋友昆弟、各得レ叙二其倫一、而不レ為二左衽之俗一者、悉夫子之賜也（『童子問』上・五三）

「善」を「善」とし「悪」を「悪」とすることは、「悪」をなくすことではない。しかし孔子が倫理に言葉を与えた時から、「善」を「悪」としたり、「悪」を「善」とすることはできなくなった。こうして、何が人倫的な生き方なのかが自覚されない「左衽之俗」（夷狄の生活）を人類は免れたのだと仁斎は言う[13]。

三、『論語』

では『論語』は、何を主題とした書なのだろうか。仁斎は、「人外無レ道、道外無レ人、以レ人行二人之道一、何難レ知難レ行之有」（『童子問』上・八）として、その「道」の在りようを、こう述べている。

天地之間、唯一実理而已矣、更無二奇特一、自レ有二生民一以来、有二君臣一、有二父子一、有二夫婦一、有二昆弟一、有二朋友一、相親相愛、相従相聚、善者以為レ善、悪者以為レ悪、是者以為レ是、非者為レ非、万古之前如レ此、万古之後亦如レ此、子能孝弟忠信、修レ身務レ業、夙夜匪レ懈、自合二於天道一、和二於人倫一、不レ至レ失レ所二以為一レ人也（同前）

これは、儒者の常套としての人倫の勧めなのだろうか。そうとも見える。「相親相愛、相従相聚」といった句に、より親和的な色合いが出ているとは言えるかもしれないが[14]、ありきたりの文言だとも見える。しかし仁斎は、これだけが天地の間の「唯一実理」だと断じている。そして、このような人倫的な生をまっとうすることが、自ずから「天道」に適うことだと言うのである。人は、「天道」に適うように生きるのではない、ある生き方をすれば、結果としてそれが「天道」に適うと言われている。これは、どういうことなのだろうか。

仁斎は、「天道」をどのようなものと考えていたのか。やや長くなるが、『語孟字義』の説明はこうである。

道猶レ路也、人之所二以往来通行一也、故凡物之所二以通行一者、皆名レ之曰レ道、其謂二之天道一者、以二一陰一陽往来不レ已、故名レ之曰二天道一……蓋天地之間、一元気而已矣、或為レ陰或為レ陽、両者只管盈虚消長、往二来感応於両間一、未二嘗止息一、此即是天道之全体、自然之気機、万化従レ此而出、品彙由レ此而生、聖人之所二以論レ天者、至レ此而極矣（『語孟字義』天道・一）

「天道」が「天道」と呼ばれるのは、天地の間の「一元気」が、あるいは「陰」に、あるいは「陽」になって休むことなく「往来感応」していて、その運動として、天地の間に現象するあらゆる物事が生起してくるからである。しかし仁斎は、ここで考察を止めない。

一陰一陽、往来不レ已者、以二流行一言、維天之命、於穆不レ已者[15]、以二主宰一言、流行猶三人之有二動作威儀一、主宰猶三人之有二心思智慮一、其実一理也、然論四天道之所三以為二天道一、則専以二主宰一而言（同・七）

「一陰一陽」の運動が已まないのは、その背後にあって、運動を運動たらしめている何かがあるからではないかと仁斎は考える。ちょうど、人が手足を動かす時には、そこに手足を動かそうという意志が働いてそう動くようにである。朱子も同じように考えて、運動の根拠を「理」として定立した。「一陰一陽」が「道」なのではなく、「一陰一陽」する「所以」が「道」なのであり、それは「理」に他ならないと朱子は説いた。朱子の以前には、

「天」には「心」があって、かりに地上の政治が天意に適っていない時、「天」は地上に様々な災厄をもたらして、天意に適うような政治を実現せよという警告を発するのだとされた。朱子の「理」には、こういう漢代以降の議論の否定という意味もあった。しかし仁斎は、

　宋儒謂天専言、則謂二之理一、又曰、天即理也、其説落二乎虚無一、而非下聖人所三以論二天道一之本旨上、蓋以二有心一見レ天、則流二于災異一、若二漢儒災異之学一、是也、以二無心一見レ天、則陥二于虚無一、若二宋儒天即理也之説一、是也（同・六）

として、その双方を斥ける。よく知られたように、仁斎は「理」を「死字」だと断じていた[16]。しかしここでは、朱子学の世界観は「虚無」だという批判に注意しなければならない。「虚無恬澹」「無為自化」は、堯・舜以前の古い聖人王たちの世界から、形を変えながら、老荘・仏教・朱子学というように顕在化してきているというのが、仁斎の歴史像なのである。では「天道之所三以為二天道一」は「主宰」の次元にあるという仁斎の関心は、どこに帰着するというのか。漢儒と宋儒の双方を斥けた先の引用に続けて、仁斎は、

　学者苟恐懼修省、以二直道一自尽、無レ有二一毫邪曲一、而後当二自識一レ之、非レ可二言語喩一也（同前）

としているから、「流行」の奥にあるものへの道を完全に断ってしまったわけではない。しかしそれは、言葉では言い表せないもの、理知の世界を超えるところなのである。そして仁斎は、孔子がそのようなものを深追いしないところに、その偉大さを見る。あるいは孔子自身、個人的には何か言葉を超えた神秘的な次元を感じているのかもしれない。

吾夫子以下生民以来所レ未二嘗有一之至聖上、旁二観古今一、洞二視天人一、捌為二生民一建二大教法一（『童子問』上・一七）

「洞二視天人一」といった文言には、何かそういうものを思わせるところがある。しかし、それを人々の前に提示しようとか、言葉でもって解説しようというような方向を孔子は断ち切った。先に見た「天道」において、「聖人之所二以論一レ天者、至レ此而極矣」とあったが、これも、それ以上の追求を断ったところに積極的な意味があるということだろう。仁斎の捉える孔子は、言葉によって形を与えられるべき世界と、それを超えた世界とを初めて峻別した人物なのである。そうして断ち切ったものを払いのけたところに、『論語』は成立する。

こういう断念は、鬼神の問題についても見られる。

（一）

鬼神者、凡天地山川、宗廟五祀之神、及一切有二神霊一、能為二人禍福一者、皆謂二之鬼神一也（『語孟字義』鬼神・一）

「五祀」は、戸口の神、竈《かまど》の神、室内の神、門の神、道路の神を指して、これらは季節ごとに祭られる（『礼記』月令）。仁斎は、人々の生活がこういった多様な神霊に囲まれて成り立っていることを認める。にもかかわらず、『論語』の中で「鬼神」を取り上げるのは僅か数章にとどまり、『孟子』に至ってはこれをまったく論じないのはなぜなのかと仁斎は問う。

蓋三代聖王之治二天下一也、好二民之所一レ好、信二民之所一レ信、以二天下之心一為レ心、而未下嘗以二聰明一先中于天下上、故民崇二鬼神一、則崇レ之、民信二卜筮一、則信レ之、惟取二其直レ道而行一焉已、故其卒也、又不レ能レ無レ弊、及二至于夫子一、則専以二教法一為レ主、而明二其道一、暁二其義一、使二民不レ惑二于所レ従也、孟子所謂賢二於尭舜一遠矣、正謂レ此耳（『語孟字義』鬼神・二）

政治という行為は、与えられた条件の中で為されるから、民が「鬼神」を好んでいれば、その好悪に即しながら政治が行なわれる。政治家には、自分一己の信念のいかんとは切り離して、「天下之心」がどこにあるのかを対象化して捉え、それに対応することが求められる。しかし孔子の立場は、政治にあるのではなく「教法」にある。そして孔子の「道」も、「鬼神」と切れてはいない。

聖人之道、求二之於己一、察二之於人一、考二之於往古一、推二之於来世一、徴二之於天地鬼神一、皆無レ所レ不レ合、……天下之達道故也（『童子問』上・二八）

しかし『論語』は、「鬼神」について多くを語らない。『論語』の中の「鬼神」に関する最も知られた章、「樊遅問レ知、子曰、務二民之義一、敬二鬼神一而遠レ之、可レ謂レ知矣」（雍也篇）について、仁斎は、

敬者、不二侮慢一之謂、遠者、不二褻黷一之意、専用二力於人道之所レ当レ為、而不レ求二媚於鬼神之不レ可レ知、知之至也

として、さらに、

敬二鬼神一而遠レ之、能用二其知一而不レ惑者也、若夫棄二日用可レ務之事一、而用二力於渺茫不レ可レ知之地一者、豈可

レ謂レ知哉（『論語古義』）

と説いている。しかしこれは、朱子が『論語』のこの章に与えた注解、「専用二力於人道之所一レ宜、而不レ惑二於鬼神之不一レ可レ知、知者之事也」（『論語集註』）の線を出るものではない。では、両者の間に相違はないのかといえば、そうではない。仁斎が下した「鬼神」の定義を振り返れば、そこで仁斎は、天地山川の神、宗廟の神、五祀の神をはじめとするあらゆる「神霊」あるものが「鬼神」だとしていたのであるが、それに続けてこう朱子を批判している。

朱子曰、鬼者陰之霊、神者陽之霊、其意蓋以謂、雖レ有二鬼神之名一、然天地之間、不レ能下外二陰陽一而有中所謂鬼神者上、故曰云々、可レ謂二固儒者之論一也（『語孟字義』鬼神・一）

そして今日の朱子学者は、風雨霜露などもすべて気の屈伸往来によるものだから、それらも広い意味での「鬼神」の働きなのだとさえ主張しているとする。仁斎は、そして仁斎の讃える孔子は、人々の生活が「不可知」の「鬼神」に包まれてあることを認めるが、そこにそれ以上に踏み込むことを断つ。しかし朱子は、仁斎の見るところ、「鬼神」が陰陽二気の霊妙な表現としてあるというように、まず世界の全体を人間の知的な判断で押さえている。こういう押さえ方が、すでに孔子とは違っているのである。したがって朱子の言う「不レ可レ知」は、孔子が（そして仁斎が）見た「不レ可レ知」ではない[17]。

『論語』とは、どういうものだったのか。仁斎によれば、世界は不可思議に満ちている。時間の始まりと終わり、空間の極限といったような問題から、身近な事物のあれこれまで、在るものがなぜこのように在るのか、本当のところは分からない。

古今之終始、不レ可二得而究一焉、四旁之窮際、不レ可二得而知一焉、万物之形状性情、其所二以然一之本原、皆不レ可二窮詰一（『童子問』中・六五）

かつて在ったものが、変化して、さらに滅びてしまったとすれば、その本当の理由も分かるものではない。あるいは、伏犠・神農・黄帝といった太古の聖人王たちは、象徴的な文言や記号によって、その仕組みを明らかにしようとしたのかもしれない。しかし天地は「活物」としか言いようのないものであって、それ以上に言葉でもって解明できるものではない。

若知二天地真活物一、許レ汝即身即伏犠（『童子問』中・六八）

それは、「天道」や「鬼神」についても同じなのであり、人間の理知の力、言葉の力を超えたものとしてあり、人間は限られた回路を通じて、それらの大きな力に触れるしかないのである。この事実を引き受けて、人間は人間として何をなすべきか、その責任の範囲を定めたのが孔子であった。孔子が、それ以前の聖人王と区別して尭・舜を祖述したのはこのためである。それを一言で表せば、「虚」への志向を断ったということになるだろう。仁斎が問題にしている「虚」とは何なのか、これは難しい問題であるが、「虚」の一つの面として、人間の理知や言葉の及ばない世界の在りようを探ろうとする志向があることは間違いない。こういう志向が、確かに太古の聖人王たちの中にはあったのであり、人間には本来、そういう世界を見てみたいという欲望があるからであろうか、それは形を変えながら、仏教にも、朱子学にも流れ込んでいる。そういう「虚」への誘惑を断つことで、人倫的な世界は定立されることを『論語』は語っている[18]。

四、知識人としての生き方

仁斎は、具体的な歴史叙述を残していないが、(19)多くの儒者と同じように「古」と「後」を対比させて論じる手法を用いた。

蓋古人之学、専以㆓徳行㆒為㆑本、後人之学、先以㆓窮理㆒為㆑主、是仁之所㆓以難㆒㆑識也（『童子問』上・四〇）

あるいは、

古之人、……但民朴俗淳、誠実敦龐、無㆓邪回之行㆒、無㆓名利之求㆒、故所㆑行自莫㆑非㆓中庸㆒、……至㆓後世㆒、則風気日醨、人心不㆑古、愚者固不㆑足㆑論、其少有㆑智者、必以㆓利名㆒為㆑先、厭㆑常而好㆑新、捨㆑邇而求㆑遠、是中庸之所㆓以難㆒也（『童子問』上・一一）

などとされる通りである。

ではそれは、「古」を理想化することで歴史の堕落を嘆くことなのかといえば、そうではない。三代以後の時代をすべて人欲に覆われた暗黒時代だというように捉え、ひたすら時勢の衰微を嘆くだけの者を「不仁者」として、次のように仁斎は述べている。

仁者嫉㆑俗之心少、故知㆓今之不㆒㆑遠㆓于古㆒、不仁者憤㆑世之心勝、故知㆓今之不㆒㆑可㆑復㆑古、……孔子曰、斯民

也、三代之所㆓以直㆑道而行㆒也[20]（『童子問』中・二一）

仁斎にとっての『論語』は、輝かしい「古」を伝えて、それに拠りながら「今」を否定したり、そこに「復古」の思いを託すようなものではない。仁斎が強い調子で斥ける「嫉㆑俗之心」「憤㆑世之心」とは、眼前の「俗」や「世」の中に潜んでいる積極的な契機を掘り起こそうとする視点をもたず、自らの知識人風の観念を疑うことなしに、事がらを一刀のもとに否定的に裁断してやまない姿勢のことで、それは結局、自分を高みに置いて人々をそこから見下す心であろう。

仁斎は、歴史を複眼的に見ている。一方では、確かに「人心不㆑古」と言われるように、徳行を忘れて新奇・高遠な議論を好むというように、人心は悪い方向に向かって進んでいる。「実」を忘れて「虚」に赴いている。しかしもう一方の眼では、

道者不㆑待㆓有㆑人与㆒㆑無㆑人、本来自有之物、満㆓于天地㆒、徹㆓于人倫㆒、無㆓時不㆒㆑然、無㆓処不㆒㆑在（『童子問』上・一四）

とされ、

若使㆔聖人生㆓于今世㆒、亦必因㆓今之俗㆒、用㆓今之法㆒（『童子問』中・一九）

などと言われるように、人々が人倫の中に生きているという真実には、一点の変りもない。孔子は、こういう「実」の世界を生きることの意味を、言葉の力で開示したのだった。それはもちろん、眼前の人々が『論語』の

教えに忠実に生きているなどということではない。

人雖二号称レ好レ学、然其持レ志力レ学、勇往直前、不二自暴自棄一者、百中之一二而已（『童子問』上・一五）

とも言われるように、ほとんどの人々は「自暴自棄」、つまり価値としての人倫の道を認めながらも、自分にはそれだけの力がないと見限ってしまっている者ばかりである。それは、おそらくどの時代でもそうなのである。人々は、「虚」に赴きがちであり、そして「自暴自棄」に陥るものである。孔子の見ていたのも、まさにそういう人々であった。しかし孔子は、「斯民也、三代之所二以直レ道而行一也」という立場を後退させずに、そういう人々の暮らしの中に「道」の顕現を見ようとして、高みから人々を批判することをしなかった。市井に生きる儒者としての仁斎に『論語』がもっていた意味は、おそらくここと繋がってくる。

俗外無レ道、道外無レ俗、而雖二一点俗気一、亦著不レ得、此是上達光景（『童子問』中・六一）

といわれる「俗」との関わり方は、まさにそういう仁斎の思いを伝えるものである。

「温厚和平、従容正大」の「気質」の者にしか、『論語』の味わいは分からないと仁斎は言っていたが、それもまた「上達光景」を言っているのだろう。自らの知恵を誇って新奇や高遠を好む者は、高みから「俗」を軽蔑してやまないのだろうが、それこそが「俗気」ではないか、こう仁斎は言いたい。「温厚和平、従容正大」とは、いつもにこにこした人当たりのよい人物ということではなく、一方の眼で人々の「自暴自棄」を見て、もう一方の目で、にもかかわらずそこにも顕現する「道」を見逃さないような、そういう複眼を備えた者を指すのであろう。詳しく述べる余裕はないが、そういう「自暴自棄」の人々の中にも、惻隠・羞悪・辞譲・是非の心の現われがあることを見て、それを拡充することの意義を明らかにすること、しかも上から教え諭すのでもなく、画一的な道徳家を作ろうとするのでもなく、それをそれぞれの個性的な「生」の充実として導くことに仁斎の思索は集中していく。

仁斎が孔子を讃えるのは、「虚」への誘惑を断って、人倫の価値を言葉の力で開示したという孔子の人類史的な（仁斎の理解からすれば、これは大袈裟な言い方ではない）功績に至上の価値を認めるからであるが、そこに重ね合わされて、知識人としての生き方という点で、仁斎が深く共感していたからでもある。知恵のある者の生き方こそ難しい――仁斎は、これを繰り返して説く。知恵のある者が、周囲に対して自らを高しとしないで生きることは難しいからである。高しとすまいとすることが、すでに高しとしていることなのかもしれない。この狭い門を突破することが、仁斎にとって『論語』を読むということであった。

註

（1）「孔子為二最上至極宇宙第一之聖人一、論語為二最上至極宇宙第一之書一、所謂自二生民一以来、未レ有レ盛二於孔子一也」（『童子問』下・五〇）などとも言われる。

（2）「自由に」というのは、『童子問』と並ぶ仁斎の代表的な著作である『論語古義』『孟子古義』『語孟字義』が、古典本文の注釈、古典の中の基礎的な概念の解説という性格の書であるのに対して、話題の選択や配列、軽重の比重などが仁斎の思いのままだということである。『語孟字義』は「天道」（七条）と「天命」（十条）から説き出されるが、『童子問』では「天道」や「天命」の議論はほとんど見えない。また「鬼神」への論及も、『語孟字義』では「卜筮」と合わせる形で四条ほどあるが、『童子問』にはこれといった言及がない。こういった特色は、「経旨」については「古義字義」が詳しく、『童子問』は「人倫日用之工夫」を説いたものだ（林景文による刊本『童子問』の跋）という説明だけで尽くされるものではないだろう。

（3）『二程遺書』巻一八。この言葉は、『近思録』巻三にも収められた。

（4）「若下楽記所レ載、人生而静、天之性也、感レ物而動、性之欲也上、此語本老氏之語、淮南子亦有レ之、蓋礼記剽二窃之一」（『童子問』下・六）とあるように、『礼記』楽記篇が説くような「静」に基点をおいた人間観が、どうしても『論語』や『孟子』と矛盾するという点に仁斎の不信は発している。こうして仁斎は『礼記』を「不レ足レ列二之於詩書易春秋一」（同前）と見なす。ほかに、「後世記礼之書、称二孔子之言一、説二鬼神之事一者、皆附会之説也」（『論語古義』「子不語怪力乱神」章）というような指摘もある。

（5）「五経是宛然天地万物人情世変図子耳」（『童子問』下・四）とも譬えられる。

（6）「子曰、加二我数年一、五十以学レ易、可三以無二大過一矣」（述而篇）について、『論語古義』は「数年、謂二数年之功一也、五十字未レ詳、史記世家亦無、故今闕而不レ釈」として、「五十」をはずして解釈していく。ちなみに朱子は、「加」は「仮」だとした上で、この「五十」は「卒」が誤って伝写されたものだとする。羅山点では「加《カシテ》二我《ニ》数年《ヲ》一、五十《ツイニ》以《テ》学《ヒハ》レ易《ヲ》」、後藤点では「加《カシテ》二我《ニ》数年《ヲ》一、五《オヘシメバ》二十以《テ》学《フヿヲ》レ易《ヲ》」と訓読されている。朱子によれば、これは孔子の最晩年の言葉であり、「易道之無窮」が語られたものだという（『論語集註』）。

（7）『論語』と『孟子』の『易』に対する立場の差異について、仁斎は、『易』の功利的な性格を『孟子』は嫌ったと述べた後で、「惟其於二処世之法一、委曲詳尽、惕厲勧勉、有下足三以警二醒人一者上、故夫子取、故欲レ学二孔孟一者、専崇二詩書春秋一、而於レ読レ易、則当丙以下夫子可レ無二大過一之言上求レ之、勿乙作二卜筮之書一看甲」（『論語古義』「子曰加我数年」章）として調停を図っている。

（8）「仲尼祖二述尭舜一、憲二章文武一、上律二天時一、下襲二水土一」（『中庸』、『中庸章句』の分章では第三〇章）。

（9）仁斎が長い精神的な煩悶から脱して塾を開いたのは、寛文二年（一六六二）、三十六歳のことであるが、この年に著した「歴代聖賢道統図賛」（『古学先生文集』巻三）には、伏犠・神農・黄帝・帝尭・帝舜と続く「道統図」が掲げられている。同じ年の「同志会式」には、「凡会日、主人先至、掃二除室内一、然後掲二歴代聖賢道統図於北壁上一」とも見える（同、巻六）。本稿は、仁斎の思想形成の問題には立ち入らないが、『童子問』などで描かれた孔子像が、かつての自己の立場への批判という意味を持っていたことは明らかである。

（10）『書』孔安国伝序。

（11）「今論二理学一者、或論至二六合之外一、曁近世講二天学一者、好説二無限道理一、雖二窮レ微極レ妙、然皆無レ裨二於世道一、無レ補二于生民一、聖人之所レ不レ取也」（『童子問』中・六五）というように、仁斎は、同時代の「天学」（天文学）の発展などにも冷淡である。

（12）「宰我曰、以レ予観二於夫子一、賢二於尭舜一遠矣」（『孟子』公孫丑上篇）。これに対する朱子の理解は、程子に拠って、聖人としての偉大さにおいては、尭舜と孔子の間に差はないが、聖人の道を後世に伝えたという点で、孔子はより偉大だというものである。「程子曰、語レ聖則不レ異、事功則有レ異、夫子賢二於尭舜一、語二事功一也、蓋尭舜治二天下一、夫子又推二其道一以垂二教万世一、尭舜之道、非レ得二孔子一、則後世亦何所レ拠哉」（『孟子集註』）。仁斎は、尭舜に勝る孔子の偉大さを、ほかならぬ尭舜をそれ以前の聖人王から断ち切って、それを祖述した点に見ている。堯舜の実現した人倫秩序の偉大さを、堯舜よりも深く理解して、その偉大さを言葉で説き明かしたことにおいて、堯舜に勝るのである。「道」は、かつて確かに燦然と存在したことによってではなく、孔子によって言葉で説き明かされたことで、時空の制約を越えた普遍性を得たのである。

(13) 孔子が与えた普遍的な人倫の言葉が『論語』に詰まっているなら、『論語』だけで十分なはずであるが、仁斎は、『論語』と『孟子』を離しては捉えない。「学者不レ熟二読孟子一、必不レ能レ達二於論語之義一、蓋論語之津筏也、論語専説下修二仁義礼智一之法上、而未三嘗発二明其義一、孟子時、聖遠道湮、大義既乖、故孟子為二学者一、諄々然剖二別其義一、闡二明其理一、丁寧詳悉、無二復余蘊一、故通二七篇〔孟子〕之義一、而後論語之理、始可レ明矣」（『童子問』上・七）。仁斎が言うのは、孔子と孟子の置かれた時代の違いである。孟子が直面したのは、時代の下降が決定的に進んだ状況である。「仁」とは何かを、孔子は、相手に応じて色々な説き方をしながら教えて、一般的に定義づけようとはしなかった。あるいは「仁者」の風貌や在りようを言うことで、そこから「仁」の何たるかを伝えようとした。しかし孟子の時代は、そういう余裕もなく、そもそも「仁」とは何なのかを説明しなければならない時代であった。これを「道」と「教」という観点から言えば、「論語専言レ教、而道在二其中一矣、孟子専言レ道、而教在二其中一矣」（『童子問』上・一二）となる。そして『孟子古義』では、「孔子之時、猶二白日中レ天、有レ目者能行一、故教レ人只以レ修レ之之法一、而不レ待レ詳二解其義一、孟子之時、猶二夜適レ途待レ燭能行一、故不レ得レ不下暁二解其義一、明白詳悉上」（「綱領」）というような比喩も用いられている。孟子が直面したような状況は、その後も変っていない。変っていないから、後人は、『孟子』を「津筏」として『論語』を読まなければならないし、仁斎が『語孟字義』を著さなければならないのである。

(14) 「我能愛レ人、人亦愛レ我、相親相愛、如二父母之親一、如二兄弟之睦一」（『童子問』上・四四）というような言い方にも、仁斎らしいそういう性格が出ている。子からみて、親しみあっている父母というイメージは、他の儒者にはあまり見られないように思う。

(15) 「詩云、維天之命、於穆不レ已、蓋曰、天之所二以為一レ天也」（『中庸』、『中庸章句』の分章では第二六章）。詩は周頌。

(16) 「若二理字一、本死字、従レ玉従レ里、謂二玉石之文理一、可三以形二容事物之条理一、而不レ足三以形二容天地生々化々之妙一矣」（『語孟字義』理）。「理本死字、在レ物而不レ能レ司レ物、……故理不レ足三以為二万化之枢紐一也」（『童子問』中・六八）など。

(17) 「悪」の問題も、断ち切られている。仁斎は、言葉の力で「善」を「善」とし「悪」を「悪」とさせたところに孔子の偉大さを見たが、その「悪」とは何であり、何に由来するのかを語らない。朱子であれば、気質の偏差、あるいは事物に引かれての過剰な欲望よって、生まれ持った「善」が覆われてしまうことが「悪」だというように説明されるであろう。もちろん、朱子の採るこういう枠組みで、人間にとっての「悪」が論じられたことになるのかという問題は残るが、それはまた別な問題である。

しかし、その程度の説明さえ仁斎からは与えられない。

（18）それはまた、「智」の一人歩きへの警戒でもある。「凡過レ高過レ深、好レ大喜レ難、索レ隠行レ怪、邪説暴行、不レ可三与入二堯舜之道一者、皆過用レ智故也、荘子三十三篇、大蔵五千函、其他諸子百家、挙皆為二一智字之所一レ誤、豈非二可レ恐之甚一邪」（『童子問』中・七）とされるように、仁斎にとって「智」は、人倫世界の中で枠づけられなければならないものなのである。

（19）周知のように、嗣子の東涯には『古今学変』や『制度通』といったすぐれた歴史叙述がある。

（20）『論語』衛霊公篇。これについて『論語古義』には、「不レ識レ道者、必以二不善一視二当世之人一、……必欲下尽変二一世之人一而径為中三代之士上、豈有二斯理一乎哉」と述べられている。

＊『童子問』『語孟字義』『論語古義』『孟子古義』は、いずれも「林本」に拠った。その際、旧字や俗字、異体字は通行の字体に改めた。返点などは引用者によるもので、必ずしも「林本」に従ってはいない。

◆付論　江戸儒教の可能性――伊藤仁斎をめぐって――

はじめに

まず、「江戸儒教の可能性」[*1]という題名について、少し説明をいたします。この題名は決して、江戸の儒教が実体としてそのまま復活して、今日の私たちの思想的な課題を積極的に担っていく、その可能性を探ろうというような意味ではありません。およそそういうことは、想像も出来ない話であります。韓国や中国、台湾などの場合、色々な意味で、つまり政治思想としても、また生活倫理としても、今なお儒教は生きていますから、それらの国々においては、二十一世紀の自分たちの生き方やあるべき社会のイメージを考える時に、良かれ悪しかれ、伝統としての儒教の問題は複雑に絡んでいくものと思います。より抽象的な哲学のレベルでも、儒教の積極的な貢献の可能性を模索する知識人も、これらの地域には存在します。しかし日本については、まったく状況が違っていて、儒教が、プラスにせよマイナスにせよ、現代の思想状況に絡んでくることはありません。どうして、そういう相違が生じてしまったのでしょうか。そこには、社会の中での儒教の位置、儒教が社会において果した役割という点での、日本の儒教の歴史的な性格が深く関わっています。時に、日本も含めた東北アジアを一括りで儒教文化圏というように性格付けることがありますが、しかし、その中でもかなり日本の場合は事情が違っていると思います。

ごく単純化してしまえば、近世の中国や朝鮮は、皇帝なり国王の下で、儒教、その中でも朱子学で武装した、読書人と呼ばれる官僚たち（中国では士大夫、朝鮮では両班）が政治を運営する体制を維持してきました。儒教を基盤とした科挙という世界史的にもユニークな制度が、そういう官僚たちを全国からリクルートさせたわけです。そして、「修己治人」、自分の道徳的人格や人文的教養を高めること（修己）が前提で、その高い人格と教養の波及として周囲に徳化を及ぼして社会の秩序を美しいものに整えていく（治人）、この「修己治人」という儒教的な政治思想が、不動の原理として国家社会を支えてきたわけです。中国や朝鮮は、政治的に見れば、こうして読書人官僚が支配する国家だったわけですが、同時に社会的には、宗族という、強い父系の血縁的な結合を基盤とする社会でもあります。今もなお、韓国や中国、台湾などの人々の生活の中で、宗族の結びつきというのは大きな意義を持っていると思います。この宗族の秩序を表現するものが、冠婚喪祭をはじめとする礼ということになります。そもそも礼は、宗族というレベルには止まらず、地域・国家それぞれのレベルで、然るべき差等をもった美しい人間的な秩序の在り方を可視化して表現します。差等をもったと言うのは、礼を思想的に支えたのはまさに儒教ですが、儒教では、愛情なら愛情はまず家族に、もっと言えば、最大限は息子たちから父親に対してもっとも濃く注がれるべきもので、次に友人に、その次に他人にというように、愛情の発露に濃淡の差があるのが自然＝当然だと考えるからです。諸子百家の時代に、墨子に兼愛、すべての人を平等に愛するという主張がありますが（後に、韓愈も博愛を説きました）儒教は絶対にそれを認めません。父親を失った時が最も深い哀しみを感じるものであり、それだけの深い悲しみを表現するように、喪礼では服喪の期間や服装などが定められています。伝統的な中国や朝鮮では、文化の本質、文化の集約的な表現は礼に求められました。あるいは儀式の時に演奏される音楽とセットで、礼楽と呼んでもかまいません。儒教的な感覚の持ち主であれば、礼楽の中に、真善美の（政治的・道徳的・審美的な）統一を見ていたはずです。人倫という観念は、宗族を基盤として、儒教的な礼が広く実践されていることで、生きたものとして社会を支えていたわけです。つまり、国家の体制や政治理念も、社会の秩序原理も、儒教なしには存立しえないものとして、近世以降の長い中国や朝鮮の歴史はあったということです。

では、日本はどうでしょうか。科挙も礼楽も、日本にはありません。武士は、江戸時代になって官僚としての性格を併せ持つようになりますが、本質的に武人であって読書人ではありません。科挙によって権威づけられた読書人官僚というものは、日本の歴史にはかつて一度も存在しませんでした。政治家は知識人・教養人であるべきだという感覚は、今でも私たちには縁遠いものです。儒教の価値観からすれば、喪礼が、宗族を基盤とする人倫の秩序にとっていかに大切なものかは見た通りですが、江戸時代では、ごく例外的な事例を除いて、喪礼は仏教によって担われました。将軍家も皇室も、仏式で菩提を弔ってきました。喪礼以外の礼を考えても、上は将軍や天皇の即位の儀礼から、下は地域の祭礼まで、儒教による礼というものはほとんど受容されなかったと言ってよいと思います。音楽についても、まったく同じです。つまり日本の儒教は、中国や朝鮮と違い、国家や社会を支えるようなものとしてあったのではないということです。国家や社会の根底にまで浸み込んだ儒教（近代になって、近代西欧思想に立ちふさがるだけの儒教）というものを、日本は経験してこなかったのです。日本における儒教のありかたは、こうして中国や朝鮮などとは決定的に違ったものであり、この違いが、冒頭に述べた、今日、東北アジアのそれぞれの社会で儒教の占める重みの違いとなっているものと私は思います。

では、日本の（江戸時代の）儒教とは何だったのか。中国や日本の思想史研究で大きな業績を挙げた津田左右吉（一八七三〜一九六一）という学者は、江戸時代の儒教には学者の机上の議論としての意味しかなく、当時の人々の実生活においては何の役割も果たさなかったと断言しました。津田は、実生活の中から育まれた思想こそが本当の生きた思想だという強い信念をもって、そういう生きた思想の歴史を探るために『文学に現はれたる我が国民思想の研究』という大著を残しました。[*2]確かに津田のように割り切ってみるのも、一つの見方だと思いますが、もう少し別な方向もあるのではないかと私は思います。中国や朝鮮のように、国家や社会と強固に一体化しなかっただけ、日本の儒教には、比喩的な言い方をすれば、ある種の身軽さのようなものがあって、儒教の中で潜在的に芽生えながらも、中国や朝鮮では政治的・社会的な事情から十分に展開できなかったような思想的可能性が、その身軽さの故に、日本では展開していったというような面があったのではないだろうかということです。机上の議論と言ってしまえばそれまでですが、江戸時代の思想家なりに現実の課題とぶつかり、そこで汲み上げられた問題意識をもって古典に向き合い、そのことでもって、儒教の思想的可能性を自由に――自由にというのはつまり、国家の公定の哲学という制約や社会の規範としての要請から自由にということですが――突き詰めることが出来た、そういうものとして、江戸時代の儒教を捉えることが可能なのではないかと思うのです。題名とした江戸儒教の可能性とは、そういう意味です。そういう意味での江戸儒教の可能性として、今回は、伊藤仁斎という人物の思想を取り上げてみたいと思います。

一、伊藤仁斎と古義学

伊藤仁斎の生涯について、ごく簡単に紹介しておきます。仁斎は、一六二七年（寛永四）に京都に生まれました。父方の先祖は堺の商人で、祖父の代に京都に移り、商人として成功しました。母は連歌師として著名な里村紹巴《しょうは》の孫、外祖母は角倉了以の姪という家柄で、仁斎の最初の妻は、尾形光琳・乾山兄弟の従姉に当たります。仁斎は、京都の上層商人の跡継ぎとして生まれ、母方を通じて、京都の一流の文化人世界とも繋がるという恵まれた環境で育ちました。十代の仁斎は、熱心に朱子学を学びます。朱子学は、近世の東北アジアの思想世界を制覇していた巨大な思想体系であり、日本においても、官学として幕府から公認されたというような事実はありませんが、最新の外来思想として熱心に学ばれていました。仁斎と並んで、朱子学批判のチャンピオンとなる荻生徂徠（一六六六～一七二八）もまた、最初は朱子学を学ぶことからスタートします。仁斎に戻ります。周囲は、町人が身に付けるべきほどほどの教養の一つとして儒教（朱子学）を学ぶことは認めますが、仁斎が、あまりにもそこに夢中になっていくことを警戒します。仁斎は悩みます。親戚や友人は、どうしても読書生活が続けたいなら、家督を弟に譲って医者になるのがよいとまで言い出します。医者ならば、これといった援助者もいない町人学者として生きるのとは違い、生活に不安がないからでしょう。後日、この頃を振り返って仁斎は、「自分を思って忠告してくれる人々が、まるで仇《かたき》のように思われた」と述べています。周囲は決して仁斎を憎んで、学問を止めろ、医者になれと言ったのではありません。当人の将来を思って、愛情や善意から発せられた言葉が、当人を苦しめるというこの時の体験は、後の仁斎の思想にとって大きな意味を持つことになります。

家督を弟に譲って、仁斎は、世間との交際を絶って、ひたすら朱子学を学びます。二十代終わりから三十代半ばまで、隠遁者のようにして読書と思索に没頭した仁斎は、精神的な危機を迎え、追い詰められてしまいます。同時に、朱子学についての疑問も、仁斎の中に芽生えてきます。例えば、朱子学では、天地万物のすべての存在の根源には「太極」の「理」、「理」としての「太極」があるとし、その「太極」は万物に内在し、かつ万物を統括する大本のものでもあると説明します。根源的なxは、万物に内在し、かつ超越するというわけです。こういう命題を、何とか理解し、単に頭で分かるのではなく、自分の生き方のレベルで体得しようと、仁斎は、とことん悩んだのだと思います。

三十六歳になった仁斎は、長いトンネルを脱したのでしょう。自宅に戻って、塾を開き、その塾に同志会という名前をつけました。先生が生徒に教えるのではなく、一緒に考えようということです。何を考えるのかといえば、朱子学によって解釈が塗りつぶされてしまう以前の、本来の『論語』や『孟子』の世界を明らかにして、そこから人生の指針を得ようということです。多少の説明が必要になりますが、近世の東北アジアの思想世界を支配していたのは、朱子学です。長い間、仏教や老荘思想によって思想的な主導権を奪われていた儒教が、宋の時代になって新たに復活し、それまでの支配層だった貴族階級に代わって登場した読書人・科挙官僚たちの哲学として、権威を独占していきます。その拠り所となった中心的なテキストが、『大学』『中庸』『論語』『孟子』という四つの古典であり、朱子はこの四つについて、緻密な注釈書を著わしました。『大学章句』『中庸章句』『論語集註』『孟子集註』がそれで、総称して『四書集註』と呼ばれます。近世を通じて、東北アジアの知識人たちは、これらの朱子の注釈書に拠りながら、『論語』以下の古典を読んでいたのです。明代になると、皇帝の命令で、朱子の『四書集註』についての注釈書が編纂され、『四書集註』そのものの権威はピークに達します。欽定のこの注釈書が『四書大全』です。仁斎も、この『四書大全』を若い頃、熱心に読んでいます。科挙を受験するような人々は、それらを暗記していたとさえ言われます。

朱子学に対して深い疑問を持つようになった仁斎は、まず『大学』『中庸』と『論語』『孟子』を区別します。朱子学では、『大学』と『中庸』は、曾子と子思という、それぞれ孔子の後の世代の学者が、孔子の言葉を敷衍し、その思想的な真髄を凝縮した書物だと考えますが、仁斎は、『大学』と『中庸』が説くような抽象的・観念的な議論が『論語』には見えないことを根拠として、この二つの書物を外します。『中庸』については、必ずしもその全部を斥けるわけではないのですが、ここでは立入りません。そして『論語』と『孟子』、この二つの書物こそ仁斎が最大限に尊重したものですが、これについて、朱子の著わした『論語集註』『孟子集註』から離れて、本文に即してその本来の意味を探ろうとします。ここからの仁斎の生活は、七十九歳で亡くなるまで、単調なものです。ひたすら『論語』と『孟子』を読み、その解釈・注釈を練り上げることに全力を傾けました。朱子の著わした『論語集註』『孟子集註』との日々の格闘だったと思います。こうして『論語古義』と『孟子古義』が書かれます。「古義」とは、後世には分からなくなってしまった、つまり朱子学の解釈で覆われ、見えなくされてしまった『論語』と『孟子』本文の本来の意味ということです。ここから、仁斎の学問は古義学とも呼ばれます。仁斎は、『論語古義』と『孟子古義』を書いては直し、直しては書くという作業を黙々と続け、とうとう生前は一冊の書物を刊行することもありませんでした（贋刻本は出ています）。その死後、塾の後継者であった長男の東涯が、父の意図を汲みながら内容や文体を整理して『論語古義』や『孟子古義』その他を刊行することになります。仁斎の生原稿に当たるものは、天理図書館に保管されていますが、それを見ると、墨の色を変え、付箋を貼って、細かな書き込みがビッシリされていて、さらにそれを清書して、また訂正を施していった跡がよく分かります。仁斎の主著としては、この『論語古義』と『孟子古義』があり、ついで『論語』『孟子』の重要概念、例えば「仁」「道」「忠」などですが、それらを解説した『語孟字義』、初心者の質問に答えるという形式をとった仁斎学入門書としての『童子問』などがあります。こうして仁斎は、京都からほとんど出ることもなく、町の儒学者として生涯を終えました。

仁斎は『論語』を、「最上至極宇宙第一の書」とまで讃え、『孟子』をその「義疏」と位置付けました。すべての真理は『論語』に書かれていて、それを正確に過不足なく解説したのが『孟子』だということです。孔子と孟子の間には、百年以上の時間が流れていますし、「性善」説や一まとまりの概念としての「仁義」、政治論としての「王道」「覇道」といった議論は、『論語』にはなく『孟子』から言われ出したものですから、今の私たちの目からすれば『論語』と『孟子』がピッタリと同じ思想を説いているとは言えないということになります。しかし仁斎は、そうは考えません。例えば「仁」について、『論語』では「仁」とは具体的に何をどうすることなのかという、実践的な説明がなされ、『孟子』では、そもそも「仁」とは何かという原理的な説明がされる、そういう違いはあっても、言わんとする内容はピッタリ同じものだと仁斎は捉えます。『孟子』の時代は、諸子百家的な混乱を極めた時代状況だったので、そもそも「仁」とは何なのかを初めから説明しなければならなかった、そこで「仁」へのアプローチも、そういう時代状況に応じて『論語』と『孟子』では違っているのだ、このように仁斎は考えます。したがって仁斎の『論語古義』には、『孟子』由来の「性善」や「仁義」、「王道」や「覇道」といった発想の枠組みが自由に用いられて、仁斎の捉えた『論語』の世界が解説されていくわけです。

二、〈他者〉の発見

『論語古義』に例をとれば、『論語古義』は朱子の『論語集註』との思想的な格闘を経て、と言うより厳密には未完の作ですから、格闘の只中で書かれたものです。したがって、私たちも、『論語古義』を読む時には、『論語集註』と突き合せながら読むことになります。若い時に精神を病むほどに打ち込んだ朱子学、しかしそれは何か大事な点で人間の真実から外れているのではないかという思いを膨らませながら、仁斎は、朱子学の解釈によってガンジガラメにされた

『論語』を、『孟子』を参照しながら、朱子学の世界から解き放つことで、生きることとの指針を得ようとするのです。

朱子学では、万人に生まれながら「理」が、天から賦与されているとします。天地宇宙はいい加減にあるのではなく、あるべきようにあって、あるべきように運動している、そのあるべきよう、つまり存在の根拠、あるいは秩序の規範を「理」として朱子学は捉えます。一人ひとりの人間もまた、小さな宇宙であり、あるべきありようを「理」として心の奥深くに内在させているのです。それは「天」から賦与されたものであり、例外なく万人が受け取っているものです。「太極」で見たように、根源には超越的な「天」の「理」があり、同時にそれが、一人ひとりの心に内在しているのです。「理」は欠けることのない完璧な美しい秩序（真善美そのもの）ですから、倫理的な面から言えば、人間は生まれながらに「善」を本質としているということになります。その「善」を分節化すれば、「仁」「義」「礼」「智」というようになります。これが朱子学の言う「性善」ということです。では万人が「性善」なのに、どうして現実の社会には悪や背徳が止まないのか、この問題について、朱子学はどう答えるのでしょうか。朱子学は、人間が肉体を持つことから様々な欲望が生まれて、その欲望によって本来の「善」が曇らされてしまう、そこで悪や背徳が発生し横行するのだと理解します。ちょうど仏教でも、欲望（煩悩）がある限り、人間は迷いの世界を出ることはできない。大事なのは、欲望から人間を解放することだと考えるでしょうが、朱子学の発想は、一面でそれと似ています。人間の肉体を構成するものは、「気」です。物質的な存在を「気」で説明するのは、中国において連綿と維持されてきた感覚であって、それを朱子学は、自らの思想体系の中に巧みに理論化して組み込んだと考えられます。陰陽の二つの気が、さらに複雑に分かれ組み合わされて、人間の肉体も含めた天地万物を作っている、運動させているという感覚です。人間は、動物に比べれば優れた気を与えられているから、理性や道徳性を備えた人間でいられるわけですが、しかし、人間の中で見てみれば、やはりそこには、より優れた気から出来上がった人間と、そうではない人間がある。まったく一点の曇りもない完璧な気からなる人間も、ごく例外的に存在して、朱子学ではそれを聖人と呼びます。具体的には、孔子です。孔子は、生まれ持った「性」の「善」のままに生きられた人です。それ以外の人間は、肉体を構成する気に、どこか偏りや濁りがあるために、せっかく心の奥深くにある「性」の「善」がストレートに発揮できません。

このように考える朱子学では、気質・肉体に由来する人間の感情や欲望を、学習や修養の力によってコントロールすることで、本来の「善」を回復させようとします。誤解されやすいのですが、それは、感情や欲望をなくせということではありません。朱子学が仏教を批判する時、仏教は人間の自然な感情や欲望を滅却すべしとする非人間的な教えだといって、仏教を斥けます。朱子学は、食欲や性欲も含めて、それを人間として自然＝当然なものと認め、それを適正な、儒教の言葉で言えば「中庸」を得たものとしてコントロールすることを主張するのです。何事にも、真善美を尽くした美しい規範としての形があるのであって、それに沿って感情生活を営めと主張するわけです。その美しい形こそ「理」であり、その原型は、何度も述べたように、「天」から万人の心の中に賦与されているとされます。問題は、心の奥深くに静かに横たわっている「理」が、感情の乱れや欲望の過剰によって曇らされて、見失われていることですから、それを自覚し回復するために努力しなければなりません。そういう努力は空しい、不可能を強いるものではないか、こういう声に対して朱子学は、必ずや〈孔子を見よ〉と答えるはずです。完璧に「理」のままに生きた人間が過去にいたではないか、その同じ「理」が自分たちにも備わっているのだから、孔子の言葉や行動を学び、それを自分のものとして取り込むことで、少しずつでも孔子に近づくことが可能なはずだ、朱子学はこう主張します。しかも、孔子の言葉や行動を記録した書物である『論語』について、朱子という偉大な先人が、隅々までその意味を解明した注釈書（『論語集註』）を残してくれたのですから、それをひたすら学習することで、孔子に近づくように努力しなければならないわけです。こうして、〈聖人、学んで至るべし〉という思想が確立します。「聖人」には、古代の偉大な王者・聖天子という意味と、理想とすべき完璧な人格者という意味とがあり、本来それが重ね合わされていたと思われますが、朱子学はこの〈聖人、学んで至るべし〉という思想を前面に掲げますから、「聖人」の意味はくっきりと、真善美を尽くした美しい規範そのままの人格という意味になっていきます。このように「理」と「気」という枠組みを駆使して、朱子は『論語』や『孟子』を解釈していったのです。

さて、こういう朱子学の考え方を、少し視点をずらして見てみれば、万人に同じ「理」が等しく内在し、その「理」の自覚・回復がひたすら目指されるのですから、人間の個性や、価値観の複数性・多様性といった問題が占めるべき場所を失ってしまうということになります。もともと儒教は、〈父子・君臣・夫婦・兄弟・朋友〉――こういう類型的な人間関係の括り方は『論語』には見られず、『孟子』からです――という五倫と呼ばれる人間関係を枠組みとして、その拡大として社会を捉えるという伝統を持っています。『論語』に、「孝弟なる者は其れ仁の本たるか」（学而篇）という言葉がありますが、「孝弟」という家庭道徳が拡大・延長されて、最高の道徳である「仁」が実現するという発想は、儒教の根幹でしょう。腹の底で何を考えているのか分からない人々が集まって社会が作られるという発想は、そこにはありません。儒教では、互いに分かり合える人間関係が前提とされていると言ってもよいと思います。つまり少しきつく言えば、〈他者〉がいないわけです。現実には、親子でも夫婦でも、分り合えないことが一杯で、それは孔子や朱子でもそうだったのかもしれませんが、考え方としては、そこに〈他者〉が不在だということです。そして朱子学は、「理」を語ることで、儒教の伝統である〈他者〉不在をより徹底させたと思います。誰一人の例外もなしに、まったく同じ完璧な「理」が天から賦与されていて、それが曇りなく発揮されることが理想だとされるし、誰もがその一つの頂点を目指して歩み続けるべきだとされるわけですから。

仁斎ですが、私の理解では、仁斎には、それまでの儒教が持てなかった〈他者〉感覚がしっかりとあって、その上で、〈他者〉とどのように付き合うのかという問題が仁斎の思想の中心的なテーマだったように思います。父と子とは、儒教では最も濃密な繋がりを持つ関係だとされます。朱子学では、「気」を連続させるのが父と子であり、その間には断絶を置きません。江戸時代の朱子学者も、一本の木の幹と枝のようなイメージで、それを説明します。自分の身体も親のものだ、こういう議論さえなされたことがありました。今でも、中国や韓国では、父系の「気」の連続に大きな価値が置かれています。しかし仁斎は、父と子も、また別な人間であることを言います。

人の五倫に於ける、父子の親しき、兄弟の睦まじきと雖も、既に其の体を異にす。況んや君臣、夫婦、朋友は、皆義を以て合ふ。(『童子問』)

言われている内容は、何でもないことがらですが、儒教の伝統の中で、父子が一体のものではないことを敢えて言ったということに意味があります。「五倫」という伝統的な儒教の枠組みを承認しながらも、まずお互いに別な、互いにピッタリとは重ならない人間の結ぶ関係なのだという点に、仁斎は比重をかけているわけです。ここには、確かに〈他者〉の発見とも呼ぶべきものがあると思います。

夫《そ》れ人と我と、体を異にし気を殊にす。其の疾痛疴痒、皆相ひ関はらず。(『童子問』)

これも素朴な事実ですが、人間は、とりあえず互いに切れた存在だということを言っているようです。「人と我と」とやや突き放して言う時、その「人」には「父子の親しき、兄弟の睦まじき」も含まれているでしょう。こういう言い方は、儒教の歴史でもめずらしいと思います。

さて、大変に有名な言葉ですが、仁斎はこういうことを言います。

仁の徳為るや大なり。然して一言以て之を蔽《おお》ふ、曰く、愛のみ。君臣に在りては之を義と謂ひ、父子に在りては之を親と謂ひ、夫婦に在りては之を別と謂ひ、兄弟に在りては之を叙と謂ひ、朋友に在りては之を信と謂ふ、皆愛より出ず。……此の五者、愛より出れば、則ち実為り。愛より出ざれば、則ち偽のみ。（『童子問』）

ここでは、もっとも基礎的な人間関係が「五倫」として押さえられながら、その五倫の間の繋がりが、「愛」に拠らなければ、それは偽者《つくりもの》だと言われています。父子でいえば、父子は一体である以上、そこに「親しみ」という感情が当然あるはずだ、「親しみ」が泉のように湧き出てくるべきものだというのではなく、人が人を愛するという感情、親だから愛するのではなく、特定の人間関係を前提としないという意味で、もっと普遍的な「愛」が考えられて、それに由来する感情が、君臣・父子などの具体的・特定の場において発揮されてこそ本物だということです。仁斎が言いたいのは、現実の生活の基盤としての「五倫」を尊重しながらも、それを特権化しないということだと思います。父子は気を連続させた一体のもので、その間に生まれる自然な、あるいは当然あるべき愛情を他の人間関係にも波及させる、こういう朱子学的な発想ではなく、ここにあるのは、「人と我と」という用語法に示されたような、ベタベタしていない、フラットな人間同士の繋がりのイメージです。同時にまた、仁斎が発見した〈他者〉は、砂のようにバラバラなものではなく、利害打算で集合離散するものでもなく、まして敵対するものでもなく、ある距離感を保ちながらも、互いに親しみ和むことが出来るものとして把握されていたということです。

三、寛容と共感

では、〈他者〉感覚をもって生きる、〈他者〉と繋がるとはどういうことでしょうか。『論語』から材料を引いて、仁斎の言うところを見てみます。『論語』に、こうあります。

子の曰く、参《しん》よ、吾が道は一《いつ》以てこれを貫く。曾子《そうし》の曰く、唯《い》。子出《い》ず。門人問ふて曰く、何の謂《い》いぞや。曾子の曰く、夫子《ふうし》の道は忠恕《ちゅうじょ》のみ。（里仁篇）

孔子が、門人である曾子（名は参）に言います。吾が道は一つのもので貫かれている。曾子が、短くハイと応じます。孔子が出ていった後で、同席していた若い門人が、どういうことですかと尋ねると、曾子は、孔子の道は「忠恕」で貫かれていると説明したというわけです。この「忠恕」とは、何でしょうか。朱子の『論語集註』は、「己を尽くす、これを忠と謂ひ、己を推す、これを恕と謂ふ」と説明しました。朱子によれば、本来、「理」は万人に天から賦与され、心の奥底に欠けるところなく内在している。ただそれが、現実には、後天的な欲望によって「理」は暗まされている。それゆえ、常に学習し修養に務めることで、欲望をコントロールして、本来の「理」に目覚めることが大事なので、「己を尽くす」も「己を推す」も、この「理」との関わりにおいて言われています。自分と相手との交際の中で、どうあることが正しいのか、「理」からして、どうあるべきなのか、それを純粋に「己」の心に問い正す、それが「己を尽くす」でしょう。そして、そこで自覚された「理」のままに「己」を押し出す、それが「己を推す」です。「理」は普遍的な、共有される規範ですから、「理」に忠実に行動すれば、相手も「理」に応じて納得・了解してくれるはずで、こうして人間関係は、「理」によって正しく保たれるのです。おおよそ、朱子はこのように曾子の言葉を理解しました。

仁斎はどうでしょうか。『論語古義』は、「己を尽くす、これを忠と謂ひ、人を忖《はか》る、これを恕と謂ふ」と説いています。仁斎は、「理」には、まったく言及しません。自分の誠意を尽くす、それが仁斎の言う「己を尽くす」であり、相手の気持ちを想像して思い遣る、それが仁斎の「人を忖る」です。〈他者〉への想像力ということです。表現としては、朱子の文言を生かし、それを少しいじっただけのようにも見えますが、両者の間には決定的な違いがあります。「己を尽くす、これを忠と謂（ふ）」は朱子そのままですが、「理」との関わりで言う朱子と、「理」を言わない仁斎では、同じ言葉遣いでも、内容とすれば違ってきます。まして「恕」の解釈は、見た通り、全然違います。自分が色々の相手と交わっていく時に、そこに普遍的な「理」という規範が予めあって、それに則ることであるべき人間関係が築かれるとは、仁斎は考えていないのです。自分と相手とは別個の人間だから、自分が正しいと思ってしたことが、本当に相手のためになるかどうか、それは分からない。自分として誠意を尽くした上で、それがおせっかいではなかったか、相手の立場からもう一度考え直してみることが必要だ、こう仁斎は言っています。仁斎は、青年時代の体験、つまり周囲の愛情や善意によって逆に苦しめられたという体験を思い起こしていたのかもしれません。

仁斎の立場から見れば、朱子のように、自分の見極めた「理」で通していくというのは、自己中心的な、あるいは自分は「理」に適った正しいことをしている、正義は専ら自分の側にあるものとして疑わない、傲慢な態度だということになるでしょう。仁斎は、「恕以て人を忖れば、物を待つこと寛宥にして刻薄の弊なし」とも述べています。「刻薄の弊」が言われるのは、朱子学への批判です。仁斎の見るところ、朱子学が考える人間関係は、「理」からしてかくあるべしという主張が前面に出過ぎて、弊害が多く、相手が「理」に適っていない、「理」の探求において劣っている、怠けていると思われれば、相手を責めるようなこともしかねないものだということになります。それが「刻薄」です。これに対して、仁斎が押し出すのは、史料の中の言葉では「寛宥」、つまり「寛容」をもって〈他者〉と交わるという精神的な態度です。

仁斎は、よく「刻薄」とか「残忍」とかという言葉でもって朱子学を批判します。これは、一つには、今述べたような、自分が捉えた「理」でもって相手を裁断するような朱子学者の陥りやすい態度への批判です。それはつまり、〈他者〉感覚の欠落に対する批判でもあるわけです。もう一つには、こういうこともあるかと思います。つまり、朱子学は、根源にある「太極」としての「理」と一つになること、それが「聖人」に到達することでもありますが、そういう究極の共通ゴールを目指して、休むことなく努力することを万人に求めます。例の〈聖人、学んで至るべし〉です。若き仁斎は、これを本気で追求して身心を病んでしまいました。これも、仁斎からすれば「刻薄」でしょう。仁斎は、『論語』で孔子が説いているのは、けっして高遠なものではなく、もっと穏やかで日常生活に即した倫理だと主張します。

「恕」について、もう一つ仁斎の議論を紹介します。

字書に曰く、己を以て人を体するを恕と曰ふと、体字甚だ好し。深く人の心を体察すれば、則ち自《おのずか》ら寛宥の意生じ、過ちて刻薄を為すに至らず、故に恕に又寛宥の義有り。凡そ人に接するの間、深く之を体察して寛宥の意有れば、則ち親疎遠近、貴賤大小、各おの其の所を得て、仁行はれ義達して、道の存せざるは莫《な》し。（『童子問』）

ここでも、父子・君臣といった特定の人間関係を越えた、「人」が語られています。〈他者〉と交わる時、通り一遍ではなく、深く相手の身になって思い計る、それを「人の心を体察す」と仁斎は述べて、その「体察」によって、自然に「寛宥の意」が生まれると説くわけです。相手を許す、「刻薄」にならないということですね。

これは、お人よしの思想でしょうか。その点は、評価が分かれるでしょう。仁斎も含めて儒教には、本当の〈他者〉、つまり想像や理解を絶する、深い溝で隔てられた〈他者〉などはいないのだ、こういう議論もありうると思います。しかし、もう少し別の評価も可能かと思います。〈他者〉として相手を突き放さずに、そこに寛容をもってする繫がりを持つこと、これを可能にさせるものは何か――これが仁斎の問題でした。それぞれに個性を持ち、互いにピッタリと重なるものではない人間同士が、どこで分かり合えるのか、相手が過ちを犯した時、どうしたらそれを許すことができるのか、その可能性を、仁斎は相手の心を思い遣ることの中に探っているということです。

四、〈他者〉感覚と政治

仁斎は、政治についても興味深い問題、例えば為政者は結果責任を引き受けなければならないことなどを論じていますが、今日はそれらについて述べるだけの時間がありませんので、〈他者〉感覚という点に絞って仁斎の政治論を紹介しようと思います。

仁斎は、為政者にとって大事なことは、自分の思想・信念で突っ走らずに、民衆の好悪に合わせることだとします。例えば、こう言います。

一己の好悪に在らずして能く天下の好悪に従へば、則ち以て民の父母と為るべし。（『孟子古義』）

有能な、あるいは使命感に駆り立てられた政治家ほど、自分の思想・信念で突っ走るものです。古代の理想の王者とされる堯や舜は、自分がそれを信じるかどうかとは別に、民衆が鬼神（神霊）を信じていたから、それに合わせて鬼神に対する祭祀を丁寧に実行した、こう仁斎は言います。

蓋《けだ》し三代の聖王の天下を治むるや、民の好む所を好み、民の信ずる所を信じて、天下の心を以て心と為す。而して未だ嘗て聡明を以て天下に先んぜず。故に民鬼神を崇《あが》めば、則ち之を崇め、民卜筮を信ずれば、則ち之を信ず。（『語孟字義』）

しかし仁斎によれば、孔子は鬼神については関心を向けていないし、有名な言葉ですが、孔子は「鬼神を敬して遠ざく」（雍也篇）と言っていますね、「子は怪力乱神を語らず」（述而篇）とも伝えられています。孟子は、鬼神について話題にさえしないのです。堯も舜も、鬼神や卜筮といった非合理なものには関心を向けない、それが個人的な信条だったが、民衆はそれらにどっぷりと漬かっている。ついでに言えば、仁斎もまた孔子や孟子に倣って、鬼神というようなものには関心を向けませんから、仁斎学入門とも言うべき『童子問』には、鬼神や祭祀の話題は語られません。民と好悪を同じくした「三代の聖王」の姿勢を、真理を追究する学問の世界に比べて、政治の世界は妥協や打算からなっていて、それだけ賤しいと仁斎は考えていたというように解釈することも以前はあったのですが、そうではないと思います。仁斎の言葉に戻りますと、非合理的なものを関心の外に置いた孔子や孟子との違いは、堯や舜は、政治家だったということです。仁斎はここで、プロの政治家とはどうあるべきかを問題にしているのだと思います。

そしてこれもまた、朱子学の政治観への批判という意味を持っています。朱子学では、「修己治人」が政治の本質であり、為政者の人格の感化・教化として社会の美しい秩序がもたらされるものとしますから、どうしても政治は上から下へ、上が下を引き上げるという方向で捉えられます。仁斎には、政治というものは、上から下へという方向と、下から上へという方向の総合としてあるのだという発想があります。あるいは、社会というものは、簡単に君主の色に染まるようなものではなく、もっと複雑な力の複合だというセンスがあったとも言えるでしょう。仁斎の先の言葉に、「天下の好悪」に従えば「民の父母」になれる、こうありましたが、為政者は「民の父母」たるべし、これは古くから儒教では言われ続けた、いわば決まり文句です。基本的にはパターナリズム、父権的な温情主義、家父長的温情主義とでも言うのでしょうか、すべてを握っている為政者が、民のためを思って政治をとる、丁度、親が子を育て養うにあたって、先を見越して、時に手綱を強め、時に手加減しながら結果的に子どもを上手く導くというようなイメージでしょう。主体は為政者で、民は受身の存在です。しかし仁斎は、違います。

夫れ子の父母に於ける、其の身を後にして其の父母を先にし、其の身を捨てて以て其の父母を保つ。死生患難、惟《た》だ其の父母を愛護す。王者は天下の楽しみを楽しみ、天下の憂いを憂い、民を以て其の赤子と為す。故に民も亦其の上《かみ》を親戴するや、猶其の父母のごとし。(『童子問』)

民が自分の父母を、時には命がけで守るように云々として、まず「民」の側から問題が語られています。王者がカクカクすれば、民もまたカクカクというように、相互的な枠組みですね。しかしその枠組みの中でも、為政者が、「一己の好悪」、自分の思想・信念で突っ走らずに、民の好悪に合わせれば、民は父母に対するように「親しく戴く」のだ、ここに仁斎の強調したい力点があるのは明らかでしょう。

しかし仁斎は、為政者が何の能動性もなく、ひたすら民の好悪だけに従って政治を行なう、いわば民衆のロボットになれというようなことを言いたいのではありません。為政者には、社会のエリートとして権力を持って、仁政、王道の政治を実現することが求められるわけですから、民衆よりも遙かに高い文化的な素養、見識と知見、思想・信念を身につけていなければ話になりません。孔子と弟子たちは、まさに、そのために学んでいたわけです。ではなぜ、仁斎は、為政者にとっての必須の要件として、民の好悪に合わせることを言うのかといえば、それはつまり、民衆には、エリート社会に生きる自分たちとは違った独特の物事の捉え方があるのであり、政治的な決断をする時に、一度、民衆の側から問題を考えてみる必要があるということだと思います。堯や舜が、まさに鬼神の問題についてそうしたようにです。

要するに、政治家は、どの時代でも取り巻きに囲まれるほどに〈他者〉感覚がなくなっていきますから、意識的に政治的なレベルでの〈他者〉感覚を磨くことが必要であり、それを失えば、民衆から見放されるということだと思います。

まとめ

〈他者〉感覚というキーワードに沿って、私の考えるところの伊藤仁斎の思想の中心点をお話してきました。仮に、私の仁斎理解がそう大きく見当違いのものではないとしても、しかし実は、こういう〈他者〉感覚の萌芽は、『論語』や『孟子』、とりわけ『孟子』の中にあって、それを仁斎は手掛かりにしながら、最大限に引き伸ばしたという面があるのです。既に述べたように、断片的な言葉を記録した『論語』とは違い、『孟子』は議論の書であり、そもそも「仁」とは何かというような大上段の語り方を好みます。仁斎は、その『孟子』を自分なりに読み込み、その成果をもって『論語』を読み返しています。

具体的には、こういうことです。『孟子』には、有名な「四端の心」という議論があります。人間には、誰であれ「惻隠」「羞悪」「辞譲」「是非」という四つの心が備わっているのだから、それらを「拡充」していけば「仁」「義」「礼」「智」の徳に到達できるのだという議論です。朱子学では、この「四端」という議論も、「理」と「気」からする人間論の中に回収されてしまいます。しかし仁斎は、この「拡充」論をヒントとして、人間同士は砂のようにバラバラなのではなく、親子でさえ、互いにピッタリと重なることはないが、間違いなく重なる部分があるのであり、つまりそれが「惻隠」「羞悪」「辞譲」「是非」という四つの心が備わっているという点です、その重なっている部分で共感していけばよいのだと考えるのです。人間ですから、エゴもあるし、仏教ならば煩悩と呼ぶであろうような卑しい部分もある、しかし、エゴや煩悩からどうかして自分自身を解放しようというような禁欲的な方向に考えを持っていくのではなく、多くの人々が現に営んでいる世俗的な生活がそうであるように、互いの距離感を保ちながら、「寛容」をもって、重なり合う部分を広げるように務めていく、そういう普遍的な重なり合い、「愛」と仁斎は呼びましたが、それをもって日々の生活を営んでいく、これが人間的な真実なのだと仁斎は考えたのだと思います。

政治についても、同じようなことが言えます。『孟子』には、為政者の心構えとして、民と好悪を同じくするということが何度も言われます。明らかに仁斎は、これを根拠にして考えています。儒教の伝統の中に、このように、民を〈他者〉として尊重するという思想の潜在的な可能性はあるわけです。しかし仁斎は、そこからさらに議論を展開して、そこに思想家としての仁斎の偉さがあるわけですが、為政者は政治のプロとして、自分の個人的な信念や理想をカッコに入れて、政治的な判断をすべき場合があると論じているように思います。ここでも仁斎は、せっかく潜在的にはあった可能性が、朱子学によって塞がれてしまっていると思っていたことでしょう。政治のプロとして何を為すべきかという発想は、政治と道徳が一体であり、政治とは道徳的な徳化だという前提に立つ朱子学からは、なかなか生まれづらいものだと思います。

もちろん、仁斎は儒者ですから、近代の政治思想が構想するような「多事争論」をよしとするような発想はありません。〈他者〉といっても、価値観の多元性が保たれることによって、社会は活力を得るのだというようには話は進みません。それこそは、まさに私たちの問題であって、儒教の範囲を出るものでしょう。

江戸時代の儒教は、科挙や礼楽を持たないから、儒教として本物ではないと見なされがちですが、それだけ国家や社会から受ける制約が弱かったから、逆にそこにある種の身軽さのようなものがあり、儒教の中に潜在的にあった可能性が突き詰められたという面があったのではないか、こういう角度から伊藤仁斎のお話をしました。仁斎だけではなく、多くの江戸時代の儒者についても、同じようなことが言えるかもしれません。国家や社会から受ける制約ということで言えば、江戸時代がそもそも、中国や朝鮮のような王朝国家とは違って、単一のイデオロギーで国家や社会を統合するという体制ではなかったという、（渡辺浩さんが強調するような）より大きな問題の文脈も考えに入れる必要があると思いますが、それは今回の報告の範囲を出てしまいます。

最後に一言だけ、近代日本の儒教について申しますと、私は、ある意味で江戸時代などより遙かに国家主義的なイデオロギーによる縛りが厳しくなり、政治的・道徳的な利用価値という観点から儒教の利用可能な要素がうまく取り込まれただけであって、思想としての自由な展開は、江戸時代と比べても、見るべきほどのものはなかったと、やや冷たく考えております。

御清聴、有難うございました。

＊1　本稿は、経済学者である中谷巌氏（一橋大学名誉教授）が主宰する不識塾での講演（二〇一七年九月二十三日）である。聴講生には、事前に参考文献として、拙著『江戸の思想史』（中公新書、二〇一一年）と渡辺浩『日本政治思想史――十七〜十九世紀』（東京大学出版会、二〇一〇年）を指定しておいた。

＊2　津田については、拙稿「「国民」という思想――津田左右吉をめぐって」（『季刊日本思想史』六三号、二〇〇三年）を参照していただきたい。

II　規範とは何か

絅斎・強斎と『文公家礼』

一

朱子学を本来の姿のままに体認しようとした崎門学派の思想家が、礼楽の問題に如何に立ち向かったか、あるいは、より忠実に朱子学徒であろうとした思想家が、現実の日本社会の中でどの点で壁に突き当たり、何によってそれを越えようと試みたのか——この点を明らかにしようとするのが本稿の課題である。考察の材料として、『文公家礼』（以下『家礼』と略す）をめぐる浅見絅斎（一六五二～一七一一・承応一～正徳一）および若林強斎（一六七九～一七三二・延宝七～享保十七）の見解をとり上げる。朱子自身の礼制の全体構想は、『儀礼経伝通解』正続に表わされている。(1)そこでは家礼は、家礼—郷礼—学礼—邦国礼—王朝礼と空間的に、また喪礼—祭礼と時間的に拡大してゆく、その基底の部分を占めるとされ、とりわけ崎門学派においては、『小学』と共に学の階梯の第一歩として尊重された。(2)「我々式ノ入用ハ家礼ニテスムコト也、此ハ首ニ小学ト並テ吟味スル」。これは明治二十年に一崎門学徒が稲葉黙斎の言に与えた注であるが、(3)ここからもその徹底ぶりは窺えよう。

『家礼』については早くから偽託説が出されるが、崎門学派にあっては、朱子晩年の論との部分的な齟齬は認めながらも、大体において朱子の意向を反映するものとしてこれを受容する。「晩年ノ説トハチカフタコトアレトモ、ソレハ衣服器用ノサ、イナコト、礼ノ礼タル大カネハチガフコトハナイゾ」（『家礼師説』序）。山崎闇斎（一六一八～八二・元和四～天和二）や佐藤直方（一六五〇～一七一九・慶安三～享保四）には『家礼』に関する成書がみられないのに対して、浅見絅斎は宝永二年（一七〇五）『家礼』の講義を開始し(4)、強斎によるその筆記録として『家礼師説』（以下『師説』と略記）が残り、また強斎録『家礼紀聞』が五三条にわたって絅斎の『家礼』についての各論を伝え、同じく強斎録『喪祭略記』(5)が残されている。更に、強斎自身、享保八年（一七二三）に『師説』を踏襲して『家礼訓蒙疏』四巻（以下『訓蒙疏』と略す）を著している。一方、絅斎は『家礼』に加点しこれを和刻板行した(6)（元禄十年跋・田辺楽斎校注）。崎門学派においては、丘濬山『家礼儀節』八巻に対して冷淡である一方(7)、この絅斎加点本『家礼』を尊重してゆくことになる（布施維安『読書路径』家礼条）。

『家礼』は、通礼・冠礼・昏礼・喪礼・祭礼の構成をとり、図を附するが(8)、『師説』『訓蒙疏』ともに、冠礼・昏礼を省略する。それ自体、絅斎・強斎が捉えた論点の所在を端的に示して興味深いが、強斎はその根拠を次のように述べている。「形二天理一著二人心一者礼、而礼莫レ重二於葬祭一焉、我　邦……自二中葉西羌流毒一以来、風俗日衰礼義月廃、雖レ有下古典旧章猶存二於　朝廷一者上、而礼不レ下二於庶人一、則挙天下滔々一帰二于浮屠一、理勢不レ得レ不レ然……如二冠昏二礼一、今俗所レ行已無二大害一、且有二遽難レ議者一、則不二復贅説一」。すなわち、冠昏二礼については当面の論点から除外しながら、喪祭二礼の場合、「挙天下滔々一帰于浮屠」がゆえに「大害」をもたらしていると現状を断じて、問題を喪祭二礼に限定して論及してゆくのである（『訓蒙疏』後序）。こうした態度は、強斎を継ぐ、天木時中『二礼要略』、村木玉水『二礼儀略』、川島要斎『喪祭私考』、西川直純『喪祭私略』等によっても継承されたという(9)。

二

「此方テモ礼ノ本ハ天地自然ノ理ユヘカハルコトハナイガ、文ハ国々ニテチカフコトシヤニ……」（『師説』序）

「〔朱子は〕古ニナツムコトナク、今日人情ニカナウテ、其上ニ非礼ヲハブキテ義理ニタカハヌヤウニナサレタル……朱子此方〔日本〕ニ生ズレバ此方ナリニ家礼カデケルソ」（『師説』通礼）、「礼ノ根本ハ和漢古今ノ異ハナケレドモ、其作法ノ行ヤウハ日本ハ日本ノ風俗事体モアリ、国家ノ制法名分モアレハ、家礼ノトホリニ直ニ行ト云コトハナラヌ、朱子此方ニ生セバ此方ナリノ家礼ヲナセル筈ユヘ、是非トモニ家礼ノトホリト拘泥スルハ能得二朱子之旨一而用二家礼一ト云モノニハ非ズ」（『訓蒙疏』通礼）。これらは、礼の普遍的な本質――人情風土相応の具体相という、常識的な二元論にも読めるが、「此方ノ儒者ガ家礼ヲ用ルト云サマニ、ミナ唐ノヤウニセウトスルガ文盲ナコトゾ」（『師説』通礼）等、絅斎・強斎共に『家礼』墨守の姿勢を再三排斥しようとする点を考えるならば、明確な言及こそないものの、野中兼山の事例が、絅斎・強斎の念頭に置かれていたであろうことは想像に難くない。亡母の喪儀を文字通り『家礼』に準拠して執行し、(10)土佐藩奉行として領内の火葬の禁止を命じた兼山を取り巻いた状況を、百余年後の『箕浦専八筆記』(11)宝暦九年八月廿日条は次の様に伝えている。「稲葉十左衛門正義翁〔迂斎〕近思録講義後話中、翁講座の門人に云へるは……先年土佐の国に野中伯耆〔兼山〕と云へる賢大夫あり、学を好のみて当路の時代通天下儒葬と云事はすへて無りしを、土佐の国に野中初てこれを国内に令して火葬を厳戒し民間迄もすべて土葬を行はしめたるを江戸に聞へて、天下より大に不審起り、切支丹宗門同様の沙汰に成り重く穿鑿する事に成り林家へ御詮議あり……林家の答へに、儒葬と申は礼の本式にて候、火葬して大事の君父を初め灰になす事の非礼至極云へきも無く候、若しこれを禁しらるゝとなりては、今日の人道潰れ申候と一々弁しられしより、然れはとて夫ころになりて其後何の御沙汰なかりといへり」。兼山の事件が崎門学派全体に与えた衝撃の深さはここからも明らかであり、絅斎・強斎が「ミナ唐ノヤウニセウトスル」と言う時、具体的に兼山を強く意識したであろうことは疑えない。「此方ナリノ家礼」像を模索しようとする際、富貴の家以外は『家礼』通りには〔財政上も〕執行不可能だといった弁明を絅斎・強斎が繰り返す背景には、あまりに教条的に『家礼』を受容しようとした兼山の受難に学ぼうとする彼らなりの意図が伏在していたとして間違いないであろう。

付随的な事柄ではあるが、先にみた一見陳腐な言辞の背後に、より実践的な朱子像の成立が伴っていることも見逃がせない。すなわち、朱子の思想・礼の構想を、完成したモデルとして受容するのではなく、南宋の士大夫間の俗礼・俗節や人情により適合的な形で古礼を復活させようとした人格として朱子その人を理解しようとする姿勢が、絅斎・強斎に共通して顕著である。俗・情といった概念は、出来合いの『家礼』をいかに日本に適合的に受容すべきかという次元で使用されているのではなく、他ならぬ朱子自身が俗・情といった概念を駆使しながら、古礼の南宋的な再現を目指して苦悶したものとして、そうした歴史的背景を伴って言われるのであり、同じ基盤に立って絅斎・強斎は近世日本の中で朱子と同じ苦悶に身を置こうとする。その共通の基盤に立つことが両者にとって朱子理解の意味である。兼山のように、朱子の構想の通りに実践するだけでは実は朱子自身の意向にも反するのであり、朱子が南宋社会の中でそうであったように、自らもまた近世日本の中で格闘してゆくことが、朱子学徒としての彼等の矜持でもあった。「山崎先生曰……朱子既ニ多ク俗礼ヲ用ユ、能ク古礼ヲ考ヘ深ク其意ヲ酌テ、時ニ宜シク行コソ儒者ノ事ナルベシト」（『訓蒙疏』通礼）。

彼らが直面した、『家礼』をめぐる思想状況には他の一面がある。それは、人情・時変・水土・気力等の概念を駆使することで、普遍なる「礼ノ根本」までをも改竄しようとする潮流の存在であり、そうした傾向を代表するものとして熊沢蕃山（一六一九～九一・元和五～元禄四）『集義和書』が名指しされる。興味深いのは、それが、「心学者は格物を蔑ろにするから、火葬の容認などという、礼の根本を無視した主張をする」という形で斥けられているという事実である。[12] 践むべき形の模索という営為までを、人情・時変・水土といった概念でもって流産させる訳にはゆかない――これが、絅斎・強斎を貫くもう一つの動機である。

その他、陰陽道からの影響の排斥等の契機は読み取れるものの、基本的には、『家礼』をめぐる兼山的受容と蕃山的非受容との間に立って、その緊張の上に自らの足場を築きながら、「喪止二于七々之斎一、祭止二于供仏施僧一、以至レ投二親尸於熾炭中一」（『訓蒙疏』跋）といった現実に立ち向かおうとしたのが、絅斎・強斎であった。

『家礼』に対する基本的態度のもう一つの特徴は、それが、士庶のためにはどうあるべきかという観点から構想されているところにある。文飾よりも易簡を尊重するというのは絅斎・強斎に共通した姿勢であるが、それは日本の風俗が中国に比較してより素朴であるという一般的な認識から為されるだけではなく、あるべき規範を、士庶に通用のものとさせる為にこそ主張されているのである。その配慮は「〔庶人は〕固ヨリ使ベキ人モナク、自身執事ハタラカネバナラヌユヘ、杖ノタスケヲ得テハイカヌ、塵マブレニナリテ彼此カケマハリ、棺モアツラエネバナラズ、松脂モマケネバナラズ、山ヘモユカネバナラヌユヘ、礼節ニ拘ハリテハ作法ハ宜テモ大義ヲ失コトアルユヘ、不レ忍レ食ドモ茶漬デモ食ヒ餒ヌヤウニ疲レヌヤウニツトメネバナラヌ云云」（『訓蒙疏』喪礼）等の叙述からも十分に窺えよう。杖を借りねば歩めず食事も喉を通らない（『礼記』問喪を踏まえる）、それはそれで死者を追悼する真情の表現であるが、何もかも自力で切り盛りせねばならず、そのためにはたとえ「茶漬デモ食」わねばならない、そうした庶民の間にも広く適用すべき「士庶通行之準則」（『訓蒙疏』跋）を作るのだという、『家礼』の単なる解釈に留まらない、絅斎・強斎の強い目的意識と実践的な自覚とを看取しうるのである。(13)

三

以下、六つのポイントに絞って、絅斎・強斎が『家礼』に取り組んだその姿を検討してゆく。

I　名分

「凡礼有レ本有レ文……則名分之守、愛敬之実、其本也」（『家礼』序）を受けて、絅斎は「家礼デハ嫡庶ノ吟味ガ厳デ、祠堂ノアル家ハイツマデモクズサヌヤウスルコトソ、宗子ノ子孫ガナニホドヲロカデモ、サウ〳〵カラヤシナフテ位牌地ヲウラセヌヤウニシ、ナニコトモコ、ヲ主トスルコトソ」（『師説』通礼）、強斎も「祠堂所在ノ宅ハ宗領筋ノモノ世々コレヲ守テ……一族何程ヒロガリテモ何程富貴ニナリテモ、祠堂所在ノ宅ヲ全体ノ主本ト立テ、、若シ宗子ノ家衰微スレバ一族トシテモリタツルコトナリ、所謂名分之守ニテ尊祖尊宗トハ是ナリ」（『訓蒙疏』通礼）と言う。「祠堂所在」の「宗子ノ家」を主軸に据えた宗領制＝名分の厳守が主張され、絅斎は宗領がたとえ愚暗であってもこれを軽々に侵してはならないとする。『家礼』への評釈としては両者共にこれ以上を述べず、いわば一般論を提示するに止まるが、この場合の「名分」の意味について少し検討する。(14)

問題を、養子制についての議論と関連づけながら考えてみる。『師説』『訓蒙疏』共に「喪礼」成服条で、異姓養子の禁止と同姓養子の容認を主張する。「子ノナイモノハ同姓ノ者ヲ養子トスルソ、血脈ハ一ユヘカヤウニ処スルコトソ」（『師説』喪礼）。養子論をめぐる絅斎・強斎のこの態度は儒教的な原則論であるが、その門弟の中からは、「神国一種一孫の理論」からこれへの異論が出ることになる。(15) ところで、当時の現実をみる時、庶民の間では広く異姓養子も行なわれ、特に町人社会では能力主義的選択が自由に行なわれていたし、武士間にあっても「同姓に適当な者のない場合には、女縁に連なる異姓の近親から選び、それでもない場合はその旨を具申して無血縁の他姓養子を願い出ることを許した」(16) という（他姓養子をも含めた現状を、熊沢蕃山『集義和書』は、風俗・人情の視点から大胆に容認する事実を想起する必要があろう）。当時の現実がそうしたものであったとするならば、絅斎・強斎は宗領筋の絶対視・異姓養子の峻拒という、硬直した観念的な姿勢に終始したものと判断してよいのだろうか。強斎についてはともかく、絅斎の「名分」論を考える時、次の史料に注目したい。それは、宝永四〜七年の間の絅斎の語録である『常話劄記』(17) 中の一節であり、次のように伝える。西田庄兵衛（人物については不詳）は、兄・久兵衛の死後その家督を継いだ。更にその庄兵衛の死後、その兄・理兵衛が継いだ。問題は、この場合の祭祀権の継承はいかにあるべきかという点であり、絅斎は次のように応ずる。「トカク世代ノ次第ハ、其跡ヲツケハナンテアレ高曾祖考ノ次第ナリ、神主ノナラビヤウモ其次第ノ通リナリ……サテ高曾祖考テ次第スルモヨイガ、第一世第二世ト云カヨイ、モツトモ吟味シテコレニキハメントヲモフソ……理兵衛カヤウニ実ハ弟ヲ祭ルナレトモ、其アトヲウケルカラハ、考ノアシライニスルニキライハナイ」。つまり、西田家の場合、その相続順に応じて三兄弟を高曾祖考の系に擬しながら第一世第二世として祭ればよいと絅斎は結論を出しているのである。[18]『師説』で主張された原則論の背後にこのような発想が隠されていることには注目せねばならない。それは、宗領家の嫡子が順次その家督を継承するという理想的な形式をとれない場合（実際にはほとんどの場合がそうであろうが）、絅斎の「名分」の最後の拠り所が「世代ノ次第」であり、その世代世代における継承者を中心とした「名分」であることを示しているし、絅斎は、その世代を順次「第一世第二世」と重ねて、その縦の系譜を――実際の高曾祖考の系譜を越えてでも――高曾祖考に見立てて、そこに「名分」を見出してゆくのである。

『家礼』解釈という理念的な世界での絅斎の「名分」論の背後には、現実から余儀なくされた右に述べた妥協と、そうした妥協をしてでも主張された「世代ノ次第」の遵守という譲れない本音とが存在していたと言うべきであろう。

2　祠堂・昭穆

「宗子ノ家」は「祠堂所在ノ宅」であったが、その祠堂の在り方についてはどうか。「君子……先立二祠堂於正寝之東一」（『家礼』通礼）について絅斎は次の様に言う。「今デハカフハナリニクイユヘ、我家鋪ノ雪隠湯殿ニ遠キレイナ処ニ立ルカヨイ、東ニテモトチテモ家ノ勝手ニスルカヨイ、地力ナクンハ家中テ床ノ間テモカコウテ先ヲウヤマフモクロミヲシタカヨイ、平生位牌所／＼ト云カヨイ」[19]（『師説』通礼）。『家礼』が、祠堂を正寝の東に設けるについては、「東ガ陽始ユヘ此方ニ立ルソ」（『師説』通礼）という根拠付けを解説しながらも、絅斎は「雪隠湯殿」に遠い清潔な場所なら何処でもよいとし、床の間の一角を位牌所として仕切るだけでもよいとする（『家礼紀聞』では「尋常ノ者ハ書院坐敷ニ別ニシツラフモ好シ」とする。同じ趣旨であろう）。強斎も、釘隠し・張付け障子・彩色彫物・金銀飾り等を用いずに簡素にさえすれば、位牌所として室の中の一角を仕切るだけでよいのであり、それこそが「礼ノ本ヲ得テ事実ノ宜シキヤウニ行」なった「此方ナリ」の仕方であると言う（『訓蒙疏』通礼。ここで、慶安三年、野中兼山は実際に祠堂を設けて儒式で先祖を祭ったという事実を想起すべきであり、強斎が「是非トモニ家礼ノトホリト拘泥スルハ能得㆓朱子之旨㆒而用㆓家礼㆒ト云モノニハ非ズ」と述べたのもまさにこの祠堂の条であったのである）。

日本は国土が狭小だから土葬は非現実的だとする蕃山の主張は礼の根本に反するとされながら、祠堂については対照的にも、「家ノ有無」「地ノ広狭」に相応の形がこれだけ自由に許容されているとすれば、問題は、絅斎や強斎にとって何が譲歩しえない最低の原則であったのかを具体的に明らかにすることにある。とすれば、ここで浮かび上がるのは、①「位牌所」として清浄で簡素な空間が確保されること、②宗領家がこれを管理すること、この二点のみであり、この点での妥協は「名分」を侵すと観念されているものの、それ以外の規定については全く固執するところではない。ここで注意したいのは、床の間等に位牌（神主）が置かれることの容認である。『家礼』にあっては（そして士大夫の実生活においても）、日常生活を営む空間と、神主を奉置した空間とが厳然と分けられていたことは言うまでもない。神主との日常的な関わりという観点から『家礼』をみるならば、祠堂への日常的な対し方を規定した次の条が検討されるべきである。すなわち「主人晨㆓謁於大門之内㆒、出入必告、正至朔望則参、俗節則献以㆓時食㆒、有㆑事則告」。主人の毎日の晨謁は「大門之内」でなされるのみで、中門内に入るのは（『家礼』本文注によれば）「経月而帰」る場合だけである。「正至朔望」には前日から「灑掃斎宿」した上で各々の神主を櫝《とく》より出して「参神」することになる。日常の空間から分離して祠堂を設けることが、祖先に対する敬虔な心情の表現とされたことは明らかである（ただし、庶人は祠堂を持てないが故に寝《ざしき》に神主を奉置する。『礼記』王制）。翻って絅斎・強斎の主張を考えるならば、絅斎・強斎はあえて経書に言う庶人の次元に下がっても「士庶通行之準則」を作成しようと試みるのである。檀家制度によって各々の家に仏壇が設けられ、そこに位牌が奉置され、日常生活が位牌と共に営まれた現実[20]に対応するかのように、日常の空間の一角に神主が場所を占めることが容認されたのである。同時代、安積澹泊は「正規の祠堂は無理でも、庭の片隅に祠を立てるぐらいは可能ではないのか。

自分はそれに倣いたい」と述べているが[21]（取意、「荻生徂徠宛第五書」）、絅斎・強斎の態度は、それに比較しても、当時の社会状況により順応したものと言えよう。それが礼の根本に反するのではないかといった懸念の跡は全くみられない。

祠堂について右にみたような見解が表明された以上、昭穆の制度についてもこれに固執しない事は予想されるが、絅斎は「アノ方（中国）テサヘ（朱子の時代には既に）昭穆ノ法ハヲコナハレイデ古礼ヲ存シテカフ云レタモノユヘ、此方デカウ云礼ハナイコトゾ」（『師説』通礼）とし、強斎は「此方ニハ元来昭穆ノ法ナキコト」（『訓蒙疏』通礼）と片付ける。昭穆の序列は、単に死者の序列ではなく、現実の一族の序列と不離一体のものとして捉えられていた[22]。とすれば、絅斎・強斎ともに昭穆の不要を言うが、神主の（例えば床の間での）並べ方についてはどのように考えられていたのであろうか。

昭穆制によれば――「朱子ノ時分ハ横ナラビニ西カラ東ヘツラリトナラブル」（『師説』通礼）状態にまで制度の変質が進行していたというが[23]、その場合でも同じく――自分の亡父（考）は東の隅に祭らねばならない。絅斎はこれを、「我親ハ東ノ隅デ祭ルコトハ情ガ安ゼヌ」として、「四龕ノシキリヲヤメテ正中デ祭（る）」（『師説』通礼）ことを提案する（この点、絅斎自身の「祠堂ノ図」に記したというが、未見）。また強斎は、「神主ノ並ヘヤウハ唐ハ右ヲ上トスレバ日本ハ左ヲ上トス、不レ得レ不レ異」（『訓蒙疏』通礼）と主張する。絅斎は、床の間なら床の間に互いに仕切りを設けずに、中央部に神主を集中させないと、自分の亡父が隅に位置し、情が安んじないとし、強斎はその並び方に日本的な原則を主張する。

3　降神

『家礼』は、鬼神の来格・交感を、人間の側からみて、降神・参神・辞神の三カテゴリーによって把握しており、これらの概念を、強斎は「総ジテ鬼神ニ事ルハ降神参神辞神三段ノ節アリ、降神ハ神オロシ、参神ハ目見エ、

辞神ハ御暇乞ナリ」（『訓蒙疏』通礼）と解説している。(24)

ところが、絅斎は「此方デハ降神ハイラヌ、香ヲタキ櫝ノ扉ヲヒラキ香ヲタキツラリト参神スルテヨイ」（『師説』通礼）とし、強斎はより詳しく「西土《もろこし》デサヘ灌献獻蕭ハ天子諸侯ノ礼ナルユヘニ、温公書儀降神一節似二僭礼一ト朱子云リ、況ヤ此方ニハ礼法ニモ風俗ニモナキコトナレバ不レ用二灌酒茅沙一、惟々焚香参神辞神スル而已ナリ」（『訓蒙疏』通礼）と主張する。強斎のこの主張には少し説明が必要であろう。『温公書儀』巻十喪儀六に、参神の後、主人が降神の儀礼をなす条があり、その自注に次の様に言う。「古之祭者、不レ知二神之所一レ在、故灌用二鬱鬯一、臭レ陰達二于淵源一、蕭合二黍稷一、臭レ陽達二于牆屋一、所三以広求二其神一也、今此礼既難レ行二於士民之家一、故但焚レ香酹レ酒以代レ之」、すなわち士民の家においても古来執行されていた「広求二其神一」ための儀礼を、今俗に合わせて簡略化したものとして「焚レ香酹レ酒」による降神の儀礼を位置付ける。では、朱子が「灌献獻蕭ハ天子諸侯ノ礼ナルユヘニ……似二僭礼一」としたのは何故か。『礼記』郊特牲に次の一節がある。「有虞氏〔舜〕之祭也、尚レ用レ気……殷人尚レ声……周人尚レ臭、灌用二鬯臭一、鬱合レ鬯、臭レ陰達二於淵泉一、灌以二圭璋一、用二玉気一也、既灌然後迎レ牲、致二陰気一也、蕭合二黍稷一、臭レ陽達二於牆屋一、故既奠、然後焫レ蕭合羶薌、凡祭慎二諸此一、魂気帰二于天一、形魄帰二于地一、故祭求二諸陰陽一之義也、殷人先求二諸陽一、周人先求二諸陰一」。鄭注もこれを「天子諸侯之礼也」とするから、朱子が「温公書儀降神一節似二僭礼一」と感じたゆえんは、鬯や蕭の芳香を天地陰陽の隅々にまで達せしめることで、瓢散した神霊を呼び戻す儀礼が、周代の「天子諸侯之礼」に歴史的起源をもつという点にあったことは明白であろう。しかし、これだけから朱子が「降神」それ自体を否定したと考えることはできない。『礼記』郊特牲の規定を多少簡略化しただけの儀礼が、古来士民の家でも実践されていたのだが、今はそれは困難だから——という『温公書儀』の説明に、『家礼』執筆後の朱子は（『家礼』を朱子の作としてではあるが）疑問を抱いたと考えるのが妥当なように思われる。(25)

ともあれ、『家礼』受容の問題として、「此方デハ降神ハイラヌ」「惟焚香参神スル而已ナリ」あるいは「今日焚香ノ意ハ但其声香以三能避二不潔一故ニテ、不下必可中以二爇蕭事一而当上レ之」と絅斎・強斎が断言する事実には、見逃がせない意味が潜んでいるように思われる。項を改めて、「神主・神霊」でふたたびこの問題を取り上げる。

4　冬至・立春

「冬至祭二始祖一……立春祭二先祖一……季秋祭レ禰」（『家礼』祭礼）。ここに言う始祖・先祖を強斎は次の様に説明する。「天地開闢ノ初ハ唯男女二人アリテ、ソレカラヒロガリテ今日ノ如クナリタルト云ニハ非ズ……天子諸侯公卿士庶人ソレ〲ニ其流出スル所ノ源頭アル云云」。そして『家礼』に言う始祖とはその「流出スル所ノ源頭」であり、それは「極遠ノ祖」「上古ノ祖神」とも称しうるという。一方、先祖については「大宗ハ初祖ヨリ下ヲクルメテ先祖ト云、小宗ハ高祖以上親尽タル祖ヲクルメテ云」（『訓蒙疏』祭礼）とされる。冬至・立春・季秋に相応のレベルで祖先を祭るのは程伊川の「義起」するところであって、その易理を背景としてその根拠付けがなされる。[26]問題は、『家礼』の規定は程伊川の「義起」を踏襲しながらも、朱子は晩年、冬至・立春の祭祀が、天子の大祭である禘祫の祭祀に近似することを僭越としてこれらに否定的であったとされることから生ずる。

この問題について絅斎は、「伊勢年中行事[27]ニハ冬至ノ奠アレドモ民間ニハ行レヌ、朝廷合朔ノ賀[28]ナトアレドモヒロフ行ル、コトハナイユヘ此方デハナラヌソ、コトニ始祖ノ祭ハ僭越ユヘナラヌコトソ」（『師説』通礼）とし、強斎も「冬至ノ賀ハ朝廷ニハ行ハルレドモ民間ニ行ハザレバ遠慮スベキコトナリ」（『訓蒙疏』通礼）とする。朝廷こそが冬至の賀を行ないうるのであり、民間にはこれを認めないという点で両者は共通する。一般の士庶が名も知らぬ「極遠ノ祖」「上古ノ祖神」を祭るわけにはゆかないとされるのである。また他方、四時の祭についても、「四時ノ祭ハナリシダイニ相応ヲ考タガヨイ」（『師説』祭礼）と軽く言及されるに留まる。となると、士庶の通礼としては何が残るのか。

より具体的に提示するのは強斎である。「今貧家無レ力者、四時ノ祭ヲ不レ能レ行、但一歳一度新穀出来タルトキニ初穂ヲ以テ祭ルベシ、月日ハ十一月次卯ノ日、国家新嘗ノ祭畢テ後ニコレヲ行フ可也、祭ノ日先ヅ霊前ニ打熨《うちのし》昆布《こんぶ》ヲ出シ饌部分際相応アルベシ、終ニ飯ノ湯ヲ上テ饌ヲ徹シテ菓子茶ヲ薦ムル、平生ノゴトシ、祭ヲハリテ一族親友招集シテ新米振舞ト名ヅケ祝フベシ、下々ニ至マデ膾《なます》焼物等マデモ不レ可レ欠、御流レハ最初ニ頂戴スル可ナリ、上下一同ニ及ブヤウニスベシ」(『訓蒙疏』祭礼)。一読して明らかな通り、ここでは、『家礼』の規定する祖先に対する通礼は、完全に秋の収穫祭に吸収されてしまっている(強斎は、「季秋祭レ禰」も「新穀ノ一祭」に一本化してよいとする)。すなわち、易理を背景として、冬至・立春・季秋各々に相応のレベルの祖先を祭るという『家礼』の趣旨は――朱子自身の晩年の懐疑を根拠として――ここに、秋の収穫祭に統合されたわけである。[29] その際注目すべきは、その儀礼の具体的な進行の規定が全くなされていないという点であり、また、「新米振舞」「上下一同ニ及ブヤウニ」といった叙述からは、例えば冬至について『家礼』の規定する「前一月下旬トレ日、前三日斎戒……質明盛服、詣二祠堂一奉二神主一云云」といったところからは全く異質の、民俗としての収穫祭が持ったであろう〝無礼講〟的雰囲気をさえ看取しうるように思われる。唯一規定らしい条は、「国家新嘗ノ祭」の後に実施するという点のみである。

5　盂蘭盆会・墓参

『家礼』通礼は、「俗節則献以二時食一」として弾力性をもたせており、例えば強斎は、「春ノ桜鯛、秋ノ紅葉鮒《フナ》果蓏野菜等ニ至マデ、身上相応ニ時食ヲ用テ薦ムベシ」(『訓蒙疏』通礼)と述べているが、「俗節」の中で最も問題を孕むのは七月十五日の盂蘭盆会であった。これについて絅斎は、「韓魏公ノ中元(七月十五日)ニ素饌(精進料理)セラル、ヲアヤマリト朱子ノ仰セラレタルゾ、俗節ノトヲリニセラル、ハヨイガ、コレハアヤマリトアルゾ」(『師説』通礼)とする。[30] また強斎も「盂蘭盆会ノ非礼タルコトハ勿論ナリ」(『訓蒙疏』通礼)と言う。つまり俗節の中でも盂蘭盆会だけはこれを排斥しようとするのである。問題は排斥の仕方であるが、絅斎は「祭礼」墓祭条で「盂蘭盆ハ浮屠ノコトナレトモ、ソレラ風俗ニシテ此儀式ニヨリ礼服デ……酒ナドヲス、メテヨカラウソ」とし、強斎も「此方風俗七月墓参、随ㇾ俗展墓スル可ナリ」（『訓蒙疏』祭礼）として、墓参だけはこれを「風俗」の観点から容認している。つまり、追善供養としての盂蘭盆会の排斥、風俗としての墓参の容認としてこれらはまとめられるのであり、絅斎・強斎ともにそれ以上を語ろうとしないが、ただ絅斎が「七月十五日ノ蓮飯ハ大非礼也」（『師説』通礼）と吐き捨てるように言っている。この一言を手掛かりとして、絅斎・強斎の主張の意味を探ってみる。

当時の風俗を活写する『和漢三才図会』[31]は盂蘭盆会の様子を次の様に伝える。「蓮飯考妣の霊前に供ふ。又以て親戚に贈るを礼式と為す。之れを称して生霊祭と曰ふなり。荷葉《はす》を用い蒸したる糯飯を包み、観音草を用いて之れを縛る。仏名を以って好と為すか」（巻四「時候類」）。この習俗は全国的なものらしく、貝原益軒も「生見玉の祝儀とて、玉祭より前に、おやかたへ子かたより酒さかなをおくり、又饗をなす事あり。いつの世よりかはじまりけん、今の世俗にする事なり。死せる人はなき玉をまつるに、今いける人を相見るがうれしきとのこゝろなるべし」と伝える。[32]宮田登によれば、この習俗は文明年間頃に始まり、宮中公家から次第に民間に及ぶに至ったとされ、蓮飯や刺鯖《さしさば》が供物として固定化してゆくという。「文字通り生きている霊魂とりわけ父母の霊魂を強化するため、供物を捧げることに意義があった」と宮田は述べている。[33]当時の現実として、盂蘭盆会が単なる祖霊の追善行事に止まらずに、生存する両親（親戚等に及ぶこともあるという）の祭として、現世的性格をもって広く習俗化していたことは以上によって明らかであり、絅斎が「蓮飯ハ大非礼也」と述べたのも、実はこのような「生霊祭」を強く否定しようとしたものであることが理解されるだろう。両親の健在を祝い長寿を祈る心情が、民衆の間での盂蘭盆会の性格の変化をもたらしたと考えられるが、絅斎・強斎にとって、そうした心情に生霊祭という形が付与されることは、たとえそれがどれほど「俗」としての広がりを持とうとも容認しえなかった。

『家礼』は祭礼の最後に「墓祭」の条を置くが、これについて強斎は、朱子の真意は墓祭ではなく「真実ハ展墓ノ合点ナリ」（『訓蒙疏』祭礼）と言う、すなわち、墓参だけを――一方で俗としての生霊祭を強く否定しながら――「随俗」の観点から許容するのである。

6 神主・神霊

神主《しんしゅ》に対しては、「家ノ一大事」（『師説』）、「神霊ノ寄ル処、家礼制法ノ大事専在二乎此一ソ」（『訓蒙疏』喪礼）といった位置付けがなされる。『家礼』全体の中で、例えば『家礼』中に詳細な規定を持つところの深衣制度が「此方テハイラヌコト、人深衣ヲ制シテキルモノアリ、大ナル誤也」（『師説』通礼）と一蹴されているのに比較するとき、神主については、『家礼』の規定にそのまま準拠しようとする姿勢は絅斎・強斎を通じて際立っており、人情風俗相応に――といった発想は、こと神主については全くみられない。

その神主をめぐる議論の中から第一に指摘しうるのは、神主そのものを神聖化しようとする強い傾向である。強斎は「神主ハ神体ナリ」（『訓蒙疏』通礼）とまでも言い切る。こうした傾向は何に由来するのか。(34)

埋葬終了後、墓所において題主することで神主は神主として成立する（『家礼』題木主）が、絅斎・強斎の両者が揃って問題とするのは、その間の神霊の所在である。『家礼』によれば、死後直ちに哭礼を行ない、次いで復（タマヨバイ）をするが、その段階から既に絅斎・強斎の関心は神霊の在り所に集中する。すなわち、絅斎は哭・復ともに「此方テハイラヌコトゾ」と断じた上で「サテ紙牌ナリトモ主ヲ早ク立テ、神ノタヾヨハヌヤウニ」すべきだと主張し、強斎は哭を「此方ノ風俗ニナキコト不レ可レ行」として、復を行なって続いて直ちに「サテ紙牌ナリトモ早々主ヲ立テ、神霊ノタヾヨハヌヤウニスベシ、主ハ死者ノ右ノ肩ノ方ニ案《つくえ》ノ上ニオキ前ニ香ヲ炷クベシ、如レ此ノ類、皆切務ナリ」と言う。『家礼』も「題木主」以前の神霊の仮の寄り処として魂帛（木製の重〈かりのたまよせ〉に代えて絹布を用いる）を作ることを規定するが、それは、死の当日に作られるとはいえ、休浴・襲・奠・為位・飯含といった諸儀礼を経ての後のことであり、絅斎・強斎には満足を与えない。絅斎・強斎は、息を引き取ると直ちに紙牌を作ることを主張し、各々「魂帛ヲコシラエルニモ不レ及」「此方デハ魂帛ニモ不レ及、仮リノ牌子ニ称号ヲ書シテ立ベシ」と言う。つまり、文字通り一瞬の間断もなく神霊には落ち着く場所が与えられなければならないとされ、それこそがいっさいに優先する切務であるとされる。この点は、埋葬を終えて墓所から帰った場合も同様である。『家礼』によれば反哭を経てから虞祭に移るとされるが――反哭とは、それまでは遺骸と共に生活したわけであるが、ついに「独身ニナリタルトナゲイテノ哭礼」であり、虞祭とは、「骨肉ハ帰二于土一魂気ハ則無レ所レ不レ之ユヘ、孝子其親ノ精神ノ彷徨トタチモトヲリ帰スル処ナキ為ニ三祭シテ[35]コレヲオチツクルゾ」と強斎によって解説されている――、絅斎は『家礼』に倣うものの、強斎はあえて「此方テ反哭ハイラヌ、葬ヨリ反ルト其マヽトリアヘズオチツキノ祭〔虞祭〕ヲスベシ」と主張する。反哭の不要こそ言わぬものの絅斎にも同様の志向は見られ、虞祭について「夜ニ入テナリトモ、墓所ヲトクトシマフテ帰タル時ニスベシ、三度ナラヌモノハ一度デモ不レ苦ゾ」とする。以上から、絅斎も、そして強斎にあってはよりいっそう、絶息の直後から埋葬の前後を一貫して、如何にして神霊を飄散させることなく一定させておくのかという一点に強烈な関心が向けられているのであり、間断なく神主（あるいは代用たる紙牌）に神霊を定在させようと試みていると考えることができよう。逆にいえば、常に神霊の宿るものとして神主が理解されたのであり、こうした理解の上に立って「神主ハ神体ナリ」といった規定がなされたのである。

祠堂を正寝の東に設けることについては固執せず、日常生活を営む空間の一角に神主を奉置する清潔な場所を確保すればそれでよいとされた。降神については、日本にあっては最初から考慮する必要さえないものとされた。これらは既に確認されたところである。そして今、「神霊ノタヾヨハヌヤウ」にすることに喪礼全体を通じての最大の関心が向けられていることが明らかになった。このように見て来るならば、鬼神をめぐる朱子学的な原則からは異質な何物かが、絅斎・強斎の『家礼』理解の背後に潜んでいると考えざるをえない。その何物かは、垂加神道における祖霊観の問題に関連させてはじめて探りうるであろう[36]。

垂加神道の祖霊観を論ずるのは本稿の目的ではないし、またそれだけの準備もないが、行論に最低限必要と思われるところを述べてみる。大日本文庫『垂加神道』上下をみる限り、共通して浮かび上がるのは、祖霊はそのまま不亡の神霊として理解されているという点ではなかろうか。「儒道は死して天地に帰るといへば……きこえたる説なれども、是も我一分天地に帰るのみにて済ことなれば尊からず。神道は各別の事にて……此霊永く此国を守り……死しての後も守護奉拝の神霊となり、一身天地に帰るのみにあらず」（伴部安崇『神道野中の清水』）、「人死しても神霊は亡びず、日少宮に留る」（跡部良顕『神道排仏説』）、「我所謂根国底国は此国土にあり、天地の外にあるに非ず」（佐々木高成『弁弁道書』）。中にあって、跡部良顕『神道生死之説』の「人陰陽五行の気妙合して形をなし、天御中主尊心の主となり玉ひて……死する時は其散る気も神霊も天地に帰りて、化して一になり、去る処もなく来る処もなく、日少宮に留るのみ。されども先祖の気子孫に受継、血脈呼吸伝て絶えず、子孫斎戒し誠を以て祭れば、神霊こゝに感格す」の一節が朱子学的鬼神論に近似するが、注意してみれば、気の散集から説くかにみえながらも、それとは別箇に不亡の神霊の存在を認め、それを前提としながら気の散集を論じていることは明白である。『家礼』喪礼は、「霊座・魂帛・銘旌」条で「不レ作二仏事一」として、司馬温公の言を引く。「司馬温公曰……死者形神相離、形則入二於黄壌一、朽腐消滅与二木石一同、神則飄若二風火一、不レ知二何之一」。風や煙のように天地四方に飄散してゆくのが神（霊）だとする見方と、右にみた垂加神道の祖霊観との相違は大きい。「神霊ノタヾヨハヌヤウニ」とした絅斎・強斎の心情が、垂加神道という形をとって表われたある意識の底流に連続するものであることはここまでから了解されるだろう。

また、『家礼』においては、反哭→虞祭という過程を経てはじめて死者の霊は祖霊としての資格を付与される。この点、強斎は「虞祭ヨリ神霊ノアシラヒトナリテ始テ祭ト云名ガツクゾ」と、『家礼』の趣旨を明快に述べている。ところが、絅斎・強斎を通じて、何時の時点をもって死者の霊は祖霊として成立するのかという問題には全く顧慮することがない。

要するに、時間的にも空間的にも、祖霊としての成立時点や、その来格のための特殊な場所は、主要な問題関心から外されているのであり、陰陽・魂魄の分離、気の連続を根拠とする子孫による招集（鬼神の側からすれば来格）という朱子学的な鬼神論の骨格は、神主＝神霊とともにある日常生活という側に大きく傾斜してゆくことを余儀なくされたものと考えられる。強斎によって「神霊ハ神主トトモニ家ニ存スル」「墓ハ形ヲ蔵ル所ニテ、神ハ家トトモニ存スル」（『訓蒙疏』祭礼）と言われるとき、神主が例えば床の間に整然と並べられた情景を想像するならば、絅斎から強斎へと強化されていった祖霊観の展開の意味は明らかであろう。(37)

四

以上の検討によって、当初の課題はほぼ果たされたものと考える。ここでは、それらを踏まえて、そうした一連の事実の持つ意味について考察を加えたい。

日本における儒学の主体的な受容、単なる文飾ではなく、正しく思想家の全人的な生の問題としてそれが受容されてゆくという意味で、近世以前と近世のそれとは大きく二分されるし、完成された体系や官許の哲学としてではなく朱子その人の思索を体認しようとする点で、崎門学派の登場がその中にあっても画期的な意義をもつことは首肯されよう。崎門学派の一つの特徴は、礼の問題についても、それを自己の実践の課題、それを通じての心の確立の課題として取り組む姿勢を徹底して貫いたところにある。同じく礼に対しても、林羅山・熊沢蕃山・荻生徂徠等と比較すれば、この姿勢はよりいっそう際立つであろう。これを換言すれば、自己の生活（実践）の場において問題を組み立ててゆこうということである。その意味で、この学派においては、恒常不変の世界と従俗の世界との使い分け（羅山）(38)や、ある抽象的原則とその時処位論的展開という枠組み（蕃山）や、または制礼・伝礼・行礼という歴史主義的解釈（徂徠）等の入り込む余地はなかった。何故ならば、自己の生きるこの場において通用しない規範は規範としての資格に欠けると観念されるからであり、自己の日常生活の場での間断のない実践の問題に、安易に為政者の側からの統治論的観点や歴史主義的解釈の視点を導入することは、この学派にあっては、体認の工夫からの逃避と見なされたであろうし、またそれだけの厳格さ（偏狭さでもあったろうが）をこの学派だけは持ち続けたのである。このように考えるならば、崎門学派における礼（明治中葉に至ってさえもそう観念された通り、自己の生活の礼としての家礼が中心となる）の問題は、朱子学的な意味での主体の形成の場の、近世日本的な特色・矛盾を、最も曇りなく表わすことにはならないだろうか。

問題の所在を明確にさせるために、熊沢蕃山の場合を考えてみる。蕃山が主著『集義和書』の中で厳しく排斥するのは、「礼の格法一事を以て儒者の道を尽せり」と考え、「世俗を見下」しながら人々にそれを強いる態度であり、蕃山はそうした傾向に対して、「礼文法度はおこりやすきものなり。抑るとも後世必ず備るべし。立がたきものは誠なり。至りがたきものは無欲なり」(39)と、彼の原則的態度を表明している。こうした蕃山的見地を強く念頭に置いて、絅斎・強斎の『家礼』受容があったことは既に述べた通りである。まず、礼文法度（そもそも、礼文と法度という本来その性格を異にするものが一つに考えられている点に注目せねばならないがここでは論じない）に先立つものとして、誠（無欲）の確立を主張することは、陸王学がそう見なされた通り、格物の放棄として映ったであろうし、絅斎・強斎にとっては、主体の確立に至る構造は、蕃山が主張するほどに単純なものと見なされるはずはなかった（ちなみに、絅斎が、礼の学習を格物論として捉えるのに対し、蕃山は格物を「学者の心のまどひある所の事物によって其理を窮める」(40)として、「心のまどい」の側から理解する）。その意味で、絅斎・強斎が日常生活の形に固執してゆくことは、朱子学的な意味での主体の確立の努力が貫かれたものとして評価することができよう。朱子自身がここに生きていたならばどうしたであろうか——絅斎・強斎に共有されたこの問題意識はひとまず貫かれている。

では、絅斎・強斎の『家礼』受容をもって、人間の道徳性（心の確立）と規範（践礼）とをめぐる朱子学的議論の展開と考えることは許されるであろうか。冠昏二礼を当面の焦点から外した点を置いても、絅斎・強斎の『家礼』受容には、原則の特殊日本的受容としては片付けられない重大な問題が孕まれていた事実は既に見た通りであるし、より以上に問題とせねばならないのは、絅斎・強斎によって、それらが譲歩しえない基本的原則とされながらも、同時に、朱子自身もそうしたであろう「此方ナリノ」規範として主張されているという点である。朱子学の骨格を揺るがしかねないこうした変容が、朱子その人の名をもってなされていったという事実はどう考えるべきであろうか。

理念型として考えるならば、朱子学的な意味での主体の確立は、人倫的規範の自己了解・体認を通じて、そうした人倫的な場の中でのみ可能とされ、逆に、そこで確立された主体のみが、人倫的規範を担い、保持し、ある場合には矯正し変革してゆく責任に堪えうるとされた。それこそが、修己と治人とを貫いた人間類型の完成と考えられたとすれば、絅斎・強斎による『家礼』受容からは、近世日本社会の中でそうした人間類型を形成してゆくべき場に投影されたある歪みを看取しうるのではなかろうか。

註

（1）　上山春平「朱子の礼学――『儀礼経伝通解』研究序説」（『人文学報』四一号、京大人文研、一九七六年）参照。家礼～王朝礼を扱う朱子編『儀礼経伝通解』三七巻は、寛文二年（一六六二）に訓点を施して和刻刊行された。この事業が、野中兼山・山崎闇斎の意向によるものであることはつとに指摘されている。ちなみに、『日本諸家人物志』は、「野中兼山……年々瓊浦に人を遣して来舶の書籍を買しむ。此時儀礼経伝通解未だ梓に鋟る事なし。異本を繕写し訓点を加ふ」と伝える。また、戸川芳郎「儀礼経伝通解・解題」（長沢規矩也・戸川芳郎『和刻本儀礼経伝通解』第三輯、汲古書院、一九八〇年）によれば、東條信耕『諸藩蔵版書目筆記』巻三の新発田藩道学堂の藩版書目中に、山崎闇斎点『儀礼経伝通解』の名が見えるという。一方、喪祭礼を扱う黄榦編『儀礼経伝通解 続』は、遅く天保二年（一七八二）に「新発田侯藩」の奥付をもって、無点のまま京都の書肆より和刻された。日本における『儀礼経伝通解』の受容の一齣として、詩文をもって著名な服部南郭が、「礼楽のない点が日本の良さだ」といった皮肉を言いながら、一方で『儀礼』の輪読会を進めていたのであり、傍に置いて参照したのが『儀礼経伝通解』であったというエピソードを記憶したい（『文会雑記』巻二上）。

(2)『小学』『家礼』という身体的訓練を土台とせずに、自己の智慧にだけ依拠しようとすれば、禅に流れる――こうした認識は、崎門学派の意識の底流に共通のものとしてある。例えば『絅斎先生遺書』巻二「小学」参照。崎門学派における『小学』の受容については、『季刊日本思想史』一七～二〇号に、前田勉氏と共同で「山崎闇斎『文会筆録』巻一「小学」釈稿」を掲載した（ぺりかん社、一九八一～八三年）。参照していただきたい。

(3)「黙斎先生示二課会慕来之士一文」（芳賀高重編『道学読書要覧』。長沢規矩也編『江戸時代支那学入門書解題集成』第二集、汲古書院、一九七五年所収）。

(4) 絅斎の開講の直接の動機、それに臨む師の覚悟を強斎は次の様に伝える。「今茲八月十一日、先生ノ後母卒、先生従下居レ喪読二喪礼一之意上、以講二家礼葬祭之篇一焉、先生服二白布帷子一、著二簾布上下一、撤二見台一而用二書格一」（『師説』序）。ここでは、朱子自身の『家礼』編纂の動機と絅斎のそれとが、強斎の筆によって巧みに重ね合わされているのではなかろうか。すなわち、前年九月に亡くなった母祝氏を翌乾道六年正月に葬り、直ちに喪祭礼を編し、続いて冠昏礼に及んで『家礼』が成立したと『朱子年譜』は伝えるのである。ただし、『朱子行状』は『家礼』の成立に言及しないが、絅斎・強斎共に『家礼』の成立については、『朱子年譜』に拠っている（『師説』序・『訓蒙疏』序）。

(5) 他に絅斎には『喪祭小記』がある。同書については、近藤啓吾「楢崎家と西依家」（『浅見絅斎の研究』神道史学会、一九七〇年）参照。

(6) 阿部吉雄「文公家礼について」によれば、『家礼』には「朱子の原本家礼とも云べき系統のもの」と、「明の丘濬山著す所の家礼儀節八巻の系統のもの」とに二大別され、絅斎加点本は、前者の系統に立つ性理大全本に就いて「注を去り、文字を校正したもの」であるという（『服部先生古稀祝賀記念論文集』冨山房、一九三六年）。

(7) 丘濬山『家礼儀節』は、早く慶安元年（一六四八）には和刻され――ちなみに、『家礼』の和刻は延宝三年（一六七五）に始まるという（長沢規矩也『和刻本漢籍分類目録』汲古書院、一九七六年）。書肆は崎門学派ゆかりの寿文堂――明暦・万治各年間にも和刻を重ねた。ただし、崎門学派においては必ずしも迎えられず、『家礼紀聞』の中で絅斎は、『家礼儀節』は浮文に過ぎるもので、「窃自附下於孔子従二先進一之遺志上」（『家礼』序）とした朱子の意に沿わぬと批判している。

(8) 図については、『性理大全』編纂時に附されたものとして斥ける（『師説』通礼）。

(9) 近藤啓吾「浅見絅斎墓域修理記録」（『浅見絅斎の研究』）による。崎門学派による仏教批判の――単に観念上の批判に留まらない――側面としても、このような『家礼』への取り組みの型の連続性には注目すべきであろう。

(10) この時、「〔兼山は〕葬事悉用二文公家礼一也……矧海東数百歳之後、浮屠喧盛之時乎……称二良継〔兼山〕之善一、以励二後之

人一、因書二火葬之所レ由、而述二吾儒葬儀一以正レ之云爾」としてこれを表彰したのは山崎闇斎であった（「帰全山記」、『垂加先生文集』巻上）。

（11）『野中兼山関係文書』（高知県文教協会、一九六五年）所収。

（12）絅斎は、蕃山の火葬論を、「集義和書ニ日本ハ地力小ユヘ火葬ニセネハナラヌ勢ト云ハ、世俗ノ心ニカナフヤフニ云テ、己カ設ヲ雇ル心術ノ邪カラ出タコトソ」と批判する。「又録曰、心学者カ格物ヲキラウテ心上ノ安ヤウニシタカヨイト云、事物ノ理ヲシラヌソ」と頭注を付すのは、『師説』を文政七年に筆写した橘惟一である（橘惟一については不詳、「崎門学脈系譜」不載）。陸王学＝心学＝格物の放棄＝礼への無関心、という批判の図式は絅斎の好んで用いるところである。

（13）絅斎や強斎における礼の問題について、管見の限り専論はないようである。近藤啓吾『浅見絅斎の研究』にも、その点の論及はない。白石良夫「鈴屋入門以前の長瀬眞幸――宣長との第一回問答をめぐって」（『江戸時代文学誌』二号、柳門舎、一九八一年）は、垂加神道から国学復古神道へという神道思想界の動向を背景に、長瀬《ながせ》眞幸《まさき》が垂加神道の祭式・神観念等のどこに批判の眼を向けたのかを、宣長宛第一回の書状を史料として明らかにしたものであり、本稿のテーマに直接の関係はもたないものの、教示される点が多かった。

（14）尾藤正英「水戸学の特質」（日本思想大系『水戸学』岩波書店、一九七三年、解説）が指摘する通り、儒学の古典にはみられないこの語は、近世社会において、ほとんど「君臣の分」と同義に解されていったが、このような用法も一方では存在していた事実は注目されてよい。

（15）平重道『近世日本思想史研究』（吉川弘文館、一九六九年）三〇六―〇七頁。

（16）福尾猛市郎『日本家族制度史概説』（吉川弘文館、一九七二年）一七五頁。

（17）『絅斎先生遺書』巻三。

（18）絅斎のこの主張に則った訳ではないが、同様の事柄を宗廟というスケールでやってのけたのが米沢藩上杉家家廟である。上杉家七代藩主宗憲・八代宗房・九代重定は実の兄弟であり相次いで藩主となったが、家廟においては三人が各々昭穆に配されて祭られている。絅斎とは何の関連もないだけに、共通した発想がみられて興味深い。

（19）絅斎は、「位牌」は本来仏教用語ではないと弁明する。

（20）竹田聴洲「近世社会と仏教」によれば、近世的な「家」の成立と寺請制の確立とが「仏壇」の成立の前提をなすのであり、その寺請制の全国的制度化は寛文年間（一六六一～七二）になされたという（『岩波講座日本歴史 近世1』一九七五年）。

（21）安積澹泊・藪慎菴と荻生徂徠との、各々別箇になされた書簡の往復は、礼と楽とをめぐる徂徠の現実認識を浮き彫りにしている。この点、拙稿「音楽・神主と徂徠学」（『日本思想史研究』一四号、一九八二年）を参照していただきたい。

（22）「夫祭有二昭穆一、昭穆者、所下以別二父子遠近長幼親疏之序一而無上乱也、是故、有レ事二於大廟一、則群昭群穆咸在、而不レ失二其倫一、此之謂二親疏之殺一也」（『礼記』祭統）。

（23）昭穆制の変質について、強斎にも同じ認識がある。宗廟については、三浦國雄「廟――中国における神・人の交わり」（『白井晟一研究』II、南洋堂出版、一九七九年）参照。

（24）個々の儀礼における「三段ノ節」の順序については、より細かい議論があって問題は単純ではない。例えば、李退渓によれば――陳北渓が参神→降神の順を言うのに対して――正至朔望の参は（「目見エ」を中心とするから）降神→参神、祭礼には参神→降神の順が正しいと主張される（「返二鄭道可一書」、『文集』巻三九）。この点、強斎に「退渓ノ説、事宜ヲ得タルゾ」（『訓蒙疏』通礼）とあるだけで他に言及はない。降神・参神・辞神の前二者の順序の問題、筆者にはいまだ咀嚼しきれない。待考。

（25）『語類』『文集』の熟読は、整理された鬼神論の次元を超えて、当時の習俗と朱子の思想との、換言すれば現実と朱子その人との葛藤のドラマを見せてくれるであろうし、それをまってはじめて、註(24)に残した問題をも含めて、確実な論証を自らのものとすることができるだろう。朱子研究者の成果から学ぶ必要を痛感する。

（26）「冠婚喪祭、礼之大者、今人都不二以為一レ事……、時祭之外、更有二三祭一、冬至祭二始祖一、立春祭二先祖一、季秋祭レ禰、他別不レ祭、冬至者陽之始也、立春者生レ物之始也、季秋者成レ物之始也……先祖者自二始祖一而下高祖之上、非二一人一也」（『二程遺書』伊川先生語第四）。

（27）『建久三年皇大神宮年中行事』を指すか。同書には冬至に関する特別の規定は見えない。あるいは一般的に伊勢神宮の年中行事ということか、不詳。

（28）冬至が朔日に重なった場合（二〇年に一回）の賀。

（29）強斎の狙いはあくまでも、「予此疏ヲ為ルモ、寒素ノ家ナリニ一族同志及小子輩トモ〳〵ニ喪祭ノ事ヲ行ハヾ、自カラ人倫モ正シク風俗モ厚クナルニ庶幾カト欲スル、唯是而已」（『訓蒙疏』祭礼）という点にある。

（30）「叔器問、行二正礼一則俗節之祭如何、曰、韓魏公処得好、謂二之節祠一殺二於正祭一、其家依而行レ之、但七月十五日素饌用二浮屠一、某不レ用耳」（『朱子語類』巻九〇）を踏まえる。

（31）大坂の医家・寺島良安の著。正徳二年（一七一二）自序。

（32）『日本歳時記』巻五（『益軒全集』巻之一、一九一〇年）。

（33）宮田登『江戸歳時記』（吉川弘文館、一九八一年）八三―九〇頁。

（34）　以下、明記しないかぎりの引用はすべて、絅斎については『師説』喪礼、強斎は『訓蒙疏』喪礼による。

（35）　「三祭」は、「士三虞、大夫五、諸侯七」（『礼記』雑記下）を受ける。すぐ後に引用する「一度デモ……」「三度ナラヌモノ……」もこれを踏まえる。

（36）　強斎はともかく、絅斎については、垂加神道に対して早くは明確な否定的態度をとり、晩年に近づくにつれて微妙な変化をみせながらも、ある距離を保持したというのが通説的見解である。本稿も、絅斎と垂加神道との関係についてそれ以上のものを提示しようとするものではない。ただ、『家礼』理解から窺えるその祖霊観という点に絞って考えてゆくならば、垂加神道という形をとることになる崎門学派の一群の思想家と通底するところがあるという事実を指摘しておきたい。

（37）　三宅尚斎は、崎門学派の中でも特に朱子学的鬼神論の体認に努めたという（平重道前掲書、三三七頁）。尚斎が「自家精神依レ主、則二気亦合二復於此一、二気合処、固生レ霊、而与二自家精神一依レ主、則木主孕二祖考之気一、而含二魂魄之霊一、謂二之死者復生一可矣、謂三之木主生二精神一可矣」（「祭祀説約」）と述べているが、この「霊」の用法中に尚斎がみせたような配慮は、絅斎・強斎には看取しえない。この点、特徴的であろう。

（38）　石田一良「林羅山の思想」（日本思想大系『藤原惺窩・林羅山』岩波書店、一九七五年、解説）の用語法による。

（39）　『集義和書』巻五。

（40）　同前、巻八。

＊『家礼師説』は文政七年（一八二四）橘惟一写本（東北大学狩野文庫蔵）に、『家礼訓蒙疏』は天明元年（一七八一）刊本（内閣文庫蔵）によった。いずれも、引用にあたっては適宜句読点を付し、合字・略字・異体字等は通行の字体に改めた。

浅見絅斎「心ナリノ理」をめぐって

序

伊藤仁斎は、自らの朱子学徒としての挫折体験から、理を「死字」と断じ、朱子学からする仁の規定「愛之理、心之徳」を否定し、「一言以て之（仁）を蔽へば、曰く、愛而已《のみ》と」（『童子問』上、三十九章）と宣言した。以来、朱子学批判の学としての仁斎学と、徹底した朱子学派たる崎門学派とが、堀河を挟んで対抗し合うことになる。浅見絅斎（一六五二～一七一一・承応一～正徳一）は、仁斎学を「ナマコヨリ棒ノ如ニテ目鼻モ付ズ」（三八七頁。以下、日本思想大系『山崎闇斎学派』からの引用にかぎり頁数のみを記す）のっぺら棒であると論じ、仁斎その人を「只孝弟忠信〳〵ト云トホケタル心学者(1)」（三五六頁）ときめ付け、「彼仁斎ガ云ル孝弟忠信ハ皆只殊勝ニ世間向《き》ノ最愛《いとし》ガリ結構ヅクニテ、嫗嚊《うばかゝ》ノ挨拶云様ニ柔和愛敬ヲホケ〳〵トスルコトヲシアフ迄也」（三八六頁）と酷評している。仁斎の所説は、一つ覚えに慈愛や孝弟忠信を繰り返すばかりで、《どうすることが孝で、どうすることが孝に反するのか》という、問題の核心を不問に付すものとして絅斎の眼には映じた。

皆物ニ因テ其真実ノ理ヲ吟味セザル故、……皆理ヲ侮ル罪也。道ハ活物、理ハ死物ト云コトヲ云モ、腹ヲカ、ヘタル可笑《おかしき》コト也。其活物ノ道モ、ソフスベキ筈ノ理ナレバコソ道ト云（三八七頁）

ここで絅斎は、仁斎学の盛行に対する朱子学的理の擁護者として登場する。[2]

同時に絅斎には、「其事ヤ理デスル分ハ外ノ事、其理デ学《ぶ》モ、事デスルモ、敬カラ出ネバ、身ニ属テ適カヌ」（一七二頁）、「何ホド理ハ明デモ、身ノモノデナイユヘ」（二六〇頁）、「〔方孝孺などは〕皆理斗リ学ンデ史伝名分ノ学ノ全体ヲ不ㇾ知故也」（三五四頁）といった表現がみられ、「理カラ」語れば「迷ガ出来ル」（一四五頁）とも指摘するのであり、総じて「理デ身ヲ持」（一六八頁）つ、「理ニヤトハレ」（三九三頁）たとされる人間の在り方への嫌悪が著しい。理をめぐるこうした指摘の意味するところはそれ自身検討を要する問題であるが、さし当たり、人間主体の態度次第では、心の自由な躍動・心本来の活動性を抑圧しかねない何物かとして理が把握されている点に着目すればよい。ここでの絅斎の意図は、理の単純な擁護ではなく、理の凡庸な主張から「理ノ字ノ真味親切ノ意思」（二六八頁）を掬《すく》い取り、闡明しようとするところにある。

本稿の課題は、理に対する絅斎のこの二つの方向を手掛かりとして、《理とは何か》《規範としての理と、主体としての人間との関わりはどうあるべきか》という観点からみた思想の歴史に絅斎を位置付けることにある。[3] 考察にあたっては、絅斎に一世代先行し、闇斎の学を見据えながら朱子学批判の思想体系を生み出した仁斎の存在を念頭に置き、仁斎の思想的営為を支えた問題空間の中に逆に絅斎を投ずることで、絅斎の思想的活動を押し進めたその動機の様相を明らかにし、更にその意味理解に努めたい。こうした手続きによって、従来、反撥・対抗の系譜とされた闇斎—仁斎—絅斎の中に（とくに後二者の中に）、そうした反撥・対抗を支える共通の精神的基盤の発掘を試み、その基盤の上に絅斎の像を結ばせてみたいと思う。[4]

一、寛文年間の伊藤仁斎

仁斎学の形成にとって、寛文年間（一六六一～一六七三）はとくに重要な意味をもつように思われる。承応二年（一六五三）から数年の間に「敬斎記」以下の朱子学者としての論を著わした仁斎も、その後ノイローゼ状態に陥り、一方で王陽明・羅近渓の学に接近し、また禅の白骨観法をも修めるといった精神的遍歴を経た後、仁＝愛の思想を「導きの糸」としてその危機を脱し、万治元年（一六五八）に「仁説」を著わす。寛文年間はそれに引き続く時期であり、十年余におよぶこの時期の苦悶の所産として寛文十二年（一六七二）には『孟子古義』が一応の成稿をみるに至るのであり、その後の思想の質的な発展には十分留意せねばならぬものの、寛文年間とは仁斎にとって、「仁説」で摑《つか》んだ飛躍の踏み台から飛び立つことに全霊を注いだ、仁斎学の形成期ともいうべき時期であった。体系的な形をとった仁斎学よりも、その体系を準備した形成期の苦悶の中にこそ仁斎学を形成せしめたモチーフはより生の姿を表わしているとみるべきであろう。方法的にはそれは、後に体系化された仁斎学のイメージをもって、その原型を（発生史的に）辿り求めてゆくのではなく、いくつかの展開の可能性を秘めたものとしての、この時期の仁斎の生の声をそのまま聴いてゆくことである。理と人間主体との関係をめぐる、この時期の仁斎の苦闘を見てみる。

『孟子』をめぐる一連の講義録の一つである「釣是人也章講義」[6]（寛文二年四月十日）の中で仁斎は次のように言う。

蓋し聖人之学は心而已矣《のみ》。其の理を窮むるは即ち其の心を明むる所以、其の心を明むるは即ち其の理を窮むる所以なり。内外一理、誠明一致、初より二有るに非ず。学の、理を窮むるを貴ぶ所以の者は、即ち其の心を明むる所以なればなり。

ここで「窮理」と「明心」（心の主体性の確立）とのあるべき関係を述べながら、仁斎が問題としているのは、「窮理」と「明心」とが互いに分離したまま交わることがないという眼前の事態であり、理を窮めることが、自己の心の主体性の確立に収斂しないような理の窮め方を仁斎はここで斥けようとしている。仁斎はここで、「窮理」を否定するのではなく、逆に本来あるべき「窮理」は心の主体性の確立の「所以」であってこそ意味を持つという形で議論を進める。同じ講義の中で「只だ理を事物に求むるを知りて、之を吾が心に求むるを知らず」とも言うのであり、格物窮理を標榜する学者の通弊を、理を「吾が心」に求めないという一点にみている。学問の究極の姿を仁斎は、「学は必ず之を心に求む。心外之学なく、心外之法なし」と言う。がしかし、理に対する仁斎の信頼はこの後もしばらくは揺るがない。五年後の寛文七年秋に成る「読宋史道学伝」に言う。

聖人之学は理学也。……蓋し唐虞三代の際、理学の名未だ起こらずして天下理学に非ざるなし。後世に至りて理学の名始めて立ちて、理学反りて天下に明らかならず。

宋学亜流から宋学を、宋学から三代の聖人の学を掬い取ろうという具合いに歴史を遡りながらも、仁斎は一貫して、心の主体性を確立することに収斂するような「窮理」の在り方を追究しているのである。後に仁斎学が成立するとき、理は「気中之条理」「死字」とされるが、この時期は、心と理との本来的関係、両者の統一の在り様を求めていった時期であった。

この時期の窮理に対する見解を更に検討する。「仁人心也章講義」（寛文二年三月四日）で、仁斎は次のように述べる。

窮理之学の興りてより、世の学者、知を重く看て仁を低く看る。……故に其の気象は卑薄狭隘、充実光大の妙に於て必ず歉ること有るを免れず。豈に聖門の所謂窮理なる者、仁を捨つるの外、復た言を為す所有らん哉。

ここで、通行の「窮理之学」は、知と行（仁の認識と実践）との分裂、知の偏重という弊害をもたらすものとされる（問題の始発において王陽明のそれと近似する点に注目したい(9)）。当今の窮理の学は、理の主知的な認識に偏重して、仁の実践の中でこそ窮理も実践されうるという窮理の本来的在り方から逸脱している、と仁斎は主張するのである。日常的な仁の実践を離れたところに、心の主体性の確立の場を求めようとすれば、それはどこに帰着するか。

〔後世窮理之学は〕率《おおむ》ね仁と心とを将《もっ》て二と為して、放心を求むるに至りては則はち亦た別に一般の議論を作して、嘿坐存想、精神を収摂するの義と為す。故に高き者は坐禅入定の流と為り、卑き者は把捉矜持の学と為る。其の弊や、勝《あ》げて歎ず可からざる者有り矣。

窮理の本来的在り方から逸脱すれば、いざ放心を求めよう（『孟子』告子上）としても、日常的な心の活動態（仁の実践）とは別箇に事新しい工夫を設けねばならないのであり、いわば非本来的な窮理の在り方と相補的関係に立つものが「坐禅入定之流」と「把捉矜持之学」だとされるのである（こうした文脈中に、後の仁斎学に連続する面を発見するのは容易であるが、本稿の観点からは、「把捉衿持之学」という非難に着目せねばならない。これに当時の闇斎の学問を配して読むことは、そう失当ではなかろう）。この時期の仁斎にとっては、弊害著しい「坐禅入定之流」と「把捉矜持之学」とが克服されるか否かは、一に本来的な窮理の在り方――日常的な仁の実践の内にあって、心の主体性の確立がその延長上に望めるような「窮理」の意義が明らかにされるか否かにかかっているものと見なされていた。

最後に心について、「牛山之木全章講義」（寛文二月正月十九日）をみる。心の在り様を述べた二つの定言、孔子の言として『孟子』が引く「操則存、舎則亡、出入無時、莫知其郷、惟心之謂与」（告子上）と『書経』「人心惟危、道心惟微、惟精惟一、允執其中」（大禹謨）をめぐり仁斎は、操とは「操舟・操兵の操」の意であり、「物欲の相ひ溺るる也《や》、猶ほ風波の舟を覆すがごとく、利害の相ひ傾くる也《や》、猶ほ強兵の城を攻むるがごとし」と続ける。他の講義類をみても、仁斎は、「本然之善」と「利害之計」「物欲之徇」との矛盾・緊張として人間の問題に取り組んでいるのであり、朱子への個々の批判的言辞は散見しながらも、この時期の仁斎は基本的に朱子学的な枠組みの中にあって思索していると考えることができる。さらに仁斎は、

世儒訓詁、往往、操を以て把執の意と為し、舎を以て棄擲の意と為す。故に心を将《と》りて執定動かざることを欲す。孟子の意、豈に亦た必ず神明不測の物を以て還て一槁木の若くすることを欲せん耶。……夫れ心を操るの要は義を集むるに在り。義を集むるの要は則ち必ず事有るに在る也。……事有りてしかる後以て義を集む可し。義を集むるときは則ち心を操るの学尽く矣。

と述べる。有事以前の次元からの工夫、すなわち未発の段階から自己の心を「操＝把執」して心を不動のものにしようとする試み、そうした操心の理解を、仁斎は心を一槁木にさせようとする無理な工夫だとして批判する。操を、ことさらに「操舟・操兵の操」と規定するのも、それが未発ではなく有事の心の工夫であることを強調するためである。『孟子集註』同条が「愚〔朱子〕之を師〔李延平『延平答問』上〕に聞く、曰く……夜気の清は則ち平旦《よあけがた》未だ物と接せざるの時、湛然虚明の気象自《オ》から見《あら》はるべし矣」と述べて、心の理想態を「未だ物と接せざるの時」の気象に求めていることを想起すれば、仁斎の強調しようとするところは明瞭である。人心・道心についても仁斎は、

先儒、多くは出を以て亡と為し入を以て存と為す。出を以て人欲と為し入を以て天理と為す。……蓋し、人

　心道心は本より二心有るに非ず。虞廷の所謂精一之学も亦た徒《いたずら》に人心を滅して道心を存すると謂ふには非ざる也。

と述べる。ここで、朱子学者時代の著「心学原論(10)」を振り返れば、「夫れ道心なる者は形而上なる者也、故に之を道と謂ふ。人心なる者は形而下なる者也、故に之を人と謂ふ。本より分かつ可からず、分かちて之を言へば性情の謂なれども両心有るには非ざる也」とした上で、「故に其の形而上なる者を尽くして能く形而下なる者を節すれば、則ち其れ必ず道心を見《あら》はすに至りて所謂人心を見《あら》はさず矣。人心は即ち道心なれば也。……唯だ君子の心のみ能く一に定まりて亦た人心の雑無し焉」と述べている。形而下なる者（人心）を「節」してゆく主体はここでは明言されないが、内容的にもそれは形而上なる者（道心）としか考えられないであろう。とすれば、ここで述べられたのは、まさに寛文年間の仁斎が必然的に心を両分するに至るとして斥けた心への対し方、すなわち、接物以前の次元に遡っての心の主体性の確立に帰着する人間観そのものであった。道心の確立による「節人心」の実践という方向からの人間論の帰着するところ（心の分裂）を仁斎なりに見極めた上で、そうした心の分裂状況を克服すべき、理と人間主体との本来的な関わり方をこの時期の仁斎は模索しているのである。

　人間の本然の善性と利害・物欲との矛盾という朱子学的な枠組みに留まりながら、窮理や人心・道心といった用語の必死の読み変えを通じて結果的には後の仁斎学を準備しつつあったこの時期、仁斎にとって、通行の窮理の学は、外的な事物にのみ窮理の対象を認めて、自己の心の涵養・仁の実践を他の工夫論に委ねるものと見なされた。それに対して仁斎は、そうした理の主知的な把握を斥け、仁の日常的な実践、それによる心の主体性の確立の過程自体を窮理と考えたのであり、心の主体性の確立も、一つ一つの事物と自己とが交渉し合う場において完結すると主張し、そうした人間観こそが、理と人間主体との本来的な在り方であると説いた。後の仁斎学によって、窮理という発想に立つかぎり、その通弊はいかにしても脱しえないとされるのであるが、この時期においては、理と心とをそのように読み込むこと以外には、心が両分されたまま放置され、心の主体性の確立という観点からみて、工夫が有機的に統一されていない現状も克服されないと考えられていたのである。

二、愛と「愛之理」

「其《ノ》事ヤ理デスル分ハ外ノ事、其理デ学《ぶ》モ、事デスルモ、敬カラ出ネバ、身ニ属テ適《つい》カヌ」（一七二頁）、「仁者ノ心ハ理ニヤマレズ、忍ビラレヌナリガ明ナゾ。コノ心デナケレバ、何ホド理ハ明デモ、身ノモノデナイ」（二六〇頁）と言われるように、絅斎は〈理が身に属かずに外の事になる〉ことを強く斥ける。では〈理が……外の事になる〉とは、理と人間主体との関わりという観点からみた時、具体的にどういうことか。その点を、「愛之理」とされる仁と愛それ自体との関係をめぐる絅斎の思想の中から窺ってゆく。

「愛は自《オ》ら是れ情、仁は自ら是れ性、豈に専ら愛を以て仁と為すべけんや……仁者は固より博く愛す。然れども便ち博く愛するを以て仁と為るは則ち不可なり」（『二程全書』巻十九）といった程伊川の規定をめぐり絅斎『仁説問答師説』は微妙な発言を伝える。伊川を受けた朱子による仁の定義「愛之理、心之徳」（『論語集註』学而篇。ただ『孟子集註』梁恵王章句上での句順は逆）は、絅斎にとって看過しえない問題に直面することとなる。仁斎学の存在がそれであり、仁斎学の魅力と脆さの双方が仁＝愛の主張にあることは明白であった。仁をめぐる性情・未発已発・体用の議論も、絅斎にとっては直ちに〈仁斎学を乗り越えるには、伊川・朱子の古典的規定をどう読み込むべきか〉と観念されたことは間違いない。たとえば「『論』『孟』ニ孝弟忠信トアリテ、本原ノコトニハ不レ及ト云ガ……」（二六七頁）という部分で、論敵としての仁斎を意識していないと考えることは出来ないであろう。図式化すれば、絅斎は、伊川・朱子を二つの逸脱から擁護しようとする。その一は、「〔慈しみの気持ちが〕心ニキザスヨリ後」（二六七頁）を説くに専らな傾向であり、それは仁＝愛という結論に至るものとされる。他は、「体用性情ノ間ガ二《つ》ニワレ」（二五八頁）る傾向であり、それは仁＝公や仁＝万物一体、あるいは仁を知覚の次元から説くことになると見なされる。前者には子貢・韓愈、後者として楊亀山・謝上蔡といった程子門人を絅斎は挙げる。体用・性情の弁別に過敏である時、朱子自身「仁説」中で「判然と愛を離れて仁を言ふ」ことを斥けているのだが、(11) 理――この場合は「愛之理」――と人間主体との関わりについて、仁斎学が投げ掛ける問題に対応しきれないという認識が一方にあり、体用・性情の論理を、仁＝愛の思想に対抗しうる深みにおいて鍛え直すところに絅斎の照準は定められている。端的にはそれは、「愛之理」を愛そのものの生命感から離れた次元で捉える性情弁別の傾向から、「愛之理」の意味をいかに掬い取るかという問題である。

「アノイトヲシウテヤマレズ、不義ガハヅカシウテヤマレヌ、身トトモニシミ〳〵ト生付テ、自然ト忍ビラレヌ真味ガ仁ゾ」（二五六―五七頁）、「身トモ自然ニハヱヌキノ、仁愛一味、表裏一マイ……」（二五八頁）、「仁ハタヾ面々ノ身トトモニ生付テ……身トモニアル根ヌケノ本心ヲ云ゾ」（二八一頁）、また「愛之理」は「惻隠トイハヌサキカラ……ハヱヌイテ身トモニ生付テイル根」（二五九頁）、「イトヲシヒヤウニ、イトヲシヒトイハヌサキカラ、大根ノ生《れ》付テイルヲ理ト云」（二六七頁）と説明され、「愛ミト云身ニ生得テ、身体髪膚イトヲシミノ身ニナリテイルガ理ト云モノ、理ノ字ハ、真味親切、身トモニ生得テイル根ヲ云ドテ、〔朱子は〕理トハ仰ラレタルゾ」（二六七―六八頁）と言われる。また愛についても「身トトモニ生ル、ナリノ愛」（二七三頁）、「本心自然根ヌケノ愛」（二七七頁）と表現される。

愛ミノ身ニヤマレヌト云ガスグニ〔愛の〕理デ、サフ云ナリニ生《れ》得テイルゾ。愛ノシヤウデ理ヲトクト、トント仁ハツブル、ゾ。（二六八頁）

〔愛の理を〕愛スルノ理屈ト云様ニ見ルト悪《わる》ヒ、唯愛ナリノ、人作デナイ、天理ジヤト云コトデ、理屈ヅメニセヌガヨイ……カウ生抜テ、ホヤホヤトシタ、ニットリトシタ、シミ〳〵ナリノ生抜ノ仁ガ直ニ親ニ向テ、親《おや》イトシヒトモナリ……。（三〇八頁）

いかにも絅斎らしいこうした苦心の表現によって、絅斎は、仁と愛とをめぐって何を語ろうというのか。注目すべきは、「愛之理」が静態的な「愛ノシヤウ」としてではなく「生抜テ、ホヤホヤトシタ、ニットリトシタ……」と説かれる点である。

理ハソレ〳〵ノ筋目〳〵ヲ云ユヘ、愛シミヤウノ筋目ジヤト云ト、ソデナイゾ。（二六七頁）

現象すべき「筋目」としての「愛之理」ではなく、現象形態をとる以前から身体としての人間にそうせずにはいられない止むに止まれぬもの、「ヤマレズ……忍ビラレヌ」ものとして「愛之理」が把握されているわけである。絅斎は、「愛之理」の性格として「身トモニ」「生得」のものとしてのそれを繰り返す。絅斎によって「愛之理」は、身体的に生来のものとして、人間にとって体温がそうであるように、表面にその姿を現わすことはなくとも――姿を現わせばそれは「愛之理」ではなく愛であろう――現象を現象たらしめる根源のエネルギーとして、「筋目」としての理から読み変えられているのである。朱子における「愛之理」は、天地の「生生の心」が人間主体に内在した[12]ものとして、同時に、愛としてのその表われ方にある形・方向を与える規範性を備えたものとして、その両者の統一として理解しうるように思う。そして、絅斎にとっては、仁斎が泉や燎原の火の比喩で言おうとする生々の感情たる愛のもつエネルギーを、「愛之理」にまで取り込んでゆくことが課題であった。絅斎も「筋目」「筈ノ理」を否定するわけではないが――「筈ノ理」が欠如しているという仁斎学批判をみよ――主張の主眼は、「筋目」「筈ノ理」を前提とした上で、その段階で「愛之理」の把握を止めることを否定して、その根底に〈エネルギーとしての理〉という性格を置くところにあったのである。「イトヲシウテヤマレズ」「自然ト忍ビラレヌ」ものが理だというのも、そうしたエネルギーを内に蓄えたものとしての理の性格の強調である。「愛之理」をこのように読み込むことで、仁斎の投じた問題に絅斎は応じるのである。

性情・未発已発・体用の枠組みを踏襲して理のもつ規範性・定理性を保ちながら（玉の筋目を原義とする理という語を用いる時それは既に前提とされよう）、仁斎が愛に認めたエネルギーを「愛之理」たる仁にまで高めてゆくこと、この課題との関わりで絅斎の未発已発論を見てみよう。絅斎は「タヽヘツタリト平生日用ノナリテイヘハ時ニ中スルトイヘハ合下ニ未発ヲハナレヤウカナイソ、コレカ未発已発ト云テトコソニツメタヤウニアルト思テ悪イ、タヽヘツタリト日用間断ナケレハ未発已発トント一枚ソ……コヽニ未発已発ノト云名ハナイソ(13)」と言い、『中庸』首章「不睹・不聞」を佐藤直方が未発の次元とすることを、「アマリニワカチ立チ申候(14)」、つまり分析的に過ぎると評している。

未発已発の枠組みの中で、その静態的な弁別を極限まで斥けてゆくこうした議論を一方に据えて、さらに絅斎は〈理の身体性〉を説くことで、理と人間主体との本来的な在り方を解明しようとする。愛をめぐる議論から進んで、理一般をめぐる問題について章を改めて検討を続ける。

三、心と理

兎角心ナリノ理ト云コトヲ合点セヨ。其心カラ指テシマツテ居レハ、モヒトツ理ガ斯《カフ》スル筈ト云コトヲ持テコズ、自然ニ一身修《て》而五倫明ナリ。今理ガ斯スル筈ジヤニ因テ、其理ヲ失フマイ為ニ、心ヲ持ト云コトナレバ、其ノ理ガ既ニ己ガ心ト離レテ別ニ成テアル。……理ガサウジヤニ因テ、サウスルト云ヨリ外ハナク、何ニモ身ヨリヒヾイテ出ル者ハ無ニ因テ、仮令多《く》理ヲ知リ言ヒ立《て》テカラガ、敬ト云物ハ、兎角理デ圧《ヲサレ》ヌ。理ハドウアルヤラ、可レ為筈ヤラ、不レ為筈ヤラ、只吾ト吾身カラ、如何ニシテモ恐シイ、大事ジヤト、シミツキ、コタヱテ出レバ、置モ直サズ、其ガ理ノ至極、理カラ心ヲ持フト云コトハナラズ。（一八五—八六頁）

この一節は、心・理・敬をめぐる絅斎の思想の核心を伝えている。主体と理との関係については、

サフヲモハヌサキカラサフヲモハル、ヤウニ地盤ノ身ニナリテイルガ温和慈愛底道理ソ、底ノ道理ト云ハサフスルモノタルト云コト、此身ノ血気骨肉生テイルナリノ生キタ理ヲ云ソ。[15]

とも言われる。絅斎の最も警戒するのは、理（規範）からいえばかくあるべきだ、すべきだという具合に、理の側から自己の心情・行為を規制してゆく態度——放伐論をめぐり「理ヲセメテ云ヘバ、湯武ノ理ニ伯夷ハアタルベカラズ」（二二五頁）、「理ゼメニ云時如レ此」（二二六頁）と言ってのけた直方の冷徹な理の把握を想起せよ——であり、こうした態度を絅斎は「理カラ心ヲ持ツ」（一八六頁）として批判する。直方によれば「理ヲセメテ」ゆく主体と、その結論に従ってゆく自己との距離・緊張を自己の内に担うことが学問者としての主体性の保持であったであろうが、[16]絅斎によればそれは、安易に主体（心）と規範（理）とを両分し、心とは別次元の理によって心の側を規制するものとされる。「斯スル筈」と判断して当為の命令を下すべきより高次・抽象的な次元での意識上の主体を措定することは、直ちに実践の主体たる「己カ心」から意識の主体が「離レテ別ニ成ル」ことだと絅斎は言う。たとえ「斯スル筈」という規範から現象的には逸脱しても、「如何ニシテモ」「吾ト吾身カラ」発出して止まぬ何物かに則ってゆく態度こそがあえて要求される。それは、実践の主体に対峙して命令者として立ち現われる理（直方によれば「自己ノ理」）に従うのではなく、理屈抜きに「只吾ト吾身カラ……シミツ」いた声に、従うという意識すらなくして——その意識自体、命令者と実践者との距離の証明であろう——従うことであり、そ

の声こそが絅斎の言う「心ナリノ理」に他ならない[17]。

定理としての理が、主体にとって「理障」と化すること、言わば朱子学における理と主体との分裂の告発は王陽明の投げ掛けた問題であった。とすれば、絅斎は陽明と意外なほど近くに位置するようにも思われる。「心ナリノ理」という表現が意識的に陽明「心即理」との緊張関係に立つ用語法であろうし、そうした緊張関係に立ちえたという意味で、絅斎が陽明の投げ掛けた問題をそれなりに受け止めていたということは可能である。理の定理的側面が、心の自由な躍動の桎梏となり、それによって心のもつ生命感が疎外されると感じられた時、心まるごとの活動の中に理を発見してゆくことで疎外された主体の本来的エネルギーを解放しようと試みたのが陽明であったとすれば、解放の根拠は生々活潑な心の躍動以外のところには求められなかった。誤解のないように言えば、これは陽明が理の意義を仁斎や徂徠的な意味にまで低めたということではない。「心即理」は、理障からの心の解放であったと同時に、理の硬直化から理それ自身を再生させようという努力でもあったのであるから。

絅斎の場合はどうだろうか。主体（心）と規範（理）との乖離の克服を課題とすることは陽明と同様である。その乖離を容認し、そこに積極的に意味を付与することなしには仁斎学や徂徠学は成立しない。それらによって、規範の全体性と主体（個人）の個別性の分離[18]が宣言されるのであり、仁斎学ならば聖人による「教」と主体の側からのその学習に、徂徠学ならば全体としての「礼楽」と主体の側からのその部分的な習熟へと問題が転換されてゆくわけである。したがって、主体と規範との乖離の克服という課題で絅斎が陽明と一致することは、両者の思想の基本的性格として十分に確認しておかねばならない。しかし、絅斎が陽明と並びゆくのはここまでである。絅斎によれは、理と心との分離は主体の側の自覚不足にその原因が求められるのであり、その自覚を主体にもたらすものは義の吟味としての「格《イタル》レ物《に》」であるとされた。

格物致知ハ義ノ字ヲ明ニスル吟味、誠意正心修身ハ心ノ実ヲ得ル為ノ功夫ニテ、物ノ字ヨリ明ナラザレバ、

心ノ実ニナルベキ正味ナシ。……トカク縦横十文字精粗細大格物ノ教ホド離レラレザルコトナシ。（三九九頁）

陽明の格物観とは対照的に、絅斎は「物」を心に対して外在の物とするのであり、格物観については――古今の人物論に傾斜しながらも[19]――朱子を祖述する。絅斎にとって、具体的な人間観察の結果として、人間が身体的存在である限り「我身ニヘバリツイタ私ト云モノ」「ネタムノ、ヘダテルノト云ヤウナ、イヤラシイ私意」（ともに二八〇頁）、「身ニヘバリツイタアカ」[20]（二六二頁）によって「根ヌケノ本心」が心身を「ツキヌケ」（二三〇頁）る状態に至りえないと考えられているのであり、先にみたような格物観はそこから生ずる絶対の要請であった。陽明の「心即理」から絅斎の「心ナリノ理」を分かつのは、本来的な自己を回復すべき能力・責任が、絅斎の場合、自らの心そのものに任されないという点にある。「心上ノ病ハ身カラノヌケタ者《も》ノ、手カラモ足カラモヌケテ適《ユク》ニ因テ、心上ノ工夫ヲ心デハナラヌ。心ノ心デスル程端的ハナサソウデ、結句ツカマヱ所ガナイ……」（一六〇頁）のであり、そこでの「ツカマヱ所」が格物の「物」であり、具体的には礼の吟味・実践[21]と古今の人物論を通した「大義」の体認であった。「筈ノ理」が主体の外側から心の活動を規制してゆくことは、陽明と同じく厳しく斥けられながらも、そうした事態は、「筋目」「筈ノ理」として現象する理それ自体が「ホヤ〳〵トシタ、ニットリトシタ、シミ〴〵ナリノ生抜ノ」ものとして「身トトモニ」「生得テ」自己のものとしてあることに主体の側が無自覚であることにその原因が求められた。定理からの心の解放という一面を陽明の「心即理」がもったことと比べれば、絅斎のこの立場は、逆に規範と主体との乖離の責任を不断に峻厳に主体の側に追求してゆくことに帰着した。その責任追及から心を免罪させるものが、絅斎の言う「心学」である。陽明の学が禅であるとしてその非規範性を批判され、門流からは「心学の横溢」「名教の罪人」と非難される人々を生み出したのに比して、絅斎の思想にそうした萌芽さえも看取されないのは偶然ではない。

以上を踏まえて、絅斎が提出する〈理の身体性〉の問題に帰ってみる。理は、なぜ枕詞のように「身トトモニ」「生得テ」あると形容されるのか。

心デ心ヲ持フトスレバ……心ノ根ハ立ズ……心ニ透ガアル。……只管《ひたすら》目ニツキ属レ耳シツケ〳〵テ習《ヒ》込デ適《ユケ》バ、吾不知ニ、本法ノ身ト共ニシマリ付タ心ヲ得テ来ル。（二六一頁）

心ハ人ノ身ト共ニ生テ……初ヨリ自然ト身ト共ニ生《れ》付テ有モノナリ。……其故心ノ存不存ニ気ヲ付テ心デ心ヲ存セントスル理ハ無コトナリ。（三三六頁）

と絅斎が言う時、「心は身の主」という宋明学を通貫する命題はどのように絅斎に映じたであろうか。「心こそが、不安定な身体的存在たる人間の主宰者である」という方向でそれが言われるなら、その心は当然に現実態としての心ではなく理想態としての心であろう。それは現実態としての心の背後にもう一つの心を措定することであり、寛文年間の仁斎の苦悶がそこに由来したように、心の分裂を固定するものと絅斎には考えられた。この心の分裂を回避しながら、現実態の心をより本来の心の在り方に接近させるための問題の枠組み、それが心と身体とのあるべき相即なのではなかろうか。「あるべき」と言うのは、

カナシイコトハ、身ト生ル、ト、己ヒトリノ持マエニナリ、己ガ身ナリニミヘテクルユヘ……己ガ身ナリガ、己ガ身ト云計《ばかり》ニナルト、ヲキモナヲサズスグニ私ト云モノゾ。（二六一頁）

ドウシテモ我ト云モノガ身ニ切ナルモノ故、我ト云ナリニ私シテ、ドコ迄モコレニ隔ラレテ……（二九九頁）

と言われるように、「我」「私」が身体的に不可避なものと認識されるからである。理が繰り返し「身トトモニ」あるとされるのは、「心ナリノ理」――規範と主体との間断の克服された状態における理――の主張と矛盾するものではなく、逆に、「心ナリノ理」が心身を「ツキヌケ」て発揮されること、そこに「我」「私」が介在せずに「心ナリノ理」がそのままに実践に移されること（実践がすぐれて身体的次元の問題であることは言うまでもない）、その倫理的課題に「理」の側から根拠を与えるものであった。それは、「心ナリノ理」が本来的に心身を「ツキヌケ」うるし、またそうあらねばならないことを意味する。「タ、ヘツタリト日用間断ナケレハ未発已発トント一枚ソ……ココニ未発已発ノト云名ハナイ」と言われたことは既にみたが、そうした人間の状態は、単に常識的な日常生活の間断のない連続の謂ではないのであり、「心ナリノ理」が心身を十全に「ツキヌケ」て、「私」に「隔ラレ」ることのない本来的な人間の在り方として言われうるのである。

結

寛文年間の仁斎が、朱子学的な枠組みに拠りながら、窮理・人心・道心といった語を通行のそれから何とかして読み変え、規範（理）と主体（心）との本来の統一を回復しようとした――まさに同じ問題意識に立脚して、絅斎の理と心とをめぐる思想的営為はなされていたと言えるのではなかろうか。仁斎は仁斎学を形成することで一歩を進めたとすれば、絅斎はそこに踏み留まることで、仁斎の投げ掛ける問題を乗り越えようとした。完成した仁斎学と絅斎の思想とは氷炭相容れない相貌を呈したが、その基底に秘められた問題関心が共有されていることは、こうしてみてきたところから明らかになったように思う。

最後に紙幅の許す限りで絅斎の思想的活動の位置・意味について言及する。荒木見悟は「朱子学の哲学的性格[22]」の中で、禅・朱子学・陽明学の三者が、「本来主義」と名付けうる共通の精神的基盤に立脚して思想的対抗関係を形成したところに、宋明時代を通じての思想展開の活力の源泉があると指摘した上で、日本の朱子学批判の思想的活動は、仁斎学・徂徠学ともにその「本来主義」的基盤そのものの外に出ようとする試みであると述べ、まさにそれゆえに、同じ朱子学批判とは言いながら宋明時代のそれらに比較して、「自由の分」「灼熱的生命充足感」に欠けるものとした。荒木のきわめて刺激的な指摘を全面的に検討する余裕はないが、仁斎学・徂徠学についていては、その思想の本質的性格を衝いたものと思う。近世後期から幕末の激動期に、仁斎学や徂徠学が、統治論や制度論を別として、何ほどに人々の内面的欲求に応じたかをみてもその点は明らかである。それに対して朱子学や陽明学の場合はどうだろうか。反本来主義的発想に立つことで、仁斎学が人間の生の感情のエネルギーを摑まえ、徂徠学が制度論や統治論に豊かな理論展開の可能性を拡げたかにみえた時、近世日本の朱子学・陽明学徒の主要な論敵は禅ではありえなかった。彼らは、内部に朱陸論争を抱えながら、他方でより現実的な異端としての仁斎学・徂徠学を迎えねばならない。朱子学徒にとれば、幕末、陽明学が人々の内面的共鳴を呼ぶまでは、本来主義的基盤から生まれ、そこに立脚することでその生命力を持続してきた朱子学をして、反本来主義的思想体系と向かい合わせ、その対抗の中に論争の場を設定すべき宿命を負ったことになった。宋明時代のそれのように〈いずれがより根源的に本来主義の精神に立っているか〉ということの証明ではなく、そこで要求されたのは、反本来主義的発想から提出される問題の場に降りて、そこで投げ掛けられる問題意識に嚙み合うかたちで本来主義思想の優位性を証明するという、より複雑な対応であった。時代の声に敏感な朱子学徒であれは自らの存在証明を賭けてその場に臨もうとしたであろうし、後にはその反本来主義思想に遠くしかし確実に連続するものとして「西洋」の学が認識されたに相違ない[23]。

荒木の指摘に導かれてこうした見通しに立つ時、近世日本の朱子学徒に課せられたこの歴史的な課題を、最初に自らのものとしたのが絅斎であったとは言えないであろうか[24]。そして、仁斎学を成立せしめた問題意識の在り様を共有することで、規範と主体との本来的在り方についての、独自の思想的色彩を打ち出そうと苦悶する絅斎の姿は、反本来主義的問題関心に噛み合うかたちで、本来主義思想の優位性を証明するという課題の困難性を象徴しているように思われる。

註

（1）絅斎が「心学」と言う時、広く老釈を含めながらも、その核心は陸王学（日本では熊沢蕃山が名指しされる）と仁斎学とにあった。この「心学」概念については行論中で言及する。

（2）伝記的には、一時、絅斎も仁斎の講筵に侍したという。仁斎の第二子・梅宇はそれを絅斎の崎門入門後と伝え（『見聞談叢』巻一）、近藤啓吾『浅見絅斎の研究』（神道史学会、一九七〇年）は入門前、延宝四年と推定する。

（3）人間の主体的・実存的欲求や、社会的・現実的要求による「理」の読み変えの歴史、それを通じて規範性と主体性とが葛藤して互いを止揚してゆく歴史として儒学的世界の思想史は描きうるのではなかろうか。

（4）原論としての性理論、持敬・格物と大義・名分・華夷論をめぐる世界、および具体的規範としての礼をめぐる世界という三層をもつ同心円的構造をもって、絅斎の思想的世界は完結するものと考えられる。その三層の統一として絅斎なりの全体大用の世界が成立する。礼をめぐっては、拙稿「絅斎・強斎と『文公家礼』」（『日本思想史研究』一五号、一九八三年）参照。

（5）「鵞湖異同弁」（年次不詳。『古学先生文集』巻三、同『文集』に付した東涯識語は「初年」の作と言う）で、朱子・陸象山の学を各々「逆上之工夫」「順上之工夫」として工夫の両輪に配していることをみても、この時期、常識的な意味での朱子学を専一に信奉したとするわけにはゆかない。仁斎自身、「同志会筆記」（『文集』巻五）でも「宋儒の未だ発せざる所を発す」とこの時期を回顧している。東涯は、「敬斎記」（『文集』巻一）に付した識語の中で「其の理奥を探索するの勤、亦た想見す可き也」と述べているが、「理奥を探索する」という表現の言うところは、教科書的な朱子学理解に甘んじることなく、朱子の方法をもって朱子の目指したところを目指した、父仁斎の初年の姿であろうか。

（6）『文集』巻四。以下の『孟子』講義も同じ。

（7）具体的には後年「後世……天文地理律暦兵制農圃医卜より以て一艸一木の微に至るまで、鑽研講磨して其の理を求めざる莫し」（『童子問』下・二三章）と言われる。

（8）『文集』巻六。

（9）東涯「古学先生行状」が、仁斎学の盛行に対して「疑ふ者は以て陸王の余説と為す」と伝えるし、仁斎学から朱子学に転じた東涯の旧門人・高志《たかし》泉溟《せんめい》（生没年不詳）の『時学鍼焫』が、仁斎・徂徠を一括して「明儒の余毒」「明儒の遺意」と批判している（単に『吉斎漫録』や明代古文辞派の影響を言うのではなく、思想の基本性格について言われている）。こうした批判がどういう意味をもつか、後考を期したい。また、仁斎『大学定本』の中の「明王心斎格物論を著はす、亦た鄙見と合す」の一節について、島田虔次『中国に於ける近代思惟の挫折』（筑摩書房、一九四八年）に示唆的論及がある（一一一頁・一六二頁）。

（10）『文集』巻二。

（11）絅斎によれば、そうした通弊は闇斎を待つまで続いたとされる。「仁ノ字ノ旨ガ得ガタシ。……程門ノ楊子・謝氏、朱門ノ陳北渓ナドモ見害《みそこの》フテヲカレタ。……山崎先生ニ至リテ、初テ発揮シ出サレタコトゾ」（三〇六頁）。

（12）「天地は物を生《な》すを以て心と為《す》る者也。而して人物の生る、又各々夫《か》の天地の心を得て以て心と為る者也。故に心之徳を語れば……則ち曰く仁而已《のみ》矣」（「仁説」）。

（13）「中庸未発已発体用筆記」（若林強斎録、宝永元年六月七日『絅斎先生遺書』第一巻）。

（14）「答佐藤直方論中庸不睹不聞」第一書（『絅斎先生遺書』第一巻）。

（15）「玉山講義師説」（若林強斎録、宝永二年四月十二日、『絅斎先生遺書』第一巻）。

（16）直方はそうした主体の在り方を「自立」「独立特行」と形容する。「学者ハ自己ノ理ヲ信ズルデナケレバ本《ほん》ノコトデハナイ」（四六二頁）と言うのも、即自的な自己を超えて「理ヲセメテ」ゆく主体に自己を賭けてゆくことの謂であろう。

（17）直方はこの点で問題の共有を拒んでいる。「異端……理ハ分派条理アッテキウクツニテ自由ニハタラカレヌユヘニ、理障ナリトシテノガレタモノナリ」（四三三頁）。ここからは、その「理障」を克服し、あるいは誤読による「理障」状態の招来を未然に防止するために、新たに「理」を読み変え、読み込んでゆこうという姿勢は生まれない。

（18）仁斎や徂徠が、朱子学的な聖人像の没個性を批判するのもこのゆえであろう。

（19）「古人ノ事績モキビシク細カニ論ズルガヨシ、格物窮理ト云ガ其為《メ》也」（『靖献遺言講義』上巻）。「広ク天文地理……」を格物の対象とするのは「近代浅近ノ習シ」（三九九頁）とされる。

（20）「私意ホドキタナイモノハナイ」（二九九頁）とも言う。こうした感覚と、朱子の「旧染の汚」（『大学章句』経）や「湯之盤銘」の「其の身を沐浴して以て垢を去るが如し」（同伝二章）は、全く同一なのだろうか。

（21）具体的な礼の吟味に欠けるというのは陸王学批判の繰り返されるパターンであり、同じ意味で仁斎学も批判の対象となる。

同様の観点から「神道ノ正直ト云ハヨイコトナレドモ是非邪正ノ吟味ナケレバ……ヤクニタ、ヌソ」(「玉山講義師説」、若林強斎録、宝永二年閏四月十六日)とも言われる。
(22)　日本思想大系『貝原益軒・室鳩巣』(岩波書店、一九七〇年)解説。
(23)　徂徠学と西洋「窮理」の学とを功利の学として一括することは、幕末朱子学者の常識であったであろう。
(24)　直方について一言すれば、仁斎の投じた問題に積極的に応ずるというよりも、むしろ自らを閉ざすことであえて本来主義の完結した世界を守ろうとしたのではなかろうか。

＊『古学先生文集』は享保二年(一七一七)古義堂刊本、『絅斎先生遺書』は写本(三巻三冊、東北大学狩野文庫蔵)、『靖献遺言講義』は寛延元年(一七四八)刊本によった。引用文中の括弧はすべて引用者によるものであり、合字・略字などは適宜通行の字体に改めた。

赤穂事件と佐藤直方の「理」

一

佐藤直方は、浅見絅斎と並ぶ山崎闇斎の高弟である。片言隻句まで朱子その人に依拠しようとしたその思想の分析の礎石は、尾藤正英「佐藤直方の思想」（伊東多三郎編『国民生活史研究 第二』吉川弘文館、一九五八年。のち『日本封建思想史研究』青木書店、一九六一年所収）によって据えられた。尾藤は、赤穂四十六士の討入りをめぐる直方の論評を主な材料として、直方の思惟方法の特質を次のように指摘する。

〔直方の思惟方法の特質は〕君命が道理と合致すべきことを要請するよりもむしろ、君命は即ち道理であるから、絶対的にこれに服従せねばならぬ、という規範の固定化・単純化の思想であろう。「異議ハナラヌ」のであって、臣下の側から君命が道理に合っているか否かを判断し批判する道は、全く断ち切られているのである。……幕府の法が主命とひとしく絶対化されたことにより、直方の立場は、法はそれが法であることによって権威をもつという、法家的な立場に近いものになった。（『日本封建思想史研究』一一四―一一六頁）

直方の思惟方法の特質は、規範としての君命や幕府の法度・裁定の絶対化とされた。これを一般化して言えば、封建的自然法思想としての朱子学が本来的に有しえた現実への批判的契機の一方的喪失として直方の思想を捉えるのであり、進んで、

現存の社会秩序を動かすべからざる客観的実在とみなし、それへの絶対的服従の心情の中に心理的安定を求めると同時に、その秩序を支える道徳的規範の扶植者たることに自己の社会的使命を見出そうとするものであった。（同前、二九頁）

と思想の全体的な性格規定を下した[1]（この議論は、その社会的背景として、家産官僚化が深く進行した近世日本社会にあっては、中国士大夫層の生んだ自立性・主体性の哲学は構造的に本来非適合であり、その「理」の哲学は歪小化・去勢化されてゆく必然性を帯びていた、と運ばれてゆく[2]）。

確かに、尾藤もその論拠に引いたように、赤穂四十六士について直方は、「大法ニ背クニ因テ、内匠　上ヨリ死刑ニ行ハル、何ノ讐ト云ベケンヤ、上ヨリ死刑ニ行ル、コト、大法ヲ背キ上ヲ犯スノ罪人ナリ……上ノ命ヲ背キ……上野介ヲ討コト、此モ大罪人ナリ」といった論評を加えており、その限りで尾藤の指摘は正鵠を得ているように思われる。しかし、注意すべきは、直方の発言は常に強烈な心理的屈折を帯びており[3]――その由来は行論のうちに明らかとなろう――、また当時の思想状況に対する一流の戦略性に裏打ちされている[4]という点である。直方は、自己のあらゆる発言を、冷徹な戦略性に立って律し切った人であった。語録として遺されたものは往々にして形式的な矛盾に満ちており、あえて過度の表現でもって挑発して相手の反応を待ち構えるようなところが直方にはみられる。その真意は、一般にすべての思想家について言えるよりもより本質的に、彼なりの屈折や戦略性を正当に踏まえることなしには捉えられないのであり、その点を看過したままに個々の発言に引き付けられれば、直方の掌中でその文辞に踊らされるにすぎないということになりかねない。

程門ノ衆、禅意ニ流レラレタト云モ、俗儒ニテナキ故ナリ、世上ノ実学者ニハ異端ヘ流ル、気ツカイハナキコトナリ（「学談雑録」、『韞蔵録』巻之三）

坐禅ハ主静ノ本意ニアラズト云ヘドモ心術ヲネルコトハ俗儒ニ越ヘタリ（「静坐説筆記」、『韞蔵録』巻之十一）

表現上の禅意への親近にもかかわらず、これらは、実践論としての禅学の有効性への一点の妥協をも意味しない。「為レ仁之本」とされる孝についても、直方は、

窮理ノナキ行ハ老萊子（児戯をなして老親を慰めた至孝の人物）デ用ニ立タズ（「存養筆記並答或人書」、『韞蔵録』巻之五）

本朝孝子伝（藤井懶斎撰、一六八四・天和四年自序）ナドハホンノコトデナイ、孝ニ似タ不孝アリ、不孝ニ似タ孝ガアリ（『韞蔵録拾遺』巻之二十五）

肉身ノ父母ヲ父母ニシテハ天理自然太極ノ子タル所ガ見ヘヌ（「西銘講義」、『韞蔵録』巻之五）

天理自然ヲ実ニ父母トシタシム意アルハ聖賢ナリ、……ソレデ太極ノ子ナリ（同前）

（『西銘』の核心は）天地ヲ父母トシ肉身ノ父母ヲ天地ヘノ取次トスル意（同前）

と言う。これらも、父母への孝心それ自体を迷妄とするものでないことは言を俟たない。「日本を銭の国と為すこと最も切要なる可し」と言ってのけた福沢諭吉に似て、直方には常に、相手の人格的・思想的気質を配慮し尽くした上で意図的に相手にある種の反応を引き起こさせる、そのことで問題の本質的性格を浮かび上がらせてゆくという修辞法があるということである。確かにそれは禅僧の譬喩に近似するが(5)、それが直ちに思想の禅味を意味しないことは明らかである。

直方は、国体論的な自国の神秘化に対してきわめて冷静な眼をもっていた。

日本正統万々世ヲ云フハ理気ノ義ヲ知ラヌモノナリ（「学談雑録附録」、『韞蔵録』巻之三）

我邦御目出度万々世君子国万邦ニスグレタト云ハ理ヲ知ラヌ学者ナリ（「易ト筮筆記並出処論」、『韞蔵録』巻之五）

サテ我生レシ国ヲ売薬ヲスル者ノヤウニ我レバカリヨシト云テ自慢スルコトニテ候ハ……ソレナレバ天下ノ公理トハ不レ被レ中候（「中国論集」、『韞蔵録』巻之十四）

易姓革命についても、

有徳ノ人アリテ天下ノ帰服シテ君ト仰ガバ、周ノ子孫ハ夫迄ニテ、有徳ノ人ガ天子也(6)（同前）

湯武カラ桀紂ヲミレバ君臣ナレドモ、天カラ見タトキハ桀紂ハ家老、湯武ハ用人物頭ノヤフナモノゾ、然レ

バ天カラ放伐ヲ命ゼラレタルハイヤトハ云ハレヌゾ（「湯武論」、『韞蔵録』巻之十六）

という原則を崩さない。総じてこれらの問題は、いずれも当時にあって著しく問題的《プロブレマテイツシュ》な論点であり（直方にとって、そうした論点の提示自体に抗議的な意味が秘められているのだ）、そのことごとくにわたって崎門学派は、内部分裂を余儀なくされた。これらの論争を通じて窺える直方の一貫した思考方法は、さしあたり、対象（父母・主君・国家象徴）に対して常に冷静な距離を保持しようとする姿勢の追求という点に求められよう。狂熱による自己の放棄ほど直方の嫌悪し、また直方自身に遠いものはなかった。他ならぬその直方にあって、君命や幕府の法度・裁定は――尾藤の論ずるように――盲目的に至上の価値の実体でありえたのであろうか。

孝悌（近世日本の「家」、と読み変えよ）が公儀に対して非自立的であることを嘆じて、

日本デハ公儀前ヲ第一ニシテ孝悌ノ事ガノク……皆根本ヲ失フゾ（『韞蔵録拾遺』巻之十三）

と言い、君臣関係について、

君ト云モノハ天ニイクタリモアリ……イトマヲトレバ他人ナリ……事ヘテ義理ニ合ヌコトアツテ不レ得レ已主君ヲ取カユルコトハ君子モスル……（「与沢一忠孝不両全弁」、『韞蔵録』巻之五）

とも言う。血肉化されたこうした思考方法と、君命や幕府の法度・裁定の絶対化とは、並立しうるものであろうか。直方は理について、

人ハ死デモ理ハツブレヌ、形ナキユヘナリ、仏ハ人ヲ不生不滅ト云、有㆑形モノ、滅セヌコトハナシ、理コソ不生不滅ナルモノナレ[7]（「学談雑録」、『韞蔵録』巻之三）

人々有㆘尊ニ於己㆒者㆖、天理也、其尊無㆑対、我心ヨリ外ニ頼ミ力ニスルコトハナイ（同前）

と言う。赤穂事件をめぐる直方の論評を[8]、発言の動機と戦略性に即してより内在的に読んでみること、そこに「其尊無㆑対」とされた「理」の哲学の直方一流の統一性・一貫性を読み取ることは不可能であろうか。その上で、直方の「理」のもつ思想史的な意義を捉えることは望めぬであろうか。つとに尾藤が究極の論点として提示した通り、問題は、封建的自然法思想本来の批判的・普遍的精神の――その核心としての「理」の感覚の――近世日本社会における在り方という点に、集中的に関わってゆくのである。

二

赤穂事件について直方は、周知の通り、①浅野内匠頭の吉良上野介への感情は私怨である、②城内での刃傷は大罪であり浅野内匠頭への幕府の処置は当然である、③吉良上野介は大石良雄らの復讐の対象ではありえず、徒党を組んでの挙も大罪であり、四十六士は義士たりえないと論じた。

― 主君と「理」―

一般論として直方は言う。

理ハ気ヲ引マワス、君父ヨリ尊キモノハ理ナリ……理ガ明ナラバ忠孝ハ必ナルゾ（『韞蔵録拾遺』巻之三）

一タビ君トシテハ浪人シテモ其君一人ガ君ジヤト云フニ非ズ（「今時ノワタリモノ」のように）ヒタト主君ヲトリカユルハ非ナリ、サレドモ事ヘテ義理ニ合ヌコトアッテ不ㇾ得ㇾ已主君ヲ取カユルコトハ君子モスルコト(9)（「与沢一忠孝不両全弁」、『韞蔵録』巻之五）

主君は主君たることによって価値の実体とされるのではなく、「君父ヨリ尊キ」普遍の価値＝「理」によって不断にその行為の正当性が検証されねばならないのである。事は神儒の関係についてであるが、「両従之理」はありえないとして――師・闇斎の「妙契」論を想え、それすら直方にとっては「両従之理」である――「宇宙之間、一理而已、固不ㇾ容ㇾ有二二道一矣」（「討論筆記」、『韞蔵録』巻之二）と断言した直方にとって、その「理」の哲学に超越的・例外的な状況や領域はありえなかった。

世俗……或ハ官裁ノ令モ理ニ当リ、亦彼等〔四十六士〕ガ忠モ義ニ当ルト云モノアリ、官裁ノ令理ニ当ラハ彼等ハ不義ニ非ズシテ何ゾヤ（『韞蔵録』巻之十五、第一書）

これは、単に論理の形式的統一性を主張しているのではない。赤穂事件の孕むすべての論点を整合的に貫く「理」への確信の表明である。(10)

まず、主君浅野内匠頭の城中刃傷を知って、臣下はどう対処すべきとされたか。

四十六人ノ者、吾主〔の〕大罪ヲ哀マズ、上ノ命ヲ背キ……（同前）

事態の非常に臨んで、感情に溺れることなく冷静に「吾主〔の〕大罪」を認めよ、と直方は言う。では、そうした心的態度の確立には何が必要か。ここに、平生からの臣下たる自己と主君との間の或る距離感覚、それを支える原理――〈肉身の父母にではなく天理たる父母に仕えよ〉と同じことが、義合たるこの場ではいっそう適合するだろう、すなわち〈肉身の主君にではなく天理たる主君に仕えよ〉――の存在が強く前提とされていることを見逃がしてはならない。浅野内匠頭の臣下に対しては、平生からのそうした心的態度の確立（それはすぐ後にみるように「道理ヲ知」ると表現される）の当然の結果として、主君の「大罪」を事態のままに承認すべきことが要求された。この点で、三宅尚斎が「君父ノアヤマリ」を承認したまま「是非モナキコトト思テヤムベキヤ」と直方に問う時、そこには〝止むに止まれぬ何物か〟が残るではないかと言われているのだが、直方は、

道理ヲ知タ人ハ……サテサテ是非モナキコトヲナサレタト思ベシ、道理ヲ知ラズ無学ノ人ハ四十六士ノ様ニスル筈ナリ、禹王ハ父ヲ殺サレタヲ是非モナキコトト思ハレテ……（『韞蔵録』巻之十五、第二書）

と言い切る。君臣の安易な一体感に溺れることなく、「君父ヨリ尊キ」理のままに迷いなく行動に移れる主体であることが要求されているのである。[11]

では、主君の「大罪」を承認したうえで、臣下は何をなすべきであったのか。

右ノ時節、浅野家ノ一族ヨリ、公儀ヘ一言ノ謝罪ナク、平生ノ通ニシ、浅野ガ宿ニテモ家臣ドモヌラリトシテ居ベキヤ、一族ノ中ヨリ公儀ヘ願ヒ、内匠不届乱心ノ仕形可二申上一様ナシ（同、第八書）

浅野の一族は、内匠頭を乱心と決めつけて[12]公儀へ謝罪すべきであったところ、実際は家臣ともども「ヌラリト」無為無策であったとする。臣下としてなすべき行為がここに具体的に示されている。

眼を転じて、そうした直方の論理——周知の通り、それは尚斎によって「目ノ子算用」と皮肉な命名を受けたが——を取り囲んだ見解はどのような性格のものであったろうか。直方自身、論敵の「学者」の言葉に仮託して、

学者曰……学者ノ上ニハ不忍ノ心ヲソタテ、、ソノ心ノヤマヌヲ根本トス、主君ヲ殺サレテ人臣タル者ノ心ニ忍ヒラル、モノカ、ドコハドフアロフト其不忍ヲト、メス立ルカ学者ノ根本也（同、第七書）

と言わせてみせる。この「不忍ノ心」に根拠を置く議論は、二つの方向に顕在化してゆく。通俗的には、臣下としての「不忍ノ心」のままに四十六士が「武士ノ一分ン」を立てたことへの顕彰として。

主君ノ寇ヲ伐タルハ武士ノ当リ前也、伐ツ事ノナラヌハ腰ヌケ也、……敵ヲ打タズニ置ベキヤ、夫レデハ武士之一分ンガタ、ヌ也（「或人論浅野之臣討吉良」、『赤穂義人纂書』第一所収）

ここには、事件が本質的に「主君ノ寇ヲ伐」つべき性格のものか否かを検討してゆく視角は、その出発点から認められない。むしろ、そうした視角を自ら放棄してゆくことが要求されよう。こうした立論を、直方は、

日本ノ武士道ハ論語〔普遍的な「理」の見地〕カラ云ヘバ田舎モノゾ（『韞蔵録拾遺』巻之三）

とばかりに、一蹴する。しかし「不忍ノ心」に依拠した、より理論的な議論は、その「不忍ノ心」の純粋な発現こそが他ならぬ「理」のあるべき発現であるという形でなされた。もちろん、客観的には「武士ノ一分ン」の論とこの「理」の議論は同一ではない[13]。だが直方からする時、両者の議論の根底にあってそれを支えるものの共通性こそが問題であったのである。

〔尚斎は〕いな所に惑有レ之候。畢竟安正〔絅斎〕議論が先入之主と成候ト存候、偖《さて》京都之学勢、所レ望者無レ之候（「与二稲葉正義一書」第四書、『韞蔵録』巻之六）

と直方は高弟・稲葉迂斎に語っている。長く江戸にあった直方にとって、「京都之学勢」を代表するのは――赤穂事件をめぐる論調に限れば[14]――絅斎である。そしてそれはもう「田舎モノ」の議論ではない。そこにあるのは、普遍なる「理」とは何か、この一点をめぐる根源的な対立である[15]。

絅斎の主張はこうである。浅野と吉良とは喧嘩両成敗にされるべきであったが、結果的には吉良によって浅野が殺されたに等しい事態に終わった。したがって浅野の臣下が亡君に対する「不忍ノ心」のままに吉良を殺害して亡君の無念を晴らしたのは至上の忠義である。その際に絅斎が、「一点毛頭君上〔幕府〕へ対シテ不敬ノ意アッテスルニアラザル」「全ク上へ一点ノ怨一毫ノ手サス存念無レ之」「始終主〔浅野〕ヲナゲキタル一念、マギレナキ」とばかりに四十六士の心情の純粋性を強調し、泉岳寺での彼等の書置きを「道理ヲ尽シ」と評していることに注意せねばならない。そこには、

兎角心ナリノ理ト云コトヲ合点セヨ。……今理ガ斯スル筈ジヤニ因テ、其理ヲ失フマイ為ニ、心ヲ持ト云コトナレバ、其理ガ既ニ心ト離レテ別ニ成テアル。……理ハドウアルヤラ、可レ為筈ヤラ、不レ為筈ヤラ、只吾

ト吾身カラ、如何ニシテモ恐シイ、大事ジャト、シミツキ、コタエテ出レハ、置モ直サズ、其ガ理ノ至極
……（「絅斎先生敬斎箴講義」）

とされるような、理とは何かという思量思念をも超越して、理が「吾ト吾身カラ」純粋な心情として発出して止まぬ状態、それこそが「理ノ至極」であるとする絅斎の固有の「理」の把握[16]が背景にあった。この問題に関しては、絅斎の影響下にあるとされた尚斎の問いかけも、理とは――冷徹な知的判断だけで捉えうるものではなく――極限的には、止むに止まれぬ何物かではないのか、少なくともそれを排除・疎外するものではありえないのではないのかという、直方的な理への打ち消しがたい疑念に基づいていた。絅斎や尚斎は、「武士ノ一分ン」を立てるといった価値感覚に根底で連なりながらも、それを「理」に止揚しようとしている。とすれば、直方の「理」は、何においてそれらに分かれ、何を擁護しようとしたのか。本節の課題に従って、臣下の在り方という点に絞って考察する。

例えば絅斎について言えば、絅斎は単純な「不忍ノ心」一元論者ではない。仁斎学に対する「理」の規範性の擁護が彼の基本的モチーフの一つであったし、止むに止まれぬものとしての心情の能動性と「理」の規範性とをより統一的に体現した人間像こそが絅斎の希求したところであった[17]。止むに止まれぬ心情に基づいた行為が、どれほどに人間的真実であるかという点を一方に見据えながら、それに止まらずに、それが規範性と統一されること、規範性の体現をそうした人間的真実の深みにまで掘り下げてゆくことにこそ、絅斎の「理」の課題があったのである。「愛ノ理」を、「カウ生抜テ、ホヤホヤトシタ、ニツトリトシタ、シミジミナリノ生抜ノ仁」（「絅斎先生仁義礼智筆記」）と形容せざるをえないことからも、そうした「理」の人間的深淵に何とか言葉を与えようとする絅斎の苦心は窺えよう。しかし、こうした「理」が、ひとたび臣下としての在り方として立ち現れた時、どのような相貌を呈するのか。

真実君ガイトヲシフテ、忍ビラレヌト云《フ》至誠惻怛ノ本心ヲ尽ス本法ノ忠（「拘幽操師説」）

真味真実、君ガイトヲシフテナラヌト云《フ》至誠惻怛ノツキヌケタデナケレバ、忠デナイ、臣子タルモノノ身トシテ、君父ノイトヲシク、ドウモハナレラレヌ味ガ……止ムニ止レヌ情ガ、〔たとえ主君が〕桀紂ニモセヨ、……只イトヲシイヨリ外ナイ。天命ニシタガヒ、人心ニ応ズルト云様ナコトガ、イマイマシフテ、ドウモナラレヌ処ガ至徳ニテ、……余義モ余念モ無キヲ、至徳ト云（同前）

天下ニ不是底ノ君父ハナイ。不是ト思フハ、モハヤ君父ノ寝首ヲ掻《カク》タネガ出来タゾ。ヲソロシイコトジヤ。何デアレ、アナタ〔君父〕ヲ是非スルコトハナイ（同前）

忍ぶ恋に譬えられた『葉隠』的な臣情にも見紛うばかりであるが、[18]絅斎の主張は、臣下という特定の場においては、その場の規範（理）――ここでは忠――に、それが「イトヲシフテナラヌ」までの純粋の心情として心身を「ツキヌケ」るまでに一体化せよということである。普遍の理も、個々の特定の場の倫理という表われ方を除いては、実践の主体たる自己にとっては参画しえないのであり、人間は、不断に特定の場、ここに置かれた自己という存在規定を通じてのみ普遍の理に対しうるということである。そうした特定の場に立つべき人間には、それを超越した普遍の高みに観照者としてのもうひとりの自己を措き、現在の自己の位置と姿勢とを捉え返してゆくことは強く否定された。それは、自己のこの場の放棄として絅斎には映った。特定の場の倫理に心身没入すること、それこそが唯一の普遍との対し方である。[19]臣下という場にあってそれは、主君への「是非スルコト」のない献身でしかありえなかった。ここに絅斎の「理」の本質があり、形として表われた臣情としては『葉隠』のそれに酷似しながらも、『葉隠』が「釈迦も、孔子も、楠も、信玄も、終に竜造寺・鍋島に被官被レ懸候儀無レ之候えば当家の風儀に叶ひ不レ申事に候」（「聞書」一）と言うのに対して、絅斎があるべき臣情を「理の哲学」として語りうる根拠をなすのである。

「理」の絅斎的な把握、それに立脚した義士論が人々の「先入之主」となってゆくなかで、直方は「アレガハキトスマネバ精義之望者絶ヘ申候」（「与二稲葉正義一書」第五書、『韞蔵録』巻之六）という覚悟で、自己の「理」の把握から赤穂事件について語るのである。直方にとって臣下としての「理」は、肉身の主君を超越した天理たる主君に仕えるという自覚に立つことによって、特定の主君に仕える自己の在り方を不断に相対化・対象化し、肉身の主君と臣下たる自己との距離感を保持してゆくことによってのみ獲得されるものであった。『拘幽操師説』で絅斎が語るような臣情は、直方にすれば、特定の場への埋没、「理」の普遍性からする自己対象化の放棄以外の何物でもなかった。父母に対する自己、主君に対する自己――最も自己対象化の困難な場に立てば立つだけ、敢然として「肉身ノ父母」への親愛の情を「太極ノ子」たる自覚へと止揚してゆくこと、「君父ヨリ尊」いものとしての「理」の観点からは、たとえ主君の「大罪」をも即事的に承認して対処してゆくことが要求される。その根底には、存在の与件としての特定の場をひとたび離れて、その場に対するあらゆる神秘化――それが国家象徴に向かう時、「日本正統万々世ヲ云フ」議論となる――から自由な高みに自己を措いて、自己とその取り結ぶ人間関係を捉え返してゆく、それを可能にするものこそが「理」であるという確信がある。「不忍ノ心」に引き付けられた絅斎的な「理」の把握から直方が擁護しようとしたものは、主君の行為の正当性についてもこれを検証し価値評価してゆく精神的態度、それを保証すべき「理」の内実であった。[20]

2　幕府と「理」

次に、幕府の法度・裁定と直方の「理」との関係をみる。この点をめぐる直方の言説を列挙しよう。

内匠私ノ怨怒ニヨッテ上野介ヲ討、大法ニ背クニ因テ内匠上ヨリ死刑ニ行ハル、何ノ讐ト言ベケンヤ、上ヨリ死刑ニ行ルルコト、大法ヲ背キ上ヲ犯スノ罪人ナリ

タトイ無分別デ讐也ト思ツメテモ公義ノ裁定シタヲアノ如クシタハ至極ノ大罪人也、道理ニ於テハ甚キ妄也、ツメテ云ヘバ公義ヲ討タトヲナシコトナリ

其主君之仕形、一己之私忿に公命を忘れ、於ニ殿中一至極之妄挙有レ之候段は、公儀の大罪人、切腹改易義理之当然なり

公義の無理で主人を殺した時に、主人の讐を討んと云事なし、況や公儀のが理にあたり、我主人のが不調法なるをや

これらの論評を見る時、尾藤が論じる通り、幕府の法度や裁定は、それに関する是非の判断を超越してその正当性をア・プリオリに保証されているかにみえる。行論の前提として、絅斎の議論を、同じく幕府の法度・裁定への対応という視点から整理してみよう。

内匠頭ニ於テハ私忿ニ不レ堪、公庭大礼ノ節ヲ不レ憚、卒爾ノフルマイ、是モ亦夥キ越度ナリ、然レドモ一点一毫公上ヘ対シテノ意ニアラズ

浅野内匠頭の「夥キ越度」は実定法的には承認されるが、(21)「一点一毫」以下、動機・心情からする四十六士の純粋性へと問題はすべて還元される。ここで、動機・心情の問題と法度からみての「越度」とを媒介させて思考してゆく発想が完全に欠落しているという点を見逃がしてはならない。

大法ヲ以テ云ヘバ、自分ドシノ喧嘩両成敗ノ法也……内匠頭 成敗ニアヅカレバ、上野介モ成敗ニアヅカルベキ筈也……〔かくも幕府の処置は片落ちだったのであるから――絅斎はそう明言こそしないが〕内匠頭臣子タル者……上野介ヲ討ザレバ大義イツ迄モ不㆑済……我君タリ親タルモノノ敵ヲ、上ヨリユルシヲカルル程ニ憚リウタザルト云義無㆑之

幕府が大法通りに両成敗しなかった以上は――中世武士以来の自力救済の論理よろしく――、自力で復讐を遂行せよと絅斎は主張する。法度に則った幕府の処置が前提とされて、その欠陥領域の補足手段として復讐の自力救済主義が容認されているという限りでは、ひと通りの論理整合性は保たれているが、ここでもやはり、法度に準拠した幕府のあるべき対応と、復讐に結果する自力救済主義の両者とをより根源的な論理によって媒介し統一的に把握してゆこうとする姿勢は見られない。絅斎の世界解釈の一貫性・統一性が問われるのであり、直方に言わせればこれも「両従之理」たるを免れない。「大勢兵具ヲ帯シ、相詞相印ヲナシ、戦場ノ法ヲナス、大罪也」という直方の議論を引いて絅斎は反論する。

不㆑得㆑已之支度也、全ク上ヘハバカラズノ又《また》サワガスルノ心ナシ……大抵是ホドノ大事ニ、タトヘ少々越度アル共、本意ヲワキマヘ恕シテ、忠義ニ疵ヲ付ザルガヨシ

「戦場ノ法」をなしたことの、法度からみての違法性はひとまず承認されながら、ここでも「サワガスルノ心」の有無や「本意」の純粋性に問題は還元される。絅斎には——実はそれは「不忍ノ心」から四十六士を義認してゆく論者のすべてに共通するのだが[22]——動機・心情の純粋性の発揮が法度的秩序に抵触する時、そうした法度的秩序の構造と動機・心情の純粋性の発現とが本来的な調和を回復すべきためには法度的秩序はいかにあるべきか、という具合に問題を投げ返して設定してゆく感覚がない。問題を投げ返しうるためには、世界解釈の一貫性・統一性が思想として肉体化していることが必要であろう。ところが絅斎にあっては、法度的世界と動機・心情の純粋性の世界は互いに没交渉の二つの世界として截然と分断されたままであり（したがって極限状態では、その一方への賭けが迫られる）、権力・法度の主体としての幕府意志の所在を勘案し、それと動機・心情の純粋性の世界との相互に強い緊張を持たせ、それを担ってゆく視点は決定的に欠如する。こうした絅斎の視野の狭隘性、そこにこそ直方からみた問題の核心がある。そこでは、「理」も狭隘な心情的世界だけに腰折れて逼塞させられている。

> 吾君父　人ヲウチ損ジ、其為ニ命ヲ害セラレ、相手ハヌケヌケト生キテ居ルヲ、臣子タル者、此方ノ君父ノ不調法ユヘトテ、ワキヨリナガメテ居ル、何ノ用ニ立ベキヤラン

「ヌケヌケト生キテ居ル」相手を横目に、自分から吾が「君父ノ不調法」など承認していられようか、絅斎がこのように言う時（ここにこそ絅斎の本心がある）、絅斎の視野は、法度的秩序の問題を全く側に追いやって、君父に対する止むに止まれぬ心情でもって一元的に埋め尽くされているのであり、現に権力主体として存在する幕府意志や法度に忖度している余裕はないのである[23]。一見すれば、法度的世界を側に押しやるほどに絅斎的な「理」は比重を増しているかにみえて、実は「理」が心情化し、それだけ世界解釈の原理としての普遍性・統一性を剥奪されている点を見なければならない。幕府意志や法度的秩序を忖度する余裕のない心情の純粋性は、それらに対

して原理的に立ち向かう態度からは無縁なのである。

直方が直面した相手のこうした論理的特質を十分に吟味することなしには、直方の修辞法は理解しえない。浅野内匠頭の「夥キ越度」や、四十六士の「戦場ノ法」の違法性の承認を、絅斎なりの「理」の哲学によって論理整合的に解釈せよと直方は詰め寄るのであり、我々が現に——価値的承認・非承認を別として——幕府意志を頂点とする法度的秩序世界に生きているかぎり、その事実に論理整合的に立ち向かいえぬ思想は、思想たることの資格を失うのではないか、と直方は問うのである（もちろん、このことと幕府の個々の法度・政策が全一的に肯定されることとは別箇の事柄である。例えば、浅野内匠頭と吉良上野介とが——直方はそう認めないが仮りに——喧嘩と認められた時には、「公儀カラ吉良ノ跡ヲバ立テ浅野ノ跡ヲ御ツブシナサレタラハ片手落ノ処置ト云ヘシ」と述べられる）。

直方に即して見てゆこう。浅野内匠頭に対する幕府の処置について直方は、

其主君之仕形、一己之私忿ニ公命ヲ忘レ、於二殿中一至極之妄挙有レ之候

と——単なる事実認識ではなく価値判断であることに注意——した上で、それが、

公儀ノ大罪人、切腹改易義理之当然ナリ

とする。「至極之妄挙」とされるのは、既に述べたように、浅野にとって吉良は当初から喧嘩の相手たりえないからである。

大法ニ背クニ因テ内匠上ヨリ死刑ニ行ハル

とあるのも、それが「理」の観点からの評価・検証を経ることなく、法が法であるかぎりただちにそれへの違背が「死刑」に相当すると主張されているわけではない。「於ニ殿中ニ至極之妄挙有レ之候」かぎりは「切腹改易義理之当然」という、直方なりの検証を経ていることを——たとえ結論は「法度」至上の立場からするそれに同じであっても——軽視してはならない。絅斎や尚斎にあっても、この場合の法度の妥当性そのものには全く反論できないであろう。それでありながら、問題を心情的純粋性に一方的に転換してゆく議論に対して、あえて直方は「大法ニ背クニ因テ」と言ってのけるのである。では、

タトイ無分別デ〔吉良を〕讐也ト思ツメテ公儀ノ裁断シタヲアノ如クシタハ至極ノ大罪人也、道理ニ於テハ甚キ妄也

と言う時はどうか。「道理ニ於テ」と言う時、その「道理」は「公義ノ裁断」の下位概念や文飾にすぎぬのであろうか。文脈は、畢竟「公義ノ裁断」に逆らうことが直ちに「大罪」「道理ニ於テハ甚キ妄」であると言う如くである。では、「アノ如ク」とは何か。そもそも「道理」からみて仇讐とは言えない吉良を仇讐と見なしたこと、さらにその上で御府内で戦闘の法をなしたこと（徒党を組んでの実力行使）の二つであろう。それに対して、「公義ノ裁断」は、浅野の挙が私怨によるものであり、吉良が浅野の臣下にとって当初から仇讐ではありえないことを既に明らかにしていた。そして直方はその裁定を、彼なりの「道理」の観点から「義理之当然」と評価していたわけである。とするならば、「アノ如ク」した行為が「大罪」に相当するというのも、絶対の価値規範としての「公義ノ裁断」に抵触したがゆえに「大罪」だと論断されているとは言いがたい。「道理」の観点からみて正当であった「公義ノ裁断」、その意味を十分に理解することなく——既に見た通り、浅野内匠頭を乱心者として処置

した上で、事態の打開を計るべきであったと直方は考えていた――、重ねるに徒党を組んで実力行使を行なって法度に抵触したがゆえに「大罪」であるというのである。ここで、徒党を組んでの実力行使を禁ずるという法度の正統性が議論の前提とされていることは承認せねばならないが、これは当時として法規範としての正当性を広く認められていたのであり（絅斎その他にあってもそれ自体は疑いなく前提とされている）、とりたてて問題にする必要はない。個々の法度の正当性の承認ではなく、法度が法度であるがゆえに絶対の価値の実体とされたのか、あるいは、それを超えて内面化された価値の実体が獲得されていたのかという点に、問題の核心が存することを再び確認しておこう。

こう見てくれば、幕府の法度・裁定に対して、直方の「理」は、それが法度であり幕府の裁定であるがゆえに直ちにそれを価値の実体として絶対化して、「法家的な立場に近いもの」であったという結論は導きがたいものと思われる。

ただし、以下のような疑問を提出する可能性は残されているかもしれない。「法家的な立場」から幕府の法度や裁定を絶対視する心情がまず前提として存在して、それを「義理」や「道理」によって追認・合理化していっただけなのではないのか。そういう心理過程は、「大法ヲ背クニ因テ、内匠上ヨリ死刑ニ行ハル」といった表現から窺い知りうるのではないか、と。そうした疑問に対してほ、次のように応じることができよう。そうした「法家的な立場」に見紛うばかりの表現は、論争の一方の当事者たる絅斎・尚斎らの「理」の性格、すなわち法度的世界に切り結んでゆく途を閉ざして、心情的世界に「理」を閉塞させてしまう、世界解釈としての狭隘性を相対的に浮かび上がらせるための、自覚された修辞法としての意味を第一義的には担ったものであること。また、「君父ヨリモ尊キモノハ理ナリ」といった直方の原理的な世界は、赤穂事件を通じても全く動揺の形跡をみせていないこと。幕府の法度・裁定を至上の価値実体とするという精神態度と、神国論・孝論などに窺える直方の精神態度とは整合しがたいこと。そして主君の行為の正当性を不断に検証してゆく根拠としての「理」の世界の中にあって、幕府の法度・裁定が至上の価値実体として聖域化していたという積極的な論証はなされていないのである。

権謀者ガ、以レ理不レ破レ法以レ法破レ理ト云タモノ也。(24)……理ト云モノヲ法カラクヅスコトハナラヌ……以レ法破レ理ハ権謀者トモガ我ママセフトテノコト也。……天命ニ則リ聖法ニシタガフ法コソ、マコトノ法ナリ。
（「論語　為ニ唐津侯土井利実一講」、『韞蔵録拾遺』巻之二十八）

享保二年（一七一七）八月二十日の講義録である。四十六士の討入から十五年後、直方晩年の講義にも、これまで本稿が明らかにしてきた「理」の性格は、その姿を鮮明にさせているのである。

三

赤穂事件をめぐる直方の論評を、直方を取り巻き、中にあって孤立的発言を余儀なくさせた思想的状況、その直方なりの認識を踏まえ、その発言の動機・戦略性に即してこれを捉えてゆくことで、何をどこまで明らかにしえたであろうか。尾藤がその結論とした、主命の絶対化、道理の固定化・単純化、幕府の法度・裁定の絶対化といった論点については、同じ赤穂事件をめぐる史料からも必ずしもそうした結論が自明のものではないことを明らかにしえたものと思う。むしろ、「理」の観点に立つこと、そこに自らを賭けることによって、あらゆる〝地上的なもの(25)〟の非絶対化（父母・主君・国家象徴の相対化、そしてそこでは当然に、幕府の法度・裁定も聖域ではありえない）、そういう点からすぐれて一貫した姿勢が看取されるのである。

もちろん、直方の言う「理」が、君臣・父子以下の封建的な人倫に即したものである以上、内容的にはそれは封建倫理として表われるものであり、逆にその峻厳さはよりいっそう拍車をかけられるのであるが（朱舜水への厳しい評価をみよ）[26]、問題はその内容自身にあるのではなく、あくまでもあらゆる〝地上的なもの〟をして価値の実体視から免れしめるその精神態度にこそある。この精神態度において、直方は凡百の儒教的知識人のなかで屹立し、あえて孤立的たろうとしているように思われる[27]。

徹底して普遍の「理」の立場に立脚しようとした直方をして、かくも孤立的たらしめたものは、一つには「法是礼節之本也、以レ法破レ理、以レ理不レ破レ法」的な上からの「理」の歪小化・去勢化の動向であり[28]、それに応じながら、本質的に処世訓化してゆく「理」の下からの対応であった（林羅山的な「理」を想え）。直方はこうした「理」の矮小化・虚勢化に、

扨見所ナキ儒者ハ、条理分殊ノ方ハコ、ロヘテカノ一理ヲ知ラヌユヘ、事物ニマトワレテ居ル（「学談雑録」、『韞蔵録』巻之三。「中庸天命之章」、『韞蔵録』巻之四）

五十年書ヲ読デモ俗知ヲハナレズグズグズト律義ニ孝弟忠信ヲツトムルト思フテ居ハ（仁斎学と王学者——三輪執斎——を対象に想定している）アサマシキサマナリ、我邦儒学ヲスル人ココニ見処アル幾人ゾ（同前）

と、露骨な反発の情を隠さない。そうした客観的状況ゆえに、その中に踏み留まって、「理」の普遍性[29]を獲得してゆこうとするところに直方の営為の真価があった。

こうした直方の営為は、例外的な一つの点にすぎないのであろうか。早急な結論は控えねばならないものの、尾藤の所論以来の近世儒学思想史研究を暗黙裡に支配してきた、封建的自然法のもつ普遍の感覚——その核心としての「理」の感覚——と近世日本社会との非適合を一方的に強調する視角[30]は、基本的に再検討されねばならず、

直方という点を支えた思想的基盤（直方―稲葉正義以下の「学統」を言うのではない）を解明してゆく必要性は強いように思われる。

註

（1）尾藤の見解は、通説としての位置を占めて今日に至っている。例えば、相良亨も、「ともかく明々白々にして最早や解釈の余地もない上から定められた道理に、「忍びざるの心」を断乎として断って生きること、それが直方にとって人間一般の生き方であったのである。尾藤正英氏がこれらの点をとらえて「形式的道徳的規範に服する心情の純一性の中に自己の安心立命の地を求めた」とされ、「現状絶対肯定」への傾斜を認められたのは卓見である。……道理の普遍性客観性の把握はあるごとくみえたが、自らその義理を探求する姿勢はここにまったくうかがうことが出来ない」と指摘している（『近世の儒学思想』塙書房、一九六七年）。

（2）これは、近世日本社会における知識人、特に儒教的知識人の担いえた意味をどう捉えるかという問題である。中国宋明学の担い手の社会的性格と比較して、科挙制の欠如・現実政治からの疎外を指摘することが多くの論に共通しているが、そうした事実の承認に立ちながら、そこに新たな、少しく積極的な意味や可能性を見出すことはできないであろうか。

（3）尾藤もこの点に注意を払う。すなわち、「思想の本質的な面に関しても、直方における朱子学の禅学化の傾向を指摘することができる」（同前、一二五頁）。尾藤にあっては、こうした心理的屈折はすべて朱子学の禅学化として把握される。

（4）直方の議論展開を貫く戦略性については、丸山真男「闇斎学と闇斎学派」（日本思想大系『山崎闇斎学派』岩波書店、一九八〇年、解説）が、政治思想を主領域に鋭い分析を加えている。崎門学派という問題的な対象にいかに接近すべきかという点で、本稿も負うところが大きい。

（5）「二三子何ト思ハルルゾ、迚モナルマイコトト思ハルルナラバ足元ノ明ルイ中ニ早フ分別了簡シタマヘ」（「西銘講義」、『韞蔵録』巻之五）。こうした表現だけを見れば、あたかも禅語録に見紛うばかりである。

（6）革命によって打倒された旧王朝に、あえて忠誠を尽くした遺民をどう評価すべきかという、頑民論としてこれを読むことができる。「周カラシテ、聞分ノナイ奴等ト云テ、頑民ト呼ゾ、去ドモ殷カラ見レバスグニ其頑ガ置モ直サズ忠ゾ」としてこれを讃美する浅見絅斎の論（『靖献遺言講義』）と直方の論理展開を比較すれば、崎門学派を代表する両儒の心性の相違の大きさに改めて驚かされる。直方は、「彼神道方ノ人ハ、〔この場合、絅斎も然り〕殷ノ頑民ハ忠臣ナリト云テ諸聖賢ヨリ上ニ思ハ、彼惑也」「道理ノアタッタ処ヲ知ズ、故ニ頑民也」と言う（「湯武論」、『韞蔵録』巻之一六）。ここまで対照的な両儒をして一つの〈学派〉に立たせたものは、（後述のように）人間にとって「理」とは何か、今ここに立つこの自己にとって普遍の理とは何か、それを内面に体した生き方（規範的自由）とは何かという模索への情熱である。崎門学派特有の「我が党」という意識――「党」の評価が、従来のそれからプラスに転化していることに注目せよ――も、彼等にとっては、その情熱を共有することの歓喜・矜持の迸るばかりの表現であった。

（7）儒教的思惟と「不生不滅ノ仏性」との緊張に満ちた交渉については、源了圓「盤珪における「不生」の思想」（『東北大学日本文化研究所研究報告』一七号、一九八一年）参照。

（8）赤穂事件をめぐる儒者の見解をめぐっては、源了圓「儒者たちはどう評価したか」（『歴史と人物』一九七一年十二月号）、小島康敬「赤穂浪士討入り事件――その思想史的考察」（『哲学会誌』二集、学習院大学哲学会、一九七三年）、田原嗣郎『赤穂四十六士論』（吉川弘文館、一九七八年）参照。直方について、源・小島は、尾藤の所論に論点を噛み合わせようとする姿勢に欠け、また、田原は尾藤の見解を全面的に踏襲している。

（9）脱落も許されぬ社会にあって、あえてこうした言辞をなすことの意味については、議論の余地がある。直方の論が社会の現実から遊離した観念論に過ぎなかったことの論拠とすることもできよう。しかし、むしろそうした社会状況であるが故に、精神のこうした在り方がありうることを提示するという、より積極的意図を込めたものとして読むことも可能であろう（註(2)でふれた、近世日本の儒教的知識人の営為を全体としていかに評価するかという点にかかってゆく問題である）。

（10）直接には、「以二彼心一論レ之」立場と「以二法律一論レ之」立場とを使い分けた林信篤「復讐論」への批判であろうが、より本質的には、同じく「理」の立場に立脚しながらも、世界解釈の整合性・統一性を放棄した（と直方には見なされる）絅斎的な「理」への批判へと向かうべきものであった。

（11）「轎夫《カゴカキ》ボテフリニ至ル迄父母ヲ敬ヒ親シム心ハ自然ニアリ、ソノ心ヲ天理ヘウツスコトハ学者デナケレバナラヌコトナリ、然レバ肉身ノ父母ニ事ル意ヲ以テ天理ニ従フ意ヲ（張横渠が）云ハ親切ナルコトナリ」（「西銘講義」、『韞蔵録』巻之五）と同じことが、主君に対する人臣の場合にも当てはまろう。そうした内面的緊張を支える志を、直方は『論語』の「朝聞道」条に読み取り、繰り返し熱っぽく言及する。この志については、「毎日論孟ノ書ヲ読デモ我志ガナケレバスコシモ化スルコトハナシ」（「学談雑録」、『韞蔵録』巻之三）、「学者ハ独立特行、何ヲモ頼ムコトハナシ、人ヲ杖ニツクハ腰ヌケナリ、神ヲタノミ仏ニ願ヒヲスルハウロタヘモノト云ベシ」（同前）等と言われる。これを「気象」という用語で表せば、「予頃日《このごろ》ノ学者ヲ見ルニ皆ウロツクバカリニテ猫ノ鼠ヲミツケタ様ナ気象ナシ」（「寄三宅重固中庸説」、『韞蔵録』巻之四）となる。ちなみに、この猫鼠の比喩は禅学の常套句であり、朱子「偶読漫記」第四条（『文集』巻七一）に、また王陽明『伝習録』上巻にも引かれる。直方は、『伝習録』の中でも「志ヲ立ルスジヲ論タル処」だけはこれを評価しているし（「王学論談」、『韞蔵録』巻之一二）、さらに注目すべきは、「切支丹ハ死スト云テモディウスヲフマヌ」と、信仰にかける切支丹の志を述べている点である（「永井行達録」、『韞蔵録』巻之一三）。

(12)「批曰……浅野ニ相手ハナシ、独リモノグルイト云ベシ」（「三宅重固問目直方朱批」、『韞蔵録』巻之一六）とも言う。

(13)「武士ノ一分ン」的議論については絅斎も、「是等皆少モ私邪ノ心ハ無レドモ、身ノ一分ノナリヲ立派ニスルヨリ出ル誤、……武士ノ名ヲ以《て》身ヲ立《て》意気ジクニテ、平生ノ義ヲ吟味セヌ誤〔格物の放棄、と読め〕、真実君臣ノ大義ヲ不レ知コト可レ嘆コトナリ」（割録）と批判する。

(14)そうした限定を払えば、伊藤仁斎がその背後に姿を現わすだろう。『韞蔵録』以下を一瞥すれば、源助と呼び捨てられた仁斎へのあまりに強い対抗心に驚かされる。

(15)註(6)に述べたような、問題の根源を共有しえた者同士の歓喜とそれ故の反撥との、まさに愛憎並存なのである。

(16)拙稿「浅見絅斎「心ナリノ理」をめぐって」（『季刊日本思想史』二三号、ぺりかん社、一九八四年）参照。

(17)同前。

(18)丸山真男にもそうした指摘がある（「闇斎学と闇斎学派」六四九頁）。絅斎の、『葉隠』に見紛うばかりの主張も、彼なりの普遍を模索する姿である。

(19)革命によって打倒された旧王朝に恩恵を受けたこの自己にとって殉ずべき対象は何か——問題をこのように設定することによってのみ、その主体は普遍を体しうる。頑民論においても、絅斎の思考方法は一貫している。註(6)参照。

(20)武士の精神史において、臣下の主体性がこうした普遍の感覚によって根拠づけられたことがあったろうか。直方にも（頻度こそ少ないが）「昔時 我ニアシクアタラレタ君デモ其場ニ臨ンデハ、主君ノ命《いのち》ニカハルガ義理ナリ、此筋デ太平記ヲ見ヨ、胸ノワルキコトバカリナリ」（「学談雑録」、『韞蔵録』巻之三）といった言葉がある。絅斎ならばいかにも賞揚しそうな、我が身をもって「主君の命」に代える献身のエトスから、直方ひとりが無縁な地点にあるわけではない。そうしたエトスに一方で連なりながらも、それを絅斎的な献身に流すことなく、逆にそれを「理」への志向を支える何物かに引き上げようとしているのが直方である。三谷隆正に次のような言葉がある。「道徳に於ける最も根本的な又最も深刻な問題は力の問題である。……道を知らないのではないのである。道を知るだけでは歩けないのである。決して知り方が不十分なのではない。歩く力がないのである。この力の不足が根本の問題である」（『三谷隆正全集』第二巻、岩波書店、三三九頁）。直方はここで、その「力」を、「主君ノ命ニ代ハル」武士のエトスを引くことによって汲み上げようとしたのである。尾藤の強調するように、直方の営為が観念的遊戯にすぎないとすれば、平生の主張から違和感を与えざるをえないこうした武士像を直方があえて引くことの意味は、ついに理解しえないであろう。

(21) 三宅尚斎にあっても全く同様である。「浅野ハ固《もとより》公義ニ対シテ罪アリ」(「三宅先生問目稲葉正義朱批」)。

(22) 例えば、五井蘭洲「駁太宰純赤穂四十六士論」、松宮観山「読四十六士論」など。

(23) この点でも尚斎は絅斎に従う。「臣子タル者、主君ノ誅セラレタルハ自分〔主君自身〕ノ不調法ナリ、吉良ガ殺シタルニ非レバ、吉良ハノメノメトシテ居ル筈、只主君ノ不調法ト而已思テ居ラレンヤ」(「三宅先生問目稲葉正義朱批」)。

(24) 言うまでもなく「慶長二十乙卯年七月武家諸法度」に、「法是礼節之本也、以レ法破レ理、以レ理不レ破レ法、背レ法之類、其科不レ軽矣」とある。こうした法理の制定主体を「権謀者」とし、その意図を「我ママ」と断じえた直方の、その「理」の徹底性には、改めて注目せざるをえない。赤穂事件をくぐった後の直方のこうした思考をみる時、封建的自然法の、最も根源的な水脈をここに発見しようとするのは不当であろうか。近世日本における封建的自然法の成長を考えてゆく場合——本稿は、尾藤の所論に反して、近世日本の思想史をそうした思考法の発展の歴史として叙述しうるという立場に立つ——、この史料は注目すべき価値を持つだろう。この発言が、直方その人の身をもって体しえた一貫した思考法に基づくものであることは既にくり返し述べてきた通りである。ちなみに「権謀者」については、以下の発言を併せ考えたい。「近時ノ権謀者ハ仁義ノマネモセズニ、詭道ヲ以テ国家ノ政ヲ為スベキト云ハ、無忌憚ノ甚ナリ、可畏」(「軍談筆記」、『韞蔵録』巻之六)。

(25) こういう表現も、「肉身ノ父母」と「太極ノ実ノ父母」(「西銘講義」、『韞蔵録』巻之五)とを対蹠的に把えようとする直方の志向をみる時、あながち不適切ではないのではないか。

(26) 「舜水不レ能ニ伏レ節死一レ難、背ニ君臣之義一、棄ニ親族之恩一、避レ乱全レ軀、而奔ニ走于我　国一……使ニ朱子在天之霊視一レ之為ニ如何一」(「楠正成墓石説」、『韞蔵録』巻之二)。

(27) 最も期待を抱かせた弟子・三輪執斎さえも、「孝」という形の即自的・始源的な心情が、直方の捉える「理」によって疎外されることを忌避して直方から離れていった。そうしたなかで直方は、より原則的に、孝のなかの「理」を冷徹に認識してゆくべきことを主張してやまない。

(28) 尾藤の説くような、科挙制度を自らの内部的要求としえないような社会構造が、その規定因としてあろう。上からの「理」の歪小化・去勢化については、柴田純の一連の論文——柴田自身はそうした論点を採らないが——が参考となる。柴田純「那波活所の思想」(『日本史研究』二一〇号、一九八〇年)、「徳川頼宣の藩教学思想——近世における「学文」の性格」(『史林』六四―三号、一九八一年)、「近世における法と理」(『政治経済の史的研究』巌南堂書店、一九八三年)参照。

(29) 荒木見悟の用語法を借りれば「本来主義」の哲学ということになろう。荒木の論点も、それが近世日本において根付かなかったという点で、尾藤の理解と共通の立場に立つ(「朱子学の哲学的性格」、日本思想大系『貝原益軒・室鳩巣』岩波書店、一九七〇年、解説)。

(30) 近世日本社会と朱子学的思惟との緊張を概括的に論じた渡辺浩『近世日本社会と宋学』(東京大学出版会、一九八五年)もそうした系譜に立つと評しうる。

*『韞蔵録』『韞蔵録拾遺』よりの引用はすべて、日本古典学会編『増訂佐藤直方全集』(ぺりかん社、一九七九年)に依る。引用文中の括弧内はすべて引用者の補ったものであり、合字・略字などは通行の字体に改め、適宜句読点を補った。

懶斎・惕斎と『文公家礼』

一

『文公家礼』は、朱子の撰とされる宋代士大夫階級のイエの規範である[1]。通例・冠礼・昏礼・喪礼・祭礼という構成をもち、この単純な構成によって、個人としての士大夫の一生と祭礼を通してのイエの連続性とが統一されている。

日本史上、近世前期は、本百姓体制の成立を背景として、明確な家督・家業・家産の概念を伴ったイエが社会的に確立した時期であり、多くの武家・商家の家訓が物語るように、そうした近世的イエが世代を重ねることで、各々に個別の規範化が進行していた。こうした中にあって、規範の普遍的な形を朱子の思考法に求めようとした知識人にとって、イエの規範としての『文公家礼』はいかに受けとめられていったのであろうか。この点を探ることは、単に既製の「朱子学」ではなくして、朱子学的な普遍の感覚の受容（変容）の問題を、下からそれを支え、それを自らのものとして要求していった実体との緊張関係において捉えてゆこうとすることである。

藤井懶斎《らんさい》（一六二八～一七〇九・寛永五～宝永六）は、はじめ真名辺（部）仲庵と称し、医をもって久留米侯に仕え、後に京都にあって山崎闇斎に朱子学を学んだ。『本朝孝子伝』三巻の撰者として高名であり、家礼に関しては、喪祭二礼について『二礼童覧』二巻（万治三年自序）を著している。

中村惕斎《てきさい》（一六二九～一七〇二・寛永六～元禄十五）は、一連の「句解」「鈔説」で朱子学の啓蒙普及に尽くしたが、その学は、暦数・天文から地理・博物に及んだ博学洽聞の朱子学者である。高弟・増田立軒が『惕斎先生行状』で「其於レ礼、尤所レ長也……故四方好レ礼之人、設レ疑来問、受二其指揮一者、不レ可二挙数一也」と伝え、同時代の『元禄太平記』が、「礼学暦数に於ては、中村氏に及ぶ者なく」と評したように、礼学に精通する朱子学者としての盛名を誇っていた。惕斎は、『慎終疏節』二巻と『追遠疏節』一巻（ともに元禄三年自序）を著し、その語録『仲子語録』四巻（増田立軒編）に喪祭二礼をめぐる惕斎の語が断片的に遺されている。(2)

この両儒の交渉は親密で、懶斎撰『本朝孝子伝』には惕斎が後序を寄せ（貞享元年）、また『惕斎先生行状』も親しく交友するところとして、川井東村・米川操軒・宇保淡庵と並んで懶斎の名を挙げている。一方、懶斎のかつて師事した闇斎の門流からの懶斎への評価は必ずしも好意的とは言いがたく、「与二中惕斎一為二漆膠之交一、遂背二師説一、別自為二一家一」とも言われた（『正学小伝』、『日本道学淵源録』巻一）。博学洽聞を誇る惕斎との親交が懶斎の学をも誤らせた――評価の当否は別にして、崎門のリゴリズムの側からの評価はそう下されており、ここでは懶斎と惕斎とは共通の思想的立場に立つものと見なされている。(3) ともあれ、同じく『文公家礼』に強い実践的関心を抱き続けた崎門学派(4)からは距離を置いた温厚篤実な学風をもって、この両儒は互いに『文公家礼』をめぐる問題に立ち向かっていった。

二

各論に入るに先立って、懶斎・惕斎の各々の基本的問題関心をみておこう。一般的に、近世日本において『文公家礼』が受容されてゆく時、冠昏二礼への関心は捨象されて、喪祭の二礼をめぐって問題は集中的に展開されてゆく。これは、学派や世代を越えて広く共有された基本的な問題の受け止め方である。そこには、冠昏二礼を支配する室町期以来の武家故実の世界とは没交渉の裡に、体制的に仏者の手に委ねられた喪祭二礼に問題を絞ってゆこうとする批判的な現状認識があることは言を俟たない。懶斎『二礼童覧』や惕斎『慎終疏節』『追遠疏節』についても、それが当てはまることは明らかである。

以上を前提とした上で、懶斎『二礼童覧』の自序からみてみよう。

これ〔『二礼童覧』〕をみる人のいはく、かく事もれ法たがひて家礼によると云べけんや。我こたふ、志ばらく先かくつとめて、傍観をもおとろかさ須、郷俗にも佐はらず、みづからもなしがたからず……初より事をそがず、露その法にたがはしとせば、……いかにして家礼おこなはれん。たとひ又後にくはへおこなひただしおさむる事ならで、ただにここに屋まむとすとも、またく勢ざ流にはましぬべし

ここに見られるのは、たとえ『文公家礼』の具体的規定から大きく後退してでも、「傍観」「郷俗」に抵触すまいという強い警戒心であり、その範囲内で規範を提示してゆこうとする姿勢である。それに対して、やや原則的な立場をとるのは惕斎『慎終疏節』序である。まず、喪礼が仏者の手に委ねられている現状への悲嘆。

国俗久溺ニ浮屠教一而不レ知レ有ニ先生之礼一、親没則一任ニ緇流一……惨暴之甚、慣以為レ常、悲矣夫

既に寛文年間には体制的に寺檀制が成立していたとされるが、[5] ここにみられるような儒者の常套的な悲嘆は、そうした現実とどのように関わり合うのであろうか。同序文は次のように続く。

自レ非ニ 国法所レ禁則其得レ為而力足者、雖ニ或違レ衆異レ俗而不レ可レ不レ致ニ其誠信一矣

つまり、既に成立した国法（寺檀制）の範囲内で（財政的に）為しうる限りは、「衆」「俗」との乖離を押し切って実践せよと言うのである。

懶斎にせよ惕斎にせよ、「郷俗」「国法」に最大限の配慮を払いながら、問題を最も困難な喪祭二礼に限定して、その条件下での『文公家礼』の扶植に心を砕いてゆく。一方からは、懶斎が「かく事もれ法たがひて家礼によると云べけんや」と詰問を受けたように、あまりにも妥協的であるとされ、他方からは——それが直接に投ぜられたか否かを別に——火葬や養子制の積極的肯定にまで進んだ熊沢蕃山に代表される立場からの、いまだに「水土」「人情」への適応が不徹底であるという論難との間に自らの位置を据えながら。[6]

一　墓と廟

『文公家礼』は「霊座・魂帛・銘旌」条に「不㆑作㆓仏事㆒」と規定して、『温公書儀』の次の言を引く。

世俗信㆓浮屠誑誘㆒、於㆓始死及七七日百日期年再期除喪㆒、飯㆑僧設㆓道場㆒……殊不㆑知、人生含㆓気血㆒知㆓痛養㆒、或剪㆑爪剃㆑髪、従而焼㆓研之㆒、已不㆑知㆑苦、況於㆘死者形神相離、形則入㆓於黄壌㆒朽腐消滅与㆓木石㆒等、神則飄若㆓風火㆒不㆖㆑知㆓何《クニ》之㆒、借使《たとひ》剉焼春磨、豈復知㆑之

この言葉は、死者の肉体を、日常生活で剪り落とし剃り落とした爪や髪に喩えながら、土中に朽ち腐るものとし、またその魂魄も天地四方に「風火の若く」飄散してゆくものとする。気の立場からの「死者形神」の理解に立って、仏教的追善供養の無意味を主張するのである。しかし、廃仏論的視点を顕然とさせない懶斎・惕斎は、『文公家礼』にあって重要な意味をもつこの規定には、ともにまったく言及しない。この事実の意味を考えてみる。

『文公家礼』には、墳墓に関して具体的に論ずるところはなく、附図[7]にも、家廟・祠堂の図を掲げながらも墳墓の図は載せていない。これが『温公書儀』が典型的に定式化した（そして『文公家礼』も継承したところの）肉体観・魂魄観に立脚したものであることは明らかである。にもかかわらず、懶斎『二礼童覧』は墳墓に関して新たに項目を設けて次のように言う。

墳のかたち、南むきにしていはゞ、南北へ長く東西へはみじかく……上はせばく、下はひらきたるもの也……墳の下の前の正中に石碑をたつるなり、その碑たけ……上を志やうぎがしらにして、その面には死者の姓名をあらはし、たれがしの墓とかき、碑の左の脇《わき》よりは其行実をかく也

一方、惕斎は『慎終疏節』巻三「喪具図目」中に「墳墓図説」と題して墳碑の図を描き、また、明・趙季明「族葬図説」から次頁の図を引いている。

こうした発想の根拠の一つは、程伊川「葬説」（『二程全書』巻六十四）の次の言葉であろうか。

葬之穴、尊者居レ中、左昭右穆、而次後、則或東或西、亦左右相対而啓レ穴也

しかし『文公家礼』はこうした墓制の規定を取り入れてはいない。朱子は、昭穆について『礼記』祭統、

夫祭有二昭穆一、昭穆者、所下以別二父子遠近長幼親疏之序一而無上乱也、是故、有レ事二於大廟一、則群昭群穆咸在而不レ失二其倫一、此之謂二親疏之殺一也

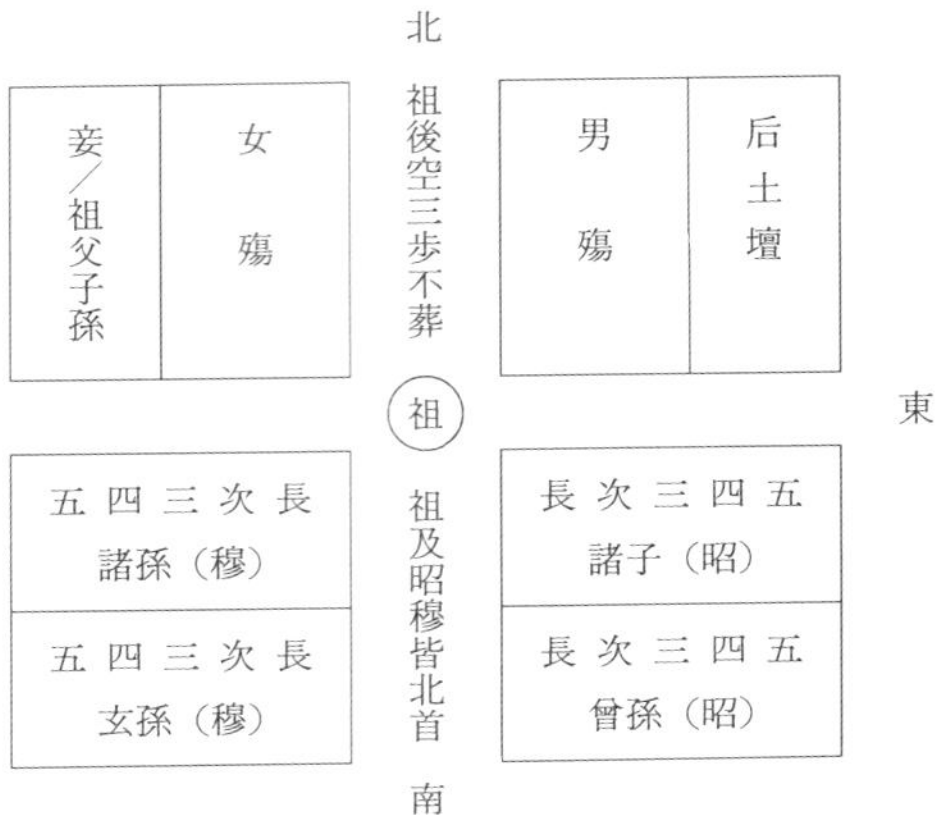

に忠実に、祠廟におけるそれに限定している。これに対して愓斎は、「族葬者、所下以尊レ祖弁ニ昭穆一親中逖属上、宗法之遺意也」と主張する趙季明に拠って論を進める。つまり愓斎にあっては、『文公家礼』の規定する祠堂における昭穆の制は、墳墓にまで拡大されている（否、それに転化されている、と言うべきか）のであり、墳墓という場——それはもう、切り落とされた爪や髪のような単なる死後の肉体を蔵めるだけの場ではありえないだろう——において、『礼記』の言う「父子遠近長幼親疏之序」を明らかにしようとするのであり、それをもってはじめて、死者の肉体を「物」として扱わない態度は確立するものと考えられているのである。

懶斎にもどってみると、

ある人いはく、墓は直に……其身のある所、四時みな祭るべし、一年一度にしてやむは何ぞや、予いはく、先儒の説を案ずるに、墓は体魄をかくし廟は其神をやどす、かるがゆへに廟尊しといへり……さればいにしへは墓祭なし、今家廟よりくだせる事いぶかるべきにあらず

という注目すべき問答がある。これは当時の通念として、墳墓こそが「直に……其身のある所」として重視されていたこと、その通念が、『文公家礼』の規定する家廟での四時常祭を墓前で実施せよという主張に結び付くまでに強力なものであったことを示している。

懶斎や愓斎が、その中に『文公家礼』を扶植しようと試みた死（死後の肉体）をめぐる精神状況の一端は、こう

したものであった。懶斎は、墳墓に対する祠廟の優位という原則を擁護しながらも、『文公家礼』に見られない墓制の規定を導入し、惕斎は、墳墓に昭穆制を施し、そこに「父子遠近長幼親疏之序」の視覚的実現を許ろうとするのである。

2　遺命

亡親が遺命として仏式の喪祭を指示した場合、どのように対すべきか。

治レ喪不レ用二浮屠一、或親意欲レ用レ之、不レ知当二如何処一

という胡伯量の問いに、朱子は、

且以二委曲開釈一為レ先、如《もし》不レ可レ回、則又不レ可レ咈《もとる》二親意一也

と応じている（「答胡伯量」第一書、『朱子文集』巻六十三）。また次のようにも言う。

或問、設如《もし》母卒父在、父要下循二俗制喪服一用中僧道火化上則如何……曰、其他都是皮毛外事、若決如レ此做《サバ》、従レ之也《また》無レ妨、若二火化一則不可（『朱子語類』巻八十九、胡伯量録）

同一人に与えられたと考えられる朱子の語である。闇斎「答仲庵（懶斎）問目」（『続垂加文集』巻中）の引くところであり、この問題をめぐって朱子自身の見せるある幅に闇斎は着目していた。その上で、闇斎は懶斎に対して、

今異端之憂難レ解也、甚二於宋之時一、故有レ志者、往往不レ得レ尽二其心一、可レ嘆耳、細考二礼書一、可二以レ時措一レ之也、夫火化之不レ可レ用、則勿レ論也……其他不レ得レ已、則曲従而已

として、朱子の見せていた逡巡から一歩を進めた教示を下している。懶斎もこれに従って、

非礼の遺言は親の惑い也、神となりては非礼をうけ給はず、志たがはざるも又孝なり

と言う。問題はさらに進んで、祭主たるべき長子が俗礼に惑う時、庶子の中で儒礼に志す者はいかにすべきかという点に移る。懶斎は、

もし一家の内、一人も儒礼にこころざしありて祭りたく思ふ人あらんに、長子ならずとて祭らずば、いずれの世にか祭礼おこなはれん

とした上で、長子が庶子側の説得に応じないならば、

弟たるもの、はやく我家に神主をあつめ、四時の祭おこなはずんばあるべからず

と断言する。懶斎のこの強硬な姿勢には注目してよい。「庶子不レ祭レ祖、明二其宗一也」は『礼記』喪服小記の規定するところであり、主張は明らかにこれを踏み越える。懶斎には、『文公家礼』「不レ作二仏事一」条を削除し、

新たに「墳墓」の項を置くというように、それだけ「傍観」「郷俗」に配慮を尽くしながら、他の一面では、亡親の遺命や長子の意向に反してでも最低限の儒礼の実践を迫るといった側面が備わっていたのである。

3 養子・家督

養子制の問題は、朱子学的思惟と近世日本社会の構造との乖離を象徴する問題であった。(8) 崎門学派の中でも『文公家礼』に特に強い関心を寄せた絅斎や強斎は、養子制（なかんずく、異姓養子制）を固く否定していたが、惕斎は『仲子語録』巻二で、

> 養父トイヘドモ〔養子の側からみて〕家督相続スル時ハ実父ト同ジ、顕考ト〔神主《しんしゅ》に〕記スベシ、実父ハ又ソノ家ノ家督ノ継続アリテ〔そちらの家督継承者が〕コレヲ祭ル、取雑《リル》コトハナラヌ也、……兎角一ッ家テ一処ニハナラヌナリ

と述べている。これは、養子制の肯定であり、養子による祖先祭祀の明らかな容認である。こうした考え方が、一気の連続性を前提とする祖霊の来格という朱子学的原則と、大きな矛盾を孕む見解であることは言うまでもない。一気の連続性について惕斎は、

> 理気本来混一無間、而裁二制之一者、非二人之心一耶、人心有二不レ可レ忍之情一、則理亦従レ之、祭レ之可也、豈不二来格一耶（『仲子語録』巻一）

と、「不レ可レ忍之情」に強く牽引させた理解を示している。また、

鬼神ノ来格ノ理、天地ノ気ト人心ノ気ト本貫通スル……或人疑フ……人ノ死スル、形既ニ朽滅シ、神亦飄散ス、……祭ト云トモ来格スベキモノナシト、是初学者ノ疑ナリ、先祖ヲ祭時、来格ノ鬼神即是天地新来ノ鬼ナリ、旧底ノ気一方ニ沈滞スル所ノ者格《きたる》ニ非ズ（同前）

と言う。一気の連続性を前提とした祖霊の来格をめぐって、例えば池田光政は次のように論じている。

異姓を養子に仕候は、譬へば桃之木の台に梅を接たる同前也、台が桃なりとても、花も実も梅に成候、名字は伝るといへ共、子孫絶候、此儀を不便に存、同姓を養せ度候得共、合点不レ参、我物すきの様に存候と聞候、世上皆異姓之せんさく無レ之故也（『有斐録』亨）

ところが暘斎は、同様の比喩を用いながら、まさに桜の木が「天地新底ノ気」を受ければ桜の実を、桃の木ならば桃の実を熟させるように、

我ヨリ感得《ジ》レバ我鬼神也、人ヨリ感ジ得レバ人ノ鬼神ナリ（『仲子語録』巻一）

とするのである。暘斎の言うところは、死後の魂魄は天地四方に飄散したとは言っても、それは「旧底ノ気」が何処かに「沈滞」してそれが子孫の祭祀（の誠）によって「格《きたる》」のではないのであり、生生不息の「新底ノ気」が祭主の至情に応じて（桜ならば桜のように、我よりすれば我に相応に）「格《きたる》」ものとされているのである。こうして、一気の連続性という時にも、事実としての血縁の連続性を越えた「不レ可レ忍之情」さえ認められれば、養父に対

する異姓養子の場合にも、祖霊の来格は説明されうるのである。

次に「代」の観念について考えてみる。『仲子語録』巻二の惕斎の語をみたい。

祖未㆑老シテ家ニ主タル時、考未㆑承㆑家シテ死シ、子直ニ祖ノ後ヲ継時ハ祖ニ喪スル事三年 考ニ喪スルト同ジ、昭穆モ祖右ナレバ承重ノ孫ハ穆トシ、未㆑承㆑家ノ考ハ附位ニシテ祭ル也

祖父から孫へと直接に家督が継承されれば、孫は実父に対すべき通りに祖父を祭るべしと主張するのであり、昭穆もそれに倣えと言う。家督の継承に決定的意義をもたせた率直な発言である。先に拙稿「絅斎・強斎と『文公家礼』」の中で、絅斎が、家督継承者の縦の系譜（一代目・二代目……）を第一世、第二世……と連ねて、それを実際の高曾祖考を越えてあえて高曾祖考に見立てながら、そこにこそ「名分」の秩序を発見していったことを指摘しておいた。ここに見た惕斎の思想も——養子制についてこそ、絅斎と相反しながらも——そうした「名分」の感覚と軌を一にするものであることは明白である。血縁の生理的連続に基づいた遠近親疎は、家督継承を基軸とする遠近親疎へと、その方向を転換しているのである。『文公家礼』からのこうした転換は、『文公家礼』がその前提とした中国社会における血縁集団としてのイエの観念と、家督継承を基軸とした目的集団としての近世日本的なイエの観念(9)との質的相違によって深く規定されたものである。

4　君喪・君命

懶斎は、『二礼童覧』執筆の動機を、「朱文公の家礼のおもかげいささか家にあらまほしくて」（同書、序）と述べているが、その中に独立して「君喪」の項が設けられている。君臣関係によって規定された項目のこうした挿入は、『文公家礼』には全く見られないところであり、見逃がせない事実である。懶斎は言う。

此喪礼、〔文公〕家礼には見へざれども、士《ぶし》として禄をうくる者、心にかくまじき事にあらず

その上で、当時の慣習がそうであった通り君喪を五旬（四十九日）で止めることには忍びないものの、

嗣君類戚みな日数をもくはへ給はぬを、士としてくはふるもいかが

と覚えるが故に、とりあえず五旬で、

飲食起居、常にかへ〔る〕

ことを主張する。その上で、外貌としては嗣君類戚のそれ（傍観・郷俗）に従いつつ、より個人的・内面的な「心喪」に努めよとして、

その心喪の長短は、〔亡君の〕御恩の浅深、位職の高下、内外親疏によりて、みづから料簡して定むべし

と述べている。「心喪」であるから明文化された規定はなく、「御恩の浅深」以下に従いながら、その期間の長短を決定するのは士としての自分自身であるという。ここで注目されるのは、「士として禄をうくる者」のイエの規範には、主君の「御恩」に対して君喪の規定が当然ながら置かれるべきだという感覚そのものである。同じく懶斎の、

〔亡親に対する三年の居喪の規定も〕主君のおほせは各別なり。能はやしを見きけ、酒肉をたべよとありとも、その一座はおほせのまゝなるべし。大夫尊長父の友などの命にても肉を食する事、礼経に見へたり。ただ心にまよはざるが礼なり

という言葉を併せてみる必要がある。亡親への三年の居喪について懶斎は、

男女、色は三年のあいだは水火をさくるがごとくすべし……なべて女のすがたをも見るべからす、声をも聞べからす……ここにゆるがせにして、もしいささかも慾念うごきたらば、たとひ犯さずとても心喪はやぶれん、ふかくおそれつつしむべし

と言うように、他方では厳格な服喪を主張もしているのである。懶斎の求めるところは、イエの規範が、君主の権力の前に自立しないという現実のなかでの、勢いっぱいの（士としての）イエの規範の実践であろうか。すなわち、君命のままに「能はやし」を鑑賞し「酒肉」を嗜みながらも、心中において亡親への居喪を密かに実践してゆく、あるいは、君命の及ぶ余地のない「男女」については、一点の揺るぎのない厳格さをもって「心喪」に従うのである。

5　小祥と神主

亡親の新しい神主《しんしゅ》をどの時点で作成すべきかという問題について、惕斎は独自の主張をする。この点について『文公家礼』は、遺骸を墓所に蔵めた時点（治葬）に、墓前において新しい神主に題号を記し、直ちに家へ持ち帰

って反哭から虞祭《たましずめ》に移ると規定している（懶斎はこれに倣う）。一方、仏教的儀礼において神主に相当する位牌は、一般的に、四十九日（満中陰）の時点で白木の位牌から漆塗りのそれへと作成されてゆく。ところで惕斎は、小祥（仏教的儀礼での一周忌にほぼ相当する）の時点に次のような規定をなしている。

期而小祥……、命レ工作二栗主一、前レ期一日、主人以下沐浴、題二新主一、……主人以下入哭……降レ神……読レ祝〔……日月驚迫、奄《にわかに》及二小祥一……吉主新成、喪主将レ蔵、伏惟尊霊、舎レ旧従レ新、是憑是依《玉へ》、尚饗……〕……祝奉二霊主〔旧主〕一、出埋二于廟門外之左一、止二朝夕哭一（〔　〕内は割注、以下同）

惕斎は死の当日に、

霊主〔以レ桑為レ之、制如二神主一、但不二判合一〕

という規定を置くのであり、そこで作られた桑製の略式の神主を、この小祥の時点で、栗製の正式のそれに代え、祝文を以って亡親の霊に告知し、略式の神主を廟門の外に埋めよと言うのである。『文公家礼』が治葬の時点で正式の神主を為し、直ちにその神主での虞祭を実施することを規定している――絅斎・強斎はこの「直ちに」に特別の意味を持たせる。詳しくは前掲拙稿参照――のに反して、あえて惕斎がこうした主張をしてゆく意図は何であろうか。中世以降の十三仏事（ないし十五仏事）の世界――既述の通り、そこでは満中陰の四十九日に、位牌は白木から漆塗りのそれに交代された――に、新たに『文公家礼』的規定を導入してゆこうとする場合、惕斎の主張するところは、四十九日の満中陰での正式の位牌の作成という眼前の習俗を利用して、それを小祥に引き移してゆくことで、逆に儒式の神主の作成を要求してゆく、いわば満中陰の習俗の換骨奪胎を試みるという意味を持っていたのではなかろうか。

三

互いに近似した思想的基盤に立って交友を深め合った両儒、懶斎と惕斎の、『文公家礼』の受容という形をとった「家礼」の構想は、全体として何を物語るであろうか。

一つには、寺檀制の確立という「国法」や仏教的儀礼の慣習化という「郷俗」に対する慎重な配慮に基づきながら、『文公家礼』を手掛かりとして新しい「家礼」が構想されてゆく際の具体的な姿をそれらは示している。懶斎『二礼童覧』の墳墓の規定や、惕斎『慎終疏節』での墓域での昭穆制度をはじめとする独自の主張は、「国法」「郷俗」の中にあって、喪祭の礼が仏者の手に委ねられた現実を単に悲嘆するのではなくして、その社会的所与の中から、『文公家礼』の扶植のための積極的媒介を発掘し、その上に立つことで『文公家礼』的感覚を育成してゆこうとする営為の所産であることは間違いない。

同時に、それらは、祖霊や遺骸をめぐる固有の感情をも含めた近世日本的なイエの観念に相応した形で『文公家礼』が受容されてゆく具体的な姿を示している。それは、生理的な血縁の連続性を越えて、養子をも含んだ家督継承者の縦の系譜を決定的に尊重してゆこうとする点に最も象徴的である。ここに見られるものは、近世的イエ観念に相応の『文公家礼』の受容といった静態的な事例ではなくして、むしろ、イエの観念が近世日本的にはじめて整序されてゆくなかで、その観念に明確な〝形〟を与えてゆこうとする思想的運動の――『文公家礼』にその枠組みや用語法を借りた――姿と言うべきものである。懶斎が「弟たるもの、はやく我家に神主をあつめ……」と言うまでに、時として良俗を驚かすほどの主張を含みながら、その〝形〟の確立は焦眉のものとされた。

しかし、既に明らかなように、『文公家礼』の受容は、あるべき整序形態の付与という方向とともに、当然ながら、近世日本に固有なイエの観念に深く刻印されてゆくことでのみ可能とされたのである。「受容」「変容」といった概念に収めきれない、そうした両義性――それは形の問題に止どまらず、近世日本の「朱子学」そのものの運命でもあろう――のダイナミズムの一端を、懶斎・惕斎の「家礼」構想は示している。

註

（1）『文公家礼』についての偽託説も、近世前期の日本においては――朱子晩年の所説との部分的異同が崎門学派の一部から注目されながらも――影響を及ぼさなかったのであり、懶斎・惕斎についてもそれは当てはまる。『文公家礼』については、阿部吉雄「文公家礼について」（『服部先生古稀祝賀記念論文集』冨山房、一九三八年）参照。

（2）惕斎については、柴田篤『中村惕斎・室鳩巣』（明徳出版社、一九八三年）および林紀江「中村惕斎の朱子学批判と町衆的性格」（愛知教育大学日本思想史研究会編『日本思想史への試論』みしま書房、一九八四年）参照。

（3）三輪執斎が佐藤直方を批判した書『格物弁議』に対して、懶斎が序文を寄せたことも、崎門の正統を自認する者にとっては感情的齟齬を招いたのかもしれない。

（4）近世日本のイエをめぐる制度的・観念的特質と朱子学的思惟との〝はざま〟に立って、そこから生み出される諸々の問題に最も実践的に立ち向っていったのが崎門学派であったということは言いうるであろう。拙稿「絅斎・強斎と『文公家礼』」（東北大学『日本思想史研究』一五号、一九八三年）参照。

（5）竹田聴洲「近世社会と仏教」（『岩波講座日本歴史　近世一』一九七五年）。

（6）註（3）で言及した執斎もまた積極的な養子制肯定論者である。「養子弁を弁ず」（『執斎先生雑著』巻一）を参照。

（7）『性理大全』編纂時に附されたもので、朱子の原意にかなわないとする見解が崎門学派からは提出される（浅見絅斎『家礼師説』通礼）。管見の限り、懶斎・惕斎にこの点への言及はない。

（8）I. J. McMullen, "Non-Agnatic Adoption: A Confucian Controversy in Seventeenth and Eighteenth-Century Japan," *Harvard Journal of Asiatic Studies*, vol. 35, 1975 に詳しい。渡辺浩『近世日本社会と宋学』（東京大学出版会、一九八五年）の「家」の項、参照。

（9）石井紫郎「近世の国制における「武家」と「武士」」（日本思想大系『近世武家思想』岩波書店、一九七四年、解説）参照。

「たとへ実子ありとも、この先祖より受来れる大切の家を取るべき者ならば、他人にても賢徳ある者に譲りて実子を捨ることも千万に一もあるまじき事にもあらず」と言うのは、三輪執斎「養子弁を弁ず」である。ここに言う「賢徳」の内実を考えれば、目的集団としてのイエの性格が、いかに人々の〝儒学〟理解に浸透していたかが知られよう。

＊『二礼童覧』は元禄元年（一六八八）刊本（東北大学狩野文庫蔵）に、『慎終疏節』『追遠疏節』は元禄三年（一六九〇）序、刊行年次未詳本（ともに東北大学狩野文庫蔵）に、『仲子語録』は増田立軒写本（内閣文庫蔵）に依った。引用にあたっては、適宜句読点を付し、合字・略字等は通行の字体に改めた。

佐藤直方と三輪執斎

一

佐藤直方（一六五〇～一七一九・慶安三～享保四）、通称五郎左衛門、備後福山の人であり、浅見絅斎と並ぶ山崎闇斎の高弟である。峻厳なこの朱子学者は、伊藤仁斎を批判するにあたって、しばしばこれを、王陽明の亜流として捉えている。

> サテ近時、中江氏熊沢氏伊藤ナドノ類、世ニ出テ、孔孟程朱ノ訓ニソムキタルコト共論説イタサレ候、此等モ皆王陽明ガ学流ト見ヘ候（「王学論談」、『韞蔵録』巻之十二）

王陽明批判を意図したこの「王学論談」は、

> 或人自傍問曰、近時ノ大儒、大学ハ非㆓聖人之書㆒ト云ハ如何、答曰……

といった問答を収め、さらに王学者をして、

近時ノ大儒伊藤仁斎ノ理ノ字ヲキラハルルガ尤也

と言わしめている。つまり、同書は、陽明学の後背に仁斎の姿が浮かび上がるように演出されているのである。同書から離れても、「王氏や源助〔仁斎の字〕」といった括り方が『韞蔵録』に頻出していることには注意せねばならない。師の真意をより直截に言うのは、その弟子の世代である。

本邦雷二同於王学一者衆、而其間陽朱陰王者有レ之、大朱小王者有レ之、全背二程朱一而称レ祖二孔孟一者有レ之（豊田信貞撰『王学弁集』自序。直方も同書に序文を寄せている。）

「全背……者」が仁斎を指すことは明白であり、信貞はここで、一見してそれと見易い王学亜流よりもそれだけいっそう手の込んだ「雷同於王学者」として仁斎を位置づけたいのである。

我邦仁斎混二告陸王一而取二捨於其間一焉、……至レ如二仁斎一則未レ見レ有下明二訂其非一者上（直方『王学論談』長谷川遂明跋）

遂明は、正統と異端の系譜として、孟子―朱子―李退渓、告子―陸子―王子―仁斎を連ね、当面する最大の異端である仁斎に対すべきは、師直方を先頭とした我々であると宣言している。これらが、いずれも陽明学批判の書において強調されているということは、直方とその周辺にあっては、陽明学批判が、実は真の狙いとして仁斎学批判でもあったことを示している。

伊藤仁斎（一六二七～一七〇五・寛永四～宝永二）が、朱子学と陽明学を一括して、これを思弁化・観念化されたものとして排斥し、日用卑近の積極的意味を求めて孔孟の学に復帰しようとしたことは言うまでもない。堀河をはさんで古義堂に向かいながら闇斎に学んだ直方にとって、仁斎の主張内容は十分に理解されていたに相違ない[1]。にもかかわらず――それ故にこそ――仁斎学を陽明学の亜流として捉えてゆこうとする、その真意はどこにあるのだろうか。仁斎学と陽明学との間に、直方が見ていたものは何であろうか。

問題は、人間論をめぐって、当時の知識人が置かれた精神状況に深く切り結んだもののように思われる。考察は、直方にとっての陽明学の意味を確定してゆくという点から始められねばならない。

二

三輪執斎（一六六九～一七四四・寛文九～延享一）、名希賢、字善蔵、別号躬耕廬、京都の人。佐藤直方に学びながら後にこれを離れ、『標註伝習録』を公刊して陽明学者として立った。直方にとっての陽明学の意味は、さしあたり、この執斎の思想をみてゆくことで明らかにされるだろう。

予……佐藤氏に従ひ、小学近思録四子並びに性理の書を学び、其説の詳なる事を聞事を得て、甚これを喜ぶ事殆十年に及べり[2]

これは、執斎が直方からの離反を公然と表明した書『格物弁議』の中で、直方への嘗ての親炙を振り返っての言葉である。しかし、同書は次のように断言する。

小生今年三十歳にして、十年誤り学ぶの憂あり（後序）

後日、『陽明全書』に沈潜して[3]執斎なりの定論を得るに至り、この書は「中年之説」とされたが、それにもかかわらず、執斎理解という点から見逃せぬ価値をもっている。注目すべきは、「自序」の中の次の一節である。

後来及レ反ニ復陽明全書一、而後知下王先生之説則既包ニ羅統三括此意一、而且有中人心自然之妙、工夫全体之味上矣

「此意」は、明らかに『格物弁議』で執斎が表明したところを受けようとし、（詳論は後に譲るが）『格物弁議』の狙いは、程朱の本旨に沿って直方の偏向を正すことにあった。とすれば、この一節に言われているのは、後の「陽明学者」としての執斎の営為を支えていったものが、『格物弁議』によって早く原型を与えられたところの何物かであること、換言すれば、「此意」の連続線上にこそ執斎なりの「陽明学」を認めていったということを暗示するのではなかろうか。直方への公然たる離反表明の書であり、後に「中年之説」とされたこの書が、執斎理解にとって本質的に重要だというのはそういうことである。そういった見通しの下に、『格物弁議』で執斎の問い掛けるところを聴こう。

「旧聞く所の格物の説」に続けて、執斎は自からの「今改むる格物の説」を、

物に格《いた》るは理を究むるの謂也。物に格るの外、別に理を究むるの工夫有に非ず

と説き出す。穏当な朱子学者としての言である。執斎の主張は次にある。

然れ共 物に格るは理を究むる所以を云へば、又格物即究むるなりと云に非ず。但格物は用る所により、究理は知るによるなり

この一節だけから、その真意は窺い難い。格物を、あえて究理の「所以」と捉えてゆくことで、執斎は何を言おうというのか。

物を離れて道を求め、実地の手を下す所を失ひ、空に其理を究むるより、徒《いたずら》に思ひをのみ費して至る所なきに至りぬ。故に今人……直に此身にて其物に即き就く事を知らず。只心中に其事を設るまでの事なれば、想像憶度に過ずして実見に非ず

「甚これを喜ぶ事 殆十年に及」んだ直方の学に対する訣別の宣言は、このようにして発せられた。格物と究理、より端的には物と理との本来の関係の喪失は、懸空に理を求めることになり、そこで得られるものも心中の「想像憶度」に過ぎないとまで言われている。執斎は、格物を究理の「所以」とする解釈を敷衍して次のように言う。

窮理の二字は、本『易』の説掛に出て、聖人の易を作れる極功を説給へる語なり。(4) 初学 徳に入るの始にたやすく学ぶべき事に非ず（『格物弁議或問』）

とし、さらに、格物を下学に、究理を上達に配している。こうした理解に立って、

然るに今格物究理を以て一事とするは、道と器との別昏《くら》き而已ならず、其弊必人事を捨て上達を求め……終

に異端に陥らん事疑ひなし（同前）

と述べている。結局、直方的な理・知の把握は「人事を捨て」ることに行き着くとされたが、この批判の論点には注意しなければならない。それは、先には「実地の手を下す所を失ひ」「直に此身にて其物に即き就く事を知らず」とされてもいたように、知が行を離れているが故に、主体の在り方が非実践的になっているという批判を意味している。

直方の知行論を、執斎は、

只知る事だに十分にして極処に至りぬれば、行ひおのづから進むべし。知の先にして行ひの後なる事 誠に然りと思侍りぬ

と理解していた。これに対して、実践に先んずる知を斥け、「其身を以て直に其物に至りぬる知」をこそ真の知であると主張するのが執斎である。知行論をめぐる平凡で図式的な論争にも思えるが、ここで考察の方向を少し転ずることで、こうした知行論の意味を考えてみたい。直方の理・知に向けられた執斎の議論を、その根底で支えていたものは何か、という問題である。

『格物弁議』にこう言う。

今現在に父母を捨置き、只孝経小学の書に考へ、孝道の至善かくの如し、至徳要道 更に此外なしと究め知りて、吾こそ孝の道格物せり、十分の極処まで究至り、又誰人の問にも答ふべしと思ひ、自ら信じ人に教ふれども、其行は大に異也。是自ら欺き人を欺く大ひなる罪ならずや

同様の例として、

今父母兄長と云ふ物を離して、孝の理はかくの如し、悌の理はかくの如しと究め知りたらんは、己が為の学に非ず

『格物弁議』『格物弁議或問』が、より具体的に述べるのはこうした事例であるし、また事例のこうした選択は偶然ではなかった。執斎の眼には、「父母」「父母兄長」という親しい個性から離れたところで思弁的に倫理を考えてゆくものとして直方の学問は映っていたのであり、そこにもたらされた違和感こそが、既にみた執斎の議論の出発点をなしていた。人間の最も始原的な感情――それは、孝によってのみ象徴される(5)――が、直方的な理・知によって「孝の理」として客観化・対象化されることによって、感情としての或る疎外状態を強いられてゆくという危機意識。後に、良知論へと関心は深化してゆくものの、「陽明学者」としての執斎の営為を貫いてゆく糸は、ついにこの実感を離れたものではなかった。

三

執斎は、『陽明全書』への沈潜を経ることで、新たに「陽明学者」として登場する。この時期の執斎の内面を、『標註伝習録』及び高弟・川田雄琴録『標註伝習録講義(6)』を通して考察する。そこに、『格物弁議』から一貫した直方批判の、より洗練された形を見ることができよう。

理の霊処とは、後世、理のすじとのみ覚えている、皆死物にする也。王子のは活底也。親あればいとしいと出でくるものは我が心の理なり

直方的な理は、自己の内から「出でくるもの」に対立した、外在する「すじ」として斥けられている。そして、それが「死物」と言われる時、理を「死字」とした仁斎を連想しない訳にはゆかないし、この近似は単なる偶然でもない。ともかく、内から「出でくるもの」としての「心の理」、それは当然ながら良知である。

孝や忠や弟や、皆一個の良知を致すのみ。良知だに致れば、孝にも忠にも弟にもなる也。……親の、兄の、君のという支節上に於て求め廻っては埒明かぬこと也。……此の支節と云ふは、親兄君を軽しめ、忠孝等をおとして云ふには非ず、良知を貴むは、良知に本づけば忠孝なる故也。良知に本づいて忠孝ならずんば何ぞ良知を貴ばん

良知の根源性の発見は、孝や忠という個別の感情を、各々の場での一つの現象態として意味づけ直していったかのように思われる。執斎は続ける。

君となる時の至善はかう、臣となる時の至善はかうと、一つゝ探《（ママ）》し廻り逐ひ歩くを支離の学と云ひ、支節上に著在すと云ふ。是れにては、たとひ一端　忠孝見事なりと云へども根のなき花の如し、一以貫くものに非ず

多様な場を「一以貫くもの」「根」としての良知が据えられている点からみて、これを、『格物弁議』の段階と同

一に論じる訳にはゆかない。にもかかわらず、執斎の良知の理解には、『格物弁議』を支えていた実感が深く刻印されているように思われる。次の言を見よ。

> 良はすなほ也。……良は易直なり……すらすらとやすらかに、すなほに、人作なしに出る本心なり、神道で云ふ正直なり

理に対する直方的な固執《こだわり》は、「すなほ」ならざるもの、或る種の意固地さとして執斎には映り続けた。問題はこういうことだろう。「神道ノ正直ト云ハヨイコトナレドモ、是非邪正ノ吟味ナケレバ……ヤクニタタヌゾ」とは浅見絅斎の言であるが、[7] 執斎ならばこれに何と応ずるだろうか。「すらすらとやすらかに、すなほ」であるとして、そこに於ける規範性の確立は何によって保証されるのか。

> 君の御意、親の命ならば其事のよしあしを云ふ私意なく、若し天へ飛びあがれとあらば、あがられぬを打ち忘れて先づ飛んで見るほどなるを純と云ふ……然るに究理学からは其の飛ぶ段は思ひもよらず、我はのいて居て、君が悪いの親が悪いのと見切って諌め……

こう執斎が言う時、主観的には、「我はのいて居て」外在する「すじ」から傍観者然として「其事のよしあし」を言挙げするだけの非実践性を批判したのである。しかし、その批判が、理の規範性を無限に後退させることを代償としてはじめて成立していることは見易い。良知の「すなほ」を強調した執斎には、内から「出でくる」「心の理」たる良知に、あるべき規範性を担わせようとする努力は払われない。結論を先取りすれば、倫理の根源性が、無矛盾・無葛藤の「すなほ」に一面化されることによって、すべての問題が、常識的な円満さの中に融

解してしまったように思われる。この点を、『格物弁議』の時期から一貫する人間像を抽出してゆくことで確認してみたい。

羅整庵や聶双江への書簡の中で、「病狂喪心之人」として蔑まれる自己を語り、「僕之狂病」と自称した王陽明は、また自からを「狂者」とも評したが『伝習録』に載せるこうした陽明の一面について、執斎は、

　陸子は狂者を不レ好、只狷者を好む

と、陸象山をかりてこれへの違和感を表明している。また、「豪傑之士」への期待を情熱的に語る『伝習録』の条に、執斎は全く関心を示していない。代わって執斎が強調するのは、他者からは「魯鈍」と目されるような人間像である。

　人々聖人にあらねば、聖人と見られずとも不レ苦ことなり。其の上、聖人でもなきに、聖人と見らるゝことは迷惑なことなり。とても似せて済まぬからは、内外つれ立って、そろそろと心から善くなるやうに学ぶべきことなり

　〔魯鈍に映るまでに〕学者は忠恕忠恕と工夫するを肝要とす

狂者・豪傑的人間像[8]が捨象されて、一方的に「そろそろと……」が強調されてゆく時、例えば、そこに語られる忠恕は、言葉としては同じように『伝習録』に説かれようと、そこに込められる内実は大きく相違してこよう。同じ『標註伝習録講義』のなかで執斎は述べている。

耳と足は卑しけれども、目と手を羨みもせず……只久しく下に居て年月を経る程に、もはや手〔や目〕になりたしと云ふ願ひもなく……

何気ない比喩であるが、それだけに、執斎の求めた人間像の特色がよく示されているのではなかろうか。『格物弁議』執筆の翌年、三十一歳の執斎は、「理屈のみ」の学者に対して、「心のすなほ」を失なわぬ人間像を、「善人」という用語で捉えていた。

今いか程賤しき田夫野人にても、主人によく奉公をつとめ、父母に能く孝を尽し、兄弟夫婦の間よく、年寄をうやまひ、我身欲少くして、誠一枚なるを善人といふこと、皆々存居申候（「答酒井弾正書」、『執斎先生雑著』巻二）

次に見るのは、『標註伝習録』公刊から既に十五年、執斎五十九歳の『四言教講義』と『四言教講義或問』の言葉。

それ学問は、悪人をまぬがれて善人とならむと欲するが為ならずや。善人の至極は堯舜にもすゝむべし

聖人になるといふは、善人になると云事也

「善人」として捉えられた、執斎の理想とする人間像の強固な一貫性をまず確認しておこう。[9] その上であらため

て注目すべき本質的な点は、「陽明学者」執斎に色濃い、善悪概念の著しい固定化という事実である。こうした固定化、善悪が主体的実践をまたずに既成の価値（反価値）として出来上がっているという感覚、この点を鋭く問うたのが他ならぬ『伝習録』だったのではなかったのか。『四言教講義』に言う。

　およそ人の学をする、常に此四言を服膺して、一日に一善を成ば、一月に三十の善成て三十悪滅ず。一年に三百六十の善成て三百六十の悪滅ず。一人如レ此すれば、千万人皆かくのごとし。一国の民一年に一善をなせば、万人の村は一万の善生じて、一万悪滅ず

執斎の世界には、こうした善悪の固定的な二分法が横溢している。こうした固定化に対する否定的感覚から最も遠い所に立った「陽明学者」の姿が、そこにある。

こう見てくれば、執斎の「陽明学」の性格、と言うよりも、陽明学の用語系のなかに執斎が求めたものは、その骨格を明らかにしてきたように思う(10)。そして、執斎にとっての「陽明学」がそうであったように、直方にとってもまた、執斎をして「陽明学者」たらしめた何物か、そこに照準を定めての「陽明学」批判であったということ、それであってはじめて直方にとっての「陽明学」批判としての意味を持ちえたという事実に注意しなければならない。ここに至って、直方の「陽明学」批判に立ち返る前提は満たされたとしてよいだろう(11)。

四

直方的な理・知の捉え方は、人間の「すなほ」な生命感を外から疎外させるものであり、外在の「すじ」としての理の束縛を離れて、「すなほ」さをそのままに発現させてゆくことが必要だ——執斎はそれだけのことを言

い続けた。

キリシタンや一向宗不受不施派を弾圧し、寺檀制度が確立し、しかも一揆や打ちこわしの頻発にはまだ間をおいた〝徳川の平和〟の下での濃密な思想空間の中に登場したこうした「陽明学」[12]は、それゆえに峻厳孤高の朱子学者・直方の眼には、それが京都町人社会の最も洗練された人間学＝仁斎学に連なってゆくような本質をもつものとして映っていた。直方の側からその主張の要点を表わせば次のようになる。

コナタ（直方）ノヤフニ、ナンノカノトムツカシク吟味ヲカケラルルニハ、アイサツガイタサレヌ、タダスラリトユクガ聖人ノ気象ナルベシ、ツヨク吟味ヲスレバ刻薄ニナル、……ソノヤフニキビシク身ノヲキ所モナイヨフニ責ルハ温厚ノ意ニアラズ（「王学論談」、『韞蔵録』巻之十二）

直方は、こうも言う。

近時王氏ノ学ニナツム人ハ王氏ノ人ガラヲヱ見ツケズ[13]、只身ニ行フ行フト云テ温厚平和ヲ云テ是非ノ吟味ヲセズ、ヒタスラ謙下シテ俗情ニ徇ヒヒロク愛衆ノ意ヲ云ヲ聞テ聖人中和ノ気象トココロヘメツタニ尊ブ模様ナリ（同前）

「温厚平和」が、朱子学者から投ぜられた陽明学批判の辞であることに、つまり、中国におけるその批判の受け様から一つの転倒が生じている点に注意せねばならない[14]。「温厚平和」な陽明学、それはかの「すなほ」な善人論を主張した執斎のそれそのものであろう。

世ニ所謂実学者ノゴトクモノヤハラカニ言語容貌ニツトリトシテメツタニ柔順謙下ヲツクルデハ中々道ニ至ルコトハナラズ（同前）

直方が「世ニ所謂実学者」と言うのは、仁斎学を一つの中核とする、人間論をめぐる当時の或る共通の傾向を指しているものとしてよいだろう。「温厚平和」な陽明学への批判は、「モノヤハラカニ……柔順謙下ヲツクル」だけの「世ニ所謂実学者」へのそれへと連続してゆく。

五十年書ヲ読デモ俗知ヲハナレズ、グズグズト律義ニ孝弟忠信ヲツトムルト思フテ居ハアサマシキサマナリ（『学談雑録』、『韞蔵録』巻之三）

俗学者流、不レ知レ求レ道者、固置而無レ論焉、雖下或有中称三実学二聖賢一者上、而於レ道不レ知レ所レ向、則徒局二于謹厚拘滞之域一耳、亦何足三与議二於道学一哉（『道学標的』自序）

直方にとって「実学」概念はこうして屈折を強いられてゆく。

仏ハ事物ヲ棄ツルユヘニ空理ナリ、儒者ノ学ヲ実理実学ト云ハ是ナリ（『学談雑録』、『韞蔵録』巻之三）

という時と、

近時実学ト云テ質朴愚魯ノ風アル学者ハ孟子ノ云ハルル郷愿ノ類也（『王学論談』、『韞蔵録』巻之十二）

という場合とを合わせてみれば、それは明らかである[15]（『孟子』尽心下篇）。

　紙幅の許す限りで、執斎から投げ掛けられた批判を念頭に置きながら、直方の理・知の具体相をみてゆこう[16]。孝の問題が、執斎にとってもった重要性については前章にみた通りであるが、直方は孝をめぐって次の様に述べている。

　肉親ノ父母ヲ父母ニシテハ天理自然ノ太極ノ子タル所ガ見ヘヌ（「西銘講義」、『韞蔵録』巻之五）

　天理自然ヲ実ニ父母トシタシム意アルハ聖賢ナリ……ソレデ太極ノ子ナリ（同前）

　西銘ハ実父母ヲ養父母ト見タモノゾ、其方ハ本ンノ親ハ太極ゾ……太極ノ実子ナレバ仁義ヲ行フ筈ゾ（「佐藤直方先生西銘講義」、『四編韞蔵録』巻之五）

「肉親ノ父母」[17]に対する慈愛は、それとして承認されながら、それはより高い「太極ノ子」としての自覚への跳躍の契機としてこそ正当に位置づけられる。「肉親ノ父母」への即自的な感情に自足してしまうことへの強い拒否感を見て取らねばならない。

　扨見所ナキ儒者ハ条理分殊ノ方ハココロヘテ、カノ一理ヲ知ラヌユヘ、事物〔「肉親ノ父母」も一つの事物だろう〕ニマトワレテ居ル（「学談雑録」、『韞蔵録』巻之三）

執斎が、「父母兄長といふ物を離して」理を捉えうるのかと問うのに対して、直方は、執斎のそれは「事物ニマトワレ」たまま、漫然とその中に理を求めようとするにすぎないと切り返すのである。

轎夫《かごかき》ボテフリニ至ル迄、父母ヲ敬ヒ親シム心ハ自然ニアリ、ソノ心ヲ天理ヘウツスコトハ学者デナケレバナラヌコトナリ（「西銘講義」、『韞蔵録』巻之五）

「自然」にある孝心を、より高い「天理」に向けてのそれへと昇華させること、それは何によってもたらされるのか。

学者ハ自己ノ理ヲ信ズルデナケレバ本ノコトデハナイ、聖賢ヲ信ズルハ善イハ善ケレドモ我理ヲ信ズルニハ及バヌ（「学雑雑録」、『韞蔵録』巻之三）

兎角朝聞道夕死可矣合点無レ之中ハ、俗人ト五十歩百歩、形而下之中ニグズグズシテ居ルト申者ニ候（「与稲葉正義」第六書、『韞蔵録』巻之六）

また、「不知命無以為君子也」（『論語』堯曰篇）について、「リント覚悟ヲ究メテアル人」であってはじめて「命ヲ知」ることが可能となるとも言う（『四編韞蔵録』巻之三）。こうした一連の直方の言葉から、人間感情の「自然」を、「天理」に向けたそれへと飛躍させるために、直方が――漠然とした表現だが、今の筆者にはそれ以上に分析してゆく準備がない――或る〝武士的な強さ〟に期待を込めていることが見て取れる。[18]『韞蔵録』には、今時ノ学者ノ書ヲ読ムノハ、川ヲ隔テ鎗ヲ合セル様ナモノナリ、踏込ンデ突キ殺ス意ハ少モ無シ、畢竟一笑ニ附スルノミ（「講近思録為諸生記」、『韞蔵録』巻之五）

凡ベテウトウトスルト成就セヌ、……ウロリトシタ知、ウロリト知ル、ヤクニタタヌ、人ヲ切ルニナデテハ切レヌコト也（『韞蔵録拾遺』巻之二十五）

といった譬喩が頻出するが、ここからも、「事物ニマトワレ」た「条理分殊」から「カノ一理」へと跳躍する熱源の所在が窺われる。執斎の「すなほ」さや、仁斎の提示した新しい人間像との対照は言うまでもない。[19]

直方は、『孝経』についても、これを重んじなかった。[20]『韞蔵録』中にも『孝経』についての講義記録はない。その講義・輪読は、四書・『近思録』を繰り返すものであり、『韞蔵録』中にも『孝経』についての講義記録はない。また、孝子の顕彰といった活動にも冷淡だった。そうした顕彰の典型を提供したのが、藤井懶斎撰『本朝孝子伝』（一六八四年・天和四刊）であったが、実に同書は執斎の序文を付して刊行された。懶斎が一時にせよ闇斎の教えを受けたということもあり、同書の刊行は、直方にとっても看過しえないものであった。直方的な孝に対する全面的な批判として直方には映ったのだろう、『本朝孝子伝』的な孝への露骨な反感を、直方は隠そうともしない。

本朝孝子伝ナドハホンノコトデナイ、孝ニ似タ不孝アリ、不孝ニ似タ孝ガアリ（同前）

老莱子ハアホウナレバ外ヘ出サレヌユヘノコト也……日本デモ色々アレドモ皆老莱子ニナル……孝経ナドノヤクニタタヌ、此意思ナリ、日本デハ孝経論語トナラベルハメツタナコトナリ（同前）

人口に膾炙した「君雖レ不レ君、臣不レ可ニ以不一レ臣」という句の典拠も、『古文孝経』孔安国序にあった。ともあれ、直方はそうした閉塞を嫌悪した。それはもちろん、情としての孝の否定ということではないが、孝がその即自的な価値で充足し、問題がそこに一元化されてゆくことを拒否し続けたのである。(21)

直方と執斎、かつて師弟であり、人間論をめぐる対立を後に彩かに際立たせていったこの両儒の各々のメンタリティを伝える挿話を引いて稿を閉じよう。

三輪善蔵方ヨリ、退渓ノ事ヲ言ヤル所ハ尤ニ聞ユレドモ、行状ハ如何程ニアルヤラント云テヨコシタ、先生曰ク、行状ニハ構ハヌ、密夫《まおとこ》ヲセウトモ博奕ヲ打ツトモ、云フ処ノ理屈ヲトルト云タゾ（『佐藤直方先生説話聞書』、『五編韞蔵録』巻之二）

註

（1）直方は、「弁下伊藤仁斎送ニ浮屠道香師一序上」において、既読書目として「大学非ニ孔氏之遺書一弁」と『語孟字義』を挙げている。しかも、「格物」の「格」の解釈についての陽明学と仁斎学との共通性の指摘など（『管野兼山所録語』、『韞蔵録』巻之十一）を見れば、直方の仁斎学理解は一通りのものではなかったように思う。

（2）その親炙の度は、例えば直方撰『四書便講』に跋文を付して「実集註章句之羽翼也、蓋四子解註已備矣」と讃じている（一六九二・元禄五年）ことからも窺われる。執斎の直方からの離反については、吉田公平「三輪執斎の転向――江戸中期の陽明学の再興」（『江戸中期の比較文化論的研究』東北大学日本文化研究施設、一九八二年）が、江戸期における朱陸論争の歴史の一環として取りあげている。

（3）吉田前掲論文は、十七世紀中葉、中江藤樹の著書と前後して刊行された和刻本であろうかと指摘している。

（4）「窮理」がもたらす危機状況――「人柄が悪くなる」としばしば言われるし、あるいは青年時代の仁斎がそうであったようにノイローゼに陥ったりもしよう――を、ここで執斎が述べる通り、窮理の主体を歴史的に限定してゆくことで回避しようとする方向は、後に荻生徂徠によって強く打ち出される。

（5）　執斎にとって、人間の始原的な感情は――例えば仁斎の忠信ではなく――孝でしか象徴されない。論点は二つある。一つは、血縁性（擬制としてのそれも含めて。ちなみに、執斎は養子制度の肯定論者でもある、「養子弁を弁ず」参照）を超えて、人間相互の忠信にまで焦点を一般化させてゆく仁斎の方向をなぜ取りえないのか、という点。これは、藤樹にとっての孝の問題にも結びついてゆくべき、「陽明学」を支えていた人間観の問題である。他の一つは、人間の始原的感情を、生存欲・性欲との関連から捉えてゆく視角、「飲食男女の大欲」（『礼記』礼運）から人間論を深めてゆく視角の欠如である。明末の儒学は、そうした視角がもたらす葛藤の中に自己を置こうとしたように思われる。問題を拡大すれば、単に執斎だけに止まらず、闇斎学派の全体を通して――朱子その人には強烈にみられた――人間の身体性への関心がみられないということである。

（6）　同書のなかには、「琴卿先生曰……」といった条が混在する。この書について、今日、我々が目睹しうる唯一のテキスト『漢籍国字解叢書』所収本のもったドラマについては、吉田公平「日本における『伝習録』――日本陽明学の一素描」（『東北大学教養部紀要』三九号、一九八三年）に詳しい。

（7）　「玉山講義師説」（若林強斎録）。

（8）　こうした側面だけから陽明学の人間像を捉えうると言うことではない。

（9）　『論語』や『老子』にいくつかの用例をみるこの「善人」について、管見の限り、執斎のような意味を込めた取り上げ方をした例は他にはない。ちなみに、闇斎『大学垂加先生講義』に、「小学ニ於テ已ニ行テ孝悌忠信ノ実行ヲナシテ、先《まず》ハ一段ノ善人也。サレドモ其分デ事止《や》メバ、国家天下ノ大業ヲ成ニ足ズ。此ニ及デ明徳・新民・至善ヲキハム。……其小学ニ行テ已ニ善人トナリテキルヲ、イヨイヨミガキ窮テ至善ニ止ガ、成功ヲ収也」とある。直方も『大学章句』伝十章「宝善人」の句について、「善人ハ、只リチギナ、ムズムズシタ、ワルイコトモセヌモノヲ善人ト云、サシテ器用モナイ、俗ニホトケセウ《（仏性）》ナド云……」とやや軽蔑を含んだ説明を加えるにすぎず、それ以上の関心を示さない（播磨姫路藩本「大学章句」、『四編韞蔵録』）。

（10）　こうした「陽明学」の性格は、ひとり執斎だけのものではない。三重松菴『王学名義』（一七〇二・元禄十五年刊）は、「正心とは、こころただしふすと訳。正とは、俗にまろくにといふ義なり」と解釈している。

（11）　執斎は晩年（したがって、直方は既に没していたのだが）、良知を「天神」として捉えようとする。「心之体は、即人心にやどりまします天神なり。此光明、人の意念にわたらず、自然に是非を照らす。是を良知といふ」（『四言教講義序』）、「已に得たる本体の良知、即これ天神なる事を見付べし」（『古本大学和解』）。執斎は、「天神」についてそれ以上に論じることなく終わったが、遺された記述からしても、これまでに見てきた執斎の思想からの質的飛躍を感じさせるようなものではない。

（12）　相良亨が、執斎の「陽明学」と石田梅岩の「正直」の主張との親近性を指摘しているのは炯眼だと思う（『近世の儒教思想』

塙書房、一九六六年、一九〇頁)。

(13) 直方は、「近時王氏ノ学ニナツム人」と陽明その人との相違を見ている。「伝習録ニ学術ヲ論ジタルハ妄論多ケレドモ、志ヲ立ルスジヲ論タル処数多アリ、ハキトシタル論ナリ」(「王学論談」、『韞蔵録』巻之十二)。

(14) 荒木見悟が既にこうした点を指摘している。荒木はまた、執斎の人間観についても、「福徳円満な人望家」を理想としたと述べて、さらに「日本陽明学は、こだわりのないおおらかな風格をもつところに、自由のはけ口を求めたに終わり、「狂者」(王陽明の言葉)となって社会の矛盾とたたかう姿勢を喪失してしまった」と結論付けている(『朱子・王陽明』世界の名著、中央公論社、一九七四年、六四頁以後)。

(15) 詳論は後日を待つが、直方の主観に即して言えば、こうなろうか。林家的・益軒的な「知」が、いたずらに末節に博いことを事とした、取り上げるにも及ばぬ「俗知俗学」であるのに対して、一見、人格の陶冶を目指す「世ニ所謂」「近時実学」も、「律義ニ……ツトムル」だけで、根源の価値へ飛躍してゆく志に欠けている。こうした状況の中で、真の実学としての「道学」が明らかにされねばならないが、個物に迷わされることなく根源の価値へ飛躍してゆく人間像の創造は、そのための固有の工夫によってのみ果たされる。このようにして、直方の文脈の中で、実学は静坐の問題と不可分に結びついてゆくのであろうか。「今ノ学者、究理トイヘバ心ハステテ外物ノ遠キヨリキワメントスル故ニ、朱子ノ意ニモトリ其本ヲ知ラザル也、……心ノコトヲ不レ究シテ外ヲキハムルハ、本ヲステテ末ヨリナスユヘニ主静ノ本原ヲ知ザル也」(「静坐説筆記」、『韞蔵録』巻之十一)。

(16) 直方の理の具体相を検討する上で逸することのできない素材を提供するのは、赤穂事件をめぐる直方の一連の発言である。拙稿「赤穂事件と佐藤直方の「理」」(『日本思想史研究』一八号、一九八六年)参照。

(17) こうした特異な表現のもつ意味に関しては、前掲拙稿参照。

(18) 注意したい点は、これが、権謀・兵学・剣術といった側面から鋭く分離されたものであるという点である。権謀と兵学とは概して一連なりのものとして捉えられ、直方の場合、権謀・兵学批判は、社会批判へと進んでいる。「近時ノ権謀者ハ仁義ノマネヲモセズニ、詭道ヲ以テ国家ノ政ヲ為スベキト云ハ、無二忌憚一ノ甚ナリ、可レ畏」(「軍談筆記」、『韞蔵録』巻之五)、「権謀者ガ、以レ理不レ被レ法以レ法破レ理ト云タモノナリ、……理ト云モノヲ法カラクヅスコトハナラヌ……以レ法破レ理ハ権謀者ドモガ我ママセフトテノコトナリ」(『韞蔵録拾遺』巻之二十八)、「イツ頃ヨリカ軍法デ国ノ仕置ガナルト云コトヲ云出レタ、コレハ唐ニハナイコトゾ」(『四編韞蔵録』巻之三)。一方、剣術批判は、心法の問題、『孟子』に言う養気の問題から、直方の独自の静坐論に連なってゆく。「今剣術者ガ禅坊主ニ心法ヲ聞タト言テ、存養ノ方モ知ラズ、年月ノ工夫モナクテ、スグニ此心ヲ自由ニ取リマハシ、ウロツカヌ様ニナルト思フハ、カイシキナルコトナリ、畢竟異端ノ徒ノ心ノサバキハ、養気ノ筋ヲ少シマジエ、虚無ヲ主張シテ、持志ノ方ハスコシモ知ラヌ故ニ、静坐ニ似タル坐禅ヲ至極ト意得テ、成就ノ所ガ、此心ヲ死物ニシテ、万事ニ応ズルコトノナラヌ様ニ仕ナシタルモノナリ」（『存養筆記並答或人書』、『韞蔵録』巻之五）。

(19)「敵ヲバ是非トモ打筈ゾ、赤穂浪人ノ様ニ用心而討ハ役ニ立ヌ」（『韞蔵録拾遺』巻之九）といった語が想起されよう。こうしたエートスは、福山藩士を父にもった直方の出自によってもある程度説明されうるだろう。「町人ハ用ニ立ヌト云、予京ニテ町人ハ性善ノ外ダト云タレバ、町人ガ腹ヲ立タ、ドフデモ其アジガアルゾ」（『韞蔵録拾遺』巻之九）といった言葉から、直方の肉声が聞こえるように思う。とすれば、赤穂浪士を賛美する「学者衆」を「一町人」がやり込めるという『韞蔵録』巻之十五の周知のやり取りも、屈折した皮肉を込めた役の割り振りだったのだ。

(20)『韞蔵録拾遺』巻之二十五には、『孝経』を「偽書」とした記述が収められている。『孝経刊誤』についての直方の見方、いまだ詳らかにしえない。

(21)「佐藤子毎聞人有廉介清節、必問其人有妻孥不」（一点の汚れもない人格者だという評判を聞くたびに、直方先生はこう尋ねた。「そいつには妻子はいないのかね」――『先達遺事』）そう言って、相手の戸惑った顔を見ては、いたずらっぽく笑ってみせる……直方の皮肉っぽい一面が目に見えるようではないか。『韞蔵録』は、「バクチ打ハ一夜ネムクナイ、心之誠也」（『韞蔵録拾遺』巻之二十四）をはじめ、似たような譬喩を多く載せるし、「聖人ハ交合ノ時モ主一無適……」（『隠微説』、『韞蔵録』巻之十）という驚くべき語さえ収めている。直方の門下は、こうした師の姿を、「快活脱洒」として伝えてきた（『甘雨亭叢書韞蔵録増補』、『日本道学淵源録』巻二）。理の哲学のもつ批判性・普遍性に、一点の妥協なく忠実であろうとする直方の、もうひとつの個性である。これを、「理の思想家」としての直方の、一人の人間の全体として叙述してゆくこと――心はずむ課題として今は残しておこう。

＊佐藤直方については、すべて、日本古典学会編『増訂佐藤直方全集』（ぺりかん社、一九七九年）に依った。三輪執斎については、『格物弁議』『同或問』『四言教講義』は高瀬武次郎編『三輪執斎』（贈位記念三輪家出版、一九二四年）に、『標註伝習録』『同或問』は『漢籍国字解全書』所収本に、『執斎先生雑著』は『日本倫理彙編』所収本に、『古本大学和解』は『復刻 陽明学』（木耳社、一九八四年）所収本に依った。引用文中の括弧内は引用者の補ったものであり、合字・略字などは通行の字体に改め、適宜句読点を補った。

二つの「理」——闇斎学派の普遍感覚——

はじめに

浅見絅斎と佐藤直方は、いずれも山崎闇斎の高弟、傑出した朱子学者であり、多くの弟子を擁してその影響力を誇った。しかし、これらの朱子学者についての研究は、戦前の「国体」論者によって絅斎の学統が喧伝されたことの〝負の遺産〟、この学派を特徴づける排他的な道学意識のもたらす嫌悪感、何よりも、朱子の語句の引用で埋め尽くされるような「述而不レ作」の学風の堅固さによって、大きく立ち遅れている。本稿は、朱子学の「理」という一つの普遍観念が、近世日本社会の中に根付いてゆくために、どのような苦闘のドラマを演じなければならなかったのか、その一つのスケッチである。

一、人間と「理」

1 「心」と「身」

朱子は、「心統二性情一」という張横渠の句を、「顚撲不破」何があろうと崩れることのない公理であると評し（『朱子語類』巻五・第七〇条）、『大学章句』をはじめ各所で、「心者、身之所レ主也」という原則を主張した。動静語黙を貫いて、自己のすべてを主宰・統轄する「心」の宣言である。
「心」の定立について、絅斎は次のように言っている。

心上ノ病ハ身カラノヌケタ者《もの》ノ、手カラモ足カラモヌケテ適《ゆく》ニ因テ、心上ノ工夫《くふう》ヲ心デハナラヌ。心ノ心デスル程端的ハナサソウデ、結句ツカマヱ所ガナイ……（『絅斎先生敬斎箴講義』）

心デ心ヲ持フトスレバ……心ノ根ハ立タズ……心ニ透ガアル（同前）

こういった実践のテーゼは、朱子の考える「心」からは異質な「心」の把握に由来しているのではなかろうか。(1)「心」と「身」とをめぐる絅斎の論をみてみよう。

敬ト云ハ、心ニアヅカルコトナレドモ、心ト云ハ直ニ身ナリノ主宰……（同前）

敬は「心」の工夫とされながら、直ちに「心」は「身ナリノ主宰」と言われる。「心」が「身ナリノ主宰」であるとはどういうことだろうか。朱子の言う「心者、身之所主也」ということだろうか。絅斎は言う。

ツヾマル処、心ヲ得ト云コトデ、云ヘバ言《いふ》ナリ、視レバ見ルナリ、属レ口、属レ意、ヒタト場デセリアゲ、取直シテ適バ、マヒトツ心ガ能ナルト謂ヒヅクナシニ、全体身ト共ニ立テアルゾ（同前）

「心」が「身ナリノ主宰」と言われるのは、「心」が「身」を主宰してゆくという方向なのではない。「マヒトツ心ガ能ナルト謂ヒヅクナシニ」とされるように、時間的にも構造的にも、「身ナリノ主宰」は、「身」と不可分のものとしての「心」の在り方を示しているのである。(2)「心ヲ得ル」いわば主体性の確立は、一つ一つの動作に即して「場デセリアゲ」ることで、「身ト共ニ」果たされる。(3)では、絅斎の言う「身」とは何だろうか。

時ニ天下全体五倫ノ節目、人ノ身ハ是デ繫デ有ト云ハ其通リ、……維《ギ》合セテアル人倫ジャニ因テ、直ニ各此《の》一身デ……生《うみ》ノマヽ、生レタ身ナリニ、キツシリト五倫ニ成テ居ル（同前）

絅斎自身の言葉を用いれば、「身」は、五倫という人間関係の結節する「場」である。「心ノ心デスル……結句ツカマエ所ガナイ」とは、「場」に即した主体、五倫という関係の中にある主体は、もはや抽象的な「心」ではありえない、「ツカマエ所」は「身」に求めねばならないということを言っているのだ。

一方、直方は、「心」の静一を保つことを主張してこう述べている。

居敬ト云ハ主静也（「敬説筆記」）

心 主宰ナケレバ、妄動スル也。主宰アレバ静也。……主静ナレバ、則 主宰キット存シテ……（同前）

吾心ヲ敬シテ、ソノ主宰アルヲトクト味ヘシラバ、天ノ主宰モ知ベシ。心ハ妙ナルモノナレドモ、敬セザレバ放ルナリ。……人心ハイカンゾ放レテ妄動シ、天トタガツテ間断アルトイヘバ、人ハ血気ノ身ト云モノガアルユヘ也（同前）

静一に保つことによって、「身」から抽象された「心」を涵養し、その「主宰」性を高めることが可能である（後に、直方の静坐論に言及する）。逆に、「主宰」性の確立によって、はじめて「心」は静一たりうる。この相互媒介的な過程を直方は「敬」として捉え、それによって「天ノ主宰」[4]をも体認しうると言っている。「身」は、こうした工夫の総過程から剝離され、「心」の「妄動」を誘う「血気ノ身」として位置づけられていることに注目しておこう。

2　「理」のリアリティ

絅斎と直方に、なぜこうした対照が生れるのだろうか。「理」とは何か、この点をめぐる理解の相違が、その根本に潜んでいる。絅斎からみてみよう。

> 自然ニ我心上ノナリニ、親ト知テイトヲシミ、子ト知テカハユガルガ、ソレガ我心上ニナケレバ、近イコトモ遠イコトモ、理ヲ感ズルコトモ義理ヲ感ズルコトモナイ（『大学筆記』）

「理」が、疑いようのない実在として認識される根拠は、親・子の間に「自然ニ」成立する感情の発露に据えられている。こうした「理」の性格が、「身ナリ」「身ト共ニ」という絅斎の「心」の把握に深く結合している。

ここに言う「自然」について少し考えてみよう。父・子の「イトヲシミ」「カハユガル」という感情が「自然」であることと、これは朱子も強調するところである。

> 仁有㆓両般㆒。有㆓作為底㆒、有㆓自然底㆒。看来、人之生、便自然如㆑此、不㆑待㆓作為㆒。如㆑説㆘「父子欲㆓其親㆒、君臣欲㆗其義㆖」、是他自会㆑如㆑此、不㆑待㆑欲也。父子自会㆑親、君臣自会㆑義、既自会㆓恁地㆒、便活潑潑地、便是

仁（『朱子語類』巻六・第七九条）

「父子」の「親」は――「君臣」の「義」と並んで――「自然底」「自《おのずから》」のものとして捉えられている。ここまでは、朱子と絅斎は等しい。だが朱子には「ソレガ我心上ニナケレバ……理ヲ感ズルコトモ……ナイ」という思考法は絶えてないであろう。体用・性情・未発已発を峻別する朱子からすれば、絅斎のような発言は許容しえぬものと映ったにちがいない。朱子にとっての「理」のリアリティは、それが父・子にせよ君・臣にせよ、或る局面での感情の発露によってはじめて保証されるようなものではない。父・子、君・臣の間の「自然」の感情は、確固たる「理」あるがゆえに、あるべき「自然」の親・義でありうるのである。では、「理」のリアリティを支えているものは、朱子にあっては何であろうか。「理」は、最も根底的なリアリティなのであるから、更にその深奥に、概念的な何物かを求めようとすれば、その問いは無意味であろう。しかし、次のような朱子の言葉は、この点で暗示的ではなかろうか。

夫天下雖レ大、而吾心之体、無レ不レ該。事物雖レ多、而吾心之用、無レ不レ貫（『大学或問』）

天之明命、有生之所二同得一、非レ有二我之得私一也。是以君子之心、豁然大公、其視二天下一、無三一物而非二吾心之所一レ当レ愛、無三一事而非二吾職之所一レ当レ為（同前）

「吾心」は、一つとして残すことない天下の事物と一連《ひとつら》なりのものだ――こういう歓喜と自負に満ち溢れたエートスに支えられているのが朱子の「理」である。とすれば、身近な人間関係の「身ニヤマレズ忍ビラレヌ」感情によってリアリティを裏打ちされる絅斎の「理」との相違は大きい。

絅斎に戻ろう。絅斎にとっても、「理」は事の成否・是非を決し、当為を導き出すべき規範であったが、それだけでは不十分とされた。それは、いまだ外から自己を律している「理屈」にすぎない。

理デスル分ハ外ノ事、其理デ学《ぶ》モ、事デスルモ、敬カラ出ネバ、身ニ属テ適カヌ（「絅斎先生敬斎箴講義」）

「愛之理、心之徳」という朱子の「仁」の定義について絅斎は言う。

愛《いつくし》ミト云、身ニ生得テ、身体髪膚イトヲシミノ身ニナリテイルガ理ト云モノ。理ノ字ハ、真味親切、身トモニ生得テイル根ヲ云ドテ、理トハ仰ラレタルゾ（「仁説問答師説」）

〔愛の理を〕愛スルノ理屈ト云様ニ見ルト悪ヒ、……カウ生抜テ、ホヤホヤトシタ、ニツトリトシタ、シミ〳〵ナリノ生抜ノ仁ガ直ニ親ニ向テ、親イトシヒトモナリ……（「絅斎先生仁義礼智筆記」）

「理屈」ではなくして、「身トモニ生得テイル根」としての「理」を強調するのは、伊藤仁斎の投げかけた問題に、「理」の立場から応じようとしているのである。仁斎は、朱子学徒としての自らの挫折を踏まえて、「仁」は「愛之理」ではなく「愛」それ自体であると言い切った。仁斎によって否定された「愛之理」を、主体から隔離した外的なものと感じさせることなく、愛そのもののもつ生々《せいせい》のエネルギーを汲み込んだものに高めてゆくこと、ここに絅斎の問題関心がある。言い換えれば、生々のエネルギーと、「理」の規範性との統一こそ絅斎の課題である。体用・性情・未発已発を、教条的に弁別するだけでは、仁斎が「愛」の一字で表現しようとするエネルギーを「理」の側で汲み取れないという判断が、絅斎の「理」を「身」に接合させているのである。絅斎は、こうした意図を託して、あるべき「理」を「心ナリノ理」とも定式化している。それは、「心」と「理」との、つまり主体性と規範性との分裂を克服して、両者の本来的な統一を回復しようとする思いを込めた言葉である。

兎角心ナリノ理ト云コトヲ合点セヨ。其心カラ指テシ〔締〕マツテ居レバ、……自然ニ一身修而《て》五倫明ナリ。今、理ガ斯スル筈ジャニ因テ、其理ヲ失フマイ為ニ心ヲ持ト云コトナレバ、其《の》理ガ既ニ己ガ心ト離レテ別ニ成テアル。……理ハドウアルヤラ……只吾ト吾身カラ……シミツキ、コタヱテ出レバ、置モ直サズ、其ガ理ノ至極……（「絅斎先生敬斎箴講義」）

しかしこれも、たとえば王陽明の「心即理」のような、「心」の主宰性の全面的な発揚による両者の統一を意味するのではなく、「身」という「場」における「吾ト吾身カラ……コタヱテ出」でくるものの発揮という性格を出るものではなかった。主体性と規範性が統一された本来的な自己を回復すべき能力・責任を「心」が専一に担ってゆくという方向ではないのである[5]。絅斎にとって、本来的な自己の在り方を、「心」の次元に集中して考えてゆくことは、「理」のリアリティを体得すべき「場」からの主体の離脱を意味していた。

一方、「理」に対する直方の発言は、同時代の思想状況を直方なりに見透かした上での、戦略的・挑発的な性格に満ちている。

サテ見所ナキ儒者ハ、条理分殊ノ方ハコ、ロヘテ、カノ一理ヲ知ラヌユヘニ、事物ニマトワレテ居ル（「学談雑録」）

「カノ一理」は、分殊に対する理一、太極の一理を指している。また直方には、人ハ死デモ理ハツブレヌ、形ナキユヘナリ、仏ハ人ヲ不生不滅ト云、有レ形モノノ滅セヌコトハナシ、理コソ不生不滅ナルモノナレ（同前）

理ハ気ヲ引マワス、君父ヨリ尊キモノハ理ナリ……理ガ明ナレバ忠孝ハ必ナルゾ（『韞蔵録拾遺』巻之三）

といった発言がみえ、「カノ一理」への強い志向を窺わせるが、同時に「気」の次元、「形」「有レ形モノ」の世界――人間の生物的生存もその一つ――に対する「カノ一理」の超越性が一面的に強調されるあまり、「気」の次元、「形」「有レ形モノ」の世界が、直方の視野から落とされてゆく傾向を容易に見て取ることができる。「気ヲ引マワス」ものとしての「理」というのも奇を衒った表現であるが[6]、そうした一面的な強調が、「カノ一理」を、「条理分殊」の世界との有機的連関の薄いものにしている。

直方の「理」に対する反撥は、最も信頼した弟子によって表明された。三輪執斎の「陽明学」への転向がそれである[7]。執斎の言葉を聞くことで、逆に直方の「理」の性格を考えてみよう。執斎が反撥したのは、直方が「事物ニマトワレ」ることを拒絶するあまり、

物を離れて道を求め、実地の手を下す所を失ひ、空に其理を究むる……故に今人……直に此身にて其物に即き就く事を知らず（「格物弁議」）

という点であった。執斎が問題にするのは、「孝」である。

今父母兄長と云ふ物を離して、孝の理はかくの如し、悌の理はかくの如しと究め知りたらんは、己が為の学に非ず（「格物弁議或問」）

師の直方は、「事物ニマトワレ」ることを拒絶するが、事物（父母）から離れた形で、「空に」「孝の理」を捉えようとしても、それは不可能であるばかりか、「孝の理」が「事物」から離れて対象化・客観化されることによって、「孝」という最も始源的感情さえもが疎外されてしまうのではないか、この疑念が執斎を動かしている。では、「物を離れ」ない真の「理」とは何か。

理の霊処とは、後世理のすじとのみ覚えている、皆死物にする也。王子（陽明）のは活底也。親あれば、いとしいと出でくるものは我が心の理なり（『標註伝習録』）

執斎によれば、直方の「理」は、人間主体の生々活潑との取り結びのない「すじ」「死物」にすぎない。「出でくるもの」としての執斎の「我が心の理」と、「吾ト吾身カラ……シミツキ、コタヱテ出」でくる絅斎の「身トモニ」ある「理」との共通性、そして「死物」「活底」といった用語法からも窺える、背後にある仁斎の影に注目しておこう。

直方に帰れば、仁斎の影の大きさを直方は的確に見ていた。直方は、陽明学批判の書を著した中で、陽明学者をして、

近時ノ大儒伊藤仁斎ノ理ノ字ヲキラハル、ガ尤也（「王学論談」）

と言わしめ、また、

近時王氏ノ学ニナツム〔泥〕人ハ……只身ニ行フ行フト云テ、温厚平和ヲ云テ、是非ノ吟味ヲセズ、ヒタスラ謙下シテ俗情ニ徇《シタガ》ヒ……（同前）

とも述べている。「出でくるもの」としての「理」の立場は、「是非ノ吟味」を放棄した、つまり事の規範性を曖昧にした「温厚平和」に安住し「俗情」に埋没する、それは「理ノ字ヲキラハル、」仁斎と同じ地平だ――そう直方は決めつける。こうして直方は、殊更に「俗情ニ徇」うことのない、「理」の超越的・批判的性格を押し出してゆく。「孝」についてみよう。

肉親ノ父母ヲ父母ニシテハ、天理自然ノ太極ノ子タル所ガ見ヘヌ（「西銘講義」）

天地ヲ実父母トシ、肉親ノ父母ヲ天地ヘノ取次トスル……（同前）

父母を「肉親ノ父母」[8]と呼ぶことが示すように、直方の「理」は、「身ニヤマレズ忍ビラレヌ」や「いとしいと出でくる」と言われる時の人間関係の密着・閉塞から主体を解き放って、「天理自然ノ太極ノ子」としての自己を自覚させる（絅斎の「自然」と、何たる相違だろう）。もちろん、直方も「孝」や「忠」の価値それ自体には絶対の承認を与える。[9]ただ、

今時、君ニ忠シ親ニ孝スルト云コト、誰モ知タ様ニ云ガ、中々忠孝ナドヲ知ルト云コトガナルコトデハナイ

ゾ。後世ノ学者ハソウナイガ、孔門ノ衆ハ忠ヲ問《ひ》孝ヲ問タコトガ論語ニアリ、知リニクヒコトナレバコソ、孔門ノ歴々衆ガ問ヒタゾ（「播磨姫路藩大学章句」）

と述べているように、「理」による「是非ノ吟味」を嫌う人々がそこに依拠しようとするほどに、「孝」や「忠」のあるべき形は「自然」として自明のものなのか、という問いが直方を離れないのである。彼等こそ「孝」や「忠」の「知リニクヒコト」たる所以が分かっていないのではないか、疑似「自然」的な「孝」や「忠」を離れよ、「理ガ明ナラバ忠孝ハ必ナルゾ」、そう言っているのである。「事物ニマトハレ」ることからの解放、疑似「自然」を超越する手応え、ここに直方なりの「理」のリアリティがあった。

「心」と「身」とをめぐる絅斎と直方の「理」の位相は、かくも対照的であり、この対照に平行して、「家礼」への関心の有無があった。「家礼」の問題は、この対照のもつ意味を、別の角度から照らし出している。

絅斎は、「文公家礼」に強い関心を示し、自らこれに加点、和刻板行した（元禄十年跋）。それは、朱子の家礼構想の単なる紹介ではなく、近世日本の「イエ」の構造に相応させながら、喪祭礼を中心とした「イエ」の社会的規範を作り上げようというものである。近世日本的な家督相続や養子慣行と祖先祭祀の原則との対立、盂蘭盆会をはじめとする民間習俗の問題、祖霊の来格をめぐる朱子学的な「気」の議論と仏壇・位牌に象徴される祖霊観の相剋……そうした課題の一つひとつに絅斎は立ち向かった。その知的情熱を支えていたものは、「五倫ノ節目、人ノ身ハ是デ繋デ有」「生レタ身ナリニ、キッシリト五倫ニ成テ居ル」と言われたような「身」や「場」の感覚に他ならない。(10)

直方は、こうした課題に全く関心を示さない。むしろ冷ややかな気持ちを抱いていた。

文公家礼ヲ吟味シテモ、ソノマ、スルコトナラヌハ役ニタ、ヌ。嘉先生（闇斎）ノ死後ニ大勢ヨリ合フテ、

一向埒明ナンダゾ（『韞蔵録拾遺』巻之一七）

「事物ニマトワレ」ることの拒絶とは、こういうことでもある。埒の明かぬ「家礼」問題に拘泥することなしに、「カノ一理」へ飛躍することが必要だし、それは可能なことだと直方には思われていたのだ。

二、国家と「理」

幕府は、日本を頂点として、李氏朝鮮、その下位に琉球・蝦夷を「服属」させた（「鎖国」体制の完成以前は、安南・交趾・占城・暹羅・呂宋・東埔寨といった諸国を含む）「日本型華夷秩序」と呼ばれる東アジア世界の「小帝国秩序」を積極的に作っていった。そうした秩序の創出をイデオロギー的に可能にしたのは、『日本書紀』以来の歴史をもつ「神国」観念の近世的変容であった。それは、一向一揆やキリシタンとの激しい闘争を通じて統一権力が形成されてゆく過程の中で、当然、「天皇」の近世的再生と深く絡み合いながら、国家的イデオロギーとして近世的に再編強化されたものである。近世的な「神国」イデオロギーは、一つに「武威」の強調、二つには国内的な「安民」と海外に及ぶその「化」の誇示、三つには「皇統」の連続性の主張という核をもっていたように思われる。[11]

絅斎・直方それぞれの「理」は、こうした状況の中で、どのように展開してゆくのだろうか。直方からみてみよう。

日本正統万々世ヲ云ハ、理気ノ義ヲ知ラヌモノナリ（『学談雑録附録』）

サテ我ガ生レシ国ヲバ、売薬ヲスル者ノヤウニ我レバカリヲヨシト云テ自慢スルコトニテ候ハ……ソレナレバ天下ノ公理トハ不レ被レ申候（「中国論集」）

直方の「理」は、「神国」イデオロギーを一方から支える「皇統」の連続性といった国家的権威の神秘化にはもちろん、広く日本独尊的な国家意識一般を軽蔑し拒絶してゆく。また、

権謀者ガ、以レ理不レ破レ法、以レ法破レ理ト云タモノ也。……理ト云モノヲ法カラクズスコトハナラヌ……以レ法破レ理ハ権謀者ドモガ我マヽセフトテノコト也。……天命ニ則リ聖法ニシタガフ法コソ、マコトノ法ナリ（「論語　為唐津侯土井利実講」）

とも言っている。「法是礼節之本也、以レ法破レ理、以レ理不レ破レ法、背レ法之類、其科不レ軽矣」とは、「元和武家諸法度」第三条による定式化であった（家康に仮託されて、後に流布する『徳川成憲百箇条』も同趣旨の規定を設けている）。図式的に言えば、一揆契状・戦国法によって、「喧嘩両成敗」の法理・「理を破る法」の観念は成立し、その法観念を、全国的な支配体制のもとに継承したのが、幕府権力であった。とすれば、直方の「理」は、単に「神国」イデオロギーへの軽蔑に終わらずに、中世から連綿とした「法」と「理」との闘争の歴史——鳥瞰すれば、御成敗式目もそのように説いていた法源として在地の「理」が、上位権力の「法」によって敗北を強いられてゆく歴史(12)——の最終的帰着に対する抗議であった(13)。

近時ノ権謀者ハ、仁義ノマネヲモセズニ、詭道ヲ以テ国家ノ政ヲ為スベキト云ハ、無二忌憚一ノ甚ナリ、可レ畏(14)（「軍談筆記」）

直方には、「以レ法破レ理」を公然と掲げた、「権謀者」に主導された「詭道」の政体として幕府を見る視点が確かにあった。

ただ、こうした批判的な視点が、実はその前提として、「法」制定の主体を突き詰めれば幕府に集中してゆくような、つまり、幕府―諸藩、藩―家臣団という二重の体系を、幕府を絶対的上位者とする一つの序列として捉えてゆく、その意味での幕府の絶対視の上にはじめて成り立っていることを見落としてはならない。中国的な、文官優位の中央集権的な官僚制国家になぞらえて幕府を見ているのである。(15) その意味での幕府の絶対視が前面に押し出されたのが、赤穂事件をめぐる直方の論評であった。直方は、

> 大法ヲ背クニ因テ、内匠上ヨリ死刑ニ行ハル、何ノ讎ト云ベケンヤ、……上ノ命ヲ背キ……上野介ヲ討コト、此モ大罪人ナリ（「復讐論」）

と述べている。ここから読み取るべきは、右に述べたような意味での幕府の絶対視であって、それを直ちに「理」に対する「法」、あるいは幕府の裁定の聖化と連続させてはならない。集中的権力主体としての幕府の措定と、「理」の視点からの批判可能性の確保とは、直方のなかでは相互補完的なのである。(16)

絅斎はどうだろう。かつて「国体」主義者として名を馳せた絅斎の立場は、基本的には相対主義である。

> 夫《れ》天、地《の》外ヲ包、地、往《く》トシテ天ヲイタゞカザル所ナシ。然レバ、各其土地風俗ノカギル処、各一分ノ天下ニテ、タガイニ尊卑貴賤ノキライナシ（「中国弁」）

面々各々ニテ其国ヲ国トシ、其親ヲ親トスル、是天地ノ大義ニテ、並行ハレテモトラザル者也（同前）

「面々各々ニテ其国ヲ国ト」するという相対主義は、原理的には「日本型華夷秩序」と整合しない。だが絅斎にあっては、両者は巧妙に妥協させられる。それを象徴的に示すのは、李氏朝鮮の位置づけである。

吾国モ吾国ヲ主トシテ、他国従《い》ツケバナデ〔撫〕ヤスンズルガヨシ、此方ヨリシユ〔強〕ルニ非ズ。……扨亦三韓国ノ如キハ、吾国ヨリ征伐シテ従《え》タル国ナレバ、其《の》為ニ今ニ吾国へ使ヲ通ジ、寄服スル。是吾国ノ手柄ナリ。亦三韓ノ国ヨリ云ハヾ、面々ノ国ヲ立テ主トスルガアノ方ノ手柄ナリ（同前）

「征伐シテ従《え》タル国」[17]との上下関係を、今日においては「寄服」と観念づけることで、相手国の主体性を擬似的に認め、それによって絅斎の相対主義は形式的に守られ、同時に「日本型華夷秩序」は実質的に満足させられるのだ。こうした微妙な相対主義に立ちながら、絅斎自身は、どのように「其国ヲ国」としてゆくのだろうか。

況ヤ吾国天地ヒラケテ以来、正統ツヾキ万世君臣ノ大綱不㆑変ノコト、コレ三綱ノ大ナル者ニシテ、他国ノ不㆑及処ニアラズヤ（同前）

注意したいのは、君臣論という、次元の限定された議論が、直ち国家論に結合してゆくという構造をとることである。その点で、たとえば『葉隠』のような君臣の認識[18]とは決定的に異なってゆく。絅斎の君臣論は国家論へと開かれてゆき、逆に、国家論は君臣論に還元されてゆくのだ。そして「君臣ノ大綱不㆑変」というのも、神秘的に未来に向かってそれが約束されているということではなく、これまでそうあった〈事実〉が未来に向かって当為的に投影されているのである。この非神秘性は、「君臣ノ大綱」が普遍的規範であることに――『靖献遺言』の題材はすべて中国にある――基づく。普遍性の純粋な貫徹に、日本の特殊性は発見されているのだ。

絅斎のとりえた均衡は、高弟の若林強斎において早くも崩れてゆく。朱子『大学章句』序文「継天立極」の句を強斎はこう読む。

〔天は〕タヾ蒼然タル天ヲ指シテ云タコトデナイ。天御中主ノ尊ノコトゾ。万物ヲ生々スル元霊統命ノ大主宰ハ、コレヨリナイ（「大学序講義」）

一元スイキノ大本原ノ上帝ノ家督ウケルコトヲ継天ト云。ソレカラシテスグニ系図ノキレヌコトヲ云。……天ノ家督ヲ継デ、御指図ノヤウニ億兆ノ人ヲ全フナサシムル人ガ、継天人ゾ。……天ノ家督相続……ヲウケル惣領ノコトヲ云ゾ（同前）

「天」が「天御中主ノ尊」に、「継天」がそこから「家督ウケルコト」に読み替えられたことで[19]、絅斎の「理」の非神秘性・開放性は喪失され、国家意識も大きく変質した。

と同時に、絅斎の「理」の中に、既に強斎的な方向が準備されていたという側面、強斎に即すなら、より絅斎的であろうとすることで読み替えが果たされたという点にも注意しなければならない。所与の人間関係から超越した、理法としての「理」の性格の欠落が、この師弟を結びつけている。

天下ニ不是底ノ君父ハナイ。不是ト思フハ、モハヤ君父ノ寝首ヲ搔《かく》タネガ出来タゾ。ヲソロシイコトジヤ。何デアレ、アナタ〔彼方〕ヲ是非スルコトハナイ。我ヨリ尽シテユクヨリ外ナイゾ。アナタノワルイト云ハ、皆我ヨリスルモノガ尽ヌユヘ、我ヨリ尽シテユクニ、何シニアナタノアシカロウ様ナイカラハ、アナタニ不是ト云コトハナイ（「拘幽操師説」）

何ホドケツカウナ奉公ブリデモ、働ガ有テモ、真味真実、君ガイトフシフテナラヌト云《う》至誠惻怛ノツキヌケタデナケレバ、忠デナイ（同前）

ここに絅斎の「理」の非理法性・非超越性がよく表れている。強斎に受け継がれたのは、まさにこれであった。「天」が「天御中主ノ尊」に換骨奪胎される時、「理」の立場からそれを阻むものは、その理法性・超越性をおいてはありえない。しかし絅斎は、それを「其理ガ……己ガ心ト離レテ別ニ成」ることだと感じ、どこまでも「身ニヤマレズ忍ビラレヌ」君父への心情の中に、「理」のリアリティを求めていった。国家論が常にそこに還元されるべき君臣論について、「理」が最も非理法的・非超越的に語られている時――絅斎自身は踏み止まれたにせよ――、その延長線上に、なし崩し的に強斎が登場するのは偶然ではなかった。

むすび

こうして、闇斎学派の中から、二つの「理」を抽出することができるだろう。二つの「理」は、人間と国家、道徳的実践と社会的認識の主要な論点について、ことごとく鮮やかな対照を示している。むすびとして、この鮮やかな対照の意味するものについて、少し考えてみよう。

先立って、二つの「理」の共通性、対照を支えている基盤とも言うべきものを探っておこう。共有されている大きな問題関心を見逃せば、対照の意味も理解しえない。

貝原益軒は、

人の身は……天地のみたまもの《御賜物》、父母の残せる身なれば、つつしんでよく養ひて、そこなひやぶらず、天年を長くたもつべし。是 天地父母につかへ奉る孝の本也（『養生訓』巻第一）

と説いている。ここに言われる「身」が、天地や父母との縦の結び付きをもちながらも、第一義的に生理的・肉体的な「身」であること、つまり「生レタ身ナリニ、キッシリト五倫ニ成テ居ル」と絅斎によって言われたような性格をもたないことは明らかである。こうした「身」の思想は、絅斎や直方からは共に生じる余地がない。絅斎の強調する「身ト共ニ」も、狭義の倫理的実践の次元に集中して言われるのであり、博物家・益軒を作っていったであろう「格物」の精神も、絅斎の場合、『靖献遺言』が示すように、古今の人物への倫理的評価を通じての「孝」や「忠」の「自然」性の確認という意味合いを深くしている。「身」に対する負の志向をもつ直方にあっては、生理的・肉体的な「身」への関心がみられないのは言うまでもない。たとえば、直方の唱える静坐論をみても、朱子の静坐論から、呼吸法をはじめ、肉体そのものへの関心に独り歩きしかねない要素を注意深く除き去ることで、それは成立していた[20]。朱子のもつ、道家的な肉体論への個人的関心や中国の自然学に深く結び付いた要素は、絅斎・直方にあっては見事なまでに振るい落とされている[21]。

国家に対しても、二つの「理」は、問題の根源を共有していたがゆえに、対照の鮮やかさを示しうるのである。それは「理」の立場に立つことで、国家の問題を非神秘化された空間に引き出そうという姿勢である。直方が高踏的で、それゆえに安定的であるのに比べて、より微妙な均衡の上に立つのは絅斎であった。既にみたように、国家論を基礎づけるべき君臣論において、絅斎の「理」は、理法性・超越性を喪失していた。しかし、それは君臣論の神秘化ということではない。

混沌未分ノ時ハ、君ハ君、臣ハ臣、人倫ハ人倫ト、沖漠無朕、万象森然ゾ。アヤワケ云ハヌ先カラ、リントナリテキルハヅノコト（「大学序講義」）

この強斎の君臣論と比較すれば、それは明らかである。まして絅斎は、神話からする国家の神秘化、「神国」イデオロギーの唱導といった傾向からは遠かった。そこに直方との共通性、普遍的な価値基準に拠って、国家の問題に対してゆこうとする基本姿勢の共有があった。

最後に、それぞれの「理」を支える根源的な問題関心は何か、互いの「理」はどう映ってゆくのかといった点をみることで、この二つの「理」のもつ意味について考えてみよう。

直方の「理」から述べてみる。論点は、仁斎・執斎そして絅斎に共通する性格、直方からみて「事物ニマトワレ」た諸思想が、近世日本という精神風土の中では、いわば「総崩れ」的に、父子・君臣、ひいては国家といった所与の人間関係に閉塞・埋没してしまうのではないかという一点に絞られている。こうした「総崩れ」状況の下で、「理」の理法性・超越性を獲得してゆくために、何を発言してゆくべきか、ここに直方の問題関心はあった。高踏的・主知的な姿勢は、ここに由来する。これを社会的に言えば、宋代中国社会と近世日本社会の原理的な相違――宋代社会を支えた、社会的分業の単位としての非身分制的な「個人」が、近世日本においては、目的団体としての「イエ」に代位されてゆく(22)――が、朱子の「理」の理法性・超越性を保持しようとする時、直方の「理」を高踏的・主知的な孤立へと追いやったということができるだろう。それはともかく、「総崩れ」状況の中で踏み止まってゆくエネルギーを、直方はどこに見出すのだろうか。

凡ベテ、ウトウトスルト成就セヌ、……ウロリトシタ知、ウロリト知ル、ヤクニタ、ヌ。人ヲ切ルニナデ、

ハ切レヌコト也（『韞蔵録拾遺』巻之二五）

戦闘者としての古い武士のもつ強み・気概がひとつにはある。強み・気概への希求は、直方にこうも言わせる。

切支丹ハ、死ストモディウスヲ踏マヌ、……死ヌハチットノアイダ、義理デ死ヌハ苦ニナラヌ筈（『韞蔵録』巻之一三）

所与の人間関係への閉塞・埋没をなし崩しに強いる精神風土——中世のそれとは、何と相貌を異にするのだろう。それは、日本の歴史がかつて経験しなかった強大な権力を戴いた政治的社会の所産であり、かつその支柱でもあったのだ——を見据えることの深さを窺い知るべきである。

絅斎の「理」はどうだろうか。まず、直方の「理」はどう映るのだろう。赤穂事件について、大石内蔵助らの「忠義」は明白だとした上で、絅斎は、

是如レ此コトハ別ニ紛ロシキノ精キノ穿鑿ナシ、学ブモ学バザルモ天下一統明ナル義理ト云モノナリ。ナマジイニ学問ダテヲシ、珍キコトヲ高上ニ云タガル者ハ色々ノ意アリテ……（『剳録』）

と述べているが、直方を意識したものであろう。「高上」に注目すれば、

後世ハ……精明高上ニ理ヲ説ネバ快ラザル様ニ風俗有レ之、下学上達ノ旨ヲ失……（同前）

とも言われている。直方の「理」は、徒《いたずら》に「高上」なだけで、「下学」日常的実践の足場をもてないということである。[23] その足場が、絅斎の言う「場」としての「身」であり、内容的には「自然」としての「孝」「忠」であった。[24]「真味真実、君ガイトフシフテナラヌ」というほどに心情化したものであっても、絅斎はそれを「理」の問題として語っている。だが、絅斎の両側には、そうした「理」を否定し、心情としての「孝」に、あるいは「忠」に没入してゆこうとする執斎と『葉隠』があったし、[25] より脅威的存在として、父子・君臣を越えた人間関係（「接レ人」などと言われる）から問題を組み立てていた仁斎がいた。[26] そうした状況の中で、絅斎の擁護しようとしたものは何か。それは、当然、普遍的な規範としての「理」に相違ないのであるが、絅斎はそれを、父子・君臣という（直方からみれば「総崩れ」状況に引き摺り込む）「場」に即して、ともすればその没入へと流れるエネルギーを、「理」の中に汲み取ろうとしていた。絅斎を単純な心情主義者としてはならない。絅斎の言う「身」は、実は両義的なのであり、

カナシイコトハ、身ト生ル、ト、己ヒトリノ持マヘニナリ……己ガ身ト云計《ばかり》ニナルト、ヲキモナヲサズスグニ私ト云モノゾ（「仁説問答師説」）

ドウシテモ我《が》ト云モノガ身ニ切ナルモノ故、我ト云ナリニ私シテ、ドコマデモコレニ隔ラレテ……（同前）

とされるように、「私」「我」を生み、主体と規範との「隔」を作るのも、まさに「身」ゆえなのである。「身」ある限り不断に生ずる「私」「我」を克服してゆくこと、この実践の課題もまた、「場」としての「身」の次元でのみ果たしうる。「身」は、「身ニ切ナルモノ」としての「私」「我」と、「身トトモニ生得テイル根」としての「孝」「忠」との葛藤の「場」でもある。その葛藤の彼方に、絅斎の求めた「身ト共ニ」ある「理」はあった。絅

斎の君臣論の展開が予想させるように、それは、「事物ニマトワレ」かねない危うい思想的な賭であった。が、同じく普遍の「理」を求めた直方の高踏性・非実践性を超克するためには、為されるべき賭であった。

註

（1）思想の性格からは対極に立つといっていい荻生徂徠の批判「以二我心一治二我心一、譬如三狂者自治二其狂一焉。安能治レ之」（『弁道』一八条）に共通している。

（2）「身」あるいは「性情」に対する主宰・統轄者としての「心」の定立という朱子の思想の根本が、既に闇斎において、より身心渾一、身体的契機の重視という方向に転回していたということは早くから指摘されており、そこに垂加神道との深いつながりも読み取られてきた（尾藤正英『日本封建思想史研究』青木書店、一九六一年、第一章「山崎闇斎の思想と朱子学」。平重道『近世日本思想史研究』吉川弘文館、一九六九年、第三章「闇斎学と垂加神道」）。いわゆる「敬義内外」論争への態度からみて、絅斎の場合、その身心論を闇斎に全く等しいとすることはできない。しかし、経文の解釈を離れて、より実践的な問題に進むにつれて、絅斎の身心論も——闇斎とは異なった文脈から——より渾一的方向を呈してゆくと言えるのである。異なった文脈からというのは、「神道」への非関与、静坐の非承認といった点で、闇斎の身心論との相違を見せるからである。

（3）精神史的には、芸能や武道の世界に顕著な、中世以来の「身心一如」の感覚に通底する面をもつのかもしれない。

（4）後に引くように、それは「一理」の謂であって、人格的な「主宰」ではない。

（5）拙稿「浅見絅斎『心ナリノ理』をめぐって」（『季刊日本思想史』二二号、一九八四年）参照。

（6）価値の序列として「知理気肉」を置いて、「肉ハ気カラ仕フ……気ハ理カラ仕フ……理ハ智ガ仕……」とも述べている（『韞蔵録』巻之九）。

（7）『標註伝習録』の公刊（一七一二年・正徳二）で知られる執斎であるが、その「陽明学」については批判的に検討せねばならない。この点、つとに相良亨『近世の儒教思想』（塙新書、一九六六年）一九〇頁、荒木見悟『朱子・王陽明』（世界の名著、中央公論社、一九七四年）六四頁以下に指摘がある。初年から一貫する理想的人間像「善人」は、日常世界のありのままを甘受して生きる円満な人格を指すし、横溢する善悪の単純な二分法・固定化は、「心」と「理」との分裂を克服して、「理」を自らの「心」によって担ってゆこうとする陽明学本来の姿からは無縁のものであった。拙稿「佐藤直方と三輪執斎」（『文明研究』五号、一九八七年）参照。

（8）「肉」の用例、その含意を想起せよ。

（9）朱舜水を、「背二君臣之義一、棄二親族之恩一」と厳しく難じた一文によく示されてる（「楠正成墓石説」）。

（10）拙稿「絅斎・強斎と『文公家礼』」（『日本思想史研究』一五号、一九八三年）、「懶斎・惕斎と『文公家礼』」（『文芸研究』一一三号、一九八六年）参照。

（11）「神国」観念が、統一政権下でいかに再編強化されていったか、「日本型華夷秩序」の形成とどのように連関し、そのイデオロギー的支柱になってゆくのか——研究史的にも、こうした課題に共通の理解が得られているという段階にはないように思う。筆者の今の力で言えることは、以下の通りである。「武威」は、「大明之長袖国」に対する「弓箭きびしき国」として日本を性格づけた秀吉政権から継承されたもので、この点で、清朝成立を契機に、「東方礼儀之邦」「小中華」としての国家意識を高めてゆく李氏朝鮮と対照的である。「安民」については、幕府が早くから明朝・李氏朝鮮に対して、「南蛮邪徒」の鎮圧で優位性を誇示し、——倭寇対策を求められていた室町～戦国期の伝統から逆転して——「南蛮邪徒」の取り締まりを要求していたことに注目したい。東アジア世界共通の政治課題に対し、最も有効に「安民」を達成しているという政権の自負が、「神国」イデオロギーを一方から支えている（林羅山「遣大明国代本多正純」「答大明福建都督」「呈朝鮮国礼曹」による。『林羅山文集』巻一二・一三）。「皇統」については、「近世天皇制」の生成の論理は、呪術的・宗教的権威の次元ではなく、在地領主階級の国家的結集における律令的法体系の意義という問題であるとする水林彪「幕藩体制における公儀と天皇」（『日本の社会史3　権威と支配』岩波書店、一九八七年）の指摘、「日本型華夷秩序」との関連では、対朝鮮関係に示されているように、「天皇」の存在は、近世国家全体の対外的優位性の論理へと転化してゆくとする荒野泰典「一八世紀の東アジアと日本」（『講座日本歴史6　近世2』東京大学出版会、一九八五年）、蝦夷地支配にとっての律令官制における征夷大将軍号の必要性を説く海保嶺夫「幕藩制下の琉球と蝦夷地」（『岩波講座日本歴史11　近世3』一九七六年）らの指摘を注記するにとどめる。

（12）戦国法の成立による「理を破る法」の勝利にもかかわらず、近世社会の底流にある正当性観念としての「理」の重要性については、難波信雄「百姓一揆の法意識」（『講座一揆4　生活・文化・思想』東京大学出版会、一九八一年）参照。

（13）直方の「理」が、実体的に中世の在地の「理」を引き継いでいるということではもちろんない。そこにある観念的な連続性のもつ意味に注意すべきだということである。

（14）「近時ノ権謀者」は特定人物を指すのだろうか。幕府批判を秘めたと思われる先の史料にも「権謀者」とあることから考えれば、幕府要路に門人を送り込んだ山鹿素行『謫居童問』の中の、「〔聖人の道は〕必仁義ヲ以テシテ権謀ヲ用ヒズト云トキハ、偏見ノ俗学ニシテ、共ニハカルニ足ラズ」という一節を想起せずにはいられない。

(15)　尾藤正英前掲書第二章「佐藤直方の思想」一一四頁に指摘がある。文官優位という点に注目すれば、直方の執拗な兵学批判の動機もここにあるのだろうか。

(16)　赤穂事件をめぐる論評は、直方が、幕府の「法」を絶対視している論拠とされてきた。しかし、「理」と「法」との緊張という視点からする時、そうした結論は必ずしも成立しないというのが筆者の見方である。拙稿「赤穂事件と佐藤直方の「理」」(『日本思想史研究』一八号、一九八六年)参照。ただ、前稿においては、「理」からする「法」や裁定・仕置への批判可能性を確保することと、権力主体を幕府に一元的に集中して措定することとの相互補完的な構成に注意が行き届かなかったために、議論は十分ではなかった。丸山真男「闇斎学と闇斎学派」(日本思想大系『山崎闇斎学派』岩波書店、一九八〇年、解説)にも、赤穂事件をめぐる評言から、直方の「法家主義的傾向」を読み取ることはできないという指摘がある。

(17)　「征伐」の正当性には何の疑念も持たれていない。そこに、絅斎の相対主義が実質的に「日本型華夷秩序」の枠内のものであることが看取される。「征伐」神話については、多くの儒者もその呪縛下にあるが、闇斎に学んだこともある藤井懶斎が、「其国財多ガ為《ために》シテ伐レ之、義悪《いずくにか》乎在」と言う(『閑際筆記』上)。また、直方の門人である荻濃祐重が、これを「盗賊」「秀吉ノ妄挙と同意」と言い切っている(『韞蔵録』巻之一四)。直方も、これと同じ見方だったのではないか。

(18)　「忍恋」に喩えられ「死狂ひ」が説かれる主君への思いが、「捨身」「死身」あるいは「身は、無相の中より生を受く」(二—三一条)というような「身」の感覚を伴っている。こうした「身」の感覚と、絅斎の「場」としての「身」の思想との相違は、君臣論の国家論への連続という意味での絅斎的開放性と『葉隠』的没入性の相違とパラレルである。もっとも、「捨身」「死身」ゆえに「毎朝、行水、月代、髪に香をとめ、手足の爪を切つて軽石にて摺り、こがね草にて磨き……」(一—六三条)と説くところに『葉隠』の真価はあるのだが。

(19)　丸山真男前掲論文(六二九頁)が指摘するように「強斎も……儒教的合理主義の洗礼を浴びた子」であって、強斎の「天」が「天御中主ノ尊」にすべての場合にわたり等置されるということではない。なお、強斎による『大学』の読み替えについては、拙稿「闇斎学派」(源了圓編『江戸の儒学——『大学』受容の歴史』思文閣出版、一九八八年参照)。

(20)　直方は、医業に就いていた一門人の編んだ『朱子静坐説』から、朱子「調息箴」を削り、改めて『静坐集説』として公刊することを勧め、これに序文を与えた。三浦國雄「朱子と呼吸」(金谷治編『中国における人間性の探究』創文社、一九八三年)によれば、朱子は「調息による肉体の錬成を信じて」おり、さらに「道教の行気法を実践——少なくとも実践しようとした」という。

(21)　豊穣な自然学を取り込めていたのは、朱子という傑出した人格においてはじめて可能なことであり、既に朱子の門人たちから、明代・李氏朝鮮に至るまで、そうした自然学への関心は失われていた、したがって、それは絅斎・直方をはじめ闇斎学派に限った問題ではないのではないか、という疑問は提出されうるだろう。しかし、絅斎や直方の場合、常に博物家・益軒の「知」を強烈に意識しているのであって、問題を右のように一般化するのは妥当ではない。また、「中国天文学の最後の、最高の成果である「授時暦」は、元代朱子学派の俊秀たちが指導し……つくりあげた暦法であった」という山田慶児の指摘を忘れてはならない（『朱子の自然学』岩波書店、一九七八年、序章）。むしろ同じ闇斎学派の中でも、渋川春海や谷秦山といった「神道」系門人に暦法への関心が見られるのは興味深い。『朱子の自然学』の著者は、朱子の全体系を「気の自然学が理の人間学の基礎としてあたえられている」ものと説いているが（四一七頁）、これら「神道」系門人の場合、何がその関心をもたらしているのだろうか。それは別に論じるとして、こうした門人を考えても、絅斎や直方に共通の〈気の世界・自然〉への無関心は、この時代における「理」の在り方の固有の問題として考えるべきなのである。

(22) 滋賀秀三『中国家族法の原理』（創文社、一九六七年、第一章「基本的諸概念」）、石井紫郎「近世の国制における「武家」と「武士」」（日本思想大系『近世武家思想』岩波書店、一九七四年、解説）参照。また、中世の「道理」（また氏によればそれはRechtに相応する）を支えた自律的なイエが、近世において、上位権力の個別的執行体、ヴェーバーの言うライトゥルギー的強制団体として決定的に変質させられたという水林彪「近世の法と国制研究序説」の指摘は、近世武家社会の「イエ」を考えるうえで重要である（『国家学会雑誌』九〇巻一・二号、五・六号、九一巻五・六号、一一・一二号、九四巻九・一〇号、九五巻一・二号）。一般的に近世日本の「イエ」には、自律的に「道理」を担う必然性も能力もないのであり、直方が、「日本デハ公儀前ヲ第一ニシテ孝悌ノ事ガノク……皆根本ヲ失フゾ」と言っているのも（『韞蔵録拾遺』巻之一三）、それを言っているのだ。近世日本の「イエ」についての直方の冷淡は、「家礼」の問題で見た通りである。

(23) 執斎も、同じ視点から直方を批判していたことは既に述べた。直方自身も、「京デモ江戸デモ、吾学ヲ知ガ過ルト云……」と言っている（『韞蔵録拾遺』巻之九）。

(24) 絅斎について、「孝」「忠」のいずれが根源的であったかという問題設定は、あまり生産的ではないように思う。ただ、「孝」と「忠」との異質性が融解してゆく、その意味で同質化していったということは言えるだろう。これも、近世日本の「イエ」の性格の刻印であることは間違いない。その点、「孝者所ニ以事ㇾ君也」（『大学章句』伝九章）という儒教の伝統に沿って、「忠」に対する「孝」の根源性を説いた朱子の原則的姿勢との相違は大きい。しかし、既に引いた『朱子語類』の中の、父・子の「親」と君・臣の「義」を共に「自然底」としている朱子、そこの異質性を乗り越えようとする朱子も確かにいるのだ。特に『朱子語類』に、そういう朱子は頻繁に登場するように感じられる。その『朱子語類』の味読を、近世日本の朱子学者たちの中でも際立って訴えるのは闇斎学派の特色であった。問題の基本的性格が変わるとは思えないが、単純でないことは確かだ。

(25)「忠の義のと言ふ、立ち入りたる理窟が返すぐ〳〵いやなり」(一―一九六条)と言う『葉隠』を、「忠」への没入として規定するのは、そこにある屈折を勘案してのことである。「忠も孝も入らず、武士道に於ては死狂ひなり。この内に忠孝はおのづから籠るべし」(一―一一四条)。絅斎との対比のうえで、とりあえずこのように規定することは許されると思う。念のために一言すれば、ここに言う「没入」は、非主体的行為の謂ではない。

(26)『語孟字義』に、「忠信」「忠恕」があって、「孝」「忠」が立項されていないのは象徴的であり、事の意味は大きい。

闇斎学派と『大学』——若林強斎を中心に——

はじめに

闇斎学派の特色の一つは、「四書」、『近思録』を中心とした繰り返しの講義、師説の敷衍・解説、また山崎闇斎『文会筆録』がそうある通り、『朱子文集』『朱子語類』等の精読とその表章・編纂といった学問的営為のスタイルにある。そして、既に闇斎の高弟たちにおいて激しい「解釈」の分裂を呈していたように、そこで「師説」といわれる時、その内容は決して一様ではなく、それゆえに「師説」の真意を明らかにしてゆくこと[1]に精力が注がれていった。『大学』についてもまさにその通りであり、学派の全体をみれば、講義・解説・表章・編纂の量は膨大なものにのぼる。そこに込められたエネルギーこそ、闇斎学派をして、他の諸儒の『大学』への姿勢から分かつのだ、とりあえずそう評しうるほどである。

さて、闇斎学派と『大学』というテーマに接近するにあたっては、闇斎その人の『大学』理解をまず押さえて、以下、浅見絅斎・佐藤直方・三宅尚斎と、その代表的な弟子たちによる祖述と変質の様態をうかがい、さらに若林強斎・稲葉迂斎・蟹養斎・久米訂斎へと時代を降ってゆくのが最も正統な叙述の方法であろう。しかし、本稿はそうした方法を採らず、闇斎にとっては、絅斎を通じた再伝の弟子である強斎に考察の基軸を据えて、必要な限り直方その他に言及してゆくことにしたい。その消極的な理由は、闇斎その人の『大学』理解を独立に取り上げるには、闇斎が「述而不作」の態度を強く掲げているために、いまだ多くの困難を免れないこと。積極的には、弟子や再伝の弟子たちの多様な言葉を拾ってゆくことで、闇斎学派の――ひいては闇斎自身の――幅を再現できると考えられること。そして、「儒教」と「神道」との〝妙契〟という闇斎に固有の問題について、ひとり強斎が闇斎に近い立場をとっていることがあげられる。絅斎や直方とは異なり、明らかに強斎は〝妙契〟論の立場から『大学』に向かっている。こうした理由から、強斎を基軸としてこの学派に接近してゆくという方法を、本稿は採ってゆく。互いに激しい対立を孕みながら成立していたこの学派の共通の問題関心を浮き立たせるには、こういう方法も試みられる価値があるだろう。

一、「明徳」

『大学章句』冒頭の「明徳」についての朱子の注「有時而昏、然其本体之明、則有未嘗息者」を、既に指摘されている通り、(2)「明徳＝常時昏昧」と理解することが、闇斎の真意として、一部の弟子に伝えられていた。有名なのは、闇斎の門人で「明徳＝常時昏昧」を説く遊佐木斎と、木下順庵門下の室鳩巣との論争であろう。あるいはまた、直方『韞蔵録』巻之九「跡部氏手編」は、

問、山崎先生ノ明徳ノコトヲ常人ノハ黒明徳デ時々明ナト宣ヒシヲ、サウデナシト論ジ玉フト云説アリ、如何。答曰、成程前方ハ常人ノ明徳ハ昏蔽ノ極デヲルト云レシ。吾ラ是ヲ論ジテ心ニ合ズ。サレドモ後ニハ合点イタサレタ也。

と伝えている。ここでは、闇斎が「明徳＝常時昏昧」説に「前方ハ」与していたものの、直方らの所論の正当性

を認めて「後ニハ」改めた、と言われている。「明徳＝常時昏昧」という理解が、朱子の「明徳」の理解から大きく離れたものであることは、既に先学の指摘[3]の通りである。

しかし、この問題は、何か不透明で分かりづらいものを残しているように思えてならない。例えば、闇斎の『大学垂加先生講義』（一六七九・延宝七年）の以下の説明、

> 一度クラウナリテ、モハヤベツタリト本マデガマツクラニナルモノカト云ヘバ、ヤツパリ本体ノ明ガヤマヌホドニ、昏ウナリタル中ニ彼明徳ガ存シテアル、ソレヲタノミニシテ明ニスル筋ヲタヅネ、バナラズ、其筋ハ乃ソノ本然明徳ノ発スル所……

また、〈「本体之明」は、「昏蔽之極」といえどもまったく「昧」くなりきってしまうものではなく、いかなる場合にも、それは光輝を失なわないのだ〉として、「一有覚焉、則即此空隙之中、而其本体已洞然矣」と続く『大学或問』経一章の一節についての同書の解説、

> 人欲昏蔽ノ中ニフツト発見《はつげん》スルガキラリト堯舜ニ同キ良心也。其チヨツト発スル所ハ、乃人欲昏蔽ノ中ノ纔ノ空隙ノ間也。……カウシタコトガ有ニヨツテ、聖人ノ教ガ立ラレタモノ也。モハヤベツタリト塞タ牛馬ニハ、如ㇾ此教ハナラヌゾ。其段、『孟子』ノ四端ノ章、発明シ尽セリ。

これらからは、「明徳＝常時昏昧」説は導かれないだろう。直方が回顧するように、「明徳＝常時昏昧」説は、単に闇斎の未定の説だったということだろうか。そうではあるまい。闇斎の言う「明徳＝常時昏昧」説も、道徳的ニヒリズムや他力への依存へと連なるものではなく、ましてや「性悪」説であろうはずはない。人間の自力によ

る道徳的実践に、どこかで深く結びついているはずである。『大学垂加先生講義』にみられる議論と、「明徳＝常時昏昧」説とは、一見するほどには矛盾することなく、闇斎のなかでは結びついていたのであろう。次に引くのは、木斎への鳩巣の反論の一節である。

蓋し気稟は、有生の初めに拘すといへども、然もその拘する所は分あり。事事にして拘するにあらず。人はもとよりここに塞がるもかしこに通じ、かしこに薄きもここに厚あり、これなり。人欲は、有生の後に蔽ふといへども、然もその蔽ふ所時あり、常常にしてこれを蔽ふにあらず。（「与遊佐次郎左衛門論有時而昏」第一書、日本思想大系『貝原益軒・室鳩巣』）

気稟・人欲に対する洞察という点で、鳩巣のこうした議論がいかにも平板なものであるのに対して、『大学垂加先生講義』からは、鳩巣的な平板さを突破してあえて深淵を窺おうとするところが見うけられるだろう。鳩巣と比べれば明らかな闇斎の読みの深さは、それが直ちに「明徳＝常時昏昧」説にゆきつくものではないだろうが、（木斎がそう受け取ったように）「明徳＝常時昏昧」説こそが、行間に秘められた闇斎の真意であるかのような雰囲気に、どこかで結びついていたのであろう。ともかく、この問題をめぐる〝分かりづらさ〟の一つは、『大学垂加先生講義』にせよ、『文会筆録』「大学」にせよ、闇斎その人の言葉で「明徳＝常時昏昧」説が積極的に語られていないという点にある。

あるいは、例えば闇斎の『神代巻講義』の次のような一節が、暗々裡に「明徳＝常時昏昧」説を語っていると理解すべきであろうか。

吉田家ノ和歌ガアル。……神ノマス鳥キニイレバコノ身ヨリヒツギノ宮トヤスラカニスム……先《〔ヅ〕》神ノマストハ、タトヘバ三輪デモ、北野デモ、神ノ宮ノアルトコロゾ。其神ノ宮ノ鳥キノ中ニ入バゾ。サレバコノ身ハ皆神ノ身ナリ。サルホド身心清浄ニアルベシ。キタナキ身ニハ神ノヤドラセラレヌト三部ノ本書ニアルゾ。コノ常ノ人ノケガラハシキ身心ニハ、神モヤドラセラレヌガ、神ノ鳥キノ中ヘイリテアレバ、吾身心ガスッキリトナルゾ。

この一節については、後に再び取り上げることになるが、少なくとも「明徳＝常時昏昧」説を、それとして積極的に語っていないということは言えそうである。(4)

〝分かりづらさ〟の第二は、「明徳＝常時昏昧」説と工夫論との関係にある。『大学章句』は、先にあげた「明徳」の注に続いて、「故学者当因其所発而遂明之、以復其初也」と説くのだが、「明徳＝常時昏昧」という方向から読む時、「因其所発」は、どのような理解の可能性を生むのだろうか（単純に考えると、「明徳＝常時昏昧」説からは、人間の自覚的な工夫・実践の道は閉ざされているかに思える）。「明徳＝常時昏昧」説が、朱子に対する理解として歪曲されたものであることは論をまたないとして、それが『大学』理解としての整合性を保つためには、『大学章句』とは全く質の異なった工夫論が当然に要求されるのではなかろうか。この問題が「明徳＝常時昏昧」論者によって追究されていないということが、〝分かりづらさ〟を生んでいる第二の要因である。この点で――この点でも、なのだが――注目してよいのは、強斎である。「明徳＝常時昏昧」説が、神道系の門人に支持されていたらしいことは明らかだが、最後まで神道説に与することのなかった絅斎を師として、多くの『師説』を筆記した強斎の「儒」への内在的理解は、神道系門人は論外のこと、平凡な「神儒一致」や「妙契」論者の比ではなかった。（「はじめに」でも触れたが）その強斎が、儒・神の妙契を熱烈に主張し、それを体認しようとしている。思想の基本的構成という点で闇斎を継承したと言える強斎が(5)、この問題に、どう向かい合うかを見ることは、有意義であろう。強斎は、山崎先生ノ明徳ハ黒イ明徳ト合点セヨト仰ラレタ詞ガ、古今ノ名言ニナリテイル。マツクロニクモツテイル明徳ヲ明ニセヨト云ノ旨ゾ。コレヨリ〔外に〕学術モ功夫モナイゾ。クモツテイル鏡ヲ明ニミガキサヘスレバ、本体ノ明ナ鏡ニナルト同ジコトユヘ、的切ニ合点シタガヨイ。（『若林先生大学講義』。以下、引用は特に明記せぬかぎり同書による）

と述べている。「常時昏昧」という表現こそないものの、「黒イ明徳」「マックロニクモッテイル明徳」といった表現は何か強烈な印象を与えずにはおかない。「ここに塞がるもかしこに通じ……」といった鳩巣の平板な理解を思い浮かべれば、道徳的ニヒリズムや他力依存、性悪説にさえ接近してゆく危険性を内に孕みながらも、強斎のなかには、朱子が掲げた「自力」による道徳主義の立場に踏み止まらせるある論理が据えられていたにちがいない。強斎が、一方で「マックロニクモッテイル明徳」を見つめながら、それを安易なニヒリズムや他力依存へと流さずに、「学術功夫」に回路を拓いてゆこうとする緊張は、まさに闇斎のそれでもあっただろう。直方の伝えるような、闇斎の未定の説ということではなくして、『大学垂加先生講義』といった晩年の定論のなかにも、「明徳＝常時昏昧」という問題関心は深々と横たわっていたとすべきである。強斎は言う。

ソレユヘ天地闢ケ人ト生ルト、目ハ見、耳ハ聞、君ハ下ヲ安愛スル様、臣ハ上ミニ仕ル様ニ、タレトテモダ、イノ生レ得ルナリハロク《直》(6)ニ生レ付イテイルモノゾ。トキニサラバ面々ノナリヲ自カラ考テ見ルニ、生ミノマ、ノ本法《体》ノナリカト云ヘバ、親子デハアリナガラ親子シタシウ無シ、君臣デアリナガラ君臣タノモシウナシ、夫婦ハト云ヘバ淫乱ナリ……何カラ云テモ角カラ云テモ、正《ロク》ナコトガナイガゼウゾ。

「面々ノナリヲ自カラ考ヘテ見ルニ」以下の、自虐的とも言えるほどの叙述（自己分析）こそは、「マックロ」な明徳の現実態であろうか。ともあれ、儒・神の妙契という闇斎的な課題を担った強斎は、「明徳＝常時昏昧」的な要素を担いながら、新たな工夫論を生み出すべく『大学』に向かった。

二、「身」と「心」

問題は、身と心との関係に引き継がれてゆく。強斎は言う。

> 生レ付ノワルイト、人欲ノヲ、ワレト、コノ二ツガ明徳ナリニ付テマワルヤマイニナリ……コ、ガコレ明ニスルト云功夫ノ用ヒ処ゾ。……スレバ此身ガスグニ明徳ノ身デモアリ、人欲ノ身気質ノ身デモアルゾ。

明徳と人欲・気質による偏向とが葛藤し合う場として「身」があるということだ。

> 此日用平生ヲハナレズクナシニ、スグニ明徳ノ身ナリ、スグニ気稟人欲ノ身ユヘ、ドチラムイテモ明ニスルト云場デナイコトハナイ。スレバ明ニスルノ功夫ヲハナレテ、人ノ身ノ立ヌト云コトヲキワメテ大切ニ合点シタガヨイゾ。

ここでも、身は「明徳ノ身」と「気稟人欲ノ身」との共存・葛藤の場として捉えられている。では、葛藤の場は、なぜ「身」でなければならないのだろうか。「明徳」が「マックロ」であることは、抽象的・内面的な「心」の次元で訴えられるのではなく、「親子」「君臣」「夫婦」といった具体的な「場」に降り立ってみて、疑いえないものとして実感された。この点と、深く関係し合っているであろう。そもそも、心と身とはどういう関係にあるのか。

身ナリガ心ノ形、心ハ身ナリノ主ユヘ、心ナリノ様ニ身ハ打ツクモノ。スレバ、コノ心ガ身トトモニハナレヤスク、動キ安イ心デハ、平生ハ勿論ノコト、変ナ場ニナルト、コレハタマラレヌト云様ニナラネバヲカヌユヘ、心ノ如何様ニ変ナ場ニ遭テモ動クコトモ引サル、コトモナイ、身トトモニ打付テイルデナケレバ、安フ有フ様ナイユヘ、静而后安トアルゾ。

「心者、身之所主也」（『大学章句』経一章）を踏まえて、心は「身ナリノ主」と言われながらも、それが「身トトモニ打付テイル」ことが要求され、それであってこそはじめて極限状態にも十分に対応しうると言われている。一方、「心」をめぐっては、「知止而后有定」（同前）について、

吾心ノ理ナリニ明ニ心ノ向ヒキルヨリナイユヘ、コ、バカリニハ「有定」トアル。「知止」ハ事物当然ノ理、ナリニ成タコト、「有定」ハ理ナリノ様ニ志ノ向ヒキツテ、理ナリガ心ナリニ一致ニナリタ上カラ云コトユヘ「后有定」トアル。

と言われるように、「理ナリガ心ナリニ一致」、心と理との一体性が強調される（これは、「心理一マイ」などとも表現される）。具体的にはどういうことだろうか。

人ノ明徳デ云テモ、親ハイトヲシム筈ノモノユヘイトヲシムノト、筈ズクデナシニ……親ト云ト身カライト

ヲシウテハナレラレヌ様ニ、ソノイトフシイト云ハヌサキカラ、イトヲシイ様ニナッテアリ。……サウ天然自然生ヘヌイテマギラカサレヌヤウニヲゾマシウ生レツイテアル……

親が「イトヲシウテハナレラレヌ」という「明徳」が、かくあるべき「筈」として心に対して外在するのではなく、「天然自然生ヘヌイ」たものとして発現してゆくことが主張されるのであり、そして、この理と心との一体の状態を「身カラ……イトヲシイ様ニナッテアリ」として捉えていることは、問題が、やはり心＝身の次元に帰着することを示している。心身を一体のものとして、「天然自然生ヘヌイテ」いる「理」が、心＝身にそのままに発現すること、このように強斎の論をまとめた上で、問題をもどしてみよう。葛藤の場は、なぜ心ではなくして、身でなければならないのか。

コノ八ツノナリ〔八条目〕ヲ一ツモカクコトナク、義理ノ吟味モ今日コノ場コノ身ヲハナレテヌカスコトナラズ、義理ヲ吟味シテユク身デモアリ、誠意ノ功夫ヲシテユク身デモアリ、私意私欲ガアレバ克チ去テユク身デモアリ、今日コノ身コノ場ガ人ヲ治ル場デモアリ、事ヲ正ス場デモアリ、コノ八ツノ功夫ガ一時一人ノ功夫ユヘ、ソレカラ云ヘバ体統ノ条目ト云コトゾ。

また「所謂修身在正其心者云云」条で、こう述べている。

心ニ気ヲ付テジツトセウトスルト、心デ心ヲ正スニナルユヘ、目デ目ヲ見様トスルヤウナモノユヘ、却テ心ノ病ニナルゾ。

主宰としての心の役割を、身という場から離れて考えてゆくことは、「心ニ気ヲ付テジットセウトスル」「心デ心ヲ正ス」ものとして捉えられており、そこに信頼しきれぬ不安定なものを見出しているのだ(7)。

心身相即、葛藤の場としての「身」の設定という傾向は、闇斎学派の全体について言えるのだろうか。直方が次のように言っている。

格物致知デ本心ノ明ニ曇リナキハ真知ナリ。……誠意ノ工夫ハ、心ノ発出ノアタマナリ。正心ノ工夫ハ、心ノ物ニ応ズル所ナリ。修身ハ、身ノ物ニ交ル所ナリ。身亦心主レ之ナレバ、格物致知ヨリ修身マデ、皆心ヲ離ルルコトナシ。(「大学補伝割記」、『韞蔵録』巻之五)

心の主宰性の強調、それは「真知」の獲得によって果たされると確信されており、直方のこの視点は、闇斎学派全体の中でも際立っている(8)。しかし、こうした直方の見方は、

京デモ江戸デモ、吾学ヲ知ガ過ルト云フ。(「永井行達平日語」、『韞蔵録拾遺』巻之三)

と直方自身も言う通り、「知」に偏重したものとして否定的に受け取られることが多かった。

直方の議論を一方に据えることで、強斎の心身論的発想の強固さは、より鮮明になる。強斎に戻れば、結局「理」に対する独自の受け止め方が、問題の焦点を、心＝身に引き寄せているのではなかろうか。

天下ノ事ハ千差万別様々アルガ、何ヲスルモ我カラ応ゼヌコトハ無ク、自然ニ我心上ノナリニ親ト知テイトヲシミ、子ト知テカハユガルガ、ソレガ我心上ニナケレバ、近イコトモ遠イコトモ、理ヲ感ズルコトモ義理

ヲ感ズルコトモナイ故、ツマル処我心上ノ知ガ明ニナケレバナラヌコトゾ。

これは絅斎『大学筆記』の言葉であるが、ここには、絅斎・強斎の師弟を通じている思考の基本的な型がよく示されている。つまり、「理」は「自然ニ我心上」に立ち表われるある感情によって、はじめてリアリティをもったものとして「感ズル」ことができる。「ソレガ……ナケレバ……理ヲ感ズルコトモ、義理ヲ感ズルコトモナイ」[9]と言われるように、「親ト知テ……、子ト知テ……」というある根柢の感情を「自然」として捉え、その発露のうちに「理」の確かさを実感してゆく——こうした「理」の受け取め方が、心＝身の問題の核心に潜んでいるのである。

三、「孝」と「理」

強斎の語を再び引く。

人ノ明徳デ云テモ……親ト云ト身カライトヲシウテハナレラレヌ様ニ、ソノイトヲシイト云ハヌサキカラ、イトヲシイ様ニナッテアリ……サウ天然自然生ヘヌイテマギラカサレヌヤウニヲゾマシウ生レツイテアル……

ここは、直接には「明徳」の問題であるが、先の絅斎と全く同じような、「理」の認識根拠の性格が説かれている。あえて定式化すれば、親に対する「天然自然生ヘヌイテマギラカサレヌ」思い、つまり「孝」こそが、「理」を実感し、それにリアリティを与える根拠である。もちろん、そうした感情だけでは、「理」の認識にはなりえない。「格物致知」という自覚的実践の必要性は説かれる。しかし、どうすることが「格物致知」なのかという問題に、「理」にリアリティを与える根拠の性格が、直接に影響を与えてゆくのである。

物ト云モノヲツメテ云ヘバ天地陰陽鬼神造化ノ妙用迄、致シテ細カナコトヲ云ヘバ一草一木ノ道理迄モ致シテイカネバナラヌ。ケレドモ一旦ニ極ルコトデハナイ。致ルト云ハ広イ功夫デ、功夫シテユクニナリテハ、ツ、マヤカナコトデ、一ツ一ツノ子ニ在テハ孝ノスヂ、臣ニ在テハ忠ノスジ、一ツヅ、吟味シテ只概シテヲカズ……何ホド天下ノ事物多シト云ヘドモ、先ツワガ指当ル処カラシテ、トクトクト致テユク。

「先ツワガ指当ル処カラ」する格物致知とは、「身カライトヲシウテハナレラレヌ」思いに出発して、それを、あるべき「孝ノスヂ」に昇華させる努力を意味する。

ここで、多くの場合「孝」が「忠」と併称されるという点に、あらためて注目しよう。そもそも『大学』に全く位置をもたない「忠」[10]が、絅斎・強斎の『大学』解釈のなかでは横溢してやまない。例えば絅斎については、

貫通ハ天下ノ理ガバラリト一貫ニ埒ガ明ラクルコト……ハラリト埒ガ明テ、親ニ対スル理モ、君ニ対スル理モ何モカモ、クラガリカラアカリヲ出ルヤウニ……

親ヘハ孝、君ヘハ忠ト、唐モ日本モ上下四維ニモチアフテ居ハ理……（ともに『大学筆記』）

強斎も同じように、

兄弟骨肉ノ間モ恩ガ薄ヒト云様ナ家ノナリデハ、ドレホド忠孝ヲ励マセヨト云テ号令ヲ日々ニ施シタト云テモ……

一身ノ主宰ハ一心ニアルコト、此ノ心ガ主宰トナリテ親ニモ事ヘタモノ、君ニ事ヘテ忠トモナツテ出タモノ……

誠意ノ功夫デコソ、人ニナルカ禽獣ニナルカ、孝ニナルカ不孝ニナルカ、忠ニナルカ不忠ニナルカト云、セトガコ、ニアルコト……

等々と繰り返す。こうして、「孝」がたえず「忠」と一連なりのものとして併称されてゆくのも、先にみた、「理」を体認してゆく根拠が、「天然自然生ヘヌイテマギラカサレヌ」ある感情——その核は、親に対する「イトヲシウテ……」という感情だろう——に求められていたという点と、どういう形をとってか結び付いているのである。そして、絅斎や強斎の丹念な一字一句にわたる『大学章句』への注解にもかかわらず、こうした特徴は、朱子の考え方との大きな乖離を示しているとして間違いない。

『大学章句』や『大学或問』には、「理」の実感の根拠・リアリティを、止むに止まれぬ特定の感情に求めてゆくといった思考の型は見出せない。あえてそれに代わるものを探れば、『大学或問』に述べられた、

夫天下雖レ大、而吾心之体、無レ不レ該、事物雖レ多、而吾心之用、無レ不レ貫、

天之明命、有生之所ニ同得一、非レ有ニ我之得私一也、是以君子之心、豁然大公、其視ニ天下一、無三一物而非ニ吾心

之所レ当レ愛、無三一事而非二吾職之所レ当レ為、

というような、自負と歓喜に満ちた生の自覚とでも言うべきものがそれに当たるだろうか。「万物一体」という語をそこに掲げうるような、こうした実感に裏打ちされた朱子の「理」と、「天然自然……」の止むに止まれぬ感情によって実感される絅斎・強斎の「理」、この相違をまず押さえておこう。

もっとも、『朱子語類』には、「孝」あるいは「孝」と「忠」とからの『大学』への言及が少なくない。しかしそれらの場合も、多くは、「詩云、穆穆文王、於緝熙敬止、為二人君一止二於仁一、為二人臣一止二於敬一、為二人子一止二於孝一、為二人父一止二於慈一、与二国人一交止二於信一」（『大学章句』伝三章）を解説したもの、すなわち、明徳の発現の「其目之大者」（『大学或問』経一章）として取り上げられる孝であり、あるいは、「理」の発現の最も身近な例証という意味で挙げられることが多いように見うける。[11] この点をめぐる朱子の考え方の基本は、やはり『大学或問』の次の一節、

如欲レ為レ孝、則当レ知下所二以為レ孝之道上、如何而為二奉養之宜一、如何為二温清之節一、莫レ不二窮究一、然後能レ之、非下独守二夫孝之一字一而可上レ得也、

に尽くされているとすべきだろう。「孝」については、特に「独守夫孝之一字」という姿勢に流されやすいからこそ、「所以為孝之道」を知ること「窮究」することの必要性が主張されねばならないのである。「孝」と「理」をめぐる、朱子と絅斎・強斎の考え方には、根本的な相違があるのだ。

問題を進めよう。『大学章句』『大学或問』に全く見られない「孝」と「忠」との併称が、なぜ繰り返されるのだろうか。『大学章句』のなかで、「孝」は三カ所ほど言及される。一つは「為二人君一止二於仁一、為二人臣一止二於

敬㆒、為㆓人子㆒止㆓於孝㆒」(『大学章句』伝三章)であり、他は「故君子不㆑出㆑家而成㆓教於国㆒、孝者、所㆓以事㆒㆑君也」(伝九章)と「上老㆑老而民興㆑孝」(伝十章)である。『大学或問』についてみても、この三つ以外の論点から「孝」が取り上げられることはない。まして、「孝」「忠」が、いわば抱き合わせで概念化されることなど考えられない。「為人君……為人臣……為人子……為人父……与国人交」とされた人間関係を、君臣・父子に集約し、さらにそれぞれを下から支えるべき規範として「忠・孝」が抽出され定式化されていったものとして、『大学』のなかから無理に「孝」と「忠」とを取り上げてゆくことが可能だろうか。そもそも、そういう方向を、絅斎・強斎に取らせるものは何なのであろうか。

「孝」と「忠」という結合を、『大学』解釈として整合的に導き出すことには、絅斎・強斎とも実は成功していないようだ。「故君子不㆑出㆑家而成㆓教於国㆒、孝者、所㆓以事㆒㆑君也」の一文が、そうした結合を引き出す可能性に最も接近するだろうが、絅斎は、

> 君ノ親ヘ事ヘテ孝ヲナサル、風俗ガ下ニ及デ、ソウソウノ民ガ扨々モ御奇特ナル事哉ト自然ニ正シテ、面々ニ親ニ事ル其心デスグニ上君ヘ事ルホドニ「孝者所以事君」ト云。(『大学筆記』)

と言うにとどまり、「忠」の範疇を引き出すことができずにいる。強斎は、

> 親ニ事ヘテ孝ナモノ、君ニ事ヘテ不忠ト云コトハナイ。家ノナリガスレバスグニ国ノナリト合点シタガヨイ。

と述べ、それを「家国一理」として説いているが、斉家から治国を――『大学』の文章に忠実に――「孝」から一元的に説こうとする朱子に対して、強斎にあっては、「孝」と「忠」の二重性がはじめから前提とされている

という印象はいなめない。絅斎・強斎は、「孝」という時、既に「孝」「忠」の抱き合わせのうちにそれを捉え、その上に立って『大学』を読んでいるのである。(12)

「孝」「忠」からする『大学』の読みに、最も遠い地点に立つのは、ここでも直方である。

肉身ノ父母ヲ父母ニシテハ、天理自然太極ノ子タル所ガ見ヘヌ、(「西銘講義」、『韞蔵録』巻之五)

理ハ気ヲ引マワス、君父ヨリ尊キモノハ理ナリ、……理ガ明ナレバ、忠孝ハ必ナルゾ、(「永井行達平日語」、『韞蔵録拾遺』巻之三)

親ニ孝行デモ、アホウデハナラヌ、(「稲葉正義録大学或問」、『韞蔵録拾遺』巻之二十)

奇を衒ったこのような表現を好んだ直方の意図は、明らかに、「孝」「忠」の「自然」化、それのもたらす議論展開の閉鎖的・没入的な性格に対する「理」の観点からの批判という点にある。そして、こうした激しい発言の中には、絅斎や強斎が「自然」と簡単に言うほどに「孝」や「忠」は自明のものでありうるのか、という問いが秘められている。「知所先後」(『大学章句』経一章)についての次の直方の語をみよ。

今時、君ニ忠シ親ニ孝スルト云コト、誰モ知タ様ニ云ガ、中々忠孝ナドヲ知ルト云コトガナルコトデハナイゾ。後世ノ学者ハソウナイガ、孔門ノ衆ハ忠ヲ問孝ヲ問タコトガ論語ニアリ、知リニクヒコトナレバコソ孔門ノ歴々衆ガ問ヒタゾ。(「播磨姫路藩大学章句」、『四編韞蔵録』巻之三)

「肉身ノ父母」「君父」にとらわれることなく、「天理」を〝知る〟ことを主張する直方は、

異端ハ条理ヲイヤガリ、メッタニ一ジャト云テ、善悪不二邪正一如ヲ云……扨見処ノナキ儒者ハ、条理分殊ノ方ハ心得テ、カノ一理ヲシラヌユヘニ、一生事物ニマトハレテヲル。（「中庸天命之章」、『韞蔵録』巻之四）

と述べるように、「カノ一理」を知ることを最も強調する。絅斎や強斎の標榜する「格物窮理」は、君父という「事物」に「マトワレ」とらわれていて「条理分殊」の次元を脱しえないと言うのである。

直方のこうした批判を強く意識しながら、絅斎・強斎は『大学』を読んでいったのであり、こうした幅をもって闇斎学派は成立していた。強斎を別にしても、議論すべくして残された問題は余りに多い。後日を期してそのいくつかを指摘して、強斎についてさらに視点を改めて論じてみたい。

①「作新民」（『大学章句』伝二章）に関して、二つの異なった読みが闇斎の中に併存し、それが後に両方向に分裂してゆくという問題がある。この点については、拙稿「懐徳堂学派――五井蘭州と中井履軒」（『江戸の儒学――『大学』受容の歴史』思文閣出版、一九八八年）参照。

②闇斎『大学垂加先生講義』の「未発」の理解について。『大学或問』伝七章は、「人之一心」が「其未レ感之時、至虚至静、所謂鑑空衡平之体、雖二鬼神一有下不レ得レ窺二其隙一者上、固無二得失之可一レ議」とし、それとの対比で、「唯其事物之来、……則其喜怒憂懼、必有下動二乎中一者上、而此心之用、始有下不レ得二其正一者上耳」と述べている。言うところは、心の体が至虚至静、一切の偏向をもたないのに対して、事物に応ずる時には、心の用として喜怒憂懼といった感情の動きとして立ち現われ、そこに危うさをも伴なうということだろう。『大学或問』のこの部分について『大学垂加先生講義』は、「ハヤ未発ノ時カラガ妄動ナルホドニ湛然虚明ノ

本体ヲ失也」と解説している。これはどういうことだろうか。闇斎のこうした理解は確固たるものらしく、『敬説筆記』にも、「未発ノ中ガマズ偏倚アル故ニ、已発ノ時過不及アッテ不レ中レ節、喜怒哀楽、皆不和ナリ」と説かれている。「明徳＝常時昏昧」説にも結び付いてゆく問題であろうが、心の「未発」に対してこういう「妄動」「偏倚」を認めるとすれば、依拠すべき心の本来的な在り方として何が残ってゆくのであろうか。

③室鳩巣が、絅斎の門人、山科教安に与えた書簡の中に次の一節がある。「ただ「意」を以て良心の発となし、「自ら欺かざる」は意を欺かずとなすは、鄙意、合はざる所あり。……賢謂ふ、「これその師に受くるもの、かくの如し」と。固く自ら信じて以て易ふべからずとなす」（「与山科生論大学誠意書」、日本思想大系『貝原益軒・室鳩巣』）。「意」を純然たる「良心の発」として、つまり悪の契機を認めえぬものとして師・絅斎は理解していたと、この門人は伝えている。絅斎のなかに、こうした理解が認められるのだろうか（鳩巣が「鄙意、合はざる所あり」と言う通り、通常の「意」の理解では、それを純然たる善の契機のみとは考えない）。絅斎に『批大学弁断』の一書がある。伊藤仁斎『大学非孔氏之遺書弁』に対して、闇斎の門人で会津藩に仕えた山崎子列が『大学弁断』を著して逐条の反論を試みた（一六九三年・元禄六）が、絅斎はこれに不満で、仁斎批判をより徹底させる立場から『大学弁断』をさらに逐条はげしく批判していったのが、この『批大学弁断』である（元禄九年序、翌年刊行）。この中で「意」を論じて絅斎は次のように言っている。問題とされるのは、子列の「意字、本以二思量一為レ義、故不レ得レ無二公私之雑一、所謂自慊者意、而自欺者亦意也」という一文であり、これに対して絅斎は、「今徒泛然以二思量一解レ之、固已不レ切、……略無二本末主客之差一、則於二此章究竟縝密喫緊為レ人本意一、全相背却、……若二大学之意一、兼二公私一而言レ之、則所謂誠意者、既実二善心一、又実二悪心一也、文義固不レ通、而両心角立、主賊交戦、尤此章所レ諱」と反論している。つまり「意」を「公私之雑」として、善悪混然たるものと捉えてしまえば、善の根源性を曖昧にして、工夫の手がかりを見失なうと主張している。実践

工夫の指針として、「為人」の本旨を明らかにするためには、「意」の次元にあっても善の根源性が据えられていなければならない、こう絅斎は強調した。「意」を、すぐれて実践的な視点から取りあげた、こうした絅斎の議論が、「意」の構造論に横滑りして、「意を以て良心の発となし……」というように理解されていったのであろうか。

この他にも論ずべき問題は多いだろう。三宅尚斎について全く論じられなかったということ一つをみても、残された空白は大きい。ともかく強斎に帰ってみよう。「明徳」という形での「理」の内在が、それだけでは強斎にリアリティを保証しないこと。唯一つ、「理」を実感させるものが、具体的な場での――すなわち、心＝身としての生身の人間に立ち表われる――感情の発露としての「孝」であること。かつ、それが常に「忠」と一連なりのものとして前提とされていたこと。こうした見方は、強斎が絅斎から受け継いでいったものである。しかし、強斎には、闇斎の「明徳＝常時昏昧」という理解に強く共鳴するところがある。この共鳴は、強斎をして、絅斎の地歩から大きく一歩を踏み出させてゆく。節を改めて、「神道」の問題に入ろう。

四、「祓」

『大学章句』序文に対して強斎は、『大学序講義』を著している。「神道」との妙契という立場を前面に押し出したこの講義録から、強斎の『大学』理解の、もう一つの面を見てゆこう（以下、引用は特に明記せぬかぎり同書による）。

冒頭に、

アノ方ノ聖賢ノ道ト此方ノ道ト、習合スルコトハセヌコト……

と述べて、強斎は「習合」論を斥け、小学から大学へという階梯の普遍性を主張する。

唐ノ小学・大学ト云コトデモナイ。イヅレデモ、人ノ育テヤウハ自然ニカウナケレバナラヌコトゾ。子供ノ育テハ小学、オトナノ精ゲハ何国デモ大学。和漢古今ノチガヒハコレニハナイ。

人道ハ当然デ云コトデ、其当然ト云ガ自然ノ外ナコトデナイ。自然ノ様ニイカヌユヘ、自然ナリニスルヲ学ト云コト。

この普遍性の根拠が、人間の「自然」にあることに注意しておこう。

学ニハ自然・当然ト云ガ大事ゾ。自然ハ生ミノマヽナリノ、目ハミヨフトセネドモミワケル。ダヽイ愛シイ親ナリ、大切ナ君ナリト云、生ミノマヽナリノハエヌキハ、自然ト云モノ。……ソノ自然ノナリニユカズ、ミヘル目ガロクニナシ、愛シイ親ガソノヤウニナイト云ニ、学ガ入ルゾ。コレヲ当然ト云コト。

そして、「蓋自㆔天降㆓生民㆒、則既莫㆑不㆔与㆑之以㆓仁義礼智之性㆒矣」を、次のように敷衍する。

人ハ……天地ノ形ヲマウケニ受テキルユヘ、イカヤウナコトモ理トシテ通ゼザルコトモナイ様ニナリテキルナリ。形ノ大小バカリ、天地ノ形ナリガ吾形ニナリテ、方寸胸中ノ神明トナリテキルゾ。人ハカフシタモノ。

ソレデ天照神ノ、人ハ乃チ天ガ下ノ神ノ物也、心ノ神ヲ傷ル勿レ、トアルガソレゾ。スグニ天地カラ胞衣ガ貫ヒテ、スグウツシニ全フ受テ、天地ノ心ナリヲ心トシ、チイサウテモ天地モコノカラダモヘダテナイ。……ソレデ人ハ天ガ下ノ神ノ物也ゾ。天地ノ霊物デ、神明自然ノナリヲカケメナフ全フ生レテキルモノ……

「天降生民……」の天が人格神化され、「仁義礼智之性」も、人格神によって付与された「天地ノ霊物」とされている。「天」の性格は、次の一文によりさらに明らかにされる。

自天降生民ト云、与トアレバ〔「莫不与之以……之性」を指す〕、タヾ蒼然タル天ヲ指シテ云タコトデナイ。天御中主ノ尊ノコトゾ。万物ヲ生々スル元霊統命ノ大主宰ハ、コレヨリナイ。……日本デハ天御中主、唐デハ天ト一言デ云タモノ。アノ天ノ主宰ノ……大本原ノ神霊ガ一ツアル。……イキイキトシテキル目鼻ノツイタ、日月ヲ目鼻ニシ、頭円カニ、足ノ方ト云、万物ノ主宰トシテ居ルモノガアルゾ。

「天」は、理法としての天ではなくして、人格神としての天御中主神《アメノミナカヌシノカミ》であり、たまたまそれが中国では天と呼ばれているにすぎない。「序文」のなかの「与」の一字は、人格神が人間に「自然」としての仁義礼智の性を「与えた」として読まれる。そして、その仁義礼智の性も、例えば仁が、

春サキノ蛍ガ鳴クノ花ガ咲ノト云、愛ラシイ御心ヲウケタナリハ仁ト云。天ノ神ノミズミズトシタハ仁ゾ。

といった心象で捉えられて、

仁ハ、イツクシミアハレム神、

と規定され、以下、

義ハユルサヌ神、上ハ上、下ハ下トチガヘヌ神ハ礼、是ハ是、非ハ非、ユルサヌ神ハ智、畢竟天ノ神ノナリヨリ外ナイゾ。

と言われる。「継天立極」も、大きく意味を転換する。

一元スイキノ本ノママ大本原ノ上帝ノ家督ウケルコトヲ継天ト云。ソレカラシテスグニ系図ノキレヌコトヲ云。継ノ字ガ中ノキレヌコト。……天ノ家督ヲ継デ、御指図ノヤウニ億兆ノ人ヲ全フナサシムル人ガ、継天人ゾ。……天ノ家督相続……ヲウケル惣領ノコトヲ云ゾ。[13]

「継天立極」をこのように読み変えたことで、『大学章句』に言う「君」の意味は、完全に質の異なった「君」へと変えられ、「系図ノキレヌコト」に至上の価値が置かれてゆく。「自然」としての人間に付与された「ダ、イ愛シイ親ナリ、大切ナ君ナリ」という感情は、「天ノ家督ヲ継デ」「系図ノキレヌ」「君」へと収斂してゆく「自然」の感情になる。強斎は、さらに徹底して、こうした関係が、天地の「未分」の時点から貫ぬいていると説く。

混沌未分ノ時ハ、君ハ君、臣ハ臣、人倫ハ人倫ト、沖漠無朕、万象森然ゾ。アヤワケ云ハヌ先カラ、リントナリテキルハヅノコト。

強斎がここで展開した理解は、絅斎にほぼ忠実に沿った、儒者としての強斎の説いていた世界からは、余りにも異質なものに映る。神道系の門人に向けて発話された『大学序講義』で、唐突に次々と〝妙契〟の立場からの論がなされているという感は否定できない。

しかし、目を引くそうした異質性にもかかわらず、儒者としての強斎の『大学』理解に内在していた諸側面の延長上に、こうした異質な読みを位置づけることは、実は見かけほど困難ではないように思われる。

第一に、理を付与する「天」が、人格神として措定されてゆくことは、「理」が究極の実体とされていないことによって、既にその回路は準備されていたのである。それが、天御中主神に配当されてゆくことには、また別個の論理と伝統とが作用したであろうが、儒者としての強斎のなかに、そうした人格神としての天を阻んでゆくべき、理法としての「理」の実感は、はじめからなかった。

第二に、君への忠誠が、「混沌未分」の時点に遡って説かれるという、閉鎖性・没入性の極限化も、「理」のリアリティ根拠としての「孝」が、同時に「忠」に無媒介に結合してゆき、それが、心身を一体のものとして貫通する、ある始源的なものとして捉えられている限り、「混沌未分」という表現の与える異和感ほどには、内容的に異質なものではない。自己一個の〝始源なる孝・忠〟を、時間的に横倒しにすることで、「混沌未分」に行きつくだけのことであろう。直方の言葉を借りれば「カノ一理」の根源性が据えられて、あらゆる実体がそこから対象化・客観化されてゆくという開放性を持たぬ限り、こうした強斎の方向は——それが強斎ほどに徹底するか否かは別として——免かれ難いのではなかろうか。心身を相即一体として捉える発想と、「理」の閉鎖性・没入性と、そしてそれにリアリティを実感させる「孝」と、これらは相互に結び付きながら、強斎の言う「渾沌未分ノ時ハ……リントナリテキル」といった君臣関係の絶対化へと導いているのである。

『大学序講義』について、もう一つ、どうしても見逃がせない点は、人格神としての天を据えることで、天

（地）と自己との大宇宙＝小宇宙的感覚が、擬似的にもせよ体認されているということである。例えば、既に引いた、

形ノ大小バカリ、天地ノ形ナリガ吾形ニナリテ、方寸胸中ノ神明トナリテキルゾ。……天地ノ心ナリヲ心トシ、チイサウテモ天地モコノカラダモヘダテナイ。

に、それはよく示されるし、他に、

〔人は〕天御中主ノ御心ナリニ生レタ身ユヘ、面々ニ御中主ナリノヤウニ全フナリテキル。

とも言われている。絅斎や直方の議論に見られないのは、この大宇宙＝小宇宙の感覚であるが、強斎は、天御中主神を仲立ちとして、この感覚を強斎なりに体認しているのである。

最後に「祓」をめぐる強斎の議論に言及しよう。『雑話筆記』でこう述べている。

曰。神道ニサルト云コトガ有之、甚大切ノ詞ニテ候。サルハ、アシキコトヲサリテ善キコトマサルト云コトニテ、彼去㆓旧染之汚㆒ノコトニシテ候。……猿田彦ト云モ右ノ旨ニテ候。

曰。祓ト云ハ、悪ヲハライ去ルノ詞デ、国天下デハ逆乱ヲハライ乱俗ヲハライ、善ニ復スルコト、身ニ在テハ人欲ノ蔽、気稟ノ拘ヲハライ、善ニ復スルコトニテ候。

また『中臣祓師説』（沢田一斎筆記）ではこう講じている。

人ノ御霊ヲ傷ハズ、天下ノ法令ニ不レ背、神明ノ冥慮ニ愧ザルヤウニスル法ハ、頼ム処、惟此祓ニアリ。……一身ノ神霊清明ニナリテ、造化トトモニ流行シ、天人一体ノ極致ニイタルハ、全ク此祓ニアリ。頼母敷コトニアラズヤ。

「祓」が、「心」に働きかけて「去旧染之汚」る工夫ではなく、「身」に働きかけてゆくことに注目せねばならない。あるいは『雑話筆記』によれば、

祓ト云ハ、身心ノ汚ヲ除去ルコトニテ候。

とあって、「身心」に働きかける。この場合にも、「心」は単独では問題にされず、「身」と一体のものとして、「身」を通じて何物かを受け取るのである（『神代巻講義』で闇斎の述べていた一節が思い出されるだろう）。また強斎は、猿田彦の「サル」の音と、「去旧染之汚」の「サル」とに、神秘的な一致を見てゆく。「道者日神之道、教者猿田彦之教」として、猿田彦を顕彰したのは、闇斎であった。

こうしてみると、「明徳＝常時昏昧」説への共鳴を持ち続けた強斎の『大学』理解が、「祓」の問題にゆきついてゆくという事実も、あながち特異なものとはいえないのである。「明徳＝常時昏昧」説に立つとき、朱子の考える実践の工夫と異なった、いかなる工夫論が誕生するのか、という問題から本稿は出発した。強斎が、こうして「祓」の問題にゆきついたということは、この問題の一つの解決の方向を示している。

おわりに

それぞれに朱子の立場に最も忠実であろうとし、それゆえに激しい解釈の分裂をもたらしていった闇斎学派にとって、『大学』解釈とは、「理」をいかに捉えるか、規範としての「理」と人間主体とをいかなる関係で捉えるかという点をめぐる、自からの思想的核心の表明を意味した。「父子」「君臣」について、これに閉鎖的・没入的にのめり込もうとする「理」と、主知的な観点からこれに距離を保とうとする「理」との対立。それは、心身を相即的に捉えてゆく立場と、身に対する心の知的主宰性を守ろうとする立場に見事に相応してゆく。全く対照的な思想的性格の幅をもちながら、朱子が『大学章句』で明らかにした「理」を、いかに捉えるべきかという点で互いにせめぎ合っていったのが闇斎学派であった。

闇斎その人に立ち返って考えようとする時にも、そうした幅には十分に留意しなければならないだろう。しかし、絅斎から強斎へと継承されていった、心身や理の捉え方が、強斎においてあらためて「祓」に結びついてゆくという事実は、闇斎の原像に迫っていったものと思われてならない。

註

（１）「師説」の真意を、わずかでも明らかにしそこなえば、たちまちに「異学」「異端」に堕ちてゆくとされた。「毫釐之失、差以千里」といった言葉が、これほど重く用いられた集団はなかった。丸山真男「闇斎学と闇斎学派」（日本思想大系『山崎闇斎学派』岩波書店、一九八〇年、解説）参照。

（２）尾藤正英『日本封建思想史研究』（青木書店、一九六一年）第一部第一章「山崎闇斎の思想と朱子学」参照。

（３）尾藤正英前掲書、荒木見悟「室鳩巣の思想」（日本思想大系『貝原益軒・室鳩巣』岩波書店、一九七〇年、解説）参照。

（４）『垂加詩集』「参宮三絶」の一つに、「神徳惟明六合中、人間心黒失西東、最憐常世長鳴鳥、平旦依然天日紅」とある。『神代巻講義』に言うところと共通するだろう。

（5） 学の浅深、伊藤仁斎・荻生徂徠といった「異端」と向き合わねばならぬという思想状況の変化をはじめ、闇斎と強斎を隔てるものは大きいかもしれない。にもかかわらず、多くの闇斎「学派」のメンタリティのなかで、強斎だけが、神・儒の妙契の体認という点で、闇斎を継ぐ資格を有していた。

（6） 筆者の目睹した『若林先生大学講義』の傍書。以下同様。ちなみに同書は、安永四年（一七七五）・享和四年（一八〇四）・天保十二年（一八四一）・弘化五年（一八四八）に、それぞれ村井佳暁・竹腰氏（甚作か）・尾関当遵・黒谷氏（茂方か）の手によって筆写され続けてきたテキストである。こういうスタイルとエネルギーに、この学派の特色の一つが認められることについては、「はじめに」に述べた通りである。

（7） 心＝身という問題で思い出されるのは、「神ノ鳥ヰノ中ヘイリテアレバ、吾身心ガスッキリトナルゾ」等々と言われる闇斎の『神代巻講義』の発想である。そこでは、身の次元に引きづられながらも、たえず心身の相即が言われていた。周知の、「敬義内外」をめぐる闇斎の特異な議論も、この発想と一連のものとしてある。既に、平重道『近世日本思想史研究』（吉川弘文館、一九六九年）が注目しているが（一六六頁）、闇斎『文会筆録』巻三に、「「外極規模之大、内尽節目之詳」〔『大学章句』序〕此外内与㆓小学題辞内外㆒同、身内也、家国天下外也、格致誠意正心以修身、其節目之詳、可謂尽矣、斉家治国至平天下、其規模之大、可謂極矣」とある。心身を一括して「内」、家国以下を「外」という、「敬義内外」で主張した通りの理解から、闇斎は『大学』に向かっている。こういう心＝身観念は、闇斎にとっては血肉化されたものであったといえる。

（8） 神道的要素を最も嫌悪・軽蔑した直方にあって、徹底的に心の主宰性が強調され、「真知」の獲得という観点が確立していったということは偶然ではない。

（9） 絅斎は、「理」と「義理」とを――少なくともここでは――使い分けているようだ。もっとも、こうした使い分けが絅斎の全体を貫いているわけではないので単純には言えないが、日常語としての「義理」の成立に一つの素材を提供するかもしれない。

（10） 「忠信」の「忠」は、いくたびか問題になるが、主君に対する「忠」は、少なくとも『大学章句』『大学或問』では言及されない。

（11） 『朱子語類』には、「孝」「忠」を一連なりのものとしてゆく発想が見られるようだ。例えば、「知止、只是知有這个道理也。……知止、如知為子而必孝、知為臣而必忠。能得、是身親為忠孝之事」（巻十四『大学』「経」上・楊道夫録）とある。しかし、ここにも言われるように、「道理」を知ることで「忠孝」たりうるという思考が、よりいっそう強固にあるのであり、「孝」によって「道理」が疑えぬものとされるという思考との質の相違はここでも明白になるだけである。

(12)　闇斎の『拘幽操』の顕彰からはじまる問題が、合わせて考察されなければならない。

(13)　「家督」「系図」「惣領」といった用語は、強斎の「天」及び天皇家の理解のなかに、近世日本の「イエ」の観念が投影されていることを意味している。

*引用にあたっての句読点は、すべて筆者の付したものである。また、合字・略字・異体字などは通行の字体に改めた。

*山崎闇斎『大学垂加先生講義』『敬説筆記』は日本思想大系『山崎闇斎学派』に、『神代巻講義』は日本思想大系『近世神道論・前期国学』に、『垂加詩集』は神道大系『垂加神道（上）』に、『文会筆録』は日本古典学会編『新編 山崎闇斎全集』第一巻に、佐藤直方『韞蔵録』『韞蔵録拾遺』は日本古典学会編『増訂 佐藤直方全集』第一巻・第二巻に、『四編韞蔵録』は東北大学狩野文庫本に、浅見絅斎『大学筆記』『批大学弁断』は無窮会図書館本に、若林強斎『若林先生大学講義』は無窮会図書館本に、『大学序講義』『中臣祓師説』『筆話雑記』は神道大系『垂加神道（下）』によった。

*本論文の原題は「闇斎学派――若林強斎を中心に」である。

ある転向――徳川日本と「神道」――

序

ここで取り上げるのは、跡部良顕《あとべよしあきら》という一人の神道家の誕生である。この限られた素材を通じて、目に見えない時代の流れ、それより以降の長い時代にわたって大きな力を振るうことになる「神道」なるものの、すぐれて徳川日本的な成立の様態を検討してみたい――これが私の狙いである。徳川日本的な成立と言うのは、大きな見通しとして、日本的なイエ社会に適合した「神道」への模索が、まさに良顕の活動した時代、十七世紀末から十八世紀の前半にかけて本格化していったのではないか、そこに求められた「神道」とは、それまでの「神道」からは鋭く断絶した、全く異質な関心の上に立つものではないのか、このように考えるからである。そうした「神道」を形成させる社会的な要求、それを具象化しえた象徴的存在として、私はこの人物の素描を試みたい。[1]

跡部良顕は、一六五八年（万治元）の生まれで、二千五百石という高禄を食《は》んだ旗本である。江戸前期の儒家神道の大家、山崎闇斎の文集である『垂加文集』七巻・『続垂加文集』三巻・同付録一巻・同拾遺三巻を編集刊行して、闇斎の業績を後世に伝えたことで知られている。と同時に、良顕自身もまた理論家として、闇斎の言い及ばない幾つもの問題を論じ、加えて多くの通俗的な神道解説書を著わし、江戸を中心とした地域での垂加神道（闇斎の説いた儒家神道）の普及で群を抜いた功績をあげている。没年は、一七二九年（享保十四）、享年七十二。

その良顕には、実は、十八世紀初頭、四十歳代半ばまで、闇斎の高弟でありながらの反神道家、筋金入りの朱子学的合理主義者、佐藤直方に師事し、師の直方に劣らぬ反神道家であったという事実がある。念のために一言しておこう。闇斎は、垂加神道といわれる儒家神道の提唱者であったが、その直接の有力な弟子たち、佐藤直方・浅見絅斎・三宅尚斎は、いずれも神道の固有の価値を承認しなかった。[2] 良顕も、その流れに沿っていたのである。だが、良顕はその立場に留まらなかった。合理的な反神道家としての良顕は、熱烈な儒家神道家としてのその人に身を転じた。

何が、良顕を変えたのか。

一、日本的蒙昧

朱子学は、当時ベトナムを含めた東アジア世界で共通の正統性をもつ思惟の体系であり、理念として、人間が社会生活を営むすべての場で堅持されるべき理想・規範であった。こうした朱子学の普遍の世界観に立って、神道に何らの価値も認めなかった時代の良顕をみてみよう。

1　革命

革命を繰り返し、簒奪者が次々と王朝を樹立する中国の在りように比べて、革命のない、君臣の大義の揺るがない国ぶりとしての日本の尊貴性を主張するという思考法は、徳川日本にとって早くから馴染み深いものである。直方や良顕の周囲にも、そうした声はかまびすしい。これに対して良顕は、こう述べている。

日本ハ君臣ノ義重キユヘニ、シユセウ〔殊勝〕ナル意味アルヨシ〔由〕、……〔太極には〕過不及ノ差ナシ、君臣ノ義バカリ重ケレバ、太極ニワレ《〔割〕》メアリ（『儒神問答』）

太極があらゆる存在と規範の根源である限り、渾然として全一的なものであり、特定の価値――この場合は「君臣ノ義」――への傾斜や偏向を伴うはずがない。日本では君臣の義が特に重視されているといった発想は、そもそも太極の何たるかを知らないのだ。良顕はこう言っている。

では、日本人の誇る君臣の義は、果たして本物なのか。

日本ハ、神代ヨリ天子一姓ニシテ代々継来リ玉フヲ、君臣ノ義ノアル国ジヤトタツト《〔尊〕》ムコト、コレ道ヲ不レ知ユヘニ云コト也（同前）

「天子一姓」、天皇家の血統による一貫した支配は、「君臣ノ義」の証明にはならない。良顕が拠るのは、『孟子』の民本思想である。

コレ〔『孟子』〕ヲ見レバ、民ハ本也、民アルユヘニ、ソレヲ治メシメン為ノ君也、民ヲ治ルコトノナラヌ君ハ、君トイワ《〔言〕》レズ、シカレバ君ノスヂ《〔筋〕》トテ神代ヨリアイツヽキ《〔続〕》、善人不善人ニカマイナク天子トシ、天下ヲユヅ《〔譲〕》リ玉フコトナキハ、義トイハンヤ、道トイハンヤ、……聖人アルト、天ガ必〔ず〕命シテ君トナシ玉フ、シカレバ天子ノスヂ《〔筋〕》ニハカマハヌコトナリ（同前）

民本思想の忠実な踏襲であり、「善人不善人」にかまわぬ「スヂ」血統支配は、義に適わぬものとされる。

天子ハ代々天子テヲクト云理ハナキコトナリ、日本ハコノトコロ《所》ヲワル《悪》ウカテン《合点》シテヲルソ、……日本ハ古ヨリ……人ノ筋メ〳〵ヲタツトン《尊》デ、徳ヲタツト《尊》マヌソ、……徳アル人ニユツル《譲》カラハ、筋目ハイラヌコト也（同前）

東アジア的な普遍が日本に貫かれないのは、「人ノ筋目」に至上の価値をおくからであり、君臣の義の日本的な歪曲を突破する根拠は、『孟子』の民本思想の進歩性に求められた。

2　神道

神道の教義が、いわゆる顕密仏教の世界観から完全に独立するのはそれほど早いことではなく、伊勢神道などを先駆としながらもそれが自立し、しかもそうしたものとして一般の世界に浸透していくのは更に遅れて、まさに十七世紀末から十八世紀を迎えてのことではないかと思われる。しかしそれは、明らかに外来の教えである儒仏の二教とは異なり、〈日本的なもの〉であることを主張しえたから、ただそれだけのことをもって、人々の心をくすぐっていく。〈日本的なもの〉への希求がそれにふさわしい「神道」を作り出し、「神道」が〈日本的なもの〉の価値を増幅させるという循環が成立してしまう。

良顕は、

吾国ニ生レテハ、神道ノコトヲ非トスルハモツタイ〔ない、か〕コトナド、云ヤウナルチイサキ《小》志ハ、ソコガ聖人ノ道ト異也、……君ヲ堯舜トシ、天下ノ人ヲ聖人ノ民ニナサント志スハ、ヲヒタ、シイヒイキ《贔屓》ナリ、ヒイキ《贔屓》モコノヤウナヒイキ《贔屓》ニシ玉ヘ（同前）

と述べている。吾国に生を受けた限りは神道をこそ尊重すべきで、これに批判がましいことを言うのは勿体ないことだ、ありていに言えば、日本人なら神道を「ヒイキ」せよ、こういう声が次第に強まっているのである。こうした声の高まりに対して、真の「ヒイキ」とは、君を尭舜の如き聖賢の君に育て上げ、日本中の民に「聖人ノ民」としての幸福を分かつことだと良顕は主張している。あえて原則論を言っておかずにはいられない、良顕の苛立つような心情が伝わってくるではないか。

理ヲバノケ《退》テ、日本ニウマル《生》、カラハ、日本ヒイキ《贔屓》スルハヅナリト云、世俗ノ情ニシテ、是非ノシヤベツ《差別》ナクヒイキ《贔屓》スルト云モノナリ（同前）

是非邪正の判断より以前に、日本人だから云々と言うのは「世俗ノ情」であって、普遍としての「理」を追求する者のなすべき事ではない。

ヨイ《善》コトハヨイ《善》ト思ヒ、ワルイ《悪》コトハワルイト思フガ当然ノ理ナリ、是非ヲモ論ゼズ、吾生タル国ナレバヒイキ《贔屓》シテホメ《褒》ルガ義ジヤトメツタニタツトム《尊》ハ、論ニハ及バヌコト也（同前）

良顕の主張が、内容として優れているということで引いているのではない。こういう原則論を対抗として言わねばならないような知的状況が出てきているということなのである。

3　祭祀・信仰

中国の社稷と日本の神社とを比べて、良顕はこう言う。

社ハ土神、稷ハ穀神、……〔中国領内の〕其国其所ノ土神穀神也、民ノ為ニ建ヲイテ、旱《ひで》リ洪水アツテ五穀アシ《〔悪〕》ケレバ、社稷ヲクヅ《〔崩〕》シテ神ヲ宿カヘ《〔変〕》サスル也、神モ理ニソム《〔背〕》ケバ此方ヨリ宿カヘ《〔変〕》サスル也、日本ノ神社ハコレト異也、……皆、神代ヨリノ人ヲ尊デ祭リヲクバカリナリ、……旱乾水溢アツテモ変置コトナフシテ、只メツタニ祈リテ尊ムノミナリ（同前）

「理」が神をも支配してしまう中国、五穀の豊穣のためには神の「宿カヘ」も辞さない中国に対して、日本は「只メツタニ」祈り尊むだけである。神をも超越する理法や人間の側の意志は、そこでは働かない。「メツタニ」祭ることへの批判は、こうも言われる。

孔子曰、非二其鬼一而祭ハ諂也トアレバ、神職デ居テ、吾先祖デモナイ神ヲ祭ト云コトハ、理ニソム《〔背〕》ク也（同前）

孔子の言葉は、『論語』為政篇。神職でさえも「メツタニ」怪し気な神々を祭って平気でいるのが日本の現状なのである。これに対し、

聖人ノ法ハ、天子ハ天地ノ日月星辰ヲ祭、諸侯ハ一国ノ名山大川ヲ祭ル、大夫ハ五祀ノ神ヲ祭、士ハ先祖ヲ祭ヨリ他ナシ、日本ハメツタト祭ナリ（同前）

朱子学にも引き継がれた、中国の伝統的な祭祀の均衡ある階層的秩序が賛美されるのである。

さて、日本では「神代ヨリノ人ヲ尊デ祭リヲク」とされたが、この点をみてみよう。

中国デ人ヲ祭リテ祠ヲ建ルハ、徳アル人ヲ尊ンデ社稷ノ外ニ祭ルコトアリ、日本デハ、善人悪人ノカマイナク、神トシ社ヲ建テ祭ルナリ、〔例〕タトヘバ朝敵タル平親王将門ガ如キモ神トシ、在原業平ガ如キ淫乱不義ノ者モ陰陽ノ神ト祭リ尊ムコト、中国ノ聖法ト異ナリ（同前）

「朝敵」は、朝廷を至高としての批判の言葉ではなく、ここでは君臣の義に外れた人物というほどの意味だろう。「陰陽ノ神」は、男女の色の道の神ということ。それはともかく、朱子学でも、異能の徳をもつ人物は祭祀の対象とされた。その教科書的な説明によれば、こうである。

其在レ人、法施ニ於人一、則祀レ之。以レ死執レ事、則祀レ之。以レ労定レ国、則祀レ之。能禦ニ大災一、則祀レ之。能捍ニ大患一、則祀レ之。古人非ニ此族一也、不レ在ニ祀典一、見ニ祭法篇一甚詳。若ニ後世祭祀一、便都没ニ理会一了。（『北渓先生字義詳講』鬼神条）

法制を施行した人物、死を賭して事を成就した人物、国の基礎を定めた人物、大災や大患を防禦した人物、こうした者は、人でありながらも十分に祭祀の対象となった。しかし何よりも、これら以外の人物を妄りに祀ることをしなかった。後世は、この点が放縦になってしまったと朱子の祖述者（陳北渓）は嘆いている。朱子の時代の実際がどうだったかは、ここでの問題ではない——おそらく陳北渓の嘆くような状態だったのだろうが。どこまでも人間世界に吉福をもたらした人物への祭祀だけを認める中国の整った秩序に対して、日本では、「善人悪人ノカマイナク」「メッタニ」それらが乱立しているのである。しかも、人々はそれらを信じて疑わない。

宗廟について、良顕はこう言う。

日本、伊勢・賀茂・八幡ナド宗廟也、国々ニ宗廟アルコト、原廟ニシテ、聖法ニアラズ、……宗廟ハ一所ニアルハヅ也、国々所々ニアルコトハナキコト也（「儒神問答」）

原廟の原は重、原廟とは正廟の上に更に重ねて建てられた廟である。日本の代表的な宗廟が、各々「国々所々ニ」あること——伊勢・賀茂・八幡などの神々が、中世以降、全国各地に勧請され分祀されてあること——を批判しているわけだが、これもまた中国の祭祀秩序の理念を基準として、「メッタニ」祭る日本の無知を斥けたものである。

結局、良顕の見るところ、祭祀や信仰をめぐる日本人のいい加減さの根底にあるものは、人間としての主体性の未確立ということになる。

吾心ヨリ外《ほか》ニ頼ム神々ナク、禱《いのる》コトナシ（同前）

こういう人間の側の主体性が確立されるべきなのである。日本ではどうか。

神道ハ向フニ神ヲ立テ、祓ヘ玉ヘ清メ玉ヘトアイテ〔相手〕ガ有テ禱ル也、仏者ノ観音・弁才天ヲタノ〔頼〕ミ祈ト同意ゾ、聖人ノ教ハ、内ニ省テ疾《やま》シカラ子《ね》バ……ナン〔何〕ニモタノ〔頼〕ムコトナシ、コレ孔子ノ道ニ祈禱祓ト云コトナシ（同前）

「吾心ヨリ外ニ頼ム神々ナク、禱コトナシ」というのは、朱子学（広く言えば儒学）で鍛えられた知識人らしい、主体的・現世的な確信の表明である。人間の主体性に基盤を置かない神道的な信仰は、

只、心ノ清浄ニナルヤウニトバカリナリ（同前）

そして、

其教ハ祓ヲ以〔て〕心中ノ穢ヲ去、……心ノ神明ヲ敬ス、……正直ヲ本トストイヘドモ、格物ノ教ニアラザレバ物理ニ昏《くら》ク、誠意克己ノ功ナシ、気偏人欲、何〔を〕以〔て〕変化シ去《ゆく》ヲ得ンヤ（同前）

「物理ニ昏ク」は、広く事物の理に通じないという意味である。祓でもって穢を去るといっても、心の神明を敬すとしても、正直を本とするというにしても、いずれも、自己の気質の偏りや人欲による歪みを正していくべき具体的な実践論には結び付かない。自己に内在する普遍的な「理」に根拠を置きながら、一つひとつ意を誠にして己れの人欲に打ち克っていく、そうした主体的な克己の工夫《くふう》が、この日本には根付かない。良顕によれば、すべての日本的な蒙昧は、ここに由来している。

4　神道の学習

これまで紹介してきた良顕の論旨・視点の取り方は、いずれも師の直方を継いで、より強烈にそれを言い切ったものである。[3] しかし、良顕には決定的に直方と異なる点があった。それは、良顕が早くから神道にそれなりの関心を抱き、これを学習していたということで、こういう志向は直方には全くない。良顕は、直方とは対照的に、

神道についての一通りの素養を身につけた上で、直方流の合理主義を擁護し、自ら積極的にその普遍の立場を鮮明にさせているのである。

山崎闇斎の門人は、専ら儒学（朱子学）を学ぶ者と、儒学・神道を兼修する者、神道のみを修める者とに分裂したのだが、神道専修の弟子たちの中に、桑名松雲と出雲路信直がいた。この両神道者の弟子に、竹下松隆があって、この松隆が良顕とかねて親交を結んでいた。実は、これまで利用してきた史料「儒神問答」は、神道にも心引かれる松隆に対する良顕からの論駁説得の書なのである。細かな経緯は省略するが、良顕は、かつて松隆から受けた神道の影響を直方に出会うことで払拭した。松隆は、直方の理詰めの立論に頭では納得できるのだが、どこか完全には承服し難いものを感じている。そんな松隆を、今度は自分が説き尽くして、神道から絶縁させねばならない、こういう目的のために書かれたのが「儒神問答」である。

さて、直方には、闇斎の神道を論じた「討論筆記」という小文がある（一七〇〇年〈元禄十三〉。『韞蔵録』巻之二所収）。晩年、著しく神道に傾いたとされる闇斎について、弟子としての節度を踏まえた、しかし自らの神道否定の原則は譲らないという文章である。この「討論筆記」に、同じ専儒派の三宅尚斎がコメントを付けたのだが、それにさらに良顕が評語を加えた。もちろん、基本的には尚斎に同じく、闇斎晩年の神道を否とし、尚斎が説く「尊レ儒不レ惑二神道一ノ意」を是とする立場からのものなのだが、そこには、

然ドモ（尚斎は）神道ノ教、委細ニ理会不レ被レ申ト相見ヘ候、尊二山崎先生一ノ意ニ出、分明ニ排二神道一テ、儒道専一ニ行ンコトヲ希《ねがう》ノ意ナシ、……故ニ此文、窃《ひそかに》予未レ安コト有（同前）

とあり、また、「三宅氏……神道ノ伝ヲ精ク不レ識」とも、「予年来尊二神道一、諸方秘書ヲ集メ受二其伝一、心中ノ惑ヲ理会シテ大ニ儒学ニ害アルコトヲ覚悟ス」とも言われている。自分は神道への素養を持ち、それがいかに「儒

学ニ害アルコト」かを体験として知っているから、尚斎のような通り一遍のコメントには満足しえないというのである。「諸方秘書」にも通じた自分だけが、それを逆手にとって、徹底的に神道を批判し尽くせるのだ、こうした自負心や高ぶった使命感が、良顕にはあった。

神道の学習を踏まえて、良顕は何を批判するのか。死や霊の問題への、やや立ち入った論をみてみよう。

〔神道は〕穢ヲ甚〔だ〕蔵《かくす》ユヘニ、父母妻子ノ死ヲモ穢トシテ恩ヲ絶（同前）

死穢を忌むあまり、父母妻子との死別に当たっても為すところがなく、人倫の恩義からして非人情だということである。

神道、霊ヲ封ズルト云コトアリ、……皆、存生ノ中ヨリ封ズコト也、今到テ神道者ハ祠ヲ建、或ハ草木、或ハ石ヲ立テ霊ヲ封シヲク也、是〔れ〕仏者ノギヤクシユ《〔逆修〕》トテ存生ノ中ヨリ石塔ヲ立置ニ似タリ、如此ノ法、儒法ニ異也、第一、鬼神不明故ニ、葬祭ノ礼モ聖法ト異ニシテ、怪異多〔し〕（同前）

「逆修」は、死後に修すべき仏事を生前に予め為すことで、生前戒名などがそれである。それを真似て、生きながら霊を封じ祭るなどという無稽がまかり通るのも、鬼神の理に暗く、葬祭の礼が確立していないからなのである。そして、闇斎を名指しての批判。

先生〔闇斎〕ノ神道ハ、経書ノ理ヲ以テ附会索合シテ光ヲソヘ《〔添〕》ラレシコト多シ、神道、存生ヨリ祠ヲ立、霊ヲ封スルコトアルニ因テ、垂加霊社ヲ祭ヲカ《〔置〕》ルコトナト、所レ好ニ阿《おもね》リ玉フ也（同前）

闇斎は、生前から霊社号（垂加《しでます》）を受けて、カミとして祭られている。これに対するこうした直截の批判は、直方や尚斎のような闇斎の直接の弟子からは聞きづらい。再伝の弟子である良顕にして、はじめて為しうる遠慮のないものなのかもしれない。そしてそこには、神道書に対して何らの関心も向けない――論議の対象とは考えない――直方や尚斎とは異なり、闇斎の神道の内容にまで踏み込んで批判するのは自分の任だという、神道学習の経験に裏づけられた決意が秘められていたように思えるのである。[4]

二、理から神へ

この良顕が、一七〇七年（宝永四）、神道をめぐる闇斎の論及を、『大和小学』『垂加詩集』その他の闇斎の著作から抜き出して一書を編纂し、『垂加翁神説』として世に送っている。

夫《それ》大日本豊葦原中津国ハ、四方国中ニスグレテ、其道モイト尊シ

で始まるその序文で、良顕は闇斎に対して、

蓋《けだし》山崎嘉右衛門敬義〔敬義は闇斎の字《あざな》〕ハ明知英才ニシテ、……牽強附会ノ説ヲ除キ、マスマス神代ヨリノ正統正説ヲ発明シタマフ〔給〕也、是ニヨリテ……垂加《しでます》霊社ノ号ヲ授リ……没後、下御霊ノ末社ニコレヲ祭ルナリ

と、この上ない賛辞を贈るのである。先には闇斎の神道への傾斜を斥け、ここでは「牽強附会ノ説」、つまり中

世からの神仏習合の偽神道説（例えば、天照大神を大日如来の化身とするような）を打破して真正の神道説を甦らせた偉大な神道家として絶賛している。下御霊神社に祀られ、後に、猿田彦を祀る庚申祠に合祀されたのも、猿田彦――舎人親王に連なるべき正統の位置に闇斎はあるからである。

闇斎評価の転換、要するに神道の蔑視・蒙昧視から積極的擁護論への転換、これは、良かれ悪しかれ、一つの〈転向〉である。この〈転向〉の具体的事情・内面的葛藤（そう呼びうるものがあったとして）を伝えるような好史料は見当たらない。私たちに遺されているのは、〈転向〉後の良顕の、やや饒舌な一連の語り物である。

一　理と神

朱子学は、事物の生成変化を気の散集・結合で説明し、その気の運動をあるべくあらしめる理法を理として説く。神道家としての良顕は、その理を神に置き換えていく。

垂加翁〔闇斎〕の伊勢儀式帖の序に曰《いはく》、原夫《もとそれ》神の神たる、……其惟《それただ》妙にして測られざるもの、陰陽五行の主と為りて、万物万化、此れ由り出でざるは莫し、……神と云は理のいき〔生〕てあるを云（『神道生死之説』）

垂加翁会津神社志序に曰、……蓋《けだし》天地の間理と気とにして、神は理の気に乗じて出入する者（『神道排仏説』）

朱子学の理気論の枠組みを、そのまま理＝神と気との枠組みに移行させているのである。ここで、神が、一つには「万物万化」の根源とされること、二つには、神は「理のいきてある」ものとされ、気に乗じて活動する理が神として捉えられていることが注目される。逆に言うなら、朱子学が一般的に言うところの理には、こうした万物生成の根源としての生き生きした性格、生命的な契機が弱いと考えられているのである。理を生命的なものに昇華させた時、良顕の眼には、神が現われたのである。
　朱子学によれば、理は、性（人間の本来態）として万人に内在することで、万人の自力による自己実現の根拠をなす。同じように良顕は、「いきてある」理、すなわち神の万人への内在を説く。

　人、陰陽五行の気妙合して形をなし、天御中主尊、心の主となり玉ひて、明に天御量言《あめのみはかりごと》を以て万事に応じ玉ふ（『神道生死之説』）

万人の「心の主」は、天御中主尊である。こうして、人間のあらゆる営為が、適正にあるべきようにある根拠は示された。その天御中主尊は、「神代巻」が始元の神とする国常立尊の別名でもある。

　天地人ヲ始、禽獣草木ノ類マデ、皆此尊ノ御分身ニテ、此神体ノヤドリ《宿》玉ハヌ物ハナイ也、……唯人間計《ばかり》、陰陽五行ノ精髄ガ集リテ形ガ正シク生ル、故ニ、国常立尊ノ御分身ヲ全ク受得テ、心ノ臓ニソナヘ《備》テヲルゾ（『神代講談書』）

天地人・禽獣草木すべては、国常立尊＝天御中主尊の分身としてその神霊を内在させているのだが、人間だけが「陰陽五行ノ精髄」から成るだけに、その神霊を十全に受け止めるのである（こういう構造は、一見して明らかなように、朱子学の理気心性論の換骨奪胎である）。そして、

　此国常立尊ハ、則太元ノ一気ニノリ《乗》玉フ元神ニシテ、開闢ノ前ヨリ今日ニ至ル迄、天地万物ノ中ニキツト《屹》立テマシマス御事ナルゾ（同前）

とされるように、万物の生成を導く神＝元神である。人は、まぎれもないその元神の分身を宿しているのだ。抽象的な理ではなく、「万物惣括リノ神」ともいわれる具体的な神格が、自らの内にあって生き生きと働いている、こういう実感に、良顕は理の究極のリアリティを求めた。

2　三種神器

先には『孟子』の民本思想に立脚した良顕であったが、ここに至って、事は全く逆転する。良顕は、「三種神器ヲ伝ヘテ備ヘマシマスヲ天子トスルコトナリ」とした上で、

> 西土〔中国〕ニテハ如レ此天子ヲ日トシテ尊ブコトナシ、我国ハ君臣ノ義大ニ重ク、西土ハ君臣ノ義軽シ、堯舜ヨリシテ位ヲ譲ルコト、我国ノ神理ニハカナ〔適〕ハズ（『三種神器伝来考』）

と述べるのである。中国の状態は、

> 博奕打ノアハレ〔暴〕モノヤ、韃靼人ノ畜生ニ同キ者共、力《ちから》ヲ以テ王トナリ、謀アルモノアリ、賢人ノマ子《ね》ヲシテ国ノ仕置ヲナシ行フ（同前）

とまで言われる。浅ましい無秩序と、有徳者ぶった偽善の支配する国として、中国は描かれる。かつての理念の王国は、理念の次元で乗り越えられるというよりも、むしろ、現実の正体を暴露されることでその価値を反転させられてしまう。代わって、新たに滑り込んでくるものは、「日神ノ御子孫」（同前）を「日トシテ尊ブ」という

日本の国ぶりであり、その象徴としての三種神器の伝来のもつ重い意味である。(5)

こうした思想は、直ちに幕府に対する朝廷の権威を尊重するということにはならない。たまたま良顕が旗本であったからこう言うのではなく、ここには、今日の私たちが描く幕府と朝廷の二元（対抗）性ということでは捉えられない、徳川日本を生きた人々の常識的感覚の問題がある。例えば、良顕は言う。


応仁年中ノ乱ヨリ日本国中年久《ひさ》シク大ニ乱レテ、王道弥《いよいよ》衰微ストイヘドモ、神器ハ奪ヒ取ル者モナク、他ヘ遷リ玉フ事モナシ、元和ノ後、天下太平ト成リテ、内裏モ栄ヘマシマスユヘン、神器モ弥《いよいよ》徳光アラハレテ今ノ世マテモ仰キ奉ル也、是内外太神宮ノ我国ヲ守リ照シ玉フ御恵ミナルヘシ（同前）

同じ垂加神道の中からは、「何トテ今日ノ如ク王室委微ニハナリ下ラセラレ候ヤ、……今日デハ本願寺ニモナキ王室……」（若林強斎『雑話筆記』）というような、朝廷の衰退を嘆く声も聞こえてくるのだが、泰平意識の下に暮らす多くの人々の感覚に近いのは、良顕のような発想ではなかったかと思う。

日本は、乱世の極にあっても神器を簒奪しようとする者のありえない無比の国ぶりであり、「日神ノ御子孫」を戴いた徳川日本は、「神器モ弥《いよいよ》徳光アラハレ」た目出度い世界であった。

3　孝

中国的な孝の本質の一つは、父祖よりの一気の連続に基づく祖先祭祀の継承にあるだろう。良顕は、この点をよく理解している。しかし良顕は、それだけには止まれなかった。

親の三年の喪を勤、言行篤実ならば……儒者の見からは、我国を尊まず神道を信ぜずとも、是を賞すべし

（『霜夜学談』）

亡親の三年の喪を勤めることは、孝子としての不変の道とされたが、一方、近世の日本でそれを文字通りに実践するには、様々な困難がつきまとった。儒者の見地からなら、まずその実践をもって孝とするだろうが、良顕には不満である。

三年の喪をつとむるは、一代の親に孝ありをしのぼせて考れば、先祖迄の孝を大孝といふべし、是に依て禘の祭といふ事あり、先祖の始を祭る事也（同前）

三年の喪を勤めるのはそれでよいのだが、良顕の考える孝の究極は、「先祖の始を祭る」ところにこそある。そして良顕は、「我国の人、姓氏数多《あまた》有事」ながら、結局「源平藤橘」に収斂し、それさえも最終的には、

皆我国神代の始、伊弉諾伊弉冉尊天照大神の御子孫、……然れば異国の人の種にて子孫ある人なし。此〔この〕先祖の恩徳を考へず、一代の親に孝ありとて、我国を尊まず神道を信ぜざる者を当世の君子と賞するは、理に背たる事也（同前）

と論じる。日本人は残らず「伊弉諾伊弉冉尊天照大神」を祭るべしということに、形式論からすればなるのかもしれないが、良顕は、そこまでは言っていない。「一代の親」を超えて、「先祖の始」に思いを致せというほどの趣旨らしいのだが、それよりもここで、日本人はすべて同じ先祖を仰ぐ一大血縁体とされたことが重要である。(6)

孝は、繰り返せば、血縁的な家族・宗族の規範であり、一気の連続による祖先祭祀を支える倫理であったが、

神道家としての良顕からすれば、祖先祭祀とは、「先祖の始」にまで遡り、それによって日本人の共通の神話的な祖神を確認するようなものでなければならなかった。そういう意味で、「我国を尊」び「神道を信」ずることと、孝の遵守とは表裏一体のものである。表現を換えれば、孝は孝として自立せずに、国家の起源を説く神話の契機を抱え込んでしまう。

4　男女

朱子学は（というより東アジアの公的世界は）、男性中心の世界である。祭祀においても、女性（妻）について語られることは少ない。だが、良顕は言う。

夫婦は交情の親きに依て、其気同姓に同じくして感格するなり。他人といへども常に交りの親みありて、互に心を同するものは、祭ても感格するなり（『神道生死之説』）

気の論理からすればルーズな立論であるが、それは問題ではない。「交情の親き」「常に交りの親み」にあえて立脚するところに、神道家としての良顕があるということが重要だ。

伊弉諾伊弉冉の二尊の交合については、こう述べる。

夫婦男女陰陽ノ和合スルホトウレ〔嬉〕シキモノハナキユヘニ、陰陽和合スルヲ、アナウレシヤト仰ラレタル也、……冉ノ尊ノアナウレシヤトノ玉フハ恋ノ情ニテ、諾ノ尊ヘノ玉フ也（『神代講談書』）

こういう「恋ノ情」の素直な肯定は、朱子学者からは聞きづらいだろう。そして、こう続く。

此処ガ日本ノ道ノ肝要ノ処ニテ、能々《よくよく》得心スベキコト也、男女夫婦ノ恋ノ情ハ、天地陰陽和合ノ道理ニテ、我国ノ教ノ肝要ナル処也、陰陽和合夫婦和合ニヨラサレバ、人間万物出生スルコトナシ、能々得心シテ日本ノ教ヲ知ベシ（同前）

男女の情愛は、「日本ノ道ノ肝要ノ処」「日本ノ教」にまで高められている。別の箇所では、それは、「神道ノ根本肝要ナル処」とも言われる。

もちろん、男女の間に敬《つつ》しみが大切なことは、良顕も力説する。相手への「思ヒ」を、ひとたびは「思ヒ」として心に止めることが必要であり、「恋ノ情」のままに行動してはならない。

後世ノモノガ、此《この》男女恋ノ情ニテ不義ヲナシ、密通ヲシテ婬乱ニケガル《穢》、ハ、此〔の〕思フト云コトナク、ツヽシミ《敬》ノ破ル、ニヨリテ也、……思フト云コトガナク、心ノ発ル通リニ働クニヨツテ、婬乱ニナリテ身ヲホロボス《滅》コト也（同前）

人が「恋ノ情」に駆られる時、良顕の説くところがどこまで意味と力をもつかは疑問である。「身ヲホロボ」そうとも「恋ノ情」のままに身を任せる、そんな「恋」もあるだろう。にもかかわらず、やはり、男女夫婦の和合が、「日本ノ道」「神道ノ根本肝要」とされたことの意義は大きい。(7) ぎごちない、人情の機微から遠い堅苦しい中国に対する、和らぐ国としての日本の本質がそこでは主張されているからである。

5　敬・祓い

人間の悪や背理は、何に由来するのだろうか。

> 人間ノ陰陽五行ノ受ヤウ《〔様〕》ニモムラガ有テ一様ナラヌニ因テ、此ノ五行ノ気ノ偏ナ処ノ一方ツリ□所ガ罪咎トナリテ、心ノ臓ニソナヘ《〔備〕》タル国常立尊ノ御分身ヲクラ《〔暗〕》マス事也（『神代講談書』）

人間は、鳥獣草木に比べれば十全に気を稟けているものの、やはりそこにも「偏ナ処」がある。その不可避の偏倚が、悪や背理の原因である。これもまた朱子学の理気心性論の移し変えであるが、良顕にあっては、気の偏倚によって阻害されるのは、天理の発揮ではなく、国常立尊＝天御中主尊の分身によって主宰されるべき自己自身の在り方が混濁させられるのである。

朱子学では、読書・窮理・静坐、それらを貫く持敬の保持といった自覚的な修養を、一つ一つと積み重ねることによって、気質を中正なものに変化させていくこと、聖人にまで至る自力の可能性を階梯を踏んで実現していくことが説かれるわけだが、良顕の場合はどうだろうか。先の引用は、こう続く。

> ソコヲ神道ノ修行ヲ以テ土金《つちかね》ノ工夫《くふう》、ハラヒ《〔祓〕》祈禱ヲシテ、其罪咎ヲハラヒ、神力ヲ以テ気質ヲ変化シ、人欲ヲハラッテ神明同体ノ位ニ至ル様ニト願フ事也（同前）

「土金ノ工夫」は、垂加神道に特有の実践論で、朱子学の持敬の工夫に相当する。

> 人ノ尊キハ、此土金ノ敬、畏ル、物ガ有故也（同前）

などとも言われるから、超越的なある何者かを畏敬することとしてよいだろう。そういう畏敬の念をもって自らの傲慢を斥けること、こういう工夫が第一である。

しかし、それだけでは決定的に足りないものがある。「神力ヲ以テ気質ヲ変化シ……」の一節の言うところは、人間の側だけの努力では気質変化は成し遂げられず、罪咎や人欲を「ハラヒ」、祈禱をなし、神力の加護を得てはじめて気質は変化しうるということである。

人間の自覚的な努力や修養の力で、本当に気質は変化しうるのか――こういう問い掛けと、それに対する否定的な解答とは、伊藤仁斎や荻生徂徠といった、ひとたび朱子学を学びながら、そこから脱して新しい哲学を築こうとした人々に共通のものであった。その限りでみれば、良顕も基本的には同じ問題に面していたのである。ただ良顕の選んだ方向は、ひたすらの敬の工夫と、その果てにある「神力ヲ以テ」する飛躍であった。

6　死

朱子学にとって人間の死とは、肉体を作っていた陰陽五行の気の天地四方への飄散である。魂気は天へ、魄気は地へと散ってゆくのが、死である。もちろん、散じたその気も、子孫がしかるべき時に誠敬を尽くして祭ることによって、一気の連続のゆえに、感格して来臨する。祭祀による気の凝集・来臨そして交感といった問題には、単純化しえない微妙な面があるだろうが、人間の生死を気の散集で説く基本の枠組みは、あえて言えば即物的でさえあるのではないだろうか。(8)

良顕はどうか。

人……死する時は、其散る気も神霊も天地に帰て、化して一になり、去る処もなく来る処もなし、日少宮《ひのわかみや》に留るのみ、されども先祖の気子孫に受継、血脈呼吸伝て絶えず、子孫斎戒して誠を以て祭れば、神霊ここに感格す、……気のひゞき〔響〕て感ずる処、心の清明にして通ずる処、高天の上、数千年の先、万里の遠といへども、感通せずと云ふことなし（『神道生死之説』）

日少宮は、「神代巻」によれば、伊弉諾尊が永く留まったとされるところである。そして、こう言われる。

人ノ身ハ死シテモ、其神霊ハ死ナズシテ、イツ迄モ屹ト活《いき》テ有之、夫故ニ至誠ニシテ神ヲ祈レバ、其誠ガ通シテ感格シ玉ヒ、……（『神代講談書』）

人ハ死シテモ神霊ハ活テアル処ヲ知ベシ、已ニ死去テカラダ〔体〕ハ朽テモ、神霊ハ何万年モ亡ズ、屹ト活テイル也（同前）

人ノカラダ〔体〕ハ死シテモ、神霊ハイツ迄モ死ナヌ、……（同前）

色々な表現がとられているが、結局、肉体は朽ち亡びても、神霊は永生不滅だということである。だが、肉体と神霊というこういう二分法は、朱子学的な気の発想からは、異質なのではないだろうか。最初の引用で良顕が、「其散る気も神霊も天地に帰て」と述べているのも、穿ってみれば、「散る気」とは別に「神霊」があるということなのかもしれない。(9)

朱子学の、すべては整合的に説明しうるものだという確信からする時、永生不滅の神霊という発想には、合理的に説きえぬ部分が残るだろう。良顕自身の所説からしても、国常立尊＝天御中主尊の分霊と、各人の神霊との関係などは、明晰に説かれているようには思えない。かりに永生の神霊が分霊としてのそれであれば、亡者の個性はどこに認められるのか、逆の場合、分霊はどこに帰るのか、等々。こういう説明不足を残しながら、良顕が神霊の永生不滅を力説するのは、仏教の生死転生、輪廻の説を否定したいからである。

仏法に再生輪廻を第一の根本とすれば、天地理気の道理を知らずして、造化を離れて仏法とす、……筋々かはら〔変〕ねば、松木が朽て桜木に生ずることなし、馬が死して牛や人に生れ出る道理はなきことなり（『神道生死之説』）

「筋々かはらねば」とは、気の連続をいうのである。

人ノカラダ〔体〕ハ死シテモ、神霊ハイツ迄モ死ナヌ、……然レバコレ仏法ニ云〔う〕生死輪廻ノ沙汰ハ決シテ偽リ成コトヲ知ヘシ（『神代講談書』）

「生死輪廻ノ沙汰」は、乗り越えるべきものとしてそれだけ重くのし掛かっていたのだろう。

永生の神霊は、幽霊などの怪異とは異なる。幽霊などは、

人ノ死際ニ凝リタル一念ノ気ガ暫ノ間凝給テ出タル者也、……人ヲ恨死ニシタル者ナドガ、死ル時ニ口惜キコト哉ト思フ一念ノ気ガ凝集処テ、其気ガ散ゼズシテ形ヲ顕スヲ幽霊ト云也、是ハ散ズベキ筈ノ気ガ不散シテ、暫ク出ルコト也（同前）

とされる。気は通常は「散ズ」るのであって、それとは別に神霊は不滅のものとしてあるのだろう。そして、恨怨のあまり散じ切らなかった気は、幽霊となって現われる。

最後に、良顕がともかくも死を語り説明しているという事実そのものに、注目しておこう。朱子学時代の言葉、「〔神道は〕父母妻子ノ死ヲモ穢トシテ思ヲ絶」云々を想起してみたい。そこでは、死穢を忌むのみで、死に対して有効に対処する人倫的な術《すべ》を知らないものとして神道が批判されていた。しかし神道家としての良顕は、雄弁に死を語り、死後の神霊の永生不滅を力説している。加えて、『神道葬祭家礼』を著わし（一七一五・正徳五年）、神道の立場からの葬祭礼を構想しようと試みている。良顕自身がその跋文で述べるように、朱子の編とされた『文公家礼』の影響の強いものだが、良顕らしい強烈な規定も交じってくる。

神道ヲ尊信シ深ク志アル者ハ、存生ノ時ヨリ吾神霊ヲ封シ置テ、毎日拝スルユヘニ、死シテ後モ子孫コレヲ祭ルナリ、存生ノ時奉ゼヌ常人ノ神体ハ、死シテ後、神体勧請ノ伝ヲ受タル神職ノ者ヲ頼ミテ……箱ニ奉シテ祭ルベシ、……古ヘヨリ神道ニテハ吾神霊ヲ奉シヲケバ、先祖ノ神霊モ残ラズ附祭ニシテ、一所ニ膳ヲ供ヘ奉ルコト也（『神道葬祭家礼』）

細部に立ち入る余裕はないが、「イツ迄モ死ナヌ」神霊への対処の一端は、ここに明らかであり、重要な点は、それが単なる死後の対処ではなく、生時と死後とを貫いたものだということだろう。生死を貫くこのような規定は、通常の葬祭礼の概念を越えてしまうだろうが、個々人の永生の神霊を中核として、先祖の神霊を連続的に包み込んだ「神道」的な死の理解は、ぎごちないながらも、こうして自らの立場を主張しだしたのである。

結

良顕の問題は、色々な角度から論じることが可能だろう。知識人の在り方としては、先進国（中国）の理念に準拠しての仮借ない日本批判、その最先端の「理論信仰」から、無条件の日本賛美と「実感信仰」への転向として論じることもその一つである。

しかし私は、良顕が出来合いの「神道」に帰ったのではなく、きわめて徳川日本的な「神道」を新たに構築しようとしたという、その点を見逃してはならないと思う。それは、

一、社会的には、何より「日本人」全体を担い手とする神道である。日本人なるものが、一つの血縁共同体とされていた。『神道葬祭家礼』が想定するのは、上下貴賤を問わぬ一般人である。孝も、日本人共通の神話世界にまで遡らぬ限り、日本的な孝（？）ではないとされていた。

二、国家的には、武家の実効支配の上に立って、万姓一系の価値を高揚する神道である。特に東アジア世界の中で、畜生に等しい韃靼、無秩序と偽善の支配する中国に比べての日本の尊貴性は、専らこの価値によって保証される。

三、人間論としては、理の抽象性を忌避し、神の生命力を根源に置く神道である。と同時にそれは、神と人間との間に深い断絶を置かず、一方で輪廻転生の説を否定し、イエの祭祀として、永生の神霊を中核として祖先崇拝を取り込み構造化しようとする志向をもっている。修養についても、人間的・自覚的な敬（土金）の工夫と、祓いや祈禱による神力の加護とは互いに不可欠のものとして連続しているし、しかも純然と個人としての宗教的境地を目指すのではなく、イエ・社会・国家といった人倫的組織の中で人間（自己）を位置づ

けようとする志向が強い。

といった点に、如実に示されているだろう。

こうしたところに、徳川日本的な「神道」の成立があったとすれば、それを推し進めた深部の力は何なのだろう。私はそれを、イエ的な社会構成の揺るぎない確立という時代の動きの中に見出したいのだが、それはともかく、時代思潮として考えれば、十八世紀という空間は、〈日本的なもの〉の浮揚という厄介な問題を抱え込み、〈日本回帰〉する一群の知識人を生み出してしまうのである。既に注意したように、それがいかに、徳川日本的に〝作られ〟〝再構築された〟ものであっても、唯一の始源＝神話世界に根拠をもつ、この〈日本的なもの〉はその後、捉えどころのない不思議な磁力を発揮していく——あらゆる人々の思惑を越えて。

註

（1）日本的なイエ社会についての最小限の理解については、拙稿「儒学の日本化——闇斎学派の論争から」（『日本の近世13 儒学・国学・洋学』中央公論社、一九九三年）参照。

（2）闇斎学派の孕む問題性については、拙稿「二つの「理」——闇斎学派の普遍感覚」（『思想』七六六、一九八八年）および前掲拙稿参照。

（3）佐藤直方について、前掲「二つの「理」」参照。直方のもう一人の高弟・三輪執斎は、陽明学に転じてしまった。直方的な醒めた合理主義は、日本の知的風土の中で、どこまでも孤立させられるのだろうか。

（4）「予、向来《これまで》駿府ノ惣社宮内ニ神道ノ伝ヲ授リ、近年竹下氏山崎先生ノ神道ヲ学」（『儒神問答』）とあるから、駿府での神道学習がその出発点で、ついで竹下松隆と交わったらしい。ちなみに、良顕の神道学習の人脈としては、この松隆の他に、闇斎の弟子である藤原（正親町）公通や玉木正英、渋川春海などがいる。松隆と交わり、後に公通・正英・春海らの知遇を得たらしい。松隆からは、『旧事本紀』『古事記』『古語拾遺』『神代巻』『中臣祓』をはじめ、伊勢神道の五部書を学んでいる。また、「予ガ遠族、鹿島ノ大行事ニ鹿島主殿ト云者アリ、〔出雲路〕民部ニ親炙シテ神道ノ伝ヲ受、予又主殿ニ尋問テ其意ヲ理解ス」（同前）とも言うから、闇斎―出雲路信直の学風は、鹿島神宮の神職であった遠縁の人物を通じても良顕に連なっていた。後には桑名松雲との親交も得て、松雲の著『神代巻諸葉集』は、良顕が『神代巻』を解釈する時の有力な参考書となっていく。

（5）三種神器そのものについても、良顕は独自の理解をしている。「三種トイヘドモ鏡剣ノ徳ハ曲玉ノ中ニ約メテアレハ、三種一ツノ曲玉ノ徳ニ具ル也、清明正直ニ万物ヲウツス《〔写〕》処ハ鏡ノ徳ヲソナヘ《〔備〕》、芽ス処剛堅ニシテ決断アルハ剣ノ徳ヲ具ルナリ、能々三種一玉ニ具リタルコト味フヘシ」（『三種神器伝書』）。

（6）こういう発想は、中世神道論の中に萌芽的に現われているらしい。高橋美由紀「中世における神宮宗廟観の成立と展開」（源了圓・玉懸博之編『国家と宗教――日本思想史論集』思文閣出版、一九九二年）参照。これが、社会的に浸透していくのは、まさに十八世紀ではないかと思う。ところで、気の系統を異にする者は、祖先祭祀の担い手ではありえない。したがって異姓の養子は、朱子学の原則からすれば、断じて容認できない。しかし、日本人を一大血縁体としてしまえば、異姓養子の是非という問題そのものが成立しなくなってしまう。右の趣旨の良顕の所論は、「日本養子説」。

（7）「夫婦ぞ世の根源」（『艶道通鑑』）とした増穂残口（一六五五～一七四二）は、儒仏の二教はいずれも男女の道を疎外してしまうが、「我神国は、諾冉の二ばしらと双べて、大小高下も陰陽同じくうやまふ《〔敬〕》にて知るべし。一女の照神〔天照大神〕、国の主とならせ給ふ……しかれば、女の頼み奉るべきは〔儒仏の二教ではなく〕我国の神霊ならではあるべからず」（『直路之常世草』）と説いていた。残口は、はじめ日蓮宗不受不施派の僧だったが、後に通俗神道家に転向、十八世紀前半、京都で述講釈をしながらその神道を普及した。右に引いたような素朴な男女観が、神道の普及に大いに与っただろうことは容易に想像される。良顕と残口、全く接点のない二人の同時代人が、共にある原理的・普遍的な思想をひとたび奉じながらの〈日本的なもの〉への転向者であり、いずれも、男女の和合にそれぞれの神道の一特質を求めていることは、興味深い事実である。

（8）即物的と言ったのは、魅力や深みに乏しいといった、価値的な意味からではない。それどころか、その即物性こそは、（良顕や、そして私たちにも分かりづらい）漢民族のもつ「気」の身体感覚・宇宙論によって豊かに支えられているにちがいない。

（9）肉体と神霊（肉体を越えるもの）という二分の枠組みは、ともすると私たちにも親しいものだけに見逃しがちだが、「気」の宇宙論・身体論からは根底的に異質なものだということを、改めて確認しておきたい。この問題は、単に良顕や垂加神道だけに止まらず、日本の思想を考える時、大きな鍵になるのではないだろうか。「心」や「精神」と言っても、日本的にそれが「気」の思考から切れた次元で言われる時、きわめて独自の陰影をもったものだということに、十分注意する必要があるだろう。

＊『儒神問答』は無窮会神習文庫蔵写本、『神代講談書』は内閣文庫蔵写本、『三種神器伝来考』『三種神器伝書』『神道葬祭家礼』

は京都大学付属図書館蔵写本、『垂加翁神説』は神道大系『垂加神道（上）』、『神道生死之説』『神道排仏説』『霜夜学談』は大日本文庫『垂加神道（下）』に拠った。

宋明学の受容と変容——孝をめぐって——

序

宋明学の受容と変容という大きなテーマを、限られた紙幅の中で考えようとすれば、視点の設定が特に重要になるだろう。テーマの包括性を損なわずに、しかもその本質的な一面を抉り出すような視点を、予め据えなければならない。私は今回、孝という、一見すれば卑近で自明な徳に着目し、ここに視点を置くことで、宋明学の日本的な受容と変容の特質に光を当ててみたい。

儒教が儒教である限り、家族や宗族の秩序を、何らかの意味で特権化する。儒教の歴史的な成立においても、儒教が東アジア世界で自らの正統性を保持していった構造としても、それは言いうることだろう。この意味で、孝は、儒教の本質的契機である。しかも孝は、天や道、仁といった抽象度の高い概念とは異なり、家族や宗族の現実の秩序様式を離れては存立しえないから、社会の基底部分の質を直接に反映するにちがいない。と同時に、宋明学の孝は、それだけには止どまらない。強靱な論理構成と深い人間的洞察によって支えられた朱熹の思索、主体意識の高揚をもって理の再生を図る王陽明の思想、それぞれにあって孝は、ともすれば平板で通俗的だった旧来のそれから、その相貌を一変させている。朱熹は、体用と性情の論理を駆使することで、孝に人間論としての固有の位置を与えたし、王陽明は、切実端的な良知の発現として孝を押し出していた。

孝とは何か、この一点について、問題がより身近であるだけに、論点は明確で非妥協的である。翻って日本の宋明学は、徳川社会の固有の秩序とエトスの中で、どのような孝を作り上げていたのだろうか。それは、朱熹や王陽明の孝から、どれほどに変容していったのか。その変容は、何によってもたらされ、支持されていたのか。要するに、孝を基軸とすることで、日本の精神的伝統はどういう姿を現わしてくるのだろうか。とりあえず、このように問題を設定しておこう[1]。

一

1　朱子学と孝

朱熹は、孝をどのように捉えただろうか。問題は簡単ではないが、『大学或問』の次の一節は、その基本的立場をよく示している。

> 如《も》し孝を為さんと欲《ほっ》すれば、則《すなわ》ち当《まさ》に孝の道為《た》る所以《ゆえん》を知るべし。如何《いか》なれば奉養の宜《よろ》しき為《た》るか、如何《いか》なれば温清《おんせい》の節為《た》るか、窮究《きゅうきゅう》せざる莫《な》し。然《しか》る後、之を能《よ》くす。独《ひと》り夫《か》の孝の一字を守りて得《う》可《べ》きに非《あら》ざる也（伝五章）

孝の尊重は当然として、何より大切なことは、「所以為孝之道」を知ること、具体的には何が「奉養之宜」であり、どうすることが「温清之節」に適った両親への孝養なのかを「窮究」し尽くすことである。ただ観念的に孝を尊重したところで何も始まらない。主観的には純粋な孝心であっても、それだけでは孝たりえないのであり、時宜や状況に適合した孝の形を余すところなく知ることが、孝の必須の前提である。この一節が示すのは、孝の

実践における知的契機の重要性であり、心情としての孝にすべてを委ねることへの朱熹の警戒感である。(2)

次に、『論語』の伝える有若の言葉、「孝弟也者、其為仁之本与」（学而篇）をめぐる朱熹の解釈である。まず古注は、「先《ま》づ能《よ》く父兄に事《つか》へ、然《しか》る後、仁道 大成す可《べ》し」として、実践上の先後の問題としてこれを理解している（何晏『論語集解』）。これに対して朱熹の『論語集註』は、自らの原則的立場を、程伊川を借りてこう陳述する。やや長くなるが、朱熹らしさの存分に発揮された展開であるから、省略せずに引用してみる。(3)

程子曰《いは》く、孝弟は順徳也《なり》、故《ゆゑ》に上を犯《おか》すことを好まず、豈《あ》に復《ま》た理に逆《さか》らひ常を乱《みだ》すの事有《あ》らんや。徳に本有《あ》り、本立《た》てば則《すな》はち其の道は充大《じゆうだい》、孝弟《こうてい》家に行はれて而して後仁愛《じんあい》物に及ぶ、所謂《いはゆる》親に親《した》しみて民を仁《じん》にする也。故に仁を為すには孝弟を以て本と為《な》す。性を論ずれば、則《すな》はち仁を以て孝弟の本と為《な》す。或るひと問ふ、孝弟は仁を為すの本、此《こ》れは是《こ》れ孝弟に由《よ》りて以って仁に至る可きや否《いな》やと。曰く、非也《なり》。仁を行なふは孝弟自《よ》り始むるを謂《い》ふ、孝弟は是《こ》れ仁の一事、之を仁を行なふの本と謂《い》へば、則《すな》はち可なり。是れを仁の本と謂《い》へば、則《すな》はち不可なり。蓋《けだ》し、仁は是《こ》れ性也《なり》、孝弟は是《こ》れ用也《なり》。性の中、只《た》だ箇《こ》の仁義礼智の四者有《あ》る而已《のみ》、曷《なん》ぞ嘗《かつ》て孝弟有《あ》り来たらん。然れども仁は愛を主とす、愛は親を愛するより大なるは莫《な》し、故《ゆゑ》に曰く、孝弟なる者は、其《そ》れ仁を為《な》すの本与《か》と

現実の秩序としては、孝弟でもって家の秩序が成り立ち、その延長上に仁がある。仁の実現の出発点は、孝弟である。しかし一歩立ち入って本質論として考えれば、性としての仁が根源であって、孝弟はその一つの現われである。仁が体（本質）で、孝弟はその一つの用（作用）である。性として万人に本来的に内在するのは仁義礼智の四者であって、孝弟は性としてあるのではない。そうは言いながら、仁は愛を主とし、愛は親を愛することを最大事とするから、孝弟を仁を為すの本だとしたのである。以上の解釈には、人間の本来態の構造的提示、実践の

次元での先後本末の弁別、それぞれを分析的に思考していく基本姿勢が見事に示されている。ここで言われる孝は、体・性としての仁の一つの限定された発現態としての孝である。中正純粋な本来の性に対して、それは偏僻・過不足を当初から想定した情としての孝である。孝は、確かに実践の最大の端緒・手掛かりではあるが、それだけでは、いつ、どちらに流れてしまうかわからない、危うく不安定なものである。より根源的で確かなものによって枠付けられ、支えられるべきものである。と同時に、「孝弟行於家、而後仁愛及於物」とされるように、それなくしては一切の秩序が成立しないような、疑いようのない基盤でもある。結局、『論語』のこの解釈の示すものは、孝に対して朱熹の抱いていた信頼と不安、より根源の確かな実体への希求と、それに裏打ちされた孝こそを良しとする姿勢である。先の『大学或問』も、立脚地としての孝への信頼と、知ることを欠落させた孝への不信という二つの側面を複眼的に浮かび上がらせたものとしてよいだろう。

孝の内容に、少し踏み込んでおこう。尤も、朱熹の孝論を概観するのが、ここでの目的ではない。最も朱熹らしさに溢れる点、孝をめぐる理法と心情の緊張という問題に最小限の言及をしておく。まず、『論語』の「子曰、父在観其志、父没観其行。三年無改於父之道、可謂孝矣」（学而篇）をみてみる。朱熹は『論語集註』で、

必ず能《よ》く三年《さんねん》父の道を改むること無ければ、乃《すな》はち其の孝たるを見る。然《しか》らざれば、則《すな》はち行なふ所善《よ》しと雖《いへ》ども、亦《ま》た孝為《た》るを得ざるなり

とした上で、圏外注として二人の程子門人の言葉を引いている。一つは、

尹《いん》氏〔和靖《わせい》〕曰く、其の道の如《ごと》きは、終身改むること無しと雖《いへ》ども可也《なり》。其の道に非ざるが如きは、何ぞ三年を待たん。然れば則はち三年改むる無き者《は》、孝子の心、忍びざる所有《あ》るが故也《なり》

であり、他の一つは、

游氏《ゆう》〔定夫《ていふ》〕曰く、三年改むる無きは、亦《ま》た当《まさ》に改むべき所に在りて、而して以て未《いま》だ改めずして可《か》なる者を謂《い》ふ耳《のみ》

である。游氏語の前提には、大局に関わって改めるべきものについては、三年を待つことなく改めよという主張があるだろう。道にあらざるものについても三年は改めないのは、子としての「不忍」の心ゆえだとする尹氏語とは、明らかにニュアンスを異にしている。その二人の言葉を並置したのは、なぜか。『朱子語類』は、この点について、

三年改むる無き、尹氏《いんし》、心を説き得て、事理の上に於《お》ひて未《いま》だ尽くさず、游氏《ゆうし》、事理の上に於ひて説き得て好《よ》し。故に並べて之を載《の》せ、互ひに相い発せ使《し》む（巻二二、葺銖録）

という朱熹の語を収めている。孝子の「心」を汲み取る立場と、「事理」の当然を前面に押し出す方向について、互いの一定の妥当性を認めながらもそれに満足せず、より高い次元での統一を計るのが朱熹に固有の立場であった。亡親の心志のままに従いたいという心情の立場と、事理の規範性を見失ってはならないとする理法の観点と、その両面をふたつながら手放さないところに朱熹らしい粘り強い態度がある。ここでも朱熹は、複眼的である。

次に、愚昧頑迷な父への舜の対し方を論じた『孟子』の一節、「舜、親に事《つか》ふるの道を尽くす。而して瞽瞍《こそう》、豫《たの》しみを底《いた》す。瞽瞍豫しみを底して、而して天下化《か》す。瞽瞍豫しみを底して、而して天下の父子為《た》る者、定まる。

此《これ》を之《これ》、大孝といふ」（離婁上篇）をみてみよう。『孟子集注』は、

> 瞽瞍《こそう》は至頑《しがん》、嘗《かつ》て舜《しゅん》を殺さんと欲《ほっ》す、是《ここ》に至りて而して豫《たの》しみを底《いた》す焉、……蓋《けだ》し舜此《これ》に至って而して以《もっ》て親に順なること有り矣、是以《ここをもって》天下の子為《た》る者、天下に事《つか》ふべからざるの親無《な》きを知る

としている。しかし、ここに言う「天下無不可事之親」は、子が親に対して一方的に従順であるということを意味していない。舜がそれを尽くすことで大孝と評された「事親之道」とは何か。その真意は、『孟子大全』にも引かれた朱熹語、

> 朱子曰く、……父母の作《な》す事を看《み》て、是非《ぜひ》を問はず、一向《ひたすら》に其の心に違はず、這《こ》れは是《こ》れ親の心を得《う》、然れども猶《な》ほ是れ浅事《せんじ》。惟《た》だ親に順《したが》ひ、親の心に則《のっと》りて、皆理《り》に順ふ、必らず此《か》くの如くして而して後、以《も》って子為《た》る可《べ》し。此《こ》れ尤《もっと》も難《かた》きと為《な》す所以《ゆへん》也(4)（『朱子語類』巻五六、賀孫録）

が、よく明らかにしている。あるべきは、和らかに親に順っていながら、それを通じて結果として自然に親の心が理に適うようになる、そういう孝である。舜はそれを能くしたからこそ、大孝とされた。親の心志を尊重するという孝子の心情を踏まえながらも、それだけに問題を単純化させないという点で、朱熹の姿勢はここでも貫かれている。

朱熹の孝の特色は、孝それ自身の確かさと危うさとを複眼的に捉え、規範としての理と心情としての孝の間の緊張を保ち、その統一を追求したところにあった。(5)

料金受取人払郵便

本郷局承認

6213

差出有効期間
2025年8月31日
まで

郵便はがき

113-8790

408

（受取人）
東京都文京区本郷1・28・36

株式会社 ぺりかん社

営業部行

購入申込書	※当社刊行物のご注文にご利用ください。
書名	定価［ 円+税］ 部数［ 部］
書名	定価［ 円+税］ 部数［ 部］
書名	定価［ 円+税］ 部数［ 部］

●購入方法をお選び下さい（□にチェック）	□直接購入（代金引き換えとなります。送料＋代引手数料で900円+税が別途かかります） ※送料は改定となる場合がございます □書店経由（本状を書店にお渡し下さるか、下欄に書店ご指定の上、ご投函下さい）	番線印（書店使用欄）
書店名		
書店所在地		

書店各位：本状でお申込みがございましたら、番線印を押印の上ご投函下さい。

愛読者カード

※ご購読ありがとうございました。今後、出版のご案内をさせていただきますので、各欄にご記入の上、お送り下さい。

書名

●本書を何によってお知りになりましたか

□書店で見て　□広告を見て［媒体　］　□書評を見て［媒体　］
□人に勧められて　□DMで　□テキスト・参考書で　□インターネットで
□その他［　］

●ご購読の新聞［　］
雑誌［　］

●図書目録をお送りします　□要　□不要

●関心のある分野・テーマ

［　］

●本書へのご意見および、今後の出版希望（テーマ・著者名）など、お聞かせ下さい

名	ふりがな	性別	□男　□女	年齢	歳
		所属学会など			
職業 校名		部署 学部			
		電話	(　　)		
	〒［　－　］				
書店名	市・区 町・村　書店				

客さまの個人情報を、出版案内及び商品開発以外の目的で使用することはございません。

2　陽明学と孝

朱子学の孝をこのように理解すれば、陽明学の登場は、孝の新たな復権・活性化として性格付けられるだろう。そうした歴史的性格は、漸に対して頓、階梯に対して易簡を尊んだ、いわゆる王学左派の人々にとって、明らかに自覚されていた。例えば、孝弟こそは赤子の心の親切端的な表現であり、孟子より以降その意義が忘れられていたという次のような言葉に、それはよく示されている。(6)

此《こ》れは便《すな》はち是《こ》れ大人《たいじん》の赤子《せきし》の心を失《うしな》はざるの実理実事《じつりじつじ》也。後世、察せず、乃《すな》はち謂《おも》へらく、孝と弟とは、止《た》だ聖道の中の浅近を挙《あ》げて言と為《な》すと（羅近渓『明道録』巻八）

王陽明の孝であるが、あれこれの思想的強調点の一つとして孝があるということではないだろう。すべてを自己一身の心の側に担いきろうという主体意識の高揚の、最も切実な迸《ほとばし》りとして孝のエネルギーがあるのであって、そこに見られるのは孝の平板な復活ではない。陽明の言葉を聴こう。

愛《あい》問ふ、至善《しぜん》、只《た》だ諸《これ》を心に求むれば、恐らくは終《つひ》に天下の事理、尽くす能《あた》はざるもの有《あ》らんかと。先生曰く、心は即《すな》はち理也《なり》。天下に又《ま》た心外の事、心外の理有《あ》らん乎《や》。愛曰く、父に事ふるの孝、君に事ふるの忠の如《ごと》き、……其《そ》の間許多《あまた》の理の在《あ》ること有り、恐らくは亦《ま》た察せざる可《べ》からず

徐愛は、心にだけ理を求めては、外的世界に路を閉ざすことになり、例えば「事父之孝」について、何が孝であり不孝であるのか、その理を予め察する――朱熹の用語を借りれば知る――ことが蔑《ないがし》ろにされるのではないかと危惧している。これに対して陽明は、

先生嘆《たん》じて曰く、此《こ》の説の蔽《へい》や、久し矣。豈《あ》に一語の能く悟る所ならんや。……且如《たとへば》父に事《つか》ふる、父の上に去《ゆ》きて箇《こ》の孝的《の》理を求むると成《な》さず、……都《すべ》て只《た》だ此《こ》の心に在り、心は即はち理也《なり》、此《こ》の心に私欲の蔽無《な》ければ、即はち是《こ》れ天理なり、外面に一分をも添ふるを須《ま》たず、此《これ》を以って天理の心に純にして、之を父に事ふるに発せば、便《すな》はち是《こ》れ孝、……只《た》だ此《こ》の心の人欲を去り、天理の上に在りて功を用ふるに在り、便《すな》はち是《これ》なり（『伝習録』上巻）

孝の理は、父の上に在ってこれを求めるべきものではない。専ら自己の内にこそある。天理に純一な自己を回復して、たまたま父に事えるという場でそれが形をとれば、それが直ちに孝なのだ、陽明はこう述べている。ここには、朱熹が保持した複眼の視点はない。そうした複眼は、自己の心への根源的な信頼に欠けているからなのだ、陽明なら必ずこう切り返すだろう。

夫《そ》れ物の理は吾が心に外《そと》ならず、……親に孝たるの心有《あ》れば、即はち孝の理有《あ》り。親に孝たるの心無《な》ければ、即はち孝の理無し矣（『伝習録』中巻）

と言うのも同じで、「孝親之心」を離れて「孝親之理」を考えることの拒否である。もう一つ、同じ脈絡から有名な言葉を引いておこう。

朱子の所謂《いはゆる》「格物」と云ふ者《は》、心と理とを析《さ》きて二と為《な》せり矣。夫《そ》れ理を事事物物《じじぶつぶつ》に求むる者《は》、孝の理を其《そ》の親に求むるの謂《いひ》の如き也《なり》。孝の理を其《そ》の親に求むれば、則《すな》はち孝の理、其《そ》れ果たして吾の心に在り邪《や》、抑《そも》

そも果たして親の身に在り邪《や》。仮《か》りに果して親の身に在れば、則《すな》はち親の没するの後、吾が心に遂《つい》に孝の理無《な》き与《か》（同前）

朱熹からすれば、規範と心情の緊張を担うことに意味があったのだが、陽明から見れば、それは心と理とを二分することである。あえて論争的な言辞を用いれば、そうした二分は、親の没した後には孝の心情は消失して当然という結論をさえ導き出すだろう、こう陽明は批判する。

もう一つ、陽明の孝を考える時、指摘しておかねばならない問題がある。

問ふ、程子云《い》はく、仁者《は》天地万物を以《もつ》て一体と為《な》すと。何すれぞ墨氏《ぼくし》の兼愛《けんあい》、反《かへ》りて之《これ》を仁と謂ふを得ざるかと。先生曰く、父子兄弟《けいてい》の愛は、便《すな》はち是《こ》れ人心の生意の発端の処、……墨氏の兼愛には差等無《な》し。将《まさ》に自家の父子兄弟と途人《とじん》とを一般に看《み》て、便《すな》はち自《みづ》から発端の処を没し了《おは》りぬ。……孝弟は仁の本為《た》り、却《かへ》って是《こ》れ仁の理は、裏面従《うちよ》り発生し出で来たる（『伝習録』上巻）

万物一体の仁、その強調はいかにも陽明学的なものだろうが、それも、いきなり万人への普遍の愛を肯定するものではなく、「人心生意発端処」は、どこまでも孝弟の情でなければならなかった。朱子学の場合、愛の差等性はそれとして自明のことである。しかし陽明学にとって、事は単純ではない。万物一体の仁や、万街の人をすべて聖人と見なすような、万人を等しく自己の心の内に包摂する激しい連帯感情が、愛の差等性に立脚するからこそはじめて成り立つという構造があるからである。この点は、すぐれて陽明学に固有の特色だろう[7]。

以上、朱子学と陽明学それぞれの孝の中心点を簡単にみてきた。これを、朱子学の孝から陽明学の孝への展開として捉えれば、その背景には、宋代から明代への中国社会の大きな変化が窺えるのだろうが、この点に立ち入る余裕はない。[8] 目を転じて、徳川社会における宋明学の孝の変容について考えてみよう。

二

日本の朱子学者が孝を論じる時、やや苦渋に満ちたような表情がみられると思う。陳腐な道徳的教説として孝を説く限りは問題はない。だが、現実の社会、特に日本的なイエの構造の中で真剣に孝を考えようとすれば、問題は本質的に深刻だった。

1　孝をめぐる思想状況

朱子学の諸派中、尤も朱熹その人の思想に肉薄しようとしたのは、山崎闇斎の学派だった。彼等は、たとえ偏狭とみられようと、後世の『大全』的な整理を斥け、深い問題意識をもって、古典に対する朱熹の注釈や『朱子文集』『朱子語類』を精読し、朱熹の生の声を聴こうとした。ここでは、闇斎の最も秀れた門人、佐藤直方と浅見絅斎の二人について、その孝の理解をみてみよう。結論を先取りすれば、朱熹のもった複眼性が、それぞれの課題意識に即して選択的に受容されていることが見てとれるだろう。

直方の場合、孝がともすれば没規範的に心情化することへの警戒感が強く、それを拒否しようとする姿勢が際立っている。

肉身ノ父母ヲ父母ニシテハ、天理自然ノ太極ノ子タル所ガ見ヘヌ（『西銘講義』）

窮理ノナキ行ハ老莱子デ用ニ立タズ（「存養筆記並答或人書」）

直方も、当然に孝の価値は承認する。しかし現実の徳川社会にあるのは「天理自然太極ノ子」としての自己を見失い、ただ「肉身ノ父母」に事えるだけの「窮理ノナキ」孝である。

あるべき孝は、日本にあっては定着していない。直方は、その社会的根拠にも注目している。

日本デハ公儀前ヲ第一ニシテ孝弟ノ事ガノク〔退〕、……根本〔を〕失フゾ（『韞蔵録拾遺』巻之一三）

これは、徳川社会のイエが――朱子学・陽明学といわず、そもそも儒教が前提としている「家」に比べて――公権力に対する自律性において脆弱であることを鋭く衝いた言葉である。

その上で直方は、

天地ヲ実父母トシ、肉親ノ父母ヲ天地ヘノ取次トスル（『西銘講義』）

肉親ノ父母ニ事ル意ヲ以テ天理ニ従フ（同前）

ことの必要性を訴える。「肉身ノ父母」への自然な心情を前提として認めながら、それに自足することなく、「天理」の規範性に目を開いていくステップにしようとするのである。絶望的な状況にあって、最も朱子学者らしい態度のとり方は何か、直方はこう自問していただろう。そして、孝に即してこれを考えれば、それは朱熹の孝のもっていた知的・批判的性格を前面に押し出すことであった。

絅斎は、孝の規範性を保ちながらも、その限りで極限的に心情化させていった。というより、人欲の汚穢から浄化された純粋な感情の表出という形でこそ、理はその姿を現わすのだという絅斎の確信が、孝についても貫かれたのである。

カウ生抜テ、ホヤホヤトシタ、ニットリトシタ、シミ〳〵ナリノ生抜ノ仁ガ、親ニ向テ親イトシヒトモナリ……（「絅斎先生仁義礼智筆記」）

朱熹に忠実に、孝は、性として内在する仁の、ある限定的場面での発現である。しかし絅斎が、「生抜テ……」と言わざるをえないのは、理も何かしら人間にとって外在するもの、感情の親しさに対してよそよそしい冷淡なものとする捉え方を克服して、それが温かい至情として、人間の最も根底的なところに満々たるエネルギーをもって内在していることを訴えるためだろう。そういう理＝仁の一つの発露として、絅斎は孝を捉えていた。こうして絅斎の孝は、朱熹の譲らなかった知的契機、心情としての孝にすべてを委ねまいとする慎重さが敢えて振い落され、温かいエネルギーとしての内在性が強調されていった(9)。

さらに絅斎には、孝と忠の並置というもう一つの特色がある。問題の出発点は、師の闇斎にあった。『大学』の本文は、「孝者所以事君也」（伝九章）と言うが、そこで朱熹は、主君への忠誠という意味での忠の語を用いていない。にもかかわらず、これを闇斎が講義すれば、

当然ノ則ト云ガ、子ノ孝、臣ノ忠、ソレ〳〵ノ則、此外ニ別ニ為《たる》レ道アリテ所ニ以然一之故ト云ニ非ズ（「大学垂加先生講義」）

あるいは、

天理ノ極、孝ハ天理、忠ハ天理、善也、未レ尽トコロアレバ大学ノ道ニ非ズ、必如レ舜、必如ニ文王一ガ孝忠ノ
天理ノ極也、至善也（同前）

などと言われる。孝と忠とが並置されることで、まさにそういう場で始めて「所以然之故」や「至善」はリアルなものとして実感されるのである。

こうした傾向を決定的に推し進め、後に長く影響を与えたのが絅斎である。「忠孝之大節」（『靖献遺言講義』序）を人倫の大義とするといった発想が、絅斎の文言には溢れている。絅斎の著『忠孝類説』をみてみよう。同書は、父が君主に対して謀叛を企てる時、子としてはどう対処すべきか（『太閤記』から松田左馬助の例）をはじめとして、養うべき老母を放置しても主君に殉ずべきか等々、極限的ケースを日本史・中国史上から八例ほど選び出し、各々の出処進退を、忠と孝との相剋という観点から論じたものである。状況がそれぞれ多様なだけに、一律に何らかの原則が立てられるわけではない。しかし絅斎は、いわば袋小路のようなこうした問題に執着して、忠と孝とを欠けることなく全うする出処進退の道を求めようとするのである。

絅斎は、理が、感情を疎外するような外在的なものではないことを訴え、その端的な現われとして孝を位置付けた。しかし、孝はそれだけで完結することなく、忠と重ね合わされてはじめて、人間としての偏奇のない感情表現とされた。絅斎より以降、多くの朱子学者の場合、町人社会の主従関係をも忠の内容に包み込みながら、孝と忠との並置・融合が進んでいく[10]。

2　イエと孝

徳川社会で確立したイエは、擬似的な血縁団体であり、基本的には経営体として規定されるべきものである[11]。

その中にあるかぎり、孝は、家業を守り、経営体としてのイエを発展させることである。孝のこうした変質については、後に触れる養子の問題も含めて、すでに渡辺浩が鮮やかに分析している[12]。そこでも紹介された一節だが、例えば貝原益軒は『家道訓』において、

凡〔そ〕家の主は、……まづ親先祖より伝はれる禄と財とを失はずして、よくたもつを孝とすべし

と述べている。こういう孝は、父祖の気と自己のそれとの連続を根拠として、生前の孝養、死亡時の葬儀、死後の祭祀という一連の営為をもって孝の本質とする中国的な発想からは明らかに異質である。朱子学が通俗化して一般社会に根付いていくということは、それだけ、こういった孝を正当化し、積極的に主張していくことを意味した[13]。

異姓養子の慣行は、イエと孝との葛藤の中心に位置する。この点、朱子学者、特に闇斎学派の朱子学者はこれを原則的に否定した。現実社会とのせめぎ合いの中で、守るべき一線はここにあったのかもしれない。絅斎は、

子ノナイモノハ、同姓ノ者ヲ養子トスルゾ、血脈ハ一ユヘカヤウニ処スルコトゾ（「家礼師説」）

と述べて、同姓の養子に限ってこれを認めている。直方や、同門の三宅尚斎も、この原則は譲らなかった。しかし、学理に純粋だったこれらの朱子学者とは異なり、その普及と啓蒙に努めた朱子学者は、異姓養子による祖先祭祀を合理化していく。中村惕斎は、「句解」「鈔説」などと銘打った和文による通俗的解説書を精力的に著したが、

理と気とは本来混一《こんいつ》にして間《へだて》無し。而して之を裁制する者《は》、人の心に非ず耶《や》。人心に忍ぶ可《べ》からざるの情有《あ》れば、則《すな》はち理も亦《ま》た之に従ふ。之を祭りて可也《なり》、豈《あ》に来格《らいかく》せざらん耶《や》（『仲子語録』巻一）

と主張している。[14]「不可忍之情」さえあれば、養父に対する異姓養子による祭祀でも、祖霊は来格するのである。[15]
異姓養子の否定と並んで、日本の朱子学者たちが譲るまいとして努めたのは、火葬・追善供養といった仏教者の手による喪祭に対する拒否であっただろう。次に引くのは、絅斎の高弟で、師に同じく『文公家礼』の紹介に熱心だった若林強斎の『家礼訓蒙疏』跋文の一節である。

喪は七々の斎に止どまり、祭は仏に供し僧に施すに止どまる。以《もっ》て親の尸《しかばね》を熾《し》炭《たん》の中に投ずるに至れば、則《すな》はち不孝不義、焉《これ》より甚だしきは莫《な》し

亡親の遺骸を火中に投ずるのは、孝子のなすべきことではない、こうした批判はしばしば繰り返された。それほどまでに寺檀制度は確固として揺るぎなく、一般の喪祭礼への儒者の関与への道は閉ざされていた。そうした状況の下、大胆に現実を容認し妥協点を探ろうとする朱子学者も現われる。先にも引いた惕斎は、

国法の禁ずる所に非ざる自《よ》りは、則《すな》はち其《そ》の為《な》すを得《え》て力足《た》る者は、或《あ》るいは衆に違《たが》ひ俗に異なるも、而れども其《そ》の誠信を致さざる可《べ》からず（『慎終疏節』序）

として、国法（寺檀制度）の枠の中で喪祭礼を構想し、同じ通俗的な朱子学者の藤井懶斎は、「志《[し]》ばらく……傍観をもおどろかさ須《[す]》、郷俗にも佐《[さ]》はらず、みづからもなしがたから」ざるところから喪祭礼を改善しようと主張し

ている（『二礼童覧』序）。この懶斎が、世上、『本朝孝子伝』の撰者として著名であったという事実には、単なる皮肉では済まされない、徳川社会における朱子学の深刻な葛藤が反映している。

三

朱子学の孝が、こうした葛藤・癒着・妥協に揉まれながら展開したのに対して、良知の深みから孝を捉え返そうとした陽明学は、それだけ徳川社会の秩序様式に刻印されることが比較的に薄く、多様に孝の思想を発展させていった。

1　『孝経』

日本の陽明学の特色の一つは、『孝経』の尊重という単純な事実である。中江藤樹が幾たびも『孝経』を解説し注釈することで自らの思索を深め、『孝経啓蒙』を代表作の一つとしていることは周知の通りだし、熊沢蕃山『孝経小解』『孝経外伝或問』、大塩中斎『増補孝経彙注』、佐藤一斎『孝経解意補義』と列挙してみれば、この事実は明白である。経書の注釈を通して孝の思想を発展させるというこうしたスタイルは、中国の主要な陽明学者の間にはないようである。(16)

中斎の『増補孝経彙注』叙文が、『孝経』について古文今文いずれのテキストに依拠しようと大きな相違のないことを説いた後に、こう述べている。

余、故《もと》より章第《しょうだい》を獲去《かっきょ》し一貫《いっかん》を以て説《と》き下すところの注書《ちゅうしょ》を、常に要《もと》むること既に久し。然れども古今の註《ちゅ》家《うか》、大抵、文字を訓詁《くんこ》し義理を解説する耳《のみ》。而して支離、経《けい》を蝕《むしば》むことを免かれず。乃《すな》はち至徳要道《しとくようどう》の義と

相《あ》ひ反《はん》す矣。亦《ま》た之を憂《うれ》ふること久し

『孝経』冒頭が言うように、孝は「至徳要道」である。にもかかわらず、旧来の注釈は分章や訓詁にこだわり、内容的にも型通りの解説しかしていない。この点で久しく不満だった。孝の卑近と深遠、日常性と原理性に目配りをきかせた、要するに「至徳要道」の所以を明らかにした注解の不在を、かねてより憂いてきたというのである。『孝経』そのものへの、こうした情熱の持ちようにまず注目する必要がある。[17] 中斎は続ける。

曾《かつ》て明《みん》の江元祚の刻《こく》する所の今文孝経彙注《きんぶんこうけいいちゅう》を得て、以て之を閲《けみ》す。……熟読玩味《じゆくどくがんみ》、数日《すうじつ》にして卒業《そつぎょう》す。乃《すな》はち巻《かん》を掩《おお》ひ嘆《たん》じて曰く、孝を以《も》て万善《ばんぜん》を貫《つらぬ》き、良知《りょうち》を以《もっ》て孝を貫《つらぬ》き、太虚《たいきょ》を以て良知《りょうち》を統《す》ぶ。而して天地聖《てんちせい》人易簡《じんいかん》の道、是《ここ》に於《お》ひて偶《たま》たま之《これ》を獲《う》焉。遂《つひ》に宿志《しゃくし》を償《つぐな》ふ、亦《ま》た幸《さいは》ひならず乎《や》

江元祚撰『今文孝経彙注』は、孝をめぐる王陽明・楊慈湖（陸象山の門人）・羅近渓の三子の理解と、後継によるその敷衍をもって『孝経』本文の意義を明らかにしようとする、いわゆる王学左派の書である。[18] この書に接したことで、中斎は何を得たのか。

余《よ》、因りて思ふ。孝と者《は》、不学不慮の性、而して人心に存する者也《なり》。然して士人《しじん》に在りてすら、猶《な》ほ行《おこな》ひて著《あき》らかならざる者、習ひて而して察せざる者有《あ》り、況《いは》んや日々《ひび》に用ひて知らざる百姓《ひゃくせい》の如き者、焉《いず》んぞ、孝は即《すな》はち万善《ばんぜん》、良知《りょうち》は即はち孝、太虚《たいきょ》は即はち良知《りょうち》、而して一貫《いっかん》なるの義を知らん哉《や》

孝は、忠孝の孝でもないし、幕府や諸藩が顕彰する孝子節婦の孝でもない。孝養や祖先祭祀という特定の場や形

をも超えた、太虚—良知—万善の「一貫」それ自体であり、士人・百姓を問わず「不学不慮之性」として躍動する霊妙な実体である。この歓喜に満ちた発見、それを聖賢の言葉を通して確かめたいという情熱が、彼等を『孝経』に向かわせた。

2　孝の広がり

藤樹は、短い生涯を真摯な思索に捧げて、その思想を深化させていった。一般にその中期の代表作とされている『翁問答』(19)に、

> 人間千々よろづのまよひ、みな私よりおこれり、わたくしは、我身をわが物と思ふよりおこれり、孝はその私をやぶりすつる主人公

とある。この一節は、藤樹の生涯を貫いたモチーフをよく物語っていると思う。「私をやぶりすつる」とは、現実の自己中心性《エゴイズム》から本来の自己を回復することを意味する。晩年、宗教性を強めたと評される藤樹だが、ここに述べられているような強い倫理的衝動がその生涯を支えていた。

藤樹の孝は、天地宇宙大の広がりをもっている。

> 父母の本《もと》、之を推《お》して始祖《しそ》に至《いた》る。始祖《しそ》の本は天地也《なり》。天地の本《もと》は、太虚《たいきょ》也。一祖《いっそ》を挙《あ》げて、父母・先祖・天地・太虚を包《つつ》む（『孝経啓蒙』）

自分は、父母・先祖・天地・太虚に切れることなく連なっているという擬似血縁的なタテの連続感情は、こうし

て藤樹に始まり、中斎に至るまで引き継がれていった[20]。それはともかく、こうした連続感情は、孝に巨大な広がりを与えた。

夫《そ》れ、聖人《せいじん》の徳、又《ま》た何を以《も》つて孝に加《くは》へん乎《や》。孝徳は、本《も》と太虚《たいきょ》を充塞《じゅうそく》し、廖郭《りょうかく》として而して無外《むがい》〔外無《そとな》し〕。故《ゆへ》に聖人《せいじん》の峻徳《しゅんとく》といへども、孝徳の本然《ほんぜん》の量《りょう》を充《み》たす而已《のみ》（同前）

「孝徳本然之量」は、すべてを包括する。こうした孝の包括性は、例えば「孝悌忠信ノ実行ヲナシテ、先《まづ》ハ一段ノ善人也。サレドモ其分デ事止メバ、国家天下ノ大業ヲ成ニ足ズ」というような一般的なちんまりした孝の理解（ここでは闇斎『大学垂加先生講義』から引いたが、決して闇斎だけのものではない）からは大きく隔たっている。こうして、自己と太虚とを直線的にタテに連続させたのが藤樹の孝であったが、万物万化の始源（太虚）に行き着くことで、万人への連帯に路を開かせるのもまた孝である。『孝経』に引く詩の一句「愷悌君子、民之父母」を、藤樹は、

君子《くんし》の愷悌《がいてい》の徳、天下の人に於《お》ひて、心々隔和《しんしんゆうわ》して一貫《いっかん》、間隔《かんかく》する所無《な》し。父子一体《ふしいったい》の貫通《かんつう》より切《せつ》なる者有《あ》り。故に民の父母と曰ふ（『孝経啓蒙』）

と解釈している。上下関係から比喩的に「民之父母」と言われるのではなく、「心々隔和一貫」のゆえであり、それは実父母との一体よりも場合によっては熱烈だと藤樹は述べるのであるが、こうした一体感は、始源の太虚を媒介とすることで成立している[21]。

孝は、宇宙的な生々の原理でもある。この点、藤樹はこう述べている。

孝は、此《こ》れは是《こ》れ三才《さんさい》の至《し》徳要道《とくよふどう》、天を生み、地を生み、人を生み、万物を生むは、只《た》だ是《こ》れ此《こ》の孝なり（「孝八条」）

こうして、孝は無限の広がりと深みを獲得し、あらゆる存在の生々の原理として定立された。宇宙的な、つまり時空によって制約されない広大な生々の姿を孝として捉えるこうした発想は、藤樹より以降、中斎や一斎にまで、それぞれの表現をとりながら継承されていった。

藤樹について言えば、さらに一歩を進めたように思う。

老氏《ろうし》は、胎《たい》を出《いづ》る時を以《も》つて見性《けんしよう》し、仏氏《ぶつし》は、父母《ぶも》未生《みしよう》の時を以《も》つて見性《けんしよう》す、甚《はなは》だ理《り》に近《ちか》しと謂《い》ふ可《べ》し。而《しか》れども未《いま》だ玄妙不測《げんみようふそく》の神霊《しんれい》を見ること能《あた》はず、一貫切近《いつかんせつきん》の孝徳を、還《かへ》りて以《も》つて頑極的《がんきよくてき》と為《な》し、……（「送森村氏」）

老子や仏教に言う見性は真理の一端にやや近接しているが、「玄妙不測之神霊」「一貫切近之孝徳」を知らず、これを単に卑近なものとして斥けている、その一点で真理の立場ではないということである。「玄妙不測之神霊」は、明らかに次の「一貫切近之孝徳」そのものであるから、孝には、宗教的な真理にさえ代わりうるほどの性格が与えられているのである。

3　統治と孝

蕃山は、

孝は天地未画の前になり、太虚の神道なり。天地人物みな孝より生ぜり。春夏秋冬、風雷雨露、孝にあらざるはなし。仁義礼智は孝の条理なり。五典十義は孝の時なり。神理の含蓄のところを孝とす（『集義和書』巻八）

と述べている。孝は万物万化の根源、万徳は孝の展開とする蕃山は、確実に孝の広がりを受け止めていた。その上で蕃山は、経世統治の原則として、孝の思想を具体化していく。

『孝経』には、「自天子至於庶人、孝無終始、而患不及者、未之有也」という一節がある。藤樹なら、

孝に終始無《な》し。孝は混沌《こんとん》の中に在《あ》り、而して其《そ》の生《せい》に始まり無く、之《これ》を后世《こうせい》に推して朝夕無《ちょうせきな》し。時として孝に非《あら》ざる無く、所として在《あ》らざる無く、所として通ぜざる無く、生々《せいせい》として終り無く、須臾《しゅゆ》も離る可からざる者也《なり》（『孝経啓蒙』）

として、孝の普遍性を説いたものとして解釈するところだが、蕃山はこれを、

孝終始なしとは、愛敬の心亡びたる義也。上一人より下衆人にいたるまで愛敬の心少もなく成ては、災害いたらずと云事なし（『孝経小解』）

と読む。「……孝無終始、而患不及者……」を藤樹は、孝は普遍の徳だから「及ばざるを患《うれ》うる者」はいないのだとし、蕃山は人々の間に孝＝愛敬の心がなくなれば「患《わざわい》」は及ばないところがないとする。そして、例えば諸侯にとっての孝が、治山治水の現実の効果を挙げることだというように論を進めていく。ちなみに、「災害は天

より生戒《なる》也」（『孝経小解』）であって、民庶への愛敬の心をもたないことで治政の能力を失った為政者へは、天からの戒告としての災害がもたらされるのである。逆に、至上の統治は、孝の波及としてある。堯の治世は、

此くの如きの至治は、孝を以てせずして何を以てせん（『集義和書』巻八）

と述べられる。蕃山は、「愛敬の心」としての孝が、個人の心的態度としてよりも、為政者によって現実の治政に発揮されることを求めた。

こういう孝は、日本の政治史の理解にあたっても、鍵概念となる。次の引用に言う敬は、「孝は愛敬の心也」（『孝経小解』）という時の敬である。

日本にて敬の道を失ひて、天下を失ひ給へるは後白河院、後醍醐の天皇、武家にて北条高時、足利家の末也、信長も敬を失て、反逆をまねかれたるといへり（『孝経小解』）

続けてこうも言う。

武士も亦、……民間の士を百姓とてあなどれり、……孝を以て天下を治ル道に非ず（同前）

天皇家の統治にも、歴代の武家政権についても、愛敬＝孝に基づいた治政であってはじめて体制を保持しうるという原則は貫かれる。その原則からする時、蕃山から見て、眼前の治政も安泰とは言いがたい。

もとより『孝経』も、「徳教、百姓《ひやくせい》に加はり、四海を刑《おさ》む」を天子の孝とし、「能《よ》く社稷《しやしよく》を保ち、其《そ》の民人を和《やわ》

らぐ」を諸侯の孝として規定しているように、孝の思想には本来、治世安民の責任倫理が内包されている。蕃山が、そこに依拠していることは疑いえない。しかし『孝経』が、そうした責任を果たすことを、諸侯なら諸侯の父祖に対する孝として観念するのとは対照的に、蕃山は、民庶に対するより直接的な統治責任を孝の観点から論じようとしていた。

4　肉体の超越

日本の陽明学には——陽明学という枠をこえた、より広い問題かもしれないが——、亡親の鬼神を、気の聚散屈伸として考えるよりも、或る実体として捉えようとする傾向がみられるように思う。『孝経』の一節、「生事愛敬、死事哀慼、生民之本尽矣、死生之義備矣」について、

死生、死とは形体《けいたい》の死を謂《い》ふ。生とは生性《せいせい》・至誠《しせい》・無息《むそく》を謂ふ也。……死生とは猶ほ形《けい》死して而して神《しん》生ずるを謂ふ也。蓋《けだ》し、形《けい》死すと雖《いへ》ども而して鬼神《きしん》生々の理は息《や》むこと無し。故に死生の義と曰ふなり（藤樹『孝経啓蒙』）

死ハ形ノ死ヲ云、生ハ死スルコトナク滅スルコトナキ生々無息ノモノヲ云、……言心ハ形ハ死スルト云トモ、鬼神ハ不死不滅ニシテ生々ノ理ソナハリヌルト云心也（『孝経見聞抄』[22]）

形死すといへども神は天地の気に合して不亡、……形死して神生ず、是死生の義也（蕃山『孝経小解』）

といった一連の注解が言おうとするのは、気の聚散や魂魄の遊離という乾いた議論ではなく、「鬼神ハ不死不滅」

と端的に言われるような、「形ノ死」を超越した或る実体への思いであろう。

藤樹や蕃山は、この思いを、形（肉体）と鬼神・神との対項という形で語ったが、一斎はこれを、軀殻（肉体）と心との対項として展開した。

挙目《きよもく》の百物《ひやくぶつ》、皆来処《らいしよ》有り。軀殻《くかく》の父母に出《い》づるも、亦《ま》た来処也《なり》。心に至《いた》りては、則《すな》はち来処何《いず》くにか在る。余、曰く、軀殻は是《こ》れ地気《ちき》の精英《せいえい》、父母に由《よ》りて而して亦《ま》た之《これ》を聚《あつ》む。心は則《すな》はち天也《なり》、軀殻成《な》りて而して天寓《ぐう》す。天寓《ぐう》して而して知覚《ちかく》生ず、天離《はな》るれば而して知覚泯《ほろ》ぶ。心の来処は、乃《すな》はち太虚《たいきよこ》是れ已《のみ》（『言志録』九七条）

肉体は、父母に由って聚ることで形を成した地気の精であり、肉体に対する心は、太虚の天からそれに寓《やど》った霊妙なるものである。そして重要なことには、

此《こ》の心、霊昭不昧《れいしようふまい》、……果《は》たして何《いず》れ従《よ》りして而して之を得《う》るや。吾が生の前、此《こ》の心、何《いず》れの処《ところ》にか放在《ほうざい》せしや。吾が歿《ぼつ》するの後、此《こ》の心、何《いず》れの処にか帰宿《きしゆく》せんや。果《は》たして生歿有《あ》り与《や》、無《な》き与《や》。着想、此《ここ》に到りて凛凛《りんりん》として自《みずか》ら惕《おそ》る、吾が心は即《すな》はち天也《なり》（『言志録』一九八条）

と言われるように、心こそが、直ちに天に連なることで、「吾生」「吾歿」肉体の生死を超越した確かな実体とされているのである。

鬼神の不滅を強調する藤樹や蕃山にせよ、肉体を超越した天としての心を言う一斎にせよ、そこに共通するものは、不確かな肉体をこえた確かさへの志向である。仮に日本の陽明学にそういう志向が認められるなら、それ

が彼らの孝の性格を最深部で規定していくとは考えられないだろうか。「不死不滅」の鬼神は、祭祀というハレの場だけに限らず、子孫との不断の内面的繋がりを求めることはないのだろうか。子孫の側からいえば、日常の一刻一瞬の生活が、まるごと父祖の鬼神との交感の中で営まれるような、それをこそ孝とするような方向が出てくるのではないだろうか。また一方、肉体を超越した確かさを心に求めていけば、どうだろうか。子孫の手による誠敬を尽くした祭祀を受けることをもって最後の安らぎとするのが中国的なエトスだとすれば、一斎の言う「心」にとっての安らぎは、そうした温かな血縁的連続の中にあるのではなく、卓爾として一人立つことによってはじめてもたらされるだろう。(23)

たまゆらの肉体を超越した実体を措定することで、日本の陽明学の孝は、あるいは孝を極限的に肥大化させ、他方で孝的な枠組みを突破しかねないほどに個の意識を覚醒させていたとは言えないだろうか。

結

問題は、重層的である。つまり、朱熹や王陽明の課題意識がどう受け止められ、朱子学や陽明学の孝が、それぞれ日本でどう受容され変容していったのかという次元があり、加えて、朱子学や陽明学という以前の、いわば中国の大地によって支えられているような孝の論理、ひいては生死・生命感覚と、日本のそれとの異同という次元とがある。言葉を変えれば、宋~明の時代と、徳川社会の構造的な相違に由来する面と、より深い民族的なエトス――もとよりそれとて不変のものではない(24)――にまで遡る面とがある。私自身の非力によるとはいえ、本稿は問題を遠くから望み見たにすぎないだろう。

視点を少し移動して、近世日本の思想史全体の中で宋明学の孝を位置付けようとすれば、さらに別な視点からの考察が必要となる。どういうことか。

『論語』『孟子』を徹底的に読み込むことで、孝の思想的特権性を奪い孝を無化させてしまった人物として、伊藤仁斎がいる。仁斎が根底のところで拠って立つリアリティは、孝ではなく、愛あるいは忠信と表現されるような真情であり、その最も生き生きとした発現は、『孟子』に説かれる四端の心である。重要な点は、愛のない孝は偽善にすぎないというように仁斎が問題を設定していることである。仁斎の描く人間的連帯は、愛・忠信・四端の心というような、およそ儒教的範疇のうちで最も血縁性から離れたものの拡延として期待される、非差等的な連帯である。[25]

荻生徂徠は、孝悌を中心とする緩やかな家や郷党の秩序を尊重し、それを基底に据えることで社会全体の政治＝文化的な統合を構想しようとした。父の心志のままにあること、これが孝の原義であり、子の側からは父の是非善悪をこちたく言い立てないことが孝の前提である。そして、天と、社会を統轄しその頂点に立つ為政者との間にも、こうした父―子の関係が比喩的に成立すると徂徠が述べていることを、見逃してはならない。徂徠の思想には、このように、社会統合の視点からの孝の復活という面があった。[26]

仁斎と徂徠という、日本の儒教の生んだ最も魅力ある二人の思想家は、それぞれの方向から、孝に対して強烈な衝撃を与えた。そしてもう一つ、より民衆的世界の側から、夫婦をあらゆる人間関係の起点とする社会通念が成長してくる。知識人としては、増穂残口や安藤昌益が、こうした通念を正当化した。「夫婦の事疎かに成行ば、道も誠もなくなりて、後は孝も失せ忠も絶なん」とは残口の言葉であり（『艶道通鑑』）、「舜、堯ノ聟トナリ、……不耕貪食シテ父母ヲ養フ、是レ天道ノ真孝ニ非ズ」とするのは昌益である（『自然真営道』稿本）。昌益によれば、夫婦二人が自ら耕して父母を養ってこそ真の孝である。いずれにせよ、まず夫婦の生活を据えて、その上で孝を思量するという発想は、神道の普及にも、草莽の国学と言われる在地豪農を担い手とする国学運動にも、また民衆宗教の活動にも、脈々として流れていくのである。

くどくどしく述べたのは、日本の場合、宋明学の孝は、孝をめぐる実に多様な諸思潮の中で、まさに揉みしだかれるようにしてあったということを言いたいがためである。混沌として入り組んだ思想状況の下で、そのヘゲモニーをめぐって競い合ったのであり、社会的に特権化された制度やイデオロギーによって守られるべきものは存在しなかった。その上で、宋明学の孝は、それぞれに、徳川社会に固有の構造とエトスの中で、或いはより深い歴史的文脈からいえば、日本社会の精神的伝統とエトスの中で、自らの思想を確立しようと苦闘する。

註

(1) 宋明学より以前の時代の孝についても、最低限の考察をくだす必要はあるだろうが、今回は断念し、祖先祭祀を中核とする宗教性、生命の連続という価値観、これらを孝の本質と規定する加地伸行の見解があることを記すにとどめておく(『儒教とは何か』中公新書、一九九〇年、および『沈黙の宗教——儒教』ちくまライブラリー、一九九四年)。

(2) 『大学或問』のこの一節は、程伊川(一〇三三〜一一〇七)からの引用であるが、私が目睹した伊川の語とは多少の相違がある。「且《も》如し、孝を為《な》さむと欲《ほっ》して成らずんば、只《た》だ一箇《いっこ》の孝の字を守着《しゆちゃく》して、須《す》べからく是《こ》れ孝を為《な》す所以《ゆへん》の道、侍奉《じほう》する所以《ゆへん》は当《まさ》に如何《いかが》すべく、温清《おんせい》は当に如何《いかが》すべきかを知るべし、然《しか》る後、能《よ》く孝道を尽くす也《なり》」(『二程全書』巻一九、中文出版社、一九七九年、影印)。

(3) 朱熹『論語精義』が、全文を「伊川解曰……」として収めている。

(4) 万暦刊本の翻刻である『和刻本朱子語類大全』に収める朱熹語と、字句にやや異同がある。

(5) 孝は、祖先祭祀を離れては論じられない。問題はその性格上、複雑で微妙だが、ここでも朱熹の立場は冷静なものだったように思う。そもそも朱熹は、鬼神に対して、抑制のきいた態度を崩さなかった。この点、『論語』の「樊遅《はんち》、知を問ふ。子曰く、民の義を務め、鬼神《きしん》を敬して之を遠ざく、知と謂《い》ふ可《べ》し矣と」(雍也篇)に対する朱熹の注「専《もっぱ》ら力を人道の宜《よろ》しき所に用《もち》ひて、而して鬼神の知る可《べ》からざるものに惑はず、知者の事也《なり》」と、古注「包《ほう》曰く、鬼神を敬して黷《けが》さずと」(何晏『集解』)とを比較すれば明らかであり、朱熹の孝の知的性格と連続している。

(6) 日本でも、孝の復権は、明の時代に特徴的な現象として捉えられていた。「今大明の代にいたって、此経(『孝経』)をよく尊信表章する人おほし」(中江藤樹『翁問答』)。

(7) 愛の差等性——孝の論理——は、東アジア社会が、プロテスタンティズムの隣人愛の思想と出会った時の、最強の障碍として立ち塞がるのではないだろうか。陽明学の孝的連帯のエトスが、近代の東アジア社会の中でもった一つの意味は、ここにあったように思う。

（8）陽明学の孝には、里甲制の形骸化、地主制の進行という現実に対処するために、郷村の士人・父老層に主体性を発揮させて、郷村秩序を血縁擬制的に再編させるという意味があったという（溝口雄三他『儒教史』山川出版社、一九八七年）。

（9）直方と絅斎については、拙稿「二つの「理」——闇斎学派の普遍感覚」（『思想』七六六号、一九八八年）参照。

（10）孝と忠との関係について、J・マクマレンはこう言う。林羅山は、日本社会の現実には余り関連付けずに、忠に対する孝の優位を説いた。（『儒門思問録』）。直方「忠孝不両全弁」は、あるべき孝を優先させる。こうした潮流が一方にはありながら、大勢は、両者の並置、忠による孝の包摂へと進んでいく（「江戸初期における「忠」と「孝」の問題について」、『季刊日本思想史』三一号、一九八八年）。徳川社会の思想展開の一つの帰結として、後期水戸学の忠孝一致論がある。周知のようにそれは、教育勅語をはじめとする十九世紀末からの正統イデオロギーへと連続するものだが、こうした忠孝一致論が、いかに孝の不振を招いてしまうかという問題の立て方もあるだろう。「ひとり忠のみ隆んにして孝は衰ふ」と、孝道論者が嘆いているが、汲み取るべき論点の一つである（沢柳政太郎『孝道』冨山房、一九四一年）。

（11）イエ社会の確立と日本の儒教の葛藤について、拙稿「儒学の日本化——闇斎学派の論争から」（『日本の近世13 儒学・国学・洋学』中央公論社、一九九三年）参照。

（12）渡辺浩『近世日本社会と宋学』（東京大学出版会、一九八五年）。

（13）陽明学についても、通俗化すれば事は同様で、「庶人の孝行は農夫、百工、商賈各々が心の良知を致して其の家業を能く勧め……金銀を蓄へ、財宝を節用して……公儀を畏れ、法度を守り……」（三重松庵『王学名義』）などとされる通りである。「公儀を畏れ……」が、孝の一つとされることには注目しておこう。

（14）惕斎は、藤井懶斎『本朝孝子伝』の刊行にあたり序文を贈っている。

（15）この点でも、通俗化すれば陽明学の場合とて同様である。というより、陽明学の方が、問題をより合理化しやすいのかもしれない。熊沢蕃山は「人は皆天地の孫なり。同姓にあらざるはなし」とし（『集義和書』）、三輪執斎や佐藤一斎もこれを容認している。また、通俗神道の側からは、日本人全体を一つの血縁共同体に擬して、養子制をめぐる問題自体を消失させる発想が出されてくる（跡部良顕「日本養子説」）。

（16）山下龍二に指摘がある（「中国思想と藤樹」、日本思想大系『中江藤樹』岩波書店、一九七四年、解説）。

（17）『孝経』へのこうした思い入れは、藤樹に始まる。「一《ひとつ》、毎日清晨《せいしん》に孝経を拝誦《はいしょう》し、以《もっ》て平旦《へいたん》の気を養《やしな》ふ可《べ》し」と早くも三十二歳の時の「学舎坐右戒」にあり、後には、毎朝沐浴して『孝経』を拝誦したという。また、夫人の毎朝夕の誦読のため、全文仮名文字による「国訳孝経」を著している。藤樹がこれを尊んだのは、「孝経は明《あき》らかに是《こ》れ孔子の手著《しゅちょ》為《な》り矣。而して世儒《せじゅ》孔曾《こうそう》問答の語に泥《なず》みて、誤まりて以《もっ》て孔子曾子《そうし》の為《た》めに孝道を言ひ、門人、之を録すと為《な》す」と言うように（『孝経考』）、これを孔子自身の述作とみなしたからである。藤樹のこの論定は、『孝経』撰者をめぐる明代の論争を踏まえてなされているのだが、いずれにせよ、朱熹が経伝を分かって『孝経刊誤』を著して以来の、テキストとしての『孝経』への朱子学者の抱いた或る不信感情とは、際立った対照を示している。そして、藤樹に始まる『孝経』そのものへの深い思いが、日本の陽明学の中に流れ続けていく。

　日本の朱子学者による『孝経』注釈は、朱熹『孝経刊誤』への注解も含めて、概して精彩に欠けているように思う。「先年何者ヤランガ、山崎派ノ学者ハ……孝経ナドハ読マヌサウナ、不孝ヲシテモヨイト云フコトカト、驚キ入ッタ難題不審ヲ受ケタガ、此方ハ肝心ノ処ハ小学ニアゲテアルカラナリ」と弁解するのは、直方の学統を継ぐ稲葉黙斎「孝経刊誤講義」である。『孝経』よりも『小学』をというのは、闇斎学派では共通の理解だった（蟹養斎『読書路径』）。黙斎の言う「何者ヤラン」を特定することはできないが、「宋学ノ徒、孝経ヲ廃シテ用ヒズ、コレ偽経ナリト号シ、或ハ錯簡ナリト云フ、今文孝経ニ従フ朱子ハ刊誤ヲ作リテ妄リニ古経ヲ刊刪ス、懼《おそ》ルベキノ甚シキナリ」（荻生徂徠『経子史要覧』）、「今、朱子の徒、孝経を読まずに心法《しんぽう》を学ぶ、其《そ》の浮屠《ふと》の帰《き》に為《な》らざる者、幾《ほと》んど希《まれ》なり」（太宰春台「重刻古文孝経序」）といった批判は散見する。

（18）　加地伸行に解説がある（「『孝経啓蒙』の諸問題」、日本思想大系『中江藤樹』解説）。

（19）　孝を、良知と結びつけて説くことをしないという点に、同書の一つの特色がある。

（20）　孝を突き詰めることで、太虚と自己との連続を悟った時、藤樹は自信をもって伊勢神宮に参詣する（それまでは、庶人の身でアマテラスを拝することに対して、不敬の危惧を抱いていた）。以降、陽明学の尊ぶ易簡を神道の正直に重ね合わせながら、日本の陽明学と神道との親近という問題が引き継がれていく。象徴的なことに、中斎も、代表作『洗心洞劄記』を伊勢神宮と富士山浅間神社に奉納している。

（21）　万人の一体感は、『翁問答』の段階でも強烈である。例えば、「惟天地万物父母、惟人万物之霊とのたまふ時は、ばんみんはこと〴〵く天地の子なれば、われも人も人間のかたちあるほどのものは、みな兄弟なり……禀賦の厚薄高下によって、君となり臣下とはなれ、ぐはんらい骨肉同胞のことはりあれば……にくみあなどるべきことにあらず」などと言われる通りで、一体感そのものは、藤樹の思想的生涯を貫通している。太虚からの孝を媒介とすることで、それが、より形而上的に深化したということだろうか。

（22）一六六〇年に「道春記」と題して開板されているが、内容的には明らかに、藤樹『孝経啓蒙』を忠実に襲っている。

（23）日本の陽明学の特色として、研究史上、生死の超越、死に対する潔さが指摘されている。溝口雄三「日本的陽明学をめぐって」（『現代思想』一〇巻一二号、一九八二年）ほか。これは、彼等が、肉体を超越したところに或る確かなものを見ていたということだろう。「人の生は、気の聚《あつまれる》也。聚《あつ》まれば則《すな》はち生《せい》と為《な》り、散《さん》ずれば則《すな》はち死と為る」（『荘子』知北遊篇）という言葉が、朱子学・陽明学といった区分を越えた、気の身体論＝宇宙論を表現しているとすれば、そうした気のリアリティによって人々が捉えた〈確かなもの〉と、日本の陽明学者が「形ノ死」や「軀殻」の先に見た〈確かなもの〉とは、どう異なるのだろうか。

（24）尾藤正英『江戸時代とはなにか』（岩波書店、一九九二年）は、民族的エトス――こういう曖昧な用語はもとより尾藤の採るところではないが――の近世的な形成を論じているように、私には思われる。方法論としては、網野善彦の「「社会構成史的次元」と「民族史的次元」について」（『日本中世の非農業民と天皇』岩波書店、一九八四年）が含蓄に富むと思う。

（25）陽明の孝的連帯と、仁斎の四端的連帯との対照は、興味深い問題を孕んでいる。両者は、理念型として全く相反する方向から、本質的にタテの論理である儒教の範疇に拠りながら万人に開かれたヨコの連帯の可能性を探ろうとするからである。

（26）拙稿「『論語徴』のなかの「孝」」（『懐徳』六一号、一九九三年）参照。

村岡典嗣と平泉澄――垂加神道の理解をめぐって――

はじめに

小論は、村岡典嗣（一八八四～一九四六）の日本思想史研究の方法や問題意識の特徴を見ることを課題とするが、その素材を、垂加神道に対する村岡の理解の中に求めてみたい。宣長や篤胤に対する村岡の研究は、よく知られて話題にのぼることも多いが、垂加神道の研究は、その影に隠れがちである。しかし、そこには、村岡の方法や問題意識の特徴を探るための手掛かりが、宣長や篤胤の場合とは別な形で、しかし確実に潜んでいるように思われるからである。そして今回は、垂加神道の唱道者＝山崎闇斎を顕彰することにおいて大きな役割を果たした平泉澄（一八九五～一九八四）の垂加神道（闇斎）論を並置してみることで、問題の在処《ありか》を浮かび上がらせることを試みる。(1)

私の最終的な目標は、村岡の日本思想史研究が、一つの「国民の物語」の構築にあったことを、そこに孕まれる問題点とともに明らかにした上で、〝にもかかわらず〟日本思想史なるものを今日において語り得るとすれば、それは、どうあることによってなのかを考えることにある。

一、村岡典嗣と垂加神道

村岡が、まとまって垂加神道を論じたものとしては、「垂加神道の根本義と本居への関係」（『思想』四二号、一九二五年）、「垂加神道の思想」（『理想』七〇号、一九三七年）がある。また、東北大学をはじめとするいくつかの大学での講義記録を、没後に著作集刊行会が纏《まと》めて、通史という形を得ることとなった『神道史』『近世に於ける国体思想の発展』にも、垂加神道は項目として立てられて、それに相応しい分量で論じられているが、内容としては、単行論文として発表された上記の二論文の範囲を出るものではない。この他にも村岡は、岩波文庫で『垂加翁神説・垂加神道初重伝』を校訂して、短い「解題」を付けている（一九三八年）。ここでは、はじめに紹介した二つの論文を中心として、村岡の垂加神道への理解を纏めてみる（便宜的に、「垂加神道の根本義と本居への関係」をA、「垂加神道の思想」をBと示す）。

１　宗教的情操――敬虔

村岡の議論では、まず「記紀の開闢神話や建国神話を、文字通りに信じた太古の国民意識」（A二三二頁）の時代が出発点として据えられ、その時代を過ぎることで、神話が反省や解釈の対象とされるようになったという大きな枠組が前提にされている。神話が、反省や解釈の対象とされることを、村岡は「神話の合理化」という言葉で呼んでいるが、それは「古伝説を支那文字の形式に筆録する」（同前）ことにおいて始まると言われてもいるから、その「神話の合理化」は、個々の神話の内容について合理的な解釈が施されることと必ずしも同義ではなく、もう少し広い意味を含んでいる。この「神話の合理化」は、三つの階段・画期をもって進行した。その一つは『書紀』、その二は北畠親房、その三は徳川の儒学である。徳川の儒学は、一方で新井白石や吉見幸和の神典解釈に代表される Euhemerismus に至る。

けだし彼等〔白石や幸和〕によれば、開闢説以下の神話は、国祖が国土経営の史実を譬喩的に述べたもので、神々は偉人英雄のこと、高天原、根国は国内の某々地、而してこの見地からして解すべからざる一切の荒唐無稽的要素は除去して可なりと。（A二三七―三八頁）

村岡によれば、垂加神道は、ある意味で、こうした「神話の合理化」の極点に位置している。

かくの如き徳川初期の趨勢を承けて、理論と信仰とに於いて、儒家の神道説といはむよりは、むしろ儒学神道を完全に成立せしめたものは、山崎闇斎及びその派の垂加神道である。而してその本質は、その神典解釈に発揮されたので、上記三段の発展は、こゝに殆んど窮極した観がある。（A二三八頁）

「上記三段の発展」は、一方で、Euhemerismus を生んだが、垂加神道の「理論と信仰」の世界は、それとは決定的に様相を異にしていた。村岡は、それを闇斎のもった「宗教的性向」とか「宗教的傾向」「宗教的情操」というような側面から捉えようとしている。

闇斎の伝記や言説について、暫く神道を離れて見ても、顕著に認められるのは、その宗教的性向である。……敬内義外の説を奉じて、而も敬に対する理解の、宗教的敬虔の域に至ったこと、……研究は信仰を生み、敬説や太極図説等の宋学の根本概念は、彼の為には確信となり体験となって、年を経ると共に益々深みを加へた。（A二四〇頁）

こういう着眼は、かつて全く別な観点からではあるが、太宰春台が『聖学問答』で見せたものであり、春台は、「天主教……の禁をゆるめば、闇斎の如き者は必ず天主教に帰すべきものなり」と論評していた。村岡も、この春台の指摘に対して「春台のこの言、また妥当ならずとしない」として、緩やかな賛意を表わしている（B一六八頁）。闇斎個人の宗教的な資質に着目して、そこから垂加神道の特徴を考えようとするわけである。垂加神道の秘伝の一つである「土金之伝」に寄せて、村岡は、こう解説している。

元来土を以て五行の根本となし、未生の土徳を説くのは、中世神道伝来であり、殊に垂加神道の源流の一つなる吉川神道にも……土徳編、未生土之伝等の著があり……。しかもこれを、特に敬を唯一に説いて、その道徳的意義をかやうに力説したのは、垂加の特色である。……朱子学者としての闇斎が、敬を尊び、殊に敬内義外の説をなして、独自の見解を持して相譲らなかったことは、闇斎学に於ける顕著な事実である。而してその敬義内外の説たる、内を以て一身、外を以て家国天下の意となし、内外をば単に心的及び外的の意にとらないで、その結果敬を以て、身心をこめて全人格を対象とする徳となした。吾人はここに、道元が所謂道を得ることは身心ともに得ることであり、しかも正しく身を以て得ることであるとなしたところと、相通ふものあるを感ずる。……この敬虔主義が実に、この土金伝と融合し得たのである。（B一七六―七七頁）

このような闇斎の「宗教的情操」「敬虔主義」は、垂加神道の信仰の内容として、どのような形をとっていくのだろうか。村岡は、その端的な表現を「天人唯一之伝」に見出している。「天人唯一之伝」は、垂加神道の秘伝の第一に配されるもので、その重要性は言うまでもないが、「天人唯一之伝」についての村岡の理解は、周到で説得力に富んでいる。

天人唯一とは、天地人即ち造化人事を通じて、一貫の理法が存在するとし、……直接の先蹤となったのは、彼〔闇斎〕が就いて神道を学んだ吉川惟足である。……惟足はこの種の解釈を、天人一致、天人合一又は一体等称して、神代巻抄の数箇所に試みた。……この思想を承けた闇斎が、特に天人唯一と称したのは如何。（A二四二—四四頁）

に説明している。

このように問題を提示した上で、惟足の「天人合一」と闇斎の「天人唯一」の差異について、村岡は、次のよう

例えば日月二神の神性の解釈について、「此御子天日と御合徳故、如此〔日神または大日霊貴〕と称し奉ると申す者は、手延にして正意に非ず。直に天日御一体と拝み奉る御事也。」……即ち二神が天下の主を生まうとして生んだ胎生の人体神を、日神及び月神といふは、日月に比すべき徳の故の譬喩でなく、そのまゝに日月であり、……思ふにこは、造化と人事とは単に原理として同一であるといふばかりでなく、その原理の発現として、同時に造化又人事といふ関係にありとなすものである。……その唯一の意は、まさしくこゝに存する。（A二四四—四五頁）

造化と人事の間に、その両世界を貫く原理があるから造化と人事は一致する、一体であるというのが惟足の立論だとすれば、闇斎は、そうした理解を「手延《てのべ》」だ（核心から逃《そ》れている）と批判して、造化が直ちに人事、人事が直ちに造化だと捉えて、これを「天人唯一」と表現した。闇斎の意図を、村岡は、次のような比喩で巧みに敷衍している。

天人唯一とは、例へば一条の弧線の如きである。本来同一線でありながら、内から見たのが造化、外から見たのが人事として、二様に現れる。神代紀の記事は、その一貫の理と、その発現とを、或は人事を以て説き、或は造化を以て説き、互ひに交錯したものである。（A二四七頁）

闇斎の「宗教的情操」「敬虔主義」は、こうして、〈天・造化〉と〈人・人事〉とに比喩的な対応や道徳的な相関を見る立場を越えて、〈天即人、人即天〉という宗教的境地を切り開かせたものと村岡は理解した。

2　天皇への絶対崇敬

村岡によれば、闇斎の「天人唯一」の思想は、必然的に天皇に対する絶対の崇敬に至るべきものである。

彼〔闇斎〕は、この書〔神代紀〕撰録の宗とせる処は、「我邦帝王の御実録なれば、我大君の御血脈の本元、混沌未分の最初より芽して、天地と倶に御出生坐し、国常へに立給ひ、常盤堅盤に天壌無窮の皇統なる御事を暁し給ふ故に、元気混沌の初めより開闢して、国土の成定の事実を録し」たもの……となした。その意味は、神代巻中の諸説を、陰陽五行説の譬喩と見ないで、建国の史実となすのである。国常立尊以下造化神までも人体神と見たのは、この為である。而してこは、神代紀の人事としての一面を徹底させて解したもので、決してその造化としての他面を否定したものではない。……斯の如くにして、天人唯一を根柢とし又中心として、造化と人事、太極図説と建国史とは、彼の意識に於いて結合し、単に結合したのみならず、同時に相互に活らきあった。（A二四八―四九頁）

村岡によれば、造化即人事、人事即造化という天人唯一の立場は、「混沌未分の最初」から「天壌無窮の皇統」が定まっていたという確信をもたらす。造化の働きによって天地宇宙が生まれ、世界に時空の軸が定まってから、それをまって、神々や天皇に至る世界の秩序、人倫の秩序が出来るというものではないからである。ここからもたらされた確信は、当然、天皇に対する絶対の崇敬として現われる。村岡は、その崇敬の感情に「信仰」という言葉を与えている。

神代巻の解釈によって、彼〔闇斎〕が説いた信念中、最も重要な位置を有して、後世に最も感化を与へたものは、天日一体の皇祖神天照大神の子孫としての天皇に対する、絶対崇敬の信仰である。藻塩草に「近く諭さば、異国には大君の上に天帝あり。勅命の上に上天之命あり。吾国の大君は、所謂天帝也。勅命は所謂天命と心得べし。仮令へば天災ありて、大風洪水或は時疫流行して人民多く死亡に到ると雖も、一人も天を怨むる者はなく、下民罪ある故に、天此災を降せりとして、反て身を省る、是常に天帝の清明なるを仰ぎ尊む故なり。」とした天皇即天帝の信念は、彼を最もよく祖述したものなるべく、実にまた、神儒一致の最もよき例を見得る。（A二五〇頁）

闇斎の門流である玉木正英の『神代巻藻塩草』を引きながら、村岡は、人間の是非善悪の思量や判断を越えて、絶対の存在として天皇を認め、ひたすらに天皇を崇敬するような在り方が、「混沌未分の最初」から、造化即人事、人事即造化の理法として、人間の性の中に、造化に適った本来態として刷り込まれているのだとした。そこでは、絶対の存在としての天皇に崇敬を尽くすことは、外から与えられた当為ではなく、「混沌未分の最初」から定まった自己の本来自然の在り方に帰ることである。

垂加神道の教えとして、天皇への絶対崇敬を説くのは、特に「三種神器極秘伝」と「神籬磐境極秘伝」という二つの秘伝であり、村岡は、そこで開示されるところを、「絶対尊王の信仰を前提とせる、一個の神学」の世界だとして、さらに「垂加神道の本質的意義が、専らこの信仰に存することは言ふをまたない」とした（B一八三頁）。村岡の理解を、具体的に追ってみよう。まず「三種神器極秘伝」について、こう述べられる。

神器の根源に至っては、神代紀巻頭の混沌即ちまろがれにある。ここに万物の生気を含む明徳が具はる。天地開闢の後、この神徳の発現を天照大神が天人唯一に、天子御代々絶ぬやうに形に具へておいて、御代々護身の神璽とはなし、以て日本を治め給ふのであると。かくの如くにして、三種神器はやがて君徳の象徴である。而してここに注意すべきは、この神器に於いて、儒教的の有徳者君主の思想が超克せられたことである。即ち曰く、「天人唯一の徳で人と器に道あり。さるにより、有道の天子は身に道あり。たとへ不徳でも、掌握すると天子と道と並行はれゆくぞ。これまで天子の伝ぞ。」と。また曰く、「上有道。則三種霊徳在玉体。上無道。則三種霊徳在於神器焉。」「雖為無道之君。伝賜神器即是有徳君也。此神器与玉体合一。無分別故也。」（三種神器秘伝）と。（B一七八―七九頁）

つまり「神器」は、正直・慈悲・知恵や智・仁・勇というような「君徳の象徴」として認められるのではなく、「不徳」「無道」な天皇についても霊妙無比な作用を及ぼして、「護身の神璽」たりうるものである。なぜ、そうしたことが可能なのかと言えば、村岡は、「神器」が「万物の生気を含む明徳」そのものであるという点に、その根拠を置いている。あらゆる生命、生の在りようの根源の「混沌」を、「天人唯一」のうちに体現するものが「神器」であり、その「神器」を伝える限り、個々の天皇の資質や能力は問われることがないというのである。「神籬磐境之伝」は、高皇産霊尊が、天児屋命・太玉命に「吾孫《すめみま》の為に斎ひ奉れ」と命じ（天孫降臨章・一書第二）、また日神が、三女神（瀛津嶋姫・湍津姫・田心姫）に「天孫を助け奉り、天孫の為にいつかれよ」と命じた（瑞珠誓約章・一書第一）ことを受けて、ひたすらに「日継君」としての天皇に従い、これを守ることを説くものである。村岡は、「神籬磐境之伝」から、

上愛下。下惶上。此道及于天下万人。起樹日守木磐境之道。而与天壌不変。其霊留於日之少宮矣。所謂生死之大事在茲矣。可不仰乎哉。可不慎乎哉。

という一節を引いて、これを「神道の至極、この伝あって三種神器の伝も、その意義を完成するとした（B一八一頁）。「万物」の生命の根源を「天人唯一」に体現するから、「神器」は天皇の「護身の神璽」であり、「万人」は、天皇を守ることにおいて、その霊を長く「日之少宮」に留めることが出来るのである。人間として、自己の生命の根源の来処、その行方を謹みをもって見詰め、そこに敬虔に対していく宗教的心情が、天皇への絶対崇敬を支えていること、天皇への崇敬は、そうした宗教的心情によって支えられなければならないことを、ここで村岡は言おうとしている。それは、政治的な当為や道徳的な規範を超えるものである。

3　復古神道との関係

村岡にとっての本居宣長の持つ重要性については、改めて言うまでもない。では、宣長の復古神道との関係において、垂加神道はどのように理解されていたのだろうか。

まず村岡は、宣長の方法について、「本居の文献学は、古典のありのまゝの解釈によって、古代人の意識をありのまゝに再現し了解する」「文献学 Philologie」だと規定し、「文献学として本居学は、垂加派の排斥そのものである。天人唯一の如きは、所謂漢意の最も甚しいもの、附会の極である」と断言した（A二五二頁）。そういう強烈な断絶の面を指摘した上で、議論を、垂加神道と宣長の復古神道との連続に進める。連続は、村岡の見る

ところ、何よりも「神道信仰の宗教的情操そのもの」の次元にある。

本居は儒教神道を攻撃するとて、体ある神を尊み畏れないで、天を尊み畏れ、高天原を帝都で天でないとし、天照大神を太陽でないとし、神代の事をすべて寓言として説かうとし、又不思議の存在を知らないですべて理論を以て説かうとする類ひを、漢意として挙げて攻撃したが、これらはいづれも、新井白石等の史学派の神典解釈や、熊沢蕃山等の寓意的解釈や、更にまた多少とも惟足や延佳の説にも当るが、ひとり垂加神道の説に対しては、そのいづれも当らぬ。神を人体とし、高天原を一方に天上と解し、天照大神を太陽とし、神代紀の記事を事実と見、又不可思議の存在を認める等、いづれも宣長と同じく、垂加神道に見た所である。斯く考へてくると、垂加神道から、儒意即ち太極図説的哲学を除去したもの、やがて本居の神道であるとも考へ得る如くである。（A二五三頁）

そして村岡は、「垂加派は従来考へられた如く、単なる尊皇論以上に、本居の先駆者的意義を有しないものであるか」（A二五三頁）と自らに問い掛け、古道説の定立以前の宣長の神道説や、宣長を囲む当時の全体的な学問環境に注意すべきことを指摘して、「文献学的立場から之を攻撃したにも拘らず」「神道信仰の態度や情操」のレベルで、両者が共通した面をもつことは偶然ではないと論じた（A二五四頁）。

しかし、共通しているということは、同じだということではない。

垂加神道が、儒教を別にして存在しないと同じく、本居神道は、その文献学を離れては、即ち儒教的解釈の排除を、換言すれば垂加神道の排除を離れては、存在しない。神代伝説に対する儒教的合理化、即天人唯一は、垂加神道の本質であり、その否定は本居神道の本質である。而して両者の信仰は、夫々その本質に維持された。神代伝説の文面そのまゝの信仰も、前者に於いては、それが天人唯一の理論的根拠ある故である。後者に於いては、在来一切の理論的根拠をなくしての結果、即ちその文献学によって再現された、古代の意識そのまゝとしてである。本居神道が、いかにして一切の理論的支持を斥けて、神代紀の神話的文字の祖述をそのまゝに信じ、かつそのうちに、少くとも垂加神道のそれに劣らない程度の、発達せる宗教的情操を発揮し得たかは、別種の問題として省略するとして、吾人は実にこゝにこそ、本居神道の個性の存するといふことを、言わねばならぬ。両者はそれぞれ別個の本質に於いて存在し、それぞれ独立の個性からの発展の結果として、同種の信仰内容に達した。（A二五四―五五頁）

こうして村岡によれば、垂加神道と宣長の神道とは、神代の伝承を信じるという点で共通するが、その方法と本質については、正反対の関係にあることになる。一般に儒教的な合理化、つまり「漢意」の立場に留まる限り、「古代の意識そのまゝ」にあることはできないと見なされるだろうが、垂加神道のみが、そこにきわめて近い地点「同種の信仰内容」に到達しえたのは、「天人唯一」にまで理論を突き詰めたことによるのであり、そうさせた原動力は、一にかかって闇斎の宗教的情操の豊かさに求められた。

もう一つ、「神道信仰の宗教的情操そのもの」と不可分一体のものとしての、「天皇への絶対崇敬」という点でも、垂加神道と宣長の神道とは共通すると村岡は主張する。

最も重要なる絶対的尊王主義についても、本居が古事記伝の武烈天皇の条の終に或問を設けて、……「善くもあれ、悪くもあれ、君をば臣の計奉ること無きは、是ぞ古への道の勝れたるにて、……君のしわざの甚悪きを臣として議ることなくして、為給ふまゝに見過すは、さしあたりては、愚にして不忠るに似たれども……」となしたこの説は、本居の立場からせば在来の諸説の、（神皇正統記の如きにすら之を見た）唐意の見解を全く脱して、日本精神の絶対尊王主義を発揮したものであるべきが、この見解また、実に垂加神道によって同様に述べられたこと、前に……述べた如くで、殊に武烈天皇について同様に説かれてゐるのである。
（B一八六—八七頁）

臣下として、君主の「為給ふままに見過す」というように命題を一般化した時に、はたして闇斎自身が無条件に賛成するかどうかは、あるいは問題が残るかもしれないが、(2) 村岡はこう理解して、「日本精神の絶対尊王主義」においても、両者は共通するものとした。ただし、こういう側面での連続性の指摘だけなら、先に引いた村岡の言葉「垂加派は従来考へられた如く……」からも窺われるように、村岡に個性的な指摘とは言えない。村岡の本領は、一方は「天人唯一」の理論から、一方は文献学の方法によって、神話の伝承をそのままに信じ、それを自己の生の在りようにそのままに重ねていくという根底が据えられ、そこから、このような「絶対尊王主義」が発揮されたと捉え返した点にあった。

二、村岡典嗣の神道史論と「敬虔」の位置

このように見てくれば、村岡の垂加神道理解は、闇斎のもつ宗教的情操——敬虔への着目という一点に尽きると言っても過言ではないだろう。そこには、共鳴と名付けてもよいような、闇斎の宗教性に対する村岡なりのある sympathy が潜んでいるように思われる。もちろんそれは、宣長に対して村岡が懐くような人格的・学問的な共鳴と並ぶものではない。しかし、いくつかの留保や条件を置きながら示される、闇斎の「敬虔」への遠慮がちな sympathy の意味を、もう少し考えておきたい。

没後に纏められた『神道史』などによれば、村岡は、古神道→中世から近世前期の神道→古学（復古）神道と

いう大きな枠組を考えていた。宣長によって打ち立てられた古学神道は、先立つ中世・近世前期の神道のこちたき「仏意」「漢意」の牽強付会に対する徹底的な否定の上に、古神道を復活させたものである。勿論それは、「神話の合理化」の一歩さえ踏み出していない古代人の信仰そのままではない。村岡は、宣長とそれ以降の古学神道を、すぐれて近代的な宗教的感性の表現として理解しており、宣長がすぐれて近代人であったからこそ、古神道の精神に至ることが出来たと考えていた。

問題を、垂加神道と復古神道との関係に限れば、それは、「敬」の神道から「愛」の神道への転換というように、村岡は構想していたのではないだろうか。垂加神道を「敬」という面で捉えることは取りあえず可として、復古神道を「愛」をキーワードとして捉えようとすれば、あるいは疑問が出されるかもしれないが、村岡が、ほとんど無名に近かった南里有隣を敢えて復古神道の展開史の頂点に据えたことを、ここで想起する必要がある。

南里の神道説がその学説の個々の要素に於て、又その国家的祖神教的精神に於て、何処までも古学神道の範疇に属する事は、明らかであると同時に、彼は実にその範疇の中に於て、神道思想を神道史上殆んど最後の段階にまで発展させたものであった。(『神道史』一七四頁)

そして、その思想の内容を、こう纏めた。

彼〔有隣〕に於ては、顕幽の二原理は現世対来世と言ふ観念から出て、……一層普遍的若くは、根本的な宇宙的原理となり、単に対立的二原理として止らず、更に高次の隠なる霊によって統一されるとなされた。かくて隠は来世神大国主神の神格に於てのみならず、更に天御中主神に根拠する事となり、此の最高純霊の絶対神の神格に於て、神道はその来世教としての精神教的性質を徹底して、一の唯心論的哲学となり、霊の宗教となった。同様に善悪吉凶を論じた人生論的方面に於ても、彼は平田の神義説の象徴主義から進んで、善悪吉凶の対立的原理としての意義の考察から、そを超越して、過現未に渉って、換言すれば、隠に於て、更に換言すれば、霊に於て正義を行ふ神たる絶対的原理の観念に至った。是等は何れも平田の思想を精しく徹底したものであったが、更に彼に於ては、以上の発展に応じて、神道は愛の宗教となって、鮮かな特色を示した。純霊至善なる神は、霊と共に身を、善と共に悪を有する不完全な人間に対して、絶対的信頼の対象たる愛の神として、互に親しみ睦ぶべきものとなった。是平田の神道が天主教の影響の下に、審判の神、畏敬の神を説くに寧ろ専らであったのに比して、特に面目を新にしてゐる。（『神道史』一七四―七五頁）

これを見れば、「愛の宗教」（別の観点から言えば「霊の宗教」）をもって、村岡が、復古神道の発展の窮極としていたことは明らかであって、そこに村岡自身の内面的な希求が真摯に投影されていることも、また見易いことである。村岡は、青年時代に早稲田大学で師事した波多野精一（一八七七―一九五〇）を、終生、篤く敬慕していた。波多野の感化なしには、そもそも村岡の学究生活はありえなかったであろう。古神道、その合理化と合理化の極点としての「敬の信仰」、その否定と古神道の復活＝「愛の宗教」の誕生という、村岡の神道思想史の構想は、波多野のキリスト教史の理解と、深部において響き合うものがある。波多野の『原始キリスト教』は、ユダヤ教の律法主義から、「愛」の宗教としてのイエスの宗教の成立、回心を経たパウロの手になるその神学的深化を、簡潔かつ力強く描いたものだが、律法主義に垂加神道を、イエスの宗教とパウロの信仰に復古神道を、それぞれ重ね合わせてみるというのは、的外れであろうか。『原始キリスト教』の一節に、例えばこうある。「律法の無力と失敗とこそ却ってその存在の意義の存する所である。……人は自らの力をたのんでは何事をもなし得ず律法の行為によっては一人として神の前に義とせられぬを、従って律法そのものの抛棄せらるべきであり克服せらるべきであるを悟らしめんが為にこそ、しかしてかくして神の全能の恵みによって何等の功もなく授けられる救ひを受くべき準備をなさんが為にこそ、律法は世に現はれた」（一九〇頁）。垂加神道も、その根底に、朱子学に由来する性善説＝自力主義の性格を色濃く持っている。[3]「敬」をもってする努力、人間の修養の力によって、規範を体認体現することは、垂加神道の最も強調するところだった。とすれば、旧約の律法主義から新約の「愛」への発展を、村岡は、神道の思想史の中に読み込んだと見ることも不可能ではないだろう。それは、ある図式を機械的に当てはめたというような安易な意味ではない。人類に普遍的な宗教的情操への道が、キリスト教においてそうあったように、宣長を転回点にして、国学の発展の中にも貫かれているということであり、その達成を内面的に引き受けて歩むのは、村岡自身である。

ここで考えるべきは、では、律法主義は全く意義の無いもの、全否定されるべきものなのか、律法主義と「愛」の信仰とは、all or nothing の関係にあるのかということである。旧約と新約をもって聖書があるように、当然、そういう二者択一の関係ではありえない。村岡が、あれほどまでに、闇斎の宗教的情操・敬虔を評価したのは、それを直接には否定的な媒介とすることで「愛」の神道への道が開かれることとなったが、言葉を換えれば、それなしには、「愛」の神道への道がありえなかったものとして垂加神道を見ていたからであり、そして、新約が決して律法の意義を全否定するどころか、律法を、より高い信仰の立場から意義付け直したように、「愛」の宗教の中で、より高い「霊」の観点から「敬」の精髄が生かされるような、そうした可能性を見ようとしていたということではないだろうか。

三、国体思想史と垂加神道

村岡は、尊王思想史というような通史の構想を残してはいないが、それに近いものを求めれば、「国体思想」や「国民性」という概念を用いて叙述しようとしたものが、それに当たるだろう。ここでは、『国民性の研究』

として纏められた議論を中心に、尊王論という問題設定から村岡が日本思想史を構想した時、垂加神道に、どのような位置と評価が与えられたのかを見てみたい。

村岡は、「国体」を、どのようなものと考えていたのだろうか。

いかなる人といへども character を有する如く、世界中いずれの国家といへども、少くともそが文明国である かぎり国体を有する。……然らば我国体については如何といふに、之を世界の他の文明国に比して明白なる個性を有するものであり、その個性が皇室中心の家族的国家といふ事に存することは又 clear and distinct なことであると思ふ。……皇室中心の家族的国家といふ事は、即ち血統的に絶対の尊貴者にまします天皇と、そを中心とせる国民とが君臣の義と父子の情とを以て渾融した自然的即道徳的の協同的団体といふ義である。天皇は有徳者といふ事を支那に於ける如く条件としないけれども、天皇として自らに有徳者にてましますのであり、国民は必ずしも同一家族ではなく、異家族もしくは異民族からなってゐて、しかも家族的に生長した同一民族を根幹としての一大家族であるのである。（一二二頁）

村岡の言う「国体」は、《金甌無欠の国体》ではなく、国家が歴史を通して育んできた character であり、「皇室中心の家族的国家」と村岡が言う時も、それが、実体として歴史を貫通していると考えていたわけではなかった。

又所謂家族的国家といふ事に至っても、厳密にそは事実そのままではなくて、譬喩的であって又理想的である。そもそも我国民が成立の当時をはじめ又歴史的にも必ずしも同一祖先にもとづく単一民族の国家ではなくて、むしろ複合民族のそれであったことは科学的に認めねばならぬところで、かつ島国たる地理的環境からもむしろ当然である。……けだしそれにもかかはらず我国民が皇室を中心とする所謂大和民族を中心として家族的 Idee に於いて統合されて来ったこと、又いよいよ統合されてゆくことにこそむしろ意義があるのである。かかるが故にこそ朝鮮その他の異民族をも現に家族化してゆくのである。（同前）

と述べられた通りである。そして村岡は、

皇室中心の家族的国家といふ性格を現実化する理想として、又理想化する現実として、成長し発展し来り又成長し発展しゆくところに我国体のすがたを見、かかる国体に対する反省自覚の生長発展に我国体思想の歴史を見る……（二五三頁）

と述べた。「皇室中心の家族的国家」は、歴史の実体そのものではないが、単なる Idee に止まるものでもない。それは、不断に現実化する力であり、現実によって高められる理想であり、その「現実化」と「理想化」のダイナミズムに、国体思想史の核心があると村岡は言っている。

こういう意味での国体思想史において、村岡は、垂加神道を高く評価している。

神道はその歴史に於いて儒仏の渡来と普及との以後、或は仏教に習合され或は儒教に影響されて、そのもとよりの純粋性を失はれ損はれて来り、中古中世を経て近世初期に及んだのであるが、それにもかかはらず、国家的祖神教としてはもとより、皇国主義、尊皇主義の道徳に於いて、どこまでも古神道以来の主旨や精神を維持して失はなかったのは当然であり、……近世初期の儒家の間における国体思想の為に、主なる源泉となったものが彼等の神道的教養に存したことは、羅山や素行の場合に明らかにしたところである。而してか

くの如き傾向は、実に闇斎その人に於いて極まって最も顕著な発現を見たと言へる。（二七八―七九頁）

ここで村岡が、神道を、「国家的祖神教」と「皇国主義、尊皇主義の道徳」という二つの契機の統合として捉えていることには、注意をしておかなければならない。特に、儒教の有徳者為君の思想を越えた絶対の天皇尊崇という点で、村岡が、「三種神宝極秘伝」「神籬磐境伝」を核心とする垂加神道を高く評価していたことは、既に見たとおりである。と同時に、村岡はこうも言う。

垂加神道の説は、……それらの準據とした神典の本文に対する文献学的解釈として見来らむか、凡て甚しい牽強附会であり……。垂加神道はたとひ国体思想として情操的又哲学的に当時最高の頂きにたったにもかかはらず、その祖述した神典の文献学的解釈に於いて、ほぼ時代を同じうして一方におこり来った近世的学問意識の批判をうけねばならず、その批判をへてその国体思想も又更生しなければならなかった。（二八八―八九頁）

文献学的方法による批判を受けて、垂加神道が果たすべき「更生」とは、何を指すのだろうか。ここを見るためには、宣長の国体論について、村岡の言うところを聞かなければならない。

宣長について、国体思想という観点から、村岡はこう述べている。

本居の国体思想は之を二段に分けて考へ得る。第一は完成せる国学の成果として古事記を主とせる古文献上によって再現したるわが国民思想の本来における国体思想、換言すれば儒教仏教の影響以前に於ける我国民の三つ児の魂としての国体思想の闡明であり、第二はそれに基いて特になされた本居その人の主張である。

（三四三頁）

では、「我国民の三つ児の魂」とは、何なのだろうか。

古事記におけるいざなぎいざなみ二神の大八洲国生みの神話……の一節は古来註釈家をなやませたもので、或は陰陽二元理の万物をなす事をいへりとし、或は垂加派の如きは天人唯一の理を以てとき、或は新井白石の如きは二人の英雄が軍隊を合一して国土を経営した意とといた。……本居は国学の語学的見地からかくの如きに対しては漢意にもとづいた主観的牽強であるとなし、どこまでも本文そのままに二神の国土生産とといた。而してこれによって元主と八百万の神々と相ともに国土をも同じ神々の divine and blood origin を考へた太古の思想を認め、そこに天皇中心の血族的国家てふ太古の国体思想の淵源を闡明しえた。（同前）

村岡は、垂加神道についてどれほど高く評価しようとも、それが天皇を中心とした家族的協同体という思想を懐くものとは述べていない。村岡の見るところ、垂加神道は、どこまでも君臣の関係で問題を捉え、臣の側からの君への絶対崇敬・恭順を信仰の域に深めえたが、日本の国体のもう一つの側面には届かなかった。垂加神道が理論的に依拠する範疇が、朱子学にある以上、そして朱子学に（というより中国の政治思想に、と言うべきか）「血族的国家」という観念がないとされるから、村岡からすれば、垂加神道がそこまで届かなかったのはやむをえないことと見なされたであろう。

かかる国体の実質をなすものとして或は心なほく行ひよき国とか、言挙せぬ国とかいふ事が主張され、更に或はたとへば清らかなる白木のをしきに檜杉の葉などをとりしきて、新しいものをそなへたらむごとく、虚文をかざる事がなかったとか、或はすべてきはやかなる事をきらひ、きびしくしたてる事をせず、真情のままにふるまって偽善矯飾がなかったといふ如く、すべて単純簡素のうちに存する価値が発揮された。而してかくの如きが無比の国体を成立せしめた実質的の所以として存するのである。（三五一頁）

このような国民性は、まさに宣長の言う「やまとごころ」であって、家族協同体としての日本であるからこそ育まれたのだと村岡は考えている。日本の国体を支えるエトスを考える時、臣下からする君への絶対崇敬・恭順の道徳（＝信仰）だけでは、決定的に大切なものを忘れることになる――村岡が、一方で「国民性」という発想にこだわり続けた底には、こういう思いがあったと言えるだろう。

四、平泉澄と垂加神道（闇斎学）

村岡より一一歳年少の平泉は、闇斎学の顕彰という点では、戦前の日本において誰よりも大きな役割を果たした。平泉の前には、当然、村岡の垂加神道論が立ちはだかっていたわけで、直接に村岡に言及されることはなかったにせよ、平泉の議論を、その意味での村岡批判として読むことは十分に可能であり、必要なことでもある。

1　維新からの遡及

平泉の闇斎論の一貫した特徴は、幕末期の尊王論の歴史的な淵源を溯って闇斎に至るという、遡及論的方法にある。初めて闇斎を取り上げた論文「歴史を貫く冥々の力」（一九二八年）が、早くもそうである。

橘曙覧は、知らるゝが如く、幕末に当って福井に出た歌人であります。その恬淡飄逸な生涯は、高雅清閑な

る作歌の上によく現はれ、近来一般に喧伝せられてゐる所であります。しかるに、その歌の中に、

国を思ひ寝られぬ夜の霜の色ともしび寄せて見る剣かな

といふのがあります。……とくとくと壺から流れてくる酒に相好を崩して喜んでゐた風流の詩人は、実は秋霜烈日の気概禁ずる能はずして、深夜燈火に剣を撃つ国士であったのであります。まことに一箇の大なる驚異ではないか。

ここから平泉の筆は、当時の福井に満ち溢れていた「憂国の精神」を、橋本左内の尊王論を具体例として描き、左内に多大の影響を与えた師の吉田東篁が日頃「汝等学問をするに当って愛国といふ事を忘れてはならない。これを忘れては学問が学問でなくなるぞ」と門人に諭していたという挿話を引き、東篁の学問の系譜が、闇斎に始まるものであることを述べる。では、闇斎はどのように論じられるのだろうか。

更に溯って闇斎の精神はいかにして生れ来ったか。闇斎の精神は之を二つに分けて考へる事が出来ます。一つは……儒学特に宋学の精神であり、一つはその愛国思想、即ち純日本的精神であります。(三五頁)

その「純日本的精神」についても、平泉は、闇斎の祖父が「古筆の三社託宣一幅」を秘蔵し、朝夕にこれを誦していたことから、その精神的感化があったことを示唆し、さらに、

近世の初め、闇斎の現れた時代はいかなる時代であったか。他に種々の特色を考へ得るとして、その時代は南朝に対する感激の灼熱した時代であったことを、先づ認めなければならない。……闇斎は実にかゝる時代に生きたのであります。(三八頁)

と論じている。そして、闇斎が所謂「天壌無窮の神勅」を何箇所かで引いていることを述べ、「天壌無窮の神勅」への賞賛が『神皇正統記』に始まることを説き、論文を次のように結んだ。

見よ、歴史を貫く冥々の力！　親房や正成の魂は、約三百年の後に於いて闇斎を動かし、その闇斎の精神は、また百数十年の後に於いて東篁を動かし、その東篁の感化……によって二十余歳の青年橋本左内は身を挺して国事に奔走し、……この空気の中に於いて歌人橘曙覧は……と歌ひ……。こゝに時を異にし所を異にして、しかも前後相引く所の力、歴史を継承し、歴史を創造する所の、冥々の力を感得するのであります。……これを感得する能はずして、単に表面的なる事例の羅列に止まってゐる時、歴史は無意味なる年代記となり、その精神は死滅して了ふのであります。（三九―四一頁）

こうした遡及の起点は、多くの場合、吉田松陰をはじめとする維新の志士たちであり、特に同郷の偉人としての橋本左内であった。国事に一身を捧げ、国家を危機から救う自己犠牲的な献身こそ、平泉にとっての至上の価値であり、その最も切実でリアルな模範は、維新という舞台に求められた。その維新の精神的な源泉が、平泉にとっての闇斎であり、その歴史的な位置付けは最後まで変わらなかった。(4)

2　内外の弁別――「日本的なるもの」の自覚

昭和七年（一九三二）は、闇斎の没後二五〇年に当って、闇斎先生二百五十年祭典が催されたが、その実際の推進者・企画者は平泉であり、一連の記念事業の中心は、記念の講演会の実施と、その記録として平泉が編纂した論集『闇斎先生と日本精神』の刊行であった。この論集は、平泉自身の論文「闇斎先生と日本精神」を巻頭に、崎門の長老である内田周平（遠湖）の論文二編「崎門尊王論の発達」「崎門学者と南朝正統論」、山本信哉「垂加神道の淵源と其の教義」を収載している。ここでは、平泉の「闇斎先生と日本精神」で、どのような議論がなされているのかを見てみよう。

平泉は、ここでも橋本左内から論を起し、梅田雲浜を経由して、「その先をなし、之を導いたもの」として闇斎を登場させる。闇斎について、まず平泉が取り上げるのは、「利に迷ふ事なく、直ちに義の当否を検せしめ、毅然たる態度を持して、出処進退苟くもなさざりし」態度である。

先生が出処進退についての工夫は、この近思録を始め、朱子学研究の間に、十分の砥礪を経たものであり、……斯の学、斯の精神は、脈々として門人後学の間に伝はった。（八頁）

利義を弁別して出処進退を正すという態度は、朱子学から闇斎が体得して、その精神は寸分変わることなく「脈々として」幕末の志士に伝わったというのである。

それを受けて、平泉の議論は核心に進んでいく。

先生は……儒学殊に朱子学を尊ばれたが、そのうち次第に日本的なるものに転向し、遂に神道に入るやうになられた。（一一頁）

垂加神道は、平泉にとって、何よりも「日本的なるもの」の自覚として把握されるべきものである。その議論によれば、「かやうに思想的放浪の後に、究極日本的なるものに目ざめ、祖国の伝統にかへり来る事は、凡そ偉大なる思想家に共通の傾向で」あって、平泉は、藤原惺窩・林羅山・谷時中・契沖・山鹿素行といった名をその例として挙げている。では、その中での闇斎の個性は、どこにあるのか。

今山崎闇斎先生が十年精進の仏教より転じて朱子学に入り、漸次日本精神に覚醒して、遂に神道を大本とし、儒教を以て其の羽翼とするに至られた事は、日本精神自覚の歴史中に、頗る深重なる意義をもつに至った。先生の神道は即ち垂加神道といはるゝものであるが、その入門の誓書三箇条の一つに、異国の道を以て習合附会すべからざる事を挙げてゐるのは、思想の純化を希求せらるゝ先生の意志の明白なる表現である。（一三頁）

「神道を大本とし、儒教を以て其の羽翼とする」とは、平泉の考えるに、第一に、内外の弁別を明らかにして、儒教の華夷論を斥けること、第二に、儒教の革命論を徹底的に拒むことを意味している。「思想の純化」とは、そういう意味であり、垂加神道の本質はそこにあると平泉は論じる。闇斎の当時、「漢学惑溺の輩」は儒教の華夷論を得意気に説き、「我が国を賤しむの風」が強かったと指摘し、「思想の純化」としての垂加神道は、国史の真実を明らかにすることに向かうべくして向かったと平泉は言う。

内外の弁の明かなるはその批判の力を国史の中より得て来たものであるが、内外の弁既に明かになっては、一層国史を研究するに至るは当然である。かくて崎門の人々は、当時世間一般の学者が、保建大記打聞の所謂「斉の国魯の国の詮索を第一にして、吾が国に懇切なる志なき」時に当り、国史に注意し国史を研究するに熱心であった。（二〇頁）

闇斎の撰述しようとした『倭鑑』こそ著されなかったが、闇斎の門流において、いくつもの歴史書が書かれ、門人の何人もが、彰考館において水戸の史学に深く貢献したことの意義を、平泉は力説する。神話の伝承ではなく、現実の日本史の展開に即して、正邪善悪を弁別して、そこに道徳的な評価を下していく営為を、垂加神道は根源において支えたと言うのである。

3　正統の擁護

平泉は、遊佐木斎や谷秦山を高く評価し、闇斎の門人でも一般に〝崎門の三傑〟と呼ばれて広く知られた佐藤直方・浅見絅斎・三宅尚斎を低く見ている。というより、直方や尚斎は「日本的なるもの」への関心を持たないという意味で、明らかに否定されるべき存在であり、『靖献遺言』を著した絅斎だけが、論じるに足るものとされる。しかし絅斎も、長く朱子学の「忠」の立場を超えることができず、ようやく晩年に「日本的なるもの」に目覚めたが、それを著作として残すには至らなかったと平泉は見た。これに対して木斎や秦山は、闇斎が到達した究極の境地をそのままに体認し、闇斎の真精神（正統）を徹底的に擁護したものとして称えられる。秦山と絅斎の往復書簡をめぐって、平泉は「険難の一路」という文章において、

天下の学者、（絅斎も含めて）滔々として外国の詮索に専心し、……学風浅薄にして見るに足らざる時に於て、苟くも日本人にして道を学ばんとする以上、よろしく日本の神道を主とし、その伝統を承くるを本とすべく、本立ち主存して後、余力あれば則ち外国の書を読み、取るべきを取り、捨つべきを捨てゝ、以て我が学を豊にし、我が道を明にすべしと主張する、まことに非常の大見識といはなければならぬ。（二二八頁）

とし、「同門の俊秀多く……師説に背いてまで、依然として外国の学問に捉はれてゐた事を思へば、晩年の入門、年少の後学にして、この見識ある事は、実に多としなければならないのである」（二二九頁）と秦山を賞賛した。

内外の弁別に厳正な闇斎だからこそ到達できた「日本的なるもの」の自覚、すなわち垂加神道の精神は、「外国の学問」である朱子学に足を掬《すく》われている「俊秀」には、ついに分からなかったのだと平泉は言う。秦山について語る時の平泉には、感極まったかのような高ぶりが見られる。

伝統を信受して神代の古風を明かにし、日本の学を宣揚して、世界の基準たらしめんといふのであつて、気宇まことに雄大、彼の滔々相率ゐて、乱倫革命の遺塵に屈服する俗学をして、読んで直ちに愧死せしむるに足るものである。(二三七頁)

しかし、言葉の高ぶりにもかかわらず、秦山なら秦山の思想の内部に分け入って、その思想の全体を再構成しようという内在的な志向は、平泉には見られない。

これは、実は平泉の闇斎論・垂加神道論についても基本的に当て嵌まることであり、そうした内在的な分析と再構成は、平泉の弟子の世代に託されたと評することもできるだろう。しかし平泉に則して言えば、何をもって闇斎の到達した究極の境地とするのかという点で、闇斎自身の思想を丁寧に分析することなく、平泉が取り出した「日本の学」としての秦山や木斎の日本中心主義を、闇斎に遡及的にかぶせていくことで議論は完結しているのである。

4　尊王と反幕

平泉は、当然ながら、天皇や皇統に対する闇斎の絶対的な尊崇を顕彰する。有徳者為君や革命というような儒教の議論を徹底的に斥けて、専ら臣下の献身と恭順を説き、日本史上の危機の時代に——北畠親房や楠正成がそうであるように——「国体」の尊厳に目覚めた人物を系譜的に連ねることで、平泉の歴史叙述は組み立てられていた。では、そうして連ねられた系譜の上で、闇斎の個性は、どこに置かれたであろうか。これは、村岡が見る闇斎の尊王と、平泉の見るそれとの差異を明らかにすることでもある。「闇斎先生と日本精神」に、こうある。

国史の深き研究は、必然国体の明確なる認識となり、国体の明確なる認識は、必ずや皇室の尊崇に結果する。……しかるに当時は幕府全盛の世であって、皇室はあれども無きが如くであった。是に於いて尊王の思想は、当然排覇の議論とならざるを得ない。（二八頁）

この「排覇」という議論は、村岡の議論の前面には出ないものである。村岡も、垂加神道や絅斎の門流から尊王運動の人材が出て、ある段階から、幕府の存在を政治的に否定するような議論さえ出てくることには、注目している。しかし平泉は、闇斎が、その尊王論ゆえに「当然」幕府を否定する思想に到達していたというのであって、その意味は決定的に違っている。平泉の眼からは、闇斎の尊王を論じて肝心の「排覇」に及ばない議論は許されるものではなかった。闇斎の遺した文献からそれを明示的に立証することは出来なくても、かつて毎年のように江戸を訪れ、保科正之のもとでその藩政の顧問的な仕事に与った闇斎が、晩年には京都から出なかったことや、絅斎が関東の地を踏もうとせず、腰に「赤心報国」の太刀を帯びていたことの真意に思いを致すべきだとされる。何よりも、論理的に、尊王の立場は、幕府を肯定することと両立するはずがなく、また闇斎がその点を徹底させないはずはなかった。「排覇」をぬきにして闇斎の尊王を解説することは、平泉によれば、闇斎とその門人たちの政治的な実践性を曖昧にしてしまう。

君臣の大義を明かにし、且身を以て之を験せんとする精神は、闇斎先生より始まって門流に横溢し、後世に流伝した。……国体を明かにし皇室を崇むるは、もとより他に種々の学者の功績を認めなければならないのであるが、……ひとり之を認識明弁するに止まらず、身を以て之を験せんとし、従って百難屈せず、先師倒れて後生之をつぎ、二百年に越え、幾百人に上り、前後唯一意、東西自ら一揆、王事につとめてやまざるもの、ひとり崎門に之を見る。（三一―三二頁）

平泉の描く闇斎は、「幕府全盛の世」において、国体に目覚め、君臣の義という観点から国史の精髄を洞察し、「身を以て之を験せん」とした先駆者、言うならば実践する予言者とでもいうべき相貌を呈する。

村岡の課題――むすびにかえて

平泉の闇斎（垂加神道）論は、見てきたように、その内容からして、明確に村岡批判という意味を込めたものである。しかし村岡は、《認識せられたるところの認識》を旨とする文献学に立つ日本思想史学の確立に専心して、平泉の情緒的・扇動的な言辞に応えることをしなかった。村岡の禁欲は、当時の状況にあって、賢明であったし、自己の使命を深く自覚したからこそのものである。では、平泉の批判とは何だったのか。細部の論点は脇に置いて、平泉の最も言いたかったことは、おそらく、村岡の言う《天皇を中心とした家族的協同体》からは、規範に向かっての実践的な能動性が生まれないということだった。平泉の意識としては、日本の危機的な現実が、そうした実践的な能動性のために、学問や思想の総結集を求めているのである。平泉が絶対の価値を見出す規範の内実は、例えば以下のような文章から窺うことが可能であろう。

松陰先生の理解された日本精神、松陰先生に現れたる日本精神は、……忠孝の精神、尚武の気象、之を以てその中核とする。この二者あって初めて日本は日本である。日本の国家はこの精神によって立ち、日本の歴史はこの精神によって貫かれて居る。この精神の存する限り、日本は永久に栄える。我等のつとむべきは、この精神の継承、その発揮、その鼓吹でなければならない。（「日本精神」二六七―六八頁）

こういう文章を拾うことは容易であるが、これは特に、「香取丸にありて之を稿す」と最後に付記された、ヨーロッパへの在外研究に出発する時の文章の一節であり、平泉なりの深い決意が込められたものである。[5] 同じ文章には、

日本人として生まれたるものは日本国の本質、その特殊の国体を知らなければならない。しかるに日本の特質は、朝廷万世一系であり、臣民百代之に仕へて祖業をつぐ点にある。この故に日本に於いては革命がない。革命なきが故に、忠孝の二徳は常に一致する。（二六五頁）

とも言われている。「朝廷万世一系」という日本の歴史の本質への洞察、それを根底に置いた「忠孝一致」「尚武の気象」の尊重――その精神を辿れば、それは確実に闇斎の「日本的なるもの」の自覚に行き着くべきものであり、そこを曖昧にした村岡の立論は、「この精神の継承、その発揮、その鼓吹」の害にこそなれ、何ら取るべきもののない閑議論として見えていたに相違ない。

村岡が、こうした平泉の批判に対して、根底において応えるとすれば（当時は、その条件がなかったわけだが）、その《天皇を中心とした家族的協同体》の議論を、村岡なりに、理論的にも、文献学からする歴史叙述としても、深め洗練させること以外にはなかっただろう。

私のこの見方に大きな失当がないとすれば、ここで、どうしても考え合わせなければならない議論が二つある。いずれも、よく知られたものであるが、一つは、和辻哲郎（一八八九〜一九六〇）の「家族国家論」批判である。

家族国家の概念は、封建思想としての忠孝一致の流れを汲み、わが国家が歴史以前の時代より自ら生成しきたれる情誼的社会であることを言い現わそうとしたものであろう。確かにわが国家は情誼的社会としての性格を強く保有している。しかしそれを言い現わすためにわが国家が家族的であるというのは、あくまでも比喩（アナロジー）であって、それ以上のものではあり得ない。家族は人倫的組織の最も単純なものとして、あくまで直接的であり、情誼にのみ終始する。……しかるに国家は、人倫的組織の最も高次の段階であって、いかに情誼的性格が濃厚であるとしても、多分に打算的社会としての性格を持たざるを得ない。……従って家族国家の概念により国家を家族的に理解せしめようとした一切の試みは、国家に対する理解を誤らせるであろう。（「国民統合の象徴」三二四頁）

和辻は、天皇を「集団の生きた全体性」を象徴し体現するものとして捉えたが、その議論からすると、国民道徳論も、家族国家論も、忠孝一致論も、すべて論理的な破綻を免れないものであった。この和辻の議論を、村岡は、既に見た「現実化する理想、理想化する現実」の論を深めることで、切り返していかなければならないはずである。村岡は、それを Idee だと論じたが、その本質は、政治的な Ideologie であるという見方も必ずや出されるであろう。ともあれ、和辻の議論は、『尊皇思想とその伝統』（一九四三年）以来一貫するものだが、新しい憲法の象徴天皇制という考え方にも適合している。ここに言及する余裕はないが、津田左右吉（一八七三〜一九六一）の天皇論もまた、象徴天皇制に適合していた。別に、新憲法の理念に合致することが、学問的な正しさを保証するものでも何でもないが、村岡が、仮に新憲法の下で、その旺盛な学問的活動を引き続き進めていたなら、《天皇を中心とした家族的協同体》という議論は、どのように展開されていたであろうか。

もう一つは、折口信夫（一八八七〜一九五三）の神道論である。折口は、前年の新憲法の公布を受けて、「民族教より人類教へ」（一九四七年）という論文を発表し、神道の普遍性をめぐって、こう論じた。

いすらえる・えぢぷと地方に起った信仰がだんだん拡って、遂に今日のきりすと教にまでなったやうに、神道の中にある普遍化すべき要素を出来るだけ広めてゆくことは大切である。我々が幸福であるやうに人類全体も亦幸福にすることは、我々の持つよき素材を人類に寄与する、せめてもの貢献である。其為にも神道のよき精神を普遍化した、神道の宗教化が必要なのである。（四三八―三九頁）

折口は、神道のあるべき姿は、普遍的な宗教として自立して、神道がもつ「よき素材」を生かしながら、個人の魂の救済という、宗教としての根源の問題に正面から取り組むことだと提言した。これほどまでに、深い次元で村岡のモチーフと触れ合う発言は、他に考えられない。そして折口は、こう続ける。

今まで神道が真の宗教とならなかったのは、多くの障碍があったからだ。それは先第一に、我々自身が神道を宗教として認めなかったことであるが、現在は幸、此心配はなくなった。第二には、神道と宮廷との関係が非常に深かったことが大きな障碍だった。神道と宮廷とが特に結ばれて考へられて来た為に、神道は国民道徳の源泉だと考へられ、余りにも道徳的に理解されて来たのである。この国民道徳と密接な関係のある神道が、世界の宗教になることはむつかしい。（四四〇頁）

村岡は、「国民道徳」という範疇を積極的に用いることをしないし、神道を道徳的に捉えたわけでもないから、折口の批判の対象とは言い切れない。しかし、折口の真意は、村岡の議論の根本に対しても、無関係ではありえない。村岡は、天皇尊崇という神道の側面と、「愛」の宗教、「霊」の宗教への神道の内在的な発展とを、二つながらに擁護しようとした。しかし折口は、そうした発想に、少なくともこの論文においては懐疑的である。村岡なら、どう応えるだろうか。

実際には、村岡には、時間が与えられなかった。全くの空想であるが、十分な時間と健康とが許されたなら、村岡は、これらの課題を引き受けて、再度、宣長を描くことに最後の力を注いだのではなかろうか。古神道の素朴・簡素・清明と近代的な宗教的情操、『古事記』の物語る君臣の「協同体」と「国民の協同体」、天皇への絶対的崇敬と宗教としての神道の普遍性、当為・規範・実践性の喚起と個人の実存的・宗教的救済……こういった一群の、相互に連関した主題が、村岡の前にはある。かつての二十歳代の宣長研究とは違って、通史的な研究の厚い蓄積を背景にした円熟した筆で、村岡自身の宗教哲学を存分に織り込んで――それは、波多野精一の宗教哲学との内面的な対話という意味を持つことになっただろう――それらの主題の展開を、宣長という人物を掘りさげることで描こうとしたのではなかろうか、そういう意味で、宣長に帰っていったのではないかと思われてならない。

註

（1）村岡の学問的全体像については、以下の文献・記事が参考になる。梅沢伊勢三「日本思想史学者としての故村岡典嗣教授の業績 附・村岡典嗣著作年表」（『神道研究』一巻四号、一九五三年）、原田隆吉「村岡典嗣」（永原慶二・鹿野政直編『日本の歴史家』日本評論社、一九七六年）、子安宣邦「村岡典嗣」（『岩波 哲学・思想事典』一九九八年）、玉懸博之「村岡典嗣」（『20世紀の歴史家たち (2)』刀水書房、一九九九年）。

（2）例えば『大和小学』で、闇斎は、「三諫とは、三度いさむるとにはあらず、心つくしてかたくいさむるをいふ、史魚が屍諫のごときは、世にまれなる忠といふべし」と述べている。闇斎の言う「諫」と、宣長の言う「君の……為給ふままに見過す」との距離は、大きいはずである。

（3）朱子学を「自力主義」として捉えることについては、吉田公平の理解に負うところが大きい。吉田公平『陸象山と王陽明』

（研文出版、一九九〇年）ほか。

（4）「維れ昭和五十五年十月十九日、白山の聖域に清浄の祭壇を設け、山崎闇斎先生の神霊を勧請し、謹んで祭典を修し奉る。抑も終戦以来三十五年、経済の復興は目ざましく、荒廃せる焦土は商工業殷賑の都市と化して、世界の驚異と云はんよりは、寧ろ嫉視する所となれり。然れども、所謂経済大国の呼称の示すが如く、豊なるは物にして心にあらず、精神面に於ては、頗る荒廃を極めたるを悲しまざるべからず。或はデモクラシーを叫んで、君臣の大義を忘れ、或は人権にとらはれて、上下の秩序を顧りみず、自由の名を恣にして、分を弁へず、忠孝貞順質実剛健、謙抑にして勤勉の美風は影をひそめ、国の大本立たず、威厳失はるゝに至れり。目を転じて世界の情勢を大観すれば、東欧にポーランドの不安あり、中東にイラン・イラクの戦あり、東亜に朝鮮南北の対立あり、いづれも風雲を孕み、前途逆睹すべからず、安閑として傍観すべきに非ざる也。是に於て想起するは、闇斎先生の教也。先生の教は敬の一字に始まる。この一字、倫理の基盤にして、道徳の関門也。人を道義に導き、国に秩序あらしめ、国の大本を立つるの要諦、実にこゝに存す。先生願はくは、きびしき教導を賜ひ、我等をして護国の本意を達せしめ給へ。頓首再拝、敬つて白す」。これは、最晩年の平泉が闇斎に捧げた祭文である。一九七九年に刊行された『物語日本史』（全三巻、講談社学術文庫）の闇斎についての叙述も、戦前の論点と何ら変わっていない（祭文は、谷省吾「平泉澄先生と神道」『神道史研究』三三巻一号、一九八五年）。

（5）平泉は、一九三〇年（昭和五）三月に、二年間の予定でヨーロッパに留学している。ドイツ・フランス・イタリア・イギリスなどを廻って、マイネッケ（Friedrich Meinecke, 1862–1954）やクローチェ（Benedetto Croce, 1866–1952）らと会見したが、予定を早めて、翌年七月に帰国した。後年の自伝『悲劇縦走』によれば、「予感される大きな変化を前に国民の愛国心を高揚させようという意図」から、急遽帰国したということである。この間の事情について、若井敏明「ひとつの平泉澄像」（『史泉』八七号、一九九八年）、「平泉澄における人間形成」（『政治経済史学』三九号、一九九九年）参照。クローチェは、早くから平泉が原書で読んでいたものであり、羽仁五郎の翻訳を『史学雑誌』に好意的に紹介したことは、よく知られている。大隅和雄「日本の歴史学における「学」――平泉澄について」（『中世思想史への構想』名著出版会、一九八四年）参照。

＊本文中の引用は、以下のテキストに拠っている。なお、引用に当たっては、漢字を通行の字体に改めた。
村岡典嗣「垂加神道の根本義と本居への関係」（『増訂日本思想史研究』岩波書店、一九四〇年）／「垂加神道の思想」（『続日本思想史研究』岩波書店、一九三九年）／『神道史』（創文社、一九五六年）／『国民性の研究』（創文社、一九六二年）
波多野精一『原始キリスト教』（岩波全書、一九五〇年）

平泉澄「歴史を貫く冥々の力」（『国史学の骨髄』至文堂、一九三二年）／「日本精神」（同前）／「闇斎先生と日本精神」（『闇斎先生と日本精神』至文堂、一九三二年）／「険難の一路」（『万物流転』至文堂、一九三六年）／『悲劇縦走』（皇學館大学出版部、一九八〇年）
和辻哲郎「国民統合の象徴」（『和辻哲郎全集』第一四巻、岩波書店、一九六二年）
折口信夫「民族教から人類教へ」（『折口信夫全集』第二〇巻、中央公論社、一九七六年）

闇斎学派の『中庸』論

はじめに

山崎闇斎は、『四書大全』をはじめとする後世の二次的な書物から離れて、朱子その人に帰って朱子の思想を明らかにしようとした思想家で、「敬」を基軸として朱子学を理解しようとした。同時に神道にも深い関心を持ち、宗教性の深い独自の神道思想を懐いていた。(1)その門人たちは、朱子学者としての闇斎から学ぼうとする者と、神道家としての闇斎を継ぐ者とに分かれ、後者は闇斎の神道説を「垂加神道」として体系化していった。

闇斎の朱子学を学んだのは、俗に「崎門三傑」と言われる佐藤直方、浅見絅斎、三宅尚斎であり、これを第一世代として、(2)さらに直方の門下からは稲葉迂斎、その子の稲葉黙斎らがその学脈を伝え、絅斎の高弟として若林強斎が出て、尚斎の弟子としては久米訂斎や蟹養斎などが活躍した。さらにこれらを継いだ人々は、それぞれの師を深く仰ぎながら、その学問を昭和の時代まで繋げた。

一、山崎闇斎

闇斎の『中庸』に対する姿勢は、『中和集説』の編纂と『文会筆録』のうちの巻六「中庸」から窺うことが出来るだろう。

『中和集説』は、「中庸首章説」（『朱子文集』巻六十七）を冒頭に置いて、「未発」「已発」をめぐる朱子の発言を『文集』や『語類』から選び出して、闇斎が編纂したものである。寛文十二年（一六七二）に書かれたその序文において、闇斎は、

夫天命之性、合体用動静而言、未発之中、其体之静也、中節之和、其用之動也、斯義至精至密、朱先生猶不惑年然後得之、遂定章句、為輯略、作或問、又特著首章説、……於是乎、窃有感焉、夫天命之性、具于人心、故存心養性、所以事天、而存養之要、無他、敬而已矣【さて「天命之性」とは、体用動静を合せて言うのであり、未発の中は体の静を指し、節に中《あた》るの和は用の動を指している。この意味は至って精密なもので、朱先生も不惑の年を過ぎて体得され、『中庸章句』を定め『中庸輯略』を編み『中庸或問』を作られ、「中庸首章説」を書かれた。……ここで私は思うのだが、「天命之性」は人心に備わっているのだから、心を存し性を養うのは、天に仕えることでもあり、心を存し性を養う要点は、「敬」以外の何ものでもない。】

と述べている。つまり『中庸章句』『中庸輯略』『中庸或問』はセットで学ぶべきことが言われ[3]、『中庸』では言及されない「敬」の重要性が「存心養性」の「要」として説かれているのである。「敬」については、さらにこうも言われる。

程子論中和、必以敬為言、先生〔朱子〕常挙此示人者、其指深矣、予嘗読中和旧説序、知先生所見之初終、惜哉、其旧編之不伝也、仍為此編、名曰中和集説【程子が中和を語る時は、いつも「敬」を論じられた。朱先生が常に同じようなスタンスを取られたのは、その意味するところが深い。私は以前に『中和旧説』序を読んで先生の見方が了解で

きたのだが、惜しいことに『中和旧説』は今となっては伝わらない。そこで（朱子の言葉を集めて）この書を編んで『中和集説』と名付ける。】

「敬」を「存心養性」の「要」とするのは、程子から朱子へと伝わった理解であって、それを忘れさせないために、今は伝わらない『中和旧説』(4)を補う意味も込めて『中和集説』を編纂するということである。確かに、そこで選び取られた朱子の言葉（全三十条ほど）を見れば、そこここで「敬」が力説されている。一つだけ例を引けば、「答張欽夫書」の次の一節、

蓋心主乎一身、而無動静語黙之間、是以君子之於敬、亦無動静語黙而不用其力焉、未発之前、是敬也、固已主乎存養之実、已発之際、是敬也、又常行於省察之間……然則君子之所以致中和而天地位万物育者、在此而已【そもそも心は一身の主人であり、そこには動静語黙の隔てがない。だから君子が敬に集中するにも、動静語黙を貫いて力を用いないことはない。未発の前に、この敬がしっかりと存養の実体をつかさどり、已発の際にも、この敬が省察のすべてをつかさどる。……君子が「中和ヲ致シテ天地位シ万物育ス」となすことが出来るのは、敬をもっぱらとするからだ。】

というように。

「未発」と「已発」、「静」と「動」を貫くものとしての「敬」の重視は、『文会筆録』からも見ることが出来るが、ここでは繰り返さない。

二、浅見絅斎

浅見絅斎は『中庸』の講義録として『中庸章句師説』を残している。無窮会図書館（織田文庫）所蔵の写本によれば、それは絅斎が講述して、高弟である強斎が筆記したもので、講述は元禄十六年（一七〇三）四月二十六日に始まって、ほぼ四日に一度というペースで続けられ、翌年の二月四日に完了している。この時の筆記は、絅斎―強斎の学統を継承する門人たちによってさらに転写されたに違いなく、この無窮会図書館本もその流れの中で誕生した写本である。すなわち巻末の識語によれば、天保十二年（一八四一）に、友人の平田某から借り受けた『中庸章句師説』の写本を、得能某がその冬までかかって写して四巻にまとめ、米田某がそれを借りて弘化二年（一八四五）に写し、さらにそれを借りて伊集院某が安政五年（一八五八）に転写して、その後、無窮会図書館に収められることとなった。(5)

闇斎学派では、このようにして、師の〈生の言葉〉を伝えることが一貫して尊重された。時には、くだけた口語や俗語が混じることもある。(6)刊本がないからやむをえず写すということではなく、師の口吻を伝える講義口調そのままの漢字カタカナ交じりの文章を写すという行為それ自体に学問的な意義が認められ、対面することのなかった師（ここでは絅斎）との時間を超えた一体感や、それを写し継いできた学派に連なったという強固な帰属意識が得られたのであろう。直方や尚斎の系統でも同じであって、こうして『〇〇講義』『〇〇師説』などと名付けられた、古典の解釈書を中心に師の語録なども含めた膨大な量の写本が、崎門の力の強かった各地に残されたのである（とくに新発田、小浜、名古屋、上総などは知られている）。このような学問の形は、江戸期の他の朱子学派にも見られない独特なものであって、東アジアの学問の歴史の中でも興味深い事例を提供するものではないだろうか。(7)

それでは、絅斎『中庸章句師説』の内容を見ていこう。それは、朱子『中庸章句』の丁寧な解説であり、その思想の忠実な祖述であるが、そこにも自ずから絅斎の個性が滲み出ている。

一　『中庸』の主題

絅斎は「序」に入るに先立って、『中庸』という書がどのようなもので、なぜ『中庸』と名付けられたのか、他のテキストとの関係をどう考えるべきかといった点について論じている。

大学ハ大人ノ学術ノ書ユヘ大学ト云、孟子七篇ハ孟子一生ノ書ユヘ孟子ト云、ワキテ此中庸ノ題号ハ此両字デ道学ノ正脈ヲ伝ヘテ、畢竟三十三章ノ為ノ発明ユヘ、……此両字ガ伝ラヌト聖賢相伝ル道ガマギレテ異端害レ之

『大学』や『孟子』と『中庸』では、その「題号」に込められた意図が違うというのである。「中庸」という「題号」そのものが、「道学ノ正脈」の核心が何であるのかを直截に開示しているからで、おなじ四書でも、そこに『中庸』の際立った特色があると絅斎は論じている。ここが明確に了解されないと、「聖賢相伝ル道」が暗まされて「異端」が付け込んでくることになる。

〔子思は〕中庸ノ両字ヲ発明シテ、此両字デ道ノ正脈ヲ伝ヘタゾ、人ノ実名ヲ呼ヤフナ要領トナルゾ、一篇始終此両字ノタメデ、コレサヘアケバ〔明らかになれば〕聖賢ノ道マギレヌトアルコトゾ、古ヨリ相伝ル聖賢ノ書ハ、易・書・詩・春秋・礼・楽ニテ、コレヲ六経ト云テ学者一生ノ目アテトス、学術ハ小大学デ伝ハリ、孔孟ノ平生教示サル、書ハ論語・孟子デノコル、此中庸ハ子思ノ述ラレテ道統ノ相伝ヲ後世ヘ遺サル、書ゾ

「六経」、『小学』と『大学』、『論語』と『孟子』、それぞれに性格や目的があって互いに掛替えのないものであるが、『中庸』は特別であって、人でいえば「実名」に当たるものだという。それはどういうことかといえば、

大学ハ天下万世ノ学ノシヤウノ書デ、……論語ハ根本ヲ養ヒ、孟子ハ事業ニ発シテ、中庸ハ則チ学者ノ大学ニ始リ論孟ヲ身ニ得タツマリ帰宿スル処ゾ、……中庸ハ、聖賢ノ道ノ至リヲキハメ成就至極ノ目当ノ書ゾ

と述べられるように、「中庸」の二文字に端的な「至極ノ目当」がそのままに示されているわけである。絅斎は、これだけのことを述べて、「序」に進む。朱子は、「中庸何為而作也、子思子憂道学之失其伝而作也」として「序」を語り出すが、これを絅斎は、

易ハト筮ノ為ニ作リ、大学ハ学術ノ為ニ述レバ、子思ノ身ニアリテハ、孔子ノ著シヲカレタ六経ヲ発明セラレフナラバアマルホドアルニ、カヤウニ各別ニア〔編〕マル、ハ、ドフシテモ此書ニ各別ノワケナフテハカナハヌユヘ、大眼目ヲアカシテ見セウト云コトデ、……道学ノ万世ノ後ニ伝ハラヌヲ憂テ作ラル、

と敷衍して、さらに『中庸』のテキストとしての特色を、

教ノ書ヂヤノ学ノ書ヂヤノト云コトデナイ、モトヨリ教学ハ其内ニアレドモ、聖賢ノ道脈正統ノ定規ヲ伝ラル、書ト可レ思

と説いている。先の「道学ノ正脈」と同じことを繰り返しているわけであるが、『中庸』にとって、「教」や「学」とは何かという主題は、そこに込められてはいるが『中庸』の本質ではないというのは、大胆な言い方である。では「道学」とは、何なのだろうか。

> 道学トハナンノコトゾト云ヘバ、天地ハ天地ノ天地タル無窮ノ道アリテノ天地、人倫ハ人倫ノ人倫タル道アリテノ人倫、其道アリテ天地造化ヲナシ、日用人倫ヲナス故、其道明ナレバ天地モ立、人道モ立テ、……道デナケレバ天地人道ガ立ズ、学デナケレバ其道ガアカヌ〔明らかにならない〕ユヘ、ソレヲ道学ト云

「天地」や「人倫」を、かくあらしめている「道」があり、それを明らかにするのが「道学」だというのである。現象として現われる世界、具体的な行為の連関として成立する世界、それらの根底にあってそれらを支えている「道」とは何か、それを体得することが『中庸』の主題だというのである。

そして、

> 此書ニイタリテハ、アタマカラ「天命之謂性」ト天命ノ本源カラ、アカハダカニシテ説テアルカラハ、此書ナンノコトナイ道学相伝ノ書ト可レ知、……コレハ道ヲアカシ、異端ヲ闢《しりぞ》ク為メノ書デ、異端を闢(8)ハ此本源ヲアカスヨリ外ナイユヘ、コレヨリアト中庸ノ字ヲキハメ〳〵テ発スルゾ

として「道学ノ正脈」を端的に述べ伝えることと、「異端」を斥けることとが表裏の関係にあることが強調される。

2　「人心」「道心」

堯から舜に伝えられた言葉「允執厥中」、それを敷衍して舜から禹へ託された「人心惟危、道心惟微、惟精惟一、允執厥中」、ここから朱子は、「心」を「虚霊知覚」なるものとして捉え、より分析的には「人心」を「或生於形気之私」とし、「道心」を「或原於性命之正」とし、「人心」を「危殆」「不安」なもの、「道心」を「微妙」「難見」なものとした（『中庸章句』序）。これを絅斎は、次のように説明する。

> 感ゼヌサキカラナン時デモ感ゼラル、ヤウニ、本然ダ、イ虚霊ナリデ、親ニ向ヘバ愛《いとをし》イト自然ニヲボヘ、兄ニ向ヘバ慇懃ニ自然ニヲボヘ、虚霊ノ実用感ズル上カラ云ヘバ知覚ト云、知覚セズシテ知覚スル本然カライヘバ虚霊ト云、……人ノ身ハ理ト気トデ生レテイルモノ、物ニ知覚セヌサキハ理モ気モ云ヤウナイ、生レツイテイル虚霊ナワ〔ナリ？…〕ワヅカニ感ズルト、ヨイニツケ悪ニツケ処ニシタガイ日用ニアラハレ出ル端ガ、気ニ感ズルト理ニ根ザストノ違ヒアリ

特定の場に引きつけることなく「心」の構造を原理的に解明しようとする朱子の議論[9]とは違って、絅斎の視線は常に具体的な人倫の場に向き合い、「親」への「愛」や「兄」への「慇懃」といった感情の「自然」な発露によって、「心」の様態の考察に確かな実感が保証されるという傾向を見せる。「人心」は「気ニ感ズル」ことで発現し、「道心」は「理ニ根ザス」ものであるが、当然ながら「人心」は悪ではないし、「道心」と離れてあるものでもない。

> 人心ヨリ外ニ道心ノ実ハナフテ、道心ヨリ外ニ人心ノ動キヤウハナシ、兎角人ノ身ハ理ト気ト二ツニ生レツイテイルユヘ、理ニ本ハ〔本ヅク？…〕本然自然ノ目アテヾ、気ヲ修メ悪ヲ去ガ学ノ事ナリ

そして絅斎は、「妻子ニツラル、」ことで「孝」を蔑ろにしてしまうといった事例に引証して、「気ヲ修メ悪ヲ去〔ル〕」学問の意義を説くのである。

3 「異端」

子思の時代にはまだ仏教は伝来していなかったが、朱子は、子思が向き合った「異端」の延長に仏教を見て、仏教への強い危機感のもとに『中庸章句』の「序」を著した。絅斎も、それを継いでいる。

此書ハ道学正脈ノ骨髄ノ大事デ、……此書ナイト孔子ノ道伝ラズ、此書ナイト異端ノ為ニ惑ハサレ利害ノ為ニカ、エラレ、道ト云ハ後世菩提ノコト、義理ノ熟スル時分ニハ禅門ニナルマデゾ

絅斎はこの講義を通じて、「伯夷・柳下恵」「虚無寂滅ノ教」「老荘」「俗学」「心学」「伯（覇）道」といった「異端」に言及しているが、最大の「異端」を仏教に見据えていることは言うまでもない[10]。しかも、仏教そのものが次第に狡猾になってきたとする。当初は「タダ殊勝ナ地獄極楽ヲ立、婆カ、ヲタラス」程度だったものが、まさに朱子が「異端之説、日新月盛、以至於老仏之徒出、則弥近理而大乱真矣」と述べたように、

魏晉以来老荘ヲマゼ、鳩摩羅什ヂヤノ三蔵ヂヤノト云モノガ出テ、……儒書ノ言ガコチニモアルト云様ニ、父母恩重経ヲ作テハ孝行ノマギラニシ、戒律ヲ立テハ存養ヲマギラス、「近理而大乱真」ト云ガソレゾ

という段階に至った。ここでも絅斎は、「孝行」という人倫の場で問題を考えている。そして絅斎は、朱子も言

わない「異端」を取り上げる。

儒者ト云ヘドモ存心ノ法ヲ知ラヌモノハ、始カラ存心ノナリヲコシラヘテセフトスルト却テ心法ガ乱ルヽゾ、象山ガヤウニ窮理ヲイラヌ事トスレバ、……皆心ノ修メヤウノダヽイノ法リヲ得ヌユヘ、イロ〳〵ノ事ヲコシラヘテ云出スゾ、……釈氏ハ日用ヲ離レテ心ヲヨフセフ〳〵トシ、心学者ハ早ク効ヲ付フトスル

朱子が、子思の時代の「異端」の延長として仏教を捉えたのと同じように、絅斎は、仏教の延長に陸象山を見ている（そして明らかに王陽明が意識されている）。「心学者」が効果を急いで「窮理」を忌避するのは、「存心ノ法」を知らぬからだというのが絅斎の批判である。(11)

4「自然」

『中庸』の冒頭の一節「天命之謂性、率性之謂道、修道之謂教」について、朱子『中庸章句』は「率、循也、道、猶路也、人物各循其性之自然、則其日用事物之間、莫不各有当行之路、是則所謂道也」と説いて、「性之自然」という表現を用いている。(12)

しかし絅斎の講義には、様々な「自然」が溢れている。これまで紹介した絅斎の文章にもいくつかの「自然」が見られていたが、他に典型的な用例を拾ってみる。

誠デナケレバ身ニ義理ヲシテカラガ、火ノ自然ニアツク、水ノ自然ニ寒イ如ク、子トシテ自然ニ親ノ愛シク、臣トシテ自然ニ君ガ大切ナ至デナケレバ、真実ノ実徳自然ノ身デナイゾ

また、

場ナリ自然、理ナリ自然ニアタラネバ中デナフテ、……義理ナリノ人心、人心ナリノ義理ニナルユヘ自然ニ過不及ナキニナル

さらに「本原自然ノ理」「天地自然ノ生ミノマヽノ本然」「義理自然ニ安ンゼヌコトハナイ」「感ズル情ナリガ自然ニホドヨウアタリ〳〵スレバ」等々である。この他にも、政治や制度に関わって、

礼楽制度ノ立コトモ、惣体造化自然ノナリニ行レ、……自然ト聖人ノ徳ナリ自然ニ世ガ服シ、徳ナリ自然ニ治ル

なども言われる。

では、このように盛んに用いられる「自然」をどう考えたらよいのだろうか。『中庸』首章をめぐる絅斎の講義には、こうある。

朱子以来、性ノ吟味スル衆ガ、本然ノ理ト云コトハ説デナリトモ知リテヲレドモ、心ノ内ニアル理ガ性ヂヤトサガシ出スヤウニ思フテ、性ノ端的正面ヲ知ラヌゾ

「性即理」という命題を言葉では了解していても、それを「心」の中に、何かまるで対象物を探すようにして見出そうという傾向があって、それは「性ノ端的正面」を知らないものだというのである。

親ノ愛ク生レ付テイル理ナリガ人ノ身デ、理トサシタモノモ、一ツホセクリ出シテ云コトデハナイゾ

「理」は、「ホセクリ出シテ」（ほじくり出して）見出すようなものではない。

愛イヲ見テカラ仁ノ性ト云《いい》、白ヲ見テカラ目ノ性ト云デハナイ、サウナラヌサキカラサウ生レ付テアル、根ヌケ自然ノ持マヘノナリヲ性ト云ト合点スベシ

これを見れば、絅斎が「自然」を繰り返すのは、「心」の中に「理」が「性」として内在することを承認しながらも、何か探求して見出すべき対象のようにそれを捉えてしまう発想を斥けようという意図によるものであることが理解される。そして、「理」がそういうものではないことを確かな手ごたえでもって証明するのは、絅斎にとっては、「子トシテ自然ニ親ノ愛シク、臣トシテ自然ニ君ガ大切」云々というような人倫的な感情の発現だったのであろう。このあたりの微妙な議論を、「率性之謂道」についての絅斎の講義を通じて、もう少し検討してみよう。

「率性之謂道」の、とくに「率」について絅斎はこう論じている。

アレナリ自然ナリヲサシテ率ト云、……此字ガソコネルト、中庸一篇ノ道ヲ伝ル書ガ、聖人ノ道ヲ作リタリ人為ニ始ルヤウニナルユへ、夥シイ違ヒゾ、程門ノ歴々説ル、ケレドモ、性ニシタガウテ行フト云ハル、ユへ、ソデナイゾ、天命ノ性ノ本然自然ノ万世宇宙ヲ貫クハヘヌキノ道デナイ

「率性」を「性ニシタガウテ行フ」として理解すると、それは「道」を作為的なものと捉えることになってしまうと主張するのである。ここが躓きやすいところで、「程門ノ歴々」も誤った場合が多いとする。そうした理解では、「シタガウ」自己と「シタガ」わせる「性」とに間隙が出来てしまう、こう絅斎は言いたいのである。

率ノ字ガ、コチカラ性ノヤウニスルノ、性ニツイテユクノト云ト、コトノ外ソコネルゾ、人ガ性ノヤウニシテユクコトデハナイ、……〔そうした理解は〕皆見立デ説テ自然デナイ

この間隙を容認してしまうと、「理」や「道」を何か対象物のように見出そうという発想になり、結局は「道」を作為的なもの、外在的なものとする思考に堕落してしまう。[13]

5 「鬼神」

「鬼神」について絅斎は、

扨鬼神ノ義ハ天地人倫ノ本領デ、日月星辰水火草木、ユクトシテ鬼神ノ妙用デナイコトナイ、天地デ行ハル、ハ春夏秋冬ト云、人デ云ヘバ父子君臣ト云、……其父子トナシ君臣トナシ、春生トナシ、秋枯トナス本然妙用ノ本領ヲ鬼神ト云

として、天地自然の在りようだけではなく、「父子君臣」をはじめとする「人倫」の世界についても、それが「鬼神」の「妙用」としてあるものとする。それゆえに、国家にとっての宗廟や家庭における神主《しんしゅ》（霊牌《れいひ》、仏教習俗の位牌《いはい》に当たる）が重要なのだと絅斎は説いている。そして「怪異ナコトノ人道ノ外ニ格別アル様ニ思ヒ、願ヲ

カケテ叶テノト云」ような態度で「鬼神」に向き合うことが強く批判される。

絅斎は、「鬼神」とは何かを理気論の立場から説き明かそうという議論よりも、「鬼神」にどのように向き合うべきかという問題に関心を寄せているようである。鬼神とは何かという本質論は、

兎角鬼神ハ二気ニ過ヌゾ、陰陽ヨリ外天地ノ道ハナシ、天地ノ道ヲハナレテ鬼神ノ妙用モナク、鬼神ノ妙用ヲ離レテ天地ノ道モナイ

といった説明で済ませて、絅斎の力点は移っていく。

鬼神ニハ性トモ情トモ片付テ云様ナイガ、ソコガ鬼神妙用ノ大事ゾ、……ムカヘレバ水ノツメタク、風ノヒヤ、カニシ、雷ハ轟カシ、全体鬼神ノ思入気象ノ、人ノ長度心ノ様ニアルハ、タヘテ性情ノ合点ヲセヨ、……天ノ性情ハ鬼神ノ鬼神タル処ノ実心ヲ云

水や風の動き、雷の轟きも「鬼神」の霊妙な働きによるので、どこが「性」、どこが「情」という分別は難しいが、天地自然の世界は、直ちに「鬼神」の「実心」として捉えられると絅斎は言いたいのである。そこでは、天地自然が一つの大きな生命体としてイメージされているのではないだろうか。

天地造化モ、人ノ身ノ如クイキタモノユヘ、花ト咲セ実トナラス理ノ妙用ガ天地宇宙ヲ貫テ、イツ迄モヤマヌ、コレヲ神明トモ云

朱子学では、天地宇宙を「気」の循環・凝集・拡散の運動として捉えるだろうが、絅斎はそれを端的に生命体として見ている。その生命体の生き生きとした動きが、あるいは花を咲かせ実を結ばせる働きであり、あるいは父への愛や君への忠の思いとなって現われるのだと絅斎は考える。「理」を対象として探るのではなく、〈湧き出てくるもの〉としてイメージするのも、またあれほどに「自然」が言われるのも、ここに繋がっている。

次に「祭祀」についての議論を見てみよう。『中庸』本文の「使天下之人、斉明盛服、以承祭祀、洋洋乎如在其上、如在其左右」(第十六章)について、絅斎は、

七日迄ハケガレタコトニアヅカラヌ様ニスル、三日ニナリテハスツキリト余事ノ心ニアヅカラヌ様ニシ、……其祭ル処ノ人ノ居所ヲ思ヒ笑語ヲ思ヒ、生テゴザル親ニ向ナリデ微塵余心ノ交ラヌ様ニ、鬼神ナリノ吾心、吾心ナリノ鬼神……サアレバ……思ノ至リ理ノ極マリナリニ気ガ感ジテ、鬼神ガ祭ナリニ、ソレカアラヌカト形ガアルデハナケレドモ、妙用自然ノ鬼神ガ吾心ナリニアラハル、

と言う。祭る側が身心を整え、「生テゴザル」かのように亡親に対して、「鬼神ナリノ吾心、吾心ナリノ鬼神」というまでに心が集中すれば、「気ガ感ジテ」亡親との交感がかなうというわけである。それは、実体として亡親が現われるということではない。それは、

浮屠ノ云様ニ再ビ散ジタモノガアツマルデハナイ

とも、

　　ユイタモノ、再ビモドル造化ノ理ノナイハ勿論ノコト

とされることから明らかである。しかし亡親の姿は「吾心ナリニ」現われる。

　吾親ハ死ナレテモ、吾心ノ親ヲナゲキ思フ心ハ、イツ迄モ本心徹底シテ平生忘レヌガ、此度ハ祭トアレバ、余事余念ナフ思テ、……何トゾ時ニ感ジ、理ノ自然ノ様ニ心ガ実シテ、思ナリ理ナリニ気ガ感ジテ、……吾心ノ本心ノアルナリノ親ノ気ガ妙用自然ニ感格シテ、箸取テ食フデモナケレドモ、理ノ妙用ニ味ヲウケ、再ビ親ノ理ガ感ズル、コヽガ云ニ云ハレヌ黙シテ知モノハ知《しり》、知ラヌ者ハイツ迄モ知ラヌ

「理ナリニ気ガ感ジテ」とも「親ノ理ガ感ズル」とも言われるから、「理」「気」それぞれに孝子の至誠に感じて反応するのである。その感応は、それ以上の分析を受け付けない「妙用自然」の作用というべきものであり、

　聖人ト云ヘドモウカヾフ様ナイ、天地造化不ㇾ已処ノ感通ガソコニアル

としか言いようのないものなのである。

　関連して、世上に「神道」として通用しているものについての絅斎のコメントを拾っておこう。

　後世ノ神道ヂヤガ、祈禱シテノ罰利生ガアルノト云テ鬼神ト云ハ、アサマシイコトゾ、孝ヲスルモ忠ヲスルモ罰ガヲソロシサニト云ニナリテハ、鬼神自然ノ道デナイ

「孝」や「忠」に生きることと「鬼神」に向き合うこととは、絅斎の中では不可分一体のものである。

> 吾国ノ上古、天人ノ間未レ遠、世スナホニマコトニシテ、幽明鬼神ノ道理デヲノヅカラ教ノ立ハ、伏羲ノ卜筮デ日用ノ教ヲ立ト同事ゾ、〔中国では〕気運次第ニヒラケバ、其上ガイヨ／＼ソナハリテ、仁義礼智ノ、礼楽ノト云ヤウニハナリタルゾ、吾国ノ教ハ神道ト云ガ立カラアヤシイコトヲ云出シ、今ノ神道者ノヤウニ、ソデナイコトニナルガ……

絅斎は、「鬼神」を語ることで「祈禱」や「罰利生」の世界に人々の目を向けさせようという「今ノ神道者」への嫌悪を繰り返し表明している。(14) 不安を煽ったり、怪異を言い立てたり、現世利益を謳ったりする「神道」なるものと、『中庸』の説く「鬼神」の議論とが全く別物であることを言明し、いわゆる「神道」が日本に固有の道なのではないかという主張に対しても、「神道者ノ、万国ニナイ吾道ヂヤト云モ文盲ナコトゾ」として相手にしなかった。(15)

おわりに

絅斎の『中庸』講義録を見てきたのであるが、そこから浮かび上がるのは、どこまでも人倫の場において「性」「道」「教」という主題、さらに「鬼神」の問題をも捉えていこうとする姿勢の強さである。そして「性」をはじめとしてそれらは、自らの内から〈湧き出てくるもの〉のイメージを基底にして捉えられ、そこを自覚することが求められる。その背景には、天地宇宙も人間も一つの連続した生命体であって、その内部から〈湧き出てくるもの〉を曇りなく発揮させることが、人倫の場に生きる者の自然かつ当為の姿だという思想があるように思われる。朱子学が人倫の意義を説く思想であることは言うまでもないし、世界観として、天地宇宙と人間を〈大宇宙―小宇宙〉として捉えているとはよく言われることである。その限りでは、絅斎のような考え方も、朱子学の一つの展開として了解されうるものかもしれない。しかし――どこまでが朱子学なのかという議論にそれほどの意味があるとも思えないが――絅斎の立論には、ある個性的な生命観・自然観のようなものが潜んでいると捉えることも可能なのではないだろうか。そして、そこを一つの起点として、朱子ではどうなのか、朝鮮の朱子学ではどうなのか……というように問い返すことが次の課題かと思われる。

註

（1）闇斎の思想については、拙著『山崎闇斎の世界』（成均館大學校出版部〈韓国語〉・ぺりかん社、二〇〇六年）を参照していただきたい。

（2）「崎門三傑」については、阿部隆一「崎門学派諸家の略伝と学風」（日本思想大系『山崎闇斎学派』岩波書店、一九八〇年、解説）が簡潔に要点を尽くしている。

（3）『中庸章句』序の中で朱子は、『中庸』をめぐる程子の言葉を集めた石𡼏の『中庸集解』に触れて、さらに定論を得て「同志」と共にこの書の「其ノ繁乱ヲ刪リ」、あらたに『中庸輯略』としたことを述べている。これについて絅斎は、「集解ハ日本へ伝ラヌ、山崎氏ノ随分求メラレタレドモ、ツイニナシ、輯略モ唐本ニハナシ、高麗本ニ伝ルゾ、高麗船ニアツラヘテ、ワザ〳〵取ヨセラレタゾ、山崎先生ノ点本デナシ、ソサウ〔粗相〕ナ輯略アリ、アレハ朝鮮本ヲジキニ板ニシタモノゾ」と伝えている。絅斎の門人である強斎は、その『中庸』講義である『中庸講義師説』において、「扨正面ヲトント説タ書ハ章句、其羽翼トナルハ輯略・或問、此三書デ此書〔『中庸』〕全体ガハラリトアイタゾ」と述べている。『大全』やその他の「末書」には関わるなという含みであろう。

（4）『中和旧説』は、『中和集説』に収められた「中和旧説序」（『朱子文集』巻七十五）によれば、「暇日料検故書、得当時往還書藁一編、輒序其所以而題之曰中和旧説、蓋所以深懲前日之病、亦使有志於学者読之、因予之可戒而知所戒也」とあるように、「未発」「已発」をめぐって定論を得る以前の自らの思索の跡を、後学の「戒」として残すべく朱子が編纂した書だという。

（5）平田は、江戸で小浜藩士である山口貞一郎（菅山）に就いて学んだという。菅山は、強斎門で小浜藩士であった山口春水の孫にあたる。

（6）闇斎の「大学垂加先生講義」においても、例えば「孟子ノ四端ヲ論ゼル所ガ、ベッタリト明徳也」というような口語の言い回しが見える。

（7）「抄物」とは、漢字・仮名混じりで口語を用いた仏教や儒教の教説記録の書の総称で、中世に盛んに著された。これとの関連については、今後の研究課題としたい。

（8）三十歳の闇斎が、朱子学に拠って立つ自らの思想的な立場を宣言した著、『闢異』が念頭にある。

（9）『中庸章句』、あるいは『中庸或問』においても、朱子は父子・君臣といった人倫の場に降りて「人心」「道心」を論じるという志向を見せていない。

（10）「博学・審問・慎思・明弁・篤行」（『中庸』第二十章）の「篤行」に寄せて、絅斎が「異端ノハナシナレドモ、法然ニ、念仏シテネムケノ出ル時ハドウセフト問タレバ、ネムケノサメル迄念仏セヨト云タゾ、アレホド高祖ト呼ル、修行ノ実アルユヘゾ」と述べているのは興味深い。

（11）強斎『中庸講義師説』（無窮会図書館織田文庫所蔵）は、『中庸章句』の「序」の冒頭「中庸何為而作也、子思子憂道学之失其伝而作也」の「憂」に寄せて、「コヽノ憂テトアルガ極テ切ナ極テ深イコトゾ、只文義バカリデスマシテヲイテハ何ノコトモナイコトジヤガ、此味ヲ体認シテミネバ此憂ガ扨モ〳〵ナ憂ヂヤトハ思ワレヌコトゾ」として、子思の「憂」を「体認」して自らの「憂」とすべきだと言っている。子思の「憂」を自らの「憂」とするから、崎門は、仁斎学・徂徠学といった朱子の知るはずもない新しい異端との対決に進んだのである。

（12）『中庸章句』には、この他に四箇所「自然」の用例がある。「人、指人身而言、具此生理、自然便有惻怛慈愛之意、深体味之可見」（第二十章）、「誠雖所以成己、然既有以自成、則自然及物、而道亦行於彼矣」（第二十五章）、「律天時者、法其自然之運」（第三十章）、「此皆至誠無妄、自然之功用」（第三十二章）

（13）闇斎の学派は、朱子学を学ぶ流れと神道にゆく流れとに分かれると述べたが、強斎だけはこの二つの流れを兼ねている。朱子学の古典についての解説をしながら、神道についても高い見識をもって臨んでいた。その強斎は、絅斎の議論にはなかった次のような論点、「名ニアラハレタハ伏犠ヂヤガ、伏犠カラ初マッタ道統デモナイ、道ハ天地自然ノ道、学ハ天地自然ノ身ニナリヤウノ法ナレバ、……トント天地開クルト天地カラ臍ノ緒ノツヾヒタ聖神ガ御坐ナサル、ハヅデ、ソコカラ語ルコト故ニ上古ノ聖神トアルゾ」を『中庸』から引き出している。そこでは、朱子の「蓋上古聖神、継天立極、……」が、「天地カラ臍ノ緒ノツヾヒタ聖神ガ御坐ナサル、ハヅデ」ということになってくる。強斎は、「天地開闢ノ初」という表現も用いているが、「自然」

が、時間軸の始源にスライドしているのである。

(14)「文盲ナ神道者」「人ヲ惑ハス山伏陰陽師」への軽蔑という点では、強斎も同じである。

(15) 同時に絅斎は、「儒者ガ神道者ヲシカリザマニ、鬼神ハナイト云様ニ云ハ甚アヤマリゾ」として、そういう「神道者」への反発が、無鬼論に流れてしまうことにも警戒する。

＊引用文においては、合字・略字などは通行の表記に改め、適宜ルビを付けた。引用文中の括弧は、引用者が補ったものである。

＊本論文の原題は「山崎闇斎と崎門学派の中庸論」である。

徳川思想と『中庸』

徳川時代の思想史にとって、『中庸』というテキストがどのような問題を投げ掛け、思想家たちは『中庸』にどのように向き合ったのか、それがまた徳川思想史にどのような視界を開いていくのか、こういう主題に対して、ここでは可能な限り巨視的に論を立ててみたい。それは、徳川思想の個性に一つの比較史的な照射を試みることになるだろうし、そこからまた、東アジア海域社会の思想運動そのものを捉え返す上でのヒントが導かれるかもしれない。(1)

一、朱子学と『中庸』

もともと『礼記』の一篇であった「中庸」が、『中庸』として新たな意義を帯びて思想世界に登場したのは、朱子学が〈四書〉の学習を古典学の基本と定めたことによる。〈四書〉は『大学』『中庸』『論語』『孟子』であるが、それは、古代の聖人たちの道を受けてそれを思想として定立した孔子から、諸子百家の思想乱立の時代に、この正統思想を守るために孤軍奮闘した孟子に至る系譜に対応している。孔子と孟子の間にあってそれを繋ぐのが、曾子と子思である。曾子は顔淵と並ぶ孔子の高弟であり、顔淵が早世したために、孔子の教えを正しく伝えるという使命を一人で担うこととなった。朱子学によれば『大学』のうち、いわゆる「三綱領」と「八条目」を掲げた経一章は、曾子が伝えた孔子の言葉であり、伝十章は、それを敷衍した曾子の解説をその門人が記録したものとされる。朱子は、初めに程子の次のような言葉を掲げてから、『大学章句』を説き起こしていく。

子程子曰、大学、孔氏之遺書、而初学入徳之門也、於今可見古人為学次第者、独頼此篇之存、而論孟次之、学者必由是而学焉、則庶乎其不差矣(2)【程子が言った、「『大学』は孔子が遺した書物で、初学者が徳へ入ってゆく入門の書である。今日、古人の学問の方法をうかがえるのは、ひとりこの篇があってのことである。次に『論語』と『孟子』が学ばれる。学ぶ者が必ずこの順序に従って学んでいくなら、ほぼ誤りを犯すことはないだろう」。】

『大学』はこうして、入門の書である。他方『中庸』は、曾子の門下で、孔子の孫でもある子思が著したものとされるが、朱子は『中庸章句』を説くにあたって、同じように程子の言葉を掲げている。

子程子曰、不偏之謂中、不易之謂庸、中者、天下之正道、庸者、天下之定理、此篇乃孔門伝授心法、子思恐其久而差也、故筆之於書、以授孟子、其書始言一理、中散為万事、末復合為一理、放之則弥六合、巻之則退蔵於密、其味無窮、皆実学也、善読者玩索而有得焉、則終身用之、有不能尽者矣【程子が言った、「不偏を中と謂い、不易を庸と謂う。中とは天下の正道であり、庸とは天下の定理である。この篇の内容は、孔子一門が伝えてきた心法そのものであり、子思は、それが時代とともに誤って伝えられることを恐れてこの書を著し、孟子に授けたのである。その書は、始めは一理を言い、中ごろは万事に及び、末にはまた一理に帰っていく。ときはなてば宇宙に行き渡り、まきこめば微細を尽くして残さず、その味わうべきは窮まりなく、すべてが実学である。これを読む者が熟読すれば、それだけ得るものがあって、生涯にわたって実践してもしきれることはない」。】

『中庸』は何よりもまず「孔門伝授ノ心法」を明らかにしたもので、その「心法」が後代に正しく伝わらないことを恐れた子思によって一書にまとめられたのだと、『中庸』成立の事情が説明される。そしてそれは、一書としての「始」「中」「末」が「理」と「事」の関連から有機的に構成され、天地宇宙を包摂するスケールを持つとともに微細を尽くして残すところのない、そういう真理の姿を開示した「実学」の書である、こう謳われている。

さらに朱子の著した「中庸章句序」を開けば、朱子が『中庸』に読み込んだ思いの重みを見て取ることが出来る。

中庸何為而作也。子思子憂道学之失其伝而作也【『中庸』は、何のために作られたのか。子思が、道学の伝が絶えようとしているのを憂いて作ったのである。】

こう始まる「中庸章句序」は、そもそも人間の「心」がどういうものかを、「人心」「道心」という観点から構造化して提示し、「道心」を「一身ノ主」として生きることが人間としての当為であると説く。

二者雑於方寸之間、而不知所以治之、則危者愈危、微者愈微、……必使道心常為一身之主、而人心毎聴命焉、則危者安、微者著、而動静云焉、自無過不及之差矣【人心と道心が現実の心の中で入り混じって、それをどう治めるのか分からないから、危うい人心はいよいよ危うく、微かな道心はいよいよ微かになってしまう。……道心をして一身の主宰とさせて、人心をしてその命令を聴くようにさせたなら、危ういものも安らかになり、微かなものも著らかとなり、日常の起居動静も自ずと過不及のないものとなるだろう。】

現実態としての心の在りようは「人心」と「道心」が複雑に交じり合っているが、それをあるべき理想態としての心にまで高めることが人としての当為なのである。しかしそれは、人々に至難や不可能を強いることではない。あらゆる人間の心の内奥に「天」から賦与されている「性」に従うことが、ただちに心の主宰としての「道心」の確立なのである。人間としての当為の根拠は、こうして「天」にあると同時に自らの「心」にあるとされる。これが「聖聖相承」、古代の聖人たち（王者たち）によって継承されてきた「道統ノ伝」（真理）なのであるが、歴史はここから大きく転回してしまう。

若吾夫子、則雖不得其位、而所以継往聖、開来学、其功反有賢於堯舜者、然当是時、見而知之者、惟顔氏曾氏之伝得其宗、及曾氏之再伝、而復得夫子之孫子思、則去聖遠而異端起矣【わが孔子の場合は、聖人が就くべき位を得ることは出来なかったが、過去の聖人を継いで未来のために学問を開いたという意味で、その功績は（孟子の言うように）「堯・舜よりも優れている」。しかし当時、孔子に親しく接してこの真価を知ったのは、ただ顔子と曾子であり、曾子からさらに伝えられて孔子の孫である子思の頃になると、聖人を去ること遠く、異端が起るようになった。】

「道統ノ伝」は、王者の伝えるものではなくなってしまった。孔子は、天子や宰相といった然るべき「位」を得ることがなかったからである。「位」を得ない孔子が「道統ノ伝」を担うというかつてない事態が起こった。しかもさらに時代が降って子思の時代になると「異端」が起こって、孔子―曾子―子思と伝えられた真理そのものが暗まされかねない状況になってしまった。こうした中で、子思が『中庸』に託したものは切実である。

蓋其憂之也深、故其言之也切、其慮之也遠、故其説之也詳、……歴選前聖之書、所以提挈綱維、開示蘊奥、未有若是之明且尽者也【子思の憂いは深いから、その言葉は切実であり、配慮は遠大だから、その論説は詳細である。……それまでの聖人の書と比べても、大綱をつかみ出し、蘊奥を開示するという点で、『中庸』より明らかで尽くされたものは

ない。】

こうして、孟子に「道統ノ伝」は伝えられて、孟子は、この『中庸』を拠り所として異端との論戦に向かったのである。

こう見れば、朱子学にとっての『中庸』とは、真理に至る方法を説き明かした『大学』や、具体的な場面に即した、特定の相手に向かっての聖賢の言動をそのまま記録した『論語』や『孟子』とは違って、真理を真理として直截に、しかも考え抜かれた構成によって説き明かした書という性格を持つものだということが出来る。もちろん〈四書〉は、それらの組合せによって全体として真理を伝えるのであるが、『中庸』はその「蘊奥」を「開示」したものという決定的な意義を担った書なのである。

二、『中庸章句』批判

徳川儒教には、早くから『中庸章句』への批判の流れがあって、朱子による『中庸』解釈は絶対のものではなかった。これは、朱子学の掲げる〈四書〉の権威が常に揺るぎないものとしてあった中国や朝鮮の儒教との根本的な相違である。(3)

まず山鹿素行を先駆として、伊藤仁斎や荻生徂徠といった朱子学への批判者たちが『中庸章句』を厳しく斥けた。さらに、懐徳堂学派のように朱子学の価値を認める思想集団からも、朱子の『中庸章句』への疑問が提出される。それらの批判の内容は、勿論、それぞれの思想家の立場に応じて多様であって、それらの具体的な内容についてここで立ち入ることはしない。しかし、仁斎による『中庸章句』批判が、分けても重要であることは強調しておきたい。なぜなら仁斎の批判は、『論語』に説かれた孔子の思想と『中庸章句』との矛盾や相反・乖離といったものを具体的に指摘したものであり、その矛盾や相反・乖離を『中庸』のテキストに沿って個別に指摘して、その議論はテキストとしての『中庸』の成立にまで及んでいるからである。考証学の立場からの文献批判とは方法を異にするにせよ、鋭敏な思想史的直感に支えられた、『中庸』に対するある種のテキスト・クリティークがなされている。そして仁斎は、削るべきものを削った上で、残された『中庸』を、孔子の思想と整合したもの、かつ新しい時代状況に適うように子思が説いたものとして再解釈してみせた。そしてまた、『中庸』をめぐる仁斎のこの作業は、〈四書〉という枠組み自体の批判という、より大きな作業の一環でもあった。これは東アジアの思想史にとって、画期的なことである。仁斎によれば、『大学』は孔子の学問や思想とは無縁のものとして全否定されるべきもの、『中庸』は後代の不純な夾雑物を除いて、改めて再構成されるべきものである。しかもそこで夾雑物とされたのは、「未発」「已発」という概念を核とした心性論や、あるいは「鬼神」の徳への讃美という部分であって、いずれも朱子学の根幹に関わる問題であったから、その衝撃は大きかった。仁斎のテキスト・クリティークの基準は、どこまでも『論語』と『孟子』であり、『大学』や『中庸』に入り込んだ夾雑物は、漢儒の説いた思想的断片に過ぎない――こう論じる仁斎は、『論語』と『孟子』の「古義」を明らかにする作業に没頭して、『論語古義』と『孟子古義』を完成させることによって、朱子学の〈四書〉の世界を解体してしまうことになる。

仁斎の批判はこのように徹底したものであったから、徂徠や懐徳堂学派といった後に続く批判者たちは、仁斎の議論を踏まえて、そこから自らの思索を進めたのである。徂徠が仁斎の議論を、どの問題についても強く意識していたことは知られているが、懐徳堂学派の『中庸』論が仁斎を踏まえたものであることは、もっと注意されてもよい。仁斎に先立った素行の『中庸章句』批判は、いくつもの論点を先取りしたユニークなものだったが、徳川思想史の中では、やや孤立していたという印象は拭えない。

朱子の『中庸章句』は、子思が予想さえしていなかった手の込んだ異端、つまり禅仏教との思想闘争の書でも

あった。それは、『中庸章句』の序が、

異端之説、日新月盛、以至於老仏之徒出、則弥近理而大乱真矣【異端の説は日ごとに新しく月ごとに盛んになり、老荘や仏教を信奉する者たちが出て、いよいよ真理に紛らわしく、しかも真実を根本から乱すようになってしまった。】

とわざわざ述べていることからも明らかである。徳川の思想世界において『中庸章句』を擁護しようとする陣営にとっては、その朱子が知る由もない巧妙な異端に自分たちは向き合い、朱子が禅仏教に対峙したと同じように、その新しい異端を論破して退けることこそが自分たちの使命だと信じられていた。その新しい異端の双璧は、仁斎と徂徠である。そして山崎闇斎の学派に、そういう異端排撃の使命感がもっとも強烈に見出せることは言うまでもない。闇斎学派の強固な道統意識は、まさにその使命感の表出であって、徹底して朱子その人の言葉に即して学ぶことなく、明代の朱子学をなぞるだけの林家のような朱子学では、異端排撃の任に堪えないと見なされていた。

三、「鬼神」

仁斎が『中庸』に不信をもったのは、一つには、そこで「鬼神」の徳が讃えられているからであった。『論語』や『孟子』にはそういう鬼神讃美は見えず、もっぱら人々に、人倫的な世界においてよりよく生きるべきことが説かれているではないかと仁斎は考えた。それは、「鬼神」の存在を否定しようとするのではない。「鬼神」の世界は、ともすれば人々をそこに溺れさせるから、あえてそれらには近づかないというのが孔子や孟子の姿勢だということである。こうして仁斎は、「鬼神」の世界と「人倫」の世界を分離しようとする。この問題を、徳川思想全体の問題として考えてみよう。

朱子は、「子曰、鬼神之為徳、其盛矣乎」という一節（『中庸章句』第十六章）について、程子の「鬼神、天地之功用、而造化之迹也」という言葉と、張子の「鬼神者、二気之良能也」という言葉を引いて、さらにこう解説した。

> 愚謂以二気言、則鬼者陰之霊也、神者陽之霊也、以一気言、則至而伸者為神、反而帰者為鬼、其実一物而已
> 【私が思うに、陰陽二気の次元で言えば、鬼とは陰の気の霊妙なもので、神とは陽の気の霊妙なものである。一気の次元で言えば、気の至り伸びてやってくるものが神で、逆に反り帰っていくものが鬼であるが、二つの次元は別なものではなく、一つの物である。】

「気」の自ずからの霊妙な運動として、鬼神がある。鬼神とは何かという問題が、ここでは「二気」「一気」という次元を交差させながら、〈こういうものだ〉と説明されているわけである。

仁斎は、その説明が誤っていると主張したのではない。そういう世界とは別な、人間として専心すべき世界に目を向けよと言うのである。しかし徂徠になれば、議論はさらに展開する。徂徠は、人間の認識能力でもって「鬼神」をあれこれ〈こういうものだ〉と説明すること自体が、おかしなことだとする。徂徠によれば、鬼神は、人間にとって不可知なものとしておくべきものである。「鬼神」の有無や、その様態についてあれこれと議論するよりも、人知の及ばない不可知なものとしての「鬼神」を含みこんで「道」が立てられていることが重要だと徂徠は力説する。「道」とは、「鬼神」との関わりを不可欠とした人間世界の秩序そのものであり、そういうものとしての「道」を立てたのは遠い唐虞三代の聖人たちであって、それは「礼楽」という形で分節された文化的な麗しい表現様式をもって定立されているものだとする。[4]

こういう徂徠の議論は、その後の徳川思想史に大きな問題を投げ掛けることになる。それを詳しく論じる余裕はないが、国学が深い関心を向けることになる記紀神話の神々、ある時期からその存在を強烈に主張し出すように思われる民俗的な世界の中の怪異や霊威、妖怪・魑魅魍魎にいたる雑多なものたち、それらは、徂徠の開け放った扉から躍り出たものだと言うこともあながち不当ではない。〈こういうものだ〉という説明は、話としては分かるが、どこか胡散臭いという感覚が広がったのであろう。

ところで中国や朝鮮の朱子学が、理気論からの「鬼神」理解を絶対に手離さないのは、一つには、祖先祭祀という「礼」の存在と結び付いて「鬼神」の問題があったからであろう。それは『中庸』本文が、「子曰、鬼神之為徳、其盛矣乎」を受けて、「視之而弗見、聴之而弗聞、体物而不可遺、使天下之人、斉明盛服、以承祭祀、洋洋乎如在其上、如在其左右」と続くことからも明らかである。朱子学は、祖先祭祀という儀礼の成立根拠も、理気論からする「鬼神」観で説明しようとする(5)。では、徳川儒教では問題はどうだったのだろうか。祖先祭祀だけではなく、およそ儒教的な「礼」（徂徠に言わせれば「礼楽」）は社会的に根付いていなかった。『文公家礼』などを基準として、せめて喪祭礼だけでも根付かせようという努力はないではなかったが(6)、全体とすれば見るべき成果はあげられなかった。科挙だけではなく、制度的・文化的な規範（礼制）からも遠いところに徳川儒教は位置していたからである。それは、中国や朝鮮の儒教を基準に考えれば、徳川儒教の欠落であり、弱さである(7)。

『中庸』が讃えた「鬼神ノ徳」を、全く違った立場から、しかし自分こそが『中庸』の真意を正しく踏まえるものだとして登場したのが、幕末・維新期に大きな影響力を発揮した国学者の平田篤胤であった。篤胤の『新鬼神論』を見てみよう。

抑《そもそも》人の、生れながらにして、誰も〳〵鬼神《かみ》を敬ふ事を知れるは、これ天津《あまつ》神《かみ》の命《おお》せ賜へる、いはゆる性にて、則道なるを、漢国人《からくにびと》なりとて、聖人をしへずとも、いかで己が心と鬼神を尊む事を知らざらむ。元来《もとより》その情《こころ》あるにつけて、聖人と云ふ輩、その別を制《さだ》めたるものなり。中庸に「性に率ふ、これを道と謂ふ。道を修むる、これを教と謂ふ」と云へるも此謂なり。

篤胤は、「天」を「天津神」（高天原の神々）に置き換えながら「天命之謂性」に始まる『中庸』の冒頭の一句を捉えて、そこから「鬼神」を尊重する心情が万人に備わっていることを説くのである。そして篤胤は、「鬼神之為徳、其盛矣乎」（第十六章）、「事死如事生」（第十九章）、「至誠之道、可以前知」（第二十四章）といった文言を、いずれも孔子の思想を忠実に伝えるものであり、それは要するに「漢国人」にはめずらしくも孔子が「天上《あめ》に実物の神在て世中《よのなか》の万事《よろずのこと》を主催《つかさど》り賜ふことをよく悟りて、畏るべく欺くまじく、天津神の心に背いては、他に禱る神はなし」という敬虔な態度をもって生きたことによるのだと論じたのである——まるで仁斎の孔子像をそのまま反転させたかのように。

このような篤胤の議論を、どう考えたらよいのだろうか。篤胤の思想が、儒教を換骨奪胎させて成立しているというように捉えることも可能だろうが、篤胤に即せば、これこそが『中庸』の正当な解釈だと信じていることの重みを受け止めるべきであろう。『中庸』の真理価値を認める者を儒者と定義すれば、少なくもここでの篤胤は儒者である。篤胤の『中庸』解釈が無茶なら（確かに無茶なのだが）、そもそも朱子の解釈は無茶ではないのだろうか。徳川思想は、『中庸』からこういう論点——天上の神々を主宰者として仰ぐべき人間の生き方——まで引き出してしまった。上からは国家の力、下からは習俗の力によって正統性を守られた儒教（朱子学）が存在しえなかった徳川社会では、儒教のテキストは、こういった読まれ方さえしたのである。これも広い意味での日本の儒教、あるいは東アジア儒教思想史の一コマなのではないだろうか。

四、「人道」と「誠」

『中庸章句』批判の先陣をきったのは素行であったが、素行の出発点には、朱子学の議論には事物から離れた抽象的・観念的な傾向が強く、「三民」（農・工・商）の上に立つ武士としての自分たちには、それが切実なものとは思えないという疑念があった。素行は、朱子学の基本的な範疇には、「釈老の異見」に由来するものが多いとも見ていた。これと同じような疑問を、「高遠」に対する「平常」「卑近」の哲学として結実させたのが、仁斎である。すでに見たように、「鬼神」の世界に惑溺することを戒めて、「人道」に専心すべきことを説いた仁斎は、朱子学を、「高遠」に馳せることで日常世界から離れた思想だとして斥ける。「平常」「卑近」の徳が、「中庸」なのである。次いで徂徠は、「中庸」を、庶民が日々に実践している徳のことで、具体的には「孝悌忠信」の類だとした。それは、君子（文化エリート）のものではない。君子は、それらの徳の上に、個性的で洗練された専門文化人としての高度の徳を、礼楽の学習によって体得していく。庶民は、そういう高度の徳からは遠い存在であるが、しかし社会秩序の基底には、実はこういった「中庸」の徳が強固に存在していることが不可欠だと徂徠は考えている。さらに懐徳堂学派の中井履軒は、「天命之謂性」について、『中庸章句』が「天以陰陽五行、化生万物、気以成形、而理亦賦焉」として「万物」の在りようから説くことに反対して、それは専ら「人道」について語られたものだと主張して、『中庸』の教えを「直率平易」なものとして勧めている（『中庸逢原』）。このように見てみれば、『中庸章句』を批判する流れとは、「中庸」を「心法」の「蘊奥」とは考えずに、平易で日常的な徳として解釈しようとする流れであることが了解される。

これを別な角度から捉えるなら、朱子のように天地宇宙と個々の人間の在りようを、大宇宙―小宇宙として相似形のように捉えることへの違和感が一貫してそこにはある、こう見てよいのではないだろうか。中国や朝鮮の朱子学者にとって、そういう大宇宙―小宇宙的な共鳴は、経世済民を担い、ひいては「道」を担うべき自己の存立を支える歓喜と自負に満ちた感情であったのであろう。(8)しかし徳川の儒教にとって、そういう感情は身近なものではない。早く素行が、「致中和、天地位焉、万物育焉」(首章)の句の前で、一介の武士がそのような大きな議論をすることは「分」を越えたことではないかと逡巡したし、仁斎や徂徠からすれば、大宇宙―小宇宙的な共鳴など、禅仏教にかぶれた唯心的な空論でしかなかった。それだけではなく、仁斎や徂徠からすればそういう議論は、人間の生まれ持った個性としての「性」の多様性に目を塞ぐことであり、生の複雑さや微妙さ、背理や不条理に満ちた現実の姿を隠すものでもあった。そして、これから先は今後の研究に待つところが大きいのだが、闇斎学派やいわゆる寛政正学派というような朱子学者においても、実はこの大宇宙―小宇宙的な共鳴からは遠かったのではないかと思われる。闇斎学派が「性」や「理」の確かさを、もっぱら君臣・父子といった人倫の場に引き付けて論じることや、素行と全く同じように「致中和、天地位焉、万物育焉」を自分たちとは違った「聖人」の問題だとする古賀侗庵の態度は、そういう予想を裏付ける。

これはまた、「誠」の問題にも繋がっていく。程子が「其書始言一理、中散為万事、末復合為一理」として『中庸』の筋立てを要約した、その「末」の「一理」としての「誠」である。「誠」は、「誠者物之終始、不誠無物」や「誠者非自成己而已也、所以成物也」(第二十五章)とされるように、「物」が「物」として存在する究極の根拠というべき性格をもっている。したがって「誠」は、単に道徳的な側面で、あるいは心情倫理として語られて済むものではない。存在の究極の根拠として「誠」があるから、それが倫理的な性格をも包摂しているとすべきであろう。そして、その「誠」を体しているのは(体しうるのは)、聖人だけなのである。しかし徳川思想を通観するなら、「誠」が心情倫理に傾斜して捉えられていることは疑いない。作為や邪念、利害を計る心のない純粋な心情としての真心《まごころ》として「誠」を受け止めようとするのは、朱子学の『中庸』理解への賛否に拘わらず、おそらくは学派を越えて共通に窺える傾向である。(9)その上で、それが徳川思想と『中庸』という問題において、何を意味するのかを考えなければならない。『中庸章句』は、「天」を基点にして「性」「道」「教」の構図を明らかにして、それが天地宇宙と人道・鬼神を漏れることなく包摂した真理であることを言い、そしてそれを「誠」として集約した。しかし徳川儒教は、『中庸』の守備範囲を「人道」において捉えようとし、日常卑近な、それだけ身近な徳目の書として理解しようとする。そういう中で「誠」も、存在の究極の根拠という基本性格を弱めて、真心としての「誠」に比重を傾けていく。では徳川思想は、存在の究極の根拠を何に求めようとしたのだろうか。そういう探求を、あるいは放棄したのだろうか。

これは余りにも大きな問題であって、到底ここで結論を出せるものではない。ごく粗雑な見取り図を描くならば、儒教の側からは、存在の究極の根拠を「理法」として捉える立場、人格的な「天」で押さえる立場、身心の最奥から湧き出る「忠孝」に求める立場、文化英雄としての「聖人」に依拠する立場というように、多様な分岐と対抗が見られる。(10) 仁斎の場合は、そういう根拠という発想を嫌って、「人道」は「人道」それ自体として価値を持つということだろうか。そしてそれぞれの立場から、「誠」は解釈されることになる。しかし、問題はそれでは済まない。純粋な心情（まごころ）ということになれば、和歌や物語が連綿と取り上げてきた心情はどうなのか、そちらこそが、よりリアルで切実なのではないかという問いかけが突きつけられる。「人間の思情のうち、色欲より切なるはなし、故に古来恋の歌尤多し」（『排蘆小船』）と断じたのは本居宣長であったが、その恋心をはじめとして、他にも自然（地母神？）に包まれる中の安らぎ、親しい者との別れの辛さ、世を厭う思い……儒教が敢えて見ようとしない精神世界が、いやでもそれぞれに相応しい場所を要求してくる。そしてそれらの精神世界の究極の根拠が、人知を超越する「神々」に求められる。その時、「不誠無物」とされた漢字語の「誠」は、「まごころ」に変わってしまうのだろう。「まごころ」は「誠」ではない。しかしその違いは、大した違いとは考えられなくなっていったのではないだろうか。

おわりに

中国や朝鮮の思想史において、『中庸』が、儒教の外側で論じられることはあったのだろうか。本稿が、徳川儒教の『中庸』問題を、国学の問題を脇に意識しながら論じたのは奇を衒ったわけでもないし、今の私の関心を無理に押し込んだわけでもない。またそれは、儒教から国学へというストーリーを語ろうということでもない。徳川儒教が、そもそもそういう固有の〈場〉において儒教として展開したということを言いたいがためである。そういう〈場〉の特質が、徳川儒教の性格（豊かさ）を形作っているからなのである。[11] 個々の思想家の、ひいては徳川儒教の豊かさを、〈場〉の特質との関わりにおいて明らかにしながら、問題を中国や朝鮮の側に投げ返すことが大切なので、それを受けた相互の応答の中から、東アジア海域社会の思想運動そのものを捉え返す枠組みが作られるのであろう。

註

（1）「私の考えでは、キリスト教史が多く汎ヨーロッパ的な視野のもとに書かれているように、儒教史、朱子学史というものも、中国・朝鮮・日本（・ヴェトナム？）を通じての通史として、まず、書かれるべきであると思う。……一方の極、つまり儒教内面化の極に陽明学、他方の極、外面化の極に徂徠学、そのような構想での儒教教理史というものを、いったい、書けないものであろうか」と島田虔次が問題を提示してから、実に四十年以上がたっている（『朱子学と陽明学』岩波新書、一九六七年）。島田の言う「内面化」「外面化」という視角がどれほど有効かを、ここで論じる必要はないだろう。いずれにせよ、各国の儒教史をただ綴じ合わせたようなものではない、島田が構想したような、一つの構造体・運動体として東アジアの思想史を描くというような仕事に近づくことが、今でも私たちにとっての大きな目標であり、その方法を模索することが喫緊の課題なのである。

（2）程明道と程伊川の言葉を合体させたものである。次の『中庸』をめぐる「子程子曰」も同じ。

（3）科挙社会のもとでイデオロギーとしての正統性を独占した中国や朝鮮の朱子学とは違って、当時の多様な思想潮流の一つとしてあったという、徳川の朱子学の社会的な在りようという問題がそこには横たわっている。黒住真『近世日本社会と儒教』（ぺりかん社、二〇〇三年）、拙著『江戸の思想史』（中公新書、二〇一一年）参照。

（4）拙著『荻生徂徠』（叢書・日本の思想家15、明徳出版社、二〇〇八年）参照。

（5）島田虔次によれば、朱子の理気論では、来格する祖先の気が、ひとたび散じた気が再び凝結して戻ってきたものか、それとも散じた気はそれっきりバラバラにどこかに散ってしまうのかという問題が残り、それはついに未解決のままだったという。祖先祭祀における場での祖霊の来格を、朱子の理気論は、厳密には説明しきれていない。これに関連して島田は、「朱子が気の説を理論化し体系化したといっても、それは中国古来の学問的・通俗的ないわば通念をそうしたにすぎない、という点が大きいし、また祭祀ということも生活に密着した、しかも圧倒的な「大事」であるので、かならずしも朱子学による説明を必要としなかった、そのようなわけで、この点についての朱子の理論的な不整合にあまり敏感になりにくかったのではないかと思われる」と述べている（『大学・中庸』中国古典選、朝日新聞社、一九七八年、九〇頁）。本稿の関心からすれば、ここに朱子学の鬼神論の弱さを見るのではなく、日本の朱子学とは違った、祖先祭祀という生活文化にしっかりと根を張った思想の強さを思うべきである。

（6）吾妻重二編『家礼文献集成　日本篇一』（関西大学出版部、二〇一〇年）参照。

（7）そこにも物事の反面があって、科挙や礼制から自由であったからこそ徳川儒教がある身軽さをもって、儒教の思想的な可能性を突き詰めて、他の思想とも関わりながら（中国や朝鮮の場合と違った）豊かな実りを得るという側面もあったと思われる。

（8）大宇宙―小宇宙として天地と人間（自己）を捉える感覚を「宋学の根底」に流れるものだとした上で、三浦國雄は、その意味するところを「倫理の綱領が天によって保証される」というより、「倫理と宇宙が互いに照応し、滲透しあう」というように理解すべきだとしている（『朱子集』中国文明選、朝日新聞社、一九七六年、三五二頁）。

（9）武内義雄『易と中庸の研究』（岩波書店、一九四三年）は、着眼を仁斎から得たものとして、〈四書〉を枠組みとする中国の儒教が「持敬」や「致良知」を掲げるのに対して、仁斎は「忠信」を押し出し、さらに懐徳堂では「誠」が強調されることを取り上げて、これらの倫理が国民道徳の基盤となったと論じている。相良亨は、これを受けて、『誠実と日本人』（ぺりかん社、一九八〇年）において、それが同時に、客観的な規範に向き合うことをしない精神態度でもあることを批判的に論じている。

（10）私が念頭に置くのは、順に、闇斎学派の佐藤直方、中江藤樹、闇斎学派の浅見絅斎、荻生徂徠である。

（11）思想史が展開する〈場〉という視点については、私なりに渡辺浩の一連の作品――最近のものとして、『日本政治思想史――十七～十九世紀』（東京大学出版会、二〇一〇年）――に負うところが大きい。

＊『中庸』本文の分章は、『中庸章句』に拠る。

Ⅲ　日本に生きる

会沢正志斎に於ける礼の構想

本稿の課題

会沢安（一七八二～一八六三・天明二～文久三、字伯民、号正志斎）は、自らの師である藤田幽谷の学風について次の様に述べている。「先生嘗以二儀礼経伝通解一授レ安読レ之、曰、朱考亭講二究実学一、其所三以施二於事業一之志、於レ是書二可レ見二其本色一焉、……安謂、聖人之道、修レ己治レ人、在レ合二外内一、考亭之論二性理一、所二以修レ己、編二此書一、所二以治レ人、……世称二朱学一者、多言レ修レ己而遺レ治レ人、其倍二聖人之大道一、固亡レ論、而於二考亭之意一、亦偏二挙一端一、而失二全旨一、使二考亭聞レ之、其謂二之何一」（『及門遺範』七八八頁）。この一条は、会沢の思想を考察するに際して見逃し難い幾つかの核心を示している。一つには、『儀礼経伝通解』に象徴される朱子学の側面が、実学と[1]して、幽谷から会沢にわたって着目されていったという点。二つには、本来の朱子学の在り方を修己と治人という二つの側面から捉え、性理を論ずるのはその前者に、礼制を構想するのは後者に該当するものと理解する朱子学観。三つには、当時の日本における朱子学について、その後者の側面が看過されているところにその批判の立脚点を求めるという視点である。

幽谷は、「初慶長以来、儒学稍興、人人頗能談二性理一語二仁義一、而未レ能レ通二礼学之源一」（『熊沢伯継伝』三四六頁）といった一般的認識を有し、例えば葬礼について次の様な叙述を残している。「不孝者生二於不仁一、不仁者生二於喪祭之礼不レ明、喪祭之礼所三以教二仁愛一也、能致二仁愛一則服レ喪思慕、祭祀不レ懈、人子饋養之道也、喪祭之礼明、則民孝矣」（『二連異称』三七頁）。幽谷は、礼の問題に対して、それ以上に問題を発展させることはしなかったものの、日本において「古今善居レ喪者」を一四人（後村上天皇から伊藤仁斎・並河天民に及ぶ）選択し、各々の服喪の在り方を顕賞した『二連異称』を若年に著わし、その意図を、「読レ礼之次、因及二皇朝喪制一、采二録古今善居レ喪者一、名曰二二連異称一、其人則天子・諸侯・卿・大夫・士・庶悉備、足二以為レ法」（同前、一〇頁）と述べている。

こうした事実からも、幽谷と会沢とを貫く問題関心の所在（会沢に於いては、彼の時代認識・民衆観と深く結び付いた次元から、問題はより突き詰められて把握されている）が窺えよう。すなわち、本来の学問は、修己と治人の両面を有すべきであるが、現実の日本に於いては、治人の側面が顧みられていないのであり、治人のための具体的な制度の在り方を構想しなければならないという思想の基本的課題がそれである。本稿では、朱子学や徂徠学といった先行する思想系譜を念頭に置きながら、あるべき規範と人間の道徳性との関連を会沢がどのように考えたのかという点を、彼の人間観の問題として考察し、さらに、治人のための制度として、会沢によって具体的に構想された礼の体系の特色を探ってゆきたい。

一、人間観と規範

「孟子曰、尽二其心一者、知二其性一也、知二其性一、則知レ天矣」（『孟子』尽心上）について、会沢は次の様に述べている。「蓋心者仁義之良心、性者指下其命二於天一者上、存二其惻隠羞悪辞譲是非之心一、以長下養所レ命二於天一者上、拡充以成二就仁義礼智之徳一、則尽レ心知レ性者、尽二其良心一、以知下其命二於天一者如上レ此也」（『下学邇言』五丁。以下、丁数のみを記すものは、同書よりの引用であることを示す）。また次のようにも言う。「後世言二性善一、本然之善与二気稟之拘一相闘相克、以二天理一為レ善、人欲為レ悪、則天善而人悪、天人相抵捂、与二天叙天秩之義一異、後世以二本然之善一為二天叙天秩一、然人者天之所レ生、若以二人欲一為レ悪、則悪亦天之所二賦与一、是天並二生心性形気一使三善悪相二闘胸中一也、天之生レ人、心性形気相合而四端具焉、……心性形気倶善、而不レ須二分別一也」（二三丁）。此等を考え合わせる時、人間個人に内在する道徳性に対する会沢の考え方の特色は、どこに求められようか。例えば朱子学にあっては、四端の拡充は、個人に潜む不善の契機に対して、より本来的な善の契機を拡充してゆくことであったと考えられるが、会沢においては、心性形気を合わせた次元で四端が把握されたこと(2)によって、一方では、「命二於天一者」としての性と、「惻隠羞悪辞譲是非之心」としての四端との論理的関係が不明確になるのと同時に、他方では、それ以上の分析を認められない人間の内面としての丸ごとの心に潜むものとして善の契機が捉えられ、そうした心の在り方が、より連続的に天叙天秩として理解されてゆくことを可能にしてゆくのである。

会沢は、「以二本然之善一為二天叙天秩一」ことを批判するのであるが、では天叙天秩の具体的内容、善と天叙天秩との関係は如何なるものであろうか。「天之所レ叙其品五、曰父子君臣夫婦長幼朋友、既有二五品一、則亦必有二親義別序信五者一而存焉、是天叙レ之而人由レ之、以遂二秉彝之性一、之謂レ率レ性」（一丁）。つまり、天叙天秩とは五品であり、その間の道徳としての五典であり、その忠実な遂行が「率性」（もちろん、その性は朱子学に言う本然之性ではない）とされる。

会沢の天叙天秩観を理解するために、前提として彼の天に対する思想を考察せねばならない。万人に天叙天秩を内在させた天は、どのような特徴をもつであろうか。『人臣去就説』に於けるそれから検討してゆく。「君ハ人ヲ治ル役人ナリ。臣ハソノ手伝ヒノ役人ナリ。是ヲ天職ト云テ天地自然ノ役割ナリ」とした上で、「其君、道ヲ不レ行ハ、民ヲ治ル位ニ在テ却テ民ヲ害スルナリ。ソノ下働キ・相談相手ヲスルハ民ヲ害スル手伝ナリ。是天道ニ背クコトナル……」「我国ニ居テ民ヲ治メガタキト見タラバ又他国ノ君ニ手伝ヒテ民ヲ治ルコト、士ニ生レ付タル天職ヲ空クセザルナリ」（以上、三五四—五九頁）。君主と民衆との中間に位置する人臣が、自己の社会的責任（「人ヲ治ル……手伝ヒノ役」）を——単なる心情としてではなく——結果として遂行するためには、それを全うするに十分な状況を自ら選択せよとする主張であり、一読して明らかなことは、人臣としての責任倫理を支えるものとして、天職・天道といった形での天の観念が存在するという事実である。既成の君臣関係を絶対視せずに、暗君の下で「民ヲ害スル……ソノ下働キ・相談相手ヲスル」ことを拒絶するその明快な主張が、易姓革命を一貫して否定し、国体の尊厳を情熱的に説いた会沢自身の基本的立場と、大きな矛盾を露呈せずに並存しうるのは何故であろうか。この問題を、彼の天の観念の問題として考えるならば、次のように説明しうるのではなかろうか。つまり、ここで示された天の観念は、自らの出処進退に際しては自由な立場を人臣に約束させるのであるが、より根本的な問題は、それが如何なる意味においても、普遍者に対する人間一般の問題として把握されていないという点にある。すなわち、個々の人臣が、暗君の下に在ることは人臣としての天職の遂行を妨げるから去るべきであるという、結論としては儒学的な人臣の在り方も、天の意志が民心の動向として間接的に表現されるという、易姓革命の是認へと連なりうる広がりを持った天の観念によって裏付けられているのではない。仮りに天の観念にそうした広がりが持たされたとすれば、人臣の天職は、同時に君主の天職や民心の動向（天の間接的な意志表示）との相互関連のもとに問題とされうるのであり、その時はじめて人臣の去就は、普遍的な人間一般の問題と関わった次元で問い直されるであろう。しかし会沢においては、天の観念はそうした次元から考えられているのではなく、易姓革命を否定し、そこに国体の尊厳の表われを主張する彼自身の基本的立場と全く抵触しない次元で捉えられているにすぎない。(3)

会沢が、天叙天秩と言う時の天の観念についてはどうであろうか。既に見た通り、天叙天秩とは五品であり五典であるとされるが、それ自体は特別な理解とは言えない。問題は、そうした五品・五典と、例えば「天之生レ人、心性形気相合而四端具焉……心性形気倶善」と言われた時の四端・善との結び付き、すなわち人間の道徳性およびそれを根拠付ける超越的観念（天）と、人間相互の現実の在り方としての五品・五典との関係という点にある。会沢は、こうした問題について、「人倫に君臣・父子・夫婦・長幼・朋友の五品あるは、天造の自然なり。五品ある時は、親・義・別・序・信の五典備はれる事、また自然の大道也」（『迪彝篇』二六四頁）等と述べるのみで、原理的に言及することをしないが、考察の手掛かりは、「後世以二本然之善一為二天叙天秩一」という批判の仕方自体にある。朱子学で「本然之善」とは、言うまでもなく自己に内在する天理であり、人間相互の本来的な在り方は、天理として自己に内在した普遍的な道徳性によってこそ究極的には根拠付けられていた。人間に要求されるのは、自らの心の中にあって天理の十全な発現を曇らせるものから、自己を解放してゆくことであり（分殊としての客観世界の理を、一つひとつ窮めてゆくことも、こうした究極目的のための工夫としてのみ意味をもつものとされる）、自己と他者との関係の正しい在り方は、そうした工夫を経ることではじめて明らかになるものとされた。自他の関係の正しい在り方は、自己に内在する天理（本然之善）とそれの発現を曇らせるものとの葛藤のうちに追求されるのであり、それは、本来の在り方から逸脱した自他の関わり方を、そうした工夫を経ることによって、より本来的な姿に、すなわち天理（本然之善）の純粋な発現としてのそれに無限に接近させてゆく姿勢を各々の実践者に要求してゆくものであった。とするならば、会沢が「以二本然之善一為二天叙天秩一」ことを否定し、既にみた通り、心の丸ごとの働きを四端として把握し、それをもって善とする、そうした人間像こそが「天之生レ人」在り方であるとする意図は明らかになるだろう。

　つまり、会沢に於いては、人間が自らの心の在り方を、心に内在する普遍的な道徳性を根拠とすることで、常にその本来的な在り方に近づけてゆき、その努力を通じて現在の自他の関係を矯正してゆくという道筋が否定されているのであり、それは一人ひとりの人間から、自らが関与する個々の場面におけるその在り方の適否を、自己の心の在り方や、それを究極にあって根拠付けている普遍的道徳性によって価値判断してゆく実践的な姿勢を失わしめるのである。自己の心に内在する普遍的道徳性にのみ依拠して、最も果敢に行動してゆく立場は陽明学のそれであろうが、会沢がそれについて次のように述べているのは、右に述べた彼の思想の当然の帰結と言えよう。「至二於王陽明之徒一……専説二心性一、謂下磨二一己之心一、以至中聖人之域上、人各師レ心」「如二大坂賊大塩平八郎一……専師二己心一」（一八丁）。さらに会沢は、「後世は……道を論ずるにも一身のみに目を着て、己々が心性を治るばかりを道と思へ共、古の道は、記（『弘道館記』）中にも載給へるが如く「天地の大経」にして、天地あれば自然に人倫備り、人倫あれば自然に五典の道備れり、故に、父子あれば親あり、君臣あれば義あり、是皆天下の大道・正路にして、一人の私言に非ず。……大道既に明にして、士民皆向ふ所を知り、曲塗旁径に迷はざる時は、人々自ら己が心性を尽さん事も、各才徳の長短によりて、其人の長ずる所を成就する事を得べき歟と存候也」（『退食間話』二三六―三七頁）と述べているが、そこでは「己々が心性を治る」ことが「私言」と見なされ、本来「才徳の長短」の次元で完結するものとして理解されている。ここに言う「私言」とは、「己々が心性を治る」ことが自己一身の道徳の問題に止まって、父子・君臣以下の関係を律し切る社会的広がりを持ち得ないという意味であろうが、まさにそうした批判が批判として成立するところに、自らの心の在り方を問い詰めることと、人間相互の社会的な在り方を追求することとを切り離して問題としてゆく会沢の態度、言い換えれば、人間に天叙天秩として内在させられた善も、個人の中の様々な他の要素との緊張関係の中で、その本来的な在り方が追求されることがなく、したがって自己に内在する善を根拠として、天叙天秩の具体的な在り方を各々の人間が見据えてゆくことを峻絶する会沢の人間観の特色が表わされているといえよう。

　引き続いて、会沢の人間観が、どのような形で規範の問題と結び付いてゆくのかという点を考え、会沢によって具体的に構想された礼の体系を検討するための予備作業としたい。

　会沢は、「天秩二有礼一、自二我有礼一、有レ庸哉」（『書経』皐陶謨）を踏まえて、「天秩二有礼一、而聖人庸レ之、父子之親、君臣之義……朋友之信、皆寓二之礼楽一」あるいは「夫礼也者、天之所レ秩、而其自レ之者、則在二於人一也、故天生二蒸民一、有レ物有レ則、既有二五典一、必有二五礼一焉、……親レ親有レ殺、尊レ賢有レ等、非二人設レ之也、天秩レ之也」「礼者天地之文也……五典形二五礼一、五礼行二五典一」（一三丁および二六丁）等と述べる。すなわち、礼を実践してゆく主体は当然人間であるが、礼の本質は、「天秩二有礼一」に基づいて聖人がその在り方を具体的に定めたものであり、その内容は「天造の自然」（既出）としての五典、あるいは五教にあるとする。つまり、基本的人間関係、その間の道徳と、礼の本質的意義とを連続的に、いずれも人間にとって自然なもの、本来的なものとして説明しようとする。そしてその点のみに着目するならば、礼を「天理之節文、人事之儀則」と定義付けた朱子学と、類型的には同一の傾向にある（ただし、朱子学はそれを体用論から説明しようとする[4]のであり、この点で既に会沢は異質である）。

ところで、会沢がいかに礼の意義を人間にとって例外なく自然なものと見なしても、それが、「如三皐陶言二天叙天秩一、典礼皆出三於天所二叙秩一、非二性善一而何也、然専恃二心性一為レ教、則如二無星之秤一無三指名以為二準則二」（一七丁）といった主張と何ら矛盾しないことは、会沢の心性についての議論を振り返ってみれば明らかである。人間が具体的に如何なる実践をなすべきかという次元においては、礼の意義がどれほどに「天所二叙秩二」であり、人間にとって本来的なものであろうとも、人間が各々の実践に際してその内的根拠を自らの心の側に置くことについては、注意深く否定されるのである。したがって、五典・五礼が人間にとって自然だと会沢が主張する場合と、朱子が「蓋礼之為レ体、雖レ厳、然皆出二於自然之理二」（『論語集註』「礼之用和為貴」条）と言う時では、実践に際しての個人の内面の在り方、すなわち実践における内面的根拠という点で大きな差異をもたらすということは言うまでもない[5]。

礼に対する会沢の基本的理解の特色は、『論語』「子曰、民可レ使レ由レ之、不レ可レ使レ知レ之」条の解釈によって一層明らかになろう。朱子は、「民可レ使三之由二於是理之当レ然、而不レ能レ使四之知三其所二以然一也」（『論語集註』同条）として、つまり「所当然之理」と「所以然之理」との次元の相違という視点から解釈しようとするのであり、「不レ可レ使レ知レ之」についても、それが法家的民衆観に由来するものでないことをことわっている。それに対して、会沢は同条を、「夫天下者大器也、万民者広衆也、則其不レ可レ使レ知レ之而可レ使レ由レ之、固矣、若至下於其所二以運レ之者上、則不レ可レ無二其具一、具者礼而已」とし、さらに、「使レ由レ之」を、「民不レ待三戸説二家礼一、而游二泳於軌物之中一、整々然不三敢出二其範囲一、而君臣也、父子也……朋友之交也、五典者皆得二其惇一、而偕礼淫佚之行無二由生一焉」（二六丁）というイメージで描いている。すなわち、ここで述べられている礼と人間との関係は、為政者と民衆とに人間が類別され、為政者が民衆を「運《めぐ》」らすための「具」（〝手だて〟というほどの意味か）として礼の意義が主張され、民衆は礼の中に「游泳」することで自然に「其範囲」（五典）を踏み外さないという関係であって、「具」としての礼さえ整備されていれば「戸説家礼」の必要もないと主張する。原理的には万人が「所以然」を体得すべき本来性を内在させながらも、現実の問題としては、そうした可能性を喪失した民衆の在り方をも凝視せずにはいられないという朱子の抱え込んだようなギャップからは全く無縁な次元で、会沢が礼の問題を捉えていることはこれによっても明白であろう。

ここで、礼に対する徂徠学の思想と会沢のそれとを比較しておくことは、人間と規範との関わり方をめぐっての会沢の思想の特色を明確にするためにも、会沢自身が先行する思想潮流に如何に立ち向かっていったかを明らかにする上でも必要であろう。

まず会沢自身は徂徠学を次の様に批判する。「荻生徂徠……論二礼楽刑政之義一、講二有用之学一、……然以レ道為二先王所レ造、不レ知下典礼之出二於天叙天秩一、治教之本中於心術躬行上、而其於二称謂名分一、則不レ知二君臣内外之弁一、惑亦甚矣」（二二丁）。徂徠学理解としての当否は別にして、少なくとも会沢はこのように徂徠学を評した。まず、会沢が典礼を「出二於天叙天秩一」あるいは「天所二叙秩一」としたことは、徂徠学との比較において何を意味するであろうか。万人に内在する道徳性こそを礼の本質とする従来の見方を否定した点に、徂徠の礼に対する思想の特色があるのであり、そうした否定が徂徠にあっては、君子がその中で優游することでそれに相応しい徳を体得すべき枠組みとして、すなわち、或る特定の人間類型（君子——治政の一部分を担いうる人格）を、その実践を積むことで自然の裡に型作るものとして、礼を把握してゆくことを可能にした。したがって、徂徠の理解するところの礼は、五典・五教に還元しうるものではないし、民衆を「運」らすための「具」といった側面への単純化を認めるものでもない。この点で会沢の特色は、徂徠が追求し続けた、礼と或る特定の人間類型との結び付きの問題、すなわち礼の実践的担い手（＝君子）の内面の在り方と、規範としての礼とが如何に関わり合うものかという視点が全く欠落しているという点にある。もちろんこうした相違は、徂徠が礼の本質や意義を不可知なる聖人の叡知の側に押しやったのに対して、会沢が礼の本質を万人に自然なものとしての五典として理解したところに由来する。しかし、人間と規範との関わり方の問題として、この相違の意味するところは少なくない。

徂徠は、治政と礼との関係という問題について、原理的には――『政談』等に於いて、それがどれほど貫かれたか、という点を別にして――自覚的に徳を形成する君子と、君子に接することで俗を形成してゆく小人、という枠組みで問題を捉えようとした。したがって「可レ使レ由レ之」条についても、「人之知、有レ至焉、有レ不レ至焉、雖二聖人一不レ能レ強レ之、故民由二其教一而不レ能レ使四民知三其所二以教一也、自然之勢矣、至二其俊秀一、則使二学以知一レ之、亦唯礼楽不レ言、以二行与一レ事示レ之而已、故其知レ之也、自知レ之也」（『論語徴』同条）として、礼楽を学ぶ主体としての「俊秀」と、一般の民の問題としてこれを解釈するのである。会沢のように礼の意義を捉える時、〈現実に民衆に接する時に、民衆を「化」しうるような、そうした主体・人格の在り方、如何〉というきわめて徂徠学的な問題は全くその視野に入らないのである。(6)

では、会沢が徂徠を「講二有用之学一」と評する時の、「有用」とは何を意味するのであろうか。会沢は朱子以降の朱子学史を次のように見ている。「後世奉二其学一者、……置二事業於度外一、禦レ人以二空論一、指二経綸一為二功利一、……捨二礼楽刑政一、専説二性理一」そうした大勢に対して会沢が着目するのは、黄榦『儀礼経伝通解』・陳祥道『陳氏礼書』・真徳秀『大学衍義』・丘濬『大学衍義補』・馬端臨『文献通考』・顧炎武『郡国利病書』・乾隆勅撰『三礼義疏』・秦蕙田『五礼通考』・徐乾学『読礼通考』と続く系譜であり、それ等を「有用之書、有レ補二於経綸事業一、則紫陽之学、修レ己治レ人、外内兼備、非下特論二心性一而止上也、亦明矣」（二二丁）として高く評価する。こうした見方と、先の徂徠学への評価とを考え合わせる時、会沢が徂徠学の何を継承しようとしたのかは明らかになるであろう。会沢の思想活動を貫くものは、「神聖之道未レ明、民心未レ有レ主」（『新論』五〇頁）、「以レ人而祭二天地一、亦莫レ不二感応一、而昭昭之多者、頼以著焉、是以聖人事レ天祀レ先、幽明無レ憾、而天下服矣、後世慮不二深遠一、事レ天祀レ先之事、視以為二文具一、民生而無レ所二畏敬一、亦不レ知二死而有レ所二憑依一、而疑懼之心生焉、疑懼之心生而民心無レ主、於レ是乎西戎乃得二天堂地獄一怵レ之」（同前、二一四頁）といった危機意識であり、この点に関連して注目すべきは、「明二祀礼一以治二幽明一、……祀礼廃、則天人隔絶、而民生二易慢一、游魂不レ得レ安、而生者怵二於死之無レ帰」（同前、二一二頁）、「仏法之行、葬祭皆抛レ之、……不三亦謂二之闕典一乎、……如能斟二酌古今一、廃者挙レ之、闕者補レ之、寓二彝訓於祀典一、使下天下忠孝之心与二念レ祖追レ遠之誠一油然倶生上、……非下所謂使二民由レ之者上乎」（同前、二三〇頁）等と言われる例からも明らかな通り、民衆の内面を掌握してゆこうとするに当たって、「天下忠孝之心」「念レ祖追レ遠之誠」を槓杆《てこ》として、幽明両界を貫く礼の体系（祀礼・祀典）を構築してゆくことで問題の解決を計ろうとする基本的姿勢である。そうした焦眉の課題に対して、一方では、観念的には「礼之出二於天叙天秩一、治教之本二於心術躬行一」ことを認める学者も、結果としては「専恃二心性一為レ教」立場に陥入ってゆくという現実があり、他方では、そうした立場を「心学」として斥け、安民のための礼楽制度の意義を積極的に説いたのが他ならぬ徂徠だったが、彼は礼の本質が「天所二叙秩一」であり五典に在ることを見逃している。会沢自身の主観的意図に則して言えば、「心学」化した日本の朱子学と、その批判者としての徂徠学との双方の誤まりを止揚すべきものとして自からの位置を据え、民心をして主あらしむべき礼の体系を具体的に構想してゆくことを、自らの思想的課題とするのである。

二、礼の構想とその特色

会沢は、『草偃和言』（天保五年自序）で、年間の国家的な典礼を一月から順に列挙して各々の意義を解説し、晩年まで推敲を重ねたとされる『下学邇言』で、吉凶軍賓嘉にわたる礼の体系を構想している。[7] 此等の礼の構想の特色を探り、合わせてその周辺の一、二の問題を考えてゆきたい。

まず、大祭である大嘗祭から検討してゆく。大嘗祭について会沢は次の様に述べている。「大嘗兼二事レ天祀レ先之義一者、則 太祖〔神武天皇〕深意所レ在、伝二之万世一、不二毫有上レ所二加損一」「太祖之定二中州一、正二位於橿原一、祀二皇祖天神於鳥見一、以申二大孝一、而報レ天報レ祖之義、兼存両全焉」（ともに三〇丁）。会沢は、大嘗祭の意義に言及する際、必ずそれが、事天・報天と祀先・報祖の両義を兼ねている点を主張し、「古者事レ天祀レ先之義、大嘗一祀、而兼尽二全備一、不下必分三郊社与二禘嘗一以為上レ二、易簡之善、蓋亦出二於風土之宜一也」（三五丁）として、それが中国と異なった日本に特有の祭祀の在り方である事実を強調する。基本的には、郊社・禘嘗は各々大祭と廟祭であり、それに配祀が絡み合ったものと考えられるが、[8] 会沢はそれを、「郊者祭レ天以二其祖一配レ之、禘者祭三其祖所二由出一、以レ祖配レ之、万物本二於天一、人本二於祖一、尊二其祖一配二於天与上レ所レ出、以報レ本反レ始……聖人制レ礼所二尤重一」（三八丁）として理解し、さらにその上でそれ等の日本的な在り方を次の様に述べる。「謹挙二天朝之礼一、以論レ之、太祖即如二所謂祖者一、而 天祖〔天照大御神〕即所二由出一也、而自二天祖一以至二今日一、天胤継承無レ異二一身一、太祖在レ天、日嗣御レ宇、以同事二於 天祖一、而所謂郊社禘嘗所二以事レ帝祀上レ先之義、兼存無レ遺、易簡明備、雖下与二西土之繁縟一小異上、而至下於事レ帝祀レ先報レ本反レ始、一三天人与二祖孫一、以覆二幬四海一之意上、則未三嘗不二相同一」（三八丁）。これを例えば、『礼記』大伝「礼、不レ王不レ禘、王者禘三其祖之所二自出一、以二其祖一配レ之」に対する鄭玄の注「凡大祭曰レ禘、……大三祭其先祖所二由生一、謂レ郊二祀天一也、王者之先祖、皆感二大微五帝之精一以生、……郊二祭之一、蓋特尊焉」と比較する時、会沢の大嘗祭観の特色は明らかであろう。鄭玄の場合、「王者之先祖」を天帝たる「五帝之精」に感じた結果生じたもの（感生帝）として特別に規定するのであるが、そうした規定にもかかわらず、それは血縁的な連続をなすものとは考えられていない。したがって禘祭の対象である「其祖之所二自出一」とは、天それ自体に他ならない。[9] それに対して会沢の場合はどうであろうか。彼は、太祖

〔神武天皇〕を始祖に擬しながら、同時にその「所二由出一」を血縁の連続から断絶したところの天それ自体に求めることなく、「所二由出一」＝天祖〔天照大御神〕と規定する。したがって「配レ天」という儀礼は、会沢にあっては明確な意味を遂に持ちえないのであり、天に在る太祖と現実の新天皇とが「同事二於　天祖一」という、すなわち血縁の連続線上での祭祀が同時に大祭であるという、儒学的な大祭観念からは懸け離れた祭祀の構成を取らざるをえないのである。会沢が大嘗祭について、「事天」と「祀先」の両義を兼ねると主張し、それを飽くまで儒学的な郊・禘の理論的枠組みで説明しようとする時、以上に述べた通りの大祭の構造の変化は避け難いのであり、そうした変化がまた同時に、祭祀における天の観念の変化をも意味するものであることは明瞭であろう。[10]すなわち、天を祀ることはとりも直さず、自らの血縁の「所二由出一」である天祖を祀ることであり、問題を天の側からみれば、天が特定の血縁的連続の中に組み込まれることによって、それが本来備えていたところの超越性が奪われることを意味する。天は、もはや血縁的制約を超えた道徳的超越者〔あるいは超越的原理〕ではありえない。「先王が後の子孫なる王に、一義的、絶対的に恩寵加護を与へるものであるのに対して、天は王朝を興しもするが、しかしまた同時にそれを滅ぼしもする性質を持つ」[11]とすれば、会沢は大祭観念に於ける天を天祖とすることで、「一義的、絶対的に恩寵加護を与へる」という側面だけに天の性格を一元化したのである〔こうして見てくるならば、「桓武天皇延暦六年、祀二　天神於交野一、告二昊天上帝一、以二　高紹天皇〔光仁〕一配レ之、此全倣二西土郊祀一、別創二立之一、然一時所レ行、不レ為二永制一」〈三〇丁〉として、日本に於ける純粋に儒学的な大祭の実施[12]を会沢が強く斥けていた事実も了解されるのである。ちなみに、『大日本史本紀賛藪』は、「帝英略蓋レ世、恢量包レ荒、尋二墜緒一、挙二廃典一、祀二於圜丘一、以展二敬レ天報レ本之誠一」として、この大祭実施を、「敬レ天報レ本」と認めているのであり、両者の天観念の相違には注目しておく必要があるだろう〕。こうした天観念の転換による大祭の在り方を、会沢は易簡を貴ぶ日本の風土に相応しいものとして主張し、かつそれが「事レ帝祀レ先報レ本反レ始、一二天人与二祖孫一……」という基本点では中国に於ける祭祀の意義に呼応すると見るのであるが、そこに、祭祀の形式的な在り方を越えて、祭祀を通じて表された、治政の本質的な性格の相違が反映されていることは明白であろう。

この他に『下学邇言』に於いては、祈年・月次から相嘗鎮魂の祭祀儀礼を、「四時常祭、毎歳行之者」と規定し、『草偃和言』に於いては、正月元日の四方拝から大晦日の鎮火祭・道饗祭に至る、朝廷を中心とした年間の儀礼の体系が述べられている。では、民衆の内面を掌握してゆく「具」としてこうした礼の体系を考える時、その具体的なメカニズムはどのようなものとされたであろうか。

まず会沢の眼前の現実はどうか。「後世百事苟簡、……四方不レ知ニ朝廷有ニ大礼（大嘗祭）一、不レ頒ニ幣於天下一、朝廷敬レ神之意、不レ達ニ遐邇一、其儀特行ニ於京師一、而天下漠然如ニ平常無事之日一」（三六丁）という有様で、祭祀体系のうち「尤為レ重」とされた大嘗祭ですら、一般民衆の知るところではない。新天皇がどれほど、報本反始に努めようとも、現実の民衆の生活にはいささかの影響も与えないという状態である（ここで「民心未レ有レ主」という『新論』の一節が想い起こされよう）。朝廷による吉礼の実践の無力に対し、民衆の内面を掌握しているものは、会沢の観察によれば、「民間唱ニ怪説一奉ニ淫祠一者」であり、それ等による活発な活動が、例えば富士講・月山講のように「相誘煽、動輒至ニ数万人一」（三五丁）として、その憎悪の対象とされる。

では、そうした現実には如何に対処してゆくことで、民心を掌握するに至るであろうか。第一に、何ほどか民衆も参加した形で大嘗祭を実施する必要性、すなわち大嘗祭実施のプロセスに、民衆を取り込んでゆく必要が主張される。つまり、供うべき新穀は、現実に一般民衆が生産した米穀を祭祀に供することで、米穀が天祖により自分達に与えられ、利用厚生の道が次第に確立していったとする神話的事実[13]が、民衆の間で回想されるのであり、同時にその護送等の形で一般民衆を雑用に当て、「無ニ不レ事レ神之国一」という状態を作り上げるに至る。そして第二に、「大ニ祓諸道一、……頒ニ幣帛天下諸社一」によって民心の掌握は完了し、「天下暁然知下報レ本反レ始之義有レ所レ統而不上レ可ニ以苟一、……不下見ニ異物一而遷上、……天下之誠敬、自ニ億兆一而萃ニ於神京一、上下無レ間、百慮一致、莫レ不丁皆出丙於厳ニ神天一敬乙君父甲也」（三六丁）という所期の目的は実現されるのである。

こうした民心掌握の過程で注目されねばならない点は、幕府や諸藩が固有の位置・役割を担っていないという点ではなかろうか。吉礼の構成においては――それは、他の諸礼についても同様であるが――、東照宮たる家康がキリスト教を禁じたために、「至二寛永一遂殄二滅之一」させ、義公（光圀）が「毀二封内淫祠凡三千余区一……令三諸社皆奉二唯一宗源之法一」（三五丁）めた功績が語られるにすぎない。幕府や藩レベルでの儀礼をみれば、例えば『草偃和言』元日の条には、「今日の武家（幕府）にも……惣登城ありて……」以下の簡単な記述があり、同様に水戸藩において遙拝の礼を実施することも記されている。また、二月十二日の「東照宮任二征夷大将軍一日」、四月十七日の「東照宮忌日」を目次に掲げるが、前者は本文を欠き、後者も抽象的に家康の歴史的な役割を強調するに止どまっている。つまり、それ等は総じて祭祀儀礼としての性格が著しく稀薄であり、さらに、民心との関り合いという点に注目する時、天皇を中心とする祭祀が、大小の神社を通じて、朝廷の祭祀→神社によるその意義の教布→民衆という上下を通貫した構造を持ちうるのに対して、幕府や諸藩のそれは、儀礼としても、民衆に対して直接働きかける道筋を持たされない点に大きな特色がある。天皇―将軍―大名―士―庶人という身分秩序に則ることが忠孝の本質として主張され、こうした身分秩序から逸脱すれば既に忠孝の資格すらないものとされたが、それを祭祀儀礼の次元で語る時、（わずかに賓礼の構想において、「令下国主城主間歳詣二江戸一以攄中其敬上……以尽二恭上之礼一」ことが、「幕府敬二天朝一、而庶邦敬二幕府一」〈四三丁〉することの表れとして、天朝―幕府―庶邦というヒエラルキーに則るとされるものの）幕府や諸侯の位置はきわめて不安定なものとなる傾向を逸れない。[14]

続いて凶礼（葬礼）について簡単な考察を加えたい。親に対する孝という、最も根源的な徳目すらが、その遺骸を焼却し魂魄を留めないという「西戎残忍之習」（四一丁）によって害われている現実を、会沢が厳しく批判することは既にみた通りである。しかし、ここで礼の構想の問題として考える時、最も重要な点は、例えば「然繁縟之文、不レ適二風土一、恐難レ施二於久遠一、宜下簡二其文一存二其意一立中易レ知易レ従之中制上」（四二丁）とのみ述べられるように、火葬批判の表面的な厳しさとは対照的に、彼が具体的な葬礼の在り方を構想したり、儒葬の早急な実践を要求したりしていないという事実である。言うまでもなく、「易レ知易レ従之中制」が具体的にどういったものかが明らかにされない限り、礼としての意味は無に等しい。礼の具体像の提示という点でのこうした著しい後退は、例えば吉礼のような明らかなモデルが存在しないという歴史的事情とともに、民衆の日常生活により密着した問題であることに由来する或る種の困難がそこに横たわっていたが故に生じたものとは考えられないだろうか。

問題を、凶礼という枠を離れて述べると次のようになる。「家郷之礼、所三以厚二風俗一也、君子居レ家有レ礼、以事二父母一、敬レ兄愛レ弟、育二妻子一、親二宗族一、故恩意長而閨門雍睦、孝子之事レ親、愛与レ敬、形而為レ礼、礼者尽二其愛敬一而已」（五三丁）として、一般的にはその重要性を述べながら、例えば家礼については「居家之礼、則具見二経伝一」として、『温公書儀』『呂氏家範』『文公家礼』『小学』『顔氏家訓』の名を挙げるに止まり、昏礼について「今俗昏嫁無二親疏一……与二礼意一相胥壊」（五四丁）として、わずかにその現状を批判するにすぎない。同様のことは、郷射礼・郷飲酒礼・養老歯序の礼といった郷礼についても言いうるのであり、理念的には、「聖人制レ礼、自二家郷一以及二邦国一」としながらも、「養老於二学徒一、為二文具一無レ益二於風化一」（五五―五六丁）といった現実に、何らかの形で具体的に対処してゆこうとする姿勢は全く看取されないのである。本来、民心をして主あらしむべく礼制を構想しようとする時、何よりも具体的に構想されるべきこうした日常生活に密着した次元での礼の体系が、会沢においては、国家的規模での祭祀儀礼への関心に比べて著しく貧弱であるという事実は何を意味するのであろうか。

会沢自身は、修己と治人が真に統一された礼の在り方を追求しようとするのであるが、それは、朱子学的な意味でも、また徂徠学的な意味に於いても、礼の実践における担い手（主体）の問題、その主体の内面と礼の実践とがどのように関与し合ってゆくのか、それが治政とどう結び付いてゆくのか、という視点を欠落させてゆくこととなった。したがって、『大学』に言う、修身→斉家→治国→平天下という、日常生活の次元から国家的次元へ、家郷礼から王朝礼へという構想（朱子学）とも、君子という特定の人間類型（人格）を作る枠組みとしての礼という構想（徂徠学）とも無縁なまま、「使ㇾ由ㇾ之」ための「具」としての礼の体系を構想せざるをえないのであり、その点に、会沢の構想した礼の在り方の特色の、一つの思想的な根拠を見出すことが可能である。問題は、礼という次元から離れて考えれば、会沢の民衆観や国家構想の歴史的性格という点に帰するであろう。つまり、「未ㇾ有ㇾ主」という民心の生きた在り方を会沢がどれほど深く洞察し得ていたのかという点と、それが、国家構想の上でどの程度生かされていたのかという問題である。詳論の余裕はないが、誤った方向で民衆が死後の世界に興味を持つ現実を悲嘆しながらも、そうした現実に対して会沢が、葬祭の礼という形での具体的な解決の方途を明示しえない事実は、きわめて象徴的な意味をもつのではなかろうか。

結び——残された問題

会沢正志斎が、あるべき規範と人間の道徳性との関係を如何に把握していったのか、そうした把握が、具体的に会沢が構想しようとした礼の体系にどのような特色をもたらすことになったのか、という点を考察して来た訳であるが、最後に、今後に残さざるをえない一、二の問題点を挙げて結びに代えたい。

第一に、会沢の思想に占める神社機構の果たす機能を確定してゆく必要がある。例えば神嘗祭について、「士民となく……神社に詣でなどして、　日ノ神の深恩を謝し奉らん事を思ふべき也。所々の神社は、皆上代に、日ノ神の天功を亮け奉りて、その所の民物を鎮撫し給ふ神なれば、いづれの神を拝せんも、即　日ノ神の恩を謝し奉るの義に叶ふべき也」（『草偃和言』四七―四八頁）と述べているが、それが、家郷礼といった民衆の日常生活を規定する礼の構想と、どのように結び付いてゆく可能性をもつのであろうか。さらに、幕府や諸藩の現実の祭祀儀礼体系の様態と神社機構との関連、それ等と民衆との結合の具体相を明らかにしてゆくことは、その際の不可欠の前提となろう。

第二に、会沢は、家康を多くの場合東照宮と称して、神祖・神君と称することを避けるが、この事実は如何なる意味を持つであろうか。この点で、前期水戸学や幽谷・東湖等と比較してゆくことで、会沢に固有の神観念が窺いうるであろう。

最後に、本稿は礼という問題を考えるに際して、その担い手の内面の在り方と規範としての礼の具体的内容がどのように関連し合ってゆくのか、という視点から問題を捉えてゆこうと努めた。研究史的に言えば、後期水戸学の思想史的意義を、治政における礼楽制度の役割に着目して、徂徠学との連続性の中に位置付けたのは尾藤正英である。本稿も、尾藤の業績に拠るところが大きいが、「純然たる制度のもつ政治的効果を重視した」「宗教的儀礼という一種の制度のもつ政治的機能が、民衆の自発的協力という効果を生み出すと考えられている」（「水戸学の特質」、日本思想大系『水戸学』五七三頁および五七九頁）といったその論拠からも明らかな通り、氏は政治思想としての、〈道徳主義的な朱子学〉と〈道徳から切り離して制度論を展開した徂徠学〉という理解――その意味では氏も、丸山真男以来の通説的な朱子学・徂徠学理解に依拠している――を前提にして、後期水戸学の特質を把握しようと試みている。しかし、そうした視点からは、日本における朱子学と、その批判者としての徂徠学の双方を乗り越えようとした会沢の主観的意図さえも正しく把握されないのではないかと思う。つまり、朱子学・徂徠学各々の仕方で、或る特定の主体の類型と、礼楽（規範）との内在的な結合が考えられ、それが社会的な礼楽（制度）論の展開を、各々に固有の仕方で支えていると考えるべきであり、そうしてはじめて、会沢の主観的意図を理解し、それを歴史的に位置付けることが可能になるものと思われる（通説的な朱子学・徂徠学理解自体が、儒教的な礼楽の体系の外側で儒教倫理を捉えねばならなかった、日本における儒教思想の歴史的な在り方の一つの所産であると言えば、あるいは言い過ぎであろうか）。そうした視点が、本稿においてどれほど貫かれ、それが何ほどのものを生み出したのかという点とは別に、そうした見方が、礼の問題の考察において、どの程度有効でありうるのか、という点を検討してゆく必要があることも言うまでもない。

註

（1）『儀礼経伝通解』序文に引用された「乞レ修二三礼一劄子」（『文集』巻一四所収）の中で、朱子は自己の礼制研究の目的を、「可丁以興二起廃墜一垂二之永久一、使丙士知乙実学甲」と述べており、そこで用いられた実学概念を踏襲しているものと考えられる。

（2）四端についてのこうした理解が、仁斎学に多くを負っている事実は注目すべきである。会沢は、「伊藤氏唱二古学一、……発二明拡充培殖火然泉達之義一、其帰二親愛之徳一、自レ内及レ外、発生長養、活動進往、実為レ得二先レ陽後レ陰之義一矣」（二四丁）として――仁斎が四端を捉えた時の生々のイメージを、陰に対する陽に置換しながらも――仁斎が朱子学の四端解釈を否定した点を高く評価する。しかし仁斎学の全体像は会沢によって、「見レ道過二於平坦一、至三礼楽刑政運用之妙与二陰陽鬼神造化之蘊一、則未レ得二其義一矣」（二二丁）として批判される。仁斎学批判の視点が、徂徠のそれに著しく近似することは、「講二有用之学一」という徂徠学に対する会沢の評価の一面を考える時、興味深い内容を孕んでいる。

（3）『人臣去就説』において、「天命」という概念が全く用いられていない事実に注意する必要がある。

（4）例えば、「文公曰、礼者天理之節文而人事之儀則……天理其体而人事其用也」（『北渓字義』仁義礼智条）。

（5）礼に対する朱子の定義「礼者、天理之節文、人事之儀則」を踏まえながらも、会沢はその表現を「自然の節文」（『迪彜篇』二四八頁および二七九頁）とする。このわずかな字句の相違に、人間の道徳性と規範の関係をめぐる両者の思想内容の相違が凝集されていると言えよう。

（6）徂徠学のこのような特色については、拙稿「徂徠学の礼楽観」（『日本思想史研究』一一号、一九七九年）を参照していただければ幸いである。

（7）此等の構想の内容・意図について、徳川光圀の命を受けて一七〇一年（元禄一四）に完成し、後に幕府に献上された『礼儀類典』（五一〇巻）の構成・内容と比較してゆくという全面的な分析は、現在の筆者には不可能であるが、そうした作業は、後期水戸学に固有の尊卑観念や対幕府観を明らかにしてゆく上で不可欠といえよう。

（8）この点、池田末利「文献所見の祀天儀礼序説――禘祭の経説史的考察」（『広島大学文学部紀要』二五巻一号、一九六五年）に学んだ。

（9）禘祭については、鄭玄に対して、廟祭説を主張する王粛が対立する（同前の池田論文に拠る）。ここでは、会沢の主張の特色をみるために、最小限の範囲で、鄭玄とのみ比較するに止める。

(10) 祭祀という限定を離れて、会沢における天の観念について、今井宇三郎は、「祖先の投影としての帝の理念をもって天を理解するものである」(「水戸学に於ける儒教の受容――藤田幽谷・会沢正志斎を主として」、日本思想大系『水戸学』岩波書店、一九七三年、五四二頁）と述べ、つとに津田左右吉は、「天祖天孫を天と同一視する」と指摘し、その意図を、「儒教思想の天の観念を根拠としながら、其の天の観念によって理論づけられている易姓革命の思想を一転して、皇統無窮の理由を解釈」(「日本の神道」、『津田左右吉全集』第九巻、岩波書店、三五頁および三五四頁）しようとした点に求めている。

(11) 平岡武夫『経書の成立』(全国書房、一九四六年）二〇二頁。

(12) 会沢はこれを、「全倣二西土郊祀一」とするが、配するに神武天皇をもってしない点等、必ずしも会沢の理解が正しいとは認められない。狩野直喜「我朝に於ける唐制の模倣と祭天の礼」(『読書簒餘』弘文堂、一九四七年）参照

(13) 道が、利用厚生→正徳の二段階を経て確立したとするのは、『書経』大禹謨を根拠とする徂徠の主張であるが、会沢はそれを換骨奪胎して、神話解釈に導入してゆくのである。

(14) この点に関連して本郷隆盛は、「祭祀という宗教的な役割に限定されているにせよ、天皇が民心統合を通じて国家的統合の中核としての機能を担うものとして登場し、かつまた祭祀の行為主体として意義づけられた」ことに会沢の思想の特色を見出し、それが「幕藩制下における天皇のあり方に重大な変更をもたらすもの」(「幕藩制の動揺と国体イデオロギーの形成」、『歴史学研究 別冊特集大会報告』一九七七年、一二五頁。傍点原文）であり、さらに、幕藩制的な支配原理と異質なそれを導くものとして結論付けている。

＊引用頁数について、『及門遺範』『熊沢伯継伝』『二連異称』は『藤田幽谷全集』(一九三五年）、『下学邇言』は明治二五年刊本、『人臣去就説』『退食閒話』は日本思想大系『水戸学』(岩波書店、一九七三年）、『迪彝篇』『新論』は岩波文庫（塚本勝義訳註、一九三一年）、『草偃和言』は『日本国粋全書』第一八輯（一九三〇年）に依った。引用文中の句点については引用者の判断で訂正した箇所があり、傍点は特にことわらない限り引用者の付したものである。

近世日本の「神国」論

はじめに

「神国」の語は、「天下」の意識のもとにある中国では、用例をみないようだ。「神」も問題だが、「国」が領域的な限定を受けた語で、天に対する地としての広がりをもたないことが、その理由であろう。それに類似する語としては、「神州」がある。『史記』孟子伝などに典拠をもつこの語は、例えば、日本留学中の李大釗によって、「われら同人は、身を異郷につながれ、国の仇に切歯しつつ、はるかに神州を顧みて、天を仰いで悲憤するのみである」などと用いられている。(1) しかし、「神州」の語の歴史として、中国の国家や民族の意識の変遷を考えようとすれば、およそ無謀なことにちがいない。ところで、眼を日本に転じて、その「神国」の語をみればどうだろう。「新羅王曰、吾聞、東有神国、謂日本」という、『日本書紀』神功皇后摂政前紀にはじまる「神国」の語は、常識的にみても、蒙古軍の来襲、北畠親房『神皇正統記』、秀吉や家康のキリシタン対策としての「神国」の宣言、さらに幕末期の「神国」意識の高揚、「鬼畜米英」に対するそれに及ぶまで、その度ごとに大きな変質を遂げながら、連綿として、国家や民族の正統性を象徴する位置を占めてきた。

本稿は、「神国」の語とその背景に着目することで、近世日本の国家や民族をめぐる正統性の意識の特質に接近することを狙いとする。近世日本といっても、「鎖国＝海禁」体制が確立してから、対外危機が深刻化するまでの、長い「安定期」を対象とする。なぜこのような長い曖昧な時期設定をするのか。この時期は、『神皇正統記』のような「神国」の理論化もみられず、次に訪れる危機の時代のような「神国」の政治的宣揚もみられない、「神国」論の歴史からみれば、目立つことのない静かな時代である。それどころか、知的指導力としての儒者の多くは、この用語に、何か胡散臭いものを感じているし、公然とそのナンセンスを笑った儒者も少なくない。にもかかわらず、実はこの時期にこそ、「神国」の語が民衆社会の中に浸透していったのではないかと考えるからである。例えば、「人は、正直を本とする事、是、神国のならわせなり」とは、『日本永代蔵』巻四（一六八八・貞享五年刊）の一節であり、また、「日本は神国、世は呪《まじな》ひ」という俗諺のあったことを、西川如見『町人囊底払』巻上（一七一九・享保四年刊）は伝えている。こうした用例は枚挙に遑《いとま》ないのであり、「神国」の語が、人々に深く浸透しはじめたことを示している。神道家の机上の理論や政治的なスローガンではなくして、民衆社会へのこのような浸透の事実こそが、まさに解明されなければならないということだ。中世の民衆の中に、「神国」の語がが受容されていたとは思えない。近世日本の、どのような文脈の中で、「神国」の語は社会的に浸透してゆくのだろうか、その精神構造の一端にふれてみたい(2)。

一、「神国」論の前提

近世日本の国家は、蝦夷や琉球を隷属させ、朝鮮を入貢国として扱い、オランダ商館長の江戸参府を拝謁に見立てた。このような自国・自民族を中心とする国際秩序は、国家論の視点から「日本型華夷秩序」として捉えられ、そのイデオロギーは、「日本型華夷意識」として定式化されている(3)。しかし、近世日本の国家が、自らの正統性を伝統的な「華」として定立するには、制度・文物・道徳いずれをみても、現実は余りに惨めであった。明清交替を機に、礼教文化の中心としての正統性を獲得しようとした「小中華」朝鮮王朝と比べるなら、事は明らかである。では、日本の中心性を弁証するものは何なのか。

一 三国と朝鮮

天竺・震旦・本朝という三国世界像は、『今昔物語集』の構成にもみられるように、中世を通じて一般的なものであったが、近世日本はその内容を変質させ、その変質によって、日本中心の世界像を獲得していった。震旦が、唐土を指す古代インドからの古称に由来することが示すように、三国世界像は仏教的な価値に立脚するものであり、日本からすれば、仏教伝播の経路そのものであった。その上、正法・像法・末法の三段階は、空間としての天竺・震旦・本朝の各々に投影され、時空は各々に合体され、日本は救われることの難い「末法の辺土」として捉えられる。三国世界像は、辺土ゆえの自己の劣機を自覚させたのである(4)。こうした辺土観を克服するものとして、蒙古軍の来襲より以降、顕密主義にもとづく「神国」観が登場することは、既に明らかにされた通りである(5)。

三国世界像に近世日本が与えた最大の変質は、仏教的な価値からこれを解き放ち、三国を、三つの文化圏、三つの文化秩序の各々の中心としたことである。仏教による一元的な世界の連なり、その辺土としての日本という意識は払拭され、神・儒・仏の文化秩序とそれぞれの中心という性格が付与されてゆく。この変質を基本として、更に二つ、重要な近世的な変質が加えられた。一つは、朝鮮の周辺性・非自律性が、より色濃いものとされること、一つは、印・中の中心性が遠い過去のそれであり、今日の両者の国家的・民族的な劣位の強調と表裏のものとされるということである。

前者について考えてみる。中世から、三国世界像は朝鮮を蔑視する性格をもっているが、近世の場合を、単にその延長とみることはできない。なぜなら、十五、六世紀における諸々のレベルでの朝鮮を含む諸地域との交流が歴史的に介在しているからであり、何よりも、秀吉の朝鮮侵略という決定的な歴史的経験をくぐっているからである。その一方で、知識人のなかに、朝鮮の「文」への深い認識も芽生えている。

此国儒道を尊ぶ事、中華に勝れり、儒の古法は中華に絶たる者、此国に遺れる事有とぞ、……

と述べるのは、西川如見『増補華夷通商考』（一七〇九・宝永六年刊）である。通信使を迎えた日本の知識人が、盛んに文通や詩文の添削を乞うたことも周知の通りである。しかし、こうした文化的仰望も、近世的な三国世界像による朝鮮の周辺・非自律の位置づけには、いささかも訂正を求めなかった。[6] ここに、近世日本が朝鮮に対する時の、一つの特質がある。日本の朱子学者の中に流れる李退渓崇拝にも、同じ問題がある。知識人のこのような心理構造に追いうちをかけたのは、近世の民衆社会への神功皇后「三韓退治」神話の浸透である。当然それは、秀吉による「朝鮮征伐」の記憶と重なることで、より刺激的なものとなった。[7]『国性爺合戦』（一七一五・正徳五年初演）は、和藤内（鄭成功）が平戸の浜を出帆する情景を、

御出陣といさみしは、三韓退治の神功皇后艫舳《トモヘ》に立ちし荒御前《アラミサキ》を、今見るごとときいきほひなり

と見立てた。十七カ月余のロングランとなり、大坂の人口三十万余の八〇％を動員したともされる[8]この浄瑠璃は、鄭成功の虎退治の場面と併せて、朝鮮に対する過去の日本の「武勲」を色濃く反映している。こうした朝鮮観が通俗化して、近世的な三国世界像を支えてゆく。[9]

後者についてみてみよう。辺土小国、末法劣機の日本という宗教的な自国意識は、決定的に後退した。南蛮世界図や『坤輿万国全図』（マテオ・リッチ作、一六〇二年。これは中国や日本を図幅中央におく世界図の嚆矢であり、日本において広く受容された理由の一つは、まさにそこにあるという[10]）の影響で、天竺中心の世界像そのものが崩れたことが一つ

の原因である。と同時に、宗教的な中心＝天竺を置くことで中国を大国とする意識から脱却するという中世日本の課題が過去のものとなり、天竺なしに自力で中国大国観を克服したということでもある。それどころか、江戸の庶民は、十八世紀中葉からの富士講の流行という形で、須弥山に代えるに富士山をもってし、これを「三国のかなめ石」、天地万物創成の「本種」としている。これは、三国という空間意識は保持されながら――幕末～明治初期の民衆宗教の世界にまで続いてゆく――、いかにそれが自国・自民族中心の世界像に変質しているかを如実に示すものである。中国について言えば、唐虞三代は価値の普遍的な基準であったとしても、唐虞三代「封建」の社会構成により近いのは、近世日本の社会であって、秦漢以降の「郡県」の中国は、既にそこから遠く下降したものとされた。ましてそれが「畜生国」[11]たる韃靼の支配下にあっては論外であった。唐虞三代の価値は、同時代の中国を、国家的・民族的に貶視する方向に作用した。

こうみれば、近世の三国世界像が、同時代の国家・民族の意識としては、東アジア世界の中での日本の中心性を弁証する性格をもつことは明らかである。「神国」論の浸透を支えるエトスの一つは、こうして準備された。[12]

2　武威と太平

近世日本の国家は、――家康のカリスマ性に基づくか、長い安定した秩序の伝統化によるものかの論は別として――武威とそれによって達成された太平（安民）とを支配の正統性根拠とした。安民は、本来は「文」の価値に立脚するものだろうが、ここでは、武威＝太平（安民）という特殊な観念が成立する。

対外的には、慶長十五年（一六一〇）、本多正純に代わって林羅山が著した「遣大明国」書簡が、

日本国主源家康、一統闔国、撫育諸島、左右文武、経緯綱常

としたうえで、

其化之所及、朝鮮入貢、琉球称臣、安南交趾占城暹羅呂宋西洋柬埔寨等蛮夷之君長酋師、各無不上書輸賓

と述べている。日本を中心として、朝鮮・琉球を周辺、安南以下を外縁と一方的に位置づけた小秩序が、家康の武威（「一統闔国」）による秩序化（「撫育諸島……」）によって作られたことを誇示しながら大明国に臨もうとしている。羅山による対外書簡をみれば、寛永年間からは、「耶蘇」対策の厳しさにおいて日本が優越していることが、中国や朝鮮に対する書簡で強調されてゆく。武威＝太平の事実は、こうして東アジア世界全体の中での日本の中心性を弁証してゆく(13)。

国内的に、武威＝太平が執拗に説かれることは、詳述の必要がないだろう。ただ考えるべき問題は、事実としての秩序が一たび動揺しだす時、武威＝太平は、支配の正統性根拠として歯止めもなく脆いものだということである。イデオロギー的な合理化の未熟なままに、武威＝太平の事実が先行するからである(14)。

それはともかく、武威＝太平という正統性は、近世日本の安定という事実の上に立って、長い命脈を保つことになるが、思想的には、対外的な自尊意識がそれを支えていた。通俗的には、中国や朝鮮は、王朝の変遷を繰返し、終には北方の「畜生国」に侵された民族、あるいは、たえず隣接の大国に服属する柔弱な民族というイメージで捉えられ、対照的に日本だけが自立しえているのは、武威＝太平の力によるという意識である。しかし、それだけではない。武威＝太平は、「文武二道の士」（『集義和書』巻二）として、指導的人格の理念的な在り方にまで連続している（この点、士大夫や両班に比較しての、武士階級の特質という問題に帰着する。今回は、詳論の余裕がない）。支配の正統性根拠は、こうして人格的・倫理的な次元にまで貫かれることで、安定性を強化した。

近世日本に「神国」論を浸透させるエトスの第二は、こうした武威＝太平の意識である。

3　皇統

いわゆる〈皇統の連続〉に、原理的に何の価値も見出さずに、自立した徳川国家を構想するという思想的方向は、二つあったと思う。一つは、新井白石・室鳩巣・佐藤直方らによる朱子学の或る傾向であり、他は、荻生徂徠・太宰春台と継承された思想である。これらの儒者は、いずれも「神国」論の磁場に入らない[15]。

しかしその一方で、実に多様な立場から、〈皇統の連続〉に日本の固有の価値を発見してゆく論が展開され、大勢を形作ってゆく。その幾つかを、類型化してみよう。一つには、君臣道徳の固定・絶対性の象徴としてそれを捉えるもの。一つには、日本の神秘的な固有性として捉えるもの。一つには、日本の国土の不可侵性の象徴として捉えるもの。一つには、中国において既に亡びた古礼楽の保持という観点からこれを意味づける論である。

第一の立場の最も秀れたイデオローグは、浅見絅斎であり、強い影響力をもった。臣下から主君への献身の道徳は、東アジア世界を通じて普遍の価値とされ、それを体現するのが〈皇統の連続〉である。普遍の価値を承認する限り、〈皇統の連続〉という「事実」の優越性は万人によって認められねばならない。ともすれば一律に閉鎖的な性格をもつとされがちな〈皇統の連続〉賛美が、逆に普遍的な観点からなされていることが重要であり、それゆえに、東アジア世界の中での日本の尊貴性を主張しうるのである[16]。

第二の立場については、詳述する必要はないだろう。近世仏教の中からも——例えば、大我絶外『三彝訓《さんいくん》』（一七五八・宝暦八年）のように——こうした議論が展開されてゆくことを記しておく。

第三のそれを代表するものとしては、本多利明『西域物語』（一七九八・寛政十年）下巻に、

日本は、支那より見れば大に誉れにて、神武以来皇孫を失はず、他国の為に侵されず、か程目出度日本の風俗……

とある。国土の神聖・自立は、宗教的な根拠によるのではなく、「神武の垂訓に依て武道を失はず」（『西域物語』上巻）と言われるように、武の国ぶりによる。そしてそれを象徴するものとして〈皇統の連続〉がある。

第四の論は、蕃山『集義和書』巻八に、

もろこしよりも、日本をば君子国とほめたり。其故は、もろこしの外には、日本程礼楽の道正しく風流なる国は、東西南北になき事也。それは禁中をはします故にて候

と述べるのが典型的な例である。(17)

単純なこれらの類型で尽きるものではないが、日本の尊貴性を〈皇統の連続〉に求める見方はこうして広く展開した。「神国」論の核心をなすエトスである。

4　正直・易簡

何事についても、飾らないこと、素朴であることに、日本の尊貴性を見出す議論が通俗化していった。倫理的には、『日本永代蔵』にもあったように、「正直」などの語で表現される。それは、ここでも対外的な優越の根拠でもある。「せはくことはり巧める」唐国《から》ぶりに対して、

此国人は心なほければ事も言も少くして……民の心直ければ君が御のりもすくなし

と説くのは賀茂真淵『語意』（一七六九・明和六年）であり、東人（日本人）の特色を「清介質直を好む」とするの

は、富永仲基『出定後語』（巻之上、一七四四・延享一年）である。印度の幻、中国の文、日本の紋（「直而無礼則紋」〈『論語』泰伯〉を受ければ、ゆとりのないこと）として、価値判断なしに各々の民族性を端的に指摘した仲基も、

仏の淫する所は幻にあり。儒の淫する所は文にあり。これを捨てて、則ち道に幾《ちか》し

と述べて（『出定後語』巻之下）、倫理的資質のうえでの日本の優越をのぞかせている。

制度的には、それは、「華」たる中国やその小体現者としての朝鮮への屈折した意識そのものである。

我が神州のごときは、風化の開くるや最も遅く……かつ一王の治なれば、則ちもとより礼楽を制し制度を立つるに汲汲たらざるものあり（遊佐木斎「室鳩巣宛書簡」一六九七・元禄十年）

礼楽制度の盛大は、それなしには「名聞つよく、利欲あつい」中国人（増穂残口『有像無像小社探』一七一六・享保一年）の民族性の劣等の裏返しだといった議論は、国学の盛行をまたずに、通俗化していた。平賀源内『風流志道軒伝』（巻五、一七六三・宝暦十三年刊）巻五には、風来仙人の語として、

唐は文化にとらかされて、国を韃靼にせしめられ、四百余州が罌粟《けし》坊主に成て……

とある。それに対して日本は、「天子の天子たるものは、世界中に双国なし」として、仙人の賛美を得ている。こうしたエトスも、「神国」論の浸透に与かっている。

東アジア世界の中で日本の中心性を弁証すべき観念の幾つかをみてきた。本章では、これらの諸観念を取捨し組み合わせてゆくことで、「神国」論が、どのようにして民衆世界に浸透してゆくのか、その社会的性格をいかに理解すべきかといった点について考えたい。

二、「神国」論の展開

1　艶道と「神国」論

増穂残口（一六五五〜一七四二・明暦一〜寛保二）は、講釈によって民間での神道の普及に努めた。『艶道通鑑』（一七一五・正徳五年）の著者でもあり、「恋慕愛情」を大胆に肯定し、人道の根本に夫婦の交合をおいた。そして、夫婦・男女が、「異国の礼」の乱用によって「睦まじからざる」ものに堕ちているとしている。こうして残口の「艶道」は、「神国」論に接近してゆく。

残口は、儒仏神の三教が、各々の民族性に適った教えであるとして、更に儒仏の二教は、「天竺といふ国は、人の生得《うまれつき》飽まで強盛にして勇猛……婬酒に長じ」ていることから戒律の教えが生まれ、「支那《から》の国も名聞つよく、利欲あつく……臣として威有ば、主を殺し、子として勇なるは親を退く……」から、礼教の倫理が生まれたとする。教えの精緻と民族性の劣等は、補い合うのである。それに比して、神道は素朴で単純であり、それゆえに、日本の民族性の優等を証明するという。しいて欠点を挙げれば、「恋慕愛情」が「猥り」に過ぎる傾向をもつことだが、それも和歌風雅の力により中庸を得ることができるのであり、ことごとしい「異国の礼」に倣うことはないとされる。残口は、「三千世界の中に日本程尊き国はなし、人の中に日本人程うるはしきはなし」として、我国を神国と名をつけ、神道と立る事、混沌未分の先を論ずる事にあらず。……天照神、天上天下を主《つかさどり》給ふて、孫皇《みまご》を此土へ降奉り、神より人へ伝て、神の人、神の天地なるがゆへに、神国と号し、神道と唱ふるぞ（『有像無像小社探』）

と言う。また、

日本に生れて日本の土に立、日本の米を喰ながら、我一気の元、祖主にも親にも師匠にも頼み奉る天照大神を、賜物《なぶりもの》には浅間し。恩を知らざる者を人とはいはず（『異理和理合鏡』）

と述べて、儒仏の側からの神道批判に応じている。天照大神が、遠い存在ではなく、米や土の恩を通じての「我一気の元」であることは重要である。残口はまた、

我神国には、諾冊《ぎみ》の二はしらを双べて、大小高下も、陰陽同じくうやまふにて知るべし。一女の照神〔天照大神〕、国の主とならせ給ふ事……我神力の聖武を、外国迄におそれしめ給ふ事、三国に双《ならび》なし。……女の頼み奉るべきは、我国の神霊ならではあるべからず（『直路之常世草』）

とも言う。儒仏の教えは、女性に忍従を強いるだけであり、「神国」にこそ女性の幸福があるというのだ。

扶桑六十余州は神に始、神徳にて治国《る》なれば、中比みだれたれども、終に神君の仁徳に靡《なび》く、天照東照日月光明らかなり（『異理和理合鏡』）

素朴な民族性をもつ男女が「恋慕愛情」で結合している柔らかな社会、「我一気の元」たる天照大神の加護と、東照神君の仁徳による太平を謳歌する社会、それが「神国」である。

2　職分と「神国」論

石田梅岩（一六八五〜一七四四・貞享二―延享一）の講義の聴講は、一切無料、紹介者不要、月次の会では自由討論がなされた。梅岩は、士農工商をすべて「職分」として捉え、その「職分」を尽くすという意味での四民の同列を説いた。では、一たび「職分」として横並びされたものを束ねるものは何か。思想的には、「人は貴賤に不レ限尽《く》天の霊なり」というような「天」がすえられるが、

> 我朝の神明も、伊弉諾尊伊弉冊尊より受玉ひ、日月星辰より、万物に至まで総主《すべてつかさどり》玉ひ、残所なきゆへに唯一にして神国とは云へり。……唐土に替我朝には、太神宮の御末を継せ玉ひ御位に立せ玉ふ。依て天照皇太神宮を宗廟とあがめ奉り、一天の君の御先祖にてわたらせ玉へば、下万民に至まで参宮と云て、尽く参詣するなり。唐土には此例なし（『都鄙問答』巻二、一七三九・元文四年刊）

その「下万民」が各々の「職分」を構成するのである。同列の「職分」を観念的に結合させるものは、「宗廟」としての天照皇太神宮である。一方で梅岩は、『日本書紀』の開闢神話と、「一滴の水」にはじまる母胎内での生命の形成をアナロジーとして捉え、清陽《すみあきらか》なる者―天―心、重濁《おもくにごれる》者―地―体という、宇宙と人間とを一連なりにみる見方を主張する。そうしたアナロジーが成立するからこそ、日本は「神国」なのである。そして「天地開闢の理は我一身にも具れり」として、「神国」に生きることの自覚を求めてゆく（同、巻四）。

こうした「神国」論は、武士・武家政権への批判の可能性をもっている。「天照太神、手持宝鏡、授天忍穂耳尊、而祝之曰……」（『日本書紀』神代下）の「御宝勅」（『都鄙問答』巻三、いわゆるアマテラスの神勅）を政治の理想とすることで、「天下の御政道に奢はかたき御禁《いましめ》なり」（同、巻四）や、「実の志無は士の中に入べきにあらず。……況や君無道にして国治らず。然るに君を正すことあたはず。禄を貪り身を退かざるは、此又大なる恥なり」などの論を獲得しているのである（同、巻一）。町人の自己主張と社会認識の深まりは、「神国」論として展開されることで、議論の正当性を強化している。

3　独立と「神国」論

「唯我日本ハ忝クモ天照大日輪ノ神都ナル故ニ、……神胤一統宝祚長久、遂ニ外国ニ犯サル、コトナシ、印度モ支那モ及ブコト能ハズ、況ンヤ外国外夷ヲヤ」と、仏者も述べるように（諦忍妙竜「神国神字弁論」）、日本の領土的不可侵＝独立にこそ、「神国」の本質をみる見方は、近世を通じて広く流布している。[18]

本多利明（一七四三～一八二〇・寛保三～文政三）は、渡海・交易の機構としての国家のモデルを、ロシアを含むヨーロッパ諸国に求め、中国や朝鮮を反モデルにすえた。利明の目的は、「末世柔弱（の日本）」を、豊饒剛武に立戻し、古へ武国の高名たる大日本国を再興し」てゆくことにあった（『経世秘策』巻下）。既に引いたように、「神武の垂訓」より以来、日本だけが「武国」たりえたために、東アジアの中で唯一の独立を保ったとしている。あるいは、清が武国として登場したのも、実は源義経を始祖としているからで、[19]国号も清和源氏に由来するとしている（『西域物語』上、一七九八・寛政十年）。また、秀吉について利明は、「入唐して大唐の国王ならんと、已に朝鮮攻ありしが……薨去せり」「長寿にあらば、支那までも日本の属国なるべき勢ひ」であったとして、秀吉の死を早すぎたものと惜しんでいる（『経世秘策』巻下）。利明にあっては、東アジア世界は武の秩序として捉えられ、その頂点に日本が立つものとされている。そして、既に見た通り、「他国の為に侵され」ることのない日本を象徴するものは、〈皇統の連続〉以外にはない。

我邦　神武帝一統の業を興し給ひ……　皇統連続し、今の世までも、臣下として　帝位を奪ひしことなく、……帝位を簒逆せしことなく、是異国と我邦別あって、神国の風儀とも仰ぎ貴むべき所なり

と『経世秘策』（巻下）に言うように、そこにこそ利明の「神国」の意味があった。

高野長英（一八〇四～一八五〇・文化元～嘉永三）も、『和寿礼加多美』（一八三九・天保十年）の中で、

夫皇国は、開闢以来今に至る迄、……未だ其国を以て支那・印度に臣たらず。……皇統連綿、至今百二十有一世、……東方滄溟の中に孤立して、永く帝国と仰がれ給ふ、実に目出度神国也。……我党の強て此学（蘭学）を為すは、……何んぞかゝる芽出度神国を棄て、沍寒不毛の西洋を慕ひ、西夷に従んや

と述べている。[20] 西夷の学を専攻するものは、西夷の手先となるものだというお定まりの批判を、外来の儒仏に学んだ過去の歴史から説いて切り返し、蘭学研究の正当性を主張しているわけだが、そこでの切り札は、〈皇統の連続〉を独立の象徴とした「神国」論であった。

4　天照大神と「神国」論

「此の国の人、皆、日神の裔たるの謂なり」「此の民は神明の後裔」などと、西川如見『日本水土考』（一七〇〇・元禄十三年）が言うように、天照大神の後裔としての日本人という見方が通俗化し、またそれとの関連で、伊勢神宮を民族全体の宗廟とする考え方が流布してゆく。

熊沢蕃山は、「日本にては、上下男女ともに天照皇太神へ参」ることを積極的に肯定し、「日本は神国なり。……神に詣でゝは、利欲も亡び邪術もおこらず。天道にも叶ひ……」と述べて、伊勢参詣の道徳的効果を説いている（『集義和書』巻二）。

天照大神の後裔としての日本人、その意味での「神国」を高らかに主張するのは、『国性爺合戦』である。虎に素手で向かう——武的な素朴さを象徴する——和藤内鄭成功に対して母は、

ヤアノ〳〵和藤内、神国に生れて神より受けし身体髪膚、畜類に出合ひ力立てして怪我するな、日本の地ははなるゝとも神は我が身に五十川《いすゞ》、太神宮の御祓ひ納受などかなからんやと、肌の守りを渡さるれば、げに尤もと押しいただき、虎にさしむけさしあぐれば、神国神秘の其の不思議、たけりにたける勢も、忽ち尾をふせ耳をたれ……

とあり、「神国神秘」の力によって、

〔虎を〕足下にしっかとふまへしは、天の斑駒《ぶちごま》素戔嗚の尊の神力天照神の威徳ぞ有りがたき……

と決着する。『孝経』をもじって、日本人は誰であれ、天照大神から身体髪膚を受けたものだという。日本人としての一体性は、そういう意味での天照大神をもつことで保証され、それは他者に対しては、攻撃的に作用してゆく。(21)

「上天子将軍より、下士農工商非人乞食に至るまで、皆以て人間なり」とは、司馬江漢（一七四七～一八一八・延享四～文政一）の言葉である。その江漢が、

吾日本は、天照大神人道を開き給ひ……吾先祖も、其孫にして、天子も我等も同物なり（『春波楼筆記』）

と述べ、あるいは天照大神を「人道の祖」「万民の祖神」と呼んでいる。

〔日本は〕其往古神国ニシテ、吾国ノ訓詁アリテ、始テ人倫ノ道ヲ闢キ、神祖〔天照大神〕国ヲ治テ万民大ニ化ス（『和蘭通舶』）

とも言う。『春波楼筆記』では、微賤の参拝を「褻瀆」とする藤井懶斎の議論に対して、

伊勢大神宮は吾国の始祖にして、上天子の拝すべき神霊なる事明なり、然りと雖も今に至りては、万民の祖神とす。……卑賤として拝すべからざらんや

と論じている。江漢の、人間の平等や民族の一体性の主張は、民衆化された天照大神[22]をその中心に置くことで、近世人の身の丈に適ったものとなった[23]。

天照大神の後裔としての日本人という意識の通俗化は、その周辺の諸民族への蔑視を加速し（『国性爺合戦』について見た通り）、或る場合には、国内の賤視された身分を、異民族として切り捨ててゆくことになった。

唯穢多は元来外国より参りたる夷狄の種にして、我天照太神宮の御末にて無……

として、日本人への「穢多」の同化に警告を発するのは、海保青陵の『善中談』である。「天照太神宮の御末」としての民族の一体感は、こうした差別の感覚を伴なっている。(24)

おわりに

近世日本の民衆社会の中に、どのような文脈で「神国」の語が浸透してゆくのか、その精神構造の一端をみてきた。一端と言うのは他でもなく、本稿で論じることのできなかった多くの側面を念頭においているからである。なかでも大きな問題は、「穢れ」の問題ではないかと思う。「穢れ」の感覚が、国家や民族をめぐる意識の次元でどのような意味をもち、そこにどのような性格を刻印してゆくのかという問題である。問題の起源は王朝貴族社会に発するにしても、蝦夷・琉球をはじめヨーロッパを含んだ諸地域への知見の拡大、「穢多・非人」への差別の固定化、民俗社会の確立といった条件によって、すぐれて近世的な、国家・民族と「穢れ」との意識空間が生じたにちがいない。例えば本居宣長が『周礼』の官制について、

生たると死たると、浄きと穢きとのわきなくして、皇国のこゝろより見れば、いとも〳〵穢らはしき国俗なり（『玉勝間』一の巻）

と述べ、渡辺崋山が日本の独立の意味を、

欧邏巴洋夷セイヨウノヱビスノ　腥穢クサレタナマグサイニヲイヲ　披《かぶ》ラザル（『外国事情書』）

として捉えていることに、問題の重みが看取されるだろう。中国もヨーロッパも、「穢れ」の体現者とされるのである。知識人によってこのように表白された国家・民族の意識が、民衆の中のどのようなエトスに連なり、連ならないのか、それが「穢れ」の感覚から本来的には遠いはずの武家政権にとってどのような意味をもってゆくのか、こうした大きな問題について――「神国」論という限られた問題設定からは、捉えきれるものではないが――何ら言及できなかったことは、本稿の視野を著しく偏したものにしているだろう。

それはともかく、東アジア世界の中での日本の中心性を弁証する諸観念を、取捨し、あるいは結合させながら、「神国」の語が浸透していったことは、朧気ながら見えてきたように思う。その取捨と結合とを決定するものは、「神国」の語に込められた社会的要求の性格であった。中世の「神国」論が、顕密仏教の土壌から生じたものであるのに比して、近世のそれは明らかに非宗教的であり、社会的要求の多様な展開が、各々の「神国」論を形作り、支えている。そこに、通俗化した近世的な「神国」論の基本的特色がある。

と同時に、そうした社会的要求が、自民族・自国中心の「神国」論として主張されることで、自らの正統性を獲得してゆくというところに、考えるべき、より本質的な問題がある。近世の「神国」論の問題を、社会的要求の次元に還元してみせるだけでは、何の理解にも至らない。それが、なぜ「神国」の語で表現されなければならないのか、問題はそこに帰るのである。

註

（1）「全国の父老に警告するの書」。同じ一九一五年の「厭世心と自覚心」にも「神州」の用例がある（『原典中国近代思想史　第四冊　五四運動から国民革命まで』岩波書店、一九七七年、四五頁および七四頁）。会沢正志斎『新論』の用例が、一貫して「神州」であることに注意しておく。

（2）宮沢誠一「元禄文化の精神構造」（『講座日本近世史』第四巻、有斐閣、一九八〇年）が似たような問題関心から、おかげ参り・西鶴・近松・神国意識について論じている。

（3）　朝尾直弘「鎖国制の成立」（『講座日本史』第四巻、東京大学出版会、一九七〇年）、荒野泰典「十八世紀の東アジアと日本」（『講座日本歴史』第六巻、一九八五年。のち『近世日本と東アジア』東京大学出版会、一九八八年所収）および「日本型華夷秩序の形成」（『日本の社会史1　列島内外の交通と国家』岩波書店、一九八七年）参照。

ただ、この概念の使用には慎重でありたい。華夷思想には、国境や人種の観念を越えた「天下」の観念が前提とされるが、近世日本には、そうした「天下」の観念はない。この点、植手通有「対外観の転回」（『近代日本政治思想史Ⅰ』有斐閣、一九七一年。のち『日本近代思想の形成』岩波書店、一九七四年所収）参照。近世の「夷」の用例に即して、この概念に批判を投じたものに、塚本学「江戸時代における「夷」観念について」（『日本歴史』三七一号、一九七九年。のち『近世再考――地方の視点から』日本エディタースクール出版部、一九八六年所収）がある。

（4）　成沢光『政治のことば』（平凡社、一九八四年）参照。

（5）　黒田俊雄「中世国家と神国思想」（『日本宗教史講座』第一巻、三一書房、一九五九年）、「中世における顕密体制の展開」（ともに『日本中世の国家と宗教』岩波書店、一九七五年所収）参照。

（6）　各文化の相対性を「自然のことわり」として、「もろこしの文字、西域の梵字、から国〔朝鮮〕の諺文《をんもん》、此国のかな……みなみな其国のことばに応じ……」と捉えた対馬藩儒の雨森芳洲が、その対極に位置する。ただし、芳洲も道徳の相対主義者ではない。シドッチは「妖人」である（『橘窓茶話』巻二、巻三）。

（7）　秀吉自身とその周辺が、秀吉の行動を神功皇后のそれに擬えていたこと、またそれに加わった在地領主層の土着の信仰の中に、それを受容する要素のあったことについて、北島万次「秀吉の朝鮮侵略における神国意識」（『歴史評論』四三八号、一九八六年）参照。

（8）　石原道博『国姓爺』（吉川弘文館、一九五九年）八六頁。

（9）　神功皇后「三韓退治」神話は、それだけに止どまらずに、他民族を従属させてゆく時にたえず想起される原点でもあった。「往昔《そのかみ》神功皇后、三韓征伐のとき、琉蚪《りうきう》怕れて夥の貢を献る」として琉球の服属の起源を説くのは、滝沢馬琴『椿説弓張月』（一八〇七・文化四年刊）前篇巻二である。一方、近世の部落民がその歴史的な存在の正当性を訴えるに際し、「三韓退治」に関連しての自らの役割を強調していたことにも注意したい（「八幡重来授与記」、『部落史史料選集』第三巻、部落問題研究所、二〇〇頁）。

（10）　応地利明「絵地図に現われた世界像」（『日本の社会史7　社会観と世界像』岩波書店、一九八七年）による。

（11）　『国性爺合戦』の語。

(12)「辺土粟散国」の意識は、近世に入って、「小国」としての日本という意識において辛うじて引き継がれるのかもしれない。しかしそこでも、あるいは「小国」ゆえに世界の生成の根源とされたり（ハビアン『妙貞問答』）、あるいは「此の国は万国の東頭にありて、朝陽始めて照すの地、陽気発生の最初……」（西川如見『日本水土考』）と言われるように、決定的に変質してゆく。唐人に対して、「うぬらが小国とてあなどる日本人……」「小国なれども日本は……」と切った鄭成功の啖呵は、確実に観衆の支持をえている（『国性爺合戦』）。

中世から連続する辺土観は、不受不施派の日奥による『宗義制法論』（一六一六・元和二年）において最も戦闘的な姿をみせる。全く別な視点から、熊沢蕃山『集義和書』巻四に、「日本は小国にて、人の魂魄の精うすく、堪忍の力弱し」とあり、古典に定める礼制をそのままには実施できぬことの根拠とされている。小国であることを反転して自尊の根拠とするような議論とは異なる小国論も、このような形で存在した。

(13)『林羅山文集』巻十二、十三（『林羅山詩文集』ぺりかん社、一九七九年）

(14) 渡辺浩「「御威光」と象徴」（『思想』七四〇号、一九八六年）参照。武威＝太平（安民）のイデオロギー的な弱さは、実は文の側からも武の側からも衝きうるものだった。司馬江漢『春波楼筆記』は、日本に一流の文化が育たないのは、「天下武威ヲ以テ治スル」ためだとしている。一方、熊沢蕃山『大学或問』は、北狄の侵略に対抗して、「武国」らしく農兵制を復興すべきことを説いているし、渡辺崋山『初稿西洋事情書』は、真に武威を誇るなら、一国内に自らを閉鎖することなく、対外交渉を計るべきだと主張している（崋山は、熊襲・新羅「征伐」から太閤の「征戦」に至る、武のエネルギーは今どこにあるのかと嘆いてみせる）。

(15)「扠穢多ノ類ニ火ヲ一ツニセヌト言コトハ、神国ノ風俗、是非ナシ」と、徂徠『政談』巻之一にみえる。この「神国」が、徂徠のなかにどのような意味をもつのか、少し考えてみたい。

(16) それが朱子の普遍性に忠実かどうかは別の問題である。拙稿「二つの「理」――闇斎学派の普遍感覚」（『思想』七六六号、一九八八年）参照。

(17) 問題は、国家の金冠部分として位置づけるか（蕃山）、徳川国家による礼楽制作の歴史的素材と考えるか（春台）、朝廷を礼楽制度の真の主体に据えるか（山県大弐）、鋭く分裂してゆく。

(18)「雖三韓帰此土（中国）、吾朝ハ未属他国」（『八幡愚童訓』）とされるように、中世から連続する面がある。

(19) 義経入夷伝説が、シャクシャイン蜂起を機に、翌年の『本朝通鑑』によってはじめて明文化され、元禄・享保期に、中央の知識人によって普及されたものであることについて、菊池勇夫『幕藩体制と蝦夷地』（雄山閣、一九八四年）参照。

（20）天保年間の発言であり、本稿の対象とする時期設定からは外れるが、論旨を補うものとして掲げる。

（21）『国性爺合戦』は、鄭成功に威服した中国人に、氏名・髪型などの和風への同化を強いている。その限りで、幕末の蝦夷地での撫育・同化政策や、近代日本の植民地政策をさえ先取りしている。

（22）「庶民ノ祭ルベキ神ニ非」ざる天照大神を「日本ノ人ハ、家々ニテ」祭っていると嘆くのは、太宰春台『聖学問答』である。鈴木牧之『北越雪譜』には、天孫降臨や「お伊勢さま」「大神宮」が、雪深い塩沢の里の民俗行事に取り入れられている様子が描かれている。また、女性の月水も不浄ではないとする富士講の論の根拠も、女神としての天照大神にあった。増穂残口が、土や米の恩と天照大神を結合させて民衆への普及をはかったことは既に述べた通りである。「民衆化された」という表現も不当ではないだろう。民衆に倹約を教えるにあたり、「伊勢太神宮も萱葺《かやぶき》に鎮座まします」ことを例とすることも常套化している（例えば『百姓分量記』第三）。素朴・倹約・慎敬の民衆的象徴としても、それは有効であった。日光東照宮では、そうした象徴たりえないのである。

（23）こうした意味での「神国」論は、幕末～明治初期の民衆宗教の中にも息づいている。黒住教における天照大神の性格、それのもたらす民族・国家意識は、代表的な事例である。

（24）蝦夷地の直轄領化・北方開発の歴史的根拠として、「人道の整と不レ整より、都会となり、田舎となり、蝦夷となりて、三等に人物居れども、悉皆　神武帝の遺裔なれば同種類なり」と本多利明が述べている（『長器論』一八〇一・享和一年）。「神武帝の遺裔」に蝦夷を含む点、民族の一体の主張が、極めて時務的な動機からもなされうることを示している。

通俗道徳と「神国」「日本」——石門心学と富士講をめぐって——

序

勤勉・孝行・倹約・正直といった通俗道徳[1]をもって生きぬいた近世日本の庶民にとって、国家や民族、漠然とそれらを包括すれば〈ナショナルなもの[2]〉とは何だったのか。焦点を少し移動させて言えば、それはどう意識され、されなかったのか。

庶民にとって日常の生活が全てであり、そうした問題はそもそも存在しないのだという見方もありうるだろう。しかし、そうだろうか。生活が全てであるからこそ、そこに固有の様式と屈折をもちながら、〈ナショナルなもの〉をめぐる常識が作られ、浸透してゆくとは考えられないだろうか。声高な政治的＝時論的発言より、静かに繰り返される通俗的言辞の集積から、〈ナショナルなもの〉をめぐる常識の形成を探り出すことはできないだろうか。かりにその言辞が、知識人によって発せられたものであっても、その通俗性・普及性を手掛かりに、そこから庶民の心意を汲み取ることはできないだろうか。

一、石田梅岩

一　天照皇太神宮

石田梅岩（一六八五～一七四四・貞享二～延享一）の一日は、こうして始まる。

平生朝は未明に起給ひて、手洗し、戸を開き、家内掃除し、袴羽織を着し給ひ、手洗し、あらたに燈を献じ、先　天照皇太神宮を拝し奉り、竈の神を拝し、故郷の氏神を拝し、大聖文宣王を拝し、弥陀釈迦仏を拝し、先祖父母等を拝し、それより食にむかひて、……講釈をはじめ給へり。（「石田先生事蹟」、『石田梅岩全集』下巻、六一七頁。以下、「事蹟」、『全』などと略記）

その講釈が出入自由、紹介者不要、自由討論もなされたことは広く知られている。次は、伊勢参宮の者への訓戒である。

奉ニ参宮仕一者　太神宮ヲ貴ブハ敬ヲ以テ第一トス。依テ朝夕水コホリヲ取ルハ外清浄ナリ。歩行スルヨリ休息スルニ至ルマテニ心ニ忘レズ神様々々ト唱ヘラレ候ハヾ自然ト上《カミ》サマヲ貴ヒ奉ルユヘニ心清浄ニテ安カルベシ。コレ即内清浄ナリ。（「遺墨雑篇」、『全』下、五二〇―二一頁）

東照宮参拝の場合をみれば、「乍レ恐　権現様ェ問ヒ候コト恐多キコト、思」いながら整髪して参拝するとされるにとどまり、東照宮参拝では内外の清浄は言われない（「語録補遺」、『全』下、四四三頁）。一方、内外の清浄という心身の在り方の問題として太神宮はある。なぜ、太神宮は一庶人たる梅岩にこうした重みをもつのだろうか。(3)

元来此国ニハイザナギイザナミ陰陽ノ両神天地ノ間ニ出玉ヒテ後、春夏秋冬ト周流シ行ハル、ナリ。行ハル、主ジト成玉フハイザナギイザナミノ御子天照皇太神宮ニテ座シマス。……天ニ日月在テ昼夜ヲ照シ、人ニ明徳有テ天地万物ノ理ヲ照シ、己々《オノレ》ガ身ヲ修ム。草木国土ニ其理ヲ具ヘル、是レ天照皇太神宮ナリ。（「語録」、『全』下、一七四―七六頁）

我ガ伝ト云ハ人ヨリ伝ルニアラズ。我身ヲ主宰シ玉フ天照皇太神宮ヨリ直伝ナリ。（同前、一七七頁）

天照皇太神宮は、天地自然の運行を現実に主宰し、そこに秩序（理）と万人の道徳性（明徳）を付与する。天照皇太神宮だけが、主宰者としてのこの性格を持つのである。そして、人は道徳的実践によって直接に天照皇太神宮に結び合うことができる。梅岩はこう言う。

答。然ラバ家財《イヘトタカラ》ヲ売払、赤裸ニ成、借金コト〳〵クナサレナバ、今ノ世ニ稀ナル正直者ナリト人々挙テ喜ブベシ。其正直ノ心ヲ以万民ニ喜バレバ、貴友ガ直《ジ》キニ天照太神宮ノ臣下ノ神ト云者也。（「語録」、『全』下、三四頁）

「臣下ノ神」という時の神を、深刻に考える必要はないだろう。「神国ニテ万物皆神ナレバ折ニヨラバ大根ガ八幡宮トモ変ルベシ」（同前、二〇七頁）とも言われるからである。正直の徳によって、人は天照皇太神宮に内面的に深く結び合えるのだ。その逆もある。

「謀計は眼前の利潤たりといへども、必神明の罰と当る。正直は一旦の依怙にあらずといへども、終《ついに》日月の憐を蒙る」とは皇太神宮の宝勅なり。神の罪人とならば居所はあるまじ。（「斉家論」、『全』上、二二〇―二二一頁）

人は、「天照太神宮の臣下の神」になるか、その「罪人」となるか、不断にその岐路に立つのである。

天照皇太神宮と人々との結合、それは参宮を頂点として、心身の処し方、日々の道徳的実践、毎朝の拝礼といった様々な次元からなされるのだが、その結合に将軍や幕府はどう位置付けられるのだろう。その前に、梅岩のもつ泰平意識をみておく。泰平が、直接には将軍や幕府によって与えられたものと意識されたであろうからである。

唐土ニハ如レ是乱世モ有シニ難レ有忝ナキハ、今本朝ハ浦々嶋々ノ下民マデカク豊ナル御仁政万々歳ト唱ヘ渉ルハ祥瑞ニアラザランヤ。……コレニテ麒麟ノ味ヒヲ知ラルベシ。（『語録』、『全』下、一三九頁）

ここには、泰平という点での中国に対する優越感が表明されている。「御仁政」の実行主体は、将軍や幕府であろう。では、それらは礼拝の体系においては、どこに位置するのか。

神儒仏共ニ尊ブニ礼ヲ以テスルニ次第アリ。先第一ニ天照皇太神宮ト拝スル中ニ八百万神、天子、将軍モ籠リ玉フ。……儒仏共ニ太神宮ハ第一番ナルベシ。……士農工商共ニ太神宮ハ第一ニ拝スベシ。太神宮ニ次デ父母ヲ拝スベシ。君アル者ハ士農工商共君ヲ先トシ、父母ヲ第二ニ拝スベシ。（同前、一四四―四五頁）

梅岩の一日が、この礼拝に始まったことは見た通りである。将軍は、八百万の神々や天子と併せて、天照皇太神宮を拝することに吸収されて独自の位置をもたない。逆に言えば、天照皇太神宮は、将軍・天子・八百万の神々を包み込んで存在する。天皇については、どうだろうか。

先生曰、
今上皇帝を拝し奉る事、下民において恐あり。天照皇太神宮を拝し奉るうちに、即ち摂在《かねいま》せるなり。
禁裏へ拝見の事有て参り給ふには、必ず沐浴《ゆあみ》したまへり。南門の前にては
天照皇太神宮を拝し奉る心にて過給ふとなり。（「事蹟」、『全』下、六二〇頁）

「下民において恐」あるために、とりあえず天照皇太神宮に「摂在」するとされる点で、天皇には明らかに将軍と異質の意味づけがなされている。と同時に、「今上皇帝」に人格的、政治的な固有の性格が全くなく、天照皇太神宮という抱擁性に富む象徴のなかに、いわば無人格化されて吸収されている点で、将軍の場合に等しいのである。

2　神国

天照皇太神宮との様々な次元からの結合は、梅岩をどこに導くだろうか。

造化ハ鬼神ノ功用ニシテ、鬼神ハ万物ヲ総主《スベツカサド》レルヲ云。又我朝ノ神明モ伊弉諾尊、伊弉冊尊ヨリ受玉ヒ、日月星辰ヨリ、万物ニ至マデ総主玉ヒ、残所ナキユヘニ唯一ニシテ神国トハ云ヘリ。

諸冊二尊から受け継いだ「我朝ノ神明」が天地万物を主宰するから、日本だけが「神国」である。「イザナギイザナミノ御子天照皇太神宮」が日月・草木国土・我身すべての主宰をなすとも言われていた。とすれば「我朝ノ神明」は、天照皇太神宮を指している。引き続いて梅岩は言う。

然レドモ唐土ニ替我朝ニハ、太神宮ノ御末ヲ継セ玉ヒ御位ニ立セ玉フ。依テ天照皇太神宮ヲ宗廟トアガメ奉リ、一天ノ君ノ御先祖ニテワタラセ玉ヘバ、下万民ニ至マデ参宮ト云テ、尽ク参詣スルナリ。唐土ニハ此例ナシ。(『都鄙問答』、『全』上、四九頁)

「太神宮ノ御末」が連綿として「一天ノ君」で、太神宮を「宗廟」として「下万民ニ至マデ参宮」「参詣」するという事実が、中国にはない尊貴性を「神国」に与えるのである。もっとも梅岩は革命否定論者ではない。「無道ノ君ナレバ是非ナシト思ヒ暇ヲ乞帰ルナリ。是君ノ天命ナルベシ。武王ノ紂王ヲ討玉フ天命是ニテ可レ知」(「語録」、『全』下・三四七頁)等と言われる。にもかかわらず「神国」の尊貴は、「太神宮ノ御末」の連綿と「下万民ニ至マデ」の参宮に根拠が置かれた。

「神国」を価値づける「太神宮ノ御末」の連綿が、それだけ取り上げられて論じられれば、典型的には闇斎学派の主流がそうであったように、身分上の臣従と忠誠の規範が強調されてもおかしくない——闇斎学派が「太神宮ノ御末」といった表現を採るかどうかを別にすれば。が梅岩にあって、それは「下万民ニ至マデ」の参宮の事実と不可分で、その「神国」論の核心的な問題は、まさにここから出発するのである。梅岩の言葉を聴こう。

赤子ノ心モ上一人ヨリ下万民ニ至ルマデ出生時ハ只々一統ニ初声発ルバカリニ有ラズヤ。(「語録」、『全』下、一二六―一二七頁)

士農工商ハ天下ノ治ル相トナル。四民カケテハ助ケ無カルベシ。四民ヲ治メ玉フハ君ノ職ナリ。君ヲ相ルハ四民ノ職分ナリ。士ハ元来位アル臣ナリ。農人ハ草莽ノ臣ナリ。商工ハ市井ノ臣ナリ。(『都鄙問答』、『全』上、

八二頁）

「四民ヲ治メ玉フ……君」が、現実の将軍を指すのか、先の「一天ノ君」に当たるかは何とも言えない。ここでは、秩序形成の主体と補者という差異をもちながら、君臣が、あるいは臣としての士農工商が、同じ「職分」の概念を分有すると説かれることが重要である。こうも言われる。

　天より生民を降すなれば、万民はこと〴〵く天の子なり。故に人は一箇の小天地なり。（「斉家論」、『全』上、二一七頁）

「赤子の心」や「天の子」で言われるのは、道徳的本質という点での「上一人ヨリ下万民ニ至ル」人としての同質の主張である。ただ、それだけなら道徳の教説の歴史とともに古い陳腐な本質論である。だが梅岩の場合、人としての本質的な同質の主張が、社会的分業の担い手として「職分」概念を共有することと相俟って説かれている。これによって、人としての同質の主張が、単なる本質論に抽象化されることを免れている。そして本稿の関心から注意すべきは、人としての同質の主張が、無限包擁的な象徴＝天照皇太神宮への「下万民ニ至マデ」の参宮という点でこそ可視的に集約され、中国をはじめ諸民族に対する「神国」の尊貴と優越の感覚に連続してゆくことである。[4]

ただし、諸民族への優越とはいっても、比較的に緩やかな、排他性の薄いものであった。蝦夷・琉球・朝鮮への言及のない梅岩は、これら諸地域・諸民族への関心を欠落させた（そもそも取るに足らぬとする）通俗的な三国世界像の持ち主だが、天竺について、如来ハ生レナガラノ大聖ナレバ……天竺ハ土地ガラ悪鋪中々正直ヲ聞テ道ニ可レ入衆生ニ器量ナキ者多キコトヲ先達テ知リ玉フ。コノユヘニ不レ得レ已三世因果ノ道理ヲ説出シテ教ヘ玉フハ、悪事ヲ抑ヘンガ為メナレバ……天竺ノ者正道ヲ聞テ会得セザルハ……土地ノ悪キナリ。（「語類」、『全』上、三八五―八七頁）

と述べている。神道の正直・素朴に対し、儒仏二教は意匠を凝らした人為的なもので、それは風土や民族性がそれだけ劣っていたためだ——こうした発想は、梅岩の時代には既に馴染み易いものとしてあっただろう。右の論旨は、天竺について、まさにそれである。ただ、梅岩は中国に対しては、そうした論をなさない。天竺についても、劣機だけを言ったわけではない。

元天地ハ一理ヨリ発リテ万形別々ナリ。人モ心ハ三国共ニ古今ニ渡ツテ、万民一心一理ニシテ形ハ別別ナリ。（同前、三五〇頁）

そしてもう一つ、梅岩の「神国」論について考えるべきは、「此の国の人、皆、日神の裔」「此の民は神明の後裔」（西川如見『日本水土考』一七〇〇・元禄十三年刊）といった強固に排外的な民族論を、梅岩が採っていないということである。思想の構成からみれば、「天より生民を降すなれば、万民はこと〳〵く天の子なり」とされる「天」が梅岩のなかに確固としてあるからであるが、「天」の問題を論ずる余裕はない。本稿の関心に沿って、梅岩のなかの〈ナショナルなもの〉についてまとめておこう。

梅岩には、日本人——そもそも、如見の「此の国の人」「此の民」に当たる、民族を指示する用語すら、梅岩のなかでは未定立なのである——だけが本来的に選民で、その意味で「神国」であり、他民族はそれから排された異質なものだという感覚はない。三国世界像に立って、天地万物日月星辰を主宰し、普遍的な人としての道徳性を付与する天照皇太神宮の下での生き方が問題であった。それ故に、人としての本来の在り方が、意匠を凝らした教えをもたない日本にだけ純粋に、扮飾を纏《まと》うことなく現われているという理解が導かれた。梅岩の「神国」論はそうしたもので、その意味での「神国」論を支えるのは、繰り返すが「唐土ニ替我朝ニハ、太神宮ノ御末ヲ継セ玉ヒ……」「下万民ニ至ルマデ……尽ク参詣スルナリ」という事実と、その背後にある、人間の本質的＝社会的な同質の感覚、すぐれて職分論的な感覚であった。

二、堵庵・松翁・道二・鳩翁

梅岩の教えを普及し組織化していった手島堵庵（一七一八〜八六・享保三〜天明六）・布施松翁（一七二五〜八四・享保十〜天明四）・中沢道二（一七二五〜一八〇三・享保十〜享和三）・柴田鳩翁（一七八三〜一八三九・天明三〜天保十）について簡単にみておく。

第一に、「神国」の観念が大きく後退する。堵庵で言えば、主な著作について「神国」の語は数例、それもごく一般的に言われるにすぎない。松翁より以下も同じである。

第二に、それに並行して天照皇太神宮（梅岩に倣ってこう表記する）の意義も後退する。堵庵「前訓」にこうある。

一、朝をひなり候はゞ、手水を御つかひなされ候て、まず神様を御拝みなさるべし、
　これは此日本は、神様の御国なれば、神様の御影にて、皆々御飯をたべ……（「前訓」二〇七頁）

梅岩なら、「神様」といった漠然とした表現はしない。ただ、次のような例はある。

此席の御方々は、皆丸仏じや、一仏一体に成て、何ぞおかしい事いふと、にこ〳〵笑ふばつかり、うまいものじや、丸で仏さまじや、微塵も我といふものはない、……天地同根同性、天照大神様とも同体じや。（「道二翁道話」五二〇―二一頁）

日本の宗廟御伊勢様が、茅葺に三杵米で堪忍を教へてござる。（「松翁道話」三二五―二六頁）

だがわずかに右のような例を引きうるに止どまり、梅岩のような、道徳的な緊張を伴った天照皇太神宮と人間の結合はみられず、社会的な職分論からの論及もない。

第三に、「鳩翁道話」にみられることだが、唐・天竺についての無意味な軽蔑が繰り返される。一つだけ例を引く。

ある人の道歌に
　我心かゞみにうつるものならば
　　さこそ姿の見にくかるらめ
しかしながら此様な人は日本の地にはない。得て唐や天竺には、あるやうにうけたまはりました。（「鳩翁道話」六〇頁）

他にも「日本にはありませぬ、これはみな天竺の事じや」等々、他愛ないと言えばそれまでだが、こうした言辞が講話に挿入されることで、聴衆の心はくすぐられるのである。

もっとも、彼等による普及・組織化の活動を成功させた因由は、当然ながら別にあっただろう。人々を魅了したにちがいない、道二の言葉には、人としての同質を説いてこうある。

人は一ヶの小天地、天地の外に道はない、人は天を心として、形は土じや、焼《ヶ》は灰、埋めば土、上々様方でも、御大名様方でも、我々共も、乞食も、穢多も、一切万物一体、……（「道二翁道話」五一四頁）

夜るの八ッ時分には……丸で虚空じや、消たと同じものじや、寝たときは、三千世界が丸で虚空じや、これは天皇様の寝た虚空じやの、是は乞食の消た虚空じやのと、別に虚空に塀切りはない、平等一枚、……（同前、五二四―二五頁）

ここには、梅岩の説く人としての本質的な同質が、禅味を滞びた生殺自在な口調をもって鋭く主張され（「穢多・乞食」への態度をみよ）、併せて道二の人間的魅力も彷彿とさせられる。だが、人としての同質の主張が、社会的な職分論によって媒介されずに、禅的な本質論に還元されていることは明らかで、〈ナショナルなもの〉への経路は断たれている。

普及と組織化の時代、梅岩の「神国」論を支えていた構造は、確実に後退していった。

三、大島有隣

一たび後退した「神国」の観念を再び登場させるのは、武蔵国葛飾郡大島村の心学者・大島有隣（一七五五～一八三六・宝暦五～天保七）であり、その教説に心酔した江戸や関東の庶民である。[5]

神の御国にむまれしひとは
心すなほになければならぬ（「心学和合歌」）

夫神国の要道ハ正直なり、正直は人の本心なり。（「心学心得艸」）

〔儒仏〕二教を以て心身無為無事に国家の栄えをなすハ神国の掟なり。（同前）

抑我神国の教たるや身欲の塵を祓ひ心を清くし正直を本とす。（「心学道歌集」序）

頻出する「神国」に内容上の新味はなく、平凡きわまりない。時の政治的社会的な状況を背景とするような点も全くない。有隣の「神国」論に、どういう魅力があるのだろう。

まず、国土や人間の生成をめぐる有隣の言葉を拾ってみる。

伊勢の神女体妙なる光りにて
日の出の国をひらきぬるかな（「心学道歌集」）

夫《それ》人物の生るや、天地の気を以て形とし天地の理を以て性とす、蓋上王公大人より下万民、母の胎内に一滴の露を結、則天地の霊なり、是を神道に神明といひ、仏家に仏心といひ、儒には明徳といふ。（「心学初入手引艸」）

人間には「母の胎内」の「一滴の露」として「天地の霊」が等しく付与され、しかも我々は他ならぬ「日の出の国」に生を享けた。では、どうすることが「天地の霊」を守り育むことなのか。

内外清浄にして拝し奉らば神明のあらはれ給ふべし
　伏し拝む社の中ハ天照らす
　　拝む心に神ぞましします

……内外清浄なる時は五臓の神君安寧なり、五臓の神君安寧なるが故に、天地の神と同根なり、天地の神と同根なるが故に、万物の霊と同体なり。（同前）

「天地の霊」は「神明」「五臓の神君」とも言われ、これを毎日の生活のなかで守り育むのは内外心身の清浄である。内外清浄によって、人は「天地の神」や「万物の霊」とも同根同体であることを体認しうるのである。

この「神明」の本質は、有隣によれば「神道の淵源自性を忘らずして志るべきにあらず」（同前）とされる霊妙なものだが、これは伊勢内外宮や鏡の比喩をもって説かれる。

　皆人の本の心は増す鏡
　　磨はなどか曇りやはする

倭姫命曰、伊勢両宮は無始無終大元宗神也、一念不生の御霊也、是則一念未発の中心を示し給ふ、夫神明の内証は鏡のごとし、一物たくはへずして虚空のなきにことならず。（同前）

無始無終、曇りない「神明」は、人の在り様としての内外清浄によって守り育まれるものであった。では清浄とは何か。

無上貴とき高天がはらは
私心私欲のおこらぬところ
内外清浄のをしへにまよひ
ものをいみ〳〵心をけがす
こころ清浄たかまがはらに
いみもけがれも更々ないよ（「心学和合歌」）

有隣の言う内外清浄は、徹底して内面化されたもので、習俗としての「忌・穢」を超越している点が核心である。「神国」とその一連の言辞を人々に定着させた魅力は、ここにあるのではなかろうか。

廻り道だが、梅岩以来の「穢」をめぐる議論を振り返っておこう。まず梅岩。

或問曰……此度墓参リ第一ニ存ジ、最初ニ墓マイリ致シ身汚候ユヘ産神ヘハ参詣イタサズ候。……答……身ノ汚ナキ以前ニ、産神ヘ参ラルベシ。（『都鄙問答』、『全』上、一四六―四七頁）

墓参は「身ノ汚」を招くもの、産神は「身ノ汚」を持ち込んではならない場である。これが、堵庵から以後、清浄―汚穢の問題は取り上げられる頻度を高くする。

人々自己の本心、一点の私案なきとき、何を以て穢とせんや。本心元来清浄なり。我国にて祓を事とす、内

外六根、祓て清浄なるときは、本然の直なり。（堵庵「為学玉箒」二三頁）

人は悪念妄想を去れば、此しやれこうべの如く清浄にして、少しの穢れ不浄もなく……（道二「道二翁道話」五二三頁）

なかでも際立つのは、天文や蘭方にも通じ、朱陸同異論でも活躍した異色の心学者であった鎌田柳泓（一七五四〜一八二一・宝暦四〜文政四）の次の言葉である。

凡腐穢の物能草木を肥し、又昆虫を生ぜり。蓋、腐穢の浅き処は草木を生じ、腐穢の至つて深く臭味至つて濃悪成者は有情の生るいを生ずると見へたり。故に鳥獣虫魚の肉は草木の菓実根茎よりも味ひ美にして、其臭穢又草木よりは甚し。是をもつておもへば、人類は亦鳥獣虫魚よりは其味ひ定て美なるべし。而て其臭穢また鳥獣虫魚よりは甚し。人死して即ち腐敗・臭悪・壊爛するをもつてみるべし。（「心学奥の栈」四一六頁）

この流れを追ってみれば、有隣の論も唐突なものではない。が、有隣の論が一歩を立ち入っていることも確かである。蘭学で鍛えられた柳泓の冴えには欠けるが、有隣には、習俗を自明の権威とすることへの積極的な否定があるからである。習俗に従って物を忌むことは逆に「心をけがす」ことだと言い切るその強さは、有隣の周囲の庶民にどう映っただろうか。[6]

有隣が枕詞のように繰り返す「神国」は、内容としては陳腐なものである。だがその陳腐さが、例えば内外清浄という点で愚直に貫かれた時、伝統的な生活様式に対する或る強さを人々に内面化させた。習俗が自己を支配するのではなく、自己が生活と秩序の主宰をなすということを、この時代の庶民の言葉で表現すれば、「神の御国にむまれしひとは……」や「伏し拝む社の中ハ天照らす……」や「こころ清浄たかまがはらに……」であったのであり、有隣の「神国」論は、ここに支えられていた。

四、小谷三志

富士講は、慶長期に角行藤仏によって開かれ、享保期に食行身禄により「みろく世」を求める宗教として確立した。その「みろく世」の新宗教から加持祈禱的な要素を払拭して、孝を中心とする通俗道徳の面を強化したのが、小谷三志（一七六五～一八四一・明和二～天保十二）である。三志は、武蔵国足立郡鳩ヶ谷の人で、家業は麹屋、行者名は禄行三志、富士講第八世大行者、門人は五万人とも伝えられる。通俗道徳の面を強化し、富士講は不二孝だと称した三志も、当然、「みろく世」を求める宗教的精神を継承している。継承どころか、「女を取立、男をひく〳〵して、女男まさりおとりのなき世」「人と人とまさりおとりのなき世」「わがものといふ事をしらぬやう」な世を願う情熱は、独自の〝振り替り〟の論として異彩を放っている（『鳩ヶ谷市の古文書』巻十五、七三頁、九九頁。以下『鳩』と略記）。

一　米

ちゝはゝのおんみをわけて三ごくゑ
　ぼさつのたねをさづけ給ひし
ちゝはゝのおんみをわけて日の本へ
　ぼさつのたねをさづけ給ひし（『鳩』巻十三、六六頁）

前者は食行身禄の三女である一行花女の作、後者は三志の師である参行禄王である。「ちゝはゝ」は万物生成の根源「元のちゝはゝ」を、「ぼさつのたね」は米を意味する。二首を並べ置いた三志本人は、明らかに「日の本」を中心に捉えた参行禄王に共感して、より直截にこう述べている。

　　米
　一、異国にないぞわすれ給ふな
　一、何に不足言や、爰は日本だぞよ（『鳩』巻十四、一〇四頁）

米は「菩薩様」そのものである。

　米ぼさつがまことの菩薩なり、このぼさつなくんば、何を以て人間いのちをつなぐべけんや、誠のぼさつなり。（『鳩』巻十五、四〇頁）

　菩薩の二字は二字ともにほとけくさとよみて、いねの名なり。……天竺ではしゃり〔舎利〕、唐ではぼさつ、日本にては米なり。（同前、七三頁）

真の菩薩＝米がまず日本にあり、その流伝として唐天竺のボサツがある。そして、米を積み上げた山容をもち、麓から一合二合とはかる富士山は、実は「ぼさつの山」である（『鳩』巻十四、一〇八頁）。素朴な付会とはいえ、米を軸に、富士山—日本—異国という世界像がある。

富士山について一つ引いておこう。

不二山の胃〔胃の富士講造成文字〕の腑が三千世界のまんなかなり、この胃より星月日あらわれ給へしおんもと也。是にて、三ごくのひかりのもと、日本と申事なり。（『鳩』巻十五、三一頁）

「ぼさつの山」富士山は、星月日以下万物の根源で、その国土は「三ごくのひかりのもと」として「日本」と呼ばれる。

米を軸に、富士山を頂点にした世界像は、三志に、こう言わせている。

子供迄よろずの国よりも、日出のかたを向、おがみ奉るには、日の本程有がたき国はあるまじ。まれなることに御米有と聞、せめて一度いたゞき度ものと、朝夕おがみ奉るべし。（『鳩』巻十五、一一三頁）

他の国には、此日の本程よき米様《ぼさつ》の出来る国はなきとしり給へ。よき米を頂きよきさかなをいたゞいて、そだち給ふ子供衆は、髪の毛はいろつやよくて、毛にちからもあるべし。……おらんだはしめ唐人たちの毛は、みなちゞれてみぢかく、……しかれば此国程にありがたき国はいづれへ往きてもあるまじ。（『鳩』巻十四、六三—六四頁）

伝統的な三国世界像から踏み出し「おらんだ」が言われることに注目しておく。[7] 米食の民、「米様《ぼさつ》の出来る国」としての日本の優越の主張であり、髪の毛の例証は、庶民にとって不思議な説得力をもって迫っただろう。

さて、胃は「食物米のおざる所」で、人体の中心である。三志は、「人なれば此胃は口よりこうもん迄、ぬけたとおりたる所」で、それを世界に比定すれば、「ふじ山頂に天地にぶちぬけたる穴あり……不二山の胃の腑が三千世界のまんなかなり」という構造に呼応すると考えている（『鳩』巻十四、一〇九頁。巻十五、三〇—三一頁）。人体と天地とは、胃と富士山を重ね合わせて、小宇宙—大宇宙である。この胃を、日本について考えれば、天皇の在り所がそれだとされる。

日本の胃の腑といふは、京の天子様の御座所なり。三千世界の胃の腑といふは、ふじの山の御事也。（『鳩』巻十四、八一頁）

日本の真中が天子様の胃の腑（同前、一〇九頁）

「天子様の胃の腑」は紫宸殿のことで、音を借りて「四肢胃伝」と三志は表記する。手足四肢を支える人体の中心としての胃からの連想である。米を基軸にした「日本」意識は、こうして天皇を呼び起こした。

2　天子・生き神

日本の中心は「京の天子様の御座所」である。この「天子」をめぐり、三志の言葉を聴いてみよう。
まず、万物は富士山頂の穴から生まれた月と日の「ちぎりむつみあう」その気を受けることで生誕するのだが、その第一子が「天子」だとされる。人は全て、月と日の——つまり天の「御ちぎり」の気を、肉身の父母の交合を通じて受け取ることで生まれるから、等しく天の子供と呼ばれてもよいが、これを「天子」が代表する。

この気（月日様御ちぎりの気）よろづのものに気うつりたねとなる、そのうつりはじめは、天子様なり、子供の中の惣領也。（『鳩』巻十五、九七頁）

「天子」は「うつりはじめ」「惣領」として、十月十日の合字＝朝を、朝帝・朝臣・本朝等の語に用いることを許される。また「天子」の誕生と死は、人間本来の清浄心を象徴する「白」で包まれる。「白生我心」は、「しろくうまるゝわがこゝろ」と読み、富士講独自の五行身抜の末尾の一句である。

白生我心
天子様御降誕のおりは、うぶやは惣しろむく、座敷屏風唐紙まで白き絵といふ事也。死ておくる時は白むくをきせてやる、白く生るゝ事のみいわふこゝろなり。下々此通りのこゝろざし也。（『鳩』巻十五、六三頁）

それだけではない。「天子」が万物の第一だということは、こういう主張に連続する。

日の本の事、……十一月にて三界十月十日産れ候は、みな日本朝帝の子供也、其わけは日本の内に、不二山より月日様御生れはそばし、三界御めぐり遊し御さづけ下され候子なれ。日本の子供なり。しかれば三界我朝なり。月日の正理を以て三界我御国と成事、日本の時とも可ㇾ申、……（『鳩』巻十五、一三〇―三二頁）

「三界我朝」「三界我御国」の論が、直ちに政治的・侵略的性格をもつものではないことは言うまでもない。だが「天子」が「うつりはじめ」「惣領」だという見方を、一たび他国の側から見返すことは無駄ではない。[8]

では、「天子」は神なのだろうか。この主題に入る前に、「天日《てんか》」と呼ばれる将軍についてみておこう。三志は、徳川体制の絶対の信奉者である。角行藤仏以来の家康賛美の伝統があるし、鳩ヶ谷が日光御成道の宿場町であったこともあろうが、その信奉は血肉化している。四月十七日の家康の命日は、例年、日光に詣でている。そして三志に強いのは、当代の静謐をもたらした家康を「生神」として崇拝する態度である。

日光様御恩礼十七日相勤……東照様より外に神も仏もなし、是也。……東照大𦬇井《ボサツ》〔菩薩の富士講造成文字〕
四月、御祭拝礼……是より外の神仏なし。

ここで、権現号ではなく、「大𦬇井」と言い変え書き変えていることは、それが上から与えられたものではなく、三志なりに内面化・主体化された崇拝であることを示している。続いて、

大神宮を始、百余年のいくさ〔応仁以降の戦乱〕見ぬふりしていたりし、何事ぞや、此時よりるすか〔留守〕にげ〔逃〕去りたるべし、其跡とりは大𦬇様なり、外に有べきや、大𦬇様つゞきし諸大名神是也、諸国の守と云文字のつきたるが、本のいきがみ也。つくりかみとはちがふ也。（『鳩』巻十三、一一四―一一六頁。これは当時下野桜町領で農村復興に取り組んでいた二宮尊徳宛書簡の一節である。）

と言う。応仁以降の戦乱にあって、「大神宮」は留守をしていたのか逃亡したのか、民衆に何らの静謐をもたらさなかった。「東照大𦬇様」とそれに続いた大名たちこそ、太平の世を実現した「いきがみ」なのである。「つくりかみ」は「大神宮」を指す。そしてこれが、三志の「大神宮」をめぐる数少ない言及であって、これ以外にはさしたる関心を払っていないのである。「世の静謐にあらざる事をかなしみ」富士に入定したとされる開祖角行藤仏の伝統を継いで、三志は「朝夕の御願にも、乍レ恐天下泰平国土安穏」を祈っていた（『鳩』巻十三、五五頁）。泰平への強烈な願望が、「大神宮」を「つくりかみ」として斥け、「東照大𦬇様」以下への生き神信仰を強固不動にしている。そして、それは現在の秩序にも及ぶ。

万坊の御本地は天子将軍様、火ぶせ守は火けしの御かたなり、とうぞくよけの御神は八町堀。何れも生神の御本地は公方様よりいで申事を、能々御きゝ分遊し、京の町は町御奉行様、町中守り本尊様なり。……月日様、天子天下様の御恩深の事、天道様ををなじく有難拝し給ふ事を願ふのみ。(『鳩』巻十三、九五頁)

「生神」は、どこまでも観念的なものではなく、現に日々の生活の秩序を守護する、支配の実効者について言われる。火ぶせ守・八町堀・町奉行様などが最もリアリティをもつ「生神」であり、それを手繰り寄せて将軍に行き着く。「生神の御本地は公方様よりいで申」という一節が、それを物語る。そしてその象徴は「東照大井様」である。こうした「生神」たちと、並置された形で「天子」は据えられているが、それは「天子」を「生神」とすることではない。[9]

これを、神代についての三志の論から裏付けてみる。

元のはゝちゝ様の世六千年、とろ〔泥〕の海よりはしりの事。是より影願として一万弐千年、神世と申せし時、元禄元年六月十五日より三万年みろくの世也。(『鳩』巻十五、一二四頁)

神代〳〵と申て、神代とて別の世にあるにはあらず、是迄を神世と号て、神と云道をこしらひて法を立たる事也。何事もみな此人間がこしらゑねば出来不ㇾ申。(『鳩』巻十三、一四頁)

始源の世(元のはゝちゝ様の世)、至福の世(みろくの世)との中間に堕在する「人間がこしらゑ」て出来た神々の世が神代である。太神宮が「つくりかみ」とされたことが想起されよう。これが「影願」の世だというのは、特定の神のおかげで特定の人に特定の利益がもたらされる、そうした利己的な信仰の世だということである。従ってそれは、対立と矛盾に満ちた堕落の世界である。

男女ともに是迄の影願ひの心持を改め……影願の猛火洪水の心の人間をつくり出さぬやうにいたし、南無もとのちゝはゝ様への御恩送り、御奉公これにましたる事は無之候。（『鳩』巻十三、六九頁）

神代＝影願いの世は、利己心に満ちた人為的なもので、元禄元年六月十五日――天地の振り替りを食行身禄が宣言した日――をもって「みろくの世」に代わられたのである。

「天子」は万物の「うつりはじめ」で、その居所は日本の「胃の腑」中心であったが、生き神ではなく、その祖神たちの時代も「こしらゑ」ごとの堕落の世であった。ここから当然、三志には「神国」論は全くみられない。皇太神宮についての三志の言及は見た通りである。女性の不浄を強く否定するのは富士講の特徴だが、その根拠を女神としての天照太神に置くことも三志にはなかった。実は、こうした天照太神論は食行身禄のものである。

さんのひぼ（妊婦の腹帯）とく節は、神前のまがきに取付も、不浄ならずと天照太神も悦たもふ。女七のすう、七七年迄は月水さき出るなり。此花水とまれば、万物のせい花秋の種納也。如此、天より和合の水力お不浄なると忌の利、甚以あやまり也。（食行身禄口述「三十一日の御巻」四二八頁）

本稿の関心からみるならば、食行身禄と三志との間には断絶があり、それだけ、天照太神（太神宮）や「神国」に対する三志の忌避は自覚的なのである。その自覚と、富士山を中心とし米（菩薩）を基軸とする新しい天地万物生成神話を三志が構想し、伝統的な神話に権威づけられた天皇ならぬ、富士山を中心とする新しい神話の「うつりはじめ」としての「天子」を日本の中心に位置づけたこととは不可分である。

結

通俗道徳は、まさにそれが通俗道徳であるからこそ、近世の庶民に相応しい「日本」中心の世界像をもたらした。〈ナショナルなもの〉の独自の意識化は、通俗道徳の世界の不純な夾雑物ではない。

近世社会は、爆発的な知識の普及＝商品化の時代であり、記紀神話も幾人かの英雄神を中心にして急速に庶民世界に浸透していった。こうした歴史的性格をもった、それだけ卑俗化した記紀神話の素材が、多種多様な方向から読み変えられ、付会されながら、一つの象徴としての役割を果たしてゆく。梅岩における〈天照皇太神宮〉や、有隣の清浄なる〈高天がはら〉のように。それを支える社会的要求は、人としての同質や、習俗に対する自己の内面の確立でありつつ、とりあえずそれらの象徴として有効なものは、卑俗化した記紀神話に起源をもつ何かであり、それが〈ナショナルなもの〉として独自に認識される時、「神国」論、あるいは（小谷三志のような）新しい日本中心の世界観という形をとる。(10)

とりあえずと言ったのは、近世の庶民世界は、急速に浸透した記紀神話を越えて、あるいは（黒住教のように）本質的にこれを換骨奪胎して、新しい神々の世界を創りつつあったからである。ただこれらの世界にも、人としての同質や習俗に対する自律の要求といった此岸的性格が色濃かったのであり、その点で梅岩や有隣に連続していたことは既に指摘されている。問題は、こうした此岸的性格をもつ限り、記紀神話を越えながら、またそこに新しい「日本」中心の世界像が組み立てられるということにある。

とこう述べれば、二つの反論が寄せられるだろう。一つは、それは通俗道徳――民衆宗教についても、此岸的性格に着目して言う時、ここに含める。三志はその適例である――に宿命的なものではない、堵庵以下の時代がまさにそれではないか、こういう反論である。この反論の方向を突きつめれば、「神国」論や「日本」中心の世界像は、時代の政治＝社会状況によって作られもし消え去りもするのではないか、あるいは梅岩なら梅岩の個人的センスの問題ではないかということでもある。確かに、それは通俗道徳に宿命的なものではない。しかし、構造的に深く関わっていることは明らかだし、社会的広がりをもって魅力的に通俗道徳が説かれる時、多く「神国」論や「日本」中心の世界像は前面に登場するのである。少くとも、支配階級や知識人の対外的危機意識が庶民世界に反映してそれらが噴出するといったものではなく、庶民世界に、より内在化されたものであることは明白である。

もう一つの反論は、より本質的である。それは、〈ナショナルなもの〉が意識され、それが常識として浸透してゆく場合、しかも自由平等な諸個人諸民族の連帯といった近代的理念以前の社会においては、自国・自民族中心の世界像の獲得という形をとるのは当然であり、それを言うだけでは何も言わぬに等しいのではないかという反論である。本稿はその反論を承認しながらも、通俗道徳における〈ナショナルなもの〉の意識化は、多様な社会的欲求・主張が記紀神話の近世庶民社会への浸透＝卑俗化を媒介にしながら組み立てられることと深く関わること、稀に――三志の場合のように――記紀神話から無縁にその意識化がなされる場合にも、そこにまた固有の様式をもって「日本」中心の世界像がもたらされることを明らかにした。この二つの類型の間の差異と通底をあぶり出してみることを次の課題としたい。

註

（1）近世後期から近代にかかる歴史的概念としての「通俗道徳」については、安丸良夫『日本の近代化と民衆思想』（青木書店、一九七四年）に負っている。

（2）国家意識や民族意識と枠付けてもよいが、諸契機が未分化で、周辺に雑多な要素を纏わりつけた、その混沌をとりあえず

〈ナショナルなもの〉と表現しておく。

（3） 天照皇太神宮へのこうした態度は、京坂を中心とする伊勢詣りの盛行を直接の背景としている。梅岩も、親類手代への分配の残余の田地を「伊勢講田」に入れ置くことをアドバイスしたり（『語録』、『全』上、四六〇頁）、伊勢詣りの土産の「御祓」への礼状を出したりしている（『書簡集』、『全』下、五三五頁）。

（4） 梅岩の言う「下万民」や「職分」の担い手に、「穢多」「非人」は含まれるのだろうか。「譬バ穢多ノ家ニ生レテ皮ハグコトヲ嫌テ父母ヲ棄テバ不孝ナリ。又其家ニアラズシテ皮ハグコトヲ好デ穢多ノ弟子ニナルモ又不孝ナリ。然レバ穢多ノ家ニテハ皮ハグガ孝ナリ」（『語録』、『全』下、一九七―九八頁）。あるいは、近江の「一ノ非人村」で盗をなした村人に対する非人頭の台詞「盗ヲナセバ乞食ハセズ、汝ハ村ノ住居ハ成マジ……」を記して、「飢テ死ストモ盗マヌハ乞食ノ道ナリ」と感想を述べている（『都鄙問答』、『全』上、七六―七七頁）。これ以上の言及が見えないために断言はできないが、「穢多」「非人」をとりあえず道徳内存在としながらも、抽象的な理解にとどまって、「職分」を担い、天照皇太神宮へ参詣する「下万人」とはされていなかったものと思われる。〈ナショナルなもの〉の意識化の過程で「穢多」が問題の一つの核であることは、海保青陵『善中談』の周知の一節「唯穢多は……我天照太神宮の御末にて無」云々からも明らかである。

（5） 文化九・十年、藩主に招かれて、石州・芸州で布教したこともあった。

（6） 呪術の否定、M・ヴェーバー＝大塚久雄の表現に従えば「魔術の園からの解放」が、日本の近代化の歴史に即せば、通俗道徳や民衆宗教の現世的な心の哲学によって果たされたことについては、安丸前掲書に先駆的指摘がある。ただ問題の核心は、氏の論ずる日柄・方位・天狗等々よりも、「穢」にあるのではないか。これが、庶民における〈ナショナルなもの〉の意識化の構造に深く関わるというのが、本稿の見通しである。

（7） 三志の「おらんだ」「唐人」体験として、文化八年の長崎オランダ商館訪問、天保年間の清人・沈萍香への布教が挙げられる。対外意識としては、「蝦夷北国静謐」を連日祈願したことを文化五年の日記が伝え、なかに「朝鮮静謐」「国外魔除」祈願が一度なされたことが注意を引く（『鳩』巻七、九四頁以後）。

（8） こういう問題は三志だけのものではない。「いまゝでハからがにほんをまゝにした神のざんねんなんとしよやら」「このさきはにほんがからをまゝにするみな一れつハしよち《〔承知〕》していよ」「いまゝでわからハゑらいとゆうたれどこれからさきハをれるはかりや」等と言うのは、天理教「おふでさき」である。「にんげんハみな／＼神のかし《〔貸〕》もの《〔物〕》」という人間の平等の主張と、日本中心の世界像が、ここでもまた不可分なのだ。

（9） 文政元年十一月、三志は、仁孝天皇の大嘗祭に「雑色」の一員として参加している。かねて親交のあった公家の計らいである。三志の京都接近の姿勢は強いのであるが、教義上、そこから直接に影響を受けたことはなさそうである。

（10）拙稿「近世日本の「神国」論」（片野達郎編『正統と異端――天皇・天・神』角川書店、一九九一年）を参照されたい。

引用史料

石田梅岩…柴田実編『石田梅岩全集』上下（清文堂出版、一九五六～五七年）
手島堵庵…「前訓」（『日本教育文庫　心学篇』同文館、一九一一年）、「為学玉箒」（日本教育思想大系7『石門心学』、一九七九年）
布施松翁…「松翁道話」（『心学道話集』有朋堂文庫、一九二七年）
中沢道二…「道二翁道話」（『日本教育文庫　心学篇』一九一一年）
柴田鳩翁…「鳩翁道話」（『心学道話集』有朋堂文庫）
鎌田柳泓…「心学奥の桟」（日本思想大系『石門心学』岩波書店、一九七一年）
大島有隣…「心学和合歌」（文化十一年刊本）、「心学心得艸」（嘉永元年刊本）、「心学道歌集」（天保四年刊本）、「心学初入手引艸」（文政四年刊本）
小谷三志…『鳩ヶ谷市の古文書』巻七、巻十三、巻十四、巻十五（鳩ヶ谷市教育委員会、解説・岡田博、一九八二―九〇年）
食行身禄…「三十一日の御巻」（日本思想大系『民衆宗教の思想』岩波書店、一九七一年）

＊有隣の著作については、講談社図書室蔵本（故石川謙氏旧蔵本）を、『鳩ヶ谷市の古文書』については、同市立図書館本を利用した。便宜を計っていただいた両施設に感謝したい。

司馬江漢と「日本」像

司馬江漢（一七四七〜一八一八・延享四〜文政元）といえば、はじめて腐食銅版画《エッチング》の制作を果たし、油彩画風の作品を次々と描いた画家として、あるいは天文学や地理学を中心とした蘭学の紹介者として、また人間の平等を説き、開国の主張を懐いていた先駆的な思想家として知られている。晩年、とみに虚無的・厭世的な心境に入っていった事実にも、その「屈折をきわめた矛盾だらけ」の個性、「厄介至極の人物」[1]の人間的な陰翳の然らしむるところとして注意が払われてきた。

ここでは、従来の見方からやや視点をずらして、江漢の抱いていた「日本」のイメージに光を当て、蘭画・蘭学の技法や知見を体得した先駆者による日本批判という面を強調してきた捉え方から、ともすれば漏れてしまいがちなもう一つの側面を浮かび上がらせて、一、二の論点を抽出してみたい。江漢の生きた時代は、様々な「日本」イメージが溢れ出した時代だった。人々は好んで「日本」を語り、「日本」を論じ出したのであり、十八世紀のこの頃から、今日に至る「日本」をめぐる言説の世界が作られていった[2]。そういう問題の一つの環として、この一代の奇才を取り上げようと思う。

一、世界

江漢の捉えた基本的な世界配置は、どのようなものだったのだろうか。その中で「日本」は、どのように性格づけられていたのだろうか。

一　文明としての西欧

『春波楼筆記』に、次の一説がある。

彼の国の書には、アダム、ヱバと云ふ男女始めて生ず、是吾国に云ふ天神地神の時を言ふなり、アダムは寿九百三十歳、アダム子を生じて兄をカインと云ひ、弟をアベムと云ふ、兄弟争の始とす、……天罪の為に世皆滅すと云ふ、然るに……聖人ノアクス、アルゲなる者あり、是……アダムの苗裔なり、天地滅亡する事を前に知り、大なる箱匣の如き物を造る、其の製船の如し、洪水にして山の頂きに至る、爰《ここ》において家族と共に彼の船に乗り、風に従ひ波に随ひ、漂流して亜爾黙尼亜《ゼルマニア》国のタウルスと云ふ高山に至り止る、洪水一百五十余日にして竟に収まる、人類悉く皆滅亡して、此の一族のみ助り存命す、是を第二の開闢といふ、……ノアクスに三人の子あり、……此の三人欧羅巴諸洲を開く、……吾日本、唐、天竺と共に己の国より世界は開けくやうに、古を推して伝記したる者なり、然るに能々是を考ふるに、欧羅巴を以て開闢の始とす、夫より して天竺、唐、日本なり（二巻一〇二―一〇三頁）

ここでは、アダムとエバに始まる人類の起源とノアの洪水の話を中心に、ヨーロッパが何よりも開闢の地であり、それから順次、天竺・唐・日本が開けていったと説かれている。しかし、江漢の開闢のイメージは、それだけで単線的に組み立てられているわけでもない。『おらんだ俗話』を見れば、そこには、

日本にてハ、我国より天地開闢する様ニ云伝へけれと、又唐にてハ、伏義より人類始メて起たる様にて伝へ

けれど、左様ニハあらす、……地球の中「アジヤ」「トルコ」又「ナトリヤ」古へ如徳亜と云国也、及ひ「ヘルシヤ」「アラビヤ」等の国より開闢する地ニして、其往古「アレキサンデル」と云、「アジヤ」大州の中也、夫より東ハ天竺、西ハ地中海の北の諸国を開く所ニして、……如徳亜ハ往古聖人天より降りたる国にて其教へ世界ニ通流して、天竺の釈氏、日本の諸家、皆其国の法ニ本き起る所なり（三巻一三一―三二頁）

とあり、如徳亜《ジュテア》（ユダヤ）を中心とした一帯に関心が向けられる。特に宗教的には、開闢の地としてのユダヤの重みが強調されて、天竺や日本の仏教諸派も、ユダヤに起源をもった或る宗教的な原型から派出・転生したものだと考えられている。引き続いて江漢は、こう述べている。

〔もともとユダヤの地で〕其理を知らされる愚蒙の者〔に対して〕、……善人死しても極楽と云世界へ往生し、悪人死れハ地獄と云世界へ生れ、万古苦ミ不レ絶と教ユルハ、愚人を善人ニ導く事ニて、其教へ「エフロッパ」諸洲に弘まり、争闘戦を好む者なく、数百年平治せり（三巻一三二頁）

「愚人を善人ニ導く」べき素朴な宗教的原型がユダヤにおいて成立し、それが西に伝わってキリスト教として展開し、ヨーロッパに長い平和をもたらしたのである。仏教やキリスト教といった世界宗教は、いずれもユダヤの地に由来し、その意味でユダヤは「天地開基ノ国」（三巻一五六頁）なのである。また、イスラム圏やエジプトの文明についても、江漢は注意を怠っていない。例えば「エチヲピヤ」について、「此国ノ人物、格物窮理ノ学ヲ好ミ、天文医術ニ精シ」と評されている（『和蘭通舶』、三巻一六九頁）。このように江漢は、問題の性質に応じて、文明の起源や展開を多元的に理解しているが、やはり江漢の基本的な関心・議論の枠組みは、先進の西欧に対する後進の唐・天竺・日本という配置に、より端的に言えば、「人類肇《ハシメテ》開ケ、聖賢ノ道首《ハシマ》ルノ郷」としての西欧社会の文明史的な優位の側から、劣等の日本を批判し尽くすことにあった。

和蘭国……開闢ヨリ寛政丙辰〔一七九六年〕マデ五千四百十六年、今ノ国号ヲナシテ千七百九十年ナリ、国主血脈統テ変革ナシ、亦イスハンヤフランスノ如キハ和蘭ヨリモ開国甚ダ久シ（『和蘭天説』、三巻七四頁）

夫レ窮レ理莫レ如二西学一、彼邦開闢已尚矣、是以其人大抵深思巧二作大舶一、歴二覧万邦一、以窮二天地之理一、……予深喜二其学之精密一（『屋耳列礼図解』、三巻一〇七頁）

夫レ万国中最先《モツル》創者、諳厄利亜《イギリス》・払郎察《フランス》・和蘭陀《ヲランダ》之三都也、故其国之学、兼二通三才一、窮二極物理一、巧思深虞、靡レ所レ不レ至、聖々比レ肩、賢々接レ踵、窮レ之又究（『和蘭天説』跋、三巻七七頁）

開闢以来の窮理の蓄積によって世界を知的にも物質的にも主導する西欧のイメージは、随所で語られ讃えられている。そして何より、西欧は「聖人の道」が十全に達成された社会だとされた(3)。

欧羅巴《エウロッパ》諸国皆文学〔学問〕ヲ尚ミ、国王一国一郡ニ学校ヲ設ケ、数千人ノ内ニ優ル者ヲ試ミ、之ヲ師トス、欧羅巴諸洲ノ学ハ窮理格物ニシテ、第一天文性理ヲ究メ、各人ノ好ミ長ズル者ヲ挙テ其官ニ進ム、其国内悉ク鰥寡孤独ノ者ヲ養フ院アリ、其名ヲ「ガストホイス」ト云、又病院アリ、貧院アリ（『和蘭通舶』、三巻一五四頁）

さらに払良察《フランス》国について、より詳しく、

> 大小寺院又「ガストホイス」ト云貧院アリ、其国悉ク鰥寡孤独ノ者ヲ養フ処ニシテ、其中又各業アリテ、得ルトコロノ綽《ワザ》ヲ務メ、瞽者《メクラ》ハ手足ヲ運シ、蹇者《アシナヘ》ハ耳目ヲ運シ、其才尽サシム、天壌ノ廃《スタレ》者トセス（三巻一六六頁）

と、どこまでも各人の能力が生かされる相互扶助的な社会システムであることが紹介され、幼院・病院についても同じような詳しい説明がなされている。こうした一連の社会設備の充実ぶりの紹介は、「総テ此国ニ限ズ、欧羅巴諸洲大概カクノ如シ」として結ばれている。[4] このような相互扶助の精神的な背景には、江漢によれば、

> 彼国ノ学ハ天文ニ本キ、孝貞忠信人倫ノ道ヲ専ラニシテ、貴トハ天子諸侯ヲ云、卑キトハ農夫商工ナリ、然ニ天ヨリ是ヲ定ムレハ同シ人ナリ、禽獣魚虫ニ非ス、天子庶人ニ向テ曰、汝モ吾モ一物ニシテ惟《ただ》貴ノ上ニ在ト卑ノ下ニ在トニシテ、何ゾヤ天道ヲ懼《おそ》ルニ異ナラン（『和蘭天説』、三巻七五頁）

とあるように、とりあえず貴賤上下の身分関係を承認し合いながらも、[5] これを「天」や「天道」といった超越的観念によって不断に相対化し、禽獣ならざる人間同士としての連帯を尊重していく社会倫理が、西欧社会には確立しているという事実があったのである。学校や病院だけではなく、政治と宗教、権力の移譲という点からしても、西欧の在り方は、「聖賢の道」に適って理想的だと江漢は考えている。

> 西洋の諸国ハ武を以て治る事ハ甚いやしめり、只徳を以て治る事なり、威勢を以て人を従る時ハ心中伏さす、故に翻りやすし、地中海を望むの地「イタリア」と云国あり、古へより今に至るまで累世其国の帝に后《キサキ》なし、

欧羅巴諸洲の内より、勝るゝ者をゑらみ帝位を継く、然は古への堯舜眼の当《マ》リニあり（『おらんだ俗話』、三巻一二三頁）

彼諸国窮理学ニシテ以国ヲ治ム（『天地理譚』、三巻二八三頁）

其法〔如徳亜《ジュテア》の教法〕亦復《また》西の方欧羅巴諸洲にあまねく弘り、其宗法五派ありと云、其原ハ同法にして、民をして戦争なからしむる王者の主る処にして、国治をなすの謀也、天道の理を能〳〵窮究たる者を教導師ト云て、陰嚢を断剪、淫欲を絶ち、淫欲なけれハ物欲なし、啻《ただ》人をして善心に導く事を務とす、意多里亜国の邏隅の都、帝王古へより后なし、百官皆教導師にて其中勝るものを以王位を譲る、今に於て政道如レ此、これ堯舜目のあたりにあり（『独笑妄言』、二巻一九頁）

ここには多分に誤解があって、そもそも江漢は教権と王権の分離を理解していない。加えて、宗教の意義を、社会秩序の安定のための便宜、「国治をなすの謀」として捉えていることも、それとかかわって見逃がせない。にもかかわらず注目すべきは、ローマ教皇の「王位」の継承が、私的な欲望や権力的な野心の及ばない次元でなされているという江漢にとっての真実を、堯舜の禅譲の故事にも通じる普遍的な理想の実現として理解している点である。徳を以て内を治め、紛争をなくし、権力を私心なく移譲していく社会、これが江漢にとっての西欧なのである。

西欧は、窮理によって得られた技術の力をもって「大舶」を造り、世界の物資を思いのままに取り扱っていた。

総《サウジ》てヱウロッパの諸洲ハ万国へ渡て、交易を以て第一の国務とすれバ、先《マツ》天文地理を明かに究る事を尊《モツハラ》に務

とせり、且ハ海船通行の為なれバ、量地《チヤウケン》の術もっとも勝たり（『地球全図略説』、三巻二一四頁）

こうした旺盛な活動性は、風土的に考えれば、もともと西欧の地が「寒国」であり天然の物資に乏しいからである。(6)

近世西洋の学を以テ天文地理の説を明かにする所以ハ、彼ノ西洋の諸邦ハ（北緯）五十度外にあるゆえ物産常に乏し、故に其国の王者大舶を造製し、応帝亜《アジア》の地に渡海して交易をなす、応帝亜ハ赤道を去る事遠からず、恒に煥《あたたか》し、故に物産此土に富饒也（『独笑妄言』、二巻一四頁）

物産の乏しい北の国々が、赤道に近い物資の豊かな地方に対して「交易」をなすといっても、それはもとより対等なものではなかったが、この点についての江漢の認識は鈍い。わずかに、例えば、

天下第一ノ大洲ヲ名テ欧羅巴《エウロッパ》ト云、……其国ノ政道モ（アジア各国とは）別ニシテ、武威ヲ以テ他州ニ当リ、我国ノ民ニハ教ヲ以テ布キ、……（『和蘭通舶』、三巻一五二頁）

などと言われる。西欧各国は「武威」をもって「他州」＝アジアに対し、「我国ノ民」＝自国民に対する内政の次元では文治政治を施すという趣旨で、文武を内外に使い分けていることが指摘されているが、こういう事実認識を出発点にして、西欧の「交易」を批判的に捉えかえそうという発想は江漢にはなかった。既に引いたように、「西洋の諸国ハ武を以て治る事ハ甚いやしめり」「威勢を以て人を従る時ハ心中伏さす」としながらも、その西欧各国の対アジアへの「武」については論じていない。

2　日本

準拠すべき文明社会としての西欧に対して、ことごとにその対極にあるのが唐であり日本であった。窮理という点について、

吾国の人は、万物を窮理する事を好まず、天文、地理の事をも好まず、浅慮短智なり（『春波楼筆記』、二巻五三頁）

わが日本の人、究理を好まず、風流文雅とて文章を装り偽り、信実を述べず、婦女の情に似たり、婦女皆迷ひ惑ふ、必、欺を信じて是非に昧し（同前）

こういう見地からの日本への批判は、余人に例を見ないほど徹底して厳しい。こういう文脈から、江漢は、よく狐狸の話を出してくる。例えば、

狐狸ノ人ヲ惑《マトハ》ス者多シ、嘗テ蘭人ノ話ニ、彼国ノ狐狸不レ為レ怪、惟《ただ》日本ノ狐狸怪ヲナス、人ハ万物ノ霊ナリト雖、狐狸ノ人ニ寓《ツク》ノ術ハ不レ及所ナリ、……最《〔尤〕》モ博識或ハ貴人ニハ狐狸ノ寓コト不レ能ト云、然ニ寓タル人ヲ利聞ニ、多ハ婦女子婢奴ノルイナリ、……婦女子ノ情、多畏ナリ、故ニ其気ノ縮ミ不足スルニ随ヒ狐ノ気茲《ここ》ニ入ルナリ（『和蘭天説』、三巻七〇頁）

狐狸が憑くのは、相手が相応の愚鈍だからであって、オランダには狐狸が人を馬鹿す話はない。日本人の精神生

活について、こうも言う。

西洋人物天然して只天度地度の学を好ミ、未だ人の不レ知地を見出し、開かん事を欲するは彼諸国の癖なり、日本にて神仏を頼み一向に先のしれぬ事を信用するも、是も吾国の癖ニや（『おらんだ俗話』、二巻一二八頁）

要するに、

日本にてハ邪神を禱り、邪法をなす者多シト云、小子考るに、異形なる者を拝礼して禱るを、他より是を見るならハ、サゾふしきと思へし、小童の時より見馴たれハ奇怪とも思ハす、不動なとハ火責ニなりたる者かと疑ハん、考へ見るに愚なる事也、……訳も不レ知に之を禱り拝するハ、とふした事や（同前、三巻一二九頁）

彼諸国ニ比すれハ、唐も日本も甚タ新しく久しからず、未タ開けさるニ似タリ（同前、三巻一三二頁）

とあるように、日本は（中国と並んで）開闢——文明化と言い換えられるだろう——以来の月日の浅い、半開の国なのである。

3　熱国の人々

西欧と日本との対比を軸に据えれば、問題は単純だったが、江漢は、こういう言い方もする。

赤道の真下《マシタ》なる諸国ハ、……人物多ハ賤く、裸体《ラタイ》にして単衣《ウスモノ》をまとふのミ、……余先年長崎に遊し時、彼熱国ジヤガタラ地方の人を見る、則世に云崑崙奴《クロンボウ》なり、人物賤く、顔色日に焦《コゲ》たる色にして真黒にハあらず、蘭人の奴僕となり長崎に来（『地球全図略説』、三巻二一頁）

世界ノ図ヲ以テ之ヲ考ルニ、世界ノ中央ハ赤道ナリ、此線下ハ熱国ニシテ熱国カナラス愚頑、欧羅巴ハ……文華ニシテ良能秀才ノ者ヲ生ス、支那日本之ニ次ク（『天地理譚』、三巻三一四頁）

赤道直下《マシタ》ハ日輪天頂ヲ行、天気恒《ツネ》ニ地ニ徹《テッス》ルコト甚シ、故ニ土ヨリ生ヅル物産最多〈米穀三四度耕シ、四時草木不レ凋《シボマ》〉、豊饒ニシテ他邦不レ及〈故ニ欧羅巴諸洲ハ此印度《インド》諸国ニ商船ヲ通ス〉、然ニ人物ハ愚惷《ヲロカ》ニシテ……（『和蘭天説』凡例、三巻三六頁。〈　〉内は割注）

こうして赤道直下の地域について、物産の豊饒と人物の「愚頑」「愚惷」とは、常に対照的・相関的に強調されていく。これらの人々について、江漢が、向上の可能性を全否定しているのかといえば必ずしもそうではない。

其国未レ開ノ地ハ素ニシテ不レ美、人才モ不レ深、赤道線下ノ熱国文身《フンシン》ヲナス者アリ、予幼年ノ比《ころ》、郷里ノ卑賤ノ俠ヲ好ム者身ニ文《モヨウ》ヲ彫《ホル》者多シ、今又文身ノ者稀ナリ、昌平ノ日久ケレハ卑人《ヒシン》モ文華ニ化スカ（『和蘭天説』、三巻七四頁）

また、『春波楼筆記』には、

世界の中には、未開古への日本の如き国、今にあり（二巻五八頁）

とあるから、これらを併せ考えれば、未開の赤道直下の人々も、長い時間を経れば「文華ニ化」して、少なくも現在の日本程度には人知が開ける可能性は否定しないのかもしれない。

しかし、こういう時の江漢の口調には多分に突き放したような冷たさが込められているのであり、江漢の力点は、赤道直下の人々の「愚惷」に置かれていた。ブラジルについて、

ブラシリイ、此地広大無限にして、欧羅巴《ヱウロッハ》大洲中の「ホルトガル」より開きしもの多し、異形の禽獣を産す、人物甚異にして赤道にちかきに躶体《ラタイ》にして、……讎《アタ》を殺しこれを祭禱《マツリイノル》、剛勇にして人死すれば其肉を食《クラフ》（『地球全図略説』、三巻一一四頁）

と述べ、アフリカ大陸に転じて、

総テ赤道ニ近キ諸国ハ熱地ニシテ、山岳相連リ、平地稀ニシテ、猛獣ノ属甚多シ、「ヲランウータン」ト云者アリ、猿ノ類ニシテ猿ヨリモ又人ニ似タリ、能用ヲ弁ス、土人愚惷ニシテ黒色裸体、山中ノ辺鄙ニ至ハ、人、人ヲ食フ（『和蘭通舶』、三巻一七九頁）

と述べている。これらの地の「土人」たちは、「ヲランウータン」にも質的に連続する程度の「愚惷」ぶりで、人肉を食う習慣も稀ではないのである。人肉食について言われるのは、赤道直下の民だけではない。ロシアについても、

北ノ方「シペリイン」ニ至テハ、人、人ヲ食ヒ、理非ヲ弁セサル者多シ（同前、三巻一八八頁）

とある。極暑極寒の地に暮らす人々の生来の資質を、江漢はこのように捉えていた。「天ヨリ是ヲ定ムレハ同シ人ナリ、禽獣魚虫ニ非ス」という人間讃歌の片側では、こういう視線が放たれている。

二、個の意識

江漢は、海保青陵（一七五五～一八一七・宝暦五～文化一四）の為人《ひととなり》を回想して、こう述べている。

壬申ノ年（一八一二・文化九年）、京ニ居ける時、押小路富小路西へ入処に、青陵と云儒者ハ、海保義平と云て東都の人なり、今六十の内外ニして甚タおもしろき人なり、常に門人ニ云曰、吾親ソク〔族〕もなし、死タラハ火葬ニして其骨を粉となし、大風時を俟て天へ吹散シメンヨト、是天に帰ルと云コト也（『無言道人筆記』、二巻一三七頁）

自らの遺骨を砕いて粉にして「天へ吹散」らすことを常に語っていた青陵の心意は、江漢の深い共感をさそっていた。自らの「死」に対する江漢の処し方は、より奇を衒ったものである。よく知られた話だが、文化十年（一八一三）、江漢は、自画像の入った「七十六翁司馬無言辞世ノ語」を木版に刷って各方面に配っている。「無言」は江漢の号の一つで、「無言道人」などと称した。[7] その「辞世ノ語」には、こうある。

江漢先生老衰して、画を需《モトム》る者ありと雖不レ描、諸侯召ども不レ往、蘭学天文或ハ奇器を巧む事も倦ミ、啻《ただ》老荘の如きを楽しミ、去年ハ吉野の花を見、夫よりして京に滞る事一年、今春東都に帰り、頃日《キヤウジツ》上方さして出られしに、相州鎌倉円覚寺誠拙禅師《セイセツゼンジ》の弟子となり、遂に大悟して後病《ワヅラツ》て死にけり（二巻三七九頁）

何とも「人を馬鹿にした摺物」(8)だが、ここには、青陵の場合にも共通した、突きつめられた個（孤）の意識が見られるように思う。もう少し、江漢に即して考えてみよう。

『江漢西游日記』には、

兎《と》角《かく》長旅して吾宿ニ妻子アレハ帰り度《たく》思フ、人ハ出家ニなるべし、吾も出家ならハ何ン十年も、……何ク迄も死まて遊歴せんニ、残念なる事也（一巻三八三―八四頁）

として、係累から免れての遊歴願望が綴られている。現実には、「三十有余にして、妻を娶らず」老母を養っていた江漢も、

ある時考へ思ふに、生涯妻子を求めずして、母没しぬる後に至りては、日本諸国を遊歴して、而後には京摂の間に住居して、昔此地に旦丹と云ふ俳諧師歳八十余まで存在して、妻子なし、十一二三歳なる童女を多くかたはらに置き、左右の物を取らしむ、彼が自筆を得る者鮮《すくな》し、皆童女をして代筆なさしむと、予此タンタンが人となりをしたひしに、母七十三にして老耋して没しぬ、さらば家を捨てゝ、独歩して、諸国名山の遊覧せんと決しけるに、親族の者頻に留め、聖人の教を以て示し、人道は妻子を以て子孫とし、之に差《たが》ふ時は、人道にあらず、爰《ここ》において竟に留まる（『春波楼筆記』、二巻五八頁）

というようにして妻子を持つことになった。振り返れば、その時「聖人の教」に従ったのは、大きな「量見違《りようけん》」（同前）だったと江漢は悔んでいるが、[9]こうして「死まて遊歴せん」という素志のままに振る舞うことは難しくなってしまう。遊歴願望は、明らかに江漢の知的好奇心に由来するが、では、それだけだろうか。その奥には、あらゆるものから切れてしまっている自分自身、そうしたものとしての人間存在を見つめている眼がある。

人といへとも天の大なるより引べつして考れハ、寔《まこと》に小虫にも比しがたし、然れとも人間の量けんにてハ、人ハ長生するやうに思へとも、実に秋の蝉の春をしらず、菌の朝生て晩に枯るやうなもので、一生を経るハ忽也、……此地球に悉く人間と云虫を生じて、其数無量なり（『独笑妄語』、二巻四頁）

人間の起りは天地より湧き出でたる虫なり、往古は土を穿ちて穴居す、而後己の為に争闘を相戦ふ（『春波楼筆記』、二巻一〇五頁）

三世因果経曰、天上天下唯我独尊三界皆苦我等安之、是は釈迦の遺言にして、人の能く知る処なり、予此語を解して云、天地は無始にして開け、其中無始にして人を生じ、是より先、無終の年数に人を生ずる事、無量なり、其中我と云ふ者は、予一人なり、親子兄弟ありと雖も、皆別物なり、然れば予能く吾に教へて迷はざる時は、生涯我を安んず、迷ふ時は、三界皆苦しみとなりて、我を亡す（同前、二巻六五頁）

人間の卑小さ、人生の短さを言う江漢は、人間存在を「虫」や「菌」に喩えているが、[10]それらによって江漢が伝えようとするところは、ありきたりの無常観や人生を諦観する態度ではない。悠久の時、億兆の人々の中にあって一匹の虫でありながら、そのことにおいて「我と云ふ者は、予一人なり」という痛切な思いである。『春波楼筆記』には、こうも言う。

夫《それ》人間の小慮を以て瞻《み》れば、一生は永い夢、天の大理を以て視る時は実に短い夢、夢を夢と思はぬうちこそ、人間の境界なれ、我は夢も覚めかゝりて何事も迷ざればおもしろからず、さつはり覚めては夢もむすばず、此の世は夢の迷の中なれば、吾も夢中の人、向ふ人も夢の人、只迷い惑ふ事のみをして、是を楽しみ或は苦しみ、亦歓び患ひて、此の世に居る中は懼《おそろ》しき夢を見ぬ様にして安居すべし、……釈迦も孔子も名のみ残りて其の人なし、わが子われ一人の者に非ず、夫婦の間より生ず、子また孫を生ず、孫また彦を生ず、漸々血脈の遠く浅く淡くなりて、末ニ至りては悉く他人となる、然れば他人皆われなり（二巻九六―九七頁）

夢である一生を、夢として自由に思うままに楽しみ、そこに安らぐことに意味が見出されるのであり、そういう意味での人生の価値づけが、「血脈」の柵《しがらみ》から切れた自己の在り方から連続していることが重要である。あらゆるものから切れた個としての自己――親子兄弟も「別物」で結局は「予一人」と言い放つ強烈な個の意識は、あらゆるものから切れているが故に、「他人皆われなり」とある通り、あらゆるものに緩やかに連らなることを可能にする。そこから仮に何らかの繋がりがもたらされるとして、それは何なのだろうか。

三、「日本」

模範としての西欧の高みから、仮借ない日本批判をした江漢だったが、日本への思いは、それだけで済むものでもなかった。

一　米

江漢は、何度となく日本の米《こめ》の素晴らしさを強調している。長崎でのことだが、

　唐人八月十五日月餅と云を造り、夫をもらゐ食ヒしに、小麦の粉ニて製し油にて揚たる物、至て甘し、彼国糯米《もちごめ》アルと雖も吾日本の米の如くならず（『江漢西游日記』、一巻三一〇頁）

とある。『春波楼筆記』にも、

　〔日本の〕民太平を歓び年貢を以て其の国の王侯に奉る、[11]……吾日本米穀を以て食の第一とす、世界の諸邦此の米かつてなし、……人の生命食にあり、吾国の米穀味甘くして淡し、膏油あって身体を潤す、また酒に造りて美味、他邦米ありとも日本米の如くならず、酒に造りて夏月腐り、味を変ず、故に焼酎《しょうちゅう》とす、味辛し（二巻一〇五頁）

と述べられ、これに続いて、ふたたび長崎での月餅の体験が引かれている。[12]こうも言う。

　日本、……寒暖時ニ応シ、五穀能茂リ、米最膏腴アリテ他邦ノ及ハザルトコロ、金銀銅鉄ヲ産シ、人民金描《キンマ》漆工《キエ》ヲ作ルコト世界第一トス（『和蘭通舶』、三巻一五六頁）

　蘭人は……我日本よりハ寒国……小国にして、五穀の内米を生せす不毛の国なり（『おらんだ俗話』、三巻一二〇頁）

既に見たように、ひたすら暑いだけの国は、物産は豊かでも人々の資質が決定的に劣等であり、寒国オランダは、ここでは少なくとも不毛の国ぶりとされ、そして日本は「寒暖時ニ応」じ、最高の米に恵まれた国だとされている。

江漢は、日本中が一様に米を常食としているわけではないことを十分に承知していた。江漢が旅を通じて実見した地域から拾えば、例えば遠州掛川から山路に入った時、「此辺総《スベ》て米なし芋稗《イモヒエ》を食す」(『西遊旅譚』、一巻二四頁)と記されているし、九州の大村や平戸の付近を歩いて、「此所の者……且て米麦を不喰、瑠球芋《さつまいも》を蒸して籠に入、夫《それ》のミ喰し……」(『江漢西游日記』、一巻三二九頁)と観察している。地域によっては、雑穀や芋を中心にした食文化があることを、江漢は体験からも熟知していたわけである。

江漢は、単に日本の米を「絶品」(『和蘭通船』、二巻一七六頁)として誉《ほ》め上げるだけではなく、交易の品として活用すべきことをも説いている。(13)

吾日本米、他邦に並なし、是を大船に積、支那天竺おらんたの方まても売ハ貨を得べし、……日本米世界第一(『訓蒙画解集』、二巻一八二頁。同じ趣旨の文は『無言道人筆記』にもあり、交易相手の筆頭に魯西亜を挙げている。二巻一五一頁)

「世界第一」の「日本米」ならば、外貨の獲得も思うままだということだろう。

江漢は、米＝浄、獣肉＝穢というような価値観から、米を讃えているわけではない。それどころか、そうした意識から最も遠いところに江漢は位置している。『江漢西游日記』を見ると、長崎での出来事として、

宿に帰りて牛の生肉ヲ喰フ、味ヒ鴨《カモ》の如し（一巻三二三頁）

とあり、さらにオランダ人による牛の屠殺を目の当たりにして、

おらんだ此節出船前ニて、牛を数〳〵死《ころ》して塩ニす、其牛皆赤牛なり、蘭人鉄槌《テッツイ》を以てひたいを打殺ス、又四足をしバリ、横ニしてのどを切り殺す、夫《それ》ヨリ後足をしバリ、車ニて引あけるニ口よりしテ水出ッ、足の処ヨリ段〳〵と皮をひらき殊《ことご》〳〵《と》く肉を塩ニす（同前）

と、いかにも興味津津《しんしん》というように、その様子を書きのこしている。その上、江漢は、

彼国ニてハ牛肉を上喰とする、中以下ハパンとて……之を食、寒国ニして米を不生故なり（同前）

と説明を加えている。もう一つ、浄・穢からなされる食物の価値序列から江漢が無縁だったことをよく示す記事が、同じ日記にある。

山を下り何とか云フ里ニ至リ、富家の商人方を膳所とし爰《ここ》にて昼食す、夫《それ》よりして亦向フの山ニ入ル、セコ〔勢子〕の者数十人、タイコ、ドラを打ッて山の根を追フ、鹿一疋池の辺ニ出後《ウシロ》の山に入、時に鉄砲雨の如く、鹿鉄砲ニあたり藪の内ニ入ル

強烈なのは、ここからである。

予《わ》レ走て鹿の耳元をツキ破り生血を吸ヒければ、皆〳〵肝をつぶす、鹿の生血ハ生を養フ良薬と聞けれハなり

思いもかけぬ江漢の行為は、さすがの山里の人々にも大きなショックを与えたらしい。

夫より日も晩景ニなりけれハ、爰ヨリお帰りとて同勢の中ニ入り返ル、路田畑の間を通るに先へ立ツたる人吾カうわさヲす、あれハ江戸の江漢と云フ者なり、鹿の耳元を裂《サキ》て血を吸ヒけり、おそろしき者なりと云

(『江漢西游日記』、一巻三八二頁)

この時の体験は、江漢にとっても忘れ難いものだったのだろう、「人々懼《おそ》れをなしける」として『春波楼筆記』でも再び回顧され、「予薄弱なれば、鹿の生血は至りて肉を養ふ良薬と聞く」(二巻四八頁)からあえてそうしたのだと述べられている。同じ『春波楼筆記』には、

又ある時、鹿の肉を喰はんとて、料理人に云ひ付けゝるに、煙り臭くして、一向に喰ふ事能はず、何なる故と問ふに、此所は吉備津の宮あり、皆其神の氏子なるにより、獣類は、穢とて之を忌み嫌ふ事なり、故に外に竈を造り、鼻の気の入らぬ様に、長き竿を以て煮たる故、あんばいあしゝと云ひ……(同前)

といった一節もある。

米を清浄なものとし、獣肉食を穢れとして忌むような感覚は、江漢にとっては全く与り知らぬところだった。

司馬江漢「駿州八部富士図」「駿州柏原富士図」（『司馬江漢全集』第4巻，1993年より）

甘く、淡く、粘りのある「日本米」を、江漢はうまさの点で比類ない食物とし、四時の寒暖のほどよい循環の恵みとしての「世界一」の米を讃えるのである。

2　富士山

江漢は、久能寺から富士山を望む風景を、「日本第一の風景」としている。

八部龍華寺《リウケシ》あり。……龍華寺を下りて程なく久能寺有久能山ニアラズ別ナリ……石階《イシザカ》をのぼりて観音堂に至り、眺望《テウボウ》する所眼下《ガンカ》に清水の湊、人家千余軒あり、清水川流出て蒼海中三穂の松原、正面に富士を望む、九難坂薩埵峠由井沖津江尻清見寺山、右は足高山足柄山箱根山二子山伊豆鶴巻山鷲頭山天城山見えて日本第一の風景なり
（『西遊旅譚』、一巻一八―一九頁）

八部（矢部）から望む富士山の姿は、よほど江漢の気に入ったらしく、『江漢西游日記』には、

八〔矢〕部山ヨリ眺望ノ図、昔雪舟遊二于支那一、而所レ図冨嶽之景、何乎望二無知者一、余登二於駿陽矢部一、補陀洛山上始観レ之、寛政己酉（一七八九年・寛政元）春三月三日写二於平安客館一乃入二天覧一（一巻二二七頁）

とある。[14] 少し説明を補えば、江漢は天明八年（一七八八）の長崎旅行の途中に、この

「日本第一の風景」を実見したのであり、その帰途、京都で「駿州八部富士図」（絹本淡彩）を描き上げた。これを江漢は、かつて雪舟が唐土において描いた「富士清見寺図」――「雪舟渡唐の富士」として有名だったらしい――と重ね合わせて自負していたのである。

これだけではなく、江漢は数多くの富士を描いた。

吾国にて奇妙なるは、富士山なり、此は冷際の中、少しく入りて四時、雪、峯に絶えずして、夏は雪頂きにのみ消え残りて、眺め薄し、初冬始めて雪の降りたる景、誠に奇観とす、富士は駿府の国内より見たるはあしく、二十里、三十里、隔りて、遠くより望む時は、山を高く見る、低き地より望みては、景色なし、此山のかたちは、世界中になし、……富士山の図を版行に彫りて、埒もなく押してあるを、蘭人往来する時、何枚も需《もと》むる事なり、さて此山は、神代の以前より焼出し、数千年を経て、四面に砂を吹きふらし、如レ此かたちとはなりぬ、我壮年の時までは、頂より煙立ちけるが、今は煙なし、山嶽は皆世界の不レ開前の物にて、波濤の形あり、此富士のみ、出現の山なり、遠く望むべし（『春波楼筆記』、二巻六一頁）

「数千年を経て」ゆっくりと「出現」し、「世界中に」匹敵するもののない美しい山、それが富士山であり、「蘭人」たちは争ってその絵を求めたというのである。そして、

吾国画家あり、土佐家、狩野家、近来唐画家あり、此富士を写す事をしらず、探幽富士の画多し、少しも富士に似ず、只筆意筆勢を以てするのみ、又唐画とて、日本の名山勝景を図する事能はず、名も無き山を画きて、山水と称す、……筆にまかせておもしろき様に、山と水を描きたる者なり、是は夢を画きたると同じ事なり、是は見る人も、描く人も、一向理のわからぬと云ふ者ならずや（同前）

と論じてこれまでの「富士の画」を否定し、自らの富嶽図については、

予も此山を模写し、其数多し、蘭法蠟油の具を以て、彩色する故に、髣髴として山の谷々、雪の消え残る処、或は雪を吐き、日輪雪を照し、銀の如く少しく似たり（同前）

と誇らしげに語っている。
「日本米」の美味を誇った江漢は、晩年に近づくほどに、好んで富士山を画題とする江漢でもあった。文化年間に至れば、「蘭法蠟画」からする本格的な洋風画からは離れて、遠近法を取り入れた独自の墨画淡彩の富嶽図を描き続けるのである。

3　日輪

江漢には、日輪を中心にした宇宙像があって、あらゆる生の営為《いとなみ》の根源を太陽に求めている。

大地は球にして天中に麗《かか》り上下なし、大気之を掲ぐ、この気宇宙に充満して隙なし、一尺の地を穿てば一尺の天を増し、魚水に游びて水を知らず、人気中に居て気を見ず、天気は地気と感じて神変不思議をなす事、森羅万象皆此の気の為に生ず、人間禽獣及草木は天地の大機にして、恒に静動変化をなす、是妙と云ざらんや、……気の根元大陽日輪とす（『春波楼筆記』、二巻七二―七三頁）

生の営為だけではない。

生を為す者皆悉く滅し亡びて、天気に帰す（同前、二巻七三頁）

万物は、その生を終えれば、「宇宙に充満」している気の中に帰っていくのである。

江漢は、生命は火気と水気が合体することで成立していると考えている。

夫《それ》人は水なり、水に火の入る時は……活物たり、気は則天火なり、是大陽の気水と雑はりて地気となる、和蘭之を淡水と云ふ、人は其の淡水を呼吸とし、之が為に生を為す、……是人の活きて居る所以なり、死するや……火消ゆ、火は天に帰す（同前、二巻一一二頁）

在二少瀦一自生レ虫、在二僅乾土一自生レ草、此物従レ何来也、大陽之気徹二通大地一焉、水火相混而腐爛、其中自生二活物一、夫水者死陰而火以為レ神、草木不レ無レ心、動而発二枝葉一、故啻水火已、敢勿レ言二五行一（『無言道人筆記』、二巻一三五頁）

大地の側に、基盤となる物質として水があるが、それだけではいまだ死の世界であり、これに、火としての「大陽之気」が入り込むことによって「活物」としての生命がもたらされると江漢は捉えている。

さて、問題はこうした日輪への思いが、「日本」イメージとどのように重なり、あるいは重ならないのかという点にある。その前に、江漢が一般的に儒・仏・神のそれぞれについて、どのように見ていたのかを簡単に確認しておこう。

僧あり、釈迦の遺言八万、法蔵の一切法経に通ずる者を云ふ、……凡《およそ》僧かつて仏と云ふ事を知る者なし、啻惑僧のみ多し、……吾国の神道は只正直にして、人道の始祖を以て神霊として之を祭る、孔子の道は人間の交に争ふ事なし、天を恐れ鬼神を祭る事をす、是悉く人間のふるまひなり（『春波楼筆記』、二巻八九―九〇頁）

我日本ニも神道あり、唐の聖人の道、天竺仏道ありと雖、今ニ至りてハ皆各〱職業として、已か口を糊する事ニ自然となりて……愚なると云へし（『おらんだ俗話』、三巻一二三頁）

などとあるように、教義としての既成の儒・仏・神には、何の価値も認めようとはしなかった。その江漢が、日本の人々の信仰生活について、こう述べている。

日本にて藍染明王、荒神、聖天の如き、異形にして眼三所にあり、手ハ背に六七本も出て、其色全身朱色又ハ緑《モヘキ》色なるあり、又は不動の如きハ背に炎火を負たるを見て、日本にてハ邪神を禱り、邪法をなす者多シト云、……訳も不レ知に之を禱り拝するハ、とふした事や、其理を不レ知、惟拝礼すべき者ハ日輪より外ニあるべからす、……日輪万物を生助し、光明赫〱として白日をなし、人類其為に生育す、是を思へハ此上もなき神なり、日輪を拝ハ異る様に憶ふ者あり、異形の神を拝むこそあやしけれ、日輪ハ日々天ニ顕れて何ンそや、此神体の間違なきに非や、〔日輪を等閑《なおざり》にするのは〕愚なると云へし、天照太神も文字の如く人類ニ非す、則チ日輪を神体となしたる者也（同前、三巻一二九頁）

藍染明王をはじめとする様々な荒唐無稽な偶像を拝することを斥けて、江漢は、あらゆる生命体の根源としての日輪を全ての人々が拝すべきことを説き、特に日本に生を受けたならば、「日輪を神体となし」ている「天照太神」を拝するように主張しているのである。

長崎旅行の途中、伊勢に立ち寄った時の『江漢西游日記』には、こうある。

> 天気ニハあれとハラ〱雨、朝出立して宮川の渡シ、渡レバ山田、皆町続く、皆瓦屋なり、日本国中ヨリ人の来ル処故繁昌の地也、先ツ下〔外〕宮へ参詣す（一巻二六九頁）

では、アマテラスについて、江漢はどのように考えていたのだろうか。

> 今将に人間と云事を考ふるに、不思議奇妙なる者なり、吾日本は、天照太神人道を開き給ひけれ共、其古より此国の人ありて、獣と共に食を争ひたるを、大神日向の国、檍原《カシハラ》の海浜に都を建てゝ、人間の道を教へたるなり、然れば吾先祖も、其子孫にして、天子も我等も同物なり（『春波楼筆記』、二巻五八―五九頁）

> 夫わが国神明の盛なる事、伊勢皇太神へ東西南北の農民に至るまで、つねに参礼する事虚日なし、拝礼する者かつて私願を口に言わず、神霊かつて奇瑞を垂れず、神の道の明に仏の道の昧く、神に怪なく仏経一章毎に怪語を為す（同前、二巻七二頁）

> 吾国神国、伊勢皇太神のミ、附託の説なし、其余ノ神霊、八幡を大菩薩とし、神社に僧を守らせ、夫釈氏ハ天竺異端ニ而外道なり、吾神国の道に非《あらず》（『無言道人筆記』、二巻一四四頁）

こうして語り出されるアマテラス像は、江漢ならではの独特のものである。それは何より、禽獣ならざる人間らしい生活をもたらした、日本の開闢の始祖であり、国の内部に差別や階層序列を作るのではなく、均質な〝われわれ〟を保証し、今に至るまでそれを象徴し続けるものとしてのアマテラスである。人々は、日本中からこれを拝するために集うわけだが、それは、怪異を恐れたり、私願の成就を願ってのことではない[15]。日本の他の神々や仏たちに対する人々の通俗的・現世利益的な信仰とは全く異質な、偶像崇拝も霊威への畏怖もない、神仏の混淆もないものである。こうしたアマテラスを、江漢は「万民の祖神」とも評している。「伊勢皇太神宮は、本朝始祖の大廟なり、公侯大人と雖も、亦軽々しく参謁せざるべし、況や微賤をや、今士庶より以て、庸奴、爨婢に至るまで、滚々として廟庭に拝する事、殆虚日なし、褻瀆孰か甚しからざらん、道に志す人、豈敬して遠ざからざるべけんや」という議論を紹介した上で、江漢は、

伊勢皇太神宮は吾国の始祖にして、上天子の拝すべき神霊なる事明なり、然りと雖も今に至りては万民の祖神とす、吾国道なく、日向の国檍が原に都して人道の祖なり、故に卑賤として拝すべからざらんや（『春波楼筆記』、二巻一〇八頁）

と反論している。江漢にとって日輪は、一切の生の根源として拝すべきものであり、こと日本人にとっては「万民の祖神」アマテラスとして――あらゆる神仏への通俗的・現世利益的な信仰からは別な次元で、そうした迷妄とは異質なものとして――等しく拝されるべきものだった[16]。

まとめ

江漢の「日本」イメージを探ることを試みたわけだが、ここで最小限のまとめとして論点を整理しておこう。

まず、江漢が「日本」という単位をリアルなものとして捉え、その象徴を、米・富士山・太陽《アマテラス》に求めていたことは疑いようがない。それぞれが、どのような脈絡で、どのような内実をもつものとして唱えられていたかは繰り返さないが、江漢において果された鋭い日本批判と並んで、こういう象徴の組み合わせをもって「日本」のリアリティが語られていること、そして、それらがいずれも、「日本」を均質で、内部に差異性を孕まないものとして形成させていることに注目しなければならない。米を取り上げても、日本の神話を背景にしてその起源を説き出せば、容易に国内の貴賤の序列に結び付くし、獣肉食との対抗からこれを論じれば、対外的には清浄なる選民としての日本人を主張し、国内的には特定の人々を穢視することもありえたはずである。だが、江漢の「日本」は、内部的な分裂の契機を排除した均質なものである。

眼を外に向ければ、どうだろうか。西欧や赤道直下の人々に対して、「日本」がどのような位置をもちうるのか、この点については既に論じた。ここで補っておきたいのは、一つには中国への見方であり、一つにはアイヌへのそれである。まず、中国についてはどうかと言えば、江漢は、

> 総て支那人《タウジン》ハ、日本人にかハる事なし、志はなハだ似たり、雅も有、俗もあり、又顔色《ガンシヨク》日本人の如し、只衣裳《イシヤウ》のたがひあるのみなり（『西遊旅譚』、一巻八三頁）

として、顔形《かおかたち》の類似性を説いている。「志はなハだ似たり」という指摘の裏には、西欧に比べて「唐も日本も……未タ開けさるニ似タリ」と言われたような、窮理の精神の未熟が、日本・中国に共通の負の伝統だという思いが込められているのかもしれない。その上で清朝の支配について、

> 天下第二洲ヲ亜細亜ト云、吾日本、支那、天竺、韃而靼、及高麗、印度、海中ノ諸島、悉此洲中ニシテ、支

那ヲ以首トス、……今ノ清ノ世トナリ、西ノ方安日河《アンヂスガワ》ニ至リ、北ハ砂漠ノ外満州、サンタンニ至ルマテ属シ、聖経仏道西教ヲ以テ民大ニ化ス（『和蘭通舶』、三巻一五六頁）

此国中興、康煕ヨリ今ノ乾隆嘉慶ニ至ルマテ、万民ヲ教化シテ、他邦是ヲ犯スコト能ハス、天下無双ノ美国トス（同前、三巻一七六頁）

というように、江漢はこれを高く評価していた。その評価の中核は、国勢の強大と民衆教化の徹底という点にあって、近世の日本を通じても、このような高い清朝評価は多くないように思う。江漢には、日本自身を棚に上げて一方的に中国の頑迷を軽蔑したり、清朝の支配を漢民族の弱体の証しとして貶視したりする姿勢は見られない。ただ一つ付け加えれば、

都て今の唐ハ清祖韃靼の満州の人ニて、北ハ砂漠の外、西は東京、交趾、真蠟の天竺の際まで属し、皆唐ニ伏従せり、嘗て日本のミ従ハす（『おらんだ俗話』、三巻一二五頁）

と言われたり、武威をもって治まる日本は[17]「支那に従はずして、独立堅固の国」（『春波楼筆記』、二巻九八頁）とされるように、そうした強盛の清朝に対して、よく独立を保っているのが「日本」だという意識を伴っているということである。

「日本人」ならざるアイヌについては、

夫《それ》人ハ父母ノ種ニシテ其神気ヲ稟、漸々長ルニ及ンテ其風土ニ品シ、志シヲ異ニス、是草木ニ同シ、近年蝦

夷人ヲシテ日本人ノ如クナラシメントス、必ス成スヘカラス、夷人ノ種別ニシテ志シモ違ヒヌ（『天地理譚』、三巻三一七頁）

として、いわゆる同化政策に正面から反対していることに注目しなければならないが、それ以上に踏み込んだ発言は見当たらない。

均質な「日本」をもって外を見る時、江漢の大きな枠組みは、文明―半開―未開という、その限りでは、近代の啓蒙主義に連続するような大区分＝序列によって支えられていたが、東アジア・東北アジアに限って論じれば、その小世界の中で「日本」の中心性を弁証しようという志向は、江漢にはなかった。ここに一つの特徴がある。米も富士山も太陽も、そうした〝小帝国〟意識の象徴ではなかった。それは、江漢の世界認識が甘かったためなのか――清朝の強盛や教化の実態は、ほどなく誰の眼にも明らかにされてしまう――、それとも「上天子将軍より下士農工商非人乞食に至るまで皆以て人間なり」（『春波楼筆記』、二巻八七頁）と言い、その人間が、またすべて「虫」だと捉えていた江漢の物の見方に連なってのことなのか、あるいはまた、狐狸が平気で人々を化かしていられるこの国の精神的風土への深い憤りが、ことさらに「日本」の中心性を説く言説の台頭を腹の底から嗤《わら》っているからなのだろうか。

註

（1）中野好夫『司馬江漢考』（新潮社、一九八六年）一三―一四頁。

（2）問題の一端については、拙稿「儒学の日本化――闇斎学派の論争から」（『日本の近世13 儒学・国学・洋学』中央公論社、一九九三年）および「ある転向――徳川日本と「神道」」（『江戸文化の変容――十八世紀日本の経験』平凡社、一九九四年）などで論じた。前者については、子安宣邦「徂徠を語るとは何を語ることか」（『思想』八三九号、一九九四年）に厳しい批判がある。

（3）　刻白爾《コペルニクス》をはじめ、天の「玄妙の理を暁し、其究理を人ニ教諭する者ハ皆聖なり」（『おらんだ俗話』、三巻一二二頁）とされる。「二十八宿其余の衆星の度数を測り知り、磁石と暦術の法を以て赤道直下を縦横に往来」し、「竟に大地を一周廻」するための科学的知見を提供した聖人としての刻白爾に比べて、「釈迦孔子も世界を一周せざれハ何を以か之を知らん」（『独笑妄言』、二巻一四一―一五頁）として一蹴されてしまうように、「聖人」像が転換している。

（4）　「二百年以前「ポルトガル」国の者、……教導師数百人をおくり、金銀財宝を齎し来りて諸民《これヲ》に施し、病院を建て貧人に施薬し、皆奇薬を以て難病を治し、恩沢を受る者鮮《すくな》からず」（『おらんだ俗話』、三巻一二三―一二四頁）とあるように、それらは、キリシタン時代を通しての遠い記憶として日本人にとっても無縁ではなかった。

（5）　江漢は、「人ニ賢愚アリ、是皆神気ノ薄キ厚キ故也、其品種人ノ面ノ異ル如シ、敏才アリ、重才アリ、頓智アリ、胆大ヒナルアリ、小ナルアリ、頑《ニブ》キアリ、愚惷アリ、其品種揚テ数ルニ遑アラズ」（『天地理譚』、三巻三一六頁）と言うように、人々の間の賢愚を認め、これが貴賤上下の差別の根拠をなしていると考えている。ただ、そうした差別性が幾つかの思想的媒介を通じて常に相対化されていることを見逃がしてはならない。「嘗テ彼国ノ画図ヲ見ルニ、肩輿シタル図ヲ未レ見、馬ヲ以テ車ヲ率セ御者前ニアリ、皆四馬六馬ナリ、人ヲシテ牛馬タラシムルコトナキヲ知レリ、人トシテ人ヲ貴ムコト如レ斯ト云」（『和蘭天説』、二巻七五頁）も、その一つである。

（6）　寒国なら直ちに文明化するわけでは、もちろんない。亜墨利加《アメリカ》について例を挙げれば、「慓猂ニシテ智浅シ」（『和蘭天説』、三巻七四頁）、「人物愚惷、剛猛ニシテ理非ヲ弁セズ」（『和蘭通舶』、三巻一五七頁）と断言される。

（7）　海保青陵・平賀源内・細井平洲・田能村竹田といった同時代の人々――青陵・源内と江漢とは交遊があった――が、「山人」をもって自らの号としていたことが想起される。その思想的含意について、平石直昭「海保青陵の思想像――「遊」と「天」を中心に」（『思想』六七七号、一九八〇年）参照。

（8）　中野好夫前掲書、九頁。

（9）　「さて亦子なき者は物のあはれを知らず、我子を愛するのあまり其愛他の子に及べり、此情は書にも文にも述ぶる事能はず、然るに段々と生長して後は、各々己の志しをあらはし、必、親の志と違ひ、己の身体、親の躬より出でたりと云ふ事を弁ずる者鮮し、且又孝をつとむる者多からず、親を親とせざる者多し、親は子を子とし、子を思ふの情深し、是己の体より出でたる故なり、今に至りて考ふるに、子は無きにしかじ」（『春波楼筆記』、二巻五三頁）と述懐する江漢には、妻との離別後、男手ひとつで育てた一人娘があったという。

（10）　「桃に生るを桃むしと云ヒ、栗に生るを栗むしといふ、上天子下乞食まで世界むし、火水の中て生て苦む」（二巻三七五頁）

（11）日本を説明して、「東方ノ一大島ニシテ、……今六十六州アリ、各国王アリ」（『和蘭通舶』、三巻一七六頁）などとあるから、江漢は、大名たちの割拠を、地方的な「王」の分立というイメージで捉えていたのだろうか。その上で、江戸と京都を二つの中心として二都を比較した論も、江漢にはある。

（12）耐酒《ショウチュウ》・葡萄酒・リキユールその他に比べて、日本酒の旨さを誇った一文もある（『和蘭通舶』、三巻一七五頁）。京都の良さとして、「酒、地作りにして味能く安し」（「山領主馬宛書簡」、二巻三四五頁）と言っているから、江漢は、あるいは伏見の酒を好んだのかもしれない。

（13）『地球全図略説』が、寛政九年（一七九七）に増補公刊された時、「吾国ノ人、古ヘハ、天竺海嶌ニ渡リテ、交易ヲナセリ、国家ノ禁アリテ、今其地ニ至ラザレバ、度数ヲ知者ナシ」という「小言」を序にしている。

（14）「雪舟遊ニ干支那一而所レ図冨嶽之景」と江漢は言っているが、実際には日本で描かれたもので、雪舟の入明には無関係に、第三者の手を介して明の地に渡ったのだという。また「入ニ天覧一」は、この時、銅版江戸八景の眼鏡絵を閑院宮に見せたことを誇大に語ったものらしい。以上は、成瀬不二雄「司馬江漢の生涯と画業」（『司馬江漢全集』第四巻、解説）、同「司馬江漢の日本風景画について」（『論集 日本の洋学III』清文堂、一九九五年）によった。

（15）アマテラスを拝する人々の無私無欲と、日輪の運行の「無心」とは、呼応しあっている。「釈迦の極意は、世界の衆生は天の一気より生じ、草木国土悉皆成仏とて、総て皆仏なれども、生類の中、人間は智と云ふ者の為に仏となりかぬる事なり、……無と云ふ事を知れば則仏なり」（『春波楼筆記』、二巻九九頁）とあり、さらに「天地の間に生るゝ者皆虚なり、無情之を実とす、日輪天に麗《かか》りて無心、大地旋《めぐ》りて無心、気昇降して無心」（同前、二巻八一頁）とされる。

（16）江漢の宇宙認識の広がりからすれば、この太陽だけが唯一の太陽なのではない。「太陽日輪大虚ノ空天ニ係リテ処ヲ不移、大地及ヒ五星ハ日輪ヲ中心トシテ、大地ハ其廻リヲ旋テ一周回シテ一年トス、……至遠至大ナル無窮ノ天ニ吾日輪而已ナランヤ、若シ恒天ノ衆星皆日輪ニシテ、一星ゴトニ其廻リニ地球五星ノ地球アラン、呼啞《アヽ》、只声歎扞シテ止ヌ」（『天地理譚』、三巻三一九頁）。

（17）「威勢を以て人を従る時ハ心中伏さす、故に翻りやすし」（既出）という論点は、ここでは隠れてしまっている。

＊史料の引用は、すべて『司馬江漢全集』全四巻（八坂書房、一九九二〜九四年）によった。引用文中の〔 〕は引用者が補ったものである。読点、ふりがな、送りがな、返り点などの中には、適宜、引用者が付したものがある。

スサノヲの変貌――中世神道から吉川神道へ――

はじめに

中世から近世へ、この転換が神道にとって何だったのか、言葉を換えれば、かりに近世の日本が求めた神道の在り方があったとして、それは何だったのか、こういう思想史的な課題に少しでも接近したいというのが本稿の背後にある問題関心である。そのための一つの作業として、「神代巻」の中のスサノヲという神格に着目し、吉川惟足（一六一六～九四・元和二～元禄七）が、どのようなスサノヲ像を組み立てたのかを考察してみよう。ここでスサノヲを選ぶのは、いわゆる「記紀神話」の中にあって、それが最も多面的で矛盾に満ちた興味深い神格だからであり、惟足を取り上げるのは、惟足が、近世の「神代巻」解釈の出発点といった位置にあるのではないかと考えるからである。惟足には、いくつかの「神代巻」への解説書（講義録）が残されている。『神代巻惟足講説』（寛文十一年講義）、『神代巻家伝聞書』（年次未詳）、『神代巻惟足抄』（年次未詳）、『日本書紀聞書』（没後、宝永六年書写）などがそれであり、前二者は『神道大系』に、後二者は『大日本文庫』に収められていて容易に見ることができる。本稿も、これらによっているが（引用箇所の頁数は、これらによる）、特に『神代巻家伝聞書』（以下、『家伝聞書』）は興味深い内容をもっていると思われるので、この書を中心にしながら適宜その他の三書にも触れることで論を進めることにする。(1)

惟足については、土田誠一『吉川惟足の神道説』(非売品、一九三三年)、千葉栄『吉川神道の研究』(至文堂、一九三九年)を先駆的な研究業績としなければならないが、今日の研究水準をなすのは、平重道『吉川神道の基礎的研究』(吉川弘文館、一九六六年)である。これによって、惟足の事蹟の最小限を確認しておこう。元和二年(一六一六)江戸の生まれで、もともとは武士だったが早く父に死別し、商家に養子に入った。三十歳代で隠棲し、和歌や神書の世界に沈潜し、後に京都で萩原兼従(一五八八〜一六六〇・天正十六〜万治三)に就いて本格的に吉田神道を学び、四十一歳の時に、その道統を継承している。江戸に戻っては、徳川頼宣・保科正之・津軽信政らの大名に交わり、将軍家綱にも謁見して、幕府の神道方に取り立てられた。元禄七年(一六九四)没、享年七十九。ここから推測されるのは、惟足にとっての思想的な課題が、中世からの吉田神道の伝統を、どのようにして自らの生きる新しい体制の中で蘇らせるかという点にあったのではないかということである。したがって本稿は、まず惟足のスサノヲ像を追い、次に中世の吉田神道とその周辺のスサノヲ像の特色を探り、両者の比較を試みることになる。

一、流される悪神

「神代巻」本文において、スサノヲは次のように登場する。「伊弉諾尊、伊弉冉尊共議曰、吾已生大八洲国及山川草木、何不生天下之主者与、於是共生日神、……次生月神、……次生蛭児、……次生素戔嗚尊、此神有勇悍以安忍、且常以哭泣為行、故令国内人民、多以夭折、復使青山変枯、……」。こうして誕生したスサノヲを、惟足は「悪性」「暴悪」の「悪神」として規定している。たとえば『日本書紀聞書』(以下、『書紀聞書』)では、

男神なれども、悪神にして、天下をしらすることならざる也(一〇五頁)

とあるし、『家伝聞書』では、

勇悍ハ血気ノ勇ソ、安忍ハイナミフルト云訓也、理非ヲ聞分ルコトモナク吾情ニ応セス、事ハイヤ〳〵トイナミテカブリヲフル意也、……且常以哭泣為行ト云ハ小児ノ物ヲ解セサルカ故ニ、吾心ニ不合コトアレハ、哭泣スル如ク、其事ノ思フ儘ナラネハ、腹ニ居《スヘ》カネテ哭泣ニ至ルヲ云、是悪性ノ品々也、……上タル人ハ万民ヲ思召コト、父母ノ子ヲ思フカ如クナラサレハ、下ヨツテ立事ナシ、……〔スサノヲ〕人ヲ賤ヒ物ヲ害ス、暴悪ノ至也（一六〇―六一頁）

とされている。スサノヲは、要するに暴君であるから、「故其父母二神、勅素戔嗚尊、汝甚無道、不可以君臨宇宙、固当遠適之於根国矣、遂逐之」として、根国に逐《お》われる。根国については、

根国トハ、北方極陰ノ地ヲ云、……約メテイハ、流人ノ在処也、無道ニシテハ天下ノ君トナスヘカラス、……一箇ノ悪神ユヘニ……不用ノ地ニ逐遣シ給フ、是後世流罪ノ始也（『家伝聞書』、一六一頁）

根の国へ逐ひやらひきは、今日の人の無陽の地へ流罪ていのこと也（『書紀聞書』、八六頁）

としている。暴君は、両親によって流罪に処せられたのである。

さて、スサノヲの「性」が悪であるというのは、どういうことなのだろう。この段の「一書」第一に寄せた惟足の言葉を見てみよう。

儒門ニハ本然気質ノ性ヲ立分テ、様々沙汰スレ共、……吾ニ備フル一理ハ、天地同根、万物一体ナレハ、兎角ノ沙汰マテモナシ、人トナリ物トナレハ人ハ人ノ性アリ、物ハ物ノ性アリ、人ノ性ニモ様々アリ、大日靈尊及月弓尊ノ如ク質性ノ明麗モアリ、素戔嗚尊ノ如ク性好残害モアリ、如此様々ナル故ニ教ト云モノハアルソ、教ハ過タルヲ抑ヘ不足ヲ補フノ道也、受習フ時ハ素ハ同一神性ナルカ故ニ、好残害ノ悪性モ終ニ明麗ニモ至ルヘシ、……人ハ天地ノ全体ヲ稟テ敬ヲ具フル故ニ、教ヲ受習フテ、凡夫ヨリ神明ノ田地ニモ至ル、禽獣ハ敬ナシ、……根国ヘ逐ヒ玉フハ、其悪性ヲ懲シテ、善ニ遷ラシメン為ソ、是敬ヲナスノ初也（『家伝聞書』、一六三頁）

ここで惟足は、現象的には性の不同を認めながらも、あらゆる神々（人々）の深奥には「同一神性」が宿っていて、例外なしに誰でもがここに立ち戻ることが可能なのだと説いている。[2] この立ち戻りを保証するのが「教」であり、神々＝人々は「天地ノ全体ヲ稟テ敬ヲ具」へているのだから、この敬《つつ》しみの心をもって学習し修養していけばよいのである。惟足は、「本然気質ノ性ヲ立分」けた議論ではないとしているが、これが性をめぐる朱子学の理論を踏まえ、その上に立っていることは明らかである。たまたま生れもった「悪性」も、教・学習・敬の修養、これらの積み重ねによって克服できるのである。本文では「流罪」とされた「逐之」も、ここではある種の教育刑ないし試練を課すこととして解釈されている。[3] では、なぜ悪が出来《しゅったい》するのだろうか。

安忍《イブリナルコト》、忍ニヤスイト云心、イブリハイナミフルト云義、忍ハ悪ニモシノヒ、善ニモシノブ事アルソ、人々ハ魂魄二ノタマシヒアルソ、魂ノタマシヒヨリオコル時ハ、陽ナルニヨリ善ニシノビ、魄ノタマシヒヨリオコル時ハ、悪ニ忍フソ、此ハ悪ニシノフノ義（『神代巻惟足講説』。以下『講説』、二八頁）

図式化すれば、魂―陽―善、魄―陰―悪という二系列の「タマシヒ」が神々＝人々に潜在的には宿っていて、スサノヲの場合、後者の系列が異常なまでに強かったということである。そして、こうも言う。

人ハ二気凝ツテ心トナリ、五行五体トナル、二気ハ魂魄ノ二也、陽善陰悪ノ理ナル程ニ、常住胸中ニテコノ二カ相争フソ、此二ヲ主宰スルモノハ唯一神性也、此神性カ明ラカナレハ、二ノ物争ヲ止テ、各其位ヲ得、神性カ暗ケレハ、二ノ物相争フテ錯乱ス（『家伝聞書』、一九〇頁）

魂―陽―善、魄―陰―悪、これら二つの気の争いの場として、人間（スサノヲ）の心身があり、これらを「主宰」すべき「神性」は、より根源的なものとして確かに与えられている。魂の気のままに振り回される暴悪の神スサノヲは、この「神性」をこそ明らかにすべく流されたのである。

二、善と悪――スサノヲの悔悟

「神代巻」本文は、「於是素戔嗚尊請曰、吾今奉教、将就根国、故欲暫向高天原、与姉相見而、後永退矣、勅許之、乃昇詣之於天也」と続く。惟足によれば、この後すぐに、スサノヲには天上世界を簒奪しようという欲望が起こったとも説かれる。

諸尊御死去なさるゝと、はや天下を奪んと思召悪念が出来するなり（『神代巻惟足抄』。以下『惟足抄』、三四〇頁。ただし他の三つの書ではこういう理解を示してはいない。）

『惟足抄』も含めて全体として強調されるのは、

素戔嗚ハ天照太神ノ神威ニ屈シテ、忽然トシテ善心ニ立帰リ玉フ（『家伝聞書』、二〇二頁）

というように、スサノヲはこの時点で改心していたのだという方向である。(4) この「忽然」たる改心の経緯を伝えるのが、「一書」第二の羽明玉の物語である。

素戔嗚ノ清浄心ニナリ玉ヒシハ、其漸アリ、マス羽明玉ノ道マテ出迎ヒ、瑞八坂瓊曲玉ヲ献シテ、御諫アリ、是ニテ御心稍善ニ向フ所アリテ、サテ天照太神ノ起兵詰問玉フニ及ンテ、大ニ悪心ヲ翻シ玉ヒケリ……（同前、二〇五頁）

この時の羽明玉の諫言を、少し詳しく述べれば、

羽明玉ノ此玉ヲスリ出シ、素戔嗚ニ献上シテ、是々御覧セヨ、此玉ハ無上ノ霊宝ナレトモ、土中ニ埋レテアル程ハ、只瓦石モ同物也、掘出シテ琢磨スレハ、若レ斯ノ明珠トナル、汝ノ懐中ニモ斯ル明珠アルヘシ、探出シテ琢磨シ玉ヘ、是ヲ埋置玉フホトニ、斯ル暴悪ノ御振舞ハアルヨト、事理ヲ備ヘ諫玉フ也、ソコテ素戔嗚モ其瓊玉ヲ受、実《ゲ》ニモサル理アリト、御心稍善ニ向フテ天上ヘ御昇リアルソ（同前、二〇五頁）

とある。「汝ノ懐中」にもある「明珠」とは、心身を主宰する「神性」のことであり、これを「探出シテ琢磨」

するとは、「敬」の修養によって自己の本性に立ち返ることである。悪神スサノヲは、こうして一たびは善に目覚めた。間違いなく一度は目覚めたということは、アマテラスとの「誓約」の結果が雄弁に保証している。[5]
しかし「誓約」に勝ち誇ったスサノヲの天上での振る舞いは、周知のように悪逆非道を極めたものだった。

一旦ハ天照太神ノ神威ニ屈服シテ、清浄心ニ転シ玉ヒシカトモ、其期過ヌレハ、又邪欲妄念ニ迷動セラテ《ママ》、素ノ悪神トナリ玉ヘル……、万境ニ随ツテ、転シテ只難レ頼ハ人ノ心也、是故ニ道ハ敬ノ一ニ帰スルソ、昨日マテ善也トテ、今日ヲタノムヘカラス、今日マテ悪也トテ、明日ヲハカルヘカラス（同前、二〇九頁）

スサノヲは、「素ノ悪神」に戻ってしまった。それというのも、「敬」の修養が本物ではなかったからである。スサノヲに託しながら、惟足が論じようとしているのは、どこまでも人間の倫理的な問題である。「敬」の修養が足りない時、人は、「二気ノ凝ツテ」なった心身の向かうまま、魂—陽—善、魄—陰—悪の「二カ相争フ」に任せられ、スサノヲがそうであったように生来の気質がむきだしに露われてしまうのである。

こうしてスサノヲは、「神代巻」本文によれば、「然後諸神帰罪過於素戔嗚尊、而科之以千座置戸、遂促徴矣、至使抜髪、以贖其罪、亦曰、抜其手足之爪贖之、已而竟逐降焉」として、天上世界から追放されてしまう。これを惟足は、

悉財ヲ出シ玉フテモ、タラヌホトニ抜髪アカナフ、ソレテモタラヌホトニ、手足ノ爪ヲモヌイテアカナフノ義也、此肉刑ノ初也（『講説』、五四頁）

と解釈している。「肉刑」を受けてスサノヲは、出雲の地に降り立った。[6] そしてクシイナダヒメと出会い、ヤマ

タノオロチからクサナギノツルギを手に入れ、「素戔嗚尊曰、是神剣也、吾何敢私以安乎、乃上献於天神也、然後行覓将婚之処、遂到出雲之清地焉、乃言曰、吾心清清之、於彼処建宮」と続く。

この一段を惟足は、

コ、カ素戔嗚尊ノ大悟ノ場也、妬ンテ姉ノ御田ヲ害シ、天下ノ衣食住ヲ妨ケ給ヒシ尊ノ是神剣也、吾何敢私以安乎ト宣ヒテ、天神ノミモトヘ天照太神ヲサス献リ玉フ、天地懸隔ノ事ト云ヘシ、惣シテ悪性ナルモノハ、是ニ恵ヲ加フレハ、必其恵ニ誇ツテ、弥其悪ヲ増長スルモノ也、去程ニ左様ノ者ニハキット、刑罰ヲ加ヘテ、威懲シタルカヨキ也、刑ヲ蒙ツテ、親戚朋友ニモ君ニモ臣ニモ棄果ラレテ、タツギナキ様ニナレハ、必自ラ怨ミ、自ラ艾《コリ》テ、其悪ヲ改メテ、善ニ向フモノ也、此尊モ天下ノ諸神ニ逐ヒ責ラレテ、困窮至極シテ、ソコテ我スラ我悪ニ艾テ、ハタト転シテ、善神トナリ玉フソ、善悪素ヨリ己ニ具ハレリ、迷ヘハ忽荒振神トナルヘク、悟ラハ人々善神トナルヘシ、可思、々々（『家伝聞書』、二三四頁）

「神代巻」本文から根拠を引くこともなく、惟足は、スサノヲは自分自身の悪逆を深く「怨ミ」「艾テ」「改メ」たのだと解釈している。「肉刑」を課せられ、周囲から完全に見放されたことで、スサノヲは、自らを悔い改めたのである。これを惟足は、スサノヲの「大悟」とも言っている。こうした改悛があり得るのは、人がすべて「善悪素ヨリ己ニ具ハレリ」とされるように、魂魄の二気に由来して、善への志向性と悪への背理性とを共に内在させているからである。スサノヲは、この改悛を通して善なる「神性」に目覚めたわけだが、この覚醒をもって惟足は、人が「善神トナル」と表現しているわけである。

「ハタト転シテ、善神トナリ」と言えば、ことさら努力や修養をなすこともないようにも受け取られるが、そうではない。スサノヲがこの時に詠んだ「夜句茂多菟伊弩毛夜覇餓岐……」に寄せて、惟足は、

サテ人ハ妻ヲ持カ一生ノ安心也、然レ共物ノ用心ハコノ安キ処ニアリ、コ、ヲ忘ルレハ、忽災難カ起ルソ（同前、二三六頁）

と述べて、最も安らぐ場、最も楽しむ時にこそ「用心」を怠ることなく慎むべきだと説いている。『書紀聞書』にも、

此歌のをうぼう〔王法〕の大事は、安きに居て危きを忘れず、……油断の心が出ると必邪気が入るにより、……敬がある也（一六八頁）

と言う。

天下ヲ治ル道、コノ一首ノ意巧ニ極マル也、……人ハ素ヨリ二気凝ツテ心トナリ、一身成就シタルモノナレハ、善悪二念ノ八雲カムラ〳〵ト常ニ胸中ニ立昇ルソ、去程ニ陰悪ノ念慮ノ為ニ、常ニ吾胸中ニ八重墻ヲ造ツテ、敬マネハ必災難カ起ル也、コ、ヲジツト敬慎マハ、何ノ畏カアラン、福徳円満タルヘシ（『家伝聞書』、二三六頁）

とあるように、「敬慎」への専心は何よりもまず、為政者としての当為でもあった。「陰悪ノ念慮」が避けられない人間としては、不断に「敬慎」に努めなければならないし、「天下ヲ治ル道……」

この後「神代巻」本文によれば、「乃相与遘合、而生児大己貴神、……已而素戔嗚尊、遂就於根国矣」となる

わけだが、

極陰不用ノ地ニ就テ、一生ヲ終玉ヒヌル事ヲ此一句ニコメタリ（同前、二三六―三七頁）

などと言われるだけで、それ以上の説明はない。先には「流人ノ在所」とも言われた「極陰不用ノ地」に、善神に生まれ変わったスサノヲが赴くのはなぜなのかというような問題の立て方はなされない。あるいは、「根国」について、

素戔鳴尊根の国いでますと云は、遂にいづもよりいでたまはず、いづもにして崩御なり玉ふ（同前、一六八頁）

とも言われるように、ここでは「根国」を死者の世界として考えていたのかもしれない。

三、断絶と連続

惟足が描いたスサノヲについては、これで、その骨格が明らかにされた。さて、こうしたスサノヲ像は、中世の神道家が取り上げたスサノヲの姿と、どのような関係にあるのだろうか。中世の神道世界に対して、惟足は何を新しく打ち出し、何を斥けようとしたのだろうか。

スサノヲの神格は、明らかに多面的である。暴悪・破壊・反逆の神でありながら、地上に秩序と安定をもたらす神でもある。こういう多面性を、中世の神道家はどうとらえていたのだろうか。吉田神道に先行して、室町中

期を代表する知識人である一条兼良（一四〇二～八一・応永九～文明十三）は、

日神主陽徳、月神主陰徳、蛭児主柔悪、進雄主剛徳、徳悪雖異、終帰于一致、猶言無明即法性、法性即無明也（『日本書紀纂疏』、二〇三頁。以下『纂疏』とし、頁数は『神道大系』による。他の中世の神道家についても同じ）

と述べている。兼良は、

日月二神過於善、蛭児進雄不及而悪、過与不及、其不中者斉矣（同前）

とも言う。善も悪も、究極の「中」からすれば、それぞれの側への偏曲として相対化されてしまうわけである。こういう感覚は兼良だけのものではなく、吉田神道とその周辺にも確実に共有されていた。

悪神ノ出タモ面白事ソ、善悪不二ノ処ヲ、後代ニ示サン為ソ（吉田兼倶『神書聞塵』、三八頁。以下『聞塵』）

素戔烏ハ、根本ハ悪心ハナイ也、七情ハ生アル者ニナウテカナワヌソ、七情ノナイ者ハ畜生ソ、生ヲヤシナウマテソ、舜ノ弟ニ象アリ、仏ニ提婆アリ、無明法性無隔也（清原宣賢『日本書紀神代巻抄』、二〇二頁。宣賢は兼倶の三男）

此ニ所挙月ノ神、日ノ神ハ陰陽ノ二徳ヲ司サトリ、蛭児ハ柔悪ヲ司トリ、素戔嗚ハ剛悪ヲ司トリ、徳悪雖異、終ニハ一枝ニ帰スル事、譬ハ仏家ニ無明法性一体ト云ヘルカ如ク也（吉田兼右『日本書紀聞書』、三一七頁。兼右

は宣賢の次子）

濃淡の違いはあっても、いずれも『纂疏』の圏内で、スサノヲの神格の多面性を「無明即法性、法性即無明」というように理解していたわけである。

　こうした理解は、スサノヲの神格だけに止まるものではなく、スサノヲの悪があってこそ、アマテラスの善も、皇孫の系譜も、いわゆる三種の神器もありえたのだという議論につながっていく。典型的に主張するのは、やはり兼良である。

照臨天国、自可平安八字、祝詞之詞、進雄尊臨別遺、以此語、丁寧之意、溢於言外、於是見此尊之不実暴悪也、又以所生男児、付嘱日神、故吾勝尊為日神之所養、而後代百王、皆出自其下、何況所宝三種神器、以進雄暴行、為之因縁、蓋此尊有大功于吾邦者、不可得而称、吁嗟、無舜之弟象、則舜之大徳不伝、無仏之堂弟天授、則仏之正覚無成、由是思之、悪亦不可不無焉、信哉、無明法性、全無二致矣（『纂疏』、二六四頁）

同じような理解は、吉田神道にも継承される。

万代マテ、日神ノ徳ヲ及ホサウトテ、素戔ノ悪ハアルソ、物ハ相克セイテハナラヌソ、変化ハ相克ソ、相克ハ善悪ソ、善悪ハナウテハ、物ハナラヌソ、ツイニ善悪ハナイ物ソ、サルホトニ、素戔ノ悪ハ、深イ慈悲ソ（『聞塵』、八一頁）

スサノヲの暴悪を媒介として世界に秩序がもたらされるという逆説もまた、「無明法性」の一致によって説明されてしまうのである。

中世の多くの神道家にあっては、スサノヲの神格の孕む多面性や、スサノヲと世界の秩序との矛盾的な連関は、無明と法性（仏性）の一致、善悪の一如というような仏教の哲理によって説かれていた。兼良などに事は顕著なのだが、こうした仏教の哲理を具象化して人々に伝える素材として、スサノヲが活用されていると言うべきかもしれない。それはともかく、こうした「一致」「一如」の感覚から、惟足のスサノヲは何と遠いことだろうか。惟足の訴える善悪は、どこまでも善は善であり、悪は悪であって、二つは交わることも円環をなして連続することもない。惟足からすれば、中世のこうした議論は、善と悪の区別を曖昧にして、人々を道徳的な自覚から遠ざけるだけのものとして、「敬」の修養の意義を無にしてしまうものとして映っていただろう。

中世のこれらの神道家は、スサノヲに関して「敬」を説いていない。もちろん、たとえば出雲に降りたスサノヲは、何らかの意味での善に目覚めるのである。兼良について言えば、こうである。

> 進雄尊聞少女為所呑、忽起悲心、欲救其苦、是則悲増之菩薩也、従是次第増進、漸断四十二品塵労、故曰寸斬其蛇、自頭自尾、至最後、即得一宝剣、是根本智之喩、蛇尾有剣者、無明即法性、以剣得剣者、始覚同本覚也（『纂疏』、二六六―六七頁）

> 吾心清清、謂到方寸清浄之田地、蓋心斎之所致（同前）

ここで兼良は、スサノヲの慈悲の心について語っても、そういう慈悲の心を持つに至る心身の工夫については興味を示さない。そういう形での問題の立て方を、そもそもしないのであって、せいぜい「心斎之所致」とするだけである。

さて、これらの神道家の描くスサノヲには、次に引くような顔もある。

一説曰、進雄尊借宿、諸神皆不許、時独有蘇民将来、巨旦将来者兄弟、兄貧而仁、弟富而吝、進雄先借巨旦宿、因拒之不容、蘇民驟出迎而甚労之、則餽以脱粟飯、進雄大喜、欲報之、其夕命蘇民、渾家帯茆輪、即有大疫、除蘇家皆遭殃亡、神又教之云、後世疫気、流行于天下、一小簡書曰、吾是蘇民将来之子孫、並為茅輪、此二物係之衣袂、則必免矣（同前、二六一—六二頁）

スサノヲの与えた霊力によって、蘇民将来の子孫だけは、あらゆる疫病の災厄から免れるのである。「蘇民将来」の護札を貼ったり、六月晦日に「茅の輪くぐり」をすることで災厄を除こうとする、こうした民俗とのつながりにおいてスサノヲを捉えることを、兼良は「一説曰……」という控え目な言い方ながらも承認している（「六月御霊会、於四条京極、供粟飯……」というような関心も払われている。同前）。このほかにも、兼良は、

按備後風土記、以是為北海武塔神通南海神女時事、武塔神、乃進雄神之別号、其祠今見在備後州、曰疫隅社（同前）

又山城国愛宕郡、祇園神社、則進雄神之化迹、凡有三座、一牛頭天王、又名武塔天神、二婆利女、俗号少将井神社、則是稲田姫也、一説云沙竭羅龍王女、三蛇毒気神、疑是八岐大蛇之化現与、凡皆為行疫神（同前）

などと述べて、『備後国風土記』逸文や地元の人々が信仰する疫病退散の祠や、スサノヲの「化迹」としての祇園神社の三座に注目している。吉田神道になれば、想像力は一層の拡大をみせていく。吉田兼倶（一四三五～一五

一一・永享七～永正八）を例に挙げよう。

> 霊鷲ノ鎮守ハ、素戔嗚神ソ、金毘羅神、マク〔タ〕ラ神トマツラル、ソ（『聞塵』、二一頁）

釈尊説法の地である霊鷲山《りょうじゅせん》を守るのは、スサノヲだというのである。

> 盤古ノ、仰作天、俯作地トアルソ、……其盤古ハ、素戔尊ノ事ソ、唐ニハ、牛頭天皇トモ、無塔ノ天神ト〔モ〕中ソ、素戔嗚尊ヲハ、コナタニハ不祭ソ、サルホトニ、唐ノ名ヲツケテ、祇園ニツケテマツルソ、唐ヲモコチヨリ開ソ、天竺ニハ、金毘羅神トモ、――《マトラ》神トモマツルソ、皆素戔嗚尊ソ（同前、三六頁）

中国の天地創造神話の英雄である盤古も、実はスサノヲであり、唐土を開いたのもスサノヲだったということになる。兼倶によれば、中国では盤古・牛頭天王・無塔天神が、インドについては、金毘羅神・マダラ神が、スサノヲの化現の姿なのである。この他にも、「青龍寺」（ここで空海は密教の法を受けた）の「鎮守」もスサノヲであり、

> 先弘法ノ渡唐ノ時ニ、仏法ヲ、此国へ入ル大事ヲ、青龍寺ノ鎮守ニイノルソ、……素戔チヤホトニ、日神ト同トテ、イノルニ、無為ニ仏法東漸アリテ、醍醐ニ鎮守ヲスルニ、青龍ニ水辺ヲ加テ、清瀧《キヨタキ》寺トセラル、ソ（同前、八六頁）

と述べられ、同じような文脈から、伝教（最澄）・慈覚（円仁）・智證（円珍）といった天台の僧たちについても、スサノヲとの係わりが説かれている。いずれも、スムースに「仏法東漸」が果されたのは、これらの僧が、彼の

地でスサノヲに祈ったからだとされるのである。(7)

民俗の世界への関心も、深まっている。兼倶で見れば、

六月ニ粟飯ヲマイラスルハ、蘇民ノマイラシタニヨル事ソ、草ヲチヤツト笠ニシツ、負ツナントシテ《イ、モッテトヨムソ》、ミノ、ヤウニシテハ、人ノ家ノ中ヘハ不入ソ、自然疫鬼カコウスラウトテ、祓ヲスルソ、五穀不熟モ、人ノ病モ、人ノ闘モ、素戔ノワサソ、天下ノ主ナレトモ、悪心ナレハ叶ハヌソ（同前、八一―八二頁）

などと言われる。「五穀不熟」「病」「闘」というような凶事は、すべてスサノヲに由来する。スサノヲはそういう力をもっているからこそ、民俗の世界では、これを祭ることによって、除災招福の力に逆転させてしまうのである。おそらく蘇民将来の話を主な回路にしながら、スサノヲは、このようにして広い民俗の世界にしっかりと根付いていたのであり、兼良や、兼倶・宣賢・兼右というような神道家は、スサノヲをめぐるこのような広がりに強い関心を注いでいた。

かつて描かれたスサノヲは、一つには、唐土・天竺へと延びていく世界の中にあり、二つには、民俗の世界へと降りていく方向をもっていた。しかし惟足の掲げるスサノヲにあっては、そうした広がりは後景に退いてしまう。民俗への関心は、惟足の「神代巻」の注釈からは消えてしまう。融通無碍に色々な要素を取り込んで膨張したスサノヲ像を、混じり気のない倫理的な場の中に据えることが、惟足にとっての課題だったのである。(8)

惟足にとっての主要な関心ということでは、右にまとめたところで大きな誤りはないと思うが、それだけで問題が尽きるというわけでもない。最後に、「新羅」とスサノヲという点を手掛かりに少し考えてみたい。スサノヲが出雲に降りる段の「一書」第四に、「是時素戔嗚尊、帥其子五十猛神、降到於新羅国、居曽尸茂梨之処、乃興言曰、此地吾不欲居、遂以埴土作舟、乗之東渡、到出雲国簸川上所在鳥上之峯」とある。兼良の『纂疏』は別

に興味をしめさないのだが、兼倶は、

　新羅ヲ開テ、カヘリテ、出雲テ蛇ヲキリテ、姫トチキルトミヘタソ、新羅ヘ始テイカレタソ（同前、八六頁）

とした（兼右『聞書』も同じ。三九四頁）。すでに引用した「唐ヲモコチヨリ開ソ」と併せて見れば、吉田神道においては、「神代巻」が、新羅や唐土は日本が開いたものだという世界観によって読まれていたのである。これに対して惟足はと言えば、『書紀聞書』ではスサノヲは天上世界を追放されて、「唐天竺へまで行玉ふ」（一六二頁）などとしてはいるが、スサノヲが彼の地を開いたという言い方はされていない[9]。この「一書」についても、

　爰に又素戔嗚尊、……いそたけるの神を同道して、しらぎの国へ下ります（一七四頁）

というだけであり、『惟足抄』にいたっては、この程度のコメントもない。だが『講説』を見ると、この「一書」に寄せて、次のような声高な主張がなされる。

　偖《さて》日本ハ唐ヨリハ早ク開タソ、此時ハ唐ニハ人面モ具足セヌ時ソ、盤古氏ハ素戔嗚尊ト伝ニアリ、……震旦ノ開闢ハ盤古王也、是又素戔嗚尊也、是吾国ヨリ彼国ヲ開ク證也（六六頁）

そして天台神道の書『山家《さんげ》要略記《ようりやつき》』を引きながら、

　仏於霊鷲山為天地、祭十二神云々、十二神ノ内ニ金毘羅神ト云ハ吾国ノ三輪大明神也、三輪大明神ハ素戔嗚

尊御子也、伝教渡唐シテ帰朝無事ト云コトヲ、唐土青龍寺ノ鎮守ニ祈ル、其鎮守ハ素戔嗚尊也、号摩多羅神
也（同前）

とし、弘法や慈覚についても同じように論じて、さらに、

智證入唐帰朝之日、至新羅国有神現于舟中、問之青龍寺ノ鎮守也、三井寺立社号新羅大明神、是乃素戔嗚尊
也、儒書ニハ見エネド仏者ニハ如此云伝也〔新羅が〕吾国ヨリ後ニ開タ證ソ（同前）

と述べている。ここにあるのは、まぎれもなく吉田神道が作った世界観——新羅と唐土は日本によって開かれたもので、日本の神々も姿を変えながら仏教を守護していく——である。惟足は、「儒書」にはないが、天台を中心にした日本の「仏者」たちが、吉田神道とつながるこうした世界観を持つことに注目しているわけである。
『家伝聞書』になれば、また違った見方がなされている。

素戔嗚尊ハ只新羅ノミニアラス、震旦、天竺ヘモ渡リ玉フト云（二四一頁）

智證大師唐土ヨリ帰朝シテ、新羅国ノ神ヲ三井寺ニ勧請シ新羅大明神ト云、是素戔嗚尊也トソ（同前）

仏ノ霊鷲山ニ祭リ玉ヒシ摩多羅神、金毘羅神ト云モ素戔嗚《摩多羅》大己貴《金毘羅》也ト云リ（同前）

そして伝教・弘法・慈覚らの話を簡単に紹介し、

其外震旦ノ盤古王ト云モ素戔嗚尊也、去程ニ素戔嗚大己貴ハ三国尊崇ノ神也ト言伝ヘタリ（同前）

として、こういった解釈がありうることを示しておいて、それらを括って、

斯ル事モ有ケルニヤ（同前）

と結んでいるのである。こちらの惟足は、吉田神道などが強調した世界観に対して、その是非を保留するような態度を表明しているとしてよいだろう。これらの史料の先後関係が明らかではないし、惟足も、相手に応じて臨機応変に説いていたのかもしれないから（スサノヲ＝アマテラス交合説を想起せよ）、早急な断定を下すことは慎まなければならないが、「神代巻」の文言から離れてスサノヲを仏教の守護神としたり、新羅や唐土の開闢神としたりする奔放な発想に、ある懐疑が抱かれ出したということは言えるのではないだろうか。(10)

むすび

本稿で論じることのできなかった問題も多い。惟足は、スサノヲを為政者の在り方を考える素材としたかったのだが、この点で、どこまで問題が突き詰められていたのかということも残された問題の一つである。武威をもってする為政者像と、仁慈をもってする為政者像と、この二つの狭間で惟足の描くスサノヲはどのように揺れるのだろうか。有力大名や幕府との深い関係が、惟足の「神代巻」解釈にどう影響しているのかという点も考えなければならない。また、惟足が「悪」の問題をどこまで問い詰めているのかという点も、あらためて問わなければ

ばならない。倫理的に内省される「悪」と暴悪の「悪」は、どこまで重なり、どこで別れていくのだろうか。そして惟足が「敬」を言う時、それは神道的な実践の核心に位置するだろう（と思われる）「祓」の問題と、どのようにかかわっていくのだろうか。

いずれにせよ、天竺・震旦・新羅・日本をもって完結した一つの宗教世界とし、その広がりの中でスサノヲを自在に演出するような感覚から次第に離れ、災厄をもたらす神を祭ることで除災招福の神に転化させてしまう民俗世界からも切れ、善悪の「一如」を断って人々を「教」の世界に導き、「敬」の修養に向かわせるような、そういうスサノヲ像を構築する――この作業によって、中世神道は乗り越えられていくのである。

註

（1）この世界に善悪の対立があるのはなぜなのか、人はどうあることによって自分自身の中の背理性に打ち克つことができるのか――というような関心に立って、他の書に比べて問題が明示的に述べられている。全体に過不足なく解釈が展開されていて、完成度も高いように思われる。

（2）『書紀聞書』に「儒道に本然の性、気質の性と云分別あり。聖人の詞に気質本然と云語はなきことぞ。吾神道には天に在ては神、人に在ては性なり。是が相伝の筋目なり」とある（八七頁）。性を本然と気質に分けて考える発想は「聖人の詞」には見当たらないということであるとすれば、いわゆる古学を支えた関心の在り方に共通するものを見て取ることも可能だろう。理学神道を提唱したとされる惟足だが、「誠」と「事理」との双方を尽くすことが必要だとした箇所で、「うるはしきとはかわかぬ也、理ばかりにてはかわく也」と続けている（三五八頁）。「理」が先行すれば事が乾いてしまうという感覚についても、同じように古学との類似が言えるかもしれない。

（3）「根の国は遠国につかはされて知行なさしむる也」というような解釈もなされている（『書紀聞書』、八八頁）。

（4）「神威ニ屈シテ」という以外に、「天照大神……仁愛深く、不被捨して終に善心に趣き」などという理解もなされる（『惟足抄』、三四四頁）。なお、平重道『吉川神道の基礎的研究』が紹介する四重奥秘伝「神籬磐境之大事」には、スサノヲは「陰謀」をもって「天上ヲ襲」ったとある（三三四頁）。

（5）山崎闇斎の『神代記（ママ）垂加翁講義』が、次のようなエピソードを伝えている。スサノヲとアマテラスとの「誓約」について、惟足は保科正之の前で、「日ノ神ノウマセラレタ三女ハ……日神ト素戔嗚尊ト交合ナサレテ出来サセラレタ」と説明していたという。惟足によれば、それが「吉田ノ奥秘ノ伝」だということだが、それを聞いた正之と闇斎は甚だしい不審を抱き、正之は「日神ノ御徳義ヲ瀆シ申事ト思召、事ノ外ナミダヲナガイテコノコトヲナゲカセラレ」た。あらためて惟足は「奥極秘極ノ伝ハ神変相ニテ御出生」として、つまり二神の「交合」を言う「奥秘ノ伝」よりさらに深い「奥極秘極ノ伝」があり、そこでは「交合」ではないとして弁解したのだが、正之の不審は解けず、「此伝ハヤブリテステヨ、ソフセズバ向後二度ソチニアフマイ、トマデヲ、セラレテ、事ノ外キツフ御立腹デ被仰タ」という。闇斎自身は、惟足は「ウソ」を言ってごまかしていると突き放してみていた。この点について平重道は、「現在残っている惟足の神代巻講義の聞書類には、このような説は述べられていないから、惟足も後には交合説を説くことはなかったのであろう」と述べている（前掲書、三九四頁）。

（6）兼良が「肉刑」としている（『纂疏』、二五四頁）。

（7）宣賢や兼右は、闇羅（魔）王もスサノヲだとしている。兼良が「極遠之根国者、指八大地獄也」（『纂疏』、二〇六頁）としているから、これに導かれてのことだろう。なお、家康の神格化という文脈で、近世のマダラ神信仰について、これが〈国家を守護する行疫神〉としてあったと曽根原理「禁じられた信仰」が指摘している（源了圓・玉懸博之編『国家と宗教――日本思想史論集』思文閣出版、一九九二年）。

（8）出雲に降りる段の「一書」第五の一節「若使吾児所御之国、不有浮宝者、未是佳也」に言う「浮宝」について、惟足はこれを否定的にとり、「畢竟、道徳の外は、皆うくたからなり、金銀珠玉も、道からは、うくたから也」と言い切っている（『書紀聞書』、一七六頁）。

（9）『惟足抄』も、「此間異国へ行玉ふと云説あり」と述べるだけである（三五九頁）。

（10）スサノヲという限定を外して、惟足の一般的な世界観ということになれば、中世の吉田神道から連続する面が強いだろう。たとえば、次の文章を見よ。

　此日本国が、万国の根本の国也。……国土も吾国磤馭盧島より起て、大八洲成就し其次に西方に当て晨旦国ひらくるに、西南方へひらけ行く也。扨晨旦国成就して後、晨旦の西に当て天竺国ひらけそむ。（『神道大意』、寛文九年講、『大日本文庫』二―三頁）

ここで言うのは、「国生み」の話としてはどこまでも日本が始まりで、唐土・天竺はその後に出来たということである。『書紀聞書』では、「なんばん、ほくてき、えぞが千島、唐天竺」を一括して日本に遅れて成った土地だとしている（五五頁）。吉田神道の伝統では、そういう発想をスサノヲにも重ねて、さらにイメージを膨らませていた。

垂加神道と「神代巻」——徳川的神話空間の成立——

垂加神道の諸家による「神代巻」解釈によって、徳川的な神話空間と言うべきものが成立したのではないか——これが私の仮説である。前半では、垂加神道の特色を示す二つの神格について取り上げ、後半で、問題の全体的な性格を論じていく。

一、国常立尊

聖徳太子の撰述である（と信じられた）『先代旧事本紀』や太安万侶の筆録になる『古事記』が、天之御中主神から神統譜を始めているのに対して、『日本書紀』本文は、国常立尊をもってそれを開始している。対照的なことに天御中主尊は、『日本書紀』では、いわゆる天神七代を説く段の一書第四に登場するにすぎない。国号を冠する勅撰の第一の史書＝『日本書紀』を決定的に尊重する垂加神道の諸家は、この事実から何を導いたのか。

含牙ノキザシハ、イキザシ也、是則太元ノ一気ナルゾ、……開闢ノ前、天地陰陽未不分《いまだわかれず》、混沌如鶏子ナル中、此太元ノ一気キツト含テ、天トナリ地トナリ、陰陽ト分カレ、人間万物ト成ル処ノ物、皆是太元ノ一気ノ内ニ含ミソナヘタルヲ溟涬而含牙ト云也（跡部良顕『神代講談書』）

此国常立尊ハ、則太元ノ一気ニノリ〔乗〕玉フ元神ニシテ、開闢ノ前ヨリ今日ニ至ル迄、天地万物ノ中ニキツト〔屹〕立テマシマス御事ナルゾ（同前）

此国常立尊ハ、則大元ノ一気ノ神ニテ、天地人三才ヲ始メ、万物総括リノ神也、夫故大元ノ神ト申ス、……天地人ヲ始、禽獣草木ノ類マデ、皆此神ノ御分身ニテ此神体ノヤドリ玉ハヌ物ハナイ也（同前）

跡部良顕（一六五八〜一七二九・万治元〜享保十四）の言うのは、天地万物の化生を主宰し、自らの分身＝分霊を万物に内在させる最高神として、国常立尊はあるということである。

こうした、いわば一般的な「元神」規定を乗り越えて、より直截に皇統定礎の根源神という性格を強調する傾向もある。『古事記』『先代旧事本紀』ともに「全ク皇統一脈ノ実録ト称シ難シ、其謂レハ、二記共ニ、〔天御中主尊を主神とすることで〕君臣ヲ雑ヘ記サレタリ」と言う玉木正英（一六七〇〜一七三六・寛文十〜元文元）は、

此紀〔日本書紀〕ハ、国常立尊ヲ首ニ立給ヘリ、所謂国之所以立則帝王之任也、故為帝王之元祖ト、是開巻第一ノ大事ニシテ……帝王ノ御血脈、開闢ノ最初ヨリ天地ト倶ニ立セ給ヘル本源ヲ唯一路ニ記シ給ヒテ、臣下ノ系ハ雑ヘ給ハズ、是信ニ帝王ノ実録タル所也（『神代巻藻塩草』）

蓋シ此神代巻ハ、天地開闢ノ理、陰陽五行ノ蘊ヲ主トシ説給ヘル為ノ書ニハ非ズ、我邦帝王ノ御実録ナレバ、我大君ノ御血脈ノ本元混沌未分ノ最初ヨリ芽《きざ》シテ、天地ト倶ニ御出生在坐シ、国常《とこしな》ヘニ立給ヒ、常盤固盤ニ天壌無窮ノ皇統ナル御事ヲ暁シ給フ（同前）

と述べている。「神代巻」は、第一義的には「天地開闢ノ理」を述べたものではないというのは、大胆な発言だと思う。

国常立尊に対するこれらの神格規定を、君臣関係に即して考えてみる。万物の「元神」としての国常立尊は、とりあえず君臣の共通の「元神」である。他方、「帝王ノ元祖」を強調すれば、万物一切に先立つ君＝皇統の始原性を説くことになる。

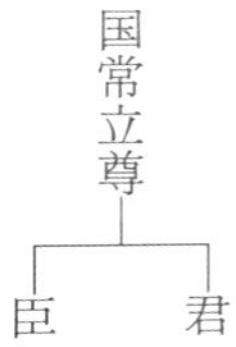

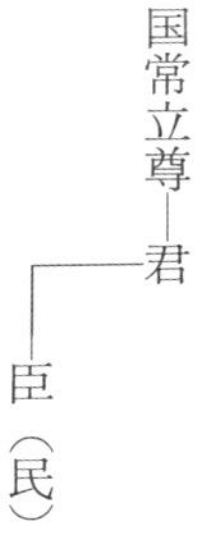

それは、正英が『藻塩草』で、

乾ノ道ハ即チ君ノ道也、父ノ道也、此書天ヲ以テ君ヲ説、地ヲ以テ臣民ヲ説、我国ノ大君ハ本元、坤ノ道ヲ得ズシテ乾ノ道ヨリ独化シ給ヒ、天地ヲ統御シ、万民万物ヲ化生シ給ヘリ、……天ト君トハ先独リ立セ給ヒ、地ト臣トハ後ニ定ルナルベシ、然レバ、道ノ本原天ニ出テ君ニ統帰ス

と述べているとおりである。君があっての臣、臣があっての君ではないのだ。

こうして神統譜第一の神である国常立尊についての理解は、それぞれにふさわしい君臣関係の像を結ぶが、そこに伏在する差異と同時に、垂加神道の場合いずれにあっても、国常立尊が、天地の定位に先立って君臣関係の〈固定〉を保証しているという共通性がある。万物の「元神」とする見方でも、たとえば、

天地ガ出来テ、爰デ始メテ神ガ出来玉フニテハナイゾ（『講談書』）

として、天地に先立つ国常立尊は、同時に「別号」として天御中主尊とも言われ、両者は、

国常立尊ヲ帝王ノ祖トシ、天御中主尊ヲ人臣ノ祖トセリ（同前）

という性格を持つとされる。これらを併せて考えれば、ここでもまた天地の形成に先立って、君臣関係は絶対的に固定されている。

二、素戔嗚尊

「神代巻」で最も多面的で興味深い神が、素戔嗚尊であることは言うまでもない。垂加神道による日本神話へのアプローチの大きな特色は、この矛盾に満ちた神格の劇的な読み替え、しかも垂加派全体に共通する読み替えにある。

1　誕生

従来の解釈では、素戔嗚尊は「性悪」の神として誕生したとされている。垂加神道に先行する吉川神道でも、

はっきりとそうである。しかし、垂加神道の諸家が言うのは「性悪」ではなく、「金気」「武徳」の神だということである（中世から、金気・武徳と関連させて説く解釈はあった。問題は、それでもって統一的にこの神格を読み取っていくかどうかにある）。谷川士清（一七〇九〜七六・宝永六〜安永五）『日本書紀通證』が端的に、

是〔イザナギ〕誓ニ於地中精霊一、以生ニ金気武徳之神一

と述べている。その数々の暴虐も、「金気」の横溢ゆえであり、「悪」としての面は決定的に後退するか、公然と否定される。

素尊ノ悪神ニ説クハ大ニ非也、金気ノ神ユヘ事業如レ此ト也（跡部良顕『神代巻混沌草』）

2　根国

父＝伊弉諾尊によって、素戔嗚尊は根国へ追放されるのだが、これも単なる追放とは考えない。通俗的な形で、谷垣守（一六九八〜一七五二・元禄十一〜宝暦二、秦山の子）が、こう説いている。

金は土に入らねば、ねれぬ故、都より遠い田舎へ遣さるる事で、金の本処は地下なれば、畢竟是も土金ねれ合て、御徳成就有やうにとの意で、……御追放が即教ぞ、愛する子には旅をさすると云俗語に同じことぞ、……果して土金全き御敬至極の御徳にならせ玉ひし事ぞ（『神代巻速別草』）

そこでは、生来の「金気」と根国の「土気」の合体、それによる「敬＝つつしみ」の獲得の過程として追放は読

み替えられている。

根国ハ、地下ヲ指テ云、金ノ本処ナリ、此神ハ金気バカリニテ、ツツシミノ味ナケレバ、シマリ玉フヤウニ根国ニヤラルル也（『混沌草』）

金気ノ神、山深キ処ニ隠レ給ヘバ、自然ニ金気モ和マラセ給ヒ、土金全備シテ……譬ヘバ抜放ラル剣ヲ本ノ室《さや》ニ納ムルガ如シ（『藻塩草』）

などというのも同様である。

3　神格

「金気」と「土気」を兼ねた素戔嗚尊は、どういう神格になるのか。それは同時に、あるべき理想の武神像の提示でもある。

〔素尊は〕後世武将将軍の祖神ぞ、……武将金気を以テ天子を守護し万方を守るが将軍の任ぞ（『速別草』）

上天君ヲ守護シ、下万民ヲ平治セシメ……後世、其任ヲ以テ云サバ武門ノ朝廷ヲ守護シ給ヘルガ如シ（『藻塩草』）

その上で、完成された神格を持つに至った素戔嗚尊は、天を支配する日神＝天照大神と並んで、「地」を実効的に支配するとされる。

> 今按、天以二日月一明、地以二土金一成、日月陰陽之神霊、土金剛柔之体質、是故日神月神知二天事一、蛭児素尊知二地事一、日神月神循二天性一、蛭児素尊頼二教学一、且月借二日光一為レ用、土須二金気一具レ体、故天之明也、其徳統二于日一、地之強也、其功専二于金一、是以二尊之処二四子一、雖レ本二乎其徳性一而経二緯天地一、範二圍国統一之功、悉帰二于日神素尊二神一而已（『通證』）

「地之強也、其功専于金」とは、金気の神＝素戔嗚尊によって地上世界が統べられることを賛美しているものである。

4　天上での暴虐

そうは言っても、素戔嗚尊は天上に翔けのぼり、そのあまりの荒々しさと暴虐ぶりから、天照大神をして天位の簒奪を警戒させ、岩戸に引きこもらせる。この点、垂加神道はどう読むのだろうか。まず、素戔嗚尊に天位簒奪の野心はあったのか。魔が差して一時的にはあったのだとする解釈もある。

> 素尊　潜ニ天位ヲ奪ハントノ志アリテモ、日神ヲ見マイラセ、……神光ノ威キラリト心ヲ照シタマヘバ、忽悪心去リテ丹心ニナリ玉フ処也（『混沌草』）

だが『藻塩草』『速別草』、垂加神道の諸注釈の集大成『通證』などは、この点についても新しい読みをする。たとえば正英の『藻塩草』は、次のように読んでいく。

素尊ハ金気剣徳ノ神ニシテ、武威ヲ以テ朝廷ヲ守護シ給ヘルノ任也、故ニ先　朝参シテ其旨ヲ奏シ職ヲ辞セズシテハ、擅《ほしいまま》ニ敢テ私ニ永ク根国ニ就給ヘカラズ、……其上　朝廷守護ノ任トシテ、眼前ニ皇統日嗣ノ御子無キヲ見棄テハ、忍難ニ堪給マジ、故ニ其清心ヲ以テ上来給ヘリ

天上に翔けのぼったのは、第一に「朝廷〔天照大神〕ヲ守護」すべき身として「職ヲ辞」して根国に赴くことを事前に奏上しておこうという自覚からであり、併せて「皇統」をめぐる危機に対処すべきためである。危機とは、

此時ノ事体ヲ考ルニ、冊尊ハ前既ニ崩御、月読尊ハ勅勘、諾尊ハ素尊天上ヘ昇リ給ヘル後崩御、素尊ハ永根国ヘ退キ給ヒ、太神ハ御女体、然レバ天柱ヲ立給フトモ、日嗣ノ御血脈無テハ皇統ノ断滅ニ及フ、因テ素尊是ヲ憂ヒ給ヘル故ニ、天顔ヲ拝テ共ニ此一大事ヲ議リ給ン為、雲霧ヲ跋渉リ、……（同前）

と言われるほどの深刻なもので、これに全身全霊の力で対処しようという切迫した思いが、たまたま荒々しくも見えた昇天ぶりになったのである。金気の神の「清心」ゆえの荒々しさが、姉＝天照大神の誤解を招いてしまった。しかし誤解である限り、それは解けるべくして解けるのであり、五男の神々の誕生が、その誤解をほどく。

素尊　清心ヲ以テ只暫ク来ル、……一説ニ素尊始メ天位ヲ奪フノ心有リテ昇リ給ヘリ、祭レドモ日神ノ武備ヲ見給ヒ敵スヘカラサルヲ知テ翻テ此ヲ改ムト云リ、此説甚ダ誤レリ、設《も》シ如此ナラバ、始ハ悪キ心有リ、然ルヲ此ヲ隠シテ元リ悪心無シト陳ジテ誓ヲ立給フ者ナラバ、烏《いずく》ンゾ五男出生ノ清キ験シ有ンヤ（同前）

正英が言おうとするのは、たまたま「金気」のために暴虐の限りを尽くしたかに見えても――暴虐の〈事実〉そのものは、「神代巻」による限り否定のしようもなく、最も素戔嗚尊に好意的な正英・垣守・士清などでも「残害ヲ好ミ給ヘル金気ノ態」（正英）、「持前の金気の剛強が顕れ……ワルイ御癖が起って」（垣守）などとしてこれを〝解釈〟せざるをえない――、基本的な動機はどこまでも「皇統」に対する純粋な思いであり、それは、結果として見事に「皇統日嗣ノ御子」たる男神をもたらしたということである。

5　追放

暴虐の限りを尽した素戔嗚尊は、髪を抜かれ爪を剝がされて天上世界を追放されるわけだが、吉川神道は、これを「肉刑」としていた。これを「肉刑……トスル説ハ非也」と言うのは『藻塩草』であり、肉刑ではなしに、「一身全体ノ祓」だとするのは、谷秦山・渋川春海の問答書『旧事紀問目』である（垂加神道の中で肉刑説を採るのは『講談書』）。

いずれにせよ天上世界を追われた素戔嗚尊は、出雲にたどり着くまでに、多くの艱難に出会う。従来は、暴虐の神としての当然の報いとして解釈されてきたが、垂加神道からすれば、まさにこの過程で素戔嗚尊は神格の完成をみるのである。

カヤフニ艱難辛苦シ玉ヒタルノデ、段々悪行ヲ後悔シ玉ヒ、後ニハ御気質ガ直ツタコト也（『講談書』）

素尊にも、段々雨の難から、何から御艱難なされて……トント御徳成就なされしことぞ（『速別草』）

此祓除ノ徳ニ因テ、荒金ノ気象和ギ給ヒ、悲憐ノ心ヲ起サセ給フ者也（『藻塩草』）

ここに至って、素戔嗚尊は何らの矛盾を孕むこともない、一個の英雄的な武神である。

6 宝剣

出雲に降りたった素戔嗚尊は、宝剣を手にいれ、これを天上の天照大神に捧げることになるのだが、そもそも剣は金気のエッセンス＝「地の精髄」（『藻塩草』）であり、いまや欠けるところのない金気の神としての素戔嗚尊が至極の宝剣を獲得するのは当然であった。これを天上世界に捧げたことは、皇統に対するあらためての敬意と恭順の証明である。そして宝剣の出現は、素戔嗚尊の神格の完成をかさねて確認することにもなってくる。ここまでは、見易いことである。

さらに、

謹テ以《おもん》ミルニ素戔嗚尊……日嗣ノ御子ヲ生マシ給ヒ、八咫鏡モ素尊ニ事起リテ鋳作リ奉リ、草薙剣モ此神感得シ給ヒテ日神ニ献上シ給ヒヌ、三種皆素尊ニ因テ出現シ、常磐堅磐ニ皇統ノ御守ト成ラセ給ヒ、永フルニ限リ無キ伝国ノ霊璽ト斎《いつ》カレ給ヘリ（『藻塩草』）

となって、三種の神器それ自体が、素戔嗚尊によってもたらされたものだとされる。あるいは、

今按、此所謂草薙剣也者、……草トハ蒼人草也、薙トハ謂レ攘二平之一、蓋治二天下一者、在二剣徳一也（『通證』）

というように、円熟した武神による「治天下」の象徴として、この宝剣は意義付けられる。

垂加神道による素戔嗚尊の読み替えは、その悪神、暴虐の神としての一面を逃がれない矛盾に満ちた神という旧来のイメージを、こうして一新してしまったのである。

三、倫理化・現世化

個々の神格から離れて、垂加神道による「神代巻」理解の全体的な特色を考えてみる。第一に言える事は、神道的な倫理化である。垂加神道による「神代巻」の倫理化といえば、誰でも君臣関係での〝忠〟の読み込みを思い浮かべるだろうし、それは間違いない。君臣関係の固定が、国常立尊の解釈を通じて、天地に先立つものとして主張されていたことは既に見たとおりである。

諾・冊二尊の出会いと交合の物語に、ある倫理的な教えが読み込まれることも当然である。それに加えて強調しておきたいのは、素戔嗚尊が〈気質変化〉の典型として主張されるという事実である。良顕は、素戔嗚尊の〈気質変化〉を一般の神道学習者のモデルにすべきだとさえ言う。

今日神道ヲ修行スルノモ、汚穢不浄ノ身ニシテ其儘清浄ナ位ニハナラズ、……土金ノ工夫祈禱ノ修行ヲツツシミ、神力ヲ以テ気質ヲ変化スルヤフニ祈ル也（『講談書』）

ここで「祈禱」や「祈」の内容に立ち入ることはできないが、こういう神道的な倫理化は、〈気質変化〉の価値を積極的に評価し、その典型を武神に求めるという点で垂加神道に固有のものである。

今按、其素尊依二辛苦祓除之功夫一、信二土金敬礼之名教一、本二之躬行心得之宗一、明二立気質変化之法一、志レ学之徒、豈可レ忽レ諸（『通證』）

というのも全く同じである。神話世界は、「神道ヲ修行スル」者や「志学之徒」にとって、いかに自己を高めるべきかという課題への解答を引き出すべき源泉となる。

こういう倫理的な視点から「神代巻」に向かう時、たとえば死後の霊魂の行方といった問題は、後景に退いてしまう。宣長や篤胤の関心の在り方に慣れてしまった者には、戸惑いを感じさせる程であるが、これも、倫理的・現世的な神話世界の所産である。たとえば、黄泉国と現世とを隔てる象徴的な場＝ヨモツヒラサカは、次のように倫理的次元に重ね合わされる。

泉津平坂ハ、今息ガ絶ントスル処デ、生死ノ境ゾ、人ノ死ハ陰也、生ハ陽也、則是陰盛ニシテ陽ガ無ナラフトスル場ナルゾ、……サテ此泉津平坂千人所引磐ガ、神道修行スル元ノ別シテ大切ナ工夫ゾ、人欲ニ蔽レテ悪念ガ盛ニナリ、心ガ真闇ニ成テ、モハヤ本心ノ神明ガ無ナリソフナ処ガ則泉津平坂ノ場ナルゾ（『講談書』）

諸尊平坂ニ到リ給ヒテ……本明ニ立復ラセ給ヒ、再ヒ恋慕哀情ニ流レ給ハヌ御本心ノ堅固ニシテ動カサルコト千引ノ大磐石ノ如シト也（『藻塩草』）

黄泉国については、どうだろうか。「ヨモツクニは指す処はなく……殯りの暗き処ぞ」というのは『速別草』であり、『講談書』などは――仏教の地獄との類似を強く警戒してか――、「黄泉トハ御死ガイノアル所ヲ云」としてあっけない。問題を宇宙論的な広がりとしては捉えないのであり、こういう傾向は、濃淡の差こそあれ垂加神道に共通する。では、日之少宮についてはどうか。

日之少宮、謂二都城東北一、永日初出之方、太古之法、於二此方一祭二先神一、故皇都在二日向一、以二淡路幽宮一、為二日之少宮一（谷秦山『神代巻塩土伝』）

谷秦山（一六六三〜一七一八・寛文三〜享保三）も、宇宙論を構成しようという方向を採らない。

では、〈死〉とは垂加神道にとって何なのか。伊弉諾尊は天に帰って、天御中主尊へその始終を報じた後に、日之少宮に永く留まったとされる。この一段について良顕の『講談書』は、こう述べている。

伊弉諾尊ハ御一生ノ間、其生レ玉フ初メニ天御中主尊ヨリ受得玉フ神霊ノ勅命ニ少モ背キ玉ハズ、……崩御マシマシテ、其勅命ノ通リ御勤メナサレタト云御返事ヲ天御中主尊ヘ仰上ラレタルト云コト也、……今ノ人トテモ其生ルル初ハ、天御中主尊ヨリ神霊ヲ受、其ウヘ勅命ヲ受玉ワリテキタルナレドモ、其神霊ヲ気質人欲ニ昏マシ蔽ヒテ、其神勅ニ背ヒテ終ルユヘニ、死シテモ御返事ヲ申ス事ガナラヌコト也、……人ハ……水火木金土ノ五ノ気ガ凝集テ形トナリ出ルコト也、其五行ノ気ノアシキ堅リヤ、又ハ一方ツリニ受タル処カラ罪咎ガ湧出テ、其神霊ヲ昏マシテ勅命ニ背カスル也、神道ヲ修行シ、神力ヲ以テ気質ヲ変化シ、神明ヲ明ニシテ勅命ヲ守リ、死シテ御返事ヲ申スヤウニセヨトノ教ナル也

引用が長くなったが、ここに、垂加神道からする〈死〉の問題への接近の特色が典型的に出ている。一般人にとっての「勅命」の内容は、君臣父子以下の通俗的な道徳の実践なのであるが、それをここで論じる必要はないだろう。

結局、〈死〉ないし〈霊魂の行方〉それ自体への実存的な関心は薄く、神話の空間は、著しく倫理化・現世化

されることになる。

四、皇統と将軍

皇統による日本の支配が、天地の成立に先立って約束されていることは、既に見た通りである。しかし、それは徳川氏による実効的な支配を些かも脅かすものではない。むしろ全く逆であって、皇統の存在を前提とすることで、始めて武家の地上支配が「朝廷守護ノ任」として権威付けられている。

> 当時昇平百年の聖朝幕府に行はれ、用らるゝ所の政事教化、其起元神代巻に存せぬと云ことはない（『速別草』）

> 此神〔素尊〕ハ則日本ノ将軍ノ初ナルゾ（『講談書』）

これらを見れば、武神としての素戔嗚尊が、専ら徳川氏に重ね合わされていることも自明としてよい。そして、こういうセンスは、山崎闇斎自身にあったらしい。

> 蓋奉㆓護天朝㆒、治㆓平下民㆒、為㆓素戔嗚尊之任㆒、垂加翁所謂、素戔嗚尊、治㆓天下㆒之権帰㆓于武家㆒、是也、（『通證』）

ともかく、本来からすれば最も神話的な起源や権威からは遠いはずの徳川の支配秩序は、国常立尊によって約束された不変の皇統——「皇統」であって、人格ないし政治主体としての「天皇」ではないことに注意——を戴くことによって、そして倫理化された「武」の祖神＝素戔嗚尊をもつことで、自らにこの上なくふさわしい神話世界を獲得したのである。

結び——展望

以上、垂加神道の「神代巻」解釈によって、徳川的な神話空間が成立したことを論じてきた。最後に、その後の歴史的展開について簡単に展望しておく。

徳川的神話空間の下からの解体として、その後の展開を理解することが出来ると思う。別な表現をすれば、危機意識の下での神話空間の再編＝肥大化である。

垂加神道の場合にも、朝鮮半島の日本への隷属を導くことは（決して多くはないのだが）あった。たとえば、「此、素尊始テ韓国ヲ開キ給フ事ヲ記セリ、神功皇后……新羅ヲ討給ヒテ……〔以後、新羅は〕朝貢セリ、良《まこと》ニ由来セル所ヲ知ベシ」（『藻塩草』）などである。しかも、こういう日本中心の秩序意識にはそれなりの現実的な根拠があった。日本型華夷意識などといわれるのがそれである。だが、宣長より以降の日本中心意識の宇宙大の肥大化は、垂加神道のそれからは決定的に異質である。あわせて神話世界から武家的なものが排除される。

垂加神道の神話空間には、絶対悪は、占めるべき位置をもたない。宣長より以降、これがどれだけ大きな問題として浮上するか、言うまでもない。倫理的なものは、倫理を飲み込んでしまう神々の力によって場を奪われる。徳川的神話空間のオプティミズムが、崩壊したのだと思う。死後の世界＝魂の行方が深刻に問われ出すのも、〈出雲〉の問題がそれとの関わりで論じられていくのも、同じ脈絡だろう。

このような意味で、それは垂加神道の神話空間の下からの解体だとしてよいのではないか。そういうものとして、垂加神道の神話世界はあった。

追記　本稿は、ヘルマン・オームス『徳川イデオロギー』（黒住真ほか訳、ぺりかん社、一九九〇年）の刊行を記念して一九九三年九月に行われた大谷大学大学院特別セミナーでの発表原稿である。このセミナーの内容は、ヘルマン・オームス＋大桑斉編『シンポジウム　徳川イデオロギー』（ぺりかん社、一九九六年）としてまとめられた。

素戔嗚尊を金気武徳の神として読み、これを徳川将軍に重ね合わせるという事実については、これまでも部分的には指摘されてきたし、この点、オームスにあっても正当に着目されている（『徳川イデオロギー』三一五―一六頁）。私も、これを継承している。その上で私は、素戔嗚尊の神格の問題をはじめとする諸契機を、すぐれて「徳川的な」神話の解釈＝再構成、大きく神話の倫理化・現世化として捉えかえし、オームスが論じようとする近代日本の正統イデオロギー、その中での神話が担った意義とは歴史的な性格が違うのではないかと述べようとした。

『神代巻藻塩草』におけるスサノヲ像

玉木正英（一六七〇～一七三六・寛文十～元文一）は、近世中期の垂加神道家である。出雲路信直に師事し、一七一三年（正徳三）からは正親町公通の門人として垂加神道を学んだ。正親町公通（一六五三～一七三三・承応二～享保十八）は、山崎闇斎が自らの死に臨んで『中臣祓風水草』の草稿を託した人物で、闇斎没後の垂加神道の発展は、この公通によるところが大きいとされている。正英は、一七二六年（享保十一）、公通から垂加神道の秘伝書である『持授抄』一巻を授けられている。正英の代表作としては、垂加神道の教義や行法を整理した秘伝書としての『玉籤集』八巻が知られ、その号は葦斎、霊社号は五《い》鰭《ひれ》霊社である。

正英が、師である公通の素志を継いで完成させた『日本書紀』神代巻の注釈書が、『神代巻藻塩草』五巻である。信直や公通が伝えた解釈を正英がまとめ上げたもので、正英の死から三年後に、正英の高弟で『日本書紀通證』三五巻の著者として知られる谷川士清（一七〇九～一七七六・宝永六～安永五）の手によって出版された。小林健三『垂加神道の研究』は、『神代巻藻塩草』を「垂加神道の正脈を継承して、其の学説を発揮した点に於いて、垂加神道史上に極めて重要なる地位を占むるもの」であり、神代巻に対する「垂加流の註釈書として白眉と称すべきもの」だと評価している。[1]

一

正英は、『神代巻藻塩草』（以下、『藻塩草』と略記）を、

> 此紀ハ則我国帝王之実録、而上始リ二国常立尊ノニ一、下終ニ持統天皇一、自レ是以降《コノカタ》国史相続而成、当下与シ二天壌《アメツチ》一無ルレ窮リ者矣

という一文で書き出している。「帝王之実録」だということの意味は、「上宮太子ノ旧事紀、安麻呂ノ古事記」のように「君臣ヲ雑ヘ記」すことをしていないということである。『旧事紀』は、「第一神代系紀《ノリノフミ》ニ君臣ノ系ヲ併セ記シ天御中主ノ尊ヲ第一代ニ立、国常立ノ尊ヲ第二代ニ立」ているし、(2)『古事記』は、「初ニ五柱ノ別天神ヲ立、次ニ国常立尊ヲ立」ていた。

> 此紀ハ国常立尊ヲ首ニ立給ヘリ、所謂国之所ハ二以テ立一則帝王之任也、故為ニ二帝王之元祖一ト、是レ開巻第一ノ大事ニシテ国号ヲ以テ題号ト為シ給ヘル微意モ亦茲ニ在リ、帝王ノ御血脈、開闢ノ最初ヨリ天地ト倶ニ立セ給ヘル本源ヲ唯一路《スチ》ニ記シ給ヒテ、臣下ノ系ハ雑ヘ給ハズ、是信ニ帝王ノ実録タル所也

と述べられるように、「臣下ノ系」を雑えて記すことなく、「帝王ノ御血脈」の連綿を「唯一路」に明らかにしたところに、神代巻の尊貴性があるというのである。

それが「帝王之実録」だということは、神代巻をどのような立場から読むべきかという問題に直結する。

> 此神代ノ巻ハ天地開闢ノ理、陰陽五行ノ縕ヲ主トシ説給ヘル為ノ書ニハ非ス、……世ニ唯一神道・習合神道ト云名目有リ、習合トハ神道ニ儒仏老荘等ノ外国ノ説ヲ牽合傅会スルヲ云、是迷ヘルノ甚キ也

正英は、天地開闢に「理」があること、それを「陰陽五行」といった範疇で説きうるであろうことを否定はしない。しかし、そうした「理」を明らかにすることを、神代巻の主題としてはならないというのである。そのような立場は、天地開闢なら天地開闢の所伝を、そうした「理」を伝えるための一つの比喩や暗示として解釈しようとする。そうではなく、帝王の血脈を、その本源から伝える「実録」として、神代巻は読まれなければならない。まして「儒仏老荘等ノ外国ノ説」を借りて、「実録」の伝える事実の背後にあるところの「理」を明らかにしようとする態度は、大きな誤まりだとされる。

では、天地開闢の時に「帝王ノ御血脈」はどのようなものとしてあったのだろうか。神代巻第一段「古天地未剖、陰陽不分、渾沌如鶏子、溟涬而含牙、……故天先成而地後定、然後神聖生其中焉」について、『藻塩草』はこう述べる。

然後神聖生《マス》二其中《ニ》一焉トハ、天成地定ラザル以前神ハ在坐スシテ、成定テ後始テ生マスト云ニハ非ス

天地開闢が成ってから、それをまって神が生まれたわけではないのである。

混沌ノ最初ヨリ大元ノ神霊在坐ト雖モ、未発ノ場ナル故、手ヲ下サス、唯牙トノミ記シ給ヘリ、既ニ剖レテ天ト云地ト云名立シヨリ神トハ称シ奉《マツ》ル也、古伝ニ神ハ天地ニ先立ノ神也、天成地定テ神聖在坐事、鎮ヘ也ト云ヘリ

「未発ノ元霊」などとも言われる始源の神「大元ノ神霊」は、「未発」のままに姿を顕現させずにあったが、天地

開闢が成ったのをうけて、神という名を得て現われた。(3) では、その始源の神とは、どういう神なのだろうか。

是大元ノ尊神ニシテ則チ帝王ノ御大祖、御人体、御血脈ノ本源ト拝シ奉ル御事也、……其中トハ、天ノ真中ノ地ノ正中ノ心木《ギ》心柱《ラ》ノ処ヲ指テ云、其中台ニ天地ヲ統御シ給ヘル主宰元霊ノ神在坐リ、是我大君ノ本源ニシテ……此御神徳ヨリ人民万物モ化生セル也

それは、天地宇宙を「統御」「主宰」する神であり、同時に「帝王ノ御大祖……本源」の神でもある。天地宇宙の中心に現に存在し、あらゆる生命は、その「神徳」を受けることで誕生するとされている。天地宇宙を主宰する「大元ノ尊神」が、天地開闢をうけて姿を現わして神の名を得るのであるが、神代巻によれば、その最初の姿が国常立尊であり、次いで国狭槌尊、さらに豊斟渟尊となる。この三神も、「大元ノ尊神」の已発の姿として読まれなければならない。『藻塩草』が、この三神の誕生について、

以下ハ国土ノ凝堅ル事ヲ主トシテ説給ヘルニ非ス、我国帝王ノ本元、天地ト倶ニ立セ給ヘル事ヲ記シ給フト見カ正意也

と述べるのも、神代巻の展開とともに主題が、天地宇宙の主宰神としての「帝王ノ御大祖」から離れてしまうことを警戒してのことである。(4) 神代巻は、どこまでも「帝王ノ御血脈」をめぐって読まれなければならない。

二

神代巻の第四段「伊弉諾尊・伊弉冉尊、立於天浮橋之上、共計曰、……名之曰磤馭慮嶋」について、『藻塩草』は、

　磤馭蘆《ママ》島トハ自凝縮ル義ヲ以テ名ク、便チ大八洲開闢以前ノ名ナルヘシ、土地自ラ縮マルハ土地之味《ツ、シミ》ノ義、吾国道体本原ノ名、人道ノ始也

と説く。自ら土が凝結してできたものとしての磤馭慮嶋は、「ツ、シミ」の重要性を体現しているのである。土の凝結は「ツ、シミ」の表現であるが、それがより堅固なものになるためには、つまり「ツ、シミ」が「ツ、シミ」として完成するには、土と金との組み合せが必要だとされる。それは、

　土ハ金ニテ粛《シマ》リ、土粛リテ金気ヲ生ス、是土地之味《ツ、シミ》ノ道……

などと言われる通りであるが、神代巻に登場する「蛭児」や「淡洲」は、それぞれ「蛭児ト云ヘルハ……唯土金ノ徳全タカラス」「淡ノ洲ハ字ノ如ク淡シキ洲ニシテ金気ノ粛リ無ク」とされるように、土と金との組み合せが不備だったものとして説明される。磤馭慮嶋から始まった国生みによって成立した日本は、

　戈ノ鋒ヨリ滴ル潮ノ凝成ル所ノ此国ナレハ、万国ニ優レテ金気ノ盛ナルモ亦見ツヘシ

と称えられるように、「ツ、シミ」の完成に欠かせない「金気」に溢れた国だとされている。

一　スサノヲの誕生

「神代巻」の第五段によれば、伊弉諾尊と伊弉冉尊は、大八洲国と山川草木を生んだ後に、日神としての大日孁貴、月神、蛭児、そして素戔嗚尊を生んだ。そのスサノヲについて神代巻の本文は、「此神有勇悍以安忍、且常以哭泣為行、故令国内人民、多以夭折、復使青山変枯」として、その異常な神格を描いている。これを『藻塩草』は、どのように解釈するのだろうか。

此神ハ土気無クシテ金気ノミ烈シク顕ハレ給ヘル神ニテ、蛭児ト表裏ノ神也、云サハ蛭児・素尊ヲ和合シタランハ善神御出生シ給フヘカラン

金気を欠いて土気だけで粛《しま》りのない蛭児と「表裏ノ神」として、金気のみで土気を持たないのがスサノヲなのである。「金気ノミ烈シク顕ハレ」るとは、具体的には次のような振る舞いを指している。

安忍ハ……不仁ヲ安ンシ忍ブムゴキ意、金気烈シクシテ粛殺ノ気見《あら》ハル、故也、哭泣トハ、安忍ニシテ怒リ多キヨリ声ヲ揚、涙ヲ流シ、イトセメテ切ナルヲ云、秋気ノ物哀シキ有様思合スヘシ、……使ニ青山ニ変枯ハ、物ヲシテ生テ遂サラ令ルヲ云、……素尊山ヘ入給ヘハ、今マテ青々ト生繁リタル草木モ忽チシホ〱ト枯槁シテ変リハテヌル気色、サナカラ如此バカリノ金気ニテ在坐様ヲ写サセ給ヘリ

では、スサノヲは「悪神」なのか。

　サテ素尊人民ヲ夭折ニシ給ヒ、青山ヲ枯山ニシ給ヒ、残ヒ害ルコトヲ好ミ給フ故、悪神ト心得ル人侍レト、
　是則チ金ノ徳也

スサノヲは「悪神」ではなく、「金ノ徳」が過剰なままに露わになっている神なのである。『藻塩草』は、こう続ける。

　金ノ用ハ剣ヲ最トス、剣ハ利断《トクキル》ヲ以テ貴シトス、鈍キ剣ハ用ニ立ス、然レトモ剣モ抜放テハ物ヲ傷ヒ、鞘ニ納ムレハ守リトナル、金ハ元ヨリ土ニ兼テ地中ニ蔵ル、カ金ノ本性也

金気の用《はたらき》を典型的に象徴するのは「剣」であり、スサノヲは、この上なく「利断」な、しかも土気を欠いたという意味で「鞘ニ納」められていない剝《む》き出しの剣なのである。『藻塩草』は、こうしたスサノヲを、「荒金ノ自然ノ性」のままの神とも表現している。

　そしてスサノヲは、父母の二神から、「汝甚無道、不可以君臨宇宙、固当遠適之於根国矣」という勅《みことのり》を受け、「逐《やら》」われるわけである。「根国」については、

　素尊ヲ人民多キ国ニ置テハ国民多ク夭折ニナル故ニ、人目希《まれ》ナル山深キ遠国ヘ適トノ勅リ也

と説明した上で、「西北方幽暗ノ地、実ニ根ノ国トモ謂ツヘシ」として「山陰道」の名が挙げられている。では、

根国に「逐《やら》」われるとは、どういうことなのだろうか。それは、

若《かか》ル根ノ国ハ、固ヨリ金ノ居ルヘキ処ニソ侍ル、金気ノ神、山深キ処ニ隠レ給ハ、自然ニ金気モ和《ゴ》マラセ給ヒ、土金金備シテ慎ミノ御徳成ラセ給フヘシ

と解釈されるように、スサノヲの神格を矯正し、「土金全備」の神として再生させることなのである。過剰な「金気」は、「山深キ」根国の土気に包まれることで「和《なご》」み、「慎ミ」の徳が体得される。剣の比喩を再び用いて、これを、「抜放テル剣ヲ本ノ室《サヤ》ニ納ムルカ如シ」とも述べている。「逐《ヤラ》」うという行為の含意は、追放というよりも、「令下治根国」（一書第一）や「可以駆極遠之根国」（一書第二）を引きながら、

二尊ノ逐給ヘルハ、根ノ国ヲ知ラサシメ給フ者也

と説かれるように、スサノヲに根国を治めさせるためのものとして解釈されている。

ところでスサノヲの誕生について、一書第一では、伊弉諾尊が白銅鏡《ますみのかがみ》を左手に持った時に大日孁尊が化生し、右手に持った時に月弓尊が化生し、さらに「廻首顧眄之間、則有化神、是謂素戔嗚尊」と伝えられている。これを『藻塩草』は、

顧眄之間トハ見目《ミルマ》下《サガ》リ也、御目《マ》下《サカリ》ニ見給フ処ハ土地ナル事明ケシ、……天下ノ主ノ御出生ハ著シキ験シヲ得給ヘハ、次ニ又此主ヲ守護シ、下民ヲ鎮《メ》治ル金気剣徳ノ神ヲ生給ン為ニ、土地ノ精金ヲ感得在坐テ素尊ヲ生給ヘル也

とする。『藻塩草』は、ここでスサノヲに固有の役割を与えている。「天下ノ主」である大日孁尊を「守護」する神がスサノヲなのであり、「守護」の具体的内容が「下民ヲ鎮治メル」ことなのである。「下民ヲ鎮治メル」ためには、「金気剣徳ノ神」であらねばならない。そういう神を化生させるために、伊弉諾尊は「土地ノ精金ヲ感得」しようとして、大地を「目下ニ」見つめたわけである。

また一書第六は、伊弉諾尊が黄泉国に伊弉冉尊を訪ね、逃げ帰り、「祓除」をして、左眼を洗うことで天照大神を、右眼を洗うことで月読尊を、鼻を洗うことで素戔嗚尊を生んだと伝えている。そして伊弉諾尊は、「天照大神者、可以治高天原也、月読尊者、可以治滄海原潮之八百重也、素戔嗚尊者、可以治天下也」と「勅任《コトヨサシ》」たとされる。これを『藻塩草』は、

> 素尊ハ直ニ地中ノ金、依テ天下ヲ治スノ任ト定メ給ヘル者也、……治㆓天下ヲ㆒ハ、君ヲ守護シ民ノ順ハサルヲ糾《ただ》シ治メ給フヲ云

としている。一書第一に与えられた解釈と同じように、ここでも、「治㆓天下ヲ㆒」めるという実際の統治行為は、「天下ノ主」や「君」と呼ばれる者に期待されるのではなく、「天下ノ主」や「君」を補佐し、これを「守護」する者について求められているのである。そしてその具体的内容の中心は、「下民ヲ鎮治メル」「民ノ順ハサルヲ糾シ治メ給フ」と言われるように、武威の発揮として捉えられている。

2　スサノヲの誓約

神代巻は、スサノヲが高天原に昇り、アマテラスとの誓約《うけい》に勝ち誇っての暴逆、そして高天原からの追放へと

物語を進めていく。しかし正英は、物語の展開について神代巻の本文を採らず、第七段の一書第三の所伝こそが本来のものだと主張している。よく知られるようにこの一書は、自分の田地よりアマテラスの田地が勝っていることで、不満を懐いたスサノヲがその溝を埋める等の乱暴をはたらく、アマテラスは天石窟に籠り、スサノヲは高天原から追放される。風雨の中に追放されてさまようスサノヲを助ける神はいない、スサノヲはアマテラスに別れを告げるために再び高天原に昇る、アマテラスは高天原を奪うためにスサノヲが昇ってくるものと思い武装してこれを迎える。そこからスサノヲとアマテラスの誓約に至るという筋立てを伝えている。『藻塩草』は、

此一書、本章ト次第異レリ、恐クハ本章誓約ノ段ト磐窟ノ段ト前後セルナルヘシ、次第ハ此一書善備レリ

として、「磐窟ノ段」の後に「誓約ノ段」が置かれる一書第三をよしとするのである。その根拠の一つは、

此ヨリ簸川ノ段ヘノ連続《ツヽキ》モ善ク適ヒ侍ル旨、師伝ニテソ侍ル

と述べられるように、出雲の国を舞台にした後のストーリーとの接続が、より円滑であるという「師伝」に求められるが、それが全てだとは思えない。「磐窟ノ段」の後に「誓約ノ段」を置くことが、そこに描かれるスサノヲ像にどのような変化をもたらしたのか、以下に順を追って見ていこう。

まずアマテラスの田地への狼藉は、『藻塩草』によれば、「斎田ヲ害ヒ新嘗神衣ヲ汚シ政事ノ本源ヲ乱」す重大な行為ではあるが、それは、

是皆素尊ノ残害ヲ好ミ給ヘル金気ノ態也

とされるように、政治的意図からのものではなく、スサノヲの生来の「金気」がたまたま剝き出しになったために生起した事態なのである。そしてアマテラスは、スサノヲに対する「懲戒」として天石窟に籠り、スサノヲは追放される。「諸神帰罪過於素戔嗚尊、……已而竟逐降焉」とされる通りであるが、『藻塩草』によれば、ここでの「逐」は、端的に「追放」なのである。(5)

> 財宝ハ徴尽セリ、因テ髪ヲ抜キ爪ヲ抜キ、是モ贖物トシテ罪ヲ払フ也、……是ヲ肉刑ノ初トスル説ハ非也、……今云追放ナルヘシ

では、この時になぜ、髪や爪に及ぶ「贖物」を出させるのだろうか。一書第二の「遂以神逐之理逐之」について、

> 以神逐之理逐之トハ、二義ヲ兼看ルヘシ、一ハ罪ヲ犯ス人ニ其法ノ軽重ヲ説明シ、其理ヲ心服セサセテ逐フヲ云、是罪人ヲ責ルニ私ヲ容サルノ道也ト云ヘリ、一ハ顕露ノ政ニ於テハ已ニ法ニ処シテ後是ヲ許シ給フト雖モ、罪咎ノ人ハ幽冥ニ在テ神明ノ罰ヲ蒙レリ、故ニ贖物ニ……祓具ヲ置足ハシ、祝詞ヲ以テ此ヲ神明ニ告ケテ神明ノ逐ハセ給フノ理ヲ以テ之ヲ逐フヲ云ヘリ

と述べられている。つまり、罪人は「幽冥」の次元に赴いた時点で、あらためて「神明ノ罰」を受けるのであり、それに備えて「贖物」や「祓具」を提出して「神明ノ罰」を粛然として待つものなのである。そして、スサノヲもそうした。

追放されたスサノヲは、青草を結って笠蓑とし、衆神に宿を乞うが容れられず、一書第三の表現を引けば「于

時霖也、……風雨雖甚、不得留休、而辛苦降矣」という状態だった。しかし『藻塩草』は、ここに大きな意義を見出す。

于レ時霖《フル》也トハ児屋命、太諄辞ヲ以テ此ヲ神明ニ告ク、因テ神明モ納受シ給ヒ霖雨ヲ以テ天地及素尊ヲ祓ヒ清メ給フ也、……風雨甚ハ、天地神明ノ汚穢不浄ヲ払ヒ清メ給フノ厳ナル以テ見ツヘシ、……此ノ如ク艱辛労苦シ給ヒナカラ根国ヘ流離《サスラ》ヘ降リ給フニ懲ラセ給ヒ、荒金ノ暴悪ノ気象モ変化《シ》、終ニ土金練熟シテ敬ミノ神徳ニ帰シ給ヘル者ハ、是則祓ノ徳タル所也

先に見たように、過剰な「金気」をもって誕生したスサノヲは、根国の「土気」に包まれることで「和《なご》」み、そこで「土金全備」の神格になるはずであった。しかし実際には、神明の「汚穢不浄ヲ払ヒ清メ」る力によって、根国に降りるより以前に、「土金練熟」を果たし「敬ミノ神徳」を得ることになった。スサノヲを苦しめた烈しい風雨は、その浄化の力によってスサノヲの罪を払い清めようとする、神明の「祓」そのものなのである。「払ヒ清メ」られたスサノヲは、あらためて姉に別れを告げるために高天原に昇る。

高天原に昇って来るスサノヲを前に、アマテラスは、

素尊初メ天上ヘ昇リ給ヒシ時、田ヲ害リ祭ヲ穢シ、種々ノ悪行ヲ為給ヘリ、……復《ふたた》ヒ昇リ給ヘルハ、必ス天位ヲ奪ハントノ意ナラント疑ヒ給ヘル者也

として、スサノヲが「天位ヲ奪」うために来たのだと思い込んでしまう。それは、スサノヲに対する先入見があったからというよりは、「天位ヲ御大切ニ守ラセ給フ御心ヨリ如此ハ思召也」と説かれるように、「天位」を守り

たいというアマテラスの思いがそうさせたのである。そしてアマテラスは、スサノヲに対して「爾《なんじ》之赤心」を証明することを迫り、「誓約」をするに至るが、「土金練熟シテ敬ミノ神徳」を得たスサノヲに「黒心」のあるはずがない。『藻塩草』は、高天原に再び昇ったスサノヲの意図を、こう説き明かす。

素尊清心ヲ以テ只暫ク来ル者ハ、日嗣ノ御子ヲ立テ皇統ヲ相続シ給ハンノ意ヲ底ニ含リ、……一説ニ素尊始メ天ノ位ヲ奪フノ心有リテ天上ヘ昇リ給ヘリ、然レトモ日神ノ武備ヲ見給ヒ敵スヘカラサルヲ知テ翻テ此ヲ改ムト云ヘリ、此説甚タ誤レリ、設《も》シ如此ナラハ、始ハ悪キ心有リ、然ルヲ此ヲ隠シテ元リ悪心無シト陳シテ誓ヲ立給フ者ナラハ、烏《いずく》ンソ五男出生ノ清キ験シ有ンヤ

こうも言われる。

素尊、天位ヲ奪ントノ黒心ハ根元ヨリ無シ、……二尊厳勅有リト雖モ、朝参シテ天顔ヲ拝シ御暇ヲ乞、君ノ勅許ヲ蒙ラスシテハ敢テ去ヘキノ義ニ非ス、……素尊、忠誠ノ心ヲ以テ朝参シ給ヘル、……素尊ハ金気剣徳ノ神ニシテ武威ヲ以テ朝廷ヲ守護シ給ヘルノ任也、故ニ先ツ朝参シテ其旨ヲ奏シ職ヲ辞セスシテハ擅《ほしいまま》ニ敢テ私ニ永ク根ノ国ニ就給ヘカラス

「武威ヲ以テ朝廷ヲ守護」することをその「職」とするスサノヲは、父母の神の命に従って根国に降るにしても、「職ヲ辞」するにあたって「君」としてのアマテラスの許可を経ないわけにはいかないから「朝参」したのである。そこに「天ノ位ヲ奪フノ心」「悪キ心」は、あるはずもない。

さて「誓約」である。「〔スサノヲ〕対曰、請与姉共誓、夫誓約之中、必当生子……」と神代巻の本文は言うが、

『藻塩草』は、この「共」に着目する。

共誓トハ、共ノ字眼ヲ具フヘシ、……素尊無二逆心一ノ御誓而已ナラハ、素尊御一神ノ御誓ニテ事済《スム》ナレトモ
……

では、なぜ「共」なのだろうか。

是ハ無二叛逆一ノ御誓ト、皇統御相続ノ御誓ト二ツヲ合セタル者故、大神ト共ニ誓約ヒ給ヘル也

正英の理解はユニークなもので、「共」は単純に〝姉と一緒に〟ということではなく、「無叛逆ノ御誓」と「皇統御相続ノ御誓」という二つの誓約が合わせられているから、その重みによって姉と「共」になのである。スサノヲに「叛逆」の心がないことは明らかであるから、『藻塩草』の見るところ、スサノヲに即する限り「皇統御相続ノ御誓」に内容的な主眼があるはずである。

スサノヲによる「皇統御相続ノ御誓」とは、何なのだろうか。まず、この時点は、皇統にとって重大な危機にさしかかった時であった。

朝廷守護ノ任トシテ、眼前ニ皇統日嗣ノ御子無キヲ見棄テハ忍難ニ堪給マシ、故ニ此清心ヲ以テ上来給ヘリ

「日嗣ノ御子」の不在は、この上ない危機である。それは、

> 此時ノ事体ヲ考ルニ、冉《ノ》尊ハ前既ニ崩御、月読《ノ》尊ハ勅勘、諸尊ハ素尊天上ヘ昇リ給ヘル後崩御、素尊ハ永《ニ》根《ノ》国ヘ退キ給ヒ、大神ハ御女体、然レハ天《ノ》柱ヲ以テ天《ノ》位ヲ立給フトモ、日嗣ノ御血脈無テハ皇統ノ断滅ニ及フ

と解説される通り、「日嗣ノ御血脈」を持たないアマテラスが、「皇統ノ断滅」という危機を前にして孤立してしまったという事態である。『藻塩草』によれば、まさにその事態を打開するために、スサノヲは再び高天原に昇ったのである。単に、別れを告げるためではない。

> 因テ素尊、是ヲ憂ヒ給ヘル故ニ、天顔ヲ拝シテ共ニ此一大事ヲ議リ給ン為、雲霧ヲ跋渉リ、遠方ヨリ遥々ト登リ給ヘリ、是ヲ以テ天位守護ノ金気剣徳ヲ磨キ振ヒテ上ラセ給ヘルニ、天地モ感シサセ溟渤之ヲ以テ皷キ盪ヒ、山丘之カ為ニ鳴呴ケリ

「皇統ノ断滅」を何としてでも防ごうとするスサノヲの「天位守護」の思いの真剣さに、天地も身を震わせて感動したのである。そして「皇統御相続ノ御誓」の内容を、『藻塩草』は次のように解き明かす。

> 此段ハ近ク云ヘハ、皇統御相続ノ為、素尊ノ日神ニ代ラセ給ヒテ、日嗣ノ御子ヲ生テ日《ノ》神ニ奉リ給ントノ御誓約也

スサノヲの誓約の核心は、生まれてくるスサノヲの子を「日嗣ノ御子」としてアマテラスに差し出すことにあったというのである。これは、ユニークという以上に大胆と言うべきものであり、正英も、その解釈の孕む危険性を自覚していた。

是素尊ノ妃《ミメ》ノ懐妊シ給ヘル有ヲ以テ如レ此誓ヒ給ヘルニハ非ス、設《も》シ素尊自レ本懐妊シ給ヘル御子ヲ以テ皇統ニ立給ントノ御志露《つゆ》バカリ有ナラハ、是乃チ取モ直サス叛逆ナル故……

自分の妃が懐妊しているから、その子を「日嗣ノ御子」に差し出そうという気持ちが僅かでもあれば、それは「叛逆」より以外の何物でもない。そうではなく、

大神・素尊、相共ニ日嗣ノ御子御出生アレト誓ヒ給ヘル至誠ノ身中ヨリ御出生在坐御子ヲ、素尊ノ御妻《メ》ノ産出シテ是ヲ日神ヘ奉リ上給ヘル者也

とされるように、直接的にはスサノヲとその妻との間にできた子であるが、それはまた、アマテラスとスサノヲという姉と弟との「日嗣ノ御子御出生アレ」と願う「至誠」の結晶でもあると解釈されるのである。

「至誠」の結晶という意味は、神代巻の本文に即せば、こうである。まずアマテラスが、スサノヲの十握剣を取り、これを三段に打ち折り、天真名井で濯いで、これを咀嚼して吹き出すことで三女神が誕生する。これを『藻塩草』は、「日神ノ心化ノ神」だとする。次いでスサノヲが、アマテラスが身に帯びていた「八坂瓊之五百箇御統」を同じように咀嚼して吹き出すことから五男神が成る。これは、

此五男ハ、素尊心化シテ身化シ給ヘル者也、日神ノ御心ノ八坂瓊ヲ乞請テ井ノ水及ヒ一元真水ニ振濯キ掌握シ念シテ、此瓊カ日嗣ノ子種ト成テ皇統ニ立セ給ヘル御子出生アレト誓ヒテ嚼シメ呑コミ給フ至誠ノ凝セ給ヘル御心ト、日神モ亦吾此心ノ霊《ミタマ》子種ト成リテ素尊男子ヲ生給ヘ、男子ヲ生給ハ、予以為レ子ト而令レ治二天原ノヲ一ト

> 誓ヒ給ヘル至誠ノ御心感通シテ素尊大息ヲ吹出シ給ヘハ其気《イキ》ノ狭霧ノ中ニ現然《キラリ》ト五ツノ男子ヲ見着給ヘリ、其見着給ヘル者ヲ素尊妻妾ヘ交合シテ孕《ハラマ》シメ給ヒテ十月満シテ身化シ給ヘリ

と解釈される。五男神は、心化と身化という二重性をもって生まれた神である。「日嗣ノ御子御出生アレ」と願うアマテラスとスサノヲの「至誠」の「感通」によって「五ツノ男子」が現われるが、これが「心化」の相における五男神である。それをスサノヲが「交合」によって母体に送り入れ、月満ちて生まれたのが「身化」の相における五男神なのである。[6]

「心化」の相における五男神の生成は、次のようにも説かれている。神代巻の本文にも、「是時天照大神勅曰、原其物根、則八坂瓊之五百箇御統者、是吾物也、故彼五男神、悉是吾児」とされたように、その「物根」は、アマテラスのものだった。そこで『藻塩草』も、

> 原二其物根一トハ、瓊ハ日神ノ御心ノ霊、此ヲ根種《タネ》トシテ五男ハ御出生シ給ヘル也、喩ヘハ父ヨリ一元ノ一滴ヲ施シテ胎ヲ成カ如シ、……種子ヲ施ス者ハ父、生ミ出ス者ハ母ナレハ、日神ハ父ノ如ク、素尊ハ母ノ如シ、故ニ五男ハ日種ニシテ素種ニ非ス、……五男実ニ日神御子ナルユヘ取テ養シ給ヘリ、素尊ノ御子ヲ取テ御養子トシ給ヘルニハ非ス

と論じている。「心化」の相においては、比喩的に言えば、アマテラスが父でスサノヲが母なのである。その意味では、五男神は「日種」であって「素種」ではない。しかし、これが「日嗣ノ御子」としてあるためには、身体をもつことが必要であり、その「身化」の相においては、スサノヲを父とするのである。

こうして、高天原でのスサノヲの活躍は終わる。正英は、「磐窟ノ段」の後に「誓約ノ段」を置くことで、自

らの欠点を克服して「土金全備」となった英雄神としてのスサノヲが、「皇統ノ断滅」の危機を救ったという物語を前面に押し出すことに成功した。そしてアマテラスとの誓約は、一般に読まれるように、スサノヲの赤心を証明するものではなく、「日嗣ノ御子」を差し出すという、一歩を誤まれば「叛逆」になりかねない行為の「至誠」を明かすものとされたのである。

3　出雲でのスサノヲ

出雲の地に降りて八岐大蛇を退治し、草薙剣を手に入れたスサノヲは、「是神剣也、吾何敢私以安乎」と述べて、この剣を天神に献上した。『藻塩草』は、

始メノ荒金ノ御気象ニ在坐ハ、此剣ヲ得給フヲ幸トシテ猶々金気ヲ荒振ハセ給フヘキニ、御徳改リ和マラセ給ヒ、若ル有難キ神慮《ニ》ナン侍ル

とし、さらに、

謹テ以《おもん》ミルニ、素戔嗚尊日《ノ》神ノ八坂瓊之五百箇御統ヲ以テ物根トシ給ヒテ日嗣ノ御子ヲ生マシ給ヒ、八咫《ノ》鏡モ素尊ニ事起リテ鋳作リ奉リ、草薙《ノ》剣モ此神感得シ給ヒテ日《ノ》神ニ献上シ給ヒヌ、三種皆素尊ニ因テ出現シ、常磐堅磐ニ皇統ノ御守ト成ラセ給ヒ永フルニ限リ無キ伝国ノ霊璽ト斎《イツ》カレ給ヘリ

と述べて、「三種」の「皇統ノ御守」が、いずれもスサノヲに縁を持つことに注意を促している。(7) 特にこの剣は、

> 地ノ精髄ニシテ、其精神根ノ国底ノ国ノ幽谷ニ居シ大蛇ノ尾ヨリ出現シテ天神ノ御許ヘ上レリ、是天地鎮護ノ宝剣、実ニ霊妙不測ノ神器ニテ在坐ハ……

と言われるように「地ノ精髄」であり、金気をもって生まれたスサノヲの手を媒介として天神に渡るにふさわしいものであった。既に見たように、金気の用《はたらき》を典型的に象徴するものは、他ならぬ「剣」だったからである。

こうしてスサノヲは根国に去っていくのであるが、正英はスサノヲを、あらためてあるべき武徳の神として描き出す。

> 蓋シ素尊自ラ一心清明ニマシテ一点ノ穢レ無キニ至リ給フ処、是偏ヘニ解除ノ徳ニ依リ辛苦ノ功ヲ積ミ、……鍛錬日ニ熟シ研磨功成テ、終ニ御心ノ本然大直日一致ニ至ラセ給ヘリ、道ニ志ス者深ク心ヲ留メテ仰キ法ルヘキ事ニソ侍ル

そして、

> 蓋シ荒金ノ勇気ハ真ノ武ニ非ス、土金敬ミノ極ニ至リ給ヒ、清々シク金気ノ磨ケタルヲ以テ武トハ称シ奉ルナルヘシ

と述べられるように、「荒金ノ勇気」を磨き上げて「敬ミノ極」に至ることが「真ノ武」だと説くのである。それは単に武徳だけに当てはまるものではない。もって生まれた気質の偏向を克服して「敬ミノ極」に至るという点で、「道ニ志ス者」にとっても深い示唆を与えているのである。

小括

正英が『藻塩草』で描いたスサノヲは、徳を備えた（一般的な意味での）理想の武神というに止まらず、神代巻の主題とされた「帝王ノ御血脈」との関わりからして、「帝王ノ御血脈」の「断滅」という危機を救った英雄的な武神なのである。ここに『藻塩草』のスサノヲ像の最大の特色が認められる。

武神は、アマテラスを「守護」しなければならない。しかしそれにしても、正英の描くスサノヲは能動的であり、「守護」されるアマテラスには精彩が感じられない。そこで語られる「守護」は、上位者の命令や指示に順い、その意向を体して忠誠を尽くすというような性格のものではない。スサノヲがそうしたように、何事についても自らの判断で果敢に行動し、危機に臨んでは、一歩を誤まれば「叛逆」になりかねない行為をもあえて進んで実行していく強靭な主体性を発揮させるものなのである。アマテラスとスサノヲは、守られるべき尊貴の存在と守るべき奉仕者ではあるが、『藻塩草』においてはそれ以上に、受動的に結果を受け取る者と能動的に結果を引き寄せる者との相違をもって描き出されている。

日本の武家政権は、固有の時間軸、自らの位階制度、この二つを持たなかった。究極的に言えば、神代巻の伝える神話世界に代わるものを持とうとはしなかった。それらはすべて、神話や律令制に由来する権威（皇統）を温存し利用することで、自らの支配は完結すると判断したのである。それ故に、「帝王ノ御血脈」は「断滅」させてはならない。しかしそれは、ただ武神によって「守護」されるべき受動的なものとして「断滅」さえしなければよいのである。とすれば、神代巻についての正英の解釈は、まさにそうした武家政権の思惑をそのままに反映させることで、あるべき「真ノ武」の姿を提示しようとしたものなのである。

註

（1）小林健三『垂加神道の研究』（至文堂、一九四〇年）三一三—三四頁。

（2）『藻塩草』は、「帝王ト臣下ノ元祖殊テ別ナル事分明也」として、君臣の両祖としての天御中主尊を定立することに反対している。天御中主尊は、「大元水ノ湧出ル本源主宰ノ神」として「伊勢外宮豊受大神ニテ渡ラセ給フ」というのが、『藻塩草』の理解である。

（3）『藻塩草』は、神について「未生」と「已生」という互いに往還する二つの次元を認めている。例えば伊弉諾尊が日之少宮に留まったのは、「已生ノ諸ノ尊崩御シ給ヒテ未生ニ還リ……本元ニ帰ス」として説かれる。なお、ここで言われる「大元ノ神霊」については、「鎮座本紀ニモ、天地未レ剖陰陽不レ分是ヲ名《ク》ニ混沌《ト》一、万物之霊是《ヲ》名《ク》ニ大元《ノ》神《ト》一、亦《ハ》名ニ国常立《ノ》神亦《ハ》倶生神《ト》一見ヘタリ」と引照されているように、伊勢神道の思想を受け継いでいるとしてよいだろう。

（4）伊弉諾尊・伊弉冉尊に対して「有豊葦原千五百秋瑞穂之地、宜汝往修之」と命じた「天神」（第四段一書第一）について、『藻塩草』は「大元ノ神」以外であってはならないと主張している。これも同じ警戒に発してのことであろう。ちなみに谷秦山『神代巻塩土伝』は、「天神指ニ高皇産霊尊一」としている。

（5）同じ「逐」でも、第五段の「逐」とは異なるのである。「二尊ハ素尊ニ根国ヲ治セ給ハンカ為ニ根国ニ逐ヤリ給フ、此段ハ然ラス」。

（6）「此段、素尊ト大神ト御夫婦ト為リ給ヒテ三女五男ヲ出産シ給ヘリト云ハ大ナル邪説ニシテ、此言造ル者ハ実ニ神聖ノ罪人也」とされるように、アマテラスとスサノヲの性的結合としてこの段を読むことが強く忌避されている。しかし『藻塩草』の解釈がそうした「邪説」から遠いものかと言えば、肉体的な次元での性的結合こそ斥けているものの、心の次元について言えば微妙なものを含んでいる。そういう意味での危うい緊張を孕んで、『藻塩草』のやや屈折した解釈がある。なお、吉川惟足が保科正之に対してアマテラスとスサノヲの「交合」説を述べたことを山崎闇斎が伝えている（『神代記《（ママ）》垂加翁講義』）。

（7）「設《も》シ三種ノ御守有サレハ、仮令血脈ノ皇子ニテモ日位ニ昇ラセラル、事能ハストコソ承リ侍リヌ」とも言われる。なお『藻塩草』には「三種神器」という用語法も見られる。

＊『神代巻藻塩草』は、一七三九・元文四年刊本（愛知教育大学図書館蔵）によった。引用にあたり、句読点を施し、必要と思われるルビを平仮名で補い、合字および漢字は通行の字体に改めた。

庶民社会における「徳」——石田梅岩の世界——

はじめに

石田梅岩（一六八五～一七四四・貞享二～延享一）を、一世代先行する町人出身の思想家、例えば西川如見（一六四八～一七二四・慶安一～享保九、町役人を勤めた長崎商人の子。天文暦算に通じ、『華夷通商考』『日本水土論』を著わし、また『町人嚢』『百姓嚢』などの教訓書の著者でもある）と比べてみて気づくことは、その批判精神の旺盛なことである。これには、商家の奉公人として味わった人生の辛酸、思想家としての個人的な資質、梅岩の活動した京都という土地の気風などが様々に深く関わっているだろう。しかしそれだけではなく、梅岩の批判精神を生み、それを支えるに十分な町人社会の成熟というべきものが、背景として与っていたこともまた間違いないことである。

梅岩は、丹波国の中農の次男として生まれた。本名は興長、通称は勘平、梅岩はその号である。十一歳で京都の商家に奉公に出たが、主家の没落により帰郷、宝永四年（一七〇七）、二十三歳の時に再び京都に出て、奉公のかたわらで独学、享保十四年（一七二九）、四十五歳で講席を開いた。開講に際して「何月何日開講、席銭入り申さず候、無縁にても御望の方々は、遠慮なく御通り御聞なさるべく候」、つまり聴講無料、紹介不要という掲示を出したことは、よく知られている。何の後ろ盾もないこの素人学者の講席は、その後継者たちの心学講話のような爆発的な人気を得るというほどではなかったが、それでも京坂地域に確実に教勢を広げ、手島堵庵（京都の富商の子。講舎を整え心学の全国的な普及を果たした）をはじめとする有力な門人を育てたほどには流行ったのである。専門の学者は梅岩を相手にせず、これを聴講しようともしなかっただろうから、生業のかたわらに梅岩の講義を聴こうとする層が町人の中に興っていて、人々の中に、自分たちの商行為（生業）の意味づけを得たいという要求が強まっていたということである。商行為それ自体は古くからあったわけだが、そのような要求はかつて生まれなかった。それがこの時期の京坂に生まれたということは、やはり京坂の町人社会の質的な成熟なしには説明できない。

問題を、巨視的に見てみよう。島原のキリシタン一揆（一六三七〜三八年）にあたって、三万七千の一揆勢力に対して、幕府は実に十二万余もの軍勢を動員した。この時に行われた銃撃戦が、その二百年の後、大塩平八郎の反乱の時（一八三七年）までの国内最後の銃撃戦だった。その島原のキリシタン一揆から一世代が過ぎ、つまり徳川社会が始まってから六十年程がたって、実際の戦闘を体験した世代が世を去ろうとする頃からの社会の変化は、私たちの予想以上に大きなものがあったのであろう。町人や庶民の視点からの発言ではないが、享保元年（一七一六）に成立した『葉隠』には、ある医者の述べたこういう話が紹介されている。元来、男の脈と女のそれにははっきりした違いがあったが、「然《しかる》に五十年以来、男の脈が女の脈と同じものに成申候」。この医者の見立てでは、武士たちが「男の気おとろへ、女同前に」なったというのである。『葉隠』はまた、この三十年以来の若い武士たちの話題が、「金銀の噂、損徳（得）の考、内証支へのはなし（家計の困窮）、衣装の吟味、色欲の雑談」ばかりになったと嘆いてもいる。『葉隠』の立場からはこうした嘆かわしい社会変化をもたらした力が、見方を変えれば、京坂の町人社会の成熟の原動力でもあった。欲望と消費の時代が始まったのである。この変化をいち早く捉えた井原西鶴が、「大福長者教」としての『日本永代蔵』で、正直や律義よりも「才覚」こそが「長者」となるには必要だとして多くの成功例を紹介してから、約半世紀がたっていた。しかしそういう「長者」の世界には、浮き沈みの激しさが付きものである。「親ハ苦労スル、其ノ子ハ楽スル、孫ハ乞食スル」とは、梅岩の言葉を収めた『石田先生語録』（巻十五）に引かれた俗諺であるが、それが人々の実感だったのだろう。食うか食われるか、出し抜くか出し抜かれるか、その連続で人々の心は落着くところがない。まさに欲望と消費の時代だから、その中にあって、欲望と消費に流されない生き方が求められる。

一、武器としての『論語』

梅岩に始まる石門心学（「心学」という呼称は、次の堵庵の時代からのものである）といえば、〈倹約〉や〈分際〉、〈辛抱〉や〈忍耐〉を説く庶民倫理、いわば庶民に分相応の質素な暮らしを納得させ、地道な暮らしに専心させる教説という印象がある。江戸落語の「天災」に出てくる心学先生（紅羅《べにら》坊名《ぼうな》丸《まる》を名乗る）は、親子喧嘩のあげくに実母に離縁状を出そうとするような男に、「気にいらぬ風もあろうに柳かな」と教え、「堪忍のなる堪忍はだれもするならぬ堪忍するが堪忍」「堪忍の袋を常に首にかけやぶれたら縫えやぶれたら縫え」などという道歌を引いて、何事についてもひたすらに我慢すること、怒りや不満を押さえることを、教えがいのあるとも思えぬ相手に対して生真面目に諭している。

だが、梅岩の主著である『都鄙問答』を開けば、そこにあるのは、そういう処世の思想とは違った硬質な議論である。それは冒頭にも述べたように、旺盛な批判精神の所産であり、人当たりの良い京坂の町人たちが、日々の生業の合間にこうした議論に耳を傾けていたという事実に、まず驚かされる（以下、特に断らないかぎり引用は『都鄙問答』による）。

1　学者批判

『都鄙問答』には、田舎から出てきた者が質問を提出して、それに対して、都で開講している梅岩とおぼしき人物が答えるという形式で、合計十六の問答が収められている。その一つに、「播州の人学問の事を問」という段がある。「播州の人」は、こう言う。

学問をさせ候者ども、十人が七八人も商売農業を疎略にし、……我をたかぶり他の人を見下し、……事により て親をも文盲に思やうなる顔色見ゆ……

学問をすると、多くは、実家の生業を厭い高慢になると言うのである。『都鄙問答』の別な箇所では、「人柄あしく成」という表現もされる。これは学問の問題というより、学者の問題であるが、まったく思想的な立場を異にする荻生徂徠からも同じような言葉が拾えるから、こういう〈学者〉イメージは、広く行き渡っていたのであろう。これに対して梅岩は、巧みにも、そういう高慢を直すものこそが学問だと答えて、「身を敬み、義を以て君を貴《たつとび》、仁義を以て父母に事《つかえまつり》、……家業に疎からず」専心してこその学問だと続けている。しかし『都鄙問答』は、それで終わらせないのである。「播州の人」に、こう食い下がらせる。

儒者たる人、聖賢の心を知らずして教る故に、己に克《かち》礼に復《かえる》ことを知らず

学問を授ける側（つまり学者）に欠陥があるから、親を「文盲」扱いするような高慢な若者が出来るのではないかと言わせるのである。「儒者たる人」は、実は学問が分かっていないと言いたいのである。「克己復礼」という一句の『論語』（顔淵篇）からの引用も、学問を事としている人間は、当然ながら世俗的人間より高等だと無邪気に思い込んでいる学者先生への批判として効果的である。梅岩は、孔子自身も「鄙事」に多能であったことを紹介しながら（『論語』子罕篇を踏まえる）、

> 士農工商共に、我家業にて足ことを知べし、論語を読者、かほどのことを知らざらんや、……書を講ずる而《の》已《み》にて真の儒者とは云べからず、……汝も何方にて儒を聞るゝとも、其目利《めきき》をせらるべし、目利せざれば、客〔あなた〕の云へる如くに、学問に依て家業疎略に成、不孝の本を習て、身の害をなすべし

と論じている。『論語』の講義を聴いて学生が家業を厭うようになったなら、それは、そういう講義をした学者が、本当に『論語』を分かっていなかったからだというのである。

梅岩は、正規の漢文を書くことも出来ない、「四書五経にさへ仮名して読み」（『斉家論』）というほどの、その意味では職業的な学者とは言えない人物である。開講に際しても、専門の学者たちからの揶揄・中傷の声が、陰に陽に聞こえてきたと言われている。その梅岩が、「克己復礼」の意義を机の上でしか知らない愚かな学者に子どもを預ければ、「学問に依て家業疎略に成、不孝の本を習て、身の害をなす」ことになってしまうと、世の親たちに警告しているのである。梅岩の批判は、経書の字句の瑣末な解釈の差異をあげつらい、あるいは詩文の技巧を誇るような態度に向けられていて、梅岩は、そういう世上の学者を「文字芸者」「書物箱」と呼んで軽蔑を隠さなかった。

2　武士批判

次に、武士についての議論を見てみよう。『都鄙問答』は、息子が武家に奉公しているという人物を登場させて、「士の道如何」と問わせている。まず、梅岩のような身分の者が、大胆にも「士の道如何」を論じていること自体に驚くべきものがある。戦闘という本来の場所を失った近世の武士は、〈武士の存在意義は何か〉と自問自答しなければならなくなった。ある者は、道徳的に農工商三民の手本になることが武士の存在意義だと論じ、

ある者は、官僚として統治能力を高めることが武士の役割だと考えた。不断に〈死〉の覚悟をもって、与えられた家職に専念することが、武士らしい生き方だと思い詰める者もいた。いずれにせよ武士の存在価値は、泰平の世にあって、農工商三民の場合ほどに自明ではなかったのである。そういう状況の中で、町人社会の中から、あるべき武士の姿はどのようなものかが公然と論じられるようになった。武士にとって、これは大変なこと、恐るべきことではないだろうか。梅岩は、『論語』の一節（「鄙夫可与事君也与哉」章、陽貨篇）に拠って、

毫釐ほども（ほんの僅かでも）禄をのぞむに心あらば、君を害《そこな》ふ本となるべし

と言い、さらに同じく『論語』の「邦に道有れば穀す（仕官して俸禄を受ける）、邦に道無くして穀するは恥也」（憲問篇）を引いて、次のように論じた。

然れば治世に幸を以《もつて》禄を得、無役にして食《くらふ》は恥べきことなり、況や君無道にて国治らず、然るに君を正すことあたはず、禄を貪り身を退かざるは、此又大なる恥なり、能々《よくよく》味ふべき所なり

これによれば、武士の本領は、無道の主君を諫め正すことにあって、それが出来ないなら潔く退任すべきものなのである。治世の実現に何ら貢献しない武士、主君を諫争しえない武士、これらは「士の道」に外れた恥多いものだとされている。

武家社会の内部において、武士の「恥」は、同輩の視線を気にかけてのものであることが多い。同輩から卑怯者・臆病者として後ろ指をさされることが、武士にとって何よりの、死よりも重い恥辱であった。しかし梅岩の着眼は、そうではない。「禄」に相応しいだけの仕事をして、治世の実現という点であるべき結果を生んでいる

のかどうかが問題なのである。

この他、賄賂を要求する武士が厳しく批判されるが、その言葉の激しさは、梅岩の思いの丈がこもっているかのようである。

> 元来《もとより》士と云はるゝ身が下々より蜜々《みつみつ》に礼銀などを請ることあらば、定めて贔屓《ひいき》の沙汰に至るべし、下々と並《ならん》で何ごとにても、取持人を士と云ふべきか、其は盗人と云者にて士にはあらず

賄賂については、おそらく梅岩が商家に奉公していた時期に、色々見聞・体験したことも多かったのではないかと想像される。賄賂が止まないのは、「七分の罪は上にあり、三分の罪は下にあり」という言葉も『都鄙問答』には見えている。

話を先に進めよう。こういう武士批判は、「士農工商」についての新しい見方を生み出していくのである。

> 士農工商は天下の治《おさま》る相《たすけ》となる。四民かけては助け無かるべし。四民を治め玉ふは君の職なり。君を相るは四民の職分なり。士は元来《もとより》位ある臣なり。農人は草莽の臣なり。商工は市井の臣なり。臣として君を相るは臣の道なり。商人の売買するは天下の相なり

ここで言われているのは、とりあえずは「商人の売買する」ことが社会にとって有益な行為であり、そこで得られる利潤は正当なものだということである。しかしそれと同時に、有用な行為の連環によって社会は成立しているという、機能的な社会イメージが押し出されていることが、より重要であろう。

社会は、支配する者と支配される者から成り立っているのではない。まして、支配する者が万能で、支配され

る者が無能なのではない。農民は農民にしか出来ない道筋で、社会を支える。商人も、職人も、武士も、それぞれの仕方において社会を支える。その支え合いの結果として、人々の安定した生活がもたらされる。これが、梅岩の懐いた機能的な社会イメージである。つまり、社会的な機能のそれぞれの担い手として、「士農工商」は意義付けられた。士農工商という「四民」の上にある「君」もまた、「四民を治め玉ふは君の職なり」ということで、「四民」と同じ「職」の担い手である。「君」と「士農工商（四民）」の間には、確かに上下関係がある。しかし「士農工商」は、いわば横並びの関係である。その意味では、四民平等なのである。

その上で武士には、人々の期待を込めた気持ちとして、生業に励むことで手一杯の農工商の三民よりも厳しい倫理性・自律性が求められた。「清潔の鏡には士を、法とすべし」と述べられるように、梅岩の中でもそうであり、それだからこそ、現実の堕落した武士への批判が厳しくなるのである。

3　仁斎学批判

伊藤仁斎（京都の上層町人の出身で、生涯を町の儒者としておくった。一世代後の徂徠と並んで江戸時代を代表する儒者）は、近世東アジアの正統イデオロギーであった朱子学を、禅仏教に影響された後世風の儒学であって、『論語』や『孟子』の本来の意味（仁斎はそれを「古義」と言う）を歪曲したものだと論じた。その学問は、嗣子である東涯によって祖述・継承されて、その学塾である古義堂は、実に明治時代まで二百四十年余、仁斎学の学脈を伝えていた。その仁斎が「最上至極宇宙第一の書」として重んじたのが『論語』であり、その後に著わされた『孟子』の議論を手掛かりにして『論語』の思想を味わうことが、仁斎の生涯をかけた営為であった。梅岩の生きた京都は、学問（思想）的な状況としてこれを見れば、まさに仁斎・東涯の父子の学問が開花し、その威望が全国に及んだ時期なのである。

『都鄙問答』には、特定の学問や学派を批判した記述は見られないが、唯一の例外として、この仁斎学への批判がある。朱子の古典解釈（『論語集註』と『孟子集註』）に、史上初めて逐条の批判を施し通した『論語古義』『孟子古義』――中国でも朝鮮でも、そういう著作は現れていなかった――に結晶した仁斎の学問に比べれば、梅岩のそれは、狭義の学問的な実力という意味では、およそ比較にもならないものであろう。「四書五経にさへ仮名して読み」習った梅岩には、古典についての注釈の類は、当然ながら一つも残されていない。梅岩の持っているものは、実体験・実人生の中から、『論語』をはじめとする古典のあれこれの断章を思案することで得た哲学だけなのである。

さて、『都鄙問答』で登場するのは、「宋儒（朱子学者）は孔・孟の心に違ひ老荘禅学に似て甚《はなはだ》理を高説《たかくとく》」と主張して朱子学を否定する学者である。その議論が仁斎学そのものであることは、言うまでもなく明らかである。これに対して、梅岩の反論はこうである。

> 学問の至極といふは、心を尽し性を知り、性を知れば天を知る、天を知れば、天即孔・孟の心なり、孔・孟の心を知れば宋儒の心も一なり

梅岩の狙いは、朱子学の擁護というよりも、もう少し別のところにある。軽々しく朱子学批判をする前に、まず「心」の本質・本源を知るために、先人に謙虚に学び、問題を自分に引き付けてじっくりと内省することが大事だろう、こう言っているように私には読める。いずれにせよ、梅岩の拠って立つところは、「心を尽し性を知り、性を知れば天を知る」という一句によって表明されている。それは、仁斎が長年の苦闘によってそこから脱却したその当の立場、すなわち宇宙的な理法が、万人の「心」にあまねく内在しているとする立場である。「性」については、「心」の本質というほどに理解しておけばよい。仁斎は、「心」や「性」についての抽象的な議論は、禅仏教に影響された後世の議論であって、『論語』にはそれが見えないではないかと論じたが、梅岩は、そうで

はないとするのである。一二のやりとりの後、その仁斎学を奉じる人物は、

汝は理を直に命と云、是大に誤れり、理は玉の理《すじ》なり、又惣て物の理なれば、通《とおる》までのことにて死物なり、命は……天の降せる命なれば活物の性なり

と論じる。くだんの人物は、宇宙の根源にある理法、人間をはじめ万物の存在の根拠となっている究極の理法の存在を否定しようとするのである。これは、仁斎の「活物」論を忠実になぞった議論であり、存在するのは個々の活動・運動であって、それらを統轄する根源の理法があるわけではないと言いたいのである。

とこうして、深遠な思想的対決の幕が切って落とされたかのようであるが、話は次第に商行為の世界に入る。仁斎学に傾倒するその人物が、「不義」ではあってもそれを為せば「利」がある場合に、あえてそれを為さずにいるのはなぜなのかと問う。この問いに対しては、「其不義を行へば心の苦となる」からであり、その自覚が学問の真価だとするのが梅岩の答えであったが、これに烈しく反発してこう言う。

商人などは毎々に、詐《いつわり》を以て利を得ることを所作とす、然らば学問などは決して成るまじきことなるに、汝が方へは多く商買人相見へ候由、汝は此にては此に合せ、彼にては彼に合せて教ゆるなれば、孔子の玉ふ郷原にて徳の賊とは汝がことなり、学者にあらずして流を同ふし、汚世にかなふて世に媚へつらひ、人を誑《くらま》せ己が心を欺く小人なり

「郷原《きょうげん》」は偽善者、「郷原は徳の賊なり」とは、『論語』（陽貨篇）に収められた孔子の言葉である。どうして、これほど言葉を極めて感情的な反発をするのだろうか。この人物は、『都鄙問答』にも引かれた「商人と屛風とは

直にては不立」という俗諺の通り、商行為は多かれ少なかれ騙し合い、騙すか騙されるかの勝負だと信じている。その商人に「其不義を行へば心の苦となる」というような良心の自覚を尤もらしく説く梅岩は、偽善者より以外の何者でもないというわけである。

この人物は、「売物に利を取らず、元金に売渡す」商人がいるはずはないとも論じる。ここで、「理」は「物の理」「玉の理《すじ》」だという仁斎流の主張を思い出すと、ある売り手が利益を得て、その分だけ買い手が損失をこうむるという時、利益を得た側にはそれだけの「理」があり、損失をこうむった側にも相応の「理」があるということである。一方が儲ければ、他方は損をする、それだけのことである。例えば、それをいくら欺瞞だ、腹芸だと言ったところで、賢いから人に先んじて儲けるし、愚かだから騙されて損をする、それが「理」である。「理」は、それ以上の形而上的なものではない。この人物が仁斎学に惹かれたのは、仁斎の道徳論でもないし、政治(王道)論でもない。「理」は、現象を説明するだけのものだという一点なのである。それを、儲ける時には儲ければよいのだ、その時を逃さず、うまく儲けるのが勝者というものだという処世訓に引き付けたいのである。儲ければ勝ち、損すれば負けという商行為を、あれこれ道徳と絡めようとする梅岩の議論は、所詮は意気地なしの言い訳だというのが、この仁斎ファンの本音なのである。

こういう人物に担がれた仁斎こそ、迷惑な話かもしれない。そもそも仁斎には、商行為をどう捉えるべきか、利潤の正当性如何というような発言は残されていないのである。しかしおそらく梅岩からすれば、そういうものとして援用されるだけの学問の弱点が、仁斎の中に潜んでいるのである。梅岩はそれを、仁斎学における「心」の軽視という問題として捉えていたのではないだろうか。

梅岩は、商行為による利益について、

商人は左の物を右へ取り渡しても、直《すぐ》に利を取るなり、曲《ゆがみ》て取るにあらず、……直に利を取は商人の正直な

り

として、「直」に取る利益（正当な利益）こそが「心の苦」とならない、真実の利益だとする。「実の商人は先も立、我も立つことを思ふなり」とも言われる。一方が儲ければ、他方はその分だけ損をするとは言えない商行為が考えられているのである。倫理思想として突き詰めれば、ここには、商行為に即しての自己中心性の克服という志向さえ見える。人を騙して取る利益、投機的な一攫千金の利益は、「曲」に取った「心の苦」となる利益である（伝えられる紀伊国屋文左衛門すなわち紀文大尽の遊郭での遊蕩と散財は、その「心の苦」を晴らすために、彼のなしうる唯一の方途だったのかもしれない）。

この節に「武器としての『論語』」というタイトルを付けたのは、梅岩のこうした批判精神の支えとなっている書物が、『論語』なのではないかという私の直感によっている。『都鄙問答』には、『孟子』をはじめ『大学』や『中庸』といった儒教の古典も引かれているから、『論語』だけを特別視することは出来ないが、『論語』には何といっても孔子の発言だという迫力がある。『孟子』以下は、その孔子の教えを敷衍・整理・解説したものである。

その『論語』は、一つひとつの話が短く、そこに記載された孔子の言葉も含蓄に富んで、読者の想像力を自由に喚起させる。『孟子』は、語り手である孟子自身が雄弁に過ぎるし、個々の話が長すぎる。『大学』や『中庸』は、きれいに整理され尽くされ、その一句から読者としての想像力を馳せるには、高度の予備知識と抽象的な思弁の能力が必要である。『論語』は、それらとは全く異質である。余計な説明や整理がない。例えば、「仁」とは何かと問われた時の孔子の答えの一つである「克己復礼」という一句は、そこに読者の想像力が十分に働かなければ、そもそも問いと答えとが繋がらないし、それだからこそまた、生活の体験や見聞に即して十人十色のイメージを『論語』本文に重ねて読むことが出来るだろう。詩や歌に向かう時のように、読者は、浅深さまざまに自分なりの思想や感性を投影することが出来るのである（徂徠には、詩の分からない者には『論語』を味わうことはできないという趣旨の発言がある）。これは、『孟子』以下の書物と『論語』の大きな相違である。孔子の言葉だという重みと、そうした特色によって、梅岩は、『論語』を自在に引いている。中国や朝鮮のような科挙社会ではありえないことだろうが、徳川日本では、官僚となって社会を指導しようとか、身分的に上昇しようというために『論語』が学ばれるのではない。知識階級が、肉体労働者との差異を確認するために、それらが学ばれるのでもない。今ここにいる、その自分の生活（家業はその重要なファクターである）をより充実させるために、書物があるのである。その生活を、浮き沈みの激しいものにさせないために、商業に即して言えば、それを投機的なものや、騙し合いにさせないために『論語』が学ばれるのである。

二、「心」の思想

思想家としての梅岩の個性は、こうした批判精神にだけあるのではない。この批判精神が、深い宗教的な体験、そこから得られた人間的な省察、それらを人倫の場において捉え返そうとする強靭な思索によって裏打ちされているところに、その真骨頂がある。

1 「小天地」としての自己

仁斎学に拠って、商人に倫理を説くのは偽善者のすることだと難じてきた人物に、梅岩は、「学問の至極というは、心を尽し性を知り、性を知れば天を知る」ところにあると論じ返した。まさに「心を尽し性を知〔る〕」ことは、梅岩の思想の中核である。朱子学では、「心」と「性」とは厳格に区別されるだろう。「心」は、人間の主体としての丸ごとの在りようであり、「性」は、「心」の本来的な在り方を導くべきもの、つまり「心」の中に宿る「理」を指すからである。しかし梅岩は、その区別には特にこだわらない。

さて、『都鄙問答』には「性理問答の段」が設けられて、「性善」とは何かが論じられている。「性」、つまり「心」〔人間〕の本質が善であるというが、それはどういうことなのかと考えるのである。梅岩に先立って仁斎は、「性善」は「自暴自棄」になっている人間への教えとして限定的に理解されるべきであり、「性善」を実体的に受け取ってはならないと論じていた。「性善」を実体的に受け取ってしまうと、自分の内側の「心」や「性」にばかり問題が収斂して、周囲の人々との生き生きとした交わりが途絶えてしまうと考えたからである。梅岩の問題意識には、そういう仁斎の理解への批判という側面がある。梅岩によれば、人間の本質が善だという時の「善」は、悪に対する善ではない。善悪相対の次元で言われるものではないのであり、それは「生死を離て天道」に即いて言われたものだとする。

> 性善は直《じき》に天地なり、如何となれば人の寝入たる時にても無心にして動くは呼吸の息なり、其呼吸は我息には非ず、天地の陰陽が我体に出入し形の動くは天地浩然の気なり、我と天地と渾然たる一物なりと貫通する所より、人の性は善なりと〔孟子は〕説玉ふ

梅岩の宗教的な資質がよく表われているとも言えるし、それだけにまた分かりづらいとも言える一節であるが、天地の無心の働きの中に自分が「渾然たる一物」としてあること、これを知ることが「性善」の了解に通じると言うのであろう。では「生死を離て」とはどういうことなのだろうか。

> 聖人の道は天地而已《のみ》、天地は……無心なれども、万物生々して古今違はず、其生々を継《つぐ》物を善と云、分てい

はゞ天は形なふして心の如し、地は形有て物の如し、其生々する所は活物の如し、無心なる所は死物の如し、天地は死活の二を兼たる物なり、死活の二を兼すぶるゆへに万物の体となる、其物を暫《しばら》く名づけて、理とも性とも善とも云

天地と一体であること、これを言い換えれば「生死を離て」あるとなる。その天地は、生死を「兼たる物」なのである。天地の生々は、生の側にのみあるのではなく、万物の生死を大きく包み込んだところにある。仁斎は天地を生の側でのみ見て、天地は活物だと言うが、それは事柄の半面でしかないと梅岩は言いたいのであろう。生死を兼ねるのが天地であって、それはまた人間の真実でもある。親があり子がある。その子が親となり、また子が産まれる。それは、個々の生死を含み兼ねたところにある、そういう生々の働きである。天地との一体の自覚は、こうも言い換えられる。

人は全体一箇の小天地なり、我も一箇の天地と知らば何に不足の有べきや

「小天地」としての自己を知るということは、朱子学が説くような意味での、天地宇宙に貫かれた「理」が「小天地」としての自己にも内在しているということではないだろう。なぜなら、「小天地」としての自己に目覚めるためには、まず「生死を離」れることが必要だとされたのであるが、そういう感覚は朱子学にはないからである。あるいは「悟れば生死の迷いを離る」とも言われるが、こういう発想も朱子学との距離を感じさせる。さらにまた、天地＝人間のイメージを、大宇宙（マクロコスモス）＝小宇宙（ミクロコスモス）として描くのが朱子学だとすれば、梅岩のそれとは、やはり異質である。大宇宙＝小宇宙として描きうるのは、天地と人間とが「理」の秩序の相似形をなしているからであるが、そういう性格の「理」は、梅岩の思想にはない。それはともかく、梅岩

の言わんとする「小天地」としての自己を知るとは、むしろ、禅の見性体験に等しいもののように思われる。

「小天地」としての自己を知るとは、彼の論理的な思索によって到達した結論というよりも、梅岩の宗教的な体験に深く裏打ちされたものだと言ってよい。この体験が、その後の梅岩にとっては、思索の原点となっていったのである。それは、こうである。『石田先生事蹟』によれば、四十歳の頃、ひたすら「性」とは何かを求め続けていた梅岩は、たまたま母の看病をしていた時、

用事ありて扉を出でたまふとき、忽然として年来のうたがひ散じ、堯舜の道は孝弟のみ、鵜は水を泳《くぐ》り、鳥は空を飛ぶ、道は上下に察《あきらか》なり、性は是天地万物の親と知り、大いに喜びをなし給へり

という体験をもった。これを、当時師事していた小栗了雲という禅僧に報告したところ、「汝が見たる所は、有《あり》べかかりのしれたる事なり」として、見性として不徹底だとされてしまう。了雲によれば、「汝我性は天地万物の親と見たる所の目が残りあり、性は目なしにてこそあれ」というのである。この指摘は、鋭く厳しい。了雲が言うのは、「性は是天地万物の親と知り」えたその主体の意識がある限り、そこには主（体）・客（体）の分離が分離のままに残っているということであろう。そこでの「知」は、主体が客体を認識するという枠組みの中での「知」に過ぎない。梅岩は、さらに寝食を忘れて工夫を重ねる。その一年余の後、

ある夜深更におよび、身つかれ臥したまひ、夜の明けしもしらず、臥しゐ給ひしに、雀のなく声きこえける。其時腹中は大海の静々たるごとく、晴天の如し。其雀の啼ける声は、大海の静々たるに、鵜が水を分けて入るがごとくに覚えて……

という、主・客の分離を越えた体験を得たのである。これは、体験の質としてまさしく禅の見性体験であり、「人の寝入たる時にても無心にして動くは呼吸の息なり」と『都鄙問答』で語り出された「心を尽し性を知〔る〕」ことの原体験がここにあることは明らかである。こうして見れば、「生死を離れ」ると梅岩が言うとき、そこには主・客の分離を越えるという意味がある。

2 「形に由の心」

生死を離れて、天地と一体としての自己に目覚めることが説かれたが、梅岩はそれを、禅仏教のような「空」や「無」という方向には発展させなかった。「心を尽し性を知〔る〕」は梅岩の思想の中核であり、それは、根底において禅的な見性体験に等しいものであるが、世間で禅とされる思想の形には、梅岩は批判的だったのである。禅的な見性体験を、世俗外の世界での悟りにさせるのではなく、人倫（人々の関係）の場で深めることが梅岩の課題であり、そのために練り上げられた概念が「形に由《よる》の心」である。

元来《もとより》形ある者は形を直に心とも可知《しるべし》、譬《たとえば》夜寝入たるとき、寝《ね》掻《がき》し、をぼへず形を相《たす》く、是形直に心なる所なり、又孑々《ぼうふりむし》水中に有ては人を不螫《さささず》、蚊と変じて忽に人を螫、これ形に由の心なり、鳥類畜類の上にも心をつけて見よ、蛙は自然に蛇を恐る、……蛙の形に生れば蛇を恐るゝは形が直に心なる所なり

ここでの「形」には、色々な契機が含まれるだろう。私たちは、気が付けばある時、ある所で、ある両親のもとに、男女いずれかの性をもって生まれている。それも「形」である。そもそも、孑々や蛙ではなく人間として生まれたということも、「形」である。身分制度のある社会では、ある身分として生まれてきたということもあるだろう。職業も、とくに家職という意味では、そうして予め与えられた「形」の一つかもしれない。そういう

「形」を、梅岩は問題にする。天地と一体のものとしての自己も、「形」から離れて、無色透明、融通無碍の自己としてあるのではない。「小天地」としての自己も、天地と相似形をもって天地の含む全てを内在させているのではない。男である私は、女としての嗜好・感性を欠落させている。商人であることは、武士や農民ではないということであって、「形」を持つということは、他の「形」を持たないということである。「形」あるものは、「天地」の全体性と文字通りの相似形ではありえない。私たちは「形」をもってしか、生きられない。それは、限定である。しかし梅岩は、それをマイナスとは考えない。その反対である。「形」に徹することで、徹しようという作為さえなく徹することで、全体との合一が得られる。蛙は蛙として生きることで、天地と一体なのである。それを梅岩は、「私心なし」として捉えている。

　孟子曰形色天性也、惟聖人然後可以践形〔孟子曰く、形色は天性なり、惟だ聖人にして然る後、以て形を践む可しと〕。
　形を践《ふむ》とは、五倫の道を明かに行《おこなう》を云、……畜類鳥類は私心なし。反《かへつ》て形を践、皆自然の理なり

『孟子』の一節は、尽心上篇。人間は、畜類鳥類と違って「私心」があるから、「形」のままに生きることが難しい。梅岩にとっては、「私心」なく「形」のままに生きる畜類鳥類は、その「私心」のなさにおいて、人間に優《まさ》っているのである。

　この「形に由の心」というユニークな把握によって、「天の命ぜる職分」への専念、「惣ていへば道は一なり、然れども士農工商ともに、各行ふ道あり」というような、「心」の思想の、人倫世界、生業の道に即した展開が可能となったのである。

むすび——庶民社会における「徳」

「心」の理解において禅の思想から存分のものを引継ぎ、それを思索の原点に据えながら、さらにそれを「形に由の心」という次元に昇華させることで、社会的な人間関係・生活の場に即して問題を深めたのが梅岩の思想である。その展開においては、『論語』を中心とした儒教倫理が自在に活用されていた。

禅は、あるいは一般化すれば仏教は、「心」の本源を探るという意味ではそれなりに見るべきものを持つかもしれないが、社会的な人間存在について余りにも無関心である。仏教は、人倫としての人間存在を無視して、自己一身の悟りや救済を求める利己主義的な教えである——これが、儒教からする仏教批判の出発点であろう。とすれば梅岩の思想は、そういう儒教と禅（仏教）の対立を止揚したものだと言えるのかもしれない。

だが、翻って考えてみよう。一方で、「心」の本源を探る時に禅的なものに惹かれながら、他方、人倫世界に生きる自分の在り方を価値づけ、生業や家族倫理を重んじて、その意味では儒教的なものに拠って日々の暮らしを営むというのは、実に私たちの姿そのものではないだろうか。禅的なものにも、儒教的なものにも、いずれにも徹底していないとも言えるが、そのバランスをもって暮らしているとも言えるだろう。

唐突を承知で言えば、多くの庶民の楽しむ俳句の世界を考えてほしい。禅味・禅機は、小さな悟りとしての俳句のエッセンスである。そしてその素材の多くは、日々の暮らしの喜怒哀楽（世事・些事）であり、生活の中に見出される自然の移ろいである。禅味・禅機だけでも、喜怒哀楽だけでも、俳句としては不十分であって、その重なりに妙味が生まれるのであろう。それはまた、「他の人に元来の直覚を呼びおこすにたる最も適切な表象」であろうとする（鈴木大拙『禅と日本文化』岩波新書、一九四〇年）。生死を兼ねた大きな生々（梅岩の言葉では「天地」、今日の言葉では「自然」がそれに当たる）に一体となっている自分を、生活の小さな一場面に見出し、「表象」として十七文字に切り取ることで、私たちの生のありようの「元来の直覚」を人々に喚起させるのである。

日常生活は、世事・些事の連続である。それを愚劣だと言えば、そうも言える。漱石も言っているように、「智に働けば角が立つ。情に棹させば流される。意地を通せば窮屈だ。兎角に人の世は住みにくい」(『草枕』)のである。しかし「人の世が住みにくいからとて、越す国はあるまい。あれば人でなしの国へ行く許《ばか》りだ」。その「人の世」を、個人の生死を離れて天地自然に即くことで、しかも「形に由の心」に徹することで、大きく肯定したのが梅岩である。梅岩の宗教的な資質は私たち皆が持てるものではないが、しかしそれは、俳句に見られる小さな悟りと、どこか通じ合うものがあるのではないだろうか。

とこう言えば、梅岩のあの批判精神はどうしたのかと反論されることだろう。まさに勃興する町人社会の強烈な自己主張は、梅岩という、おそらくは尋常ではない主角の持ち主によって鮮やかに、学者批判として、武士批判として、仁斎学批判として押し出され、さらには新しい機能分担的な(横並びの)社会認識として実を結んだ。門人やさらに次世代の門人たちの手で、梅岩の思想が心学として整理・発展されるにつれて、そうした批判精神は確かに後退させられていく——あの紅羅坊の先生のように。

しかし私の理解では、それは、庶民社会における「徳」の感覚の中に、表面には出づらいが、深いところで息づいている。それは、具体的にこれと名指しできるようなものではないし、梅岩のような激しい言説としては表われない。一神教的な宗教王国運動(一向一揆・法華一揆・キリシタン一揆)が根絶やしにされ、宗教的な異端の伝統の弱い日本においては、それは比較的に穏やかな形で、庶民の暮らしの中で育まれていったのではないだろうか。

機能分担的な社会認識は、明らかに精神的な伝統として、私たちの中に根付いている。例えば職人気質《かたぎ》は、意固地さ・頑固さも含めて好もしいものとされるし、身体をつかって一つの仕事・技芸に打ち込むことが人間を成長させるという感覚は、今でも強く私たちのものである。手足を動かす労働は、書物を読み、古典を踏まえた詩文を作る能力を与えられなかった者のすべき劣った仕事だという意識は、無いとは言い切れないが、支配的なものではない。露伴が『五重塔』に描いたような、誇り高い職人を大切にする心情も、過去のものとして消滅したとは思えない。

「お互い様」という、いかにも庶民的な連帯感を考えてみよう。ここには、社会は優勝劣敗の闘いの場だというような、あるいは知識や権威を持つ者が隔絶した高いところに居て、庶民は一方的に支配されているというような社会のイメージとは異なった何かがあるだろう。それは、梅岩が懐いたような、それぞれの人々がそれぞれの仕方で支え合うのが社会であり、互いに助け、助けられているという連帯の感覚である。

この「お互い様」という感覚には、深いところに、ある批判意識が秘められていることも見逃してはならない。知識や権威を持つ者は、いつでもどこでも実際に居るのである。そして彼らは、自らが高いところにいることを疑っていないだろう。庶民は、梅岩とともに、彼らもまた互いに助け、助けられている存在としてあることを見ている。そうした知識や権威に誇るよりは、「形に由の心」に徹して、つまり自分の持ち場に腰を据えて、天地自然のままに、日々の暮らしに正直に生きる姿の方が比べものにならぬほど美しいことを知り、それを「徳」と呼んだのである。

＊『都鄙問答』は岩波文庫（足立栗園校訂、一九六八年）に、その他の梅岩の著作・史料は『石田梅岩全集』（柴田實編、清文堂出版、一九七二年）に依った。引用文中の括弧は引用者が補ったものであり、適宜ルビを付し、読点についても一部を改めた。

■補論1　『日本思想史講座』の完結に寄せて

『日本思想史講座』全五巻（ぺりかん社、二〇一二〜一五年）が完結した。編集委員の一人として、とにかくホッとしたというのが実感である。刊行が遅れて最後まで気を揉ませた第五巻は、それまでの四巻が古代・中世・近世・近代という時系列に沿って編集されたのとは違って、広い意味での方法をめぐる議論を集め、併せて「日本思想史学関係文献一覧」と「日本思想史年表」を掲載している。ともかく、日本思想史の講座モノとしては、一九七〇年代に刊行された雄山閣版の『日本思想史講座』（古川哲史・石田一良編、全八巻・別巻二巻、一九七五〜七八年）から、実に約四十年ぶりのことである。

新旧二つの『講座』を比べてみると、この四十年ほどの研究動向・問題意識の変化が如実に見てとれる。四十年の歩みを乱暴に括ってしまえば、〈主体〉形成を追求していく思想史研究、それはつまり戦後の日本思想史研究を主導してきたところの方法であったが、それにどう向き合い、どう乗り越えていくのか、その苦闘の歴史だったように思う。

ここで〈主体〉形成を主題とした研究というのは、荻生徂徠を中心に据えた丸山真男の近世政治思想史の研究や、親鸞を頂点に置いた家永三郎の中世仏教思想史の研究などがその典型であって、近代的な自立した個人、近代的な思惟様式の成立を過去に探り、あるいは宗教的な自我・実存意識の発展とそこからする厳しい社会批判の展開を、対象に深い共感を持ちながらすくい上げていくような研究である。それはまた、あるべき近代を準備する〈主体〉、抵抗の根拠としての〈主体〉の可能性を歴史の中に発掘しようという発想でもある。しかしそういう研究は、ポスト・モダンの立場からの〈近代主義〉批判や国民国家批判、一国史的な歴史叙述への批判などによって、一気に過去のものとなって葬られていったのが、この時期である。社会史の登場も、思想史研究に深い衝撃と影響を与えていく。この時期の研究者は、多かれ少なかれ、こういう波をかぶりながら、「では、どうすればいいのか」と自問しながら史料をめくっていたはずである。

自分のことを書くのもおこがましいが、私もそうだった。当時の雰囲気は「今さら丸山、まして大塚でもあるまい」という風だったが、七〇年代の半ば、私は丸山真男や大塚久雄を一所懸命に読むことから研究を始めた。今にして思えば、〈近代主義〉批判は横に置いて、戦後民主主義の初心のようなものを研究の中でどう生かすのかというような問題意識があったのかもしれない。そして八〇年代から九〇年代に、ポスト・モダンの旗手、子安宣邦の目覚しい活躍がやってきた。筆鋒鋭い子安のものを読むたびに、「日本思想史」という縄張りに何も考えず安住し、方法について何の反省もない自分が情けなくなった。日本思想史を研究するということは、結局〈日本〉を立ち上げる作業に手を貸すことなのではないかという思いも私の気持ちを重くさせた。「では、どうすればいいのか」、この堂々巡りだった。

今回の『講座』は、この「では、どうすればいいのか」についての中間報告のような性格を持っているように私には思われる。中間報告の内容がどういうものかは各巻に当たってもらうしかないが、その特色の一つは、〈主体〉形成を主題とするスタイルがぐっと後退して、時代の知的構造とでも言うべきものへの関心が強く押し出されていることではないだろうか。思想的構造と言いたいところであるが、少なくともかつて言われたような固い思想的構造ではない。もっと柔軟で、時代や社会の隅々にまで届くものである。素材や方法もまた、かつての思想史研究では考えられないくらいに多彩であって、古めかしい思想史研究の枠を難なく乗り越えて伸びやかである。あるべき近代というゴールに向かって進む思想史ではなく、その時代の知的構造の中で、そもそも思想とはどういうものだったのかが探求されている。叙述のスタイルもまた、思想家の論理構造を再構成していくようなスタイルから、もっと軽やかなものになった。

とはいえこれが中間報告であるのは、混沌として色々な可能性を感じさせながらも、まだ方法として鍛えられたものではなく、相互批判も決定的に甘いからである。今の日本の知的・精神的状況の中で、〈主体〉という主題を思想史研究の中でどう考えるべきかという問題を放置してよいのか、こういう声もあるはずである。私としては、より若い研究者たちが、人文知の全体に発信していけるような水準の日本思想史研究を作り出す、その踏み台としてこの中間報告を縦横に批判してほしいと願うばかりである。

■補論2　戦後の近世日本思想史研究をふりかえる

『日本思想史講座』（ぺりかん社、二〇一二〜一五年）の近世の巻の「総論」で、戦前の研究にも最小限の言及をしながら、戦後の近世思想史研究を、あえて代表的な研究者の名前を掲げて三期に分けて要約してみた。

〈近代〉を探る――丸山真男
〈伝統〉と向き合う――相良亨と源了圓
〈近代〉を問い直す――安丸良夫と子安宣邦

これは、ある種の世代論でもあって、敗戦を三十二歳で迎えた丸山、二十五歳・二十六歳で迎えた相良と源、十二歳と十三歳で迎えた安丸と子安ということになる。マルクス主義との関係、伝統に対して否定的な戦後の風潮、あるいは「近代化」論との関係、大塚史学との関係などの論点をここから導くことも出来るだろう（ただしそこで論じたのは、例えば丸山について言えば『日本政治思想史研究』だけであり、その後の丸山の研究にはまったく触れていない。そういう意味でも、不十分さを免れていない）。

今回はあえて別な視点から、できれば今日の研究状況により比重をかけながら、戦後の近世思想史研究を振り返ることで、思想史研究とは何かという問題に接近してみたい。別な視点というのは、〈主体〉と〈構造〉というキーワードから、戦後の近世思想史研究を整理してみようということである。様々な困難にぶつかりながらも、あるべき思想的な〈主体〉が歴史の中で形成されていく、それを（共感をもって）叙述するのが思想史だとする発想が一方にある。と同時に、そういう発想への違和感――対象とする思想家に自らの思いを託しているだけではないか――をもって、ある思想的な〈構造〉が近世に（あるいは日本歴史を通じて）横たわっているのであり、その〈構造〉が個別の思想にいかに刻印されているのかを解明し、あるいは思想の側から社会や秩序の〈構造〉を浮き彫りにさせていくのが思想史だという発想があるだろう（もちろん、理念型としてその二つがあるということであり、実際の研究はそういう単純なものではない）。

一、〈主体〉論の系譜

1　丸山真男（『日本政治思想史研究』）

丸山真男『日本政治思想史研究』（東京大学出版会、一九五二年）は、近代的な思惟様式／近代的な秩序観が、停滞的と見える封建社会の中でも、ある必然性をもって獲得されていく姿を描いた。これを〈主体〉という視点から見れば、政治と道徳が連続的に捉えられ、秩序は天地の自然に適ったものとしてあるとする朱子学が支配的であった江戸の思想世界の中に、近代的な思惟様式を持つ〈主体〉が成長する過程を追い、荻生徂徠において十全なる〈主体〉の確立を見届けるということになる。そしてそれが、宣長によって逆説的に受け継がれていくこと、〈主体〉の発展・展開にある屈折が強いられることを論じた。

丸山が「思惟様式」に着目したのは、西洋の場合は反封建の思想が順調に発展してそこから近代思想が生まれるが、日本では反封建の思想は散発的なものであり、徂徠も宣長も封建論者であり、かつ朱子学的合理主義を否定して鬼神や神の意義を強調する非合理主義者だった。そのように個々の議論では反近代的な思想家の中に、道徳からの政治の自立、公と私の分離という近代的な意識の〈主体〉を探るためである。丸山からすれば、世界史的な発展法則の貫徹と特殊日本的な歪み（後進性）の絡み合いを解明するために、「思惟様式」に着目することが必要だったのである。

2　尾藤正英

尾藤は『日本封建思想史研究』（青木書店、一九六一年）で、江戸の社会と儒学の距離を明らかにして、江戸の儒学の中に、体制に適ったように儒学を変形させようとする傾向と、儒学が持つ自然法的な性格を擁護して体制からはみだすような傾向があることを明らかにした。さらに尾藤は「封建倫理」（『岩波講座日本歴史　第十巻　近世第2』一九六三年）の中で、倫理には「秩序に即応した生活規制の理法」という面と「個人の内面における生活原理として主体化され」た面があって、思想史の見地からすれば、その「内面的主体性」「内面性に立脚した理性的・主体的な生きかた」がどこまで貫かれたかが問題だと論じている。それはまた、政治的には「臣下の側の主体的な自由」をどこまで確保しようとしているかが問われるということでもある。この時点での尾藤は、近世社会の〈構造〉が簡単に「内面的主体性」を容認するものではないことを指摘しながらも、儒教の自然法的側面に普遍的な価値を認めて、惺窩や藤樹の〈主体〉性を高く評価する。

3　安丸良夫

もっとも鮮烈に〈主体〉の問題を打ち出したのは、安丸良夫『日本の近代化と民衆思想』（青木書店、一九七四年）である。安丸は、丸山の分析視角はもちろん、「経験的合理的認識の発展」や「自我の確立」などの視角からする近世思想史の叙述もまた、「理念化された近代思想像に固執してそこから歴史的対象を裁断」するものだと批判して、それは「モダニズムのドグマ」だと切って捨てた。かわって安丸が押し出すのは、勤勉・倹約・謙譲・孝行というような通俗道徳の実践を通じての民衆の自己形成であり、その「社会的人間的なエネルギーが日本近代化の原動力（生産力の人間的基礎）となった」と論じた。ここで描かれる〈主体〉としての民衆は、呪術や怪しげなもの・猥雑なものから解放された禁欲的な〈主体〉である。「生産力の人間的基礎」という捉え方や禁欲の倫理の強調に、大塚久雄の影響が強く感じられる。同時に安丸は、こうした禁欲的な通俗道徳が、その後、天皇制の下支えをするように取り込まれていく事実にも目を向けている。

安丸は、なぜ近代日本が天皇制国家としてしかありえなかったのかという丸山的な問題を正面から受け継ぎながら、まったく逆の方向からその解答を求めようとした。

4　平石直昭

平石は、小楠・青陵・徂徠などを論じながら、自己の見方の偏り（惑溺）を自覚し、世界を対象化し、より開かれた認識を獲得すべき〈主体〉の成立を論じた。平石は、対象とする思想家の中心的概念の相互連関を明らかにして、それを平石の関心に沿って再構成しながら論じていく手法をとる。「主体・天理・天帝――横井小楠の政治思想」（上下、『社会科学研究』二五巻五～六号、一九七四年）で平石は、小楠について、「このように「驚き」や「懐疑」を媒介として、自己自身の通念を突き放し客観化しうる精神こそ、厳密な意味での主体（その一つの表現形態）にほかならない」と述べ、「少なくとも朱子学者小楠の「理」は、……自己の「所見」があくまで一個の「私見」にすぎないことを自己確認する武器として、つまり自己の「究理」＝認識視点を不断に相対化させる方法原理として把握されている」と論じている。

こういう〈主体〉の捉え方には、安丸が押し出すような〈主体〉像への批判という意味が込められているのではないだろうか。おそらく平石からすれば、安丸は〈主体〉を特定の社会階層に固着させすぎているし、狭義の（道徳的・政治的）実践に結び付けすぎている。そうではなくて、認識の獲得、自己革新、そのための方法的自覚というような次元においてなされた〈主体〉の獲得こそが、思想史がとりあげるべき〈主体〉だと言いたいのではないだろうか。

二、〈構造〉論の系譜

｜　丸山真男（「歴史意識の「古層」」）

六〇年代の丸山の関心は、「歴史意識の古層」「倫理意識の古層」「政治意識の古層」といった問題に向かう。「歴史意識の「古層」」（日本の思想6『歴史思想集』筑摩書房、一九七二年、解説）についていえば、「宗教的な超越者にも自然法的普遍者にもなじみにくい日本のカルチュア」においては、「つぎつぎになりゆくいきほい」に価値を認める「歴史意識の古層」が持続低音として響き続けて、旋律全体の響きを「日本的」に変容させてしまうと丸山は指摘する。その上で、「江戸時代の歴史的ダイナミズムが、「近代化」の一方通行ではなく、むしろ近代化と「古層」の隆起との二つの契機が相剋しながら相乗するという複雑な多声進行であった」と論じた（宣長の理解が大きく変わった?）。こうして『日本政治思想史研究』を一方から支えていた歴史の法則的な発展という見地は完全に姿を消し、かわって丸山は、日本思想史を貫く岩盤のような〈構造〉を浮かび上がらせた。

ただし、これをもって丸山が〈主体〉への関心を放棄して〈構造〉論者に転身したかのように受け取るのは間違いである。同じ時期に重なる『丸山眞男講義録』を見れば、丸山は、〈構造〉を突破する〈主体〉の問題を執拗に追求している。それは、聖徳太子・親鸞・キリシタンなどへの驚くべき共感的な評価によく示されている。例えば、「十七条憲法においては、第一に、地上の権威が普遍的真理・規範に従属すべきであるという意識、第二に、自然的・直接的人間関係と公的な組織とを区別する意識、第三に、政策の決定および施行過程における普遍的な正義の理念の強調、という点において、「原型」〔「古層」とほぼ同義〕から飛躍的に高度な政治理念へと到達した」と述べられる。親鸞については、「在家主義がEntzauberung〈反呪術主義〉によって随伴されるときは、自他の生活態度を合理的に改造してゆく力となる」とされて、「プロテスタンティズムの開放的連帯意識の形成と、世俗内職業倫理の確立の論理に接近する」と述べられる。ここでは、ウェーバーに立脚した大塚久雄の議論が踏まえられているが、それはともかく、丸山は、〈主体〉の形成をより深いところから捉えるために〈構造〉を論じている、私はそう解釈する。

2　尾藤正英〔『江戸時代とは何か』〕

尾藤は、『江戸時代とは何か』〔岩波新書、一九九二年〕において〈構造〉論的な思想史のアプローチを試みた。尾藤は、江戸の社会を「役の体系」として性格づけた上で、仁斎・徂徠・宣長について以下のように説明する。仁斎にとって、朱子学が説くような「普遍的な人間性」には何の手ごたえもなく、仁斎は「具体的に社会の人間関係の中で分担している役割に即して」人としての生き方を捉えるべきものだと考えた。徂徠は、「すべての人は、君主が天下を安らかに治める仕事を助ける「役人」であり、そのことを自覚することこそが、人々の生き方の基本である」と論じた。宣長は、「「ほどほどに有べき限りのわざ」（『直毘霊』）、すなわち身分や職業に応じた個別的な社会的役割が与えられたならば、……その役割を自発的に遂行してゆく」のが人の本性であるから、儒教〔漢意〕によって汚される以前の日本では、「人々はそれぞれの「わざ」（役割）を果たしつつ、穏やかに楽しく」暮らしていたと主張して、「現実に存在する「役」の体系についての自覚的な認識を促〔した〕」のだと尾藤は理解する。つまり、ここで描かれる思想史は、偉大な思想家は自分たちの生きている社会や秩序の本質を深く洞察して、その中での生き方に自覚と指針を与えるものだということである。

儒教が外来のもので、江戸の社会とは必ずしも適合しないという論点から丸山批判をスタートさせた尾藤は、儒教が「役の体系」によって変形する、その変形に積極的な意義を認める。また尾藤によれば、江戸の社会は「ほとんど外来文化の影響なしに、……自生的に形成された」「日本における近代的な国民国家の原型」でもあるから、仁斎・徂徠・

宣長は儒教や国学の言葉を借りて、日本的な近代思想の原型（尾藤はそういう言葉を用いていないが）を作った思想家ということになるのだろう。

3　子安宣邦

子安は『宣長と篤胤の世界』（中公叢書、一九七七年）において、丸山（丸山門下）を意識しながら、宣長と篤胤についての早急な性格規定を避けて、それぞれのテキスト世界に深く内在して問題を考えようとした。丸山が論じない篤胤を主題として据えたことにも、篤胤の不思議な世界には、誰も届いていない知の枠組みがあるという予感があったのだろう。その後の子安は、「言説」をキーワードとしながら、旧来の日本思想史研究――近代知を疑わない研究、問題を日本に回収させる研究、思想家の主張をなぞるような（再構成的）研究など――を批判して目覚しい活躍をする。子安は自らの立場を「方法としての江戸」という言い方で表現して、こう述べている。「「実体としての江戸」の主張とは、徳川日本を西欧的近代ならぬ日本的近代として見出すような江戸の再構成的なナラティヴでしかない。「方法としての江戸」とは近代日本への対抗的な江戸の主張ではない。それは日本の近代史の外部に構成される、歴史批判のための方法的視座の主張である」（『方法としての江戸』ぺりかん社、二〇〇〇年）。

子安の言う「言説」とは何なのか。それは、〈主体〉と〈構造〉という二分法からすると、どのような位置にあるのだろうか。私はそれを〈構造〉論の一種、言説の構造とその変化を明らかにすることで、近代の知的言説を批判的に相対化させるという戦略的な〈構造〉論だと考えたい。例えば『事件としての徂徠学』（青土社、一九九〇年）で子安は、徂徠の登場によって言説の編成がどう揺らいだのか、それまでの支配的な言説の何が暴露され、それによって言説の〈構造〉（配置）がどう変ったのかを問い掛けた。『鬼神論――儒家知識人のディスクール』（福武書店、一九九二年）は、篤胤にも注意しながら、「鬼神についての儒家の言説」がどう変容し、それによってどのような知的空間が開かれて（隠されて）いったのかを論じている。

4　渡辺浩

渡辺浩『近世日本社会と宋学』（東京大学出版会、一九八五年）は、尾藤が何人かの思想家の著作から示唆した近世社会と朱子学の落差を、「士農工商」「封建」「華夷」をはじめとする基本的な概念に即して、膨大・多様な史料の検証によって寸分の余地なく明らかにした。

さらに渡辺は『日本政治思想史——十七〜十九世紀』（東京大学出版会、二〇一〇年）でもって、近世の政治秩序の安定と崩壊の全容を描いた。渡辺は、まず江戸時代の秩序の〈構造〉を、同時代の中国や朝鮮とは違って、超越的な権威を動員しての権力の正当化などではなく、「最強者」による「御威光」の支配として理解する。そこでは、儒学は（ある意味では）危険思想でさえあったとされる。その「御威光」の支配は、長い泰平の持続で、ゆっくり揺らいでいき、そして一気に崩壊したと渡辺は捉える。「御威光」の支配を終わらせたものは、「御威光」の支配の持続だということになる。泰平の持続は、武士から「武」を発揮させる機会を奪い、人々に（男には）儒学的教養と（女には）和歌的教養をもたらし、「雅び」に憧れる美意識を浸透させ、武士の社会的威信を薄れさせた。渡辺は、ここに「御威光」の支配の根底の衰弱」を見て取る。そして知識人の間には、貧院・病院・幼院などを備え、世襲のない公共的な政治を行なう西洋を、儒学の理想に近い文化世界として理解するような見方も生まれてくる。体制としての「御威光」の支配の長い安定は、持続・伝統こそ権威だという意識を拡大させ、禁裏の権威が上昇するとも渡辺は指摘する。こうして、後は政治情勢の急変で「御威光」の支配は「瓦解」して、文明が開ける世が到来し、学問（学歴）によって社会的身分が定まる世の中になるが、それもまた儒学の価値観に適合するものと見なされただろうと渡辺は言う。

渡辺は秩序の〈構造〉を、人々の生活感覚や美意識、性の意識といった、普通の政治思想史では取り上げないような次元から考える。一見すれば秩序の〈構造〉から遠いものが実は秩序を支えていることを、硬軟自在の驚くべき史料の博捜によって描き出す。とくに宣長について、漢心を醜悪なものとして（美的な次元からも）斥けて、歌学びによって「雅び」を体得し、古代人の偽らざる心情世界に浸ることを強調して、禁裏が持って公儀（幕府）の持ち得ない美的な強みを浮上させたものとする。

渡辺は、〈構造〉の変容・瓦解を〈構造〉の中から説明した。これは、従来の〈構造〉論への批判として理解することができる。多くの場合、〈構造〉論はどうしても静態的な見方になってしまうという欠点をもつが、渡辺はそこを乗り越えた。

小括

戦後の近世思想史研究について、〈主体〉と〈構造〉という観点から振り返ったわけであるが、古代や中世、あるいは近代についても、基本的に同じようなことが言えるのではないだろうか。大雑把な印象として言えば、思想史研究に限らず、戦後の人文学を主導した枠組みは近代的な〈主体〉の形成という大きな軸を持っていたが（いわゆる戦後啓蒙、大塚史学、主体性唯物論など）、六〇年代＝高度経済成長の時代に、それが急速に古く感じられて、〈主体〉論的な発想から〈構造〉論的なそれへと力点が移ったのではないだろうか。そういう関心からの研究が、成果としてまとまった形で共有されるのは七〇年代である（社会史の流行）。

最後に、まさに今日の状況について、最小限の言及をしてまとめに換えたい。例えば、ぺりかん社の『日本思想史講座3――近世』（二〇一二年）について見てみれば、〈主体〉論的な発想を前面に押し出して書かれた論文は見当たらない。講座という書物の性質によるという面もあるだろうが、基本的には、かつての〈主体〉論的な発想に深く刻印されていたところの近代主義的な枠組み、あるいは歴史発展の担い手を探るというような問題意識が、その歴史的な使命を果たし終わった後、それを乗り越えるような〈主体〉を研究者の側が十分に構想しえていないことの反映であろう。これについては、〈主体〉なるものを構想する必要をそもそも認めないという立場もあるだろうし、構想したくてもそれを形象化できていないということもあるだろう。単純化して言えば、思想史研究から〈主体〉という発想が消えてしまってよいのかという問題に私たちは直面しているように思われる。

私が思うには、思想史研究の原点には、ある人物の思想的な営みへの共感・畏敬といったようなものがあって、その人物――偉大な思想家と言ってもよいが――の思想的世界に深く分け入っていくというような仕事が据えられていなければならない。私自身の反省も込めて言うのだが、こういう素朴な姿勢が、全体として明らかに弱まっているのではないだろうか。偉大な思想家との対話が思想史研究の原点だと言えば、あまりにナイーブすぎるものとして冷笑されそうだが、実はここに〈主体〉論的な発想を再生させるヒントがあるのではないかと思う。〈主体〉という概念自体が近代主義の産物だからであろうが、かつての〈主体〉論的な発想には、近代的な自立した個人をゴールに置いて、そこから歴史を見るという性格を免れなかった。〈主体〉という言葉にこだわるつもりはないが、もっと広い普遍的な人間としての問いを投げ掛け、思想家からの応答を求め、さらに問いを重ねるという思想史的な対話を進めていく中から、かつての〈歴史発展の担い手〉的な〈主体〉ではない、人間としての普遍的な課題に向き合った〈主体〉像を作ることが望めるのではないだろうか。

他方、〈構造〉論的な発想について言えば、東アジアの近世世界全体の中で、近世日本の秩序や言説、文化や思想の在りかたの特質を探るという方向は今後ますます強まるだろうし、それは望ましいことだと思う。しかし、ここにも落とし穴があるのではないだろうか。それは、〈構造〉が日本という単位で考えられる時に、ともすれば一国史的な発想に傾斜してしまうということである。一国史的な歴史把握を克服するために東アジアという舞台を設定しながら、皮肉にも、意図に反する結果に終わってしまうことになりかねない。この落とし穴にはまらないためには何が必要なのか、そのための方法的な吟味がなされなければならない。かつて島田虔次が、儒教の内面化の極に王陽明を、外面化の極に荻生徂徠を置く、そういうスケールの東アジア儒教史が書かれるべきだと提言したのは、一九六七年であった（『朱子学と陽明学』岩波新書）。内面化・外面化という枠組みの当否は別にして、それから半世紀を経て、島田の期待に答えるような仕事はまだ現れていない。〈構造〉の単位を、大きく東アジアにとってみることも重要であろう。最近議論になっている、東アジア的な近世とは何なのか、そういうものが果たしてあるのかというような問題とも、それは直結する。〈構造〉の単位は、もっと小さくも、あるいは周辺や辺境から〈構造〉を見ることも必要であろう。〈構造〉の単位は、常に揺さぶられることが必要である。

あとがき

この書は、これまで私が執筆してきた論文の過半を集め、内容に即して三部に編成したものである。既刊の単著に論旨を反映させたものや近代の思想を扱ったものなどは、採らなかった。

第Ⅰ部は、五十歳代にまとまって仁斎を読んだ成果である。卒業論文で徂徠を論じた時から仁斎には関心を持っていたつもりだったが、この頃になって、私の追究すべき論点が見えてきたということだろう。第Ⅱ部は、比較的早い時期の、直方と絅斎を中心とした闇斎学派についての考察である。「理」をめぐる彼らの葛藤が問い掛けるものを開示したいという熱量、それだけが取柄《とりえ》というところだろうか。第Ⅲ部は、近代的な学知がいかに深く国民国家によって絡《から》め取られているかを批判的に解明するという大きな研究動向を受け止め、それを徳川思想史の叙述にどう生かすべきか、私なりに手探りした記録である。徳川人の常識や体感に近づきたいと意気込んでみたが、その難しさを思い知らされた。

大雑把に言えば、第Ⅱ部→第Ⅲ部→第Ⅰ部というのが私の問題意識の変遷と重層であるが、少し高い所から全体を鳥瞰して、後知恵《あとぢえ》でこうも言えるだろうか――イエや君臣関係を軸にした人倫の世界、地域や身分、国家、民族といった共同性、文化や伝統（とされるもの）を支えとする結合、都市的な知識人の生き方と交遊、それら人と人との繋がりのあるべき形、その根拠、その可能性、矛盾や困難、束縛と自由といった問題群をめぐって、徳川の思想家の言うところに耳を傾けるという一本の糸が通っているように思えないでもないと。

「不才なる人といへども、おこたらずつとめだにすれば、それだけの功は有《ル》物也」とは、宣長が後学に遺した言葉である（『うひ山ぶみ』）。本当に「おこたらず」にやってきたのか、どれだけの「功」があったのかという話は別にして、とにかく私がここまで研究者としての道を何とか歩み通せたのは、師友の縁に恵まれたからである。まず私は、東北大学の日本思想史学研究室に進み、石田一良先生から玉懸博之先生に継承された歴史主義的な思想史研究の方法を学び、親しい友人、先輩や後輩たちとの交わり、それは「和シテ同ゼズ」の小宇宙と言うべきものであったが、その中で揉《も》まれ育てられた。そして研究室の兼担教授でもあった源了圓先生の宗教哲学的な、あるいは人間学的なとも形容すべき研究姿勢に出会うことで研究の世界に入っていった。また源先生が主宰された山崎闇斎『文会筆録』の読書会を通じて、教養部の吉田公平先生、三浦國雄先生お二人の指導をいただくことが出来た。何と濃密で幸福な時間であったことか。

その後、日本思想史学会や徂徠『論語徴』を読む会（通称は徂徠研）をはじめとする幾つもの場において、国籍や世代、対象や方法の違いを越えた多彩な研究者と議論を重ねられたのも有り難いことであった。日本思想史という分野が、出来合いの縄張りをもつものではありえないからこそ、研究上の背景や流儀を異にする方々との議論は、そのたびに私自身の方法的な甘さを思い知らされながらも、刺激的で愉快だった。

こういう形で論文集を編む作業は、大昔の生硬粗笨な自分と強制的に向き合わされることであり、思った以上にシンドイ仕事になってしまい、ぺりかん社編集部の藤田啓介さんには、今回もご心配をおかけしてしまった。お詫びとお礼を申し上げたい。最後に、私の我儘《わがまま》を許し暖かく見守ってくれた今は亡き両親と、私の人生を豊かなものにしてくれた妻と娘に感謝の思いを記して、本書を結ぶこととする。

二〇二四年　初夏

田尻祐一郎

初出一覧

Ⅰ　他者と繋がる

「四端」と「孝悌」――仁斎試論　→『日本漢文学研究』創刊号（二〇〇六年）

「民の父母」小考――仁斎・徂徠論のために　→張翔・園田英弘編『「封建」・「郡県」再考――東アジア社会体制論の深層』（思文閣出版、二〇〇六年）

伊藤仁斎の『中庸』論　→市來津由彦・中村春作・田尻祐一郎・前田勉編『江戸儒学の中庸注釈』（東アジア海域叢書5、汲古書院、二〇一二年。原題「伊藤仁斎の中庸論」）

伊藤仁斎の管仲論　→『季刊日本思想史』第七九号（ぺりかん社、二〇一二年）

徳川儒教と〈他者〉の問題――伊藤仁斎『孟子古義』を読む　→『日本の哲学』第一三号（昭和堂、二〇一二年）

寛文二年の伊藤仁斎　→『哲学資源としての中国思想――吉田公平教授退休記念論集』（研文出版、二〇一三年）

〈いにしへ〉の発見――伊藤仁斎と『論語』　→『岩波講座　日本の思想　第二巻　場と器――思想の記録と伝達』（岩波書店、二〇一三年）

付論　江戸儒教の可能性――伊藤仁斎をめぐって　→不識塾講演（二〇一七年九月二十三日）

Ⅱ　規範とは何か

絅斎・強斎と『文公家礼』　→『日本思想史研究』第一五号（一九八三年）

浅見絅斎「心ナリノ理」をめぐって　→『季刊日本思想史』第二二号（ぺりかん社、一九八四年）

赤穂事件と佐藤直方の「理」　→『日本思想史研究』第一八号（一九八六年）

懶斎・惕斎と『文公家礼』　→『文芸研究』第一一三号（一九八六年）

佐藤直方と三輪執斎　→『文明研究』第五号（一九八七年）

二つの「理」――闇斎学派の普遍感覚　→『思想』第七六六号（岩波書店、一九八八年）

闇斎学派と『大学』――若林強斎を中心に　→源了圓編『江戸の儒学――『大学』受容の歴史』（思文閣出版、一九八八年。原題「闇斎学派――若林強斎を中心に」)
ある転向――徳川日本と「神道」 ↓吉川敬仁他『江戸文化の変容――十八世紀日本の経験』(平凡社、一九九四年)
宋明学の受容と変容――孝をめぐって ↓源了圓・厳紹璗編『日中文化交流叢書3 思想』(大修館書店、一九九五年)
村岡典嗣と平泉澄――垂加神道の理解をめぐって ↓『東海大学紀要 文学部』第七四輯(二〇〇一年)
闇斎学派の『中庸』論 ↓『江戸儒学の中庸注釈』(前掲。原題「山崎闇斎と崎門学派の中庸論」)
徳川思想と『中庸』 ↓『江戸儒学の中庸注釈』(前掲)

III 日本に生きる

会沢正志斎に於ける礼の構想 ↓『日本思想史学』第一三号(一九八一年)
近世日本の「神国」論 ↓片野達郎編『正統と異端――天皇・天・神』(角川書店、一九九一年)
通俗道徳と「神国」「日本」――石門心学と富士講をめぐって ↓源了圓・玉懸博之編『国家と宗教――日本思想史論集』(思文閣出版、一九九二年)
司馬江漢と「日本」像 ↓『江戸の思想4 国家(自己)像の形成』(ぺりかん社、一九九六年)
スサノヲの変貌――中世神道から吉川神道へ ↓『季刊日本思想史』第四七号(ぺりかん社、一九九六年)
垂加神道と「神代巻」――徳川的神話空間の成立 ↓ヘルマン・オームス+大桑斉編『シンポジウム〈徳川イデオロギー〉』(ぺりかん社、一九九六年)
『神代巻藻塩草』におけるスサノヲ像 ↓『國學院雑誌』第一〇四巻一一号(二〇〇三年)
庶民社会における「徳」――石田梅岩の世界 ↓黒住真編著『身体の思想 徳の巻』(春秋社、二〇〇七年)
補論1 『日本思想史講座』の完結に寄せて ↓『図書新聞』第三二四七号(二〇一六年三月十二日)
補論2 戦後の近世日本思想史研究をふりかえる ↓『日本思想史学』第四八号(二〇一六年)

索　引

＊Ⅰ～Ⅲ部収録の本文のみを対象とし，註は除外した。
＊人名はすべて日本語読みとした。また，書名は論文・叢書名，総称等を含む。

人　名

ア行

カ行

マ行

ヤ行

ラ行

ワ行

書　名

タ行

ナ行

ハ行

マ行

著者略歴

田尻　祐一郎（たじり　ゆういちろう）

1954 年，茨城県水戸市生まれ。東北大学大学院文学研究科博士課程単位取得退学。東海大学名誉教授。

専攻―日本思想史（近世儒学・国学・神道）

著書―『山崎闇斎の世界』（成均館大學校出版部［ハングル版］・ぺりかん社），『荻生徂徠』（叢書・日本の思想家 15，明徳出版社），『江戸の思想史――人物・方法・連環』（中公新書），『こころはどう捉えられてきたか――江戸思想史散策』（平凡社新書），『本居宣長』（ミネルヴァ書房），『日本思想史講座』全五巻（共編著，ぺりかん社）

装訂―― design POOL（北里俊明・田中智子）

徳川《とくがわ》思想《しそう》史の研究《けんきゅう》
情理と他者性

2024年12月30日　初版第 1 刷発行

著　者　田尻 祐一郎

発行者　廣嶋 武人

発行所　株式会社 ぺりかん社
〒113-0033 東京都文京区本郷1-28-36
TEL 03(3814)8515
http://www.perikansha.co.jp/

印刷・製本　創栄図書印刷

Printed in Japan

ISBN 978-4-8315-1682-4

日本思想史講座1——古代	苅部直・黒住真・佐藤弘夫・末木文美士・田尻祐一郎編	三八〇〇円
日本思想史講座2——中世	苅部直・黒住真・佐藤弘夫・末木文美士・田尻祐一郎編	三八〇〇円
日本思想史講座3——近世	苅部直・黒住真・佐藤弘夫・末木文美士・田尻祐一郎編	三八〇〇円
日本思想史講座4——近代	苅部直・黒住真・佐藤弘夫・末木文美士・田尻祐一郎編	三八〇〇円
日本思想史講座5——方法	苅部直・黒住真・佐藤弘夫・末木文美士・田尻祐一郎編	四八〇〇円
日本思想史辞典	子安宣邦監修	六八〇〇円

◆表示価格は税別です。